1일 1페이지,
세상에서 가장 짧은
교양 수업
365

1일 1페이지, 세상에서 가장 짧은 교양 수업 365

Charles Darwin

Parthenon

데이비드 S. 키더 · 노아 D. 오펜하임 지음
허성심 옮김

François Auguste René Rodin

Henry Purcell

Nefertiti

Taj Mahal

Venus

Wolfgang Amadeus Mozart

Het meisje met de parel

Aristotle

Adeline Virginia Woolf

Notre Dame Basilica

Davide

위즈덤하우스

이 책은 여러 사람이 함께 일구어낸 협업의 산물입니다. 이 책을 기획하고 완성하기까지 이끌어준 로데일Rodale 출판사의 레이 하버와 열정적인 지지자이자 친구인 데이비드 블랙 에이전시David Black Agency의 조이 투텔라, 우리의 꿈을 현실로 만들어준 앤디 카펜터와 토니 서지 그리고 이 책의 시작 단계에서 중요한 역할을 해준 넬슨 쿤젤과 버논 스튜어드에게 감사의 마음을 전합니다.

이 책은 각각의 분야마다 관련 분야의 전문 지식을 가지고 있는 필자가 조사하고 쓴 글입니다. 모든 글은 정확성을 위해서 석·박사 학위를 가진 전문가의 감수를 받았습니다.

글쓴이

역사 | **알랜 위즈빅키**Alan Wirzbicki
하버드대학교를 졸업하고 〈보스턴 글로브〉에서 수석 논설위원으로 활동 중입니다.

문학 | **매트 블랜차드**Matt Blanchard
프랑스 문학과 희곡 분야의 학사 학위를 받았습니다.

미술 | **에릭 본 도스터**Eric von Dorster
예일대학교를 졸업하고 30년 이상 교사로 활동했습니다.

과학 | **제니퍼 드래프킨**Jennifer Drapkin
컴퓨터 공학 박사 학위를 받았습니다.

음악 | **로비에 웰란**Robbie Whelan
음악 애호가로서 음악에 대한 글을 쓰며 〈월스트리트저널〉 기자로 활동 중입니다.

철학 | **프레드릭 스태즈**Frederick Stazz
철학을 공부하고 연구 중입니다.

종교 | **앤드류 실버**Andrew Silver
조지타운대학교에서 종교를 전공했습니다.

감수자

역사 | **제임스 다운스**James Downs **박사**
컬럼비아대학교에서 박사 학위를 받았습니다.

문학 | **게오르게트 플라이셔**Georgette Fleischer **박사**
컬럼비아대학교에서 영문학과 비교 문학으로 박사 학위를 받았습니다.

미술 | **아이리나 오리쉬케비츠**Irina Oryshkevich **박사**
컬럼비아대학교에서 미술사 전공으로 박사 학위를 받았습니다.

과학 | **데이비드 보야쟌**David Boyajian **석사**
하버드 의과대학을 졸업하고 교수로 활동 중입니다.

음악 | **멜리사 콕스**Melissa Cox **박사**
하버드대학교에서 음악학으로 학사와 석사 학위를, 애리조나대학교에서 박사 학위를 받았습니다.

철학 | **토머스 켈리**Thomas Kelly **박사**
하버드대학교에서 철학 박사 학위를 받았습니다.

❖ 각 분야 자료의 출처는 www.theintellectualdevotional.com에서 확인할 수 있습니다.

〈1일 1페이지, 세상에서 가장 짧은 교양 수업 365〉는 지성을 자극하여 배움을 완성하는 데 도움이 되는 글을 총망라한 책입니다. 역사, 문학, 미술, 과학, 음악, 철학, 종교에 이르는 일곱 분야의 지식을 하루에 한 페이지씩 1년 365일 동안 읽을 수 있도록 구성되었습니다.

배움과 성찰의 기회를 주는 365편의 글은 여러분이 한 번에 쉽게 학습할 수 있는 분량입니다. 늘 옆에 두고 하루에 하나씩 읽는다면 일주일에 일곱 분야의 지식을 두루 탐색할 수 있습니다.

이 책에 실린 글은 새로운 지식으로 우리의 뇌를 깨우며 규칙적인 두뇌 운동을 하도록 도와줍니다. 단조로운 일상에서 벗어나 인간의 고귀한 지혜의 영역을 탐험하는 경험을 선사하고, 지적인 발견의 새로운 지평을 열어줄 것입니다.

앞으로 여러분과 함께할 여정을 간단히 소개하면 다음과 같습니다.

월요일 – 역사

서양 문명을 형성하고 발전시킨 인물과 사건을 살펴봅니다.

화요일 – 문학

위대한 작가와 오늘날까지 독자들에게 영감을 주고 있는 그들의 시와 소설 등 주요 작품을 소개합니다.

수요일 – 미술

세상에서 가장 영향력 있는 회화와 조각, 건축물을 탄생시킨 미술가와 미술운동을 알아봅니다.

목요일 – 과학

블랙홀의 기원에서부터 배터리 작동 원리에 이르기까지 놀라운 과학의 세계로 안내합니다.

금요일 – 음악
위대한 작곡가에게 영감을 준 것은 무엇인지, 악보를 어떻게 읽는지, 모차르트가 그토록 존경받는 이유가 무엇인지 등 음악적 유산을 들여다봅니다.

토요일 – 철학
고대 그리스부터 20세기에 이르기까지 인류의 가장 위대한 철학자들이 연구한 삶의 의미와 우주의 발자취를 다룹니다.

일요일 – 종교
세계 주요 종교와 그 종교의 교리에 대해 설명합니다.

이 책에 담긴 지식의 장을 한 페이지씩 넘길 때마다 지적인 호기심으로 일상이 새로워지고 인생의 새로운 탐험을 시작할 수 있기를 바랍니다.

– 데이비드 S. 키더David S. Kidder, 노아 D. 오펜하임Noah D. Oppenheim

교양이란 '세상에서 이야기되고 사색되어 온 가장 훌륭한 것'을 아는 것이다.

Culture is to know the best that has been said and thought in the world.

– 매튜 아놀드

001 | MON ✍ 역사 | 알파벳

기원전 2000년경 고대 이집트 왕들은 한 가지 문제로 골치를 썩고 있었다. 이웃국가와 전쟁에서 승리할 때마다 많은 포로를 잡아 노예로 삼았지만 정작 노예들은 이집트인이 사용하는 상형문자를 읽을 수 없었기 때문에 그들에게 서면으로 명령을 내릴 수 없었다.

이집트 상형문자와 같은 초기 문자는 매우 복잡해서 배우기 어려웠다. 초기 문자 체계는 기호 하나가 하나의 관념이나 단어를 나타내는 수천 개의 기호로 구성되어 있었다. 그런 문자를 모두 외우려면 수년은 족히 걸렸다. 실제로 극소수의 이집트인만이 이런 복잡한 문자를 읽거나 쓸 수 있었다.

현대의 거의 모든 알파벳은 4000년 전 고대 이집트인이 노예와 의사소통을 하기 위해 상형문자를 간단하게 변형해서 만든 기호 체계에서 파생했다고 언어학자들은 추정한다. 여러 서양 국가에서 사용하고 있는 문자 체계인 알파벳의 발달로 고대 이집트인의 의사소통 방식도 바뀌었다.

간소화된 새로운 표기 체계는 하나의 문자가 하나의 소릿값을 나타냈다. 이것이 알파벳 체계이다. 표기 방식의 획기적 변화로 문자의 수는 수천에서 수십으로 줄었고, 문자를 배우고 사용하는 일이 훨씬 쉬워졌다. 이렇게 이집트의 복잡한 상형문자는 인류의 기억에서 사라졌다. 한동안 고대 유물로만 남아 있던 이집트 상형문자는 1799년 로제타석Rosetta stone이 발견되고 나서야 해독할 수 있게 되었다.

알파벳은 문자 체계로서 매우 성공적이었다. 이집트에 노예로 잡혀 있던 사람들은 고국으로 돌아가면서 알파벳도 함께 가지고 갔다. 중동지역으로 퍼져나간 알파벳은 히브리어와 아랍어를 포함해 그 지역 여러 문자 체계의 바탕이 되었다. 해상 무역 중심의 고대 문명을 이룬 페니키아인은 지중해를 따라 무역하며 만난 부족들에게 알파벳을 전파했다. 그리스 문자와 로마자도 페니키아 문자를 바탕으로 생성된 것이다. 오늘날 영어를 포함한 대부분의 서양 언어는 로마자로 표기한다.

- 현대 영어의 몇몇 알파벳은 고대 이집트 상형문자에서 직접 유래한 것이다. 예를 들어 B는 집을 의미하는 문자에서 나왔다.
- 옥스퍼드 영어사전 최신판은 현재 사용되는 단어를 담고 있으며, 언어의 종류를 막론하고 가장 많은 단어를 수록하고 있는 사전중 하나로 꼽힌다.

002 | TUE 문학 | 율리시스

제임스 조이스의 1922년 작품 《율리시스》는 20세기 영어로 쓰인 가장 위대한 소설로 인정받고 있다. 이 소설은 고대 그리스 호메로스의 대서사시 《오디세이아》를 아일랜드 더블린을 배경으로 1904년 6월 16일 하루 동안 벌어지는 사건으로 재설정해 그린다. 호메로스가 그린 위대한 영웅 오디세우스에 대응되는 주인공은 바람난 아내를 둔 중년의 광고 영업사원 레오폴드 블룸이다. 소설은 이런저런 용무를 보고 다양한 업체와 업무 미팅을 잡으면서 하루를 보낸 후 마침내 집으로 귀가하는 블룸을 그린다.

잘난 체하지 않고 평범해 보이는 블룸은 사실 그가 만나는 특이한 등장인물 모두에게 평범하고 소소한 행동을 통해 동정과 용서, 관용을 베푸는 영웅적 존재이다. 가톨릭교도가 압도적으로 많은 아일랜드에 사는 유대인으로서 블룸은 항상 자신이 이방인이라고 느끼지만 늘 낙천적으로 생각하며 불안감을 떨쳐낸다.

《율리시스》는 등장인물에 대한 풍부한 묘사와 무수히 많은 문학 작품과 예술 작품에 대한 인유allusion 그리고 혁신적인 언어 표현 기법으로 유명하다. 소설이 전개되는 동안 조이스는 드라마에서부터 광고 문구, 고대 영어에 이르기까지 다양한 문학 장르와 형식을 시도한다. 이 소설의 가장 두드러진 특징은 의식의 흐름 기법을 광범위하게 사용한다는 것이다. 조이스는 등장인물의 생각에 순서나 구조를 군이 정하지 않고 의식의 흐름에 따라 일어나는 그대로 표현하려고 했다. 이 기법은 현대 문학의 특징이 되었고, 버지니아 울프와 윌리엄 포크너 등 수많은 작가에게 큰 영향을 미쳤다. 이 작가들은 자신의 작품에 의식의 흐름 기법을 실험했다.

《율리시스》를 읽어 내려가는 것은 독자들에게 매우 힘든 여정이다. 특히 블룸의 아내 몰리의 생각을 묘사하는 마지막 장은 난해하기로 유명하다. 몰리의 몽상적인 독백은 무려 2만 4000개 이상의 단어로 이루어진 단 8개의 긴 문장으로 구성되어 있다. 마지막 장은 그 까다로움에도 불구하고 가장 서정적인 제임스 조이스를 보여준다. 마지막 몇 줄은 몰리가 불륜을 저질렀음에도 여전히 남편을 사랑한다는 것을 재확인해 준다.

그리고 그러고 나서 그가 내게 물었지 그래 나의 들꽃이라고 말하겠느냐고 그리고 처음으로 나는 그의 목에 팔을 두르고 그래 그렇게 그를 내 쪽으로 끌어당겼지 그가 내 가슴의 향기를 느낄 수 있도록 그래 그리고 그의 심장이 미친 듯이 뛰고 있었고 그래 나는 그러리라고 말했지.

• 《율리시스》에는 간접적 묘사이기는 하지만 성적인 이미지가 담겨 있기 때문에 외설로 분류되어 거의 12년 동안 미국에서 금지되기도 했다.

003

라스코 동굴 벽화

 라스코 동굴 벽화는 지금까지 알려진 가장 초기의 예술 작품 중 하나다. 이 벽화는 1940년 프랑스 중부의 마을 몽티냐 인근에서 동굴 안으로 우연히 들어가게 된 4명의 소년에 의해 발견되었다. 동굴 안에서 아이들은 하나로 이어진 여러 개의 방을 발견했는데, 그곳에 1만 5000년에서 1만 7000년 전에 그려진 것으로 추정되는 대략 1500점의 동물 그림이 있었다.

벽화의 목적에 대해서는 여러 설이 있다. 어떤 원시인의 눈에 동굴의 천연 지형이 동물 형상처럼 보였을 수 있고, 그 사람이 자신이 본 것을 다른 사람들에게 알릴 목적으로 형상을 더욱 부각시키기 위해 덧그림을 그렸을지 모른다. 그림의 상당수가 쉽게 접근할 수 없는 높은 위치에 있는 것으로 보아 주술 행위에 사용된 것일 수도 있다. 선사 시대 사람들은 동물의 그림을 매우 정밀하게 그림으로써 동물을 지배하는 힘을 얻거나 궁핍한 시대에 동물의 수를 늘릴 수 있다고 믿었을 것이다.

벽화 속 동물들은 검은 윤곽으로 그려져 있다. 어떤 그림은 뒤틀린 시각을 적용해 그려졌다. 예를 들어 머리는 옆모습이지만 뿔은 정면을 향하고 있다. 동물 그림 외에도 반점, 직선 무늬, 상징적 의미를 담은 다양한 문양이 있다.

라스코 동굴에서 단연 장관을 이루는 방은 '황소의 전당'이라 불리는 곳이다. 이 방의 벽면 위로 하나의 이야기가 펼쳐진다. 벽을 따라 왼쪽에서 오른쪽으로 들소 떼를 쫓고 포획하는 장면이 묘사되어 있다.

라스코 동굴 벽화는 정밀 조사를 한 결과, 구석기 시대의 유물로 밝혀졌고 1948년 일반 대중에게 공개되었다. 그러나 1955년 무렵에는 하루 평균 1200명에 이르는 관광객들에게 노출되면서 동굴 내부의 작품들이 눈에 띄게 손상되었다. 한때 보호 조치가 취해지기도 했지만 결국 1963년에 폐쇄되었다. 그 후 20년이 지난 1983년 대중들의 요구를 충족시키기 위해 라스코 동굴에서 약 200미터 떨어진 곳에 실제 크기로 복제된 동굴이 만들어졌다.

- 동굴 벽화를 그린 원시인들은 시각적 원근감을 의식하고 있었다. 높은 벽에 그림을 그리면서 밑에서 보는 사람에게 형상이 왜곡되어 보이지 않도록 그렸다.
- 라스코 동굴 안에 그려진 유일한 사람 형상은 〈죽은 남자의 통로〉라 불리는 그림에 나타난다. 사람이 동물보다 섬세하게 그려지지 않은 것으로 미루어 벽화가 주술적 성격을 지니고 있음을 짐작할 수 있다.

004 | THU ⚛ 과학 | 복제

1997년 아기 양 돌리의 탄생과 함께 생식적 복제가 세상에 소개되었다. 돌리는 엄마 양과 똑같은 세포핵 DNA를 가진 복제 동물이다. 다시 말해 돌리와 돌리의 엄마는 동일한 유전물질을 가지고 있다. 여러 세대 떨어져서 자란 일란성 쌍둥이와 같다.

영국 스코틀랜드 로슬린연구소 과학자들은 핵 이식이라는 과정을 통해 돌리를 만들어냈다. 핵 이식은 수정이 안 된 난자에서 유전물질을 제거한 후 어른 양의 세포에서 채취한 유전물질을 주입하는 것이다. 돌리의 경우, 6년생 암컷 핀도어셋 양의 젖샘세포를 공여 세포로 이용했다. 과학자들이 핵을 이식한 난자에 전기 충격을 가하자 난자는 세포분열을 일으키기 시작했고, 배아가 형성되었다.

돌리의 탄생이 그야말로 놀라운 과학적 성과인 이유는 특정 부위에서 채취한 세포로 완전한 개체를 만들어낼 수 있음을 과학계에 입증해 보였다는 것이다. 돌리가 세상에 나오기 전까지만 해도 대부분의 과학자들은 특정 세포로 같은 종류의 세포만 생산할 수 있다고 믿었다. 예를 들어 심장세포로는 심장세포만 만들 수 있고, 간세포로는 간세포만 만들 수 있다는 것이다. 하지만 돌리는 엄마 양의 젖샘에서 추출한 세포로 개체 전체가 만들어졌다. 특정 세포를 완전히 새로운 종류의 세포로 바꾸는 리프로그래밍Reprogramming이 가능하다고 입증한 것이다.

돌리는 여러 면에서 엄마 양과 달랐다. 한 예로 말단소체가 아주 짧았다. 말단소체는 유전 정보를 전달하는 구조인 염색체의 끝부분에 달린 아주 가는 단백질 가닥이다. 말단소체가 어떤 기능을 하는지 정확히 알려지지는 않았지만 세포를 보호하거나 회복시키는 일을 돕는 것으로 보인다. 나이가 들수록 말단소체는 점점 짧아진다. 돌리는 엄마 양의 6년 된 말단소체를 물려받았기 때문에 태어나면서부터 같은 나이의 일반 양에 비해 말단소체가 짧았던 것이다. 대부분 정상처럼 보였지만 사실 돌리는 폐암과 심한 관절염을 앓다가 태어난 지 6년이 되는 2004년에 안락사에 처해졌다. 일반 핀도어셋 양의 평균 수명은 11~12년이다.

- 1997년 이후 핵 이식을 통해 소, 쥐, 염소, 비둘기를 복제하는 데 성공했다.
- 어떤 생물 종이든 복제 성공률은 매우 낮다. 발표된 연구 보고서를 보면 핵 이식으로 형성된 배아 가운데 약 1%만이 살아서 정상적으로 태어났다. 실패한 복제 시도는 대개 보고되지 않기 때문에 실제 복제 성공률은 훨씬 더 낮을 것이다.
- 돌리는 전통적인 번식 방법으로 여섯 마리의 새끼를 낳았다.
- 1998년 한국 연구팀은 인간 배아를 복제했다고 주장했지만 세포가 4개로 분할되는 단계에서 실험이 종료되었기 때문에 성공했다고 할 만한 증거가 없다.

005

음악의 기본 요소

음악은 모방이나 기보법(악보에 음을 표시하는 방법)으로 다시 재현할 수 있는 체계적인 소리를 말한다. 문이 열릴 때 삐걱거리는 소리나 손톱으로 칠판을 긁을 때 나는 소리 같이 불규칙하고 체계가 없는 소음과 구별된다. 소음의 음파는 매우 복잡하고 그냥 들 었을 때 음높이를 식별할 수 없다.

음악 소리를 분석할 때 사용하는 기본 요소는 다음과 같다.

• 음높이pitch: 귀에 들리는 소리의 높낮이 정도를 말한다. 음높이는 실제로 음파의 주파수, 즉 파동이 반복되는 빈도로 측정한다. 서양 음악에는 도, 도샵 또는 레플랫, 레, 레샵 또는 미플랫, 미, 파, 파샵 또는 솔플랫, 솔, 솔샵 또는 라플랫, 라, 라샵 또는 시플 랫, 시 이렇게 12개의 고유 음높이가 있다. 샵이나 플랫이 붙는 음을 임시음이라 하는 데, 이해하기 쉽게 피아노의 검은색 건반에 해당하는 음이라고 보면 된다. 임시음은 음 계에서 두 음 중간에 있다. 예를 들어 레샵과 미플랫은 같은 음높이이다. 악보에 표시한 음높이를 가리켜 '음'이라 부른다.

• 음계scale: 도-레-미-파-솔-라-시-도처럼 음높이 차례로 음을 배열한 층계를 음 계라 하며 대개 멜로디의 기본을 이룬다. 악곡의 전체 또는 일부는 특정 음계의 음을 사용하기도 한다. 서양 음악은 주로 장음계나 단음계 중 하나를 사용한다. 장음계는 특 정 높이의 음을 배열해서 대부분 '밝고 쾌활하고 긍정적인' 느낌을 준다. 단음계는 대 체로 '어둡거나 슬프거나 부정적인' 음악을 묘사한다.

• 조key: 대개 장음계나 단음계 중 하나를 바탕으로 한 음배열 또는 음체계로서, 멜 로디를 만드는 기준점이자 이끄는 힘으로 작용한다. 조의 으뜸음은 대체로 그 조로 쓰 인 곡의 시작음과 끝음으로 쓰인다. 예를 들어 마장조E major 곡에서는 마음, 즉 미가 으 뜸음이 된다.

• 여기서 소개한 기본 요소들은 모두 오선지에 나타낼 수 있다. 가끔 악곡의 운율 분할을 표시하기 위해 소절로 나누 고 음높이를 확인하기 위한 기준점으로 음자리표를 오선의 시작부분에 표시한다.

• 곡이 기본 조에서 벗어나는 것을 조바꿈이라 한다. 조는 악보의 시작부분에 조표로 표시된다.

• 세계의 다양한 음악에서 사용하고 있는 음계는 수백 가지다. 시타르나 다른 악기로 연주되는 인도 음악에서 사용하 는 음계는 22가지나 되는데, 음계 간격이 서양 음악에서 사용하는 것보다 큰 것도 있고 작은 것도 있다. 그래서 인도 음악에서는 음높이 차이를 감지하기가 매우 어렵고, 인도 고전 음악가들은 고도의 연주 기술을 갖추고 있어야 한다.

006

겉모습과 실체

겉모습과 실체를 구별하는 것은 시대를 막론하고 중요한 철학적 주제였다. 소크라테스(기원전 469~399년) 이전 철학자들은 겉모습과 실체를 구별하는 것을 사상의 중심으로 삼았다.

그들은 일반적으로 사람들 눈에 보이는 겉모습과 본질적 실체는 다르다고 믿었다. 예를 들어 탈레스는 겉모습은 모두 다를지라도 만물은 근본적으로 물로 이루어져 있다고 주장했고, 헤라클레이토스는 세상의 모든 것은 불로 이루어졌다고 주장했다. 헤라클레이토스는 또한 만물이 끊임없이 운동한다고 생각했다. 또 다른 철학자인 파르메니데스는 실제로 움직이는 것은 아무것도 없으며, 움직이는 것처럼 보이는 모든 것은 환상에 불과하다고 주장했다.

소크라테스 이전 철학자들은 사물의 실체가 더 근본적인 물질로 구성되어 있을 가능성에 주목했다. 비판 없이 받아들이는 일상적 관찰이 우리에게 세상에 대한 잘못된 그림을 제시하기 쉽다고 의심했다. 이런 이유로 그들의 사상은 철학뿐만 아니라 현대 과학의 전신으로도 여겨진다.

플라톤, 스피노자, 라이프니츠를 포함한 소크라테스 이후의 많은 철학자들도 이전 철학자들의 전통을 따랐다. 그들은 평범하고 상식적인 세계관보다 더 진실에 가까운 모델이라고 주장하면서 사물의 실체에 대한 다양한 세계관을 내놓았다.

• 겉모습과 실체의 구별은 회의주의라고 알려진 유서 깊은 철학 전통에서도 중요한 주제로 다뤄졌다.
• 임마누엘 칸트 역시 겉모습과 실체의 차이에 대해 설명했다. 그는 우리가 경험하는 것과 이른바 '물자체(thing-in-itself)'를 구별해서 말했다.

007

토라

토라Torah는 일반적으로 히브리 성경의 첫 다섯 편을 가리키며, 모세 5경이라고도 한다. 기독교인들은 토라와 다른 유대교 문서를 묶어 구약성경이라 부른다. 토라는 구전으로 전해지기도 하고 여러 문서를 아우르는 유대교 율법 전체를 뜻하기도 한다.

모세 5경은 유대교를 다스리는 613조 율법의 기초가 되며, 세계 3대 일신교 신앙인 유대교, 기독교, 이슬람교의 기본 경전이다. 구성은 다음과 같다.

- 창세기: 천지 창조와 이스라엘 민족, 아브라함, 이삭, 야곱과 그들 가족의 역사를 담고 있다.
- 출애굽기: 모세가 십계명을 받는 것을 포함해 이집트에서 가나안 지방으로 탈출하는 이야기를 다룬다.
- 레위기: 예배 의식과 규칙이 담겨 있다.
- 민수기: 이스라엘 민족이 겪은 황야에서의 생활을 이야기한다.
- 신명기: 모세가 말년에 설파한 이스라엘 민족의 역사와 윤리적 가르침으로 구성되어 있다.

모세 5경의 기원에 관해서는 모세가 시나이산에서 다섯 권을 한꺼번에 받았다고 보는 것이 전통적인 관점이다. 하지만 첫 편은 시나이산에서 받았고 나머지는 일생에 걸쳐 계시받은 것이라고 보는 설도 있다.

고고학자들은 역사적으로 기원전 10세기에서 기원전 6세기 사이에 토라가 쓰였다고 추정한다. 정통 유대인들은 인정하지 않지만 문서가설(모세 5경은 구전으로 전해지던 내용을 모세 이후 익명의 저자들이 편집한 것이라는 가설)을 지지하는 사람들은 구약성경의 첫 다섯 편이 원래 4개의 출처에서 나왔는데, 제5의 저자 또는 편집자가 하나로 편집했다고 주장한다. 신을 나타내는 이름이 여러 개이고 문체도 다양하며 이야기가 반복된다는 점이 이 주장에 힘을 실어준다.

토라에는 내용을 이해하기 위해 필요한 구전이 처음부터 포함되어 있었다. 구전을 포함시키는 것이 불경스러운 것이라고 여겨지기도 했지만 제대로 이해하기 위해서는 불가피했다. 그 결과 탄생한 것이 민수기이다. 유대교 랍비들은 토라와 구전 내용을 계속 논의하고 토론했다. 그 과정에서 그들의 주장을 집대성해 만든 것이 탈무드이다.

유대교 전통은 토라의 내용을 바탕으로 수많은 법과 관습을 만들어냈다. 랍비들은 토라의 모든 구절을 분석하고 그 의미를 찾는 데 일생을 바친다.

008

MON
☞
역사

함무라비 법전

 함무라비는 오늘날의 이란에 세워진 고대 바빌로니아의 왕이다. 기원전 1792년부터 기원전 1750년까지 바빌로니아를 통치했고 여러 경쟁 국가를 정복했다. 하지만 역사 최초의 법률가로서 더 유명하다. 통치 말기 함무라비는 기록 역사상 최초의 법전을 만들었다. 그 법은 국민이 지켜야 할 법칙과 법을 어긴 사람에 대한 처벌을 상세히 기술했다. 그때만 하더라도 대부분 절대 권력의 통치자가 기분에 따라 통치하던 시대였으므로 모든 사람에게 적용되는 법이라는 것은 듣도 보도 못한 새로운 개념이었다.

함무라비 법은 오늘날의 기준에서 보면 매우 잔인하기 그지없다. 함무라비 왕은 아주 가벼운 위반 행위에 대해서도 사형을 지시했다. 술집에 출입한 여자, 도망가는 노예를 숨겨준 사람, 합당한 명분 없이 남편을 떠난 아내 모두가 사형 대상이었다. 조잡하기 그지없던 법은 고대 사회의 미신까지 반영하고 있었다. 시민끼리 분쟁이 발생하면 피고소인에게 강에 뛰어들도록 했다. 유죄이면 물에 빠져 죽을 것이고, 무죄이면 무사히 빠져나온다는 것이다. 그리고 피고소인이 무사히 나오면 고소인은 무고죄로 사형에 처해졌다.

함무라비 왕은 일반 대중들이 볼 수 있도록 법의 내용을 정의의 신에게 바쳐진 검은 돌기둥에 새기게 했다. 기둥에 새긴 법문에서 '미래의 모든 세대'가 법을 준수하고 '내가 지시한 이 땅의 법을 변경하지 말 것'을 요구했고, 후세의 왕들이 기분에 따라 충동적으로 통치하기보다 법치주의를 따라야 한다고 강조했다. 국민을 다스리는 법을 통치자가 임의대로 바꿀 수 없다는 생각은 혁신적이었다. 오늘날에도 법치주의를 지키는 것은 성공한 정부의 기본 특징이다.

- 함무라비 법이 새겨진 돌기둥은 1901년 프랑스의 한 고고학자에 의해 발굴되었고 현재 프랑스 파리 루브르 박물관에 옮겨져 있다.
- 함무라비 법은 중동지역 대부분의 고대 문명에서 사용한 복잡한 문자 체계인 설형문자로 새겨져 있다. 설형문자는 1835년이 되어서야 해독할 수 있었다.
- 바빌로니아 과학자들은 60진법 수 체계를 사용했다. 1분이 60초인 까닭이 여기에 있다.

009
TUE 문학

어니스트 헤밍웨이

20세기 주요 미국 작가 가운데 어니스트 헤밍웨이(1899년~1961년)만큼 영향력 있는 데다 많은 사람의 추종을 받으며 동시에 비난을 많이 받는 작가도 없다. 헤밍웨이는 생전에도 대중적으로 널리 알려져 있었다. 그에 관해 떠도는 일화가 매우 많기 때문에 어느 것이 사실이고 어느 것이 전설인지 구분하기 어려울 정도이다.

헤밍웨이는 일찍부터 작가가 되고픈 꿈을 품고 있었다. 18살 무렵 신문 기자로 몇 달 동안 활동하다가 제1차 세계대전 기간에는 이탈리아 전선 적십자 구급차 운전사로 일했다. 그때 부상을 크게 입었다. 전쟁이 끝난 후 헤밍웨이는 거트루드 스타인과 전쟁의 잔인함에 환멸을 느낀 이른바 '잃어버린 세대Lost Generations' 작가들과 함께 파리에서 몇 년을 보냈다. 그곳에서 자신의 트레이드마크가 되는 문체를 다듬었다. 겉으로 보이는 간결함 속에 숨겨진 반복적이고 절제되고 자의식적인 남성적 산문체가 그것이다.

헤밍웨이는 미시건 북부에서 보낸 유년기의 여름과 나중에 유럽을 여행하면서 얻은 경험을 바탕으로 수 편의 단편소설을 썼고, 1926년 첫 주요 장편소설《태양은 다시 떠오른다》를 발표했다. 사회에 불만을 품은 미국인 젊은이가 스페인과 프랑스에서 여유로이 시간을 보내며 겪는 사건을 다룬 이 소설은 즉각적인 찬사를 불러 일으켰다. 1929년에는 제1차 세계대전을 배경으로 미국인 구급차 운전사와 영국인 간호사의 비극적 연애를 그린《무기여 잘 있거라》를, 1940년에는 종군기자로 참가했던 실제 경험에서 영감을 얻어 집필한 스페인 내전 게릴라에 대한 이야기《누구를 위하여 종은 울리나》를 발표했다.《누구를 위하여 종은 울리나》의 주인공은 이른바 '헤밍웨이 특유의 규범적 주인공'이다. 즉 주인공은 세상에 환멸을 느끼고 절제된 삶을 살면서 폭력이나 역경에 처했을 때 품위와 고결함을 보여주는 남성이다.

이름이 알려지면서 헤밍웨이는 전쟁, 투우, 사냥, 대어 낚시 등 한눈에도 남성적인 주제를 다루는 작가로 명성을 다져나갔다. 헤밍웨이의 작품에 대해 남성다움을 꾸민 가식이라고 말하는 비평가도 더러 있었지만《노인과 바다》(1952년)에서 보여준 부인할 수 없이 능수능란한 이야기 전개로 헤밍웨이는 1954년 노벨문학상을 받았다. 그러나 작가로서 최고의 명예를 얻었음에도 말년에는 우울증과 건강 악화에 시달렸고 결국 1961년 권총으로 스스로 생을 마감했다. 하지만 현대 소설 문체에 미친 헤밍웨이의 영향력은 그야말로 절대적이다.

010

네페르티티 흉상

이집트 미술에서 가장 유명한 작품 중 하나인 네페르티티 흉상은 석회석으로 만들어진 것으로 1912년 독일 고고학자 루트비히 보르하르트가 지금의 이집트 텔 엘 아마르나 유적지에서 발굴했다. 이 흉상은 고대 이집트 조각가 투트모스의 공방에서 발견되었는데, 깨진 항아리 조각으로 가장해 이집트 밖으로 밀반출되었다.

네페르티티는 기원전 1353년부터 1335년까지 이집트를 지배한 파라오 아멘호텝 4세의 가장 중요한 왕비였다. 아멘호텝 4세는 통치 기간 중에 자신의 이름을 '태양의 신 아톤을 섬기는 자'라는 의미로 아케나톤으로 바꾸고 윤리를 강조하는 최초의 일신교 신앙을 채택했다. 네페르티티는 남편과 거의 맞먹는 지위를 누렸다. 어떤 학자들은 네페르티티가 새로운 신앙 도입의 배후이며 심지어 일정 기간 동안 섭정을 했다고 주장한다. 아케나톤이 사망하자 막강했던 그와 그의 아내에 대한 흔적이 거의 사라졌는데, 아마 일신교 채택으로 배척당했던 다신교 성직자들이 한 짓으로 추정하고 있다.

네페르티티 흉상은 20인치(약 51cm) 남짓 높이로 대략 3400년 전에 만들어졌다. 발견 당시 귓불만 조금 떨어져나가고 거의 완벽한 상태로 보존되어 있었다. 그러나 애초에 왼쪽 눈동자가 없는 미완성 작품이었다. 또 투트모스가 제자들에게 시범을 보이는 모형으로 사용했을 가능성이 있다. 이 흉상이 네페르티티 왕비와 닮았는지 아니면 이상적인 미인의 모습을 묘사한 것인지는 여전히 의문으로 남아 있다.

2003년 디스커버리 채널의 지원을 받은 영국 고고학자 조안 플레처가 전에 발굴된 한 미라가 네페르티티의 것임을 확인하면서 일대 논란이 일었다. 플레처가 실질적인 증거를 제시했지만 이집트 당국은 그 주장을 받아들이지 않았다.

네페르티티 흉상은 현재 베를린 알테스 박물관에 소장되어 있다. 지금까지 알려진 이집트 미술 최고의 걸작이자 여성의 아름다움을 잘 보여주는 모형인 이 조각상은 '미녀가 왔다'는 뜻으로 풀이되는 네페르티티의 이름에 새로운 의미를 부여하고 있다.

• 제2차 세계대전 막바지에 네페르티티 흉상은 베를린의 소련 점령지 밖으로 옮겨졌고 그로 말미암아 소유권 분쟁이 일어났다. 흉상은 2005년에 다시 반환되었다.

011

에라토스테네스

고대 그리스의 과학자들은 세상이 둥글다고 믿었다. 그러나 그들 중 누구도 세상이 얼마나 큰지 알지 못했다. 그러던 중 기원전 3세기 알렉산드리아 도서관의 관장 에라토스테네스(기원전 276~194년)가 지구의 크기를 측정하는 기발한 방법을 고안했다.

에라토스테네스는 이집트의 도시 시에네 인근에 있는 특별한 우물을 알고 있었다. 일 년 중 하루가 가장 긴 하짓날(6월 21일) 정오가 되면 햇빛이 우물의 바닥까지 내리비추었다. 즉 태양이 머리 바로 위에 위치한다는 말이다. 에라토스테네스는 시에네에서 태양이 머리 바로 위에 온다면 정북에 위치한 알렉산드리아에서는 햇빛이 비스듬히 비쳐야 한다는 사실을 알고 있었다. 이때 햇빛이 비치는 각도를 측정할 수 있다면 지구의 크기를 추정하기에 필요한 단서를 얻을 수 있었다. 에라토스테네스는 막대기를 준비하고 6월 21일 정오에 알렉산드리아에서 막대기 그림자를 이용해 각도를 쟀다.

에라토스테네스는 그림자 각도가 두 도시를 지구의 중심과 연결했을 때 생기는 각도와 같다는 것을 알고 있었다. 두 도시 사이의 거리를 알아내기 위해 그 각도를 원의 각도를 나타내는 360으로 나누었다. 계산 결과는 50분의 1이었다. 이것은 시에네와 알렉산드리아 사이를 50회 왕복한다면 지구 한 바퀴를 걷는 것과 같다는 결론이다.

이제 남은 것은 두 도시 사이의 정확한 거리를 측정하는 것뿐이었다. 에라토스테네스는 정확하게 일정한 보폭으로 걷도록 훈련받은 전문 보행자를 고용했다. 보행자로부터 얻은 측정치를 이용해 지구 둘레가 대략 2만 4700마일(약 39,751km)이라고 추정했다. 2000년 전 에라토스테네스가 개발한 원리를 사용한 현대식 도구로 적도를 따라 지구 둘레를 측정한 결과 2만 4902마일(약 40,076km)이었다.

에라토스테네스가 살던 시대에 사람들에게 알려진 세상은 스페인에서 인도까지 뻗어 있었다. 에라토스테네스는 세상의 나머지는 광대한 대양으로 덮여 있다고 믿었다. 그는 성난 파도가 일지 않는다면 스페인에서 출발해 서쪽으로 항해를 계속했을 때 인도까지 갈 수 있을 것이라 생각했다. 이와 같은 생각에 힘입어 크리스토퍼 콜럼버스가 1492년 그 유명한 항해를 시작한 것이었다.

- 에라토스테네스는 역사 사건들을 연대순으로 기록하려고 본격적으로 시도한 최초의 역사학자이다. 오늘날 고대 역사의 대부분은 에라토스테네스가 기록한 날짜를 사용하고 있다.
- 위도, 경도, 음계, 소수 등 오늘날 사용하는 많은 개념들이 에라토스테네스가 고안한 것들이다.
- 에라토스테네스 시대의 다른 과학자들은 그를 이류라는 의미로 베타Beta라 불렀다. 에라토스테네스의 관심사가 매우 많기 때문에 그가 재미삼아 이것저것 해본다고 생각했다.

012 | 멜로디

멜로디는 일반적으로 선율이라고도 일컬어지며 음악에서 가장 쉽게 알아볼 수 있는 요소라고 할 수 있다. 화음과 리듬과 더불어 음악의 3대 기본 요소인 멜로디는 한 가지 악기나 여러 악기로 연주할 수 있다.

멜로디는 음악적인 소리를 낼 수 있는 순서로 음이 연속적으로 배열한 것을 말한다. 멜로디를 이루는 음들은 일종의 통일성을 이루거나 서로 밀접하게 묶여 있는 것처럼 보인다. 멜로디는 여러 음이 연달아 연주되지만 한꺼번에 들리지 않는다는 점에서 화음과 구별된다.

시간이 흐르면서 멜로디의 의미가 확장되어 익숙하지 않아서 모험적으로 들리거나 심지어 귀에 거슬릴 수 있는 연속된 음까지 멜로디에 포함되었다. 모차르트, 슈베르트, 시벨리우스는 멜로디를 만드는 천재로 자주 언급된다. 반면에 스트라빈스키 같은 모더니즘 음악가들은 18~19세기 작곡가들이나 오늘날의 일부 청중의 귀에 소음으로 여겨질 수 있는 멜로디를 썼다. 스트라빈스키의 발레곡 〈봄의 제전〉에서 시작 부분의 선율은 머릿속에서 쉽게 잊히지 않을 것이다.

대개 멜로디는 더 짧은 음악 단위인 악구로 나뉜다. 악구는 일반적으로 종지cadence라 불리는 쉬는 지점에서 끝난다. 멜로디의 전체 구조를 구성하는 악구는 종종 묻고 답하는 듯한 느낌을 준다. 멜로디의 한쪽 부분에서 음악적 아이디어를 제기하면 다른 부분에 그 아이디어에 대답하거나 그것을 완성하는 형식이다. 이때 미완성된 것처럼 들리는 종지로 악구가 끝나면 그 악구를 가리켜 선행구라 한다. 선행구 다음에 오는 악구로서 완벽히 마친 느낌을 주는 종지로 끝나는 악구를 가리켜 후속구라 한다.

- 중세 시대의 많은 작곡가들은 15세기 프랑스 곡 〈무장한 남자(L' homme armé)〉 같은 기본 멜로디를 공유하고 작품의 중심 테마로 사용했다.
- 〈작은 별〉처럼 더 현대적인 멜로디도 같은 방식으로 사용되어 왔다. 그러나 현대에는 독창적인 멜로디를 쓰는 재능을 훨씬 더 높이 평가한다.
- 다양한 악기의 대규모 합주를 위한 멜로디나 곡 전체를 편곡하는 것을 관현악 편곡이라 한다. 관현악 편곡을 전문으로 하는 음악 교육과정이 있으며, 무엇보다 관현악용으로 편곡하는 능력 때문에 존경받는 작곡가들도 있다.

013

소크라테스

서양 철학의 아버지라 여겨지는 소크라테스(기원전 470~399년)는 단 한 권의 책도 쓰지 않았다. 우리는 다른 사람이 쓴 그에 관한 글을 통해 간접적으로만 그를 알고 있다.

기원전 5세기 그리스 아테네에서 태어난 소크라테스는 아테네가 치른 여러 전쟁 중에서 한 전쟁에 참전해 병사로서 두각을 나타냈고, 그 후 아테네 사회에서 흥미로운 인물이 되었다. 그는 누구든 상관없이 만나는 사람을 붙잡고 대화를 나눴다. 그리스 전역을 여행하며 젊은이들에게 돈을 받고 수사법과 정치적 기술을 가르치는 소피스트들과 달리 소크라테스는 돈을 받지 않았다. 무엇보다도 그는 아무것도 가르칠 것이 없다고 주장했다. 자신은 실질적인 지식을 가지고 있지 않으며, 만약 그가 다른 사람보다 현명하다면 그것은 오직 자기가 무지하다는 것을 알고 있기 때문이라고 말했다.

우리가 소크라테스에 대해 알고 있는 대부분은 그의 훌륭한 제자 플라톤(기원전 427~347년)에게서 얻은 것이다. 학자들은 플라톤의 대화편 초반부가 역사적 인물인 소크라테스의 철학을 가장 정확하게 나타내고 있다고 말한다. 대화편의 전형적 구조는 소크라테스가 정의의 본질 같은 특정 주제에 대해 알고 있다고 주장하는 이웃 아테네인과 만나 대화하고, 대화를 통해 그 이웃이 스스로 알고 있다고 주장하는 것을 사실 전혀 모르고 있음을 증명하는 형식이다.

기원전 399년 소크라테스는 아테네 젊은이들이 타락하도록 가르치고 있다는 죄목으로 재판에 회부되었다. 플라톤의 대화편 중《소크라테스의 변론》에 실린 기록에 따르면 소크라테스는 재판에서 "반성하지 않는 삶은 살 가치가 없다."라는 명언을 남겼다. 그는 자신의 무죄를 주장했지만 결국 유죄 판결을 받고 독미나리에서 추출한 독약을 마시는 사형에 처해졌다. 소크라테스가 친구와 제자들과 함께 철학에 대해 논의하며 생애 마지막 순간을 보내는 모습은 플라톤의 대화편 중《파이돈》에 감동적으로 기술되어 있다.

• 지금도 많은 법률대학원에서 교수들이 사용하고 있는 소크라테스 문답법은 소크라테스가 제자들에게 적극적으로 질문을 하던 방식에서 기원했다.

• 소크라테스와 동시대를 살았던 많은 이들이 그가 얼마나 못생겼는지 언급했다.

• 고대 그리스의 희극 시인 아리스토파네스(기원전 448~380년)는 희곡《구름》에서 소크라테스에 대해 풍자한다.

014 | SUN ☿ 종교 | 노아

노아는 구약성경 창세기의 홍수 이야기에 나오는 놀라운 인물이다. 창세기에 따르면 신은 세상 만물을 살피다가 인간이 저지른 죄에 화가 났다. 인간을 창조한 것을 후회하며 모두 파괴하기로 결심했다. 그러나 그 전에 노아를 알아보았다.

신은 노아가 죄가 없는 인간이라는 것을 알고 그를 구원해주기로 했다. 신은 노아에게 일주일 후부터 40일 동안 밤낮으로 비를 내리는 거대하고 끔찍한 홍수가 일어날 것이라 말했다. 노아는 그와 아내, 세 아들 내외뿐만 아니라 홍수가 끝나면 대지를 다시 채울 수 있도록 세상에 존재하는 모든 동물의 암수 한 쌍씩 전부 수용할 수 있는 거대한 방주를 지으라는 지시를 받았다.

노아는 신의 지시에 따라 방주를 만들어 동물과 가족을 모두 실었다. 40일이 지나 비가 그쳤지만 땅은 여전히 물에 잠겨 있었다. 물이 언제 빠지는지 알아보기 위해 노아는 창을 열어 비둘기 한 마리를 내보냈다.

비가 바다를 이룬 지 150일이 지나고 아라랏산에 발이 묶인 채 다시 100일이 지나자 마침내 땅이 충분히 말랐고, 노아는 대지를 다시 채우는 과정을 시작했다. 방주를 완전히 비우고 동물들이 짝짓기를 하게 했다. 그때 신은 노아에게 그도 "번성하라."라고 말했다(창세기 8장 17절). 신은 노아에게 다시는 인간을 파멸시키지 않으리라 약속했고, 그 약속의 상징으로 무지개가 나타나도록 했다.

기독교와 유대교에서는 노아의 이야기를 서로 조금 다르게 해석한다. 기독교도 역사학자나 신학자들은 노아가 신뢰와 복종으로 표현되는, 신에 대한 이상적인 믿음을 대표하며 그런 신앙심 때문에 노아와 그 가족이 살아남았다고 말한다. 유대교도 분석가들은 노아가 마지못해 신의 계시를 믿었고 노아가 마지막 순서로 방주에 들어간 것이 그 증거라고 말한다. 신에 대한 노아의 믿음이 그다지 강하지 않았을지도 모른다는 말이다. 이런 시각의 차이에도 불구하고 두 종교 모두 노아와 홍수를 종교적 서사의 중요한 표현으로 보고 있다.

- 노아 이야기에는 성경에서 처음으로 포도주가 등장한다. 대홍수 후에 노아가 포도주에 취해 벌거벗고 있는 것을 아들들이 발견한다.
- 신이 "번성하라."라고 노아에게 내린 명령은 아담과 이브에게도 내렸고(창세기 1장 28절) 야곱에게도 내린 것이었다(창세기 35장 11절).

015 | MON 역사 | 스파르타 대 아테네: 고대 사회 패권 다툼

그리스 남부의 거친 산악지대에 자리 잡은 작은 도시 국가 스파르타는 고대 사회에서 가장 무서운 군사력을 자랑했다. 태어나면서부터 엄격한 훈련으로 다져진 스파르타 군인들은 고대 그리스의 다른 도시 국가들과 끊임없이 벌어진 피비린내 나는 전투에서 결코 패하는 법이 없었다. 강인하고 놀라운 군대를 양성하기 위해 스파르타 원로들은 갓 태어난 아기들을 시험해서 약하고 기형인 아이를 걸러냈다. 강한 군인이 될 가능성이 낮은 아기들은 협곡에 던져졌다. 시험에 통과한 아기들은 가차없고 고통스러운 훈련을 받았다. 그리스 역사학자이자 저술가인 플루타르코스는 많은 스파르타 군사들에게 전투 출전은 오히려 구원이었다고 기록하고 있다. "스파르타인들에게 전쟁은 힘든 훈련에 비하면 휴가나 다름없었다."

군국주의 스파르타와 이웃 도시 아테네의 경쟁관계는 고대 그리스 역사 대부분을 장식한다. 민주주의가 태동한 곳인 아테네는 스파르타에 비하면 훨씬 더 유연한 사회였다. 문화를 꽃피울 시간이 거의 없었던 스파르타와 달리 아테네는 철학, 예술, 과학 분야에서 인류 역사상 가장 뛰어난 업적을 이룬 문화의 중심지였다. 아리스토텔레스, 플라톤, 소크라테스 등의 철학자뿐만 아니라 아이스킬로스, 아리스토파네스, 에우리피데스 같은 극작가도 기원전 5세기 아테네의 황금기에 태어났다.

아테네와 스파르타는 페르시아의 두 차례에 걸친 침략 시도를 물리치기 위해 일시적으로 손을 잡기도 했지만 오랫동안 고대 그리스의 패권을 두고 경쟁을 벌였다. 두 도시는 기원전 550년부터 기원전 350년까지 여러 차례 전투를 벌였는데 매번 그야말로 문명의 충돌이었다. 육지에서는 이름 난 스파르타 군대가 우위를 잡고 있었지만 바다에서는 아테네의 해군력이 강했기 때문에 전체 전력은 큰 차이가 없었다. 두 도시 국가의 경쟁관계는 북쪽에서부터 마케도니아의 필리포스 왕이 그리스를 침략하면서 갑자기 끝나게 되었다. 필리포스 왕과 그 아들 알렉산더 대왕이 그리스 대부분 지역과 아시아로 제국을 확장하면서 두 도시 국가도 집어삼켰다.

- 스파르타는 그리스 남부의 고대 왕국 라코니아의 수도였다. '말수가 적다'는 의미의 영어 laconic은 강인한 스파르타 군사의 과묵한 태도에서 유래된 것이다.
- 스파르타 남자아이들은 강인함을 증명하기 위해 채찍질을 얼마나 견딜 수 있는지 겨뤘다.
- 파르테논 신전을 포함해 아테네 아크로폴리스의 많은 건축물이 기원전 5세기 아테네의 황금기에 세워졌다.

016

할렘 르네상스

'뉴 니그로 운동'이라고도 불리는 할렘 르네상스는 그 이름에서 알 수 있듯이 1920년 대부터 1930년대 초반까지 뉴욕 할렘 지역에서 일어난 흑인 문예부흥을 말한다. 1800년 대 가혹한 노예로서의 삶과 남북 전쟁, 전후 재건시대를 견뎌내고 새로이 자유를 얻은 미국 남부의 흑인들은 뉴욕과 다른 북부 도시로 대거 이주했다. 이른바 '대이동'이라 불리는 그 사건이 할렘 르네상스의 기반이 되었다. 제1차 세계대전이 끝날 무렵 가난 하지만 문화적으로 생기 넘치는 흑인 공동체가 할렘에 뿌리를 내렸다.

할렘 르네상스의 기틀은 상당 부분 미국 흑인 역사학자이자 사회이론가인 윌리엄 듀보이스에 의해 다져졌다. 듀보이스는 1903년 사회 문제를 다룬 논저《흑인의 영혼》 을 발표하고 1909년에는 전미유색인종협회NAACP를 창설한 것으로 알려져 있다. 그는 새로운 의미의 흑인 문화 의식과 자부심을 주장하면서 젊은 세대 작가와 예술가들에 게 흑인 고유의 목소리를 만들도록 영감을 불어넣었다.

할렘 르네상스를 이끈 주요 작가 중 한 명이 제임스 웰든 존슨이다. 그는《전(前) 유 색인의 자서전》(1912년)과 유명한 설교집《신의 트럼본》을 집필했다. 존슨의 뒤를 이어 넬라 라슨과 조라 닐 허스턴은 각각 소설《패싱》(1929년)과《그들의 눈은 신을 보고 있 었다》(1937년)를 발표했는데, 미국 흑인 여성이 쓴 문학 작품 최초로 비평가들의 찬사 를 받았다.

할렘 르네상스 시대에는 특히 시가 많이 창작되었다. 이 운동에 동참했던 카운티 컬 렌 같은 시인들은 전통적인 형식에 의존해 시를 썼고, 랭스턴 휴스 같은 시인들은 새로 생긴 재즈 음악의 리듬을 작품에 접목시켰다. 할렘 르네상스에서 음악과 문학은 떼려 야 뗄 수 없는 관계였고, 두 분야의 주요 인물들은 할렘 문예부흥 운동이 벌어지는 내 내 서로 영감을 주고받았다.

1930년대 대공황이 뉴욕의 흑인 사회를 강타하면서 할렘 르네상스는 내리막길에 접어들었다. 하지만 그 후에도 계속해서 새로운 형식과 주제가 개척됨으로써 랠프 엘 리슨, 리처드 라이트, 로레인 한스베리, 토니 모리슨, 앨리스 워커 등 새로운 세대의 흑 인 소설가와 시인, 극작가들을 위한 길이 다져졌다.

● 할렘 르네상스 시대는 파머 하이든, 로이스 멜로우 존스, 윌리엄 존슨 등 저명한 흑인 화가도 많이 배출했다.

017

파르테논 신전

파르테논 신전은 페르시아 전쟁에서 그리스가 승리한 것을 기념하기 위해 아테네의 유명한 정치가 페리클레스의 의뢰로 기원전 447년에 착공해서 기원전 432년에 완공된 건축물이다. 아테네 아크로폴리스 언덕 위 옛 신전의 자리에 위치한 파르테논은 아테네 수호신 아테나 파르테노스에게 바친 신전이다.

고대 그리스 저술가 플루타르코스의 기록에 의하면 파르테논 신전은 두 건축가 익티노스와 칼리크라테스가 설계했고 조각상은 조각가 페이디아스의 작품이다.

고대 그리스 신전들은 일반적으로 직사각형이어서 사방에서 계단을 이용해 출입할 수 있었다. 대부분의 신전은 파르테논 신전처럼 건물 주변으로 기둥들이 길게 늘어서 있다. 그리스인들은 신전을 세울 때 도리아 양식, 이오니아 양식, 코린트 양식 중 하나를 따르는 경향이 있었다. 서로 다른 비율과 기둥머리를 보면 어느 양식의 건축인지 쉽게 구별할 수 있다. 세 양식 중 어느 특정 양식 하나로 지어진 대부분의 그리스 신전과 달리 파르테논 신전은 도리아 양식과 이오니아 양식이 결합되어 있다. 게다가 건축가들은 건물의 모습이 이상적으로 보이도록 착시 현상을 반영했다. 예를 들어 건물 기단과 지붕선 가운데가 조금 솟아오르게 만들었는데, 완벽하게 직선을 이룰 경우 육안으로 보면 아래로 처져 보이기 때문이다. 마찬가지로 기둥이 아래쪽으로 갈수록 두꺼워지게 한 것도 기단에 서서 볼 때 기둥이 더 높아 보이게 하기 위해서이다.

원래 파르테논 신전은 나무로 된 천장과 기와지붕이 있었고 밝은 색으로 칠해져 있었다. 건물을 빙 돌아가며 기둥 위로 네모난 부조 벽면 메토프가 있었는데, 페르시아 전쟁에서 그리스의 승리를 비유적으로 나타내는 신화 속 전쟁들이 묘사되어 있었다. 신전의 동서남북 네 벽면의 기둥 아래와 기둥 뒤에는 해마다 열리는 아테나 파르테노스 축제를 묘사하는 띠 모양 장식인 프리즈가 있었다.

파르테논 신전은 아테네가 멸망한 후로 수 세기 동안 사원으로 사용되었다. 6세기에는 교회로 사용되었고, 1458년 오스만 제국이 그리스를 정복하면서 이슬람 사원으로 바뀌었다. 1687년 일어난 전쟁에서 베네치아군의 포탄이 신전에 저장돼 있던 오스만군의 화약통에 떨어지면서 폭발이 일어나 건물 상당 부분이 파괴되었다.

1801년 이스탄불 오스만 궁정에 영국 대사로 갔던 엘진 경이 파르테논 신전의 조각상 가운데 훼손되지 않은 것들을 영국으로 가져가도 된다는 허락을 받고 영국 정부에 조각상들을 팔았다. 오늘날 그리스 일각에서는 반환 노력을 벌이고 있지만 그 조각상들은 런던 대영박물관에 가야 볼 수 있다. 1832년 그리스인들이 아테네를 되찾은 후로 파르테논 신전에는 무수히 많은 관광객들의 발길이 끊이지 않고 있다.

018

태양계

우리는 초등학교에서 태양계가 태양과 9개의 행성 그리고 그 행성들의 위성으로 구성되어 있다고 배웠다. 하지만 태양계는 그렇게 단순하지 않다.

행성에 관한 엄밀한 정의가 없기 때문에 사실 아무도 행성이 몇 개 있는지 확실히 말하지 못한다. 천문학자들은 수성, 금성, 지구, 화성 이렇게 암석형 행성 4개와 목성, 토성, 천왕성, 해왕성 이렇게 거대한 가스형 행성이 4개 있다는 데 모두 동의하지만, 얼음덩어리 천체 명왕성의 지위는 논란거리로 남아 있다. 2006년 천문학자들은 명왕성을 '왜행성dwarf planet'으로 분류했다.

명왕성의 크기는 대략 지구의 위성인 달의 3분의 2이며, 명왕성이 태양 주위를 한 바퀴 돌려면 248년이 걸린다. 이 작은 얼음덩어리 천체는 태양계의 여덟 행성들과 다른 궤도면을 따라 이상한 타원을 그리며 움직인다. 극도로 낮은 온도, 나머지 행성과의 먼 거리, 휘어진 공전 궤도 등 특유의 성질 때문에 많은 과학자들은 명왕성이 태양계 외곽 얼음 파편들이 모여 있는 장소인 카이퍼 벨트Kuiper Belt에서 온 혜성일 것이라 생각했다.

2003년 카이퍼 벨트에서 명왕성의 라이벌이 발견되었다. 비공식적으로 제나Xena라고 불리는 얼어붙은 암석 덩어리나 다름없는 이 천체의 공식 명칭은 2003 UB313이다. 명왕성보다 태양에서 세 배 더 멀리 떨어져 있고, 공전 주기는 더 기막히게도 560년이나 된다. 이 천체의 공전 궤도면은 태양계 다른 행성들의 궤도면에서 45도 기울어져 있다. 2003 UB313은 명왕성보다 크다. 그래서 많은 과학자들은 명왕성을 행성으로 분류한다면 2003 UB313도 행성이라고 불러야 한다고 생각했다.

• 카이퍼 벨트에 있는 다른 두 천체 콰오아와 세드나는 명왕성과 크기가 거의 비슷하다.
• 2003 UB313은 천문학자 마이클 브라운이 발견했다. 그는 배우 루시 롤리스가 고대 그리스 여전사로 나오는 TV 프로그램 이름을 따서 '제나'라는 별칭을 붙였고, 그것을 이 천체의 공식 명칭으로 만들고 싶어 한다.
• 태양계에는 알려진 위성만 153개가 있다. 그러나 위성의 수를 두고도 의견이 분분하다.
• 태양계에는 명왕성보다 크기가 큰 위성이 7개 있다. 목성의 이오가 그중 하나인데, 이오에는 대기와 활화산이 있다.

019

♪ | **화음**

음악은 멜로디로 시작하지만 음악에 색을 입히는 것은 화음이다. 화음은 서로 다른 높이의 음이 한꺼번에 들리는 것을 말한다. 하지만 화음의 역할은 매우 복잡하고 방대하다. 많은 음악이론가들은 화음을 분석하는 데 자기 경력의 대부분을 보낸다.

두 음 사이 간격을 가리켜 음정이라 한다. 음정은 숫자로 표현된다. 예를 들어 라에서 미까지 다섯 단계의 음높이 간격을 5도라 한다. 가장 초기 형태의 다선율 음악은 중세시대에 나타났다. 중세 작곡가들은 울림 음을 내는 4도 음정(예를 들어 도에서 파, 또는 레에서 솔)이나 5도 음정을 선호했다. 그러므로 멜로디 라인 아래에 4도 또는 5도의 음 간격으로 화음 라인이 병행되었다.

르네상스 시대에는 3화음이 주요 화음 단위가 되었고, 수백 년 동안 그 지위를 유지했다. 아직도 여러 형태의 음악에 3화음이 쓰이고 있다. 3화음은 3개 이상의 음을 동시에 또는 연속적으로 울리게 하여 음을 합성하는 코드를 말한다. 예를 들어 미에서 솔 또는 시에서 레까지 3도를 쌓아올린 화음을 기본으로 한다. 코드를 구성하는 음정에 의해 밝고 경쾌하게 들리는 장조인지 어둡고 슬프게 들리는 단조인지 코드의 성질이 결정된다. 3화음을 구성하는 음은 재배열해서 자리바꿈을 만들 수도 있다. 자리바꿈은 화음을 바꾸는 도구로 사용할 수 있다.

화음은 많은 기능을 한다. 악곡에 '옷을 입히고' 음악에 깊이를 더하고, 멜로디 라인을 보완하거나 울림을 주고, 멜로디 아래 기본 반주를 제공한다. 귀를 즐겁게 해주고 안정되게 들리며 마음을 편안하게 해주는 화음을 협화음이라 하고, 거칠고 친근하지 않거나 불안정하게 들리는 화음을 불협화음이라 한다. 일시적인 불협화음이 주는 불안정감이 없다면 조성음악은 지루할 것이고, 협화음의 안정감이 없다면 만족스럽지 못할 것이다. 어떤 것이 협화음인지, 즉 어떤 화음이 귀에 즐거운 것인지에 대한 기준은 음악 역사 내내 확대되었다. 심지어 협화음이 꼭 필요한 것인지에 대한 논쟁이 계속 벌어지고 있다.

- 요한 제바스티안 바흐는 합창 음악을 작곡할 때 능숙하게 화음을 구성했다고 알려져 있다. 클로드 드뷔시의 곡들은 종종 멜로디보다는 오히려 풍성하고 변하는 화음을 중심으로 진행되었다.
- 기원전 6세기 철학자 피타고라스는 '가장 순수한' 화음은 2:1이나 3:2 또는 4:3 같은 수학적 비율에 기반을 둔다고 주장했다. 대장장이들이 다양한 크기의 망치를 동시에 내리칠 때 소리를 듣고 만든 이론이었다.
- 화음을 뜻하는 영어 harmony는 두 부분을 연결하거나 합친다는 의미의 그리스어 harmonia에서 나왔다.

020 | SAT 철학 | 플라톤

플라톤(기원전 427~347년)은 기원전 5세기 아테네의 한 부유한 가정에 태어났다. 그와 같은 신분을 지닌 젊은 아테네인은 대개 정치에 입문할 것이라는 기대를 받았다. 하지만 플라톤은 스승인 소크라테스(기원전 470~399년)의 길을 따라 철학자가 되었다.

플라톤의 철학 저서는 두 명 또는 그 이상의 사람들이 철학 문제에 대해 대화하는 형식을 취하고 있다. 대부분 소크라테스와 대화하는 것들이다. 플라톤은 전혀 대화에 참여하지 않기 때문에 학자들은 플라톤이 소크라테스의 입을 빌려 말하고 있는 내용 가운데 얼마만큼이 플라톤 자신의 생각인지 그리고 얼마만큼이 소크라테스에 대한 기록인지 의문을 제기한다. 많은 학자들은 플라톤 대화편의 초반부는 소크라테스의 가르침을 역사적으로 정확하게 설명한 것이고, 후반부는 플라톤 자신의 생각을 펼칠 목적으로 소크라테스를 문학적 인물로 삼았을 것이라 추정하고 있다.

플라톤은 현상 세계의 물체는 추상적이고 형태가 없는 이데아(철학 혹은 이념)를 모방한 것이라고 보는 '이데아론'으로 가장 잘 알려져 있다.

게다가 모든 지식은 머릿속에 가지고 있었던 것을 기억해 낸 것이라고 보는 관점으로도 유명하다. 그의 설명에 의하면 영혼은 형태가 없으며 육체에 담기기 전부터 존재하는 것이다. 우리가 무엇인가를 알게 된다면 그것은 영혼이 육체에 담기기 전에 이미 알고 있었던 것을 상기해 낸 것이다.

더 나아가 플라톤은 영혼을 세 부분으로 나누어 묘사했다. 음식이나 술이나 성욕 같은 감각적 쾌락을 추구하는 욕망, 영광과 명예를 바라는 기개, 이데아를 이해하려는 이성으로 나뉜다는 것이다. 《국가론》에서는 정의로운 영혼과 정의로운 도시의 폭넓은 유사성을 밝히면서 정의로운 영혼이 무엇인지 설명한다. 완전히 정의로운 도시는 욕망, 기개, 이성 세 가지에 각각 부합하는 시민 집단이 있는 도시라고 주장한다. 플라톤은 영혼의 세 부분이 조화를 이뤄야 하는 것과 마찬가지로 도시를 구성하는 시민 집단도 조화롭게 상호작용해야 하며, 영혼과 도시 모두 이성이 가장 지배적이어야 한다고 믿었다.

- 플라톤은 대화편 가운데 소크라테스가 사형 선고를 받는 재판을 묘사한 《소크라테스의 변론》편에만 등장하는데 단 한 마디도 하지 않는다. 하지만 플라톤의 등장은 그가 실제로 그 재판에 참석했음을 나타내는 것이다.
- 플라톤은 아리스토텔레스(기원전 384~322년)의 스승이었다.

021

SUN
🕎
종교

카인과 아벨

카인과 아벨은 아담과 이브가 에덴동산에서 추방된 후에 낳은 아들들이다. 토라에 따르면 첫째 아들 카인은 신의 창조물이 아닌 인간이 낳은 최초의 인간이다. 카인은 농사를 지었고 아벨은 양떼를 몰았다.

어느 날 신이 카인과 아벨에게 제물을 바치라고 했다. 아벨은 어떤 것을 바쳐야 신이 가장 기뻐할지 고심했다. 그는 소중하게 기르던 양 한 마리를 바치기로 했다. 반면에 카인은 자신에게 가장 필요하지 않은 것이 무엇인지 생각하다가 과일과 곡식을 바쳤다. 신은 아벨의 제물을 더 좋아했다.

곧바로 카인은 동생을 시기했고 결국 동생을 살해했다. 신이 아벨을 찾으러 왔지만 찾을 수 없었다. 신은 카인에게 아벨이 어디에 있는지 물었다. 카인은 "모릅니다. 제가 아우를 지키는 사람입니까?"라고 대답했다(창세기 4장 9절).

카인이 저지른 죄를 알게 된 신은 카인에게 더는 농사를 지을 수 없고 남은 평생 떠돌아다녀야 하는 저주를 내려 벌했다. 카인은 자신이 다른 사람으로부터 상해를 입을까 걱정했다. 그래서 신은 카인에게 보호 표식을 찍어주었다.

카인과 아벨 이야기는 종교적·도덕적 교훈을 줄 뿐만 아니라 비옥한 땅이 부족한 가운데 농작물을 기르는 사람과 가축을 기르는 사람 사이에 벌어진 역사적 갈등도 그리고 있다. 수메르 문화에도 비슷한 이야기가 있다. 아름다운 여신이 농부의 신과 목동의 신으로부터 동시에 구혼을 받고 한 명을 선택해야 하는 이야기가 전해진다.

• 카인에게 찍힌 표식이 어떤 것인지는 설명되어 있지 않다. 얼굴에 표식이 찍혔거나 빨간 머리가 표식이라고 주장하는 사람도 있다. 반면에 검은색 피부가 카인의 표식이라고 주장하는 사람도 있다. 이 주장은 나중에 노예제도를 정당화하는 데 사용된다.
• 이슬람교 버전의 카인과 아벨 이야기에서는 카인이 아벨을 살해할 때 아벨이 아무 저항도 하지 않았다고 한다. 그래서 아벨을 평화주의의 상징으로 여긴다.

022 | MON 역사 | 알렉산더 대왕

알렉산더 대왕(기원전 356~323년)은 그리스 북부 산악지대의 마케도니아 왕국에 태어났고 아테네의 저명한 철학자 아리스토텔레스에게 교육을 받았다. 그의 아버지 필리포스 왕은 아테네를 포함한 고대 그리스 도시 국가 대부분을 점령하며 마케도니아 영토를 확장했다. 알렉산더는 아버지가 극장에서 암살된 후 20세에 왕좌에 올랐다.

왕으로서 알렉산더는 아버지를 능가했다. 잇따라 정복 전쟁을 승리로 이끌면서 당시 지중해 대부분 지역을 아우르는 광대한 제국을 건설했다. 알렉산더만큼 넓은 지역을 지배한 고대 왕국의 왕은 없었다. 근거지인 마케도니아를 시작으로 알렉산더의 군대는 그리스, 시리아, 이집트, 메소포타미아 그리고 페르시아 제국을 정복했다. 왕위에 오른 지 7년째 되는 기원전 330년에는 페르시아 다리우스 왕의 군대를 격파했다. 알렉산더는 마침내 인도까지 왕국을 확장했다. 그러나 33세에 고대 도시 바빌론에서 사망하면서 그의 통치 시대는 갑자기 막을 내렸다.

알렉산더 대왕이 건설한 제국은 그의 부하들이 여러 지역을 나눠 통치했고, 로마 제국에게 정복당하기 전까지 수백 년 동안 유지되었다. 정복 전쟁을 통해 차지한 새로운 영토에서 알렉산더 대왕과 그의 군대는 새롭고 다양한 문화를 접했다. 그리스인들은 자신들이 정복한 국가의 문화를 파괴하지 않고 오히려 흡수했다. 그 결과, 여러 문화가 결합된 새로운 헬레니즘 문화가 출현했다. 역사상 처음으로 유럽 남동부 지역과 중동 지역이 같은 언어를 사용하고 같은 문화 배경을 지니게 되었다. 그리스어는 수세기 동안 고대 사회의 공통어로 사용되었다. 신약성경이 처음부터 그리스어로 쓰인 까닭이 여기에 있다. 알렉산더 군대가 정복지에 일으킨 문화적 자극은 그가 현대 사회에 남긴 가장 의미 있는 유산일 것이다.

- 알렉산더는 어렸을 적에 아버지의 정복 전쟁에 불만을 가지고 있었다. 플루타르코스의 기록에 따르면 어린 알렉산더는 자신이 왕이 되었을 때 정복할 땅이 얼마 남지 않을 것 같아 애석해했다고 한다.
- 이집트를 정복한 후 알렉산더는 지중해 연안에 현재의 알렉산드리아에 해당하는 이름 없는 어촌 도시를 발견했다. 알렉산드리아는 알렉산더가 자신의 이름을 따서 이름 지은 수십여 도시 중 하나다. 그리스인들은 알렉산드리아에 양피지로 만든 수천 권의 책을 소장하기 위해 거대한 도서관을 세웠다. 몇 세기 후 알렉산드리아 도서관이 불에 전소되면서 고대 사회에 관한 방대한 양의 지식도 함께 사라졌다.
- 알렉산더는 사냥광이었다. 한번은 지금의 우즈베키스탄에서 사냥을 했는데, 사자를 포함해 4000마리의 동물을 사냥했다고 전해진다. 고대 그리스인들의 사냥 도구는 창과 그물이었고, 그 밖에는 거의 없었다.

023

TUE

문학

실낙원

존 밀턴이 1667년 발표한 서사시 《실낙원》은 구약성경 창세기에 기술되어 있는, 인간이 타락하는 이야기를 상세히 그린 대작이다. 영어로 쓰인 가장 정교한 서사시로 서양문학사에 기념비적 작품일 뿐만 아니라 종교개혁에도 지대한 영향을 미쳤다.

《실낙원》은 약강 5보격의 무운시(운의 구속이 없어 산문에 가까운 서술적인 시)이다. 셰익스피어도 여러 작품에서 무운시 형식을 사용했지만, 밀턴은 무운시의 가능성을 확대시키고 폭넓게 적용했다. 그뿐만 아니라 밀턴은 호메로스와 다른 고대 시인들이 서사시에 자주 사용했던 길고 복잡한 비유 양식인 서사시적 비유를 광범위하게 사용했다.

실낙원의 문이 열리자 사탄과 타락한 천사들이 신에 대항해 천국에서 반란을 일으키고 전쟁에서 패한다. 신은 그 벌로 이들을 지옥으로 추방한다. 사탄과 그 추종자들은 복수를 다짐하며 신의 가장 소중한 피조물인 인간을 타락시키기로 한다. 사탄은 지옥에서 몰래 빠져나와 에덴동산으로 들어간다. 아담과 이브가 잠들자 사탄은 두꺼비로 변신해 이브의 귀에 속삭이며 불만의 씨를 뿌린다. 사탄의 계획을 알아차린 신은 천사 라파엘을 보내 아담에게 경고해준다. 뱀으로 변장한 사탄은 아첨과 속임수로 이브를 설득해서 신의 뜻을 어기고 지혜의 나무에서 선악과를 따먹게 했다. 아담은 이브의 행동을 알고 절망했지만 그도 선악과를 먹기로 결정한다. 이브가 없는 에덴동산에서 혼자 살아가기보다 차라리 타락한 상태의 이브와 함께하는 것이 낫다는 생각에서이다. 대천사 미카엘이 나타나 인간에게 닥칠 불운의 모습을 아담에게 보여주자 아담과 이브는 "서로 손 잡고서" 눈물을 흘리며 "비틀거리고 느린 걸음으로" 에덴동산을 떠난다.

《실낙원》에서 사탄은 가장 복잡하고 완전한 깨달음을 얻은 매력적인 인물이다. 그는 비전과 리더십, 능숙한 말재주를 가지고 있지만 그런 자질들은 오만하고 이기적인 목표를 추구하도록 유도한다. 게다가 사탄은 완전히 사악한 것도 아니다. 오히려 그는 자의식이 매우 강해서 신이 자신을 추방했다는 비참한 현실에 고통스러워한다. 궁극적으로 사탄은 비극적인 인물처럼 보인다. 이와 같은 신학적 반전은 밀턴을 비판하는 사람들로 하여금 밀턴이 악마에 대해 지나친 동정을 보여주고 있다고 비난하도록 촉발시켰다.

- 밀턴은 녹내장 때문인지 눈이 멀게 되었고, 1654년 무렵에는 조수에게 대필을 맡겨야 했다.
- 밀턴은 《실낙원》에 이은 속편으로 《복낙원》을 1671년에 발표했다. 《복낙원》은 예수가 황야에서 40일을 보내는 동안 사탄을 만나는 신약성경의 이야기를 다시 그린 것이다.

024

밀로의 비너스

모든 시대를 통틀어 가장 유명한 조각상 중 하나가 밀로의 비너스이다. 1820년 그리스 밀로스 섬에서 한 농부에 의해 발견되었기 때문에 그 이름이 붙여졌다. 이 작품은 오스만 제국 관료들이 압수해 가서 결국 프랑스 해군 장교에게 팔았다. 이듬해인 1821년 루이 18세에게 바쳐졌는데, 그는 파리 루브르 박물관에 그 조각상을 기부했고 오늘날에도 루브르 박물관에 가면 볼 수 있다.

6.5피트(약 2m) 높이의 이 조각상은 고대 그리스의 파로스 섬에서 나는 백색 대리석으로 만들어졌다. 로마인들에게는 비너스로 알려져 있고 그리스에서는 아프로디테로 불리는 사랑과 미의 여신을 주제로 한 것이다. 이 조각상이 발견된 곳 인근에서 사과를 들고 있는 팔 조각이 발견되었다. 많은 학자들은 그 팔이 원래 조각상에 붙어 있던 것이라 추정하고 있다. 신화를 보면 트로이의 파리스 왕자가 비너스에게 세계에서 가장 아름다운 여성이라는 징표로 황금 사과를 주었다고 전해진다.

밀로의 비너스를 조각한 미술가와 만들어진 시기에 대해서는 의견이 분분하다. 루브르 박물관 관계자는 처음에 이 조각상이 고대 그리스 조각가 피디아스나 프락시텔레스가 만든 고전기(기원전 5~4세기) 작품이라고 발표했다. 그러나 조각상 기단을 보면 헬레니즘 시대 이후 세워진 그리스 식민지인 터키 남부 안티오크의 조각가 알렉산드로스가 만든 것임을 알 수 있다. 루브르 박물관 측은 밀로의 비너스가 헬레니즘 시대의 것이라는 데 동의하지만 여전히 작자 미상의 작품으로 전시하고 있다.

밀로의 비너스는 그 존재가 밝혀진 후로 전 세계 사람들로부터 감탄을 이끌어내고 있다. 영국 극작가 오스카 와일드는 이 조각상의 석고 모형을 주문한 한 남성이 파리에서 팔이 없는 조각상이 도착하자 철도회사를 상대로 소송을 제기한 이야기를 했다. 와일드를 더욱 놀라게 한 것은 그 남자가 소송에서 이겼다는 사실이었다.

• 독일 바이에른의 루트비히 1세는 밀로의 비너스가 자신이 1817년에 구매한 땅에서 발견되었기 때문에 자기 소유라고 주장했다.
• 1964년 일본에서 밀로의 비너스가 전시되었는데, 150만 명 이상의 관람객들이 무빙워크에 서서 작품을 감상했다.

025

THU

과학

온실 효과

온실 효과는 서로 다른 두 가지 과학 현상을 기술하는 데 사용된다. 먼저, 대기에서 우주 공간으로 열이 빠져나가지 못하도록 막는 완전히 자연적인 과정을 가리킨다. 이 과정에 의해 지표면의 평균 온도가 쾌적한 화씨 60도(약 섭씨 15.6도)를 유지할 수 있다.

태양에너지가 지구의 표면에 도달할 때 일부는 흡수되어 대지를 데우고, 일부는 반사되어 다시 우주로 빠져나간다. 통틀어 온실 가스라고 알려진 수증기, 이산화탄소, 메탄 및 다른 기체들이 온실 유리판처럼 지구 밖으로 빠져나가는 에너지 일부를 대기권에 가둔다. 온실 효과가 없다면 지구는 너무 차가워져서 생명체가 살아갈 수 없는 곳이 될 것이다.

온실 효과라는 말은 지난 세기 동안 지구온난화에 기여하고 있는 온실 가스들의 증가를 가리킬 때도 사용된다. 미국 과학아카데미에 따르면 지표면의 온도는 지난 100년 동안 1도 상승했고, 1980년대 이래로 상승 속도가 빨라지고 있다. 1998년은 가장 따뜻했던 해로 기록되었다. 게다가 열을 가둔다고 입증된 온실 가스의 양도 현저히 증가했다. 대기 중 이산화탄소 농도가 산업혁명 이전에 비해 30% 늘었고, 메탄 농도도 두 배 이상 늘었다.

무엇보다 중요한 것은 대기 중 수증기의 양이 증가했다는 점이다. 극지방 얼음이 녹으면서 해수면이 4인치(10.16cm)에서 8인치(20.32cm)로 상승했고 전 세계 강수량이 1% 증가했다. 이것은 악순환을 일으킬 것이다. 대기 중에 수증기가 많아졌다는 것은 대기권 밖으로 빠져나가지 못하는 열이 더 많아짐을 의미한다. 지표면이 더 뜨거워지면 극지방 얼음은 더 빨리 녹을 것이고, 바닷물이 더 많아지고 대기 중 수증기도 더 많아지게 된다. 그 결과 지표면은 더 뜨거워지고 극지방 얼음이 녹는 속도가 빨라지는 악순환이 이어진다.

- 미국 환경보호청은 지구 표면의 온도가 향후 50년 사이 화씨 1~4.5도 상승할 것이며 미국 해안을 따라 해수면은 2피트(약 61cm) 상승할 것이라 추정하고 있다.
- 미국 항공우주국 NASA의 최근 보고서에 따르면 현재 여름에 얼음이 녹는 속도라면 이번 세기 말 무렵에는 북극에 얼음이 완전히 사라질지도 모른다.
- 대부분 이산화탄소로 채워진 금성의 대기는 온실 효과 폭주를 일으킨다. 빠져나가지 못한 열이 더해지면서 금성의 표면은 납을 녹일 정도로 뜨거워진다. 반면에 화성에는 대기가 거의 없기 때문에 온실 효과도 일어나지 않는다. 화성의 온도가 아주 낮은 이유이기도 하다.
- 온실 효과는 1824년 조셉 푸리에가 처음 발견했다.

026

중세 초기 교회 음악

지금까지 알려진 최초의 작곡 음악은 중세 시대(400년대~1400년대)에 만들어졌다. 가톨릭 미사에서 수도사들이 사용하는 단선율 성가 또는 그레고리오 성가라고 알려진 형식이 그것이다. 미사는 인간과 신 사이 영적인 연결 고리를 제공하기 위해 그리스도의 마지막 만찬을 재연한 의식이다. 그 연결 고리의 일부분이 음악으로 완성되었다.

미사는 미사 통상문과 미사 고유문 두 부분으로 나뉜다. 미사 통상문은 '자비송, 대영광송, 신경, 거룩하시도다, 하느님의 어린 양, 미사가 끝났으니 평안히 가십시오' 이렇게 여섯 가지 라틴어 기도문으로 구성되어 있고, 항상 같은 문구를 포함하며 모든 미사에서 행해진다. 입례송, 층계송, 봉헌송, 영성체송을 포함하는 미사 고유문의 기도는 계절 예배와 지역 전통에 따라 문구가 달라진다. 중세 음악가들은 멜로디 형식을 결합시켜 새로운 멜로디를 만드는 방식으로 그레고리오 멜로디를 구전으로 전수했다.

대부분의 중세 음악은 멜로디 라인 하나로 구성되어 있는 단선율이다. 하지만 10세기 무렵 일부 음악가들은 오르가눔organum이라 불리는 다선율 곡을 쓰기 시작했다. 오르가눔은 대개 4도나 5도 떨어져 동시에 진행되는 2개의 멜로디 라인으로 구성되어 있었다. 그 후 200년 후 파리 노트르담 대성당의 음악 감독 레오냉과 페로탱은 최대 4개의 성부가 병행되지 않고 독립적으로 연주되는 오르가눔을 작곡했다.

13세기에는 모테트motet라 불리는 복잡한 다선율 형식이 생겨났다. 라틴어로 된 주제 멜로디 라인을 고정하고 프랑스어나 라틴어 혹은 두 언어로 부르는 여러 개의 다른 성부로 보완하는 구성이다. 모테트 음악의 초창기 대가로 불리는 기욤 드 마쇼는 14세기 최초로 완전한 모테트 형식의 미사 통상문 곡을 작곡했다.

- 이 시기 프랑스 남부에서는 음유 시인이라 불리는 귀족 출신 시인들이 사랑과 전쟁에 관한 세속적인 노래를 만들었다. 방랑 시인이라 불리는 떠돌이 음악가들은 자신들의 노래와 음유 시인들이 만든 노래를 부르면서 여러 왕궁을 전전했다. 오늘날에도 여러 도시를 돌아다니는 음악가를 가리켜 음유 시인이라고 부른다.
- 1990년대 중반 스페인의 산토 도밍고 데 실로스 수도원 베네딕트회 수도사들은 중세 이후 처음으로 그레고리 성가를 대중화한 〈성가〉라는 제목의 CD 두 장을 발표했다.
- 세상에 알려진 최초의 여성 작곡가는 힐데가르트 폰 빙엔(1098년~1179년)이다. 그녀는 신비주의자였고 수녀원 원장이었다. 가톨릭교회를 위한 단선율 음악을 여러 곡 작곡했다. 대부분 여성 목소리에 맞는 곡이다. 그녀는 〈덕행별곡(Ordo virtutum)〉이라는 가톨릭 미스터리 희곡도 썼다. 가톨릭교회는 그녀를 복자(축복받은 자)로 인정했지만 아직 성인으로 선언하지는 않았다.

027

이데아

세상에 존재하는 모든 아름다운 것을 생각해보자. 어떤 공통점이 있을까? 그것들이 아름답다는 것은 무엇으로 설명되는가? 플라톤(기원전 427~347년)에 따르면 이 질문의 답은 아름다움이라 불리는 형식form 또는 이데아idea(이념)에 있으며 아름다운 것들은 각기 그런 이데아와 관계가 있기 때문에 아름다운 것이다. 플라톤은 아름다움의 이데아뿐만 아니라 같은 방식으로 기능하는 많은 이데아가 있다고 믿었다. 붉음의 이데아가 있어서 세상의 모든 붉은 것이 존재하는 것이고, 선(善)의 이데아가 있어서 이 세상 모든 선한 것의 존재를 설명할 수 있다. 다른 것들도 마찬가지다.

아름다움처럼 플라톤의 이데아는 시간을 초월하는 불변의 것이다. 더욱이 아름다움의 이데아는 그 자체로서 아름답다. 아름답다는 것 말고 다른 속성을 가지고 있지 않으며, 아무 제한 없이 절대적으로 아름답다. 다른 아름다운 것들은 크기나 모양 같은 다른 특징을 가지고 있으며 오로지 제한적으로만 아름답다. 아름다운 것들은 각기 아름다움에 참여하기 때문에 아름답다. 플라톤은 참여를 불완전한 모방이라고 여겼다. 그래서 아름다운 것들은 각기 아름다움을 모방하지만 어느 정도로 제한되어 있다.

플라톤이 말하는 이데아는 이데아를 모방한 특정한 사물보다 더 실재하는 것이다. 이데아는 시간을 초월하는 불변의 것이지만 물리적 사물은 계속 변하고 끊임없이 생겨났다가 다시 사라진다. 이데아는 완전무결의 것인 데 반해 사물은 제한적이고 조건적이다.

플라톤은 인간의 육체가 존재하기 오래전부터 영혼이 존재했고, 그 영혼은 천국에 살면서 이미 이데아를 직접 접했다고 주장했다. 진정한 지식은 이데아에 대한 지식이지만, 이데아는 물리적 세계에 존재하는 것이 아니므로 이데아의 지식은 감각적 경험을 통해 얻을 수 없다. 그러므로 진정한 지식, 즉 이데아에 대한 지식은 처음에 천국에서 접했던 이데아를 상기하는 데서 나온다. 우리가 배움이라고 생각하는 것은 사실 단순히 기억해내는 것이다.

- 플라톤은 스승인 소크라테스의 생애 마지막 시간을 묘사한 〈파이돈〉에서 이데아론을 처음 내놓았다. 많은 학자들은 이데아론이 소크라테스의 말을 통해 소개되지만 실제로 소크라테스의 생각이 아닌 플라톤의 철학 관점이라고 본다.
- 대화편 〈메논〉에서 소크라테스는 교육을 받지 못한 젊은 노예도 유클리드의 증명을 이해할 수 있다는 것을 보임으로써 배운다는 것이 기억을 상기하는 것이라는 이론에 찬성론을 펼친다.

028

아브라함과 이삭 그리고 야곱

아브라함은 유일신 종교의 창시자라 할 수 있다. 아브라함이 사라와 사이에서 낳은 이삭과 하갈과 사이에서 낳은 이스마엘 그리고 그들의 후손들이 각각 유대교와 이슬람교를 창시했다고 보고 있다.

성경의 창세기에 따르면 아브람이라는 이름으로 불리며 우르 지역에 살고 있던 청년 아브라함에게 신이 나타나 가나안 땅으로 가라고 지시했다. 나이가 들어 아브람은 자손이 없는 것이 걱정되었다. 나중에 사라로 이름이 바뀌지만 원래 사래로 불리던 그의 아내는 아무래도 불임인 듯했다. 그래서 사래는 자신의 하녀 하갈을 남편에게 보내 합방하도록 했다. 하갈은 이후 아브람의 첫째 아들 이스마엘을 낳았다. 사래는 질투와 분노에 못 이겨 아브람으로 하여금 하갈과 이스마엘을 추방하게 했다.

그때 신은 아브람과 약속을 맺었다. 신을 섬기는 대가로 아브람은 사래와 사이에 아들을 얻을 것이요, 그 아들은 훌륭한 자손을 많이 낳을 것이며, 가나안 땅이 그들의 것이 될 것이라는 약속을 받았다. 약속의 징표로 99세의 아브람은 자신의 이름을 아브라함으로, 아내 사래의 이름을 사라로 바꿨다. 아브라함은 할례(남자의 성기 끝 살가죽을 끊어내는 행위)를 받고, 앞으로 태어날 자신의 아들들도 할례를 받을 것임을 약속했다.

사라는 이삭을 낳았고, 이삭은 아브라함이 신과 맺은 약속을 이행했다. 이삭이 청년이 되자 신은 아브라함에게 이삭을 제물로 바치라고 했다. 신에 대한 절대적 헌신의 표시로 아브라함은 그러겠다고 했다. 그러나 아브라함이 아들을 죽이려는 찰나 천사가 나타나 막았다. 토라(모세 5경)에서 이 이야기는 신앙심의 훌륭한 예로 그려진다.

이삭은 리브가와 결혼해 쌍둥이를 낳았다. 리브가는 쌍둥이 중 둘째 아들 야곱을 특히 예뻐했다. 야곱은 나중에 이스라엘이라 불렸다. 야곱은 12명의 아들을 낳았고, 이들은 각각 이스라엘의 열 두 부족을 가리키는 12지파를 세웠다. 그들이 이스라엘인이다. 야곱은 첫 번째 아내 레아와 사이에 르우벤, 시므온, 레위, 유다, 잇사갈, 스블론을 낳았다. 레아의 여종을 첩으로 두어 갓과 아셀을 낳았다. 야곱이 가장 아꼈던 아내 라헬은 요셉(야곱이 가장 편애한 아들)과 벤야민을 낳았다. 라헬의 여종으로부터는 댄과 납다리를 낳았다.

• 이슬람교에서는 이슬람교도가 이스마엘의 후손이라고 본다. 이스마엘이 실제 아브라함의 첫째 아들이므로 이슬람교도들은 자신들이 신과 맺은 약속의 진정한 상속자라 믿는다. 그들은 아브라함이 중요한 선지자였으며 신에게 제물로 바쳐질 뻔했던 아들은 실제로 이스마엘이라고 주장한다.

• 기독교에서는 아브라함이 이삭을 제물로 바치려고 했던 것을 예수 그리스도의 희생과 비슷한 맥락으로 본다.

029

MON
역사

율리우스 카이사르

율리우스 카이사르(기원전 100~44년)는 기원전 1세기 지금의 프랑스, 벨기에, 독일 서부를 정복한 로마 장군이었다. 폼페이우스가 이끌던 로마 원로원은 카이사르의 인기가 급상승하자 위협을 느꼈고, 그의 군대에 해산 명령을 내렸다. 그러나 카이사르는 명령을 거부했다. 그는 로마로 진군하기 위해 군대를 이끌고 루비콘 강을 건넜다. 카이사르의 군대가 주피터 신전까지 진격했고 내전이 시작되었다. 카이사르는 유럽까지 적을 쫓았고 결국에는 폼페이우스가 살해당한 이집트까지 갔다. 이집트를 떠나오기 전 카이사르는 클레오파트라와 사랑에 빠졌고 그녀를 여왕으로 세웠다. 로마로 돌아온 카이사르는 집정관이 되어 로마를 통치했다. 카이사르는 절친한 브루투스가 가담한 음모로 기원전 44년에 암살당했다.

카이사르에 관해 전해지는 이야기는 수없이 많다. 20대에 그는 동지중해에서 해적에게 붙잡힌 적이 있다. 몸값을 내어주고 풀려나온 카이사르는 지역 유지들의 지원을 받아 소규모 군대를 양성했고 해적의 위치를 찾아내어 모두 처형했다.

수년 후, 카이사르가 로마 정치권력의 사다리를 한참 올라가던 기원전 62년 추문 하나가 터졌다. 로마 귀족 가문 출신의 푸블리우스 클로디우스가 남성 출입이 금지된 종교 의식에 참가한 것이 밝혀졌다. 그 의식은 카이사르의 집에서 열렸기 때문에 그가 카이사르의 아내 폼페이아와 바람을 피우고 있었다는 소문이 퍼졌다. 카이사르는 소문이 사실이 아니라는 것을 알고 있었고, 직접 사실이 아니라고 말했다. 그러나 카이사르는 아내와 가족이 의심조차도 받으면 안 된다고 강조하면서 폼페이아와 이혼했다.

카이사르는 폼페이우스와의 내전이 한창일 때 원로원에 의해 독재관으로 선출되었다. 당시 위기를 극복하기 위해 독재관에게 비상통치권이 필요하다고 여겨졌다. 그러나 비상 상황은 도무지 끝날 기미를 보이지 않았고 공화정은 다시 복원되지 않았다.

카이사르는 독재관의 지위에서 로마를 통치했지만 자신의 지지자들로 구성된 원로원과 상의하고 공화정의 전통을 존중하는 모습을 유지하는 데 많은 신경을 썼다. 그러나 최후를 맞이하기 몇 년 전부터 그는 점점 부주의해졌다. 아시아 속주 시민들이 그를 신격화하는 것을 내버려 뒀고, 심지어 그의 얼굴이 그려진 동전이 주조되기도 했다. 살아 있는 인물이 그런 명예를 누린 예가 없을 정도였다. 동전에는 '종신 독재관'이라는 문구가 새겨졌다. 이렇게 불필요한 영광은 카이사르에 대한 반감을 부채질했고 결국 그를 권좌에서 끌어내리고 죽음으로 몰아넣었다고 할 수 있다.

● 아시아에서 군사 작전을 성공적으로 마친 후 카이사르는 "왔노라, 보았노라, 이겼노라."라는 명언을 남겼다.

030

호메로스

호메로스의 《일리아스》와 《오디세이아》에 담긴 이야기들은 오랫동안 서양 문화 속에 녹아 있었기 때문에 오늘날까지 그 영향력을 무시할 수 없다. 트로이의 목마에서부터 외눈박이 거인 키클롭스까지 그리고 아킬레스의 뒤꿈치부터 선원을 홀리는 세이렌의 노래에 이르기까지 두 서사시의 구성요소들은 거의 3000년이 지난 오늘날에도 서양 문학과 일상 언어의 기둥 역할을 하고 있다.

《일리아스》와 《오디세이아》의 이야기들은 호메로스가 책으로 엮어내기 오래전부터 입으로 전해 내려온 그리스어 서사시이다.

《일리아스》는 아킬레스, 아가멤논, 헥터 등 아카이아(그리스)와 트로이 사이에 벌어진 트로이 전쟁 영웅들의 위업을 이야기한다. 신화에 따르면 트로이 전쟁은 트로이의 파리스 왕자가 세상에서 가장 아름다운 여인 스파르타의 헬레나를 납치하고 아내로 삼기 위해 트로이로 데려오면서 시작되었다. 트로이 전쟁이 9년째로 접어들던 해, 아카이아의 전사 아킬레스가 느끼는 분노에 초점을 두고 이 영웅에게 공존하는 위대함과 치명적 약점에 대해 탐구한다. 이야기를 전개하면서 호메로스는 "장밋빛 손가락을 가진 새벽" "검은 포도주 빛 바다" 같은 시적 이미지를 불러일으키는 표현을 사용했다. 《일리아스》가 유명한 것도 이런 표현 때문이다.

《일리아스》의 속편 《오디세이아》는 그리스 영웅 오디세우스가 트로이 전쟁이 끝난 후 아내 페넬로페가 있는 고향으로 돌아가는 항해에서 겪는 시련을 그린 서사시이다. 오디세우스가 바다의 신 포세이돈을 노하게 했기 때문에 그의 귀향 여정은 10년이 걸린다. 포세이돈은 자신이 힘쓸 수 있는 한 모든 것을 동원해서 오디세우스의 항해를 방해한다. 오디세우스는 지혜를 발휘하고 아테나 여신의 도움을 받아 마침내 고향 이타카로 돌아온다. 그리고 지조를 지키고 있던 아내에게 달려든 수많은 구혼자들을 처리한다.

저자가 누구인지에 관계없이 《일리아스》와 《오디세이아》는 고대 그리스인의 문화와 생활에 지대한 영향을 미쳤다. 두 시를 모두 암송하는 것은 흔한 일이었다. 기원전 100년 대에 들어 그리스 황금기는 쇠퇴했지만 호메로스의 작품은 계속해서 영향력을 발휘했고, 베르길리우스의 《아이네이스》와 같은 고대 로마의 서사시에도 영감을 줬다.

- 트로이 전쟁은 오랫동안 단순한 전설이라고 믿어져 왔지만 1800년대 후반 터키에서 발굴된 고고학적 증거는 이 전쟁이 실제 역사적 사건일지 모른다고 암시한다.
- 트로이의 헬레나를 "천 대의 배를 출정하게 하는 얼굴"이라고 묘사한 유명한 말은 《일리아스》가 아닌 크리스토퍼 말로의 희곡 《파우스트 박사》(1604년)에 나오는 구절이다.

031

하기아 소피아

 하기아 소피아는 비잔틴 제국의 유스티니아누스 황제가 콘스탄티노플(오늘날의 이스탄불)에 세운 대성당이다. 헌당식에서 유스티니아누스 대제는 자신이 구약성경에 나오는, 예루살렘에 유대교 성전을 세운 솔로몬 왕을 능가했다고 공표했다고 전해진다.

하기아 소피아 대성당은 동양의 신비주의와 로마 제국의 판테온 신전 같은 대규모 건축을 합쳐 놓은 것이라 불린다. 건축가가 아니라 수학자였던 밀레토스 출신 이시도르스와 트랄레스 출신 안테미오스가 설계를 맡았고, 532년에 착공해서 537년에 완공되었다. 돔의 높이는 180피트(약 54.9m)이고, 반구형 돔의 무게를 네 기둥으로 골고루 분산시키기 위해 돔 바닥 네 귀퉁이에 세운 삼각형 펜덴티브가 돔을 받치고 있다. 돔 하단부에 40개의 창이 나 있어 햇빛이 들어오면 아래에 있는 신도들이 보기에 마치 돔이 공중에 떠 있는 것처럼 보인다. 하기아 소피아 대성당은 처음에 금박 모자이크와 장식용 무늬로 장식되었다. 이후 후대 황제들이 여러 성인들 이미지를 모자이크로 장식했다.

그리스어로 "신성한 지혜의 교회"라는 의미의 하기아 소피아는 지진으로 상당한 피해를 입었다. 원래 유스티니아누스 대제의 개인 예배당이었던 이 성당은 1453년 오스만 제국이 콘스탄티노플을 점령하면서 이슬람 사원으로 개조되었다. 이슬람교는 인간 형상의 그림을 금지하기 때문에 인물을 그린 모자이크 위에 회반죽을 발랐다. 위에 올라서서 신도들에게 예배하라고 말하기 위한 첨탑(미네레트) 4개가 추가되었고, 아라비아어 글씨도 새겨져 오늘날까지 남아 있다. 무스타파 케말 아타튀르크가 터키를 통치하던 1936년에는 종교적 기능에서 벗어나 아야소피아 박물관으로 개조되어 이스탄불의 주요 관광지 중 하나가 되었다.

1993년 유네스코는 하기아 소피아를 위험에 처한 세계 역사유적지 목록에 올려놓았다. 그 후로 건물 기반을 강화하는 공사가 진행되고 회반죽에 가려졌던 모자이크를 복원했다.

- 하기아 소피아의 기둥은 원래 로마인들이 이집트 헬리오폴리스의 한 사원에서 가져온 것인데 다시 콘스탄티노폴리스로 옮겨져 하기아 소피아 기둥으로 사용된 것이다.
- 하기아 소피아 대성당은 1204년 4차 십자군 원정 동안 약탈당하기도 했다.

032 | THU 과학 | 블랙홀

블랙홀은 질량이 큰 별이 소멸할 때 생긴다. 죽어가는 별은 붕괴되어 점점 작아지고 밀도는 점점 커져 결국 크기는 없지만 밀도가 무한히 큰 하나의 점으로 압축된다. 그 점은 특이점이라 하는데, 밀도가 매우 커서 빛조차 특이점의 중력을 빠져나갈 수 없다. 블랙홀 주변의 모든 것은 암흑 속으로 빨려 들어가게 된다.

로켓이 우주 공간으로 발사될 때 지구의 중력을 벗어나려면 충분히 빠른 속도로 탈출해야 한다. 적절한 속도에 이르지 못하면 지상으로 떨어진다. 블랙홀의 중력은 매우 강력해서 블랙홀을 빠져나가려면 탈출 속도가 빛의 속도보다 빨라야 한다. 하지만 빛보다 빨리 이동할 수 있는 물질은 없고, 즉 아무것도 블랙홀을 빠져나갈 수 없다. 탈출 속도가 빛의 속도가 되는 특이점 주변 경계선을 우리는 '사건의 지평선event horizon'이라 부른다. 사건의 지평선 안쪽으로 떨어지는 것은 모두 특이점으로 빨려 들어간다.

물론 이것은 모두 이론에 불과하다. 블랙홀은 어떤 빛도 방출하지 않으므로 눈으로 블랙홀을 볼 수는 없다. 우리가 블랙홀의 존재를 알 수 있는 것은 블랙홀의 질량에 작용하는 다른 천체들이 있기 때문이다. 블랙홀은 밀도가 아주 높아서 빛도 휘어지게 할 수 있다. 그 효과에 의해 지구에서 과학자들이 관측할 때 하나의 별이 여러 개의 이미지로 보일 수 있으며 그 별과 지구 사이 어딘가에 블랙홀이 있다고 유추한다.

블랙홀은 물리학자들에게 수수께끼다. 에너지가 생성되거나 파괴될 수 없다는 양자역학 법칙을 거스르는 것처럼 보이기 때문이다. 블랙홀의 중심으로 빨려 들어간 빛은 무한히 작은 공간에 쑤셔 넣어지기 때문에 파괴되는 것처럼 보인다. 그러나 빛이 어떻게든 보존된다면 언젠가는 빠져나갈 수 있지 않을까? 블랙홀이 거꾸로 작용하는 것이 가능할까? 이 물음은 천체물리학의 풀리지 않은 문제로 남아 있다.

- 블랙홀이 우주의 모든 에너지를 흡수한다고 믿을 만한 이유는 없다. 블랙홀은 오로지 사건의 지평선을 넘어오는 천체만 잡아당긴다.
- 알베르트 아인슈타인은 양자물리학 법칙을 거부하면서 "신은 우주를 가지고 주사위 놀이를 하지 않는다."라고 말했다. 현대 이론물리학자 스티븐 호킹은 블랙홀을 가리켜 이렇게 말했다. "신은 그저 주사위 놀이만 하는 것이 아니다. 가끔은 안 보이는 곳으로 주사위를 던진다."
- 만약 우리가 블랙홀의 사건의 지평선을 넘어가려고 한다면 외부에서 우리를 관찰하는 사람이 보기에는 우리가 움직이는 속도가 점점 느려져서 결코 사건의 지평선에 도달하지 못하는 것처럼 보일 것이다. 이것은 블랙홀의 중력이 엄청나게 크기 때문에 생기는 착시 현상이다. 블랙홀은 우리에게서 방출되는 빛을 빨아들인다. 즉 빛이 외부 관찰자에게 도달하는 데 걸리는 시간이 점점 길어짐을 의미한다. 하지만 우리의 관점에서 보면 우리는 사건의 지평선을 건넌 것이고, 특이점에서 짓눌러져서 죽음에 이르기까지 특별한 일은 아무 것도 일어나지 않는다.

033

악기와 앙상블

음악의 다른 기술적 측면보다도 특정한 악기들이 모여서 내는 소리의 배합은 서양의 예술음악인 클래식을 더욱더 독특하게 만든다. 현악 4중주나 오케스트라의 음색은 클래식 음악을 록이나 팝 같은 현대식 음악과 구분해주는 주요 요소이다.

인간의 목소리를 제외하고 음악 소리를 내는 악기는 다섯 카테고리로 나눈다. 손으로 뜯거나 활로 연주하는 현악기, 마우스피스나 구멍 또는 리드로 공기를 불어넣어 연주하는 관악기, 드럼스틱이나 타구봉으로 쳐서 연주하는 타악기, 건반악기 그리고 21세기에 들어서서 등장한 전자악기가 있다.

1750년대의 바로크 관현악은 플루트, 오보에, 바순, 호른, 트럼펫을 포함하는 관악기 부문, 팀파니(케틀드럼), 통주 저음(종종 첼로로 보강된 금관악기 라인과 코드를 연주하는 건반악기로 이뤄졌다) 그리고 현악기 부문으로 구성되어 있었다. 바이올린은 바로크 시대의 복잡한 멜로디 라인에서 가장 주된 소리를 담당했다. 중세 현악기 피들fiddle보다 먼저 생긴 바이올린은 16세기 초반 이탈리아 북부에서 지금의 형태로 처음 만들어졌다.

고전주의 시대에 들어서면서 오케스트라의 화음을 더욱 어우러지게 하기 위해 관악기를 사용하기 시작했다. 프란츠 요제프 하이든과 볼프강 아마데우스 모차르트의 대규모 교향곡은 주로 팀파니와 현악기에다가 목관악기와 금관악기가 포함되도록 만들어졌다.

19세기 중반 엑토르 베를리오즈 같은 작곡가들은 잉글리시 호른처럼 새로운 악기와 베이스 클라리넷 그리고 다양한 타악기뿐만 아니라 하프를 포함하는 대규모 관현악곡을 썼다.

19세기 후반과 20세기 초에는 리하르트 바그너와 구스타프 말러, 아르놀트 쇤베르크가 100명 이상의 음악가가 동원되는 대규모 관현악곡을 쓰기도 했다. 그 이후의 작곡가들은 팝 음악과 재즈에서 사용하는 색소폰, 신디사이저, 전자악기 등을 도입했다.

● 초기 작곡가들은 어떤 악기로 연주할지 명시하지 않고 전체 곡을 썼다. 1607년 클라우디오 몬테베르디가 오페라 〈오르페오〉를 작곡한 후로 어느 파트를 어느 악기가 연주해야 하는지 나타내는 악보가 등장했다.
● 피아노는 음을 여리게(piano) 연주하면서 강하게(forte) 연주하기 때문에 붙여진 이름인 '피아노포르테(pianoforte)'의 줄임말이다. 피아노는 이탈리아 북부에서 피아노의 전신 하프시코드를 제작하던 바르톨로메오 크리스토포리에 의해 1700년경 발명되었다.

034

플라톤의 동굴 우화

"안을 훤히 비추는 빛이 들어올 수 있게 열려 있고 통로가 긴 지하 동굴에 사람들이 살고 있다고 해보자. 그들은 어린 시절부터 오직 앞만 보도록 다리와 목이 묶여 있고 몸이 고정되어 있어서 고개를 돌릴 수 없다……"

- 플라톤,《국가론》

플라톤은 스승이었던 소크라테스를 등장인물로 삼아 자신의 철학 사상을 글로 펴냈다.《국가론》은 소크라테스와 제자 사이 오가는 대화 형식으로 쓰여 있다.

《국가론》에 나오는 위에 소개된 유명한 구절은 소크라테스가 동굴에 갇힌 사람들이 벽에 투영된 사물의 그림자만 볼 수 있는 상황을 묘사하는 장면이다. 사람들은 등 뒤에서 불이 타오르는 동안 정면을 바라볼 수밖에 없고, 불 앞에 놓여 있는 사물들은 사람들이 볼 수 있는 그림자를 만들어낸다. 예를 들어, 동굴 속 사람들이 책을 보고 있다고 생각하겠지만, 그들이 보고 있는 것은 등 뒤에 있는 책의 그림자이다.

사물의 본모습을 눈으로 보기 위해 어떤 사람이 동굴 밖으로 빠져나왔을 때 그 사람은 처음에는 눈부신 햇빛에 고통스러하고 실제 사물을 보고 혼란스러워 한다. 그러나 드디어 세상의 본질을 이해하게 되고, 그림자만 알고 있는 다른 사람들을 불쌍하게 여긴다. 물론 소크라테스가 묘사한 동굴 속 사람들은 진실을 알기를 거부하고, 동굴을 빠져나간 사람이 진실을 설명하려고 하면 미쳤다고 생각한다.

동굴 우화에서 동굴 속 인간들은 세상의 무지한 대중을 나타낸다. 그들은 사물의 표상, 즉 우리의 신체 감각에 의해 분간할 수 있는 겉모습과 소리만 보고 듣는다. 사물의 본질을 확인하기 위해 동굴을 빠져나간 사람은 철학자이다. 철학자는 자신의 지성을 사용해서 우주의 실제 바탕이 되는 추상적이고 변형할 수 없는 진실인 형상 또는 이데아를 분간할 수 있다. 동굴을 빠져나간 철학자는 사물의 진짜 본질을 아는 사람이다.

《국가론》은 궁극적으로 정의에 관한 질문과 관련된다. 플라톤은 정의를 세우기 위해서 무엇이 선(善)인지 알아야 한다고 생각했다. 그러므로 선의 이데아를 이해하고 있는 철학자들이 국가를 통치해야 하며, 사회의 나머지는 철학자 통치자의 요구를 충족시키기 위해 조직되어야 한다고 주장했다.

• 플라톤은 약 기원전 427년 아테네에서 태어났다.
• 플라톤은 철학자 통치자를 수호자(Guardian)라 칭했다.

035

사라

사라는 아브라함의 아내로서 유대인들의 시조이다.

사라는 매우 아름다운 여인이었다. 아브라함은 아내와 함께 기근을 피해 이집트로 갔을 때 아내의 미모 때문에 오히려 안전의 위협을 느꼈다. 이집트 왕이 자신을 죽이고 아내를 데려갈지 모른다는 걱정에 아브라함은 사라를 여동생인 것처럼 가장했다. 이집트 왕은 사라를 데리고 갔고, 대가로 아브라함을 풀어주면서 많은 선물을 줬다. 그런 이집트 왕에게 신이 벌을 내려 사라와 아브라함은 함께 이집트를 빠져나갈 수 있었다.

사라는 미모가 빼어나기는 했지만 오랫동안 불임으로 아브라함의 아이를 낳을 수 없었다. 관습에 따라 그녀는 대를 이을 자식을 낳도록 여종 하갈을 남편에게 보냈다. 그래서 하갈은 아브라함의 첫째 아들 이스마엘을 낳았다.

첫 아이가 태어난 후 사라와 하갈의 관계가 이전 같지 않았다. 하갈은 더 이상 사라를 공경하지 않았고, 사라는 하갈을 질투했다. 결국 사라는 아브라함에게 하갈과 이스마엘을 추방하라고 청했다. 유대교 전승에 의하면 아브라함보다 사라가 더 선지자적 통찰력을 가지고 있었기 때문에 아브라함은 그녀의 청을 들어줄 수밖에 없었다고 한다.

사라가 90세가 되었을 때 신이 나타나 아브라함에게 사라가 나중에는 아이를 가질 수 있을 것이라 말했다. 아브라함은 크게 웃었고, 신이 다시 한 번 말하자 엿듣고 있던 사라도 웃었다. 그러나 사라는 자신이 신을 의심했다는 것이 부끄러웠다. 그녀는 다시 신에 대한 믿음을 맹세했다. 1년 후 사라는 이스라엘 열 두 부족(12지파)의 직계 조상이 되는 이삭을 낳았다.

거의 40년이 지나고 사라는 127세의 나이로 헤브론에서 사망했다. 어떤 문헌에서는 사라의 죽음이 아브라함이 이삭을 제물로 희생시킬 뻔한 일과 관련되어 있다고 기록되어 있다. 한 이야기에 따르면, 사탄이 사라에게 아브라함이 이삭을 죽였다고 말했고 이삭이 실제로 살아 있다는 것을 알았을 때 사라가 너무 기쁜 나머지 숨이 넘어갔다고 한다.

• 사라는 남편 아브라함과 함께 헤브론에 위치한 패트리아크 동굴에 묻혔다. 그들의 아들 이삭과 이삭의 아내, 손자 야곱과 야곱의 첫 번째 아내 레아 모두 그곳에 묻혀 있다.
• 유대교의 시조 가운데 헤브론에 묻히지 않은 사람은 야곱의 둘째 부인 라헬뿐이다. 그녀는 베들레헴에 묻혀 있다.

036 | MON 역사 | 로제타석

 1799년 나폴레옹의 프랑스 군인들이 이집트 도시 알렉산드리아 인근 모래 속에서 신비한 검은색 돌을 발견했다. 돌에는 세 가지 고대 언어로 글이 새겨져 있었다. 하나는 그리스어로 쓰여 있었다. 그래서 학자들은 그 돌의 연대를 이집트가 알렉산더 대왕이 건설한 그리스 제국의 속주였던 기원전 196년경으로 추정했다. 다른 두 언어는 고대 이집트 문자인 상형문자의 두 가지 형태였다.

이집트는 수천 년 동안 고대 사회의 위대한 제국 중 하나로서 자리를 지켰다. 파라오라 불리는 왕의 통치하에 이집트인들은 피라미드와 스핑크스 같은 거대한 건축물을 지었다. 고대 이집트는 오늘날의 수단부터 시리아에 이르는 방대한 영토를 지배했다. 파라오는 성대한 도시를 건설하고 화려한 무덤을 만들었다.

로제타석이 발견되기 전까지 수세기 동안 역사가와 고고학자들은 이집트 서기가 남긴 방대한 양의 문자 기록을 읽을 수 없었다. 매우 학식이 뛰어난 현대 학자들조차 해독할 수 없는 복잡한 문자로 기록을 남겼기 때문이었다.

로제타석의 발견으로 고대 이집트의 비밀이 풀리기 시작했다. 당시 이집트는 그리스의 속주였는데, 로제타석은 그리스 왕이 이집트 백성들에게 발표한 칙령을 기록한 것이었다. 프랑스 학자 장 프랑수아 샹폴리옹은 로제타석에 새겨진 그리스어 문자와 상형문자를 병렬해서 수년간 연구한 끝에 복잡한 고대 이집트 문자체계를 해독했다. 이집트 상형문자가 해독되면서 19세기 역사학자와 고고학자들은 고대 이집트에 대해 더 많은 것을 이해할 수 있었다.

로제타석은 그 자체로도 중요한 학문적 성과였다. 샹폴리옹은 수십 개 언어에 능통한 천재 언어학자였다. 영국 학자 토머스 영도 로제타석을 해독하는 작업을 도왔다. 로제타석은 1801년 영국군이 몰수해 갔고 현재 런던 대영박물관에 소장되어 있다.

- 런던 대영박물관에 소장되어 있던 로제타석과 다른 중요한 전시품들은 제1차 세계대전 동안 런던이 공습당할 위험으로부터 보호하기 위해 지하철역으로 옮겨졌다.
- 로제타석에 실린 문구는 13세의 그리스인 파라오 프톨레마이오스 5세의 성스러움을 이집트 백성들에게 확신시키고자 그의 치세를 기록한 것이다.
- 고대 이집트인들은 사후에도 육체가 보존되어야 한다고 믿었기 때문에 왕의 시신에 조심스레 방부제를 발라 미라로 만들었다. 19세기에는 미라에 의학적 가치가 있다고 주장하며 미라를 가루로 빻아 파는 유럽 사기꾼들도 있었다.

037 | TUE 문학 | 어둠의 심연

조지프 콘래드의 1899년 중편소설 《어둠의 심연》은 시대를 앞선 작품이었으며, 여러 가지 면에서 진정한 20세기형 최초의 소설이다. 문체는 19세기 후반의 사실주의에 뿌리를 두고 있지만 20세기 모더니즘의 전형적 특징을 보여주는 주제를 다루고 있다. 그뿐만 아니라 유럽 제국주의가 1800년대 아프리카와 아시아에서 무차별적으로 자행한 횡포와 약탈을 비판한 최초의 문학 작품으로도 주목할 만하다.

《어둠의 심연》은 80쪽밖에 되지 않는 짧은 소설로 '그 회사'라고만 소개되는 벨기에의 식민지 무역회사에 취직한 주인공 말로가 회상하는 형식으로 이야기가 전개된다. 말로는 벨기에 식민지 콩고로 파견되어 콩고 강 상류의 오지에 위치한 출장사무소까지 가는 증기선의 선장이 된다. 출장사무소는 상아 거래상 커츠가 운영하고 있다. 아프리카에 도착하자마자 말로는 다 쓰러져가는 회사의 시설과 인종차별적인 유럽인들이 뻔뻔하게 아프리카 원주민을 착취하는 모습을 보고 충격을 받는다.

콘래드가 그린 콩고는 거의 모든 인물들이 이름이 아닌 총지배인, 회계주임 등 직함으로 불리는 매우 흐릿하고 어두운 세상이다. 강을 거슬러 상류의 외진 곳으로 점점 깊숙이 들어가는 말로는 육체적인 것만큼 심리적으로도 힘든 여정을 겪는다. 오지로 들어갈수록 문명적 요소들은 점점 줄어든다. 말로는 인간 내면의 원시적이고 알려지지 않은 영역과 가까워진다. 한편, 수수께끼 같은 인물인 커츠에 대해 알아갈수록 말로는 아프리카 원주민들을 문명화시키려던 커츠의 의도가 아프리카의 어둠과 야만성에 사로잡혀 왜곡되어 있음을 목격한다.

《어둠의 심연》은 이 소설을 각색해서 만든 1979년 영화 〈지옥의 묵시록〉 덕분에 많이 알려지게 되었다. 1970년대 베트남 전쟁을 배경으로 재설정한 영화에서는 말론 브랜도가 캄보디아 오지에서 위험하게 미쳐가는 미 육군 커츠 대령 역을 맡았다. 영화는 1960년대 반문화 운동에 영향을 받은 환각적 음악과 시각적 요소들을 포함하고 있지만 참혹한 현실을 생생하게 보여주며 콘래드 소설의 많은 요소를 보존하고 있다.

- 콘래드는 폴란드 태생이지만 작품을 모두 영어로 썼다. 콘래드에게 영어는 폴란드어, 프랑스어에 이어 제3국어다.
- 《어둠의 심연》에서 인간 무의식에 대한 콘래드의 탐구는 그와 동시대를 살았던 지그문트 프로이트가 제기한 이론을 일부 반영하고 있다. 오늘날 비평가들은 종종 프로이트의 관점에서 이 소설을 분석한다.
- T.S. 엘리엇은 1925년에 발표한 시 〈텅 빈 사람들〉의 첫머리에 《어둠의 심연》의 명대사 "커츠 주인님이 죽었다 (Mistah Kurtz—he dead)."를 인용했다.

038

비잔틴 미술

비잔틴 제국은 나중에 콘스탄티노폴리스로 이름이 바뀌는 비잔티움에서 이름을 딴 것이다. 4세기 콘스탄티누스 로마 황제는 수도를 로마에서 비잔티움으로 옮기고 도시 이름을 콘스탄티노폴리스로 바꿨다. 그곳이 바로 지금의 이스탄불이다. 로마 제국이 동서로 나뉜 뒤 서로마 제국은 망했지만 동로마 제국은 콘스탄티노폴리스를 중심으로 비잔틴 제국 황제들에 의해 유지되었다.

유스티니아누스 황제(527~565년)의 통치기는 비잔틴 미술의 제1황금기로 불린다. 이 시기에 콘스탄티노폴리스의 하기아 소피아와 이탈리아 라벤나의 산비탈레 성당 같은 건축물이 세워졌다. 9세기 후반부터 11세기까지 일컫는 제2황금기에는 베네치아 성마르코 성당이 세워졌다. 기독교 정교회와 함께 비잔틴 양식은 러시아와 동유럽까지 퍼졌고, 모스크바에 세워진 웅장한 성바실리 대성당에까지 영향을 미쳤다.

비잔틴 건축의 특징은 사각형 평면 벽체 위에 돔을 올려놓는 펜덴티브 돔 구조이다. 성당 내부 벽은 주로 대리석 판이나 낮은 부조로 조각된 문양 또는 유리 모자이크로 풍성하게 장식되었다.

비잔틴 미술의 주제는 대부분 종교와 관련되어 있다. 성서 이야기나 성스러운 인물의 성상과 성화가 주를 이룬다. 그리스도와 동정녀 마리아 또는 다른 성인들의 모습을 실제처럼 유사하게 그리기보다 그들의 영적인 모습을 담아내는 것이 목적이었다. 그리스·로마 문화에서 유행했던 실물 크기의 누드 조각상은 대체로 기피했다.

비잔틴 미술에서 조각은 드물지만 신화적 장면을 작은 상아에 새겨 넣은 작품들이 존재한다. 유명한 예가 '베롤리 장식함'이다. 장식함의 겉면에 에우리피데스의 희곡 〈아울리데의 이피제니〉에 나오는 이피제니의 희생을 묘사하는 그림이 그려져 있다.

비잔티움에서 종교적 그림을 지나치게 숭배했기 때문에 황제는 우상 숭배를 일으킨다는 이유를 들어 726년 성상 금지 조치를 내렸다. 거의 100년 동안 인간 형상을 한 그리스도와 마리아의 그림이 전면 금지되었다. 이른바 성상파괴자라 불리는 관리들이 어디에서든 성상을 찾아내면 곧바로 없애버렸다. 843년 성상 파괴를 반대하는 성상애호가들이 로마 교황의 지원을 받아 성상 금지 조치를 폐지시켰다.

- 비잔틴이라는 용어는 종종 부정적인 의미로 사용된다. 비잔틴 제국의 많은 황제들이 그랬듯이 책략을 꾸미거나 기만적인 행위를 하는 것을 가리키기도 하고 비잔틴 미술처럼 지나치게 복잡한 것을 묘사할 때 사용된다.
- 비잔틴 양식은 1453년 콘스탄티노폴리스가 멸망하면서 함께 사라졌다. 그럼에도 불구하고 비잔틴 미술의 영향이 계속 남아 있어 정교회에서는 오늘날에도 전통적인 성상을 제작하고 있다.

039

초신성

별들은 대부분 핵융합을 통해 에너지를 모두 소모하면서 조용히 소멸한다. 별의 99% 는 백색왜성이라 불리는 흐릿한 천체로 서서히 변한다. 그러나 별이 매우 크고 뜨겁다 면 알맞은 조건이 갖춰졌을 때 폭발하게 된다. 이 폭발을 초신성이라 한다.

별은 원소들을 융합해 에너지를 생산한다. 별의 무게 때문에 생긴 중력은 산소, 실리 콘, 인, 칼슘의 형성을 일으킨다. 온갖 무거운 원소들이 생성되다가 마지막 단계인 철 에 이르면 핵융합이 멈춘다. 철을 융합해서 훨씬 더 무거운 원소를 만들어내는 과정은 에너지를 생산하는 것이 아니라 오히려 소모한다. 이제 별은 더 이상 연료가 남아 있지 않으므로 철로 된 별의 중심부는 자체 중력에 의해 계속 수축한다. 질량이 매우 큰 별 은 수축해서 블랙홀이 되지만 크기가 태양의 5~8배인 비교적 소형의 별은 폭발한다.

초신성이 일어나는 시간은 15초도 안 된다. 초신성은 워낙 밝아서 별 하나가 폭발해 서 생기는 빛은 수개월 동안 지속되며 은하 전체의 밝기보다 더 밝다. 초신성은 수은, 금, 은 등 훨씬 더 무거운 원소를 생성할 수 있는 열을 낸다.

빅뱅이론에서는 지구상의 생명체가 초신성 덕분에 존재한다고 말한다. 산소보다 무 거운 원소들은 모두 과거에 거대한 별이 폭발해서 생겼다는 것이다. 우리가 먹는 바나 나에 들어 있는 칼륨은 카리브 해의 한 섬에서 기원한 것이 아니라 아마 오래전 초신성 에서 만들어졌을 것이다.

- 1006년 매우 밝은 초신성이 이집트, 이라크, 이탈리아, 스위스, 중국, 일본 그리고 프랑스와 시리아에서 관찰되었다.
- 이탈리아 천문학자 갈릴레오 갈릴레이(1564년~1642년)는 1604년에 일어난 초신성을 이용해 우주는 결코 변하지 않는다는 아리스토텔레스의 이론을 반박했다.
- 우라늄 같은 방사능 원소도 초신성에서 형성된다.

040

르네상스 음악

르네상스 음악은 대략 15세기 중반부터 16세기 말까지의 음악을 가리킨다. 마틴 루터의 종교개혁과 가톨릭교회의 반종교개혁운동이 일어난 시기이다. 르네상스 음악은 여러 화려한 성악과 기악 파트가 비교적 같은 중요도로 혼합되어 있는 것이 특징이다.

르네상스 음악은 그 시기의 미술이나 문학과 같은 미적 특징을 보인다. 르네상스 미술가와 작가, 음악가들은 자신들이 중세의 어둡고 성직자 중심의 신비주의적 세계에서 벗어나고 있다고 믿었다. 그들은 고대 그리스·로마 시대의 사랑, 기쁨, 지성, 인체와 인간 감성의 아름다움 등 고전적 이상으로 되돌아갈 것을 강조했다.

특히 프랑코 플랑드르 지역에서 많은 작곡가가 배출되었다. 기욤 뒤페(1400년~1474년)와 질 뱅슈아(1400년경~1460년)가 초기의 다선율 미사곡과 새로운 형식의 세속 음악을 작곡했다. 질 뱅슈아의 제자이자 드르봉 공작의 궁정악사였던 요하네스 오케겜은 초기의 카논 형식 같은 모테트를 작곡했다. 카논은 아이들이 부르는 "리리리자로 끝나는 말은"처럼 시간차를 두고 모방하는 방법이다.

시기의 가장 위대한 작곡가로 조스캥 데프레(약 1440년~1521년)를 손꼽을 수 있는데, 그는 상당히 서정적인 미사곡과 사랑을 노래하는 섬세한 샹송으로 유명하다. 이탈리아의 조반니 피에르루이지 다 팔레스트리나(1525년~1594년)는 떠돌이 궁정작곡가로 전임 작곡가들의 미사곡을 모방하거나 더 정교하게 만들었고 르네상스 음악과 바로크 음악을 잇는 다리 역할을 했다.

● 개신교의 찬송가 개념은 르네상스 시대에 시작되었고, 많은 찬송가들이 마틴 루터에 의해 만들어졌다.

● 르네상스 음악 대부분은 궁정 연주용으로 작곡되었고, 어떤 곡은 작곡가의 서명이 아닌 작곡가를 고용한 귀족의 인장으로 구분되었다.

● 영어 마드리갈은 악보에 후렴구 '파라라'를 실제로 적어 넣은 최초의 성악 형식이다.

041 | SAT 철학 | 아리스토텔레스

"모든 인간은 본성상 알고자 한다."

– 아리스토텔레스,《형이상학》

아리스토텔레스(기원전 384~322년)가 서양 문화와 철학에 미친 영향은 아무리 강조해도 지나치지 않을 것이다. 그리스 북부 마케도니아에서 태어난 아리스토텔레스는 아테네로 건너가 플라톤이 세운 학교 '아카데미아'에서 수학했다. 플라톤이 사망하자 아리스토텔레스는 직접 '리시움'이라는 학교를 설립했다.

기원전 5세기 아테네 철학은 수사학, 자연과학, 생물학 및 여러 탐구 분야를 포함했다. 그 결과, 아리스토텔레스도 인간 학문의 거의 모든 분야에 많은 기여를 했다.

아리스토텔레스는 정확한 순서로 철학을 공부해야 한다고 믿었다. 세상의 사실들이 서로 어떻게 연관되어 있는지 설명하는 논리를 가장 먼저 배워야 한다고 생각했다. 아리스토텔레스는 기본 논거와 더 복잡한 논거를 하나로 줄이는 규칙을 고안했고, 논리적으로 타당한 논거를 제시하는 삼단논법을 개발했다.

모든 인간은 죽는다. | 소크라테스는 인간이다. | 그러므로 소크라테스는 죽는다.

논리 다음으로는 구체적인 자연현상을 조사해야 한다고 믿었다. 아리스토텔레스는《자연학》《동물 부분론》《동물 발생론》《동물 운동론》《기상학》《생성소멸론》등 다양한 주제의 책을 썼고 물리 세계를 설명하기 위해 몇 가지 일반 원리를 추론해냈다.

아리스토텔레스가 말하는 학문의 마지막 주제는 윤리학과 정치학을 포함하는 실용 철학이다. 그는《니코마코스 윤리학》과《정치학》에서 각각 윤리와 정치를 다뤘다. 그는 사람들이 적당한 행동 방식을 알고 있으며 자신이 알고 있는 지식에 따라 행동할 만큼 도덕적으로 충분히 강해야 한다고 믿었다. 좋은 사람이 된다는 것은 옳은 일을 하는 성향을 지닌다는 의미이며, 이런 성향은 길러질 수 있는 것이다. 정치학과 관련해서 아리스토텔레스는 국가의 목적이 국민에게 자급자족할 수 있고 행복한 삶을 영위할 수 있는 환경을 제공하는 것에 있다고 믿었다. 그는 민주주의를 선호했지만 가끔은 군주제가 더 적절할 때가 있다고 인정했다.

• 아리스토텔레스는 아카데미아에서 수학한 이후에 직접 학교를 세우기 전까지 지중해 대부분 지역을 통치했던 또 다른 마케도니아인 알렉산더 대왕의 스승으로 있었다.

042

소돔과 고모라

소돔과 고모라에 대한 이야기는 창세기 19장에 나온다. 소돔과 고모라는 요르단 강 계곡에 위치한 도시였다. 이곳 주민들이 죄를 지었기 때문에 신은 두 도시를 파괴하려고 했다. 그러자 아브라함은 사악한 사람들 때문에 아무 죄도 없는 사람마저 죽어서는 안 된다며 항의했다. 신은 만일 10명의 위인을 찾아낸다면 파괴를 면해주겠다고 아브라함에게 약속하고 일단의 천사를 보내 실태를 파악하게 했다.

지상에 도착한 천사들은 아브라함의 조카 롯을 발견했다. 롯은 천사들을 집으로 초대하고 식사를 준비했다. 이윽고 소돔 사람들이 롯의 집에 나타나서 "이 밤에 당신을 찾아온 남자들은 어디 있소? 누군지 보게 데려 오시오."(창세기 19장 5절)라고 했다. 롯은 시집 안 간 자신의 딸을 대신 내줬지만 그들은 만족해하지 않았다. 그때 상황이 좋지 않음을 간파한 천사들이 롯에게 가족을 데리고 소돔을 떠나라고 말했다. 천사들은 롯과 그의 가족에게 도망갈 때 뒤돌아보지 말라고 지시했다. 롯은 인근 마을로 도망쳤다. 하지만 롯의 아내는 소돔과 고모라가 파괴되는 동안 뒤돌아봤기 때문에 소금 기둥으로 변했다.

소돔과 고모라 사람들이 실제로 어떤 죄를 지었는지는 명확하지 않다. 전통적으로 유대인들은 그들이 나그네를 냉대하는 죄를 저질렀다고 믿는다. 소돔과 고모라 이야기는 토라에서 신이 아브라함의 환대를 얼마나 중요하게 여기는지 묘사한 바로 다음에 나온다. 아브라함의 선행은 소돔 사람들이 방문자에게 보여준 태도와 뚜렷한 대조를 이룬다. 종합해보면 두 이야기는 손님에게 친절한 좋은 주인이 되는 것이 얼마나 중요한지 강조하는 것으로 보인다.

반면에 보수적인 기독교인들은 소돔의 죄를 아주 다르게 본다. 소돔 사람들이 천사들이 누구인지 보기를 요구했을 때 어떤 사람들은 이것이 섹스의 완곡한 표현이라고 생각한다. 이 관점에서 보면 소돔 남자들은 동성애자들이고, 신이 그들의 성적 성향에 대해 벌을 내렸다는 것이다.

- 남자 동성애를 뜻하는 현대 영어 단어 sodomy는 성경 속 도시 이름 소돔(Sodom)에서 파생한 것이다.
- 소돔과 고모라가 실제로 존재했던 도시인지 의견이 분분하다. 어떤 사람들은 이 도시들이 사해 바닷물 아래 가라앉아 있을 것이라 믿는다. 역사학자들은 두 도시가 단층 경계선 인근에 위치했을 것이고, 실제로 도시를 완전히 무너뜨린 끔찍한 지진으로 신의 분노가 표출되었다고 생각한다.

043

콘스탄티누스 황제

기독교는 초기에 거대한 로마 제국에서 무자비한 탄압을 받았다. 예수 그리스도가 예루살렘에서 죽음을 맞은 지 겨우 몇십 년 지난 서기 64년 네로 황제는 로마에서 기독교인을 박해하는 최초의 공식 칙령을 발표했다. 로마 역사가 타키투스는 광기 부리는 독재자 네로 황제의 명령으로 실시된 처형이 얼마나 잔인했는지 묘사했다. 어떤 때는 기독교인을 개에게 먹이로 주기도 했다. 타키투스는 "그들은 죽어 갈 때조차 로마인들에게 유희의 대상이었다."라고 서술하고 있다.

로마 제국의 권력자들은 기독교가 제국의 안전에 위협이 된다고 여겼다. 그들의 관점에서 보면 기독교인들은 로마 황제와 로마 신들의 신성함을 부인하고 로마인에 의해 십자가에 못 박혀 처형된 범죄자를 숭배하는 집단이었다. 기독교가 확산될수록 박해의 강도도 주기적으로 세졌다. 1세대 기독교인들은 대체로 가난했고 200년 동안 박해가 계속되었지만 로마 주류 사회에서도 기독교 신자가 생기기 시작했다.

콘스탄티누스 황제(275~337년)는 환영을 본 후 기독교로 개종했고, 서기 313년 로마 제국에서 기독교를 합법화하는 밀라노 칙령을 발표했다. 그 무렵 기독교가 널리 퍼져 있었다. 밀라노 칙령이 발표된 지 몇 세대 지나지 않아 실제로 기독교가 이교도 신앙 대신 로마 제국의 공식 종교가 되었다. 400년이 흐르면서 기독교는 소수의 유대인 불평분자가 옹호하는 불법 종교에서 로마 제국의 국교라는 지위를 얻었다. 로마 제국은 5세기에 무너졌지만 기독교는 계속해서 유럽 각지로 퍼져 나갔고 유럽 대륙을 단결시켜주는 종교가 되었다.

로마 가톨릭 교회의 본부는 고대 로마인들이 기독교인을 사자 먹이로 던져 넣던 콜로세움 폐허에서 얼마 떨어지지 않은 바티칸에 있다.

- 콘스탄티누스 황제가 기독교로 개종했다고 해서 그가 가족을 포함한 많은 정치적 적을 없애는 일을 중단한 것은 아니다. 31년 동안 통치하면서 콘스탄티누스 황제는 처남과 자신의 둘째 부인 그리고 큰 아들도 처형했다.
- 로마에 염증이 난 콘스탄티누스는 로마가 제국의 수도로서 적합하지 않다고 여기고 유럽과 아시아가 만나는 헬레스폰트에 도시를 세웠다. 처음에는 '새로운 로마'라고 불렀지만 이윽고 콘스탄티누스 황제를 기리기 위해 콘스탄티노폴리스라 불렀다. 지금은 이스탄불이라는 이름으로 불리며 오늘날 터키에서 가장 큰 도시이다.
- 콘스탄티누스 황제는 수세기 동안 로마 시민들이 즐겨왔던 검투를 폐지했다. 물론 그 후로 수십 년 동안 불법적으로 지속되었다.

044 | TUE 문학 | 모더니즘

문학에서 모더니즘 운동은 대략 1900년대부터 1940년대까지 활발하게 펼쳐졌다. 작가들은 이야기를 전개하는 새로운 방법을 모색하고, 객관적인 현실과 진실을 탐구하는 가장 좋은 방법이 무엇인지 고민했다. 모더니즘 문학의 주요 인물에는 소설가 마르셀 프루스트, 거트루드 스타인, 제임스 조이스, 버지니아 울프, 윌리엄 포크너 그리고 시인 T.S. 엘리엇과 에즈라 파운드가 있다.

1800년대 후반 서양 문화는 사실주의가 대세였다. 구스타브 플로베르, 시어도어 드라이저, 에밀 졸라 등 당대의 소설가들은 인물과 사건, 사회상을 세심한 시선으로 상세히 정확하게 그리려고 했다.

그러나 20세기에 접어들면서 많은 분야에서 혁명적 사상들이 생겨났고, 현실을 식별하고 묘사하는 인간의 능력에 대한 의문이 제기되었다. 심지어 애초에 객관적 현실이라는 것이 존재하는지에 대한 회의적 시각도 등장했다. 심리학에서는 지그문트 프로이트가 인간의 마음과 자아는 오로지 심리분석을 통해서 알 수 있다고 주장하면서 무의식의 탐구에 집중했다. 언어학에서는 페르디낭 드 소쉬르가 언어는 임의적이고 믿을 수 없는 문화 구조물이라고 주장했다. 인류학에서는 제임스 프레이저가 비서양 문화와 종교를 더욱 정교하게 연구함으로써 서양 세계관에 새로운 시각을 도입했다. 물리학에서는 아인슈타인의 상대성이론이 등장하면서 우주와 시간에 관한 기존에 확실해 보였던 원리들이 흔들렸다.

이처럼 이질적 아이디어들이 혼합되어 문학과 예술계에 막대한 영향을 미쳤다. 1800년대 사실주의자들이 세상을 정확하게 그려내는 데 집착한 반면 1900년대 모더니스트라 불리는 새로운 세대의 작가와 예술가들은 객관적 진실이 존재하지 않는다면 어떻게 현실이 정확하게 만들어질 수 있는지에 관한 물음에 심취해 있었다.

모더니즘 작가들은 실험을 통해 이 문제를 다뤘다. 주요 혁신 중 하나가 의식의 흐름 서술 방식이다. 작가의 개입 없이 등장인물 내면의 생각을 그대로 따라가면서 전달하려는 시도였다. 이 기법은 제임스 조이스의 《율리시스》(1922년), 버지니아 울프의 《댈러웨이 부인》(1925년), 윌리엄 포크너의 《음향과 분노》(1929년)에 나타난다. 어떤 작가들은 한 가지 사건이나 이미지를 다양한 관점에서 묘사하면서 각각의 관점에 주관적 설명을 올려놓거나 반대로 관점들을 서로 대립시킴으로써 객관적 진실에 접근하려고 시도했다. 버지니아 울프의 《등대로》(1927년)가 대표적인 예다. 실제로 모더니스트 작품에서는 시간의 흐름을 조작해 과거, 현재, 미래 사이를 갑자기 오가는 기법이 쓰여 어렵다는 당연한 평판이다.

045

WED
미술

고딕 미술

고딕 시대는 파리와 주변 지역을 포함하는 일드프랑스 지방에서 12세기에 발달한 새로운 건축 양식으로 시작되었다. 1250년 무렵 고딕 양식은 유럽의 많은 지역으로 퍼져나가 조각과 회화에 나란히 영향을 미쳤다.

고딕이라는 말은 이탈리아에서 생겼다. 처음에는 로마 제국을 약탈한 고트족이 연상되어 부정적인 의미로 사용되었기 때문에 고딕 양식을 사용한 미술가들은 자신의 작품을 '현대적 작품' 또는 '프랑스풍의 작품'이라고 불렀다.

파리 북부에 위치한 생드니 왕립 수도원 성당은 일반적으로 고딕 양식의 초창기 건축물로 여겨진다. 1137년부터 1144년까지 생드니 수도원 원장이었던 쉬제르는 새로운 제실을 만들 것을 주문했다. 생드니 성당은 창이 크고 아치가 높았기 때문에 묵중하지 않고 고결하게 보였으며 이전 로마네스크 양식의 엄숙하고 견고한 느낌과 극명한 대조를 이뤘다.

고딕 양식 건축은 1163년 짓기 시작한 노트르담 대성당과 1194년부터 1220년까지 재건축된 샤르트르 성당에서 더욱 발전했다. 건물의 무게를 지탱하기 위해 건물 외부에 공중 버팀벽과 외부 아치를 세우는 방법을 썼다. 거대한 고딕 건축물들은 스테인드글라스 창을 더 많이 내었기 때문에 실내가 밝았고 다채로운 색으로 눈부시게 빛났다.

고딕 양식의 영향은 프랑스 이외 지역에서도 뚜렷이 나타났다. 1220년에 건축이 시작된 영국의 솔즈베리 대성당과 대략 1310년에 짓기 시작된 이탈리아 오르비에토 대성당이 그 예다.

북유럽에서 가장 흔히 볼 수 있는 고딕 양식의 그림은 스테인드글라스나 1413년부터 1416년까지 랭부르 3형제가 작업한 유명 채색작품집 《베리 공작의 매우 호화로운 기도서》와 같은 책 삽화에서 볼 수 있다. 한편 이탈리아에서는 지오토와 시모네 마르티니의 그림에서 고딕 양식이 나타났다.

샤르트르 성당이나 독일 나움부르크 대성당의 웅장한 입구에서 볼 수 있듯이 고딕 양식의 성당은 실내외를 장식하기 위해 조각상을 광범위하게 사용했다.

고딕 양식은 16세기 초반까지 프랑스와 여러 북유럽 국가에서 성행했고, 이탈리아에서는 르네상스가 시작되면서 비교적 일찍 사라졌다.

• 18세기 고딕(Gothic)이라는 말은 기괴하고 미스터리한 것을 강조하는 허구를 연상하게 했지만, 오늘날 고스(Goth)는 1980년대 밴드 '수지 앤 더 밴시스'의 음악으로 시작된 음악·패션·문화 운동을 가리키기도 한다.

046

통각

흔히 통각이라 불리는, 통증을 느끼는 감각은 인간이 생존하기 위해 반드시 필요하다. 통증은 주변에 존재하는 위험을 알 수 있는 간단하고 효과적인 방법이다. 뜨거운 물에 움찔하고 깨진 유리를 피해 발을 내딛고 접질린 발목을 편안히 이완시키는 것 같이 통증은 우리에게 위험에 적절히 반응하도록 신호를 보낸다.

인간과 매우 밀접한 관계가 있는 고등생물 종들은 통증을 처리하는 신경계를 가지고 있다. 우리는 동물에게 다쳤는지 물어볼 수 없다. 하지만 조류와 포유류도 인간처럼 고통에 몸부림치고 신음하고 비명을 지른다. 인간과 마찬가지로 위험한 자극에 노출되면 혈압 상승, 동공 확장, 땀 분비, 심장 박동 증가 등을 경험한다.

통각은 복잡한 유기체에게 중요한 생존 도구이다. 선천성 무통각증과 무한증 같은 희귀 질환을 가지고 태어난 아이들은 25세를 넘기기 어렵다. 이 아이들은 태어날 때는 정상처럼 보이지만 치아가 자라면서 문제가 드러나기 시작한다. 아무 느낌 없이 손가락을 깨물 수도 있고, 심지어 뼈가 부러지거나 팔에 화상을 입거나 무릎이 벗겨지기도 한다. 그러나 피를 보거나 멍이 들기 전까지 자신이 다쳤다는 것을 스스로 인지하지 못한다. 다발성 부상으로 감염이 넓은 범위에 걸쳐 발생해 사망하는 경우도 있다.

많이 들어본 말이겠지만 사실 통증은 두뇌 작용에 의한 것이다. 뇌의 여러 영역이 서로 네트워크로 연결되어 있어 때때로 '통증 매트릭스'를 형성한다. 통증 매트릭스의 어떤 영역은 통증의 강도를 알려주고, 어떤 영역은 통증의 발생 위치, 통증 지속 시간 그리고 화상인지 욱신거림인지 찌르는 듯한 통증인지 통증의 종류를 알려준다. 통각은 전방대상피질이라 불리는 뇌 영역을 활성화시켜 고통의 느낌을 유발한다. 흥미롭게도 통각은 육체적 통증과 감정적 통증의 차이를 구별하지 않는다. 팔이 부러졌을 때나 마음이 무너졌을 때나 동일하게 반응한다.

• 다른 사람에게 감정이입을 잘 하는 사람들은 전방대상피질이 더 활성화되어 있다. 이런 사람들은 다른 사람의 통증을 실제로 느낀다.

• 인간의 태아는 29주에 통증을 느낄 수 있는 신경 회로가 생겨서 임신 말기에 발달한다.

• 마취제를 사용하지 않고 포경 수술을 한 신생아는 4개월과 6개월에 예방 접종을 할 때 더 큰 통증 반응을 보인다.

• 팔다리를 절단한 사람들은 없어진 팔다리에 통증을 느끼는 환상지통을 종종 호소한다. 팔다리가 없는데도 쑤시듯이 아픈 강렬한 통증을 경험하는 것이다. 이런 환자들은 통증이 부분적으로는 뇌에서 만들어진다는 것을 보여준 첫 번째 증거이다.

047

바로크 시대

'바로크'라는 말은 '모양이 이상한 진주'라는 의미의 포르투갈어 단어에서 기원했다. 바로크는 대략 1600년부터 1750년까지 만들어진 미술, 건축, 음악을 가리키는 표현으로 쓰인다. 바로크 시대는 대조의 시대였다. 미술에서는 빛과 어둠 그리고 매끄러운 표면과 거친 표면, 음악에서는 큰 소리와 부드러운 소리, 빠름과 느림의 대조되는 요소를 사용했다. 이 시기 음악은 르네상스 시대의 복잡한 형식을 단순화시켰다.

클라우디오 몬테베르디(1567년~1643년)는 가장 영향력 있는 바로크 시대 초기 작곡가이다. 그가 1607년에 작곡한 〈오르페오〉는 극적 요소와 음악적 요소 모두 성공한 최초의 오페라로 평가된다. 바로크 음악은 '바쏘 콘티누오'라 불리는 지원 반주와 화려한 협주곡 같은 솔로 라인 사이 대화체 형식을 바탕으로 했다. 바쏘 콘티누오는 오르간, 기타, 하프시코드 같은 코드 연주 악기에 첼로나 저음 비올라, 바순 같은 베이스 라인을 결합했고, 솔로는 바이올린이나 리코더, 오보에, 플루트 같은 관악기로 연주되었다.

바로크 음악에서는 화음에 의한 음 진행이 끝났음을 나타내는 카덴스가 강조되었다. 많은 곡들이 느린 박자와 빠른 박자가 번갈아 반복되거나 동등한 대칭적 악구로 구성되었다. 미뉴에트와 지그 같은 지방 춤곡의 리듬도 결합되었다. 강한 리듬은 물론, 여러 가지 기능을 할 수 있으며 음량이 좋은 바이올린이 두드러지게 사용되었다. 후기 바로크 음악은 안정된 리듬, 강렬한 감정, 정교한 멜로디, 고도의 연주 기교가 특징을 이뤘다.

바로크 오페라의 남자 주인공은 고음역대를 유지하기 위해 사춘기 전에 거세한 남자 가수가 종종 맡았다. 이런 가수들은 고음역대, 힘, 성대 유연성, 호흡 조절이 뛰어난 것으로 유명했다.

초기 바로크 음악은 몬테베르디와 프란세스코 카발리 같은 이탈리아 작곡가들 작품에도 나타났지만 영국의 헨리 퍼셀, 프랑스의 프랑스아 쿠프랭과 장필리프 라모, 독일의 하인리히 쉬츠와 디트리히 북스테후데에게도 전파되었다. 이탈리아 바로크 음악의 전성기에 아르칸젤로 코렐리(1653년~1713년)와 안토니오 비발디(1678년~1741년)가 아름답고 복잡한 협주곡을 작곡했고, 독일에서는 게오르크 필리프 텔레만(1681년~1767년)과 요한 제바스티안 바흐(1685년~1750년)가 북유럽의 여러 교구와 궁정에서 교회 음악의 거장 자리를 두고 경쟁을 벌였다.

• 유럽 최대의 바로크 성당인 런던 성 베드로 성당의 소년 성가대원들은 종종 다른 성가대 지휘자에게 납치되어 성가 경연대회에 강제로 나가기도 했다.

048

SAT
🏛
철학

형이상학

형이상학은 존재하는 것은 무엇이고, 그것은 무엇과 같은지를 묻는 실체에 대해 연구하는 가장 일반적 학문이다.

"존재하는 것은 무엇인가?"라는 질문은 형이상학의 하위분야인 존재론에서 탐구하는 주제이다. 존재론에서는 묻는 질문은 다음과 같다. 존재하는 모든 것이 유형의 것인가? 아니라면 영혼 같은 무형의 것이 정말 존재하는가? 수와 집합과 같은 추상적인 수학적 대상이 존재하는가? 어떤 것이 존재한다는 것은 무엇을 의미하나? 존재는 색이 빨갛다와 같이 어떤 것은 가지고 있고 어떤 것은 가지고 있지 않은 일종의 성질인가? 아니면 존재하지 않는 것이 없도록 존재하는 모든 것을 모아놓은 집합체를 존재라고 하는 것인가? 만약 존재가 빨갛다와 같은 하나의 성질이라면 그것은 어떤 종류의 성질인가? 말은 존재하고 유니콘은 존재하지 않는다고 말한다면 말의 어떤 점이 유니콘의 존재를 부인하게 한다는 것인가?

형이상학은 사물의 특징과 관계에 대해 또 다른 유형의 질문을 던진다. 예를 들어, 수가 존재한다면 공간과 시간 속에 존재하는가? 그것들은 경우에 따라 존재하는가? 즉 존재하지 않을 수 있거나 존재가 중단될 수 있는가?

많은 철학자들은 실체substance와 성질property이라는 두 가지 일반적인 것이 있다고 믿는 형이상학 원리를 공유한다. 실체는 일반적 의미의 대상이며 성질은 그 실체가 존재하는 방식이다. 이를테면 셔츠는 실체이고, 셔츠의 색은 성질이다. 많은 형이상학적 질문은 실체와 성질 개념에서 나온다.

철학자들은 오랫동안 "성질은 개별적인 것인가, 일반적인 것인가?"라는 질문을 던져왔다. 성질이 일반적이라는 말은 가령 셔츠와 장미같이 2개의 빨간 사물이 있을 때 두 사물이 빨갛다는 하나의 성질을 말 그대로 가지고 있다거나 혹은 성질을 예시한다instantiate는 것을 의미한다. 예시instantiation는 실체와 성질의 관계를 기술하는 철학 용어이다. 성질이 개별적인 것이라고 말하는 것은 셔츠로 예시된 빨갛다와 장미로 예시된 빨갛다는 실제로 서로 다른 성질이라는 의미이다. 다만 그 성질들이 서로 완벽하게 닮아 있다.

• 형이상학을 뜻하는 영어 Metaphysics는 아리스토텔레스의 글을 처음에 편집한 편집자가 만든 것이다. 아리스토텔레스의 《자연학》 뒤에 나온 책이 형이상학적 주제를 다루고 있는데, 제목이 따로 없었기 때문에 편집자들이 그 책을 가리켜 '자연학 이후'라는 의미의 그리스어 Metaphysics라 불렀다.
• 아리스토텔레스는 오늘날 우리가 형이상학이라고 부르는 것을 '제1철학'이라고 불렀다.

049

SUN
종교

요셉

성서에서 이야기하듯이 요셉은 야곱의 열한 번째 아들로, 야곱이 가장 아낀 부인 라헬의 첫째 아들이다. 유대교에서 요셉은 신에 대한 믿음과 비유대인들 사이에서 유대인으로 살아가는 영리함으로 널리 인정받는다.

요셉은 야곱이 가장 총애한 아들이었다고 창세기에 설명되어 있다. 야곱이 요셉에게 알록달록한 색동옷을 선물로 준 대목에서 잘 알 수 있다. 그리고 요셉이 가진 꿈을 분석할 수 있는 초자연적인 능력은 형제간 질투를 악화시켰을 뿐이라고 설명한다. 잘 알려진 예로, 요셉은 아버지와 어머니와 형들이 모두 하인처럼 자기 앞에 무릎을 꿇는 꿈을 꾸고 그 이야기를 가족들에게 했다. 요셉의 꿈에 화가 난 형들은 요셉을 죽일 음모를 꾸몄다. 당시 요셉은 열일곱 살에 불과했다. 맏형 르우벤이 가로막아서야 계획이 중단되었으나 대신에 요셉은 깊은 구덩이에 던져졌다.

결국 요셉은 이집트 왕실 호위대장 보디발에게 노예로 팔려갔다. 요셉은 충실하게 보디발을 모셨다. 그러나 보디발의 아내가 그를 유혹하려 했고, 요셉이 거부하자 그녀는 오히려 그가 강간하려 했다며 요셉을 고발했다. 보디발은 요셉을 감옥에 가두었다.

요셉은 감옥에서 이집트 왕의 시종을 만났고, 그의 꿈을 해몽해줬다. 그 시종은 요셉의 해몽대로 나중에 풀려났다. 그 시종은 이집트 왕이 불안한 꿈을 꿨을 때 요셉에 대해 말했고, 왕은 요셉에게 조언을 구했다. 요셉은 왕의 꿈을 해몽해서 이집트가 7년 동안의 풍년 후에 7년 동안 극심한 기근이 닥칠 것이라고 말해줬다. 왕은 요셉을 믿었고 7년 동안 여분의 식량을 저장했다. 요셉의 예언이 현실이 되자 자애로운 왕은 요셉에게 전례 없이 강력한 권력을 주었다.

예측했던 기근이 일대를 뒤덮자 요셉의 형제들도 식량을 얻기 위해 이집트로 왔다. 자신에게 지은 죄를 벌하기 위해 요셉은 정체를 숨기고 형제들 앞에 나타나 벤야민을 노예로 붙잡아 두고 다른 형제들은 집으로 되돌려 보냈다. 그때 유다가 벤야민 대신 자신이 붙잡혀 있겠다고 간청하는 것을 보고 요셉은 형들이 변했다고 생각했다.

결국 요셉은 가족들을 이집트로 불러들였다. 그리하여 요셉과 11명의 형제는 이스라엘 12지파를 세웠다.

● 이집트 왕이 요셉을 처음부터 받아들인 이유는 그의 혈통이 히브리인과 연관 있는 힉소스 왕조의 왕이었기 때문이라고 추정된다.
● 요셉의 이야기는 앤드류 로이드 웨버와 팀 라이스에 의해 뮤지컬 〈요셉의 놀라운 색동옷〉으로 각색되어 1982년 브로드웨이에서 공연되었다.

050 | MON 역사 | 이슬람교의 전파

선지자 마호메트가 메카에서 창시한 이슬람교는 서기 632년 그가 사망한 후에 놀라운 속도로 중동 지역 전역으로 퍼졌다. 마호메트의 깃발을 든 이슬람교 군대가 아라비아 반도, 페르시아, 시리아, 아르메니아, 이집트, 북아프리카, 아프가니스탄을 정복했다. 마호메트가 사망한 지 한 세기도 채 지나지 않은 서기 711년 그를 추종하는 이슬람교도들은 오늘날의 스페인을 정복했고 유럽 사회에 그들의 종교를 도입시켰다.

이슬람 제국, 즉 칼리프 왕국은 3개의 대륙에 걸쳐 세력을 떨쳤고 깨지기 쉬운 단합을 유지하기 위해 애썼다. 그런 노력의 일환으로 수도를 메카에서 지구상에서 가장 오래 된 도시 다마스쿠스로 옮겼고, 칼리프(이슬람 제국의 지배자)는 자신들의 지배를 굳건히 하기 위해 웅장한 모스크 사원을 세웠다.

그러나 8세기 중반에 이르자 이슬람 제국은 여러 왕국으로 분리되었다. 여러 경쟁 왕조 가운데 가장 규모가 큰 압시드 왕조는 수도를 바그다드로 옮겼고, 이베리아 반도에서는 자체 칼리프 왕국이 세워졌다. 그래도 이슬람 제국은 여전히 중세 시대를 풍미했다. 바그다드는 과학자와 시인, 수학자들이 모이는 낭만과 지식의 중심지로서 전설적인 도시가 되었다.

여전히 암흑기를 겪고 있던 기독교 중심의 유럽 입장에서 이슬람교의 번성은 위협적이었다. 이슬람 군대는 프랑스까지 올라왔고, 732년 샤를 마르텔 왕이 이끄는 프랑크 군대와 치른 전투에서 패배한 이후에야 물러났다. 역사학자들은 그 전투가 이슬람교가 유럽에 더 확산되는 것을 막은 역사적으로 중요한 전환점으로 본다. 그 후 교황은 이슬람교를 상대로 성전을 치르기 위해 유럽 군대를 중동 지역으로 파견했다.

그러나 이슬람 제국의 멸망은 동쪽에서부터 시작되었다. 1258년 바그다드가 몽골 군대에 함락되었던 것이다. 몽골족은 바그다드의 훌륭한 도서관들을 방화하고 백만 명에 이르는 주민을 학살했다. 몽골족의 지도자는 칭기즈칸의 손자였는데, 그의 명령에 의해 이슬람의 마지막 칼리프는 멍석에 말린 채 말에 밟혀 죽었다.

- 유럽의 암흑기에는 유럽인보다 이슬람 학자들이 과학적으로 더 앞서 있었다. 대수와 화학을 포함해 수학, 과학과 관련된 많은 영어 단어들이 아라비아어에서 파생되었다.
- 칼리프의 군대는 8세기 중앙아시아에서 전쟁을 치르는 동안 중국인 전쟁 포로로부터 종이 만드는 비법을 알아냈다.
- 칼리프 왕조의 가장 유명한 책 가운데 하나가 《천일야화》이다. 이야기와 우화를 모아놓은 이 책은 18세기에 처음 번역된 이후로 서양 문화권에서 대단한 인기를 누리고 있다.

051

캐치 22

조지프 헬러의 《캐치 22》는 영어로 쓰인 가장 뛰어난 전쟁 소설이자 블랙코미디 중 하나다. 1961년 출판된 평범하지 않은 이 소설에 어떤 사람들은 찬사를 보냈고 또 어떤 사람들은 충격적이고 불쾌하다고 비판했다. 어쨌든 《캐치 22》는 불합리성의 문제와 초현실주의를 미국 문학의 주류로 만든 획기적인 저항 소설임에는 틀림없다.

주인공 요사리안은 제2차 세계대전 기간 동안 이탈리아 작은 섬 피아노사에 건설된 미국 공군 기지에서 폭격기 조종사로 복무하고 있었다. 그의 비행 중대를 이끄는 장군들은 대원들에게 일정 수의 작전을 수행하면 고국으로 보내주겠다고 약속하지만, 터무니없게도 아무도 떠날 수 없도록 계속해서 작전 수를 늘린다. 전쟁 관료주의의 부조리는 단순하면서도 교활한 공군 규정을 통해 잘 드러난다. 이 소설의 제목 "캐치 22"는 정신이상으로 여겨지는 군인이라면 군사 작전에서 면제될 수 있다는 규정이다. 그러나 실제로 면제 신청을 한다는 것은 비행에 나갈 수 있을 만큼 멀쩡하다는 증거이다.

이 소설에는 절대 잊을 수 없을 것 같은 괴상한 사람과 부적응자들이 등장한다. 폭격기 중대 사령관은 메이저 메이저 메이저 소령이다.(소령은 영어로 메이저Major이므로 사령관의 이름을 영어로 그대로 부르면 '메이저 메이저 메이저 메이저'이다 ─ 옮긴이) 그는 입관 첫날 컴퓨터 오류로 소령 자리까지 승진한 인물이다. 취사 장교 마일로 마인더바인더는 무자비한 암시장 신디케이트를 운영하며 돈이 되는 것은 무엇이든 한다. 심지어 독일군과 거래해서 자기 부대에 폭탄을 떨어뜨리려 한다. 군의관 다네카는 서류 착오로 '사망 처리'된 후, 아내는 물론 누구에게도 자신이 살아있음을 확실히 알릴 수 없다.

《캐치 22》는 문맥상 단서나 경고 없이 갑자기 미래나 과거로 건너간다. 전쟁의 혼돈을 모방한 이런 장치는 독자를 완전히 정신없게 만든다. 한편, 폭격기 비행대의 익살스러운 행동들로 이 소설은 배꼽 빠지게 우스운 희극이 되지만 상황은 비극으로 변한다. 블랙코미디의 대가인 헬러는 진실을 무심한 듯 서서히 드러낸다. 마침내 웃음을 유발하는 것처럼 보였던 장면들이 실제로는 치명적이게 심각한 것이었음이 밝혀진다.

헬러는 《캐치 22》가 실제로 제2차 세계대전이라는 특정 상황이 아니라 현대 사회 전반에 팽배한 관료주의와 권위주의를 다룬 것이라고 말한다. 이런 메시지 때문에 이 소설은 1960년대 반체제, 반문화 운동 사이에서 큰 반향을 일으켰다.

• 소설의 원래 제목은 '캐치 18'이었다. 그러나 레온 우리스의 소설 《밀라 18》이 1961년 같은 해에 먼저 출간되었기 때문에 출판 직전에 이름을 바꿨다.

• 헬러는 제2차 세계대전 당시 미 공군에 입대해 이탈리아와 북아프리카에서 수십 차례 폭격기를 조종했다.

052

파리 노트르담 대성당

고딕 양식으로 지어진 노트르담 대성당은 파리 중심부를 흐르는 센 강 한가운데 위치한 시테 섬 동부에 자리 잡고 있다.

이 성당이 서 있는 자리에는 원래 주피터 신에게 바치는 고대 로마 신전이 있었다. 로마 신전 자리에 528년 기독교 교회가 들어섰고, 다시 노트르담 대성당이 세워진 것이다. 최근에 복원된 생드니 수도원 성당을 보고 감명받은 모리스 드 설리 주교가 낡은 파리식 교회 건물을 허물고 더 웅장한 성당을 짓기로 결정했다. 성당 건축은 1163년에 착공되어 14세기 초까지 계속되었다.

대부분의 고딕 양식 성당과 마찬가지로 노트르담 성당의 외관은 3단으로 되어 있고 그 위로 2개의 탑이 솟아 있다. 두 탑의 연결 통로에는 악마의 기운을 쫓아낸다고 알려진 무시무시한 동물 조각상인 가고일 석상이 장식되어 있다. 그 아래로 수백 개의 스테인드글라스 판으로 만들어진 '장미의 창'이 있다. 이 창은 지름이 30피트(약 914cm)가 넘는다.

그 아래로 '왕들의 갤러리'가 있다. 원래는 유대 왕과 이스라엘 왕 28명의 조각상이 있었는데, 프랑스 혁명 당시 화난 군중이 프랑스 왕의 조각상이라 생각하고 일부 조각상의 머리를 잘라버렸다. 파손된 조각상들은 1845년 저명한 프랑스 건축가 비올레르 뒤크에 의해 복원되었다.

건물 정면에는 3개의 입구가 있다. 중앙의 가장 큰 입구는 '심판하는 그리스도'에게 바친 문이고 왼쪽은 성모 마리아의 문, 오른쪽은 마리아의 어머니 성 안나의 문이다.

노트르담 대성당은 풍부한 역사를 가지고 있다. 1185년 카이사레아의 헤라클리우스가 제3차 십자군 원정을 선언한 장소이며, 1431년에는 헨리 6세의 대관식이 치러졌고, 1804년에는 나폴레옹 보나파르트의 대관식이 거행되었다. 프랑스 혁명 기간에는 '이성의 신전'이라는 이름으로 바뀌었다가 나중에 '최고 존재의 사원'으로 바뀌었다. 1970년에는 프랑스 전 총리 샤를 드골의 장례식이 이곳에서 치러졌다.

• 빅토르 휴고는 노트르담 대성당이 완전히 파괴될 위험에 처하자 이 성당의 역사에 대한 대중들의 의식을 높이기 위해 1831년 《노트르담의 꼽추》를 썼다.

• 프랑스 고속도로에서 모든 거리의 출발점을 나타내는 '킬로미터 제로'가 노트르담 대성당 앞 광장에 설정되어 있다.

053

플라시보 효과

플라시보 효과Placebo effect는 의약적 가치가 없는 치료제가 긍정적인 효과를 내는 것을 말한다. 식염수 주사를 맞거나 설탕 알약을 복용한 환자들이 증상이 호전되었다고 느낄 때가 있는데, 이런 효과는 특히 편두통이나 허리 통증, 우울증 같은 주관적 평가에 의존하는 증상에서 나타난다. 약물 요법이 치료에 효과를 나타내는 것은 플라시보 효과가 크게 작용한다.

통증 의학에서 플라시보 효과는 부분적으로 뇌 화학작용으로 설명할 수 있다. 통증을 경험하면 뇌는 통증을 완화시키기 위해 엔도르핀이라는 모르핀과 같은 작용을 하는 천연 화학물질을 분비한다. 뇌 영상을 촬영해본 결과, 가짜 약(플라시보)을 약이라고 생각하고 복용하면 뇌에서 엔도르핀을 분비한다. 신경학적으로 진짜 약을 복용한 것과 같은 효과를 낸다.

비교적 잘 알려져 있지 않지만 플라시보 효과 못지않게 강력한 노시보 효과Nocebo effect라는 것이 있다. 환자에게 약을 주면서 부작용을 경험할 것이라고 말하면 그 환자는 의학적인 근거가 없는데도 실제로 부작용 증상을 보인다. 한 연구에서 사람들에게 설탕 알약을 주면서 구토를 일으키는 부작용이 있다고 말했는데, 그들 중 80%가 나중에 구토를 하기 시작했다. 또 다른 연구에서는 똑같은 약물 치료를 받더라도 자신이 심장마비로 죽게 될 것이라고 믿는 여성들은 그렇지 않은 여성들에 비해 심장마비로 사망할 확률이 네 배 높았다. 아프다고 생각하면 실제로 아플 수 있다는 말이다.

일부 의료 분야에서는 플라시보 효과가 늘어나고 있는 것으로 나타났다. 항우울제에 관한 임상 연구에서 플라시보에 대한 반응 비율이 10년마다 7%씩 증가하고 있다. 1980년 가짜 약을 처방받은 우울증 환자 가운데 30%가 다른 치료가 병행되지 않았는데도 호전되었다. 2000년에는 44%가 같은 결과를 보였다. 이런 변화는 약에 대한 대대적인 광고와 높아진 기대감에서 비롯되었을 것이다. 일반적으로 사람들은 20년 전보다 정신의학적 치료를 더 신뢰하고 했다. 그 결과 플라시보가 더 강력한 효과를 내고 있는 것이다.

• 약의 색깔도 어떤 환자들에게는 영향을 미칠 수 있다. 이탈리아에서 실시된 한 연구에서 파란색 가짜 수면제는 여성에게 뛰어난 효과를 냈지만 남성에 대해서는 정반대의 결과가 나왔다.

• 맞을 때 아픈 주사가 덜 아픈 주사보다 치료 효과가 더 클 수 있다.

054

악곡 형식

클래식 음악에서 '형식'이란 작곡 방법을 안내하는 구조를 가리키며, 많은 곡에 공통적으로 나타나는 특성을 모아놓은 것이라 할 수 있다. 형식에 따라 악곡을 악장과 주제 부분으로 나누는 방식이 달라진다. 형식이 악곡의 설계도 역할을 하는 것이다.

• 두도막 형식(A-B): 곡의 첫 번째 부분(A)이 으뜸음조로 시작되어 딸림조 또는 관계 장조로 바뀌는 조바꿈이 일어난다. 두 번째 부분(B)은 딸림조나 관계 장조로 시작되고 다시 으뜸음조로 바뀐다. 그러므로 가장조로 된 곡이라면 A부분이 가장조로 시작되어 마장조로 바뀌고, B부분은 마장조로 시작해서 다시 가장조로 바뀐다. 만약 가단조의 곡이라면 앞부분은 가단조로 시작해서 다장조로 바뀌고, 뒷부분은 반대로 진행된다.

• 세도막 형식(A-B-A): A부분은 으뜸음조이고 B부분은 딸림조나 관계 장조이다. 마지막 부분은 다시 A부분을 반복하는 것이다.

• 겹두도막 형식: 소나타 형식이라 불리기도 하는 이 형식은 세 부분으로 구성되어 있다. 첫 번째 부분인 '제시부'는 기본 조를 설정하고, 일반적으로 서로 대조되는 2개의 주제를 제시하며, 기본 조에서 다른 조로 조바꿈해서 긴장감을 만들어낸다. 두 번째 부분은 '전개부 또는 발전부'라 한다. 작곡가가 다양한 주제를 결합하거나 다양한 방식으로 주제를 제시하거나 가끔은 광범위한 조바꿈을 실시한다. 세 번째 부분은 '재현부'로 시작 부분의 주제를 다시 진술하고 처음 시작한 조로 마무리된다.

• 론도 형식: 세도막 형식의 변형으로 A-B-A-C-A-D-A 형식을 취한다. 여기에서 알파벳은 각각 주제부를 나타낸다. 반복되는 주제부 A와 대비되는 B, C, D를 부주제 또는 에피소드라 하며 A의 화성과 멜로디를 보완하는 역할을 한다.

• 변주곡 형식: 작곡가는 멜로디를 만들고 난 후 꾸밈음이나 화성 변화, 질감 변화, 장조에서 단조로 조바꿈 등 여러 기법을 이용해 멜로디를 바꾼다. 이 형식은 A-A′-A″-A‴같이 나타낼 수 있다.

• 소나타 형식은 요한 제바스티안 바흐(1685년~1750년)의 바로크 후기 음악에 처음 등장했지만, 소나타 형식은 바로크 시대에서 고전주의 시대로 전환을 나타내는 가장 큰 변화 중 하나이다.
• 바흐와 모차르트 모두 변주곡 형식에 관심이 있었는데, 바흐의 〈골트베르크 변주곡〉과 모차르트의 〈작은 별 변주곡〉이 있다.

055

질료형상론

아리스토텔레스의 질료matter와 형상form에 관한 이론은 그의 철학에서 가장 중요하고 영향력 있는 이론이다. 그러나 매우 미묘한 원리이기 때문에 대체로 제대로 이해하기 어렵다. 질료와 형상에 관한 이론은 본질적으로 현대 과학이 진보하기 이전 자연 세계를 설명하려는 시도였다.

아리스토텔레스(기원전 384~322년)는 세계가 실체substance, 즉 식물이나 동물처럼 구체적인 개별 사물로 채워져 있다고 생각했다. 실체에 관해 이야기할 때 문장에서 주어 기능을 하는 것이 실체라고 할 수 있다. 예를 들어 "소크라테스는 창백하다."라고 말할 수 있으므로 소크라테스는 실체이다. 창백하다는 성질과 같이 실체의 특성을 가리켜 아리스토텔레스는 우유성accident이라 불렀다. 우유성은 실체에 대해 말할 때 말하는 내용을 가리킨다. 대개 실체에 대해 말하는 문장에서 우유성은 형용사로 기술된다.

실체와 우유성의 차이를 이해하는 또 다른 방법으로 아리스토텔레스는 우연적 변화와 본질적 변화의 차이를 들었다. 소크라테스가 햇볕 아래 몇 시간 보낸 후 창백한 얼굴색이 갈색으로 변했다면 그것은 우연적 변화이다. 실체인 소크라테스는 그대로이고, 변하는 것은 단지 창백함과 그을린 얼굴이라는 소크라테스의 우유성이다. 실질적 변화의 예는 소크라테스가 죽었을 때다. 이 경우 소크라테스라는 실체가 사라진다.

실질적 변화라는 개념이 아리스토텔레스의 질료와 형상 이론을 낳았다. 소크라테스가 죽어도 그의 시체는 계속 존재한다. 무엇인가가 지속되는 것이다. 아리스토텔레스는 실질적 변화를 겪었는데도 지속되는 것을 질료라고 정의했다. 한때 다양하고 복잡한 생물학적 과정을 수반하던 소크라테스의 질료는 이제 그 과정을 모두 중단했다. 죽은 몸이기 때문에 질료는 남아도 질료의 형상은 바뀌었다. 형상은 소크라테스의 여러 부분들이 어떻게 상호작용했는지를 결정하는, 조직과 활동에 관한 원리로 정의된다.

아리스토텔레스는 실체는 질료와 형상의 결합물이라고 결론 내렸다. 자연철학에 관한 연구에서도 질료와 형상에 관한 이론을 이용해 매우 다양한 자연현상을 설명했다.

- 아리스토텔레스의 질료와 형상 이론을 가리켜 '질료형상론'이라 한다.
- 질료형상론은 토머스 아퀴나스를 통해 서방 기독교에 막대한 영향을 미쳤다. 토머스 아퀴나스는 질료형상론을 자신의 형이상학 철학의 핵심 기둥 중 하나로 삼았다.
- 르네 데카르트(1596년~1650년)는 17세기 물리학에서 아리스토텔레스의 실체적 형상을 사용하는 것을 신랄하게 비판했다.

056

모세

모세는 유대교 역사에서 가장 중요한 성경 인물로 널리 알려져 있다. 모세에 관한 주된 이야기는 출애굽기에 실려 있다.

모세는 악명 높기로 소문난 람세스 2세가 통치하던 이집트에서 아므람과 요게벳 사이에 태어났다. 람세스 2세는 히브리 노예의 아기를 모두 죽이라는 명령을 내렸다. 요게벳은 처음에 아기를 잘 숨겼다. 하지만 곧 더는 어렵다는 것을 알았다. 요게벳은 3개월 된 모세를 바구니에 넣고 친절한 누군가가 발견하기를 바라면서 나일 강 아래로 떠내려 보냈다. 알고 보니 람세스 2세의 딸이 모세를 발견하고 자신의 아들로 키웠다.

모세는 어른이 되어 마침내 자신의 진짜 운명을 알게 되었다. 얼마 지나지 않아 모세는 이집트인이 이스라엘인을 때리는 것을 보고 그 이집트인을 죽였다. 그는 이집트에서 추방되어 40년 동안 시나이 반도에서 지내야 했다. 어느 날 모세는 덤불에 불이 붙은 것을 봤는데 덤불은 전혀 타지 않고 있었다. 자세히 살피러 불꽃으로 다가가자 신이 그에게 이집트로 돌아가 이스라엘인들을 이집트 밖으로 이끌고 가라고 명령했다.

모세는 이집트로 돌아갔고, 이집트 왕에게 이스라엘인들을 풀어 달라고 설득했다. 그러나 이집트 왕은 거절했다. 그래서 신은 이집트인들에게 열 가지 재앙을 보냈고, 열 번째 재앙으로 이집트 모든 가정의 첫째 아들이 죽었다. 이 소식에 이집트 왕은 이스라엘인을 풀어줬다. 그러나 이스라엘인들의 뒤를 추적해 홍해에 이를 때 즈음 이집트 군대가 그들을 따라잡아 포위했다. 이스라엘인들을 구하기 위해 신은 홍해를 갈라 그들이 건너갈 수 있게 했다. 사람들이 다 건너자 원래대로 돌려놓아 이집트 병사들이 빠져 죽었다. 바다를 건넌 후 모세는 사람들을 이끌고 사막을 지나 시나이산까지 갔다. 혼자 산 정상에 오른 모세는 그곳에서 신으로부터 직접 십계명을 받았다.

모세가 지도자로서 그리고 입법자로서 실존 인물인지 역사적 진실은 논쟁거리로 남아 있지만 그가 유대교 역사에서 가장 중요한 상징임은 분명하다.

- 모세가 이스라엘인이 아니라 이스라엘인에게 동조해 변절한 이집트 사제라고 주장하는 설도 있다.
- 유대인들은 뿔이 달려 있다는 반유대주의적 고정관념은 시나이산에서 내려온 모세의 모습을 묘사한 것을 잘못 해석한 데서 비롯되었다. 신과 아주 가까이 있었기 때문에 모세의 모습이 바뀌었다고 전해지지만 "그의 얼굴에서 뿜어져 나온 광선"이라고 묘사된 것을 몇몇 사람들이 "그의 머리에서 삐죽 나온 뿔"로 잘못 받아들인 것이다.

057 | MON ✒ 역사 | 샤를마뉴 대제

서기 476년 로마 제국이 멸망한 이후 유럽은 전쟁과 무질서의 시대로 접어들었다. 그런 까닭에 후대 역사학자들은 이 시기를 암흑시대라 이름 지었다. 쇠퇴하는 로마 제국의 유산을 두고 경쟁 부족끼리 끊임없이 싸웠고 예술과 과학은 답보 상태에 빠졌다. 로마 제국이 제공하던 통일성이 사라졌기 때문에 유럽 대륙을 하나로 단결시킬 수 있는 것이 거의 없었다.

샤를마뉴(742년~814년)는 오늘날의 독일에 세워진 왕국의 왕으로 서로마제국에 속했던 여러 지역을 처음으로 재통일하고 거대한 유럽 제국을 건설했다. 서기 800년 성탄절에 교황은 샤를마뉴에게 신성 로마 제국 황제의 관을 씌웠다. 즉 새로 부활한 기독교왕국의 지도자로 임명한 것이다.

대관식이 거행될 당시 샤를마뉴의 제국은 오늘날의 프랑스, 벨기에, 네덜란드, 스위스 그리고 독일 대부분 지역을 포함하고 있었다. 샤를마뉴는 여러 이웃 부족을 합병한 게르만족인 프랑크족 왕이었다.

신성 로마 제국은 서기 800년에 설립이 선포되었지만 실제로 유럽을 단합시키지는 못했다. 18세기 프랑스 작가 볼테르가 농담했듯이 신성 로마 제국은 '신성'하지도 않고 '로마'도 아니었으며 '제국'은 더더욱 아니었다. 신성 로마 제국은 절반의 독립적 지위를 갖는 300여 개 공국으로 구성되었고, 어떤 공국은 면적이 몇 제곱마일 밖에 되지 않았다. 그럼에도 신성 로마 제국은 수세기 동안 중앙 유럽의 중심 세력으로 작용했다. 샤를마뉴는 기독교를 확산시켰고, 실패로 끝나기는 했지만 이슬람 칼리프가 다스리는 스페인 지역을 되찾기 위해 싸웠다.

샤를마뉴 대제가 남긴 유산은 지금도 유럽 곳곳에서 볼 수 있다. 최근 유전학 연구에 따르면 유럽인 가운데 상당수가 샤를마뉴의 후손임이 밝혀졌다. 샤를마뉴는 프랑스와 독일의 건국 시조 중 하나로 여겨진다. 그가 세운 신성 로마 제국은 규모가 축소되어 유지되다가 1806년 마지막 황제가 퇴위하면서 해체되었다.

● 샤를마뉴 대제가 전장에서 차고 다니던 검을 가리켜 쥬와외즈(Joyeuse)라 불렀다. 유명한 이 무기는 현재 파리 루브르 박물관에 소장되어 있다.

● 유명한 중세 전설에서 샤를마뉴는 역사상 가장 위대한 기사를 가리키는 '9인의 호걸' 중 하나다. 아더 왕과 알렉산더 대왕도 포함된다.

● 서기 778년 스페인에서 벌인 전투에서 샤를마뉴의 귀족 롤랑이 바스크 사람들에게 목숨을 잃었다. 롤랑의 용감한 죽음에 관한 이야기는 중세 문학에서 가장 중요한 작품 중 하나로 꼽히는 서사시 《롤랑의 노래》의 바탕이 되었다.

058

가브리엘 가르시아 마르케스

콜롬비아 작가 가브리엘 가르시아 마르케스는 20세기 남미 문학에 세계의 관심을 끌어들이는데 누구보다 큰 기여를 한 인물이다. 장편소설과 단편소설에서 그는 사실적 사건 속을 환상과 신화적 요소를 결합한 렌즈로 들여다보며 남아메리카 역사와 사람들을 탐구한다.

1928년 콜롬비아 북부 아라카타카 마을에서 태어난 가르시아 마르케스는 유년 시절 할아버지를 비롯한 어른들이 자주 들려주는 이야기에 흠뻑 빠져 자랐다. 대학을 졸업한 후 다양한 외국 통신사의 기자로 프랑스, 베네수엘라, 미국, 멕시코 등지에 체류했다. 소설은 1950년대 중반부터 쓰기 시작했고, 1961년 첫 주요 작품인 단편집《아무도 대령에게 편지하지 않았다》를 출판했다.

가르시아 마르케스의 걸작은 단연 1967년 출간된 장편소설《백년의 고독》이다. 가상의 마을 마콘도에서 한 가문의 6세대가 겪는 일을 불규칙하게 전개하는 이야기다. 마콘도의 역사와 그 마을을 세운 부엔디아 가문의 역사는 라틴아메리카의 역사 흐름을 반영한다. 마콘도는 세상과 동떨어진 채 훼손되지 않은 아름다움을 간직한 목가적인 마을이었지만 외부 세계와 접촉이 늘면서 내전과 독재정권, 노동 불안 등 현대화에 수반되는 여러 역경을 겪는다. 여섯 세대에 걸쳐 개인과 집단 모두 같은 실수를 되풀이하면서 역사가 순환한다. 가르시아 마르케스는 부엔디아 가문 사람들에 대해서 서로 다른 세대이지만 같은 이름을 부여함으로써 역사가 순환한다는 사실을 강조했다.

가르시아 마르케스의 작품은 '마술적 사실주의' 장르에 해당하는 것이 많다. 마술적 사실주의는 상당히 사실적인 묘사를 하면서 동시에 환상적이고 초자연적인 요소들을 혼합한 장르이다.《백년의 고독》에서 마콘도는 5년 동안 계속되는 국지성 폭우를 겪고, 한 인물의 죽음을 전하는 소식과 함께 하늘에서 노란 꽃이 폭포처럼 떨어지는 것을 본다. 돼지 꼬리가 달린 아기가 탄생하는 것도 목격한다. 마술적 사실주의 문맥에서는 이런 사건들 대부분이 흔히 있는 일로 받아들여지며, 그것을 목격하는 인물들도 별다른 말을 하지 않고 놀라워하지도 않는다.

다른 두 주요 작품인 장편소설《족장의 가을》(1975년)과 중편소설《예고된 죽음의 연대기》(1981년)를 발표한 후 가르시아 마르케스는 1982년 노벨문학상을 받았다. 그의 작품은 스페인어 원본과 번역본 모두 합쳐 수천만 권이 팔렸고, 그는 비평적으로나 대중적으로나 동시에 성공을 거둔 몇 안 되는 현대소설가이다.

059

르네상스 미술

르네상스 시대는 중세와 근대를 이어주는 시기이다. 르네상스Renaissance라는 말은 '다시 태어난다'는 뜻의 라틴어 renascere에서 파생된 것으로 그리스 · 로마 문화의 부활을 의미한다. 르네상스 시대의 예술가나 지식인들은 의식적으로 중세 사상을 거부하고 고전 모델에서 영감을 얻고자 했다.

르네상스의 기원은 이탈리아 시인 프란체스코 페트라르카가 개성과 인간 업적을 중요시하는 철학을 발전시킨 14세기 초로 거슬러 올라간다. 그것은 신의 권력에 전적으로 몰입했던 중세 문화에서 벗어나려는 변화였다.

미술 분야의 르네상스는 15세기 초 피렌체에서 시작되었다. 조각가와 건축가들이 고대 양식을 추구하기 시작했고, 화가들은 2차원 평면에 깊이감과 양감을 표현하는 1점 원근법을 고안했다.

초기 르네상스의 유명한 피렌체 미술가로 고대 그리스로마 시대 이후 최초의 단독 나체상인 '다비드상'을 조각한 도나텔로와 피렌체 대성당의 유명한 돔을 설계한 건축가 브루넬레스키, 1점 원근법을 처음으로 사용했다고 알려진 화가 마사초가 있다.

대개 1495년부터 1527년까지를 가리키는 전성기 르네상스는 레오나르도 다빈치, 미켈란젤로, 라파엘로, 티치아노 등 유럽 문명 최고의 대가들을 탄생시켰다. 성 베드로 대성당의 확장 공사를 시작한 것도 이 시기이다. 건축가 브라만테가 공사를 총감독했다. 그는 새로운 모습으로 바뀔 성당의 첫 번째 설계도를 작성했다. 그가 사망한 이후에도 미켈란젤로를 포함한 많은 예술가들의 감독하에 공사가 계속 진행되었다. 새로운 대성당은 17세기 중반에 이르러 완공되었다.

- 북유럽에서는 르네상스가 더 늦게 시작되었는데 16세기까지 고딕 양식이 계속 유행했기 때문이다.
- 후기 르네상스는 일반적으로 1527년부터 1600년까지를 가리킨다. 이 시기에 탄생한 작품을 가리켜 종종 매너리즘 양식이라 말한다. 형식이 상당히 복잡하고 소수의 지식인만 이해할 수 있는 요소들이 많기 때문이다.

060 | THU ♣ 과학 | 멘델의 유전학

1800년대 중반 체코의 수도사 그레고르 멘델(1822년~1884년)이 완두콩 실험을 시작했을 때 유전에 관해 알려진 주요 이론이 두 가지 있었다. 하나는 부모의 형질이 반반씩 섞여 자식 세대의 형질을 형성한다는 것이고, 다른 하나는 자식이 발생하는 환경이 그 자식의 형질을 결정한다는 것이다. 멘델은 두 이론 모두 틀렸다는 것을 증명했다.

수도원 정원을 자주 산책하던 멘델은 평범한 완두의 기본적인 특징들에 주목했다. 그는 완두꽃이 보라색이거나 하얀색이고 중간색은 없다는 것을 알아차렸다. 콩깍지도 황색이거나 녹색이었고 중간색은 없었다. 완두 줄기는 길거나 짧았다. 멘델은 절대 섞이지 않는 것처럼 보이는 대립 형질 일곱 가지를 발견했고, 교배 실험을 시작했다.

멘델이 녹색 콩깍지 완두와 황색 콩깍지 완두를 교배했을 때 자식 세대는 모두 황색 콩깍지였다. 그러나 자식 세대들끼리 교배했을 때 다음 세대는 4분의 1이 노란색 콩깍지였다. 완두의 키에 대해서도 동일한 결과가 나왔다. 키 큰 완두와 키 작은 완두를 교배했을 때 다음 세대는 모두 키가 컸지만 그다음 손자 세대는 4분의 1이 키가 작았다.

이런 패턴을 보고 멘델은 대립 형질, 유전자, 우성 유전, 열성 유전이라 불리게 되는 개념들을 생각해냈다. 멘델은 식물이 근본적으로 부모 양쪽으로부터 각각 하나의 유전 단위, 즉 한 쌍의 대립 유전자를 받는다고 결론 내렸다. 두 대립 유전자는 오직 하나만 밖으로 발현되지만 그다음 세대에 유전될 가능성은 같다. 그러므로 키 큰 완두와 키 작은 완두를 교배했을 때 자식 세대는 키를 크게 하는 우성 형질과 키를 작게 하는 열성 형질을 둘 다 가지게 된다. 겉으로는 모두 키가 컸지만 키를 작게 하는 형질도 발현만 되지 않았을 뿐 모두 지니고 있다. 그래서 그 세대를 자가 교배했을 때 다음 세대의 4분의 1은 키 큰 형질 2개를 가지고, 2분의 1은 키 큰 형질과 키 작은 형질을 각각 1개씩 가지며, 4분의 1은 키 작은 형질 2개를 갖는다. 키 큰 형질을 1개 가지고 있든 2개 가지고 있든 모두 키가 큰 완두로 발현된다. 현대 유전학의 밑바탕이 되는 이런 기본적인 관찰은 특정 성질이 왜 세대를 건너뛰어 나타나는지를 설명해준다.

- 1856년부터 1863년까지 멘델은 실험을 위해 대략 2만 8000개의 완두를 재배했다.
- 멘델은 훌륭한 기록을 남겼지만 결과가 너무 정확하다는 인상이 있어서 후대 과학자들은 대체로 멘델이 확증 편향에 사로잡혀 데이터를 조작한 것은 아닌지 의심한다.
- 멘델의 연구는 당시 거의 무시되었고, 멘델은 주목받지 못한 채 세상을 떠났다. 1900년에 식물학자들에 의해 그의 연구가 재발견되어 유전학이 완전히 바뀌는 계기가 되었다.

061 | FRI ♪ 음악 | 안토니오 비발디

안토니오 비발디(1678년~1741년)는 베네치아에서 바이올린 연주자의 허약한 아들로 태어나 1703년에 사제가 되었다. 이후 베네치아의 여자 고아원 음악학교 오스페달레 델라 피에타에서 바이올린 교사이자 지휘자, 전속 작곡가로 일했다. 학생들은 엄격하게 음악 교육을 받았고, 종종 비발디가 창작한 곡을 포함한 곡들로 연주회를 열었다. 그 연주회는 음악을 사랑하는 베네치아 청중들에게 매우 인기가 있었다.

비발디는 놀라울 만큼 많은 곡을 작곡한 음악가이다. 평생 500곡 이상의 협주곡을 썼으며 다른 유명한 작곡가들보다 단연 많은 곡을 썼다. 성악곡을 작곡하기도 했지만 대부분은 기악곡이고, 그를 가장 유명하게 만든 것도 기악곡이다. 비발디의 협주곡은 섬세한 슬픔에서 웅장한 기개에 이르기까지 다양한 감정을 아름답게 표현한다.

비발디의 많은 작품들은 표제음악으로 어떤 이야기를 하거나 감정을 불러일으킨다. 대개 자연의 순환 속에서 일어나는 실제 사건 같은 인상을 주기 위해 의도된 것들이다. 그의 협주곡은 일반적으로 세 악장으로 구성되어 있다. 제1악장은 활기찬 템포의 알레그로이고, 제2악장은 조바꿈이 없거나 관계조를 사용한 느린 악장이고, 제3악장은 제1악장보다 더 활기찬 알레그로이다.

비발디의 곡들은 〈밤〉, 〈바다의 폭풍우〉, 〈황금방울새〉같이 제목이 있다. 가장 유명한 곡은 〈사계〉이다. 기억하기 쉬운 4개의 협주곡 모음곡으로 오늘날 서양 클래식 음악에서 가장 인기 있는 곡이라는 자리를 지키고 있다. 〈사계〉를 비롯한 다른 곡에서 비발디는 뛰어난 극적 감각과 화려한 악구를 사용해 독주자의 역할에 전례 없는 중요성을 부여하며 혁신을 일으켰다. 그뿐만 아니라 인상적인 테마와 대담한 리듬, 모티브, 전체적으로 명료한 작곡법으로 요한 제바스티안 바흐와 고전파 작곡가들에게 큰 영향을 미쳤다.

● 비발디의 악보 첫머리에는 대부분 'Laus Deo Beataeque Mariae Deiparae Amen'의 줄임말이 적혀 있었다. '주님을 찬양하고 축복받은 성모 마리아를 찬미하며'라는 뜻이다.
● 한때 비발디는 일 년에 금화 5만 닢 이상을 벌었다고 한다. 당시 음악가에게 지급되는 최고의 금액이었다.

062

SAT
🏛
철학

논리학

논리학은 형식적으로 타당한 논증을 연구하는 학문이다. 논증은 전제 또는 가정을 나타내는 여러 문장과 결론을 나타내는 하나의 문장으로 구성된다. 예를 들면 다음과 같다.

> 소크라테스는 인간이다.
> 소크라테스가 인간이라면 그는 언젠가 죽는다.
> 그러므로 소크라테스는 언젠가 죽는다.

이것은 타당한 논증의 한 예다. 타당한 논증이란 참인 전제 문장에서 참인 결론이 유도되는 논증을 말한다. 그러나 위 예에서 논증의 타당성은 소크라테스에 관한 것이나 인간임을 나타내는 성질, 혹은 죽을 운명에 관한 어떤 것에 의해서도 결정되는 것이 아니다. 논증의 구성 또는 도식이 타당하면 타당한 논증이 되는 것이다. 주어진 논증은 다음과 같이 도식화할 수 있다.

> 1. p다.
> 2. p이면 q다.
> 3. 그러므로 q다.

p와 q에 어떤 문장을 넣더라도 이것은 타당한 논증이 된다. p와 q 자리에 특정 문장이 들어갈 뿐 원래 논증 (1)~(3)이 변하는 것은 아니다. 논리학에서 '그리고(and)' '또는(or)' '어떤(some)' '아무(any)' 같은 말은 논리항logical term이라 한다. 논리학은 어떤 논증 도식이 타당한지 연구하며, 'if~then'과 'and'와 같은 다양한 논리항 사이의 관계와 그것들이 타당한 논증을 펼칠 때 담당하는 역할을 조사한다.

- 아리스토텔레스가 최초의 논리 체계를 만든 이래로 논리학은 주로 철학에서 반드시 배워야 하는 제1과목으로 여겨져 왔다.
- 고틀로프 프레게(1848년~1925년)는 1879년 출판한 《개념 표기법》에서 현대 논리학을 도입했다. 프레게는 논리학에 혁신을 가져왔지만 그 밖에 알려진 것이 거의 없다.
- 모든 진리가 참 또는 거짓이어야 한다는 원리를 부인하는 철학자들도 있다. 심지어 모든 모순이 거짓이라는 것을 부정하는 철학자도 있다.

063

SUN
🕎
종교

다윗 왕

다윗 왕은 사울 왕의 뒤를 이은 이스라엘의 제2대 왕이자 가장 위대한 왕이다. 이새의 아들 다윗은 목동으로 자랐다. 다윗의 이야기는 구약성경 사무엘기에 나오며, 아마 다 윗은 다윗과 골리앗 이야기로 가장 잘 알려져 있을 것이다.

골리앗은 블레셋 사람으로 키가 9.5피트(약 290cm)나 되는 거인이었다. 골리앗과 다 윗은 블레셋과 이스라엘 사이 전쟁이 한창일 때 만났다. 골리앗은 전투를 시작하기에 앞서 자신을 쓰러뜨릴 수 있는 병사가 있으면 보내라고 이스라엘 군대에 도전장을 내 밀었다. 골리앗은 40일 동안 매일 결투를 신청했지만 그의 결투를 수락하는 이스라엘 병사는 아무도 없었다. 때마침 형들에게 음식을 가져다주기 위해 전쟁터를 찾은 다윗 은 십대의 나이에도 불구하고 마침내 골리앗의 도전에 응했다.

사울 왕은 다윗의 용맹에 기뻐하며 무기와 갑옷을 내렸지만 다윗은 거절했다. 다윗 은 새총과 돌멩이 몇 개만 들고 골리앗 앞으로 나아갔다. 골리앗이 공격하기 전에 다윗 이 먼저 돌멩이를 던져 골리앗의 머리를 맞춰 쓰러뜨렸고, 그다음 골리앗의 검을 빼앗 아 그의 목을 베었다. 우월한 상대를 쓰러뜨리고 승리를 얻어낸 것이었다.

그때부터 이스라엘 곳곳에서 다윗의 인기가 치솟았다. 사울 왕은 다윗의 존재에 위 협을 느끼고 그를 죽이려 했다. 그러나 사울의 아들이자 후계자인 요나단이 다윗과 친 구가 되어 그가 살아남을 수 있도록 도왔다. 마침내 다윗은 사울 왕의 뒤를 이어 이스 라엘 제2대 왕이 되었다.

왕이 된 다윗은 이스라엘 북부와 남부 지방의 부족들을 통일시키고 수도를 예루살 렘으로 옮겼다. 그는 기원전 1000년경부터 거의 40년 동안 이스라엘을 통치했다. 그러 나 어려움이 없었던 것은 아니다. 아무리 왕이라지만 결혼한 여성인 밧세바와 사랑에 빠져 그녀를 임신시켰다. 다윗 왕은 자신의 죄를 은폐하기 위해 그녀의 남편을 최전선 으로 보내 죽게 만들었다. 그 일로 신은 선지자 나단을 보내 다윗에게 죄를 물었다.

유대교에서는 이렇게 완전하지 않은 다윗이지만 신은 그의 후손이 영원히 이스라엘 을 통치할 것이라 약속했다고 믿는다. 그러므로 유대교의 구세주 전승은 구세주가 지 구상에 온다면 다윗의 후손일 것이라 주장한다.

• 골리앗이 몸집이 큰 것은 뇌하수체 결함에 의해 성장이 비정상적으로 일어났기 때문이라고 짐작된다. 다윗이 골리 앗이 알아차리지 못하게 가까이 접근할 수 있었던 것도 뇌하수체 결함의 증상 중 하나인 터널성 시야(시야협착증)로 설명할 수 있다.

064 | MON ✒ 역사 | 마그나 카르타

영국의 존 왕은 1214년 프랑스 국왕 필리프 2세와 치른 전쟁에서 패배했다. 고국으로 돌아온 존 왕은 해외 원정을 지지하지 않았던 귀족들에게 무거운 과세를 부담시켜 왕실 재무를 보충하려고 했다. 이에 귀족들이 반란해 1215년 여름, 런던을 함락했다.

런던이 함락되자 존 왕은 템즈강 유역 러니미드 평원에서 귀족들과 합의해 사태를 일단락 지었다. 합의 내용은 기본 자유 보장과 왕의 절대 권력에 대한 일련의 제한이 골자였다. 그 내용은 '마그나 카르타' 헌장에 요약했다. 1215년 6월 19일 마그나 카르타에 왕실 인장이 찍혔고, 전국에 내용을 선포하라는 명령이 내려졌다. 마그나 카르타는 존 왕뿐만 아니라 후대 왕 모두에게 영원히 적용되는 것이었다.

마그나 카르타의 초안은 귀족들에게 적용되는 것이었다. 그러나 최종 안은 자유시민 누구에게나 적용되도록 수정되었다. 당시 자유시민은 전체 인구 중 소수에 불과했지만 수세기가 흐르면서 모든 시민을 포함하는 용어가 되었다.

마그나 카르타 제1절은 영국 교회가 국왕으로부터 자유롭고 교회의 권리가 축소되지 않으며 자유가 침해받지 않을 것임을 약속했다. 후속 조항들은 왕과 귀족 사이 봉건적 관계를 명시했다. 누구도 적법한 절차 없이 감옥에 감금할 수 없으며 왕국 전체가 만장일치로 동의하지 않으면 봉건세를 부가할 수 없다는 조항도 있다. 마지막 조항은 귀족과 성직자로 구성된 의회 설립에 관한 것이다. 마그나 카르타에 명시된 합의 내용을 시행하기 위해 의회는 왕에게 무력을 사용할 수 있는 권한을 보장받았다.

영국에서 마그나 카르타는 자유와 법치주의의 기반이 되었고 헌법군주제의 씨앗이 되었다. 그러나 마그나 카르타는 선포된 후로 수백 년 동안 대부분 무시되었다. 교황 인노첸시오 2세는 마그나 카르타가 선포된 그해 9월에 바로 무효라고 선언했다. 1217년 다시 반포되었지만 법적 효력은 없었다.

마그나 카르타의 중요성은 17세기 영국 의회 지도자였던 에드워드 코크 경에 의해 재조명되었다. 그는 스튜어트 왕가에 대항할 때 마그나 카르타의 원리를 거듭 인용했다. 그뿐만 아니라 이후 미국 식민지 주민들이 독립 투쟁을 벌이도록 영감을 주었다.

- 마그나 카르타는 라틴어로 '대헌장'이라는 의미이다.
- 마그나 카르타 원본은 현재 4부가 남아 있다. 런던 대영도서관에 2부가 소장되어 있고, 나머지는 영국 링컨 대성당과 솔즈베리 대성당 문헌보관소에 각각 보관되어 있다.
- 1957년 미국변호사협회는 마그나 카르타가 미국 헌법에 미친 영향을 널리 알리기 위해 런던 러니미드 평원에 기념비를 세웠다.

065 | TUE 문학 | 오지만디아스

나는 고대의 나라에서 온 한 나그네를 만났다

그가 이렇게 말했다. "동체 없는 두 거대한 돌로 된 다리가

사막에 서 있다. 가까운 곳 모래 속에

부서진 두상이 반쯤 묻혀 있는데, 그 찌푸린 표정

주름 잡힌 입술, 싸늘한 명령이 담긴 냉소를 보면

조각가가 그 격정들을 잘 읽었음을 알 수 있다.

그것들은 생명 없는 물체에 찍혀

그것들을 비웃는 손과 그것들을 키운 심장보다 더 오래 살아남았다.

그리고 동상 받침대에는 이런 말이 새겨져 있다.

나의 이름은 오지만디아스, 왕 중의 왕이로다.

너희 힘센 자들이여, 내 위업을 보라. 그리고 절망하라!

옆에는 아무 것도 남아 있지 않다. 폐허뿐인

거대한 잔해 주위에는 한없이 황량하게

외롭고 평평한 모래만이 멀리 뻗어 있을 뿐."

퍼시 비시 셸리(1792년~1822년)는 1800년대 초 영국의 대표적인 낭만주의 시인으로 자연의 숭고함과 인간의 감정과 열정, 자유가 주는 힘을 찬양했다.

1818년 발표한 셸리의 〈오지만디아스〉는 르네상스 시대에 페트라르카 스타일의 엄격한 14행 운문 형식의 소네트이다. 〈오지만디아스〉의 시적 화자는 지금은 부서지고 넘어져 사막에 누워 있는 한때 위대했던 왕의 동상에 대해 자신이 들은 이야기를 한다. 동상의 "찌푸린 표정"과 "싸늘한 명령이 담긴 냉소"는 오지만디아스가 지닌 권력을 오만하게 전달한다. 이런 오만함은 "너희 힘센 자들이여, 내 위업을 보라. 그리고 절망하라!"에서 절정에 이른다. 그러나 오래전 "위업"을 파묻어버린 광대한 모래사막과 그 모래사막에 홀로 서 있는 동상의 이미지로 인해 곧바로 약화된다. 세속적인 정치권력보다 더 오래 지속되는 가치가 있음을 〈오지만디아스〉는 암시하고 있다. 어쨌든 이 시와 그 안에 담긴 시적 이미지는 어느 지배자의 통치 기간보다 더 오래 지속되고 있다.

• 〈오지만디아스〉는 이집트 룩소르 인근에 있는 람세스 2세 추모 사원에 쓰러져 있던 동상에서 영감을 얻어 쓴 시이다. 고대 역사가 디오도로스에 따르면 그 동상에는 이런 글이 새겨져 있었다고 한다. "나는 왕 중의 왕, 오지만디아스다. 누구든 내가 얼마나 위대한지 내가 어디에 잠들어 있는지 알고자 한다면 내 위업 중 하나라도 뛰어넘어 보라."

066

WED

미술

비너스의 탄생

이탈리아 화가 산드로 보티첼리(1445년~1510년)의 대표작 〈비너스의 탄생〉은 미의 여신 비너스가 바다에서 태어나 바람에 의해 해안가로 밀려올 때의 순간을 포착하고 있다. 이 작품은 피렌체에서 금융업으로 부를 쌓은 메디치 가문이 카스텔에 있는 빌라를 장식하기 위해 주문한 것으로 1485년경에 템페라 화법으로 목판에 그린 그림이다.

1480년대 보티첼리는 메디치 가문으로부터 이교도 신화와 기독교 사상이 혼합된 연작 그림을 그려 달라는 주문을 받았다. 그중 일부가 〈프리마베라〉와 〈팔라스와 켄타우로스〉, 〈비너스의 탄생〉이다.

그리스 전설에 따르면 티탄족 크로노스가 아버지 우라노스의 성기를 잘라 바다에 던졌을 때 바다에 생긴 거품에서 비너스가 태어났으며, 비너스는 바람에 밀려 키프로스 섬 해안에 도착했다. 나중에 키프로스 섬에서는 비너스 우상 숭배가 성행했다. 신플라톤주의자들은 비너스의 탄생 신화가 인간의 영혼 생성을 비유한 우화라고 생각했다.

보티첼리의 그림에서 두 바람의 신이 바람으로 비너스를 육지에 닿게 하고 있다. 거대한 가리비 껍질 위에 선 여신은 그리스 조각가 프락시텔레스의 조각상처럼 베누스 푸디카(라틴어로 '정숙한 비너스'라는 뜻) 자세를 취하고 있다. 님프 포모나로 여겨지는 한 여성이 꽃무늬 옷을 갓 태어난 비너스의 몸 위로 덮을 준비를 하고 여신을 맞이하고 있다. 주변에는 장미가 떠다니고 장미와 오렌지 나뭇잎은 황금색으로 강조되어 있다.

보티첼리는 후기에 독실한 도미니크회 수도사 지롤라모 사보나롤라(1452년~1498년)의 영향을 받았다. 사보나롤라가 1497년 사치품을 없앨 것을 권장하는 '허영의 소각' 운동을 벌이자 보티첼리는 이교도 문화에 관심을 가졌던 것을 뉘우치며 자신의 그림 일부를 소각한 것으로 추정된다.

● 오늘날 피렌체의 우피치 미술관에서 〈비너스의 탄생〉을 볼 수 있다.
● 그림의 오른편 잎이 무성한 오렌지 나무숲은 그리스 신화 속 '헤스페리데스 동산'을 나타내는 것일 것이다.
● 비너스에게 걸칠 옷을 주고 있는 여성은 탄생을 경축하기에 적절한 데이지, 프림로즈, 수레국화 같은 봄꽃으로 장식된 옷을 입고 있다.

067

THU
과학

표면 장력과 수소 결합

물은 지구상에서 가장 이상하고 가장 흔한 물질이다. 물의 고체 형태는 액체일 때보다 밀도가 낮다. 그래서 얼음이 물에 뜨는 것이다. 물은 크게 변하지 않으면서 많은 양의 열을 흡수할 수 있다. 해안가 도시들이 온대 기후를 갖는 이유가 여기에 있다. 물은 이른바 '피부'를 가지고 있다. 즉, 서로 표면이 닿으면 달라붙으려 하는 얇은 분자층을 가지고 있다.

물이 이처럼 특별한 성질을 갖는 것은 분자의 모양 때문이다. 물 분자는 2개의 수소 원자 하나의 산소 원자로 구성되어 있다. 즉 물 분자는 H_2O이다. 산소 원자를 머리라 하고 2개의 수소 원자를 머리 양쪽에 달린 귀로 본다면 미키마우스와 닮았다. 물 분자에서 전자들은 고르게 분포되어 있지 않기 때문에 귀는 양의 전하를 띠고 머리는 음의 전하를 띤다. 반대 전하끼리 끌리는 성질 때문에 물 분자의 귀는 다른 물 분자의 턱에 달라붙는다. 이것을 수소 결합이라 한다. 얼음이 되었을 때 물 분자는 안정적으로 서로 결합해서 사면체를 형성한다. 그러나 액체 상태일 때는 분자 구조가 더 느슨해진다. 수소 결합이 끊어졌다가 다시 결합하기를 끊임없이 반복한다. 사실 보통의 수소 결합은 아주 잠깐 지속된다.

물컵의 한가운데에 있는 물 분자는 모든 방향으로 동등하게 인력이 작용한다. 그래서 실질적으로 별도의 효과가 발생하지 않는다. 하지만 표면에서는 물 분자를 위로 잡아당기는 힘이 없기 때문에 분자들이 아래로 혹은 옆으로 더 세게 잡아당겨진다. 그 결과 마치 달라붙는 성질이 있는 피부처럼 표면 장력이 만들어진다. 표면 장력에 의해 컵의 가장자리 위까지 볼록하게 올라가도록 물을 채울 수 있다. 물이 구슬 모양의 물방울을 형성하거나 거품을 만들어내는 것도 표면 장력 덕분이다.

- 소금쟁이는 물의 표면 장력을 이용한다. 소금쟁이는 가벼우면서 패드 같은 다리가 달려 있어서 실제로 물 위를 걸어 다닌다.
- 물의 표면 장력은 우연히 물에 빠진 날벌레를 익사시킬 수 있다. 벌레들은 물 분자의 잡아당기는 힘을 이겨낼 만큼 빨리 날개를 펄럭거릴 수 없다.
- 세제는 표면 장력을 낮추는 작용을 한다. 그래서 물이 섬유의 구멍이나 먼지에 더 효과적으로 침투할 수 있다.

068

FRI
♪
음악

비발디의 사계

안토니오 비발디(1678년~1741년)는 1725년에 사계절을 각각 나타내는 4개의 협주곡 모음곡 〈사계〉를 작곡했다. 각 협주곡은 바이올린 독주와 소규모 오케스트라용으로 작곡되었는데 더 세분하면 3개의 악장으로 나뉜다. 빠른 파트인 제1악장은 알레그로로 연주되고, 제2악장은 아다지오나 아르고라 불리는 느린 파트이다. 제3악장은 프레스토 피날레로 아다지오로 연주된다. 〈사계〉를 발표했을 때 비발디는 그가 표현하려고 했던 각 계절의 인상을 나타내는 소네트도 악보와 함께 출간했다.

첫 번째 협주곡 〈봄〉은 마장조이다. 고동치는 속도와 환희가 넘치는 도입부 테마는 단번에 알아차릴 수 있으며 활기가 넘치고 유쾌하다. 제2악장에서 바이올린 독주는 잠자는 염소지기를 표현한 것이고, 비올라 파트는 흥분한 개가 짖는 듯한 소리를 낸다.

두 번째 협주곡 〈여름〉은 사단조 곡으로 근엄한 느낌을 준다. 제1악장에서 멀리서 울리는 천둥소리를 모방한 소리가 오케스트라 연주로 나온다. 폭풍우 치는 굉음은 제2악장에 나온다. 〈여름〉을 위한 소네트에는 "불타오르는 태양의 가차 없이 내리쬐는 열기/ 사람들과 새떼들은 무더위에 시달리고/ 소나무마저 누렇게 시들었다…"라는 시구가 포함되어 있다.

〈가을〉의 구성은 풍성한 수확을 경축하기 위한 농부의 춤으로 시작된다. 조용한 휴식 시기가 이어지고 다시 아침이 되어 활기찬 사냥이 실시된다. 〈가을〉의 소네트에는 "포도주 잔에 포도주가 흘러넘치고, 많은 사람들은 깊은 휴식기에 안도를 찾는다."라고 쓰여 있다.

〈겨울〉은 "살을 에는 듯한 바람에 몹시 차가운 눈"의 이미지를 불러일으킨다. 난롯가의 평온에 감사하는 마음을 나타내는 느린 악장은 눈 속에서 뛰어노는 즐거움과 얼어붙은 길에 미끄러지는 스릴을 느끼게 하기 위해 마지막 장에서 활기찬 알레그로로 바뀐다.

• 〈사계〉는 원래 협주곡집 〈화성과 창의의 시도〉에 포함되어 있던 곡이다.
• 1715년 공연에서 청중들은 비발디의 바이올린 연주 솜씨에 큰 감동을 받았다. 전해지는 말에 따르면 "모든 사람들이 충격에 빠졌다."고 한다.
• 후대 작곡가인 모차르트처럼 비발디도 가난 속에서 세상을 떠났고 묘비 없이 땅에 묻혔다.

069

SAT
철학

스토아학파

스토아학파는 기원전 4세기부터 서기 2세기까지 그리스·로마 시대에 번성했던 철학의 한 학파이다. 키프로스의 키디온 출신 철학자 제논(기원전 335~265년)이 창시한 스토아학파는 아테네와 로마는 물론이고 로마 제국의 다른 지역까지 널리 퍼졌고 고대 문명에 중대한 영향을 미쳤다.

스토아학파는 윤리관으로 가장 잘 알려져 있지만 논리, 인식론, 형이상학, 자연과학에 관한 사상도 구축했다. 스토아학파 철학자들은 생물이 수동적인 물질과 '프네우마'라는 능동적인 힘으로 구성되어 있다고 믿었다. 그들은 신을 세상이 엄격한 자연 법칙에 따라 계속 진화하고 변하도록 만드는, 세상의 지적 설계자라고 정의했다.

스토아학파에게 가장 중요한 질문은 "인간은 어떻게 살아야 하는가?"였다. 그들의 대답은 인간은 그리스어로 에우다이모니아, 곧 행복을 추구해야 한다는 것이다. 그렇다면 행복이란 무엇인가? 스토아학파에게 행복은 도덕적이고 용감하고 겸손하고 인내심 있음을 의미하는 "영혼의 훌륭한 활동"이었다. 그들은 부와 명성, 건강을 갈망하는 것이 마땅하지만 행복은 그것들을 실제로 소유하는 것과 아무 관련이 없다고 생각했다. 실제로 스토아학파는 완벽하게 도덕적인 사람은 육체적인 행복에 상관없이 행복할 수 있다고 믿었다. 심지어 고문을 당하면서도 행복할 수 있다는 것이다.

그뿐만 아니라 감정이란 단지 느낌만이 아니라 항상 신념을 포함한다고 생각했다. 예를 들어, 질병을 두려워하면 그 병이 나쁘다고 생각하게 된다는 것이다. 그러나 진정으로 도덕적인 사람은 병에 걸려도 행복할 수 있으므로 병이 나쁘다고 믿는 것은 잘못된 것이다. 그래서 스토아학파는 감정을 정화할 것을 권장했다.

• 로마 황제 마르쿠스 아우렐리우스(서기 121년~180년)는 유명한 스토아학파 철학자였다. 아우렐리우스의 개인 일기장 《명상록》은 중요한 스토아철학 작품이다.

070

솔로몬 왕

솔로몬 왕은 다윗 왕의 둘째 아들이었지만 이스라엘의 왕위 계승자가 되었다. 통치 기간 중에 솔로몬은 이집트, 튀레 등 이웃 국가와 정략결혼이나 우호적 관계를 통해 권력을 확고히 다졌다. 그는 변함없는 지혜와 정의감으로 잘 알려져 있다.

왕으로서 솔로몬의 치세는 적어도 초기에는 눈부셨다. 기원전 10세기 예루살렘 최초의 성전이 세워진 것도 솔로몬 왕이 다스리던 시기였다. 그 성전에는 십계명 원본을 담고 있는 '언약궤'가 안치되어 있었고 유대교의 중심지였다. 기원전 6세기 바빌로니아 통치자 네브카드레자르 2세에 의해 파괴되기 전까지 솔로몬의 성전은 거의 400년 동안 건재했다. 솔로몬 왕은 성전을 건설하는 사업 외에도 화려한 장식의 건축물을 짓고 많은 양의 금을 축적해 이스라엘 왕국에 막대한 부를 쌓았다. 솔로몬의 성전은 솔로몬 왕의 가장 위대한 업적이라고 할 수 있지만 일각에서는 이교도적인 것이라 비난했다. 결국 솔로몬의 성전은 솔로몬 왕의 몰락을 가져온 원인이 되었다.

솔로몬은 동맹과 정략결혼을 통해 평화를 유지했다. 열왕기상 11장 3절에 보면 솔로몬 왕은 700명의 아내를 두고 300명의 첩을 두었다. 정치적 이익을 고려한 조처였지만 솔로몬의 일부다처제는 상당한 내부 갈등을 일으켰다. 솔로몬의 여인들 중 상당수가 우상을 숭배했고, 솔로몬도 그들에게 유대교 전승을 따르라고 강요하지 않았다. 갈등은 점점 커져 솔로몬의 지도력을 의심하는 사람들이 많아졌다. 거의 100년 동안 통일을 누렸던 이스라엘은 솔로몬의 죽음으로 북부와 남부로 분열되었다.

그럼에도 불구하고 솔로몬 왕은 대단히 지혜로운 왕으로 기록되어 있다. 한 아기를 두고 서로 자신의 아기라 주장하는 두 여인의 이야기가 대표적이다. 두 여인이 판결해 달라고 솔로몬 왕을 찾아오자 왕은 매우 놀라운 결정을 내렸다. 아기를 둘로 자르라고 명령한 것이다. 가짜 엄마는 기꺼이 그러라고 말했고, 자신의 아기에게 어떤 해도 가하고 싶지 않은 진짜 엄마는 상대 여인이 아이를 데려가게 해달라고 왕에게 간청했다. 어떤 엄마도 자기 아이에게 해를 허용하지 않을 것임을 아는 솔로몬 왕은 누가 진짜 엄마인지 확실히 알 수 있었다.

- 솔로몬의 첫 번째 성전은 기원전 586년 파괴되었고, 기원전 515년에 두 번째 성전이 완성되었다. 두 번째 성전은 다시 로마인들에 의해 서기 70년에 파괴되었다. 유대인들은 구세주가 세상에 올 때 처음 두 성전이 세워졌던 자리에 세 번째 성전이 세워질 것이라 믿는다.
- 바빌로니아 사람들이 솔로몬의 성전을 파괴한 후 언약궤가 사라졌다. 언약궤가 도난당했거나 파괴되었을 것이라 추정되지만 어떤 사람들은 언약궤가 지금도 존재하며 어딘가에 감춰져 있을 것이라 믿는다.

071

칭기즈칸

칭기즈칸(1162년~1227년)은 20년 동안 무자비한 유목민 군대를 이끌고 아시아의 광활한 지역을 정복한 몽골의 전사이다. 그가 사망했을 당시 몽골 제국은 세계 역사상 영토가 하나로 이어진 제국 가운데 가장 광대했다. 나중에 후계자들이 통치하면서 몽골 제국은 빠른 속도로 해체되었지만 몽골군의 침략은 유럽과 아시아 대륙 양쪽에게 역사적 전환점이 되었고, 칭기즈칸에게 잔인한 전사라는 명성을 안겼다.

칭기즈칸은 한 몽골 부족의 족장 아들로 태어났고 어렸을 때는 테무진이란 이름으로 불렸다. 동아시아의 몽골 사람들은 예로부터 여러 지역을 옮겨 다니며 생활하는 유목민이었다. 아버지가 살해된 후에 테무진은 13세에 족장이 되었다. 그는 카리스마 있는 지도자였다. 테무진은 마침내 몽골 부족들을 모두 연합하는 데 성공했고, 다른 부족의 족장들은 그에게 "모든 황제들의 황제"라는 뜻의 '칭기즈칸'이라는 칭호를 바쳤다.

칭기즈칸의 군대는 오늘날의 중국, 러시아, 몽골, 이란, 아프가니스탄, 파키스탄, 인도, 카자흐스탄, 투르크메니스탄, 우즈베키스탄, 키르기스스탄 지역을 정복했다. 칭기즈칸이 사망한 직후에는 몽골 제국의 영토가 한국에서부터 동유럽까지 뻗어 있었다.

몽골 군대는 기강이 잘 잡혀 있었고 전투력이 뛰어나고 잔인하기로 악명이 높았다. 그들의 기본 전략은 적군에게 평화롭게 항복할 기회를 먼저 주고, 만약 제안을 거절하면 모두 죽이는 것이었다. 공포심을 이용해 싸우지 않고도 항복을 받아낼 수 있었다.

몽골 군대의 침략이 있기 전까지 유럽과 아시아가 접촉할 일이 매우 적었다. 칭기즈칸이 세운 몽골 제국은 두 대륙 사이 무역과 사상 교류의 길을 열었다. 몽골 사람들이 아시아와 유럽을 잇는 무역로인 실크로드를 개척함으로써 이탈리아의 마르코 폴로 같은 유럽인들이 몽골 황제의 땅까지 여행할 수 있었다.

• 몽골 유목민들은 유르트라 알려진 둥근 텐트에서 생활했는데, 다른 지역으로 이주할 때마다 옮겨서 사용했다. 20세기 후반에는 많은 유목민들이 도시에 정착했지만 오늘날 몽골 인구의 약 40%가 여전히 가축을 모는 일을 한다.

• 수세기 동안 몽골 제국은 서양 작가들을 매료시켰다. 영국 낭만파 시인 사무엘 테일러 콜리지가 1797년에 발표한 유명한 시 〈쿠빌라이 칸〉은 칭기즈칸의 손자 쿠빌라이 칸이 여름 수도로 지은 호화로운 도시에서 영감을 얻었다.

• 몽골 군대는 섬나라 일본을 수차례 침략하려고 시도했지만 그들의 허술한 해군력은 강한 바람에 무너졌다. 일본에서는 일본이 천하무적이라는 증거로 '신성한 바람'을 뜻하는 가미카제에 관한 전설이 수세기에 걸쳐 전해졌다. 제2차 세계대전이 끝나갈 무렵 필사적인 일본 조종사들은 몽골 제국의 공격으로부터 일본을 구해줬던 신성한 바람을 다시 일으키고자 미국 함대에 충돌하는 자살 공격을 수행했다.

072

윌리엄 포크너

윌리엄 포크너(1897년~1962년)는 가장 위대한 미국 남부 문학의 소리라는 평가를 받는다. 그는 장편과 단편소설에 새로운 문체를 도입했으며 남북전쟁과 전후 재건시대, 낡은 귀족 제도의 몰락 등 유령처럼 미국 남부 사회를 붙잡고 있는 문제를 다루었다.

포크너는 자신의 작품 배경으로 자주 나오는 미시시피 명문가에서 나고 자랐다. 청년이었을 때 포크너는 캐나다 공군에서 복무했었고 할아버지 은행에서 점원으로 일하기도 하며 시인이 되고자 하는 소망을 키웠다.

포크너가 처음으로 큰 성공을 거둔 작품은 시가 아니라 소설《음향과 분노》(1929년)이다. 지금도 그의 최고 걸작으로 사랑받고 있다. 이 소설은 한때 명성을 누렸던 콤슨가(家) 사람들이 서서히 몰락하는 모습을 상세히 그린 이야기이다. 자살 충동을 느끼는 퀜틴, 성적으로 문란한 캐디, 혐오스러운 제이슨, 정신 지체아 벤지, 이렇게 콤슨가의 마지막 세대 아이들이 문제를 일으키면서 콤슨가는 바닥까지 내려온다. 포크너는 시간 순서대로 전개되는 선형적 구성을 버리고 의식의 흐름 기법을 사용했다.

포크너는 옛 남부의 몰락과 시대에 뒤진 것처럼 보이는 남부의 가치관을 탐구하는 소설을 많이 썼다.《음향과 분노》도 그중 하나이다. 그의 소설들은 주로 미시시피주 가상의 마을 요크나파토파 카운티를 배경으로 한다. 같은 장소와 같은 가문이 서로 다른 작품 속에서 갑자기 등장한다. 요크나파토파를 무대로 하는 포크너의 소설에는 가정을 책임졌던 엄마의 죽음을 맞이한 가족이 그 죽음을 받아들이는 여정을 묘사한《내가 죽어 누워 있을 때》(1930년), 인종적 정체성이 확실하지 않은 남자의 고난을 그린《8월의 빛》(1932년), 남부에 자신의 왕조를 건설하려는 강박 관념에 사로잡힌 남자의 이야기《압살롬, 압살롬》(1936년)이 있다.

포크너의 작품은 주제와 서술 방식이 어렵기로 소문이 나 있다. 형용사가 줄줄이 달린 터무니없이 긴 문장, 의식의 흐름을 따라가는 서술, 반전과 시간 변화, 다중 화자(그래서 때로는 화자가 누구인지 애매하다) 등의 요소들 때문에 독자는 가시밭길을 걸어가듯 소설을 읽어간다. 하지만 이런 기법들의 최종 결과로 탄생한 것이 어떤 것보다 더 깊이 미국 남부를 탐색하는 작품들이다. 이 같은 업적을 인정받아 포크너는 1950년 노벨문학상을 받았다. 그는 1962년 미시시피 바이할리아에서 세상을 떠났다.

• 포크너의 느릿느릿하고 강한 미국 남부 억양 때문에 그의 노벨상 수상 소감을 들은 청중들은 대체로 다음 날 신문에 그 내용이 실려서야 무슨 말인지 이해할 수 있었다. 포크너의 수상 소감은 역대 가장 훌륭한 노벨상 수상 소감으로 인정받고 있다.

073 | WED 미술 | 레오나르도 다빈치

레오나르도 다빈치(1452년~1519년)는 역사상 가장 위대하고 창조적인 천재로 평가된다. 그는 회화, 조각, 건축, 음악, 공학, 자연과학 등 다양한 분야에서 뛰어났으며 르네상스 시대의 대표적 인물로 여겨진다.

다빈치는 1452년 이탈리아 빈치에서 세르 피에로 다빈치의 사생아로 태어났다. 그는 평생 스스로 레오나르도라 불렀고, 다빈치는 '빈치 출신'이라는 뜻이다. 예술에 입문하게 된 것은 피렌체에서 조각가이자 화가 안드레아 델 베로키오(1435년~1488년) 밑에서 도제로 일하기 시작하면서이다. 그의 밑에서 1470년부터 1477년까지 일했다.

다빈치는 밀라노의 루도비코 스포르차 공작에게 고용되어 1481년 피렌체를 떠났다. 밀라노에서 생활하는 동안 성채 설계에서부터 기마상 제작과 〈최후의 만찬〉에 이르기까지 다양한 작업을 맡았다. 기마상은 모형만 만들었고 실제 조각상으로는 완성하지 못했다. 그래도 실물 크기로 기마상 모형을 하나 만들었는데, 그것마저 프랑스 군대가 목표물 타격 연습용으로 사용해 산산이 부서졌다.

다빈치는 1499년 다시 피렌체로 돌아와서 유명한 〈모나리자〉를 포함해 수많은 그림을 그렸다. 교황청의 권유로 1513년부터 1516년까지는 로마에 거주했다. 밀라노를 재탈환한 프랑스 왕 프랑수아 1세의 초청으로 프랑스로 건너갔다. 다빈치는 프랑수아 1세가 하사한 대저택에서 생활하다 1519년 숨을 거뒀다.

다빈치는 〈최후의 만찬〉과 〈모나리자〉를 그린 화가로 매우 잘 알려져 있지만, 사실 그는 비행 물리학과 인체해부학 등 다양한 주제에 관한 설명과 스케치를 모아놓은 방대한 양의 작품으로도 유명하다. 그 중에는 자궁 안 태아의 그림도 있다. 당시 여성을 해부하는 것은 금지되어 있었기 때문에 다빈치는 상상력으로 태아를 그렸을 것이다.

다빈치의 천재성과 명성은 다른 화가들에게 지속적인 영감을 줬다. 그와 동시대를 살았던 라파엘로는 유명한 바티칸 프레스코화 〈아테네 학교〉에서 플라톤을 다빈치의 얼굴로 그렸다고 한다. TV 시리즈물 〈스타 트랙〉과 베스트셀러 소설 《다빈치 코드》그리고 그 소설을 영화화해 2006년 개봉한 같은 제목의 영화에 이르기까지 매우 다양한 허구 작품에 다빈치가 등장한다.

- 다빈치의 거대 기마상 모형을 실물 크기로 재현한 작품 2개가 1999년에 제작되었다. 하나는 미국 미시간주 그랜드 래피즈에 세워졌고, 다른 하나는 이탈리아 밀라노에 세워졌다.
- 2005년 1월 피렌체에 위치한 산티시마 안눈치아타 성당 바로 옆 수도원에서 여러 개의 밀실이 발견되었는데, 어떤 사람들은 그것이 다빈치의 비밀 작업실이었을 것이라고 추정한다.

074 | THU ♣ 과학 | 지진

지구의 지각은 약 80킬로미터 두께의 여러 판으로 구성되어 있다. 얼어붙은 연못의 얼음처럼 판은 액체 상태의 지구 핵 위에서 서서히 움직인다. 2개의 판이 분리되거나 충돌하거나 서로 마찰하게 되었을 때 지진이 일어난다. 지진은 해마다 대략 1만 명의 목숨을 앗아간다.

지구 내부에 지진이 처음 시작되는 지점을 진원이라 한다. 진원지에서 수직으로 올라간 지표면 상의 지점을 진앙이라 한다. 진원이 지구 내부 깊숙한 곳에 있으면 지진은 그다지 큰 피해를 일으키지 않을 수 있다. 그러나 진원의 깊이가 얕으면 끔찍한 재앙을 가져올 수도 있다. 지진으로 발생한 여러 유형의 파동이 땅을 뒤흔든다. 처음에 도달하는 파를 1차 파primary wave 또는 P파라 부른다. P파는 음파처럼 세로로 진행하면서 땅을 수축시키거나 이완시킨다. 이동 속도가 매우 빨라 지구 반대편까지 20분이면 도달할 수 있지만 파괴력은 매우 약하다.

그다음으로 2차 파secondary wave, 즉 S파가 발생한다. S파는 속도가 느리지만 가로로 진행하기 때문에 벽과 울타리를 무너뜨릴 수 있다. 마지막 파는 가장 위험한 L파이다. L파는 파도가 움직이는 것처럼 땅을 위아래로 움직이게 만든다. 그래서 산사태, 화재, 쓰나미가 발생한다. 지진이 일어난 후 땅은 재정비를 하고 제자리를 찾아가는데, 그 과정에서 수차례 작은 진동을 일으킨다. 그것이 여진이다. 처음 지진에 약화된 건물들이 여진으로 인해 무너지기도 한다.

지진의 강도는 리히터 규모로 측정한다. 리히터 규모의 각 숫자는 10배씩 증가함을 나타낸다. 리히터 규모 3.0의 지진은 2.0보다 10배 강하고, 1.0보다 100배 강하다. 대개 4.0 미만의 지진은 지상에서 느껴지지 않는다. 6.0 이상이면 강한 지진이며 7.0 이상은 심각한 수준이다. 알래스카와 칠레에서 일어났던 것처럼 2개의 판이 충돌할 때 최악의 지진이 발생하는데 리히터 규모 9.0 이상을 기록할 수도 있다.

- 화산 폭발도 지진을 일으킬 수 있다. 1883년 인도네시아 크라카타우산이 폭발했을 때 폭발음이 굉장히 커서 3000킬로미터 떨어진 호주의 퍼스에서도 들을 수 있었다.
- 인도 신화에 따르면 거북이 등 위에 코끼리 네 마리가 서서 지구를 떠받치고 있는데, 그 거북이는 또 코브라 위에서 균형을 잡고 있다. 이들 동물 중 어느 하나라도 움직이면 지진이 일어난다고 한다.
- 모잠비크 원주민들은 지진을 사람과 똑같은 살아 있는 생명체라고 믿는다. 사람처럼 열이 나거나 오한이 들어 아프면 몸을 떨게 되는데, 그것이 우리에게 지진으로 느껴진다는 것이다.

075

헨리 퍼셀

헨리 퍼셀(1659년~1695년)은 위엄 있는 영국 왕실 궁정 음악가 가문에서 태어났다. 그의 아버지 토머스 퍼셀은 웨스트민스터 성당 왕실 음악가였다. 헨리는 왕실 예배당 소년 성가대 단원부터 시작해 존 블로(1649년~1708년) 밑에서 음악을 공부했다. 웨스트민스터 성당 오르간 연주자 자리를 두 차례 연임한 존 블로는 당대를 대표하는 영국 작곡가였다. 1677년 퍼셀은 왕실 현악 합주단의 작곡가가 되어 특유의 소박하면서도 아름다운 환상곡을 만들었다.

1679년 20세의 나이에 퍼셀은 스승의 뒤를 이어 왕실 예배당 오르간 연주자가 되었고, 교회 음악뿐만 아니라 부수적으로 가극용 음악도 작곡하기 시작했다. 1689년에는 그의 가장 유명한 작품인 오페라 〈디도와 에네아스〉를 작곡했다. 당시 오페라는 영국에서 그다지 인기가 많지 않았고, 작곡가들은 대체로 이탈리아 칸타타와 프랑스 세속 음악, 영국 가곡을 혼합한 가면극을 선호했다.

〈디도와 에네아스〉는 대부분의 현대 오페라보다 규모가 훨씬 작다. 리브레토(오페라 대본)는 에네아스가 트로이 전쟁을 마치고 고향으로 돌아오는 도중에 카르타고 여왕 디도와 사랑에 빠지지만 그녀를 버리게 된다는 내용이다. 솔로 연주자와 합창단과 안무를 대조시키고 주연 가수의 수를 제한했다. 오페라 〈디도와 에네아스〉에서 가장 잘 알려진 파트는 기초 저음을 기본으로 했다. 익숙하고 식별할 수 있는 반주를 저음 현악기로 제공하고 그 위로 다른 멜로디가 흐르는 간단하고 반복적인 테마를 사용했다. 기초 저음이 갖는 한계에도 불구하고 퍼셀의 멜로디는 아주 극적이고 매혹적이다. 그 결과 탄생한 곡은 영국 작곡가들에게 획기적이었다.

퍼셀은 후대 작곡가 모차르트와 슈베르트처럼 젊은 나이에 세상을 떠났다. 그러나 시대를 통틀어 가장 위대한 영국 작곡가로 손꼽히며, 그의 음악은 랠프 본 윌리엄스와 벤자민 브리튼 같은 현대 작곡가들로부터 찬사를 받았다.

- 퍼셀의 〈디도와 에네아스〉는 영어로 쓰인 최초의 본격적인 오페라이다. 이전의 가극 작품과 달리 모두 음악으로 되어 있고, 대사를 하기 위해 공연자가 멈춰야 하는 부분도 없다.
- 퍼셀은 8세에 처음 짧은 노래를 작곡했다.
- 퍼셀이 작곡한 송가 〈내 마음이 말하고 있네〉는 제임스 2세 대관식에 쓰였고, 〈주여, 당신은 우리 마음의 비밀을 아시나이다〉는 메리 여왕 장례식에 쓰였다.

076 | SAT 철학 | 에피쿠로스학파

에피쿠로스학파 철학자들은 기원전 4세기 에피쿠로스(기원전 341~270년)가 설립한 학파의 추종자를 일컫는다. 그들은 공동체 생활을 했고 정치 활동을 자제했다.

에피쿠로스학파는 존재하는 모든 것은 원자와 빈 공간으로 이루어져 있다고 믿었다. 그래서 영혼 그 자체도 원자로 이루어져 있으며, 영혼도 물질이기 때문에 신체가 죽으면 영혼도 사라진다고 믿었다. 그들은 신을 믿었지만 신들이 인간사에 관여하는 일을 지나치게 탐닉한다고 생각했다.

헬레니즘 시대의 많은 철학 학파들과 마찬가지로 에피쿠로스학파도 "좋은 삶이란 무엇인가?"라는 질문에 초점을 맞췄다. 그들은 "좋은 삶이란 행복한 삶이다."라고 답했다. 행복이란 고통이 없고 쾌락이 있는 것을 뜻했다. 그러나 쾌락과 고통에 관한 그들의 철학은 독특했다.

에피쿠로스학파는 쾌락을 정적 쾌락과 동적 쾌락으로 나눴다. 동적 쾌락은 욕구를 가지는 것, 욕구를 충족시키는 것, 그러고 나서 그 욕구의 결핍을 경험하는 것을 포함한다. 예를 들어, 우리는 배고픔을 느끼면 음식을 먹고 그러고 나서 충족감을 느끼기 때문에 식욕은 동적 쾌락이다. 이와 대조적으로 정적 쾌락은 쾌락을 즐기더라도 욕구가 줄어들지 않는 쾌락을 말한다. 철학 토론에 참여하는 것이 정적 쾌락의 예다. 철학적 이야기를 하면 할수록 우리는 더욱더 깊이 철학을 사유하고 싶어진다.

에피쿠로스학파는 어느 정도의 동적 쾌락은 분명 필요한 것이고 좋은 것이라고 인정했지만, 다른 한편으로는 다양한 자극을 점점 많이 원하게 되는 동적 쾌락의 위험성을 경고했다. 예를 들어, 고급 디저트를 먹는 습관이 생긴다면 소박한 디저트를 먹으면서 얻는 즐거움이 사라지거나 디저트가 없어도 만족감을 느끼던 것이 불가능해진다. 그러므로 에피쿠로스학파는 소박한 음식을 먹고 아주 가끔만 호사를 누리는 검소한 생활을 해야 한다고 강조했다.

- 에피쿠로스가 주장했던 것과 정반대로 '에피쿠로스'라는 말은 "오로지 감각적 쾌락을 추구하는 것, 특히 좋은 음식과 안락함을 즐기려고 하는 것"을 의미하게 되었다.
- 에피쿠로스가 아테네에 세운 학교를 가리켜 '에피쿠로스의 정원'이라 불렀다.
- 고대 로마의 철학자 루크레티우스(기원전 99~55년)도 에피쿠로스학파였다. 그는 에피쿠로스의 형이상학과 자연철학에 관한 서사시 《사물의 본성에 관하여》를 썼다.

077

SUN
종교

솔로몬 성전과 거룩한 상자

기원전 10세기 예루살렘에 최초의 유대교 성전을 지을 때 솔로몬 왕은 성전의 목적을 세 가지 정했다. 첫째, 이스라엘 땅에서 유대교 신앙의 중심지가 된다. 둘째, 신에게 동물 제물을 바치는 장소로서 기능한다. 셋째, 시나이산에서 모세가 받은 십계명 원판을 담은 언약궤를 이곳에 영원히 보관한다.

이스라엘 역사에서 가장 부유했던 시기에 지어진 솔로몬 성전은 기원전 586년까지 건재했다. 하지만 바빌로니아의 지배자 네브카드네자르 2세에 의해 파괴되었다. 바빌로니아인들은 성전을 파괴하고 약탈했으며, 그때 모세의 십계명과 언약궤도 함께 도난당했을 것으로 추정하고 있다. 솔로몬 성전은 파괴되고 유대인들은 유다의 땅이라 알려진 이스라엘 남부 지역에서 추방되었다.

유대인들은 망명을 끝내고 이스라엘로 다시 돌아왔을 때 성전을 다시 지었다. 두 번째 성전은 31년간의 공사 끝에 기원전 512년에 완공되었다. 그 후 500년 동안 건재를 과시했다. 기원전 19년경 헤롯 대왕이 확장 공사를 야심차게 시작했다. 성전 부지 둘레에 거대한 옹벽을 세우는 작업도 실시했다. 두 번째 성전은 서기 1세기 말까지 유지되었다.

그러나 서기 1세 후반에 접어들면서 로마인과 유대인 사이 긴장이 고조되었다. 당시 로마 제국 인구의 10분의 1이 유대인이었다. 유대인은 아니지만 유대인을 지지하는 사람들도 많았다. 단지 유대교의 할례 전통 때문에 유대교로 개종하는 것을 꺼려했을 뿐이었다. 로마인과 유대인의 관계는 대부분 평화적이었다. 그러나 서기 66년 과격한 유대교 집단이 반란을 일으켰다. 로마 제국 지도자들은 반란이 확산될까 봐 두려워 대응책으로 서기 70년 예루살렘과 유대교 성전을 파괴했다. 이것이 두 번째로 일어난 유대교 성지 파괴이며, 이스라엘 밖으로 쫓겨난 유대인 디아스포라의 시작이었다.

- 유대교의 두 성전이 서있던 장소인 성전산(Temple Mount)은 유대교에서 가장 신성한 장소로 여겨진다. 이곳은 기독교와 이슬람교에게 있어서도 매우 중요한 곳이다. 6세기에 성전산에 지어진 두 이슬람 건축물 '바위의 돔'과 알아크사 모스크는 이슬람교에서 세 번째로 신성한 성지로 여겨진다.
- 헤롯 왕이 확장 공사한 옹벽의 일부는 로마인의 파괴에도 살아남아 오늘날에도 볼 수 있다. 지금은 서벽 또는 통곡의 벽이라 불리며 많은 순례자들이 찾는 성지이다.

078

MON
역사

흑사병

흑사병은 1347년부터 1350년까지 유럽에서 크게 유행한 전염병으로 유럽 전체 인구의 3분의 1이 죽음을 맞이했다. 아시아에서 처음 발생한 이 전염병은 전염성이 상당히 높은 박테리아성 질병으로 그야말로 가공할만한 속도로 확산되었다. 중세 유럽의 지저분한 도시에서 흑사병에 걸린 사람들은 주로 처음에 구토나 설사를 하고 검은색 피부 종양이 나타나다가 며칠 만에 사망했다.

많은 도시에서 흑사병은 무수히 많은 사람들의 생명을 앗아갔을 뿐만 아니라 법과 질서를 파괴했다. 문명 전체가 무너지기 직전이었다. 이탈리아 작가 조반니 보카치오는 1370년부터 1371년까지 집필한 유명한 단편 소설집 《데카메론》에서 흑사병이 번영을 누리던 도시 국가 피렌체에 어떤 영향을 미쳤는지 묘사했다.

"우리 도시가 겪는 이 고통과 비참함에 인간의 법과 신의 법 모두 그 권위가 사라졌다. 법을 집행하는 사람과 성직자들도 다른 사람들과 마찬가지로 모두 죽거나 병에 걸렸거나 가족과 함께 집 안에 갇혀 지내야 했다. 어떤 공무 수행도 행해지지 않았다. 그래서 사람들은 모두 자기 마음대로 할 수 있었다."

흑사병이 유럽 사회에 미친 영향은 심각했다. 성난 기독교인들은 유대인 때문에 전염병이 생긴 것이라고 탓했다. 흑사병 발병에 이어 일어난 유대인 학살은 역사상 가장 끔찍한 반유대주의 사건 중 하나였다.

많은 유럽인들은 가톨릭교회의 교리와 기존의 정치 질서에 회의적인 생각을 품기 시작했다. 신은 어떻게 그렇게 잔인한 병을 그냥 허용할 수 있을까? 환멸을 느낀 일부 유럽인들은 자기 자신에게 채찍질을 하는 자학적 관례가 있는 '채찍질 고행단' 같은 극단주의 종파로 돌아섰다. 그리고 가톨릭교회를 지지하는 사람은 감소했다. 많은 역사학자들은 흑사병이 중세의 낡은 봉건 질서를 무너뜨리고 르네상스의 길을 마련했다고 주장한다.

- 과학자들 사이에서 흑사병의 원인에 대한 논의가 여전히 진행 중이다. 가장 유력한 후보인 선 페스트는 항생제로 쉽게 치료할 수 있다.
- 중세에 흑사병에 노출된 거의 모든 사람들이 사망했지만 대략 5%가 살아남았다. 그리고 어떤 사람들은 처음부터 걸리지 않았다. 현대 과학자들은 그들이 병원균에 대한 저항력이 더 강한 희귀한 유전자 배열을 가지고 있었을 것이라 추정한다.
- 흑사병이 휩쓸고 간 유럽은 1347년 이전 수준으로 인구를 회복하는데 400년이 걸렸다.

079 TUE 문학 위대한 개츠비

아주 오랫동안 문학 비평가와 독자들에게 가장 위대한 미국 소설 하나를 고르라고 하면 대부분 스콧 피츠제럴드(1896년~1940년)의 《위대한 개츠비》(1925년)를 꼽았다. 이 소설만큼 아메리칸 드림의 본질을 정확하게 묘사하면서 날카롭게 비판한 작품도 없다.

주인공 제이 개츠비는 신흥부자 마을 웨스트에그에 대저택을 소유한 수수께끼 같은 백만장자이다. 그는 주말마다 수백 명의 '평범한 나방'을 저택에 끌어들이는 호화 파티를 연다. 이 소설의 화자 닉 캐러웨이는 개츠비의 이웃으로 이사 오고 나서 개츠비가 여는 파티에 참석한다. 개츠비에 대한 닉의 첫 인상은 "평생 살면서 네다섯 차례 마주칠까 말까 한 영원한 안식을 주는 보기 드문 미소를 지닌 사람"이었다.

그러나 닉은 개츠비에 대해 알아갈수록 그의 완벽한 모습 뒤에 많은 결점이 숨어 있음을 알게 된다. 개츠비는 자수성가한 이상적인 미국인의 전형이었지만 알고 보니 부정한 방법으로 부를 쌓은 인물이었다. 미드웨스트의 가난한 가정에서 태어난 그는 조직범죄로 수백만 달러를 벌었다. 그는 이름을 바꾸고 동부로 이사 와서 웨스트에그에 대저택을 샀다. 이력도 가짜로 만들었다. 모든 것이 오래전 소식이 끊긴 연인 데이지를 다시 만나겠다는 목표를 위한 것이었지만 데이지는 이미 다른 남자와 결혼했다.

개츠비는 모든 면에서 모순투성이다. 진취성, 이상주의, 계급 상승이라는 미국 정신을 실행하고 구현했지만 그럴 만한 가치가 없는 한 여성을 얻기 위한 것이다. 극도의 자신감과 자기확신에 찬 인물이면서 사랑에 절망하는 외로운 남자이다. 그의 서재는 책으로 가득 차 있지만 한 번도 펼쳐진 적이 없는 책들이다.

《위대한 개츠비》는 180쪽에 못 미치는 분량이지만 피츠제럴드는 단 하나의 단어도 허투루 사용하지 않은 채 능숙하고 세심하게 지면을 활용한다. 이 소설은 공포물이자 로맨스 소설이고 추리소설이자 재즈 시대의 타락을 동시에 보여주는 작품이다. 그러나 무엇보다 이 전형적인 미국 소설을 잊을 수 없게 만드는 것은 지금껏 영어로 쓴 산문 중에서 가장 시적인 피츠제럴드의 문체이다.

- 피츠제럴드는 수개월 동안 《위대한 개츠비》의 제목을 정하기 위해 고심했다. 1925년 3월 그는 출판사에 소설 제목을 '빨간색 하얀색 파란색 아래서'로 바꿔 달라고 요청하는 전보를 서둘러 보냈으나 이미 늦은 후였다.
- 피츠제럴드와 그의 아내 젤다는 재즈 시대 미국 사회에서 악명이 높은 인물이었다. 젤다의 유명한 정서 불안과 피츠제럴드의 알코올 중독으로 그들은 파란만장한 삶을 살았다.
- 피츠제럴드는 할리우드 영화계 거물을 다룬 미완성 소설 《라스트 타이쿤》을 남기고 1940년 심장마비로 사망했다.

080

최후의 만찬

〈최후의 만찬〉은 레오나르도 다빈치가 후원자 루도비코 스포르차 공작을 위해 1495년부터 1498년까지 그린 작품이다. 밀라노 산타마리아 델레그라치에 성당의 수도사 식당 북쪽 벽에 그려진 〈최후의 만찬〉은 성경 이야기를 담은 가장 유명한 그림이다.

〈최후의 만찬〉은 유다가 예수를 로마인에게 팔기 바로 직전에 예수가 열두 제자와 함께 유월절 식사를 하는 모습을 묘사하고 있다. 기독교 신학에서는 바로 이 만찬에서 예수가 식탁 위 빵과 포도주를 자신의 몸과 피로 바꾼 것이기 때문에 이것이 최초의 성찬식을 나타낸다고 보고 있다.

그림의 왼쪽부터 바르톨로메, 소 야고보, 안드레, 베드로, 유다, 요한이고 중앙에 예수가 앉아 있다. 그다음 오른쪽으로 도마, 대 야고보, 빌립, 마태, 다대오, 시몬 순이다.

16세기 화가이자 작가 조르조 바사리에 따르면 프레스코화법으로 그려진 이 그림은 "너희 중 한 사람이 나를 팔리라."(마태복음 26장 21절)라고 예수 그리스도가 말하는 순간을 포착해서 묘사하려고 했다. 그래서 예수의 말에 반응하는 제자들 제각각의 모습이 그려졌다. 부정, 의심, 분노, 불신, 사랑 등 각기 다른 감정이 표현되어 있다.

이와 관련된 글은 누가복음 22장 21절에도 나온다. 예수가 "나를 파는 자의 손이 나와 함께 상 위에 있도다."라고 말한다. 다빈치의 그림을 보면 유다는 예수를 제외하고 식탁 위에 손을 올려놓고 있는 유일한 사람이다. 그의 얼굴은 그늘져 있고 예수로부터 몸을 빼고 있다. 다른 미술가들이 그린 이전 그림들에서는 유다가 식탁 반대편에 혼자 앉아 있는 등 다른 제자들과 동떨어진 모습으로 묘사되었다. 다빈치는 외적인 특성보다 심리 상태에 초점을 맞춰 보다 미묘한 방식으로 유다와 다른 제자들을 구별했다.

벽에 그려진 〈최후의 만찬〉은 제작된 지 얼마 되지 않아 손상되기 시작했다. 전통적인 프레스코 화법은 아주 빠른 속도로 작업해야 하기 때문에 극도의 공을 들여 정밀하게 그림을 그리는 다빈치에게는 적합한 방법이 아니었다. 다빈치는 대신에 기름과 달걀노른자를 안료에 섞어 그리는 템페라 기법을 실험했다. 하지만 그 기법은 매우 안정적이지 않다는 사실이 뒤늦게 입증되었다. 몇 년 사이에 그림이 갈라지고 곰팡이가 피었다. 게다가 1652년 그림이 그려진 벽 한쪽으로 출입구를 만들면서 예수의 발이 그려진 부분이 훼손되었다. 18세기와 19세기에 복원을 시도했지만 부분적으로만 성공했다. 제2차 세계대전 동안에는 식당이 폭격을 받아 그림이 더욱 훼손되었다. 1978년 이탈리아 정부가 대대적인 복원 운동을 벌였고, 피닌 브람빌라 바르실론이 20여 년 동안 복원 작업을 감독했다. 새로이 복원된 그림은 수도원 식당에 실내 온도 조절장치를 단 이후 1999년 대중에게 공개되었다.

081 | THU 과학 | 태양 흑점과 플레어

끝없이 변하는 태양의 표면은 뜨겁게 타오르면서 태양계 전체에 열을 공급한다. 태양의 표면 온도는 대략 섭씨 6000도로 지구의 가장 무더운 날보다 대략 180배 뜨겁다. 태양의 표면은 온도가 일정하지 않다. 주위보다 온도가 낮아 어두운 색으로 보이는 부분들이 있는데, 그것을 흑점이라 부른다. 흑점은 주변보다 2000도 이상 온도가 낮고 대략 지구만 한 크기이다. 흑점에는 강력한 자기장이 있기 때문에 불타오르는 태양 내핵에서 뿜어져 나오는 열이 차단된다.

태양 흑점은 대개 쌍으로 나타나며 서로 반대 자성을 띤다. 반대 자성을 띠는 두 흑점 사이에 있는 지역이 플레어가 생기기 적합한 곳이다. 태양 표면에서 발생하는 폭발을 의미하는 플레어를 방출하는 에너지는 TNT(고성능 폭탄) 10억 메가톤의 위력을 지닌다. 플레어는 지구에 X선과 전자기파를 쏟아부어 지자기 폭풍을 일으킨다. 지자기 폭풍으로 극지방 오로라가 심해지고 전력공급이 마비되며 무선 통신이 교란된다.

흑점과 플레어는 11년을 주기로 최고조에 달했다가 서서히 줄어들고 다시 많아지기를 반복한다. 가장 최근에 최고조에 달했던 것은 2000년이다. 2000년 7월 14일 프랑스 혁명 기념일에 어마어마한 태양 플레어가 폭발했다. 그 여파로 극지방에서 멀리 떨어진 미국 텍사스 같은 곳에서도 눈부신 오로라를 볼 수 있었고 대규모 정전과 인공위성 장애가 발생했다. 자기 폭풍은 치명적일 수 있기 때문에 우주비행사들은 태양 활동이 가장 왕성한 극대기를 조심해야 한다.

태양 흑점은 지구의 온도에도 영향을 미친다. 극대기의 흑점 활동은 자외선의 급격한 증가는 물론이고 태양에서 방출되는 에너지양의 증가와 연관되어 있다. 지난 60년 동안 전반적으로 흑점 활동이 증가했는데, 지구온난화가 일어난 시기와 거의 일치한다. 1600년대 중반부터 1700년대 초반까지 시기는 흑점 활동이 최저에 달했다. 이것은 '소빙하기'라 불릴 만큼 서유럽에서 매서운 추위와 긴 겨울을 겪은 시기와 일치한다.

- 이탈리아 천문학자 갈릴레오 갈릴레이(1564년~1642년)는 흑점을 이용해 태양의 자전을 알아냈다. 태양은 대부분 기체로 이루어져 있기 때문에 지역에 따라 자전 속도가 다르다. 태양의 자전 주기는 적도 부근이 대략 25일이고 극지방은 35일이다.
- 중국 천문학자들이 서기 30년에 최초로 태양의 흑점을 관측했다.

082 | FRI ♪ 음악 | 요한 제바스티안 바흐

요한 제바스티안 바흐(1685년~1750년)는 바로크 시대의 가장 중요한 작곡가일 뿐만 아니라 모든 시대를 통틀어 가장 중요한 작곡가라 할 만하다. 그가 작곡한 칸타타와 성가곡 같은 종교적인 성악곡과 오케스트라 협주곡, 뛰어난 오르간 곡들은 절묘한 하모니와 대위법을 이용한 멜로디로 채워져 있다. 그는 천재적인 음악적 감수성을 지닌 음악가라 해도 전혀 손색이 없다. 바흐는 20세기 재즈 음악가와 팝 음악가까지 포함해 거의 모든 후대 작곡가에게 영향을 미쳤다.

바흐는 1685년 3월 21일 튀링겐 지역의 작은 도시 아이제나흐에서 태어났다. 청년이 되었을 때 바흐는 아른슈타트, 뤼베크, 뮐루즈, 바이마르 같은 도시의 루터교회를 돌아다니며 여러 가지 직책을 맡았다. 바흐의 음악을 이야기할 때 사람들은 늘 그의 음악이 그다지 훌륭하지 않고 너무 복잡하며 만족스럽지 못하다고 생각했다. 그럼에도 불구하고 1708년부터 1717년까지 바이마르 왕정 오르간 연주자로 있을 때 바흐는 오케스트라 악장 자리에 올랐다. 1717년에는 쾨텐에 위치한 레오폴드 왕자의 궁정으로 초대되었다.

1720년 아내가 사망하자 바흐는 궁정가수였던 안나 막달레나와 재혼했다. 바흐는 두 번째 부인에게 바치는 연습곡 책을 여러 권 썼는데, 지금도 많은 피아니스트들이 바흐의 책으로 연습한다. 쾨텐에 머무는 동안 바흐는 그의 유명한 칸타타 곡과 전설적인 〈브란덴부르크 협주곡〉〈마태 수난곡〉을 작곡했다. 1722년에는 라이프치히 교회 네 곳의 음악 책임자이자 라이프치히 시의 음악감독이 되었다. 바흐는 기념비적인 〈미사곡 B단조〉를 완성한 이듬해인 1750년 라이프치히에서 생을 마감했다.

• 바흐는 첫 번째 아내와 사이에 6명의 자녀를 뒀고 두 번째 아내와는 13명의 자녀를 뒀다.
• 바흐의 자녀 중 10명은 아기 때 죽었고, 요한 크리스티안 바흐(1735년~1782년)와 카를 필립 임마누엘 바흐(1714년~1788년)를 포함한 4명은 유명한 작곡가가 되었다.
• 바흐는 어릴 때 아버지와 형들에게 음악 교육을 받았지만 대부분은 독학으로 음악을 공부했다.

083

중세 철학

서양 철학에서 중세 시대는 대략 5세기 고전 고대 말부터 15세기 르네상스가 시작되기 전까지 시기로 정의한다. 중세 시대에 다른 학문들은 업적이 미미한 암울한 상황이었지만 중세 철학은 크게 번성해서 훌륭한 철학자를 많이 배출했다.

중세의 대표적인 철학자로 성 아우구스티누스(354년~430년)를 들 수 있다. 그는 플라톤 철학을 기독교와 접목시키려 시도했다. 아우구스티누스는 교회의 교리뿐만 아니라 서양 철학과 서양 문화 전체에 중대한 영향을 미쳤다.

또 다른 대표적 철학가는 《철학의 위로》의 저자로 잘 알려진 보에티우스(480년~525년경)이다. 보에티우스가 철학에 기여한 가장 큰 업적은 그리스 철학서를 라틴어로 번역했다는 점이다. 그는 그리스어를 아는 마지막 서유럽인 중 한 명이었다. 그가 사망한 후로 유럽 문화에서 그리스어에 관한 지식은 수세기 동안 사라졌다.

초기 중세 철학을 대표하는 철학자는 캔터베리의 성 안셀모(1033년~1109년)와 피에르 아벨라르(1079년~1142년)이다. 안셀모는 그의 저서 《프로스로기온》을 통해 신의 존재에 대한 최초의 분석적 '존재론' 논증을 제시한 인물로 매우 잘 알려져 있다. 아벨라르는 논리학과 의미론 역사에서 중요한 인물이지만 제자였던 엘로이즈와의 사랑 이야기로 더 유명하다. 엘로이즈는 아벨라르의 아이를 낳았고, 두 사람이 서로 떨어져 지내며 주고받은 편지는 지금도 유명하다.

후기 중세 철학은 초기 철학과 매우 다른 성격을 지니는데, 13세기에 아리스토텔레스의 문헌과 다른 고대 그리스 문헌이 발견되었기 때문이기도 하다. 성 토머스 아퀴나스(1225년경~1274년)와 둔스 스코투스(1265년경~1308년), 윌리엄 오컴(1284년경~1347년)은 아리스토텔레스의 영향을 많이 받았다. 이들은 각자 아리스토텔레스 철학에 대해 영향력 있는 주해서를 냈다. 가장 중요한 인물은 토머스 아퀴나스이다. 그는 아리스토텔레스 철학과 기독교 신학을 통합해 웅장한 철학적 신학 체계를 만들었다. 그 후로도 아퀴나스는 기독교 사상에 결정적인 것까지는 아니더라도 중대한 영향을 미쳤다.

- 엘로이즈의 삼촌은 조카딸과 아벨라르와의 관계를 알고 무척 화가 나서 아벨라르를 거세시켜 버렸다. 아벨라르와 엘로이즈는 남은 평생을 수도원과 수녀원에서 살았지만 편지 왕래를 계속했다. 두 사람의 이야기는 이상적인 낭만적 사랑을 보여주는 감동적인 옛 이야기로 꼽힌다.
- 오컴은 그의 이름을 딴 '오컴의 면도날' 원리로 잘 알려져 있다. 대체로 이 원리는 가장 간단한 이론이 항상 선택되어야 한다거나 이론은 되도록 간단해야 한다는 의미로 쓰인다.

084

SUN

종교

탈무드

탈무드는 수백 년 동안 유대교 랍비들이 토라에 관해 토론하거나 해석한 것을 모아 놓은 것으로 유대교의 중심이 되는 책이다.

탈무드는 두 파트로 구성되어 있다. 첫째는 미쉬나이다. 모세가 토라를 처음 발견했을 때 구전되는 가르침도 곁들여 있었다고 전해진다. 서기 200년경 유대교 사원들이 파괴되고 유대교 사회는 잔인한 박해의 대상이 되었다. 그래서 구전되는 가르침을 기록할 필요가 있었다. 그것이 미쉬나이다.

탈무드의 둘째 파트는 게마라이다. 게마라는 미쉬나에 대한 랍비들의 토론 내용으로 구성되어 있다. 미쉬나가 절대적인 의견을 담고 있다면 게마라는 서로 다른 의견을 주고받는 대화 형식으로 쓰였다.

탈무드에서 가장 흔히 인용되고 사용되는 것은 400년~600년경 편찬된 바빌로니아 탈무드이다. 예루살렘에서 발견된 또 다른 탈무드가 있지만 더 단편적이라서 이해하기 매우 어렵다.

탈무드는 유대교 법인 하라카의 근간이며, 흔히 사회에 발생한 분쟁을 해결할 때 사용되었다. 전통적으로 유대교 사회에서는 종교적인 법과 세속적인 법이 분리되어 있지 않기 때문에 탈무드는 매우 광범위하게 적용되었다.

• 미쉬나 중에서도 '선조들의 어록'이라는 뜻의 〈피르케이 아보트〉는 우리에게 잘 알려진 유대교 격언과 속담을 포함하고 있다.
• 탈무드를 공부하는 전통적인 방법은 두 학생이 짝을 지어 책의 구절을 하나씩 검토하고 논의하는 것이다.

085

잔 다르크

중세 프랑스 한 농부의 딸로 태어난 잔 다르크(1412년~1431년)는 17세의 어린 나이에 영국과 벌이는 전쟁에서 프랑스 군대를 도와 프랑스를 구하라는 신의 명령을 받았다. 놀라운 승리를 거듭한 후에 잔 다르크는 적군에 붙잡혀 이단으로 몰려 유죄 판결을 받고 곧바로 화형에 처해졌다. 그러나 잔 다르크의 용기와 지도력에 감명을 받은 프랑스 군대는 마침내 영국군을 프랑스 땅에서 몰아냈다. 그녀는 프랑스의 국민 영웅이자 국가의 상징으로 남아 있다.

잔 다르크가 공훈을 세운 1429년은 영국과 프랑스 사이에 116년 동안 간헐적 충돌이 일어난 이른바 백년전쟁이 한창일 때였다. 중세 유럽을 지배했던 욕심 많은 봉건 영주들에게 전쟁은 대부분 사업적인 목적을 띠었다. 영주들은 땅을 원했고 전쟁은 그것을 얻는 수단이었다. 결과적으로 국경선은 끊임없이 변경되었고, 잔 다르크의 가족처럼 평범한 평민들은 어느 특정 통치자에게 충성심이나 친밀감을 느낄 수 없었다.

하지만 평범한 잔 다르크가 태어날 무렵 상황이 바뀌기 시작했다. 잔 다르크가 영국군에 대항해 벌인 전투는 유럽 민족주의로 발전하는 전조가 되었다. 그녀에게 프랑스는 단지 지도상의 경계선이나 한 군주가 소유한 땅덩어리에 불과한 것이 아니었다. 그것은 특별한 유대감과 애국심을 느끼게 해주는 조국이었다. 10대 소녀 잔 다르크는 프랑스 땅에서 영국군을 몰아내라는 신의 계시를 받았다고 주장했다. 프랑스 귀족과 영국 귀족 사이의 영토 분쟁으로 시작된 충돌은 국가 간의 전쟁으로 발전했다. 그 후 유럽의 다양한 봉건 왕국들은 독특한 문화 정체성을 지닌 국가로 발전했고 애국심을 고무함과 동시에 애국심의 사악한 쌍둥이와도 같은 외국인 혐오증을 낳았다.

1431년 잔 다르크를 붙잡은 영국군은 그녀에게 이단의 죄를 씌워 처형했다. 그로부터 수십 년 후 교황은 잔 다르크에 대한 유죄 판결을 뒤집고 최종 무죄 판결을 내렸다. 잔 다르크는 1920년 공식적으로 가톨릭교회의 성인으로 시성되었다.

- 제2차 세계대전 동안 프랑스 시민 저항군인 프랑스 레지스탕스는 잔 다르크의 상징인 로렌 십자가를 자신들의 상징으로 삼았다.
- 잔 다르크가 군대를 이끌도록 허락하기에 앞서 프랑스 왕은 장모에게 부탁해서 잔 다르크가 성녀인지 확인하게 했다. 그녀는 성녀였다.
- 19세기 미국 작가 마크 트웨인은 잔 다르크에 매료되어 "인류가 낳은 단연 가장 특별한 인물"이라 칭송하며 12년 동안 잔 다르크를 연구하고 그녀에 대한 책을 썼다. 그 책은 마크 트웨인의 대표작으로 알려져 있지는 않지만 그는 자신의 최고작 중 하나라고 여겼다.

086 | TUE 문학 | 존 스타인벡

가장 사랑받는 20세기 미국 작가 중 한 명으로 손꼽히는 존 스타인벡(1902년~1968년)은 자신의 작품에 고향인 캘리포니아 고유의 지방색을 입혔다. 많은 평론가들은 그의 작품이 동시대 작가들에 비해 완성도가 떨어지고 혁신적이지 않다고 평가하지만 그는 오랫동안 독자들의 사랑을 받아온 작가이다. 어쨌든 감동적이고 상징이 풍부하며 사회 문제를 다루는 이야기를 만들어내는 그의 재능은 반박의 여지가 없다.

스타인벡은 캘리포니아 살리나스에서 태어났다. 스탠포드대학교에서 몇 년 동안 수학하고 다양한 육체노동을 경험한 후 1920년대 후반부터 본격적으로 글을 쓰기 시작했다. 스타인벡의 초기 작품들은 문단에서나 독자들 사이에서나 좋은 평가를 받지 못했다. 그러나 1935년에 대공황 당시 몬테레이의 멕시코계 미국인들의 삶을 그린 《토르티야 평원》을 발표하면서 드디어 작가로서 성공했다.

스타인벡의 최고걸작이자 가장 유명한 작품은 1939년 출간한 《분노의 포도》이다. 가뭄으로 황폐화된 중서부 오클라호마 더스트볼을 떠나 더 나은 삶을 찾아 캘리포니아로 이주한 어느 '오키(오클라호마 사람)' 가족의 이야기이다. 가난하지만 선량하고 고결한 조드가(家) 사람들은 긴 여정을 거치며 역경을 겪지만 서로 배려하고 유대감을 다지면서 희망을 얻는다. 이 소설은 선풍적인 인기를 끌었고, 사람들은 경제 대공황 시대에 가난한 사람들이 겪는 어려움에 전례 없는 관심을 기울였다.

스타인벡은 후기 작품에서 다양한 장르와 형식을 야심차게 실험했지만 모두가 성공한 것은 아니었다. 이 시기 작품 중에서 잘 알려진 것은 몬테레이 산업지구의 부랑자를 그린 소설 《통조림 공장 골목》(1945년)과 창세기 이야기를 살리나스를 배경으로 다시 그린 《에덴의 동쪽》(1952년)이다. 스타인벡은 자신의 작품 중에서 《에덴의 동쪽》을 최고로 꼽았는데, 평론가들은 이 소설이 베스트셀러임은 부인할 수 없지만 내용이 설교적이고 무겁다고 평한다. 하지만 캘리포니아 사람들과 그 지역의 역사를 풍부하게 묘사함으로써 스타인벡은 캘리포니아 최고의 문학 통역사라는 명성을 더욱 다지게 되었다.

1962년 스타인벡은 "동정적인 유머와 예리한 사회의식을 결합한 사실적이고 상상력이 풍부한 작품"을 쓴 작가라는 평을 받으며 노벨문학상을 수상했다. 빈곤에 대한 잔인하고 노골적인 묘사와 궁극적으로는 낙관적인 전망을 결합하는 독특한 문학적 재능 덕분에 스타인벡은 미국 소설가들 사이에서 변함없는 자리를 지키고 있다.

• 노벨문학상 수상 소감에서 스타인벡은 "인간의 완벽 가능성을 확신하지 않는 작가는 문학에 헌신하지도 소속감을 느끼지도 않는다."라고 말했다.

087

모나리자

레오나르도 다빈치가 1505년경에 그린 것으로 추정되는 〈모나리자〉는 르네상스 시대 여성 초상화의 원형으로 여겨진다. 포플러 판자 위에 유화로 그려진 이 그림은 가로 21인치(약 53cm), 세로 31인치(약 79cm) 밖에 되지 않는다. 크기도 작고 구도도 비교적 단순함에도 불구하고 〈모나리자〉는 세상에서 가장 유명한 그림 중 하나이다.

그림 속 여인의 신분은 아직도 수수께끼로 남아 있다. 1550년 다빈치의 전기를 쓴 조르조 바사리는 그림 속 여성이 피렌체의 상인 프란시스코 델 조콘도의 아내 리사 디 안토니로 마리아 게라르디니라고 주장했다(모나는 이탈리아어로 '부인'이라는 의미이다). 그러나 모나리자의 모델에 관해서 여전히 확실히 밝혀진 것이 없다. 다빈치가 그림을 어느 후원자에게도 보내지 않고 1519년 세상을 떠나기 전까지 직접 보관하고 있었기 때문이다. 비교적 최근 벨연구소의 릴리안 슈워츠가 〈모나리자〉와 다빈치의 자화상으로 추정되는 그림에 대한 디지털 비교를 실시했다. 두 인물의 유사점을 바탕으로 슈워츠는 〈모나리자〉가 다빈치 자신을 여성으로 그린 자화상이라는 설을 제기했다. 그 주장 역시 근거가 부족하다. 자화상이라고 하기에는 특성이 애매하기 때문이다. 가장 그럴싸한 설은 〈모나리자〉가 초상화가 아니라 다빈치가 생각하는 이상적인 여성상이라는 것이다.

모델이 누구든지 간에 〈모나리자〉는 부드럽고 희미한 윤곽을 사용하는 스푸마토 기법으로 신비한 분위기를 만들어내며 다빈치의 훌륭한 그림 솜씨를 보여준다. 다빈치는 이 기법을 사용함으로써 그림 속 여인의 표정을 읽어내기 어렵게 만들었다. 이 때문에 모나리자의 미소가 정확히 어떤 의미인지에 관해 많은 글이 쓰였다. 실제로 모나리자의 표정은 보는 각도에 따라 변하는 것처럼 보인다.

〈모나리자〉는 다빈치가 사망한 후 수난의 역사를 겪었다. 처음에 프랑스의 왕 프랑수아 1세가 금화 4000닢에 구매했고, 나중에는 베르사유 궁전과 나폴레옹의 침실에 걸렸었다가 루브르 박물관으로 옮겨져 전시되었다. 그러나 1911년 루브르 박물관에서 그림이 감쪽같이 사라졌고, 2년 후 피렌체의 한 호텔방에서 발견되었다. 1956년에는 누군가가 〈모나리자〉의 하단부에 염산을 뿌려 훼손했다. 그 후로 〈모나리자〉는 이중 보호 유리벽 안에 보관되었다.

088 | THU · 과학 | 밀그램의 복종에 관한 실험

1960년대 미국 예일대학교 심리학 교수 스탠리 밀그램은 복종에 관한 놀라운 실험을 여러 차례 실시했다. 그는 어떻게 상황이 개인의 의식을 지배할 수 있는지 실험했다. 연구 결과는 홀로코스트, 미라이 대학살, 르완다 집단학살과 같은 우리 시대의 가장 끔찍한 잔악행위를 설명하는 데 사용되고 있다.

밀그램은 변호사, 소방관, 건설 노동자 등 사회 각계각층 남녀를 피험자로 뽑았다. 그들은 모두 시간당 4달러 50센트를 받고 학습과 처벌에 대한 실험에 참가하는 데 동의했다. 실험 참가자들은 흰 가운을 입은 의사로부터 지금 여기에 없지만 옆방에서 소리를 들을 수 있는 '학습자'에게 연상 단어 목록을 읽어주는 '교사' 역할을 하라는 지시를 받았다. 학습자가 연상에 실패하면 교사는 학습자에게 전기 충격을 가하고, 틀린 답을 말한 후에는 전기 강도를 높이도록 했다. 1단계 전기 충격은 '15볼트의 약한 강도'라는 라벨이, 마지막 단계는 '위험, 450볼트의 극심한 충격'이라는 라벨이 붙어 있었다.

물론 실제 실험 목적은 교사가 어떤 강도의 처벌을 내리는지 보기 위한 것이었다. 실험 보조자가 학습자 역할을 맡았다. 학습자는 180볼트에서 고통을 참을 수 없어 울려고 했고, 300볼트에서는 처벌을 거부했으며, 330볼트가 되자 아무 소리도 못 냈다. 그러나 놀랍게도 참가자의 65%가 마지막 450볼트 단계까지 처벌을 수행했다. 심지어 학습자가 가벼운 심장 질환이 있다고 말해도 중단하지 않았다. 많은 교사들이 엄청나게 식은땀을 흘리고 입술을 깨무는 등 심한 불안 증세를 보이기는 했지만 흰색 가운을 입은 의사가 압박하자 도덕적으로 망설이면서도 처벌을 계속 내렸다.

밀그램의 연구 결과는 1960년대 학계를 경악하게 만들었다. 실험 방법이 도덕적으로 문제가 되었을 뿐만 아니라 실험 결과가 굉장히 소름끼쳤기 때문이다. 그럼에도 불구하고 밀그램의 실험은 평범한 인간이 권력에 의해 비인간적인 행동을 하도록 유도될 수 있음을 분명히 보여주었다. 밀그램은 실험 참가자들이 피해자와 심리적 거리감이 멀수록 권력자의 명령을 따를 가능성이 높다는 쓸쓸한 결론도 확인했다. 전기 충격을 주기 위해 교사가 학습자와 접촉해야 하는 경우는 참가자의 30%가 마지막 단계까지 처벌을 내렸다. 그러나 단어를 읽어주기만 하고 학습자에게 직접 전기 충격을 가하지 않는 경우는 90%의 참가자들이 마지막 450볼트 단계까지 갔다.

- 밀그램의 연구는 호주, 독일, 요르단 등 다른 국가에서도 실시되었고, 모두 비슷한 결과를 얻었다.
- 밀그램의 실험에서 복종을 따르는 비율의 남녀 차이는 없음이 밝혀졌다.

089

바흐의 브란덴부르크 협주곡

브란덴부르크 협주곡은 바흐가 쾨텐에 머물 때 브란덴부르크 후작의 의뢰로 1721년에 작곡한 6곡의 협주곡이다. 첫 번째 곡은 2개의 춤곡을 포함해 6악장으로 되어 있고, 나머지 5곡은 빠르게-느리게-빠르게 3악장으로 구성되어 있다. 브란덴부르크 협주곡은 바흐가 야심차게 독주 악기와 우아한 대위법을 혼합한 것으로 유명하다. 독일의 고압적인 바로크 양식과 안토니오 비발디 같은 작곡가의 경쾌함을 가장 잘 배합한 작품으로도 여겨진다.

　1번 협주곡은 바이올린 독주와 오보에 3대, 현악기부, 바순, 호른 2대로 편성되어 있고 두 대의 호른 사이 역동적인 대화와 중간에 다른 관악기 파트로 진행된다. 2번 협주곡은 트럼펫과 리코더, 오보에, 솔로 바이올린, 현악기로 구성되어 있고 가능한 모든 솔로 연주 편성을 이용한다. 3번 협주곡은 오케스트라 현악기부 외에 3대의 바이올린과 비올라, 첼로를 배치해 독주를 담당하도록 구성되어 있다. 대개는 현악기 독주 연주자들이 뒤에 있는 오케스트라와 같은 파트를 연주하기 때문에 이런 구성은 이례적이다. 5번 협주곡은 바이올린 독주와 플루트, 하프시코드, 현악기부로 편성되어 있고, 6번 협주곡은 비올라 독주와 바이올린이 포함되지 않은 저음 현악기부, 첼로 독주로 구성된다. 전체 오케스트라가 연주하는 파트는 투티tutti 또는 총주라 하는데, 통주저음이 반주로 들어가면서 독주 부분과 번갈아 나온다.

　브란덴부르크 협주곡 4번은 특히 많이 알려진 곡으로 바로크 음악의 전형이라 할 수 있다. 바이올린 독주, 리코더 2대의 독주, 현악기부, 통주저음으로 편성되어 있다. 빠르게 연주되는 제1악장은 투티와 강한 카덴스가 반복되는 비발디 리토르넬로 형식을 매우 엄격하게 지킨다. 제2악장은 자유 형식의 안단테 또는 걷는 속도의 악장이다. 마지막은 프레스토 악장으로 푸가와 비슷하다. 바흐가 긴 주제를 작곡하고 나면 다른 파트에서 그 주제를 연속적으로 오버랩해가며 모방했다는 말이다.

- 브란덴부르크 협주곡을 작곡하기 전 바흐는 비발디와 다른 이탈리아 작가들에게 깊은 관심을 가지게 되었다. 그는 더 나은 곡을 작곡하기 위한 연습으로 다른 작곡가들의 관현악곡을 간단한 건반악기 곡으로 편곡하는 작업을 했다.
- 브란덴부르크 협주곡을 가리켜 합주협주곡, 즉 독주를 하나 이상 포함한 협주곡이라 한다.
- 브란덴부르크 협주곡은 브란덴부르크 후작 크리스티안 루트비히를 위해 작곡되었지만 한 번도 그를 위해 연주된 적이 없다.

090

SAT
🏛
철학

신의 존재에 관한 논증

신을 믿는 사람이든 믿지 않는 사람이든 신의 존재를 두고 많은 논쟁을 벌이지만 신의 존재를 증명할 수 없다. 아리스토텔레스 이후의 철학자들은 신의 존재를 증명하려고 애써 왔다.

신의 존재에 관한 논증은 세 가지가 있다. 첫째, 존재론적 논증이다. 기원은 중세 철학자 성 안셀모(1033년~1109년)로 거슬러 올라간다. 성 안셀모의 이론은 더 복잡하지만 존재론적 논증의 기본은 다음과 같다.

1. 신은 가능한 가장 완벽한 존재이다.(정의)
2. 신은 존재하지 않기보다 존재하는 것이 더 완벽하다.
3. 신이 존재하지 않는다면 신은 완벽한 존재성이 결여되어 있을 것이다.(2번에 의하여)
4. 그러므로 신은 존재한다.(1번과 2번에 의하여)

둘째, 우주론적 논증이다. 다른 것에 의해 존재하는 것이 아닌, 스스로 존재하면서 모든 것을 존재하게 하는 제1의 원인이 존재한다는 것이 우주론적 논증의 기본형이다. 제1의 원인은 분명 신이다. 신을 제외하고 어떤 것도 스스로 존재할 수 없기 때문이다. 우주론적 논증의 기본형에서 변형된 것이 신을 제외한 모든 것이 우연히 존재한다는 주장이다. 다시 말해 신을 제외한 다른 모든 것은 존재하지 않을 수도 있다는 것이다. 그러나 우연한 것은 모두 그 자체로서 필연적인 원인이 필요하다. 그 필연적 원인이 신이다.

셋째, 설계 논증이 있다. 다른 두 논증만큼 논리적으로 엄밀하지는 않지만 설계 논증은 세상에는 지적 설계자가 만든 가설에 의해 가장 잘 설명되는 특징들이 있다고 주장한다. 그 특징들에는 삶을 가능하게 하는 물리 법칙 사이의 조화, 환경에 대한 유기체의 적응, 인간이 지적이고 자의식을 지닌 존재라는 사실이 포함된다.

• 찰스 다윈(1809년~1882년) 이후의 많은 철학자들은 설계 논증이 타당하지 않다고 주장하고 있다. 설계 논증에서 말하는 세상의 모든 특징은 과학, 특히 진화론으로 적절하게 설명할 수 있기 때문이다.

091

카발라

유대교 신비주의를 뜻하는 카발라는 유대교의 많은 수수께끼를 설명한다. 카발라는 "신은 왜 세상과 인간을 창조했는가?"에서부터 "신이 그렇게 선한 존재라면 세상에 악은 왜 존재하는가?"에 이르는 많은 질문의 해답을 찾으려 하고, 토라와 탈무드에 대한 원전 해석을 통해 신비한 발견에 이르려고 노력한다. 카발라의 목적은 신비한 진실을 찾거나 신에게 이르는 것이다.

카발라 믿음의 중심 개념은 신이 두 가지 형태로 존재한다는 것이다. 하나는 세상을 창조하기 위해 신이 스스로 모습을 드러내 보인 형태이고, 다른 하나는 완전히 알 수 없는 형태이다. 두 형태 사이에는 열 가지 세피로트sefirot, 즉 창조적인 힘이 있다. 세피로트는 모습을 보이는 신과 불가지론적인 신 사이를 연결해준다. 카발라를 믿는 사람들은 동정심이나 판단력 같은 신성한 힘을 세상에 끌어들이기 위해 세피로트를 발휘할 수 있다고 생각한다. 그뿐만 아니라 유대교 신비주의는 토라의 구절 하나하나가 해석할 수 있는 강력한 의미를 지니고 있다고 주장한다.

카발라에서 가장 중요한 책은 조하르Zohar이다. 13세기 스페인에서 모시스 드 레온이 '발견'한 책이다(아마 그가 썼다는 표현이 더 맞을 것이다). 드 레온은 2세기의 한 랍비가 쓴 책이라고 주장했다. 다른 카발라 경전과 마찬가지로 구약성경에 대한 강한 지식을 갖고 있지 않으면 조하르를 이해하기 어렵다.

카발라는 중세 시대에 발전했지만 18세기 하시디즘 운동이 시작되면서 확산되어 현재 광범위하게 퍼져 있다. 오늘날 카발라를 행하는 다양한 유명인사들이 알려지면서 카발라에 대한 관심이 높아졌다. 그러나 대부분의 카발라 전문가들은 영적인 주문이나 영험한 돌과 목걸이를 사용하는 풍습은 진정한 카발라 전통을 변질시킨 것이라 주장한다.

• 카발라를 비판하는 사람들은 카발라에서 신을 두 형태로 나누는 것은 일신교에 맞지 않는 개념이라며 인정하지 않는다.
• 카발라를 신봉하는 유명인사들이 착용하는 빨간 팔찌는 악의 기운을 막아준다고 한다.

092

이탈리아 르네상스

이탈리아 르네상스는 14세기 후반 피렌체에서 시작되어 위대한 로렌초라 불리는 지도자 로렌초 일 마니피코가 피렌체를 통치하던 시기에 전성기를 누렸다. 이 시기 정치, 종교, 예술 분야에 엄청난 변화가 일어났다. 르네상스라는 말은 '재탄생'을 의미하는 이탈리아어 단어에서 생겼다. 실제로 지식인들은 이탈리아 르네상스를 예술의 재발견이라고 생각했다. 로마 제국이 몰락한 후 1000년 동안 이른바 문화적 침체기를 겪은 후에 르네상스가 일어났기 때문이다.

예술가와 지식인들이 피렌체의 아르노 강변에 자리한 로렌초 저택으로 몰려들었고, 레오나르도 다빈치와 산드로 보티첼리, 미켈란젤로를 포함한 유명 화가들이 피렌체에 머물며 작품 활동을 했다. 로렌초도 시를 쓰고 사냥을 즐겼다.

르네상스는 중세가 끝나고 근대가 시작되는 역사적으로 중요한 전환기에 일어났다. 메디치 가문이 지배하는 피렌체에서 시작되어 이탈리아의 다른 지역으로 확산된 것은 물론이고 북서쪽으로 더욱 뻗어나가 다른 유럽 국가까지 영향을 미쳤다. 독일에서 발명한 새로운 대량 인쇄술에 힘입어 르네상스 정신은 유럽 문화에 일대 변혁을 일으켰다.

르네상스의 기본 정신은 인본주의이다. 종교 교리에 대한 맹목적인 복종이 아닌 고전적 사상으로 돌아가자는 사상운동이었다. 기꺼이 전통을 벗어 던지는 혁신을 통해 새로운 형식의 건축과 회화, 학문이 탄생했다. 무엇보다 르네상스는 완고한 중세 사회의 전통에서 벗어나 보다 탐구적이고 현대적인 세계관을 추구하는 사고의 전환을 의미했다.

- 피렌체를 방문하는 여행자들은 르네상스 미술과 건축의 웅장함에 압도되어 가끔 기절하기도 한다. 이 현상을 가리켜 19세기 프랑스 작가 스탕달의 이름을 따 스탕달 증후군이라 부른다. 스탕달은 피렌체에 도착한 후 걷지도 못했다고 전해진다.
- 요하네스 구텐베르크가 1448년 인쇄활판을 발명함으로써 유럽에서는 책의 대량 인쇄가 가능해졌다. 활판이 발명되기 전에는 손으로 직접 필사해야만 했으므로 책 한 권을 끝내는데 수년 또는 수십 년이 걸릴 수도 있었다.
- 메디치 가문의 고문으로 있으면서 정치와 통치를 직접 경험하고 배운 정치철학자 니콜로 마키아벨리는 로렌초의 아들에게 헌정하기 위해 권력에 대한 기념비적인 저서 《군주론》을 집필했다.
- 피렌체에서 가장 유명한 건축물은 아마 피렌체 대성당일 것이다. 이 성당은 3만 명을 수용할 수 있다. 유명한 8각형 돔은 1436년 완공된 것으로 전에는 볼 수 없었던 독특한 디자인을 자랑한다. 피렌체 대성당의 돔은 최초이자 가장 정교한 르네상스 건축물로 여겨진다.

093

돈키호테

미겔 데 세르반테스가 지은 《돈키호테》(전편 1605년, 후편 1615년 출판)는 스페인어 문화권에서 가장 유명하고 영향력 있는 기념비적인 작품이다. 스페인어로 쓰인 훌륭한 문학 작품일 뿐만 아니라 모든 언어를 통틀어 최초의 근대 소설이라는 평가를 받는다.

돈키호테는 스페인 중부 라만차 출신의 50세 남자이다. 돈키호테는 기사도에 관한 책을 읽고 자기 이름을 돈키호테로 바꾸고, 실제로는 뼈만 앙상히 남은 말을 고귀한 말 로시난테라고 부르며 그 말을 타고 세상으로 나가 훌륭한 일을 하고 폐단을 바로 잡을 것이라 선언한다. 그는 농부 산초 판자를 시종으로 삼는다. 산초 판자는 돈키호테가 미쳤다고 생각하지만 나중에 섬 하나를 주겠다는 약속을 반신반의하면서 새 주인인 그에게 동조하는 체한다.

두 사람은 사건 사고가 끊이지 않는 기나긴 여정을 떠난다. 돈키호테는 주변 세상을 계속해서 잘못 이해한다. 여인숙 주인을 기사로 착각하고 창녀를 숙녀로, 수도사를 마법사로, 풍차를 거인으로 착각한다. 그의 용맹은 종종 도움을 주려고 했던 사람들에게 오히려 해를 입힌다. 돈키호테는 자신의 모든 무공을 둘시네아 델 토보소 '공주'에게 바친다. 사실은 그녀는 돈키호테의 모든 행동에 아무 관심이 없는 농부의 딸이었다.

《돈키호테》는 중세 세속 문학의 중심 장르였던 기사 문학을 풍자함과 동시에 기사 문학에 대한 존경을 표하고 있다. 중세 기사 문학은 느슨하게 연결된 영웅적 기사들의 이야기를 서사시 형태로 전개했고 대부분 기사도적인 사랑을 주제로 삼았다. 세르반테스의 《돈키호테》 또한 중세 기사 문학과 동일한 주제를 다루지만 더 응집력 있는 서술 방식과 전례 없는 심리 묘사, 역설적 자아인식을 사용하고 있다. 그뿐만 아니라 놀라울 정도로 포스트모더니즘적인 반전 요소를 가미했다. 어떤 작가가 《돈키호테》 전편에 대한 속편을 1614년 출판하자 세르반테스는 그 가짜 속편을 소설의 진짜 후편 내용에 포함시켰다. 돈키호테와 산초로 하여금 가짜 속편의 이야기를 인식하게 만들고 대화 중에 그것을 조롱하는 대사를 등장시킨다.

돈키호테나 산초 같은 등장인물은 그 당시에는 엄청나게 혁신적인 시도였다. 그렇기 때문에 돈키호테라는 인물 자체가 위대한 문학적 업적이라 할 만하다. 어릿광대, 비극적인 영웅, 세상에 순응하기를 거부하는 용감한 인물 등 아주 많은 성격을 한데 모아 놓은 세르반테스의 소설 주인공 돈키호테는 시간을 초월하는 인물이 되었다.

• 지금까지 출판된 모든 책 중에서 총 인쇄 부수가 가장 많은 것이 성경이고, 그다음이 《돈키호테》이다.

094

알브레히트 뒤러

알브레히트 뒤러(1471년~1528년)는 북유럽 출신 가운데 가장 잘 알려진 르네상스 미술가이다. 아버지는 독일 뉘른베르크에 정착한 헝가리 출신 금세공인이었다. 그는 아들들에게 정교한 조각술과 목판 기술을 가르쳤다.

뒤러는 미술을 공부하기 위해 이탈리아로 건너간 최초의 북유럽 미술가 중 한 명이다. 베네치아에서 몇 년을 지낸 후 뒤러는 1494년 뉘른베르크로 돌아가 르네상스 이론에 독일에서 배운 기법을 결합시켰다.

1498년 뒤러는 요한계시록에 묘사되어 있는 세상의 종말을 보여주는 목판화 15점을 내놓았다. 그중 죽음, 기근, 전쟁, 질병을 상징하는 요한계시록의 4명의 기사를 묘사하는 그림이 특히 유명하다.

1513년부터 1514년까지는 '동판화 3대 걸작'이 탄생했다. 가장 잘 알려진 작품은 용맹하게 말을 타고 유혹과 역경을 견뎌내는 중세 기독교 기사를 그린 〈기사, 죽음, 악마〉이다.

마틴 루터가 1517년에 95개조 반박문을 게시한 직후 뒤러는 종교개혁의 열렬한 지지자가 되었다. 뒤러는 루터가 독일어로 번역한 복음서 내용을 자신의 후기 걸작 〈네 명의 사도들〉(1523년~1526년)에 새겨 넣었다. 사도들이 인간의 실수와 오만함을 비난하는 내용이다. 뒤러는 루터교를 받아들인 뉘른베르크의 시 행정 담당자들에게 이 그림을 선사했다.

이후에 뒤러는 미술 이론에 점점 관심을 가지게 되었다. 1525년에는 피에로 델라 프란체스카의 작품을 바탕으로 원근법에 대한 연구 결과를 발표했다. 2년 후에는 축성술에 관한 책을 썼고, 그가 사망한 1528년에는 비율과 비례에 관한 중요한 논문을 쓰고 있었다.

'북유럽의 레오나르도'라고 알려진 뒤러는 이탈리아 르네상스의 고전 사상과 자신의 조국 독일의 자연주의를 조화시키는 데 평생을 바쳤다.

- 뒤러는 판화로 가장 잘 알려져 있지만 수채화에도 뛰어났다. 그가 그린 수채화 〈커다란 잔디〉는 과학적 정교함 때문에 오늘날에도 여전히 감탄의 대상이 되고 있다.
- 현실을 2차원 평면에 정확히 그리기 위해 뒤러는 광학 장치를 실험했다.
- 뒤러는 동판화 〈아담과 이브〉에 인간의 네 가지 기질인 담즙질(고양이), 우울질(염소), 다혈질(토끼), 점액질(소)을 상징하는 동물 네 마리를 포함시켰다.

095

갈릴레오 갈릴레이

갈릴레오 갈릴레이(1565년~1642년)는 이탈리아 피사 외곽지에서 태어났다. 근대 물리학의 아버지, 근대 천문학의 아버지, 근대 과학의 아버지라 불리는 그의 업적은 복합 현미경 발명, 목성 위성 발견, 최초의 진자시계 설계, 먼 우주까지 볼 수 있는 망원경 발명 등 무수히 많다. 갈릴레이의 과학 실험은 현대적인 과학 연구를 위한 길을 마련했으며, 그가 고안한 타성 개념은 아이작 뉴턴의 운동 법칙에 직접적인 영향을 미쳤다.

갈릴레오의 가장 위대한 업적은 무엇보다도 르네상스 시대 로마 가톨릭교회에 대항해 펼친 그의 우주론일 것이다. 폴란드 천문학자 니콜라우스 코페르니쿠스(1473년~1543년)가 처음 제안한, 태양이 태양계의 중심이라는 태양중심설을 가르치는 것은 그때 당시 반역 행위로 간주되었다. 가톨릭교회에서는 성경을 문자 그대로 해석한 내용에 맞추어 태양과 다른 행성이 지구를 중심으로 돌고 있다는 이론만을 받아들였다. 갈릴레오는《두 우주 체계에 관한 대화》에서 자신이 만든 망원경으로 관측한 것을 기반으로 코페르니쿠스를 옹호하는 주장을 펼쳤다. 69세의 갈릴레오가 쓴 책은 종교재판에서 금서로 지정되었고, 갈릴레오는 로마 바티칸 법정으로 불리어 갔다. 그는 가톨릭교리에 반항한 죄로 유죄 판결을 받고 종신형에 처해졌다. 하지만 가택연금으로 감형되었다. 그리고 8년 후, 종교재판소에서 파견된 감시인이 지키고 선 가운데 피렌체 인근 자택에서 갈릴레오는 세상을 떠났다.

갈릴레오가 종교재판을 받은 지 359년이 지난 1992년, 교황 요한 바오르 2세는 위원회를 조직해 갈릴레오의 용기를 인정하고 그의 재판에 대해 공식적으로 사과했다.

● 갈릴레오의 아버지는 아들이 의사가 되기를 바라면서 그가 수학 공부하는 것을 못하게 했다.

● 갈릴레오는 인류 최초로 달 표면의 산과 계곡을 봤다고 공표했다.

● 갈릴레오의 두 딸은 모두 혼외 자식이었으며 둘 다 수녀가 되었다.

096 | FRI ♪ 음악 | 게오르크 프리드리히 헨델

지나칠 정도로 사교적이고 국제적인 인물이었던 게오르크 프리드리히 헨델(1685년~1759년)은 요한 제바스티안 바흐와 더불어 가장 뛰어난 바로크 후기 작곡가로 꼽힌다. 헨델은 1685년 독일의 작은 마을 할레의 가톨릭 집안에서 태어났다. 20세가 되기 전에 오페라 두 곡을 썼고, 이후 가톨릭 예배에 사용되는 라틴어 합창곡을 작곡했다.

1707년부터 1711년까지 헨델은 이탈리아 북부에서 안토니오 비발디, 아르칸젤로 코렐리, 도메니코 스카를라티, 알레산드로 스카를라티 등 위대한 이탈리아 작곡가들과 함께 지냈다. 그들의 멜로디 감각은 헨델에게 많은 영향을 주었다. 헨델은 나중에 영국 왕위 계승자가 되는 하노버 선제후 궁정의 악장을 맡기 위해 이탈리아를 떠난 후에 자신의 새 고용주를 설득해 일 년 동안 런던을 여행할 수 있는 기회를 얻었다. 런던에 도착하자 헨델은 영국 국민들에게 오페라를 알리기 시작했다. 〈리날도〉(1711년)는 런던을 위해 처음으로 만든 오페라이다. 이탈리아어로 되어 있지만 크게 성공했다. 그 후로 〈아시스와 갈라테아〉(1718년), 〈라다미스토〉(1720년), 〈줄리어스 시저〉(1724년)를 잇따라 발표했다. 이 같은 작품에 힘입어 헨델은 새로 문을 연 영국 왕실 음악원 총책임자가 되었다. 영국에서 가장 뛰어난 오페라가 그곳에서 공연되었다.

1717년 하노버 선제후는 영국 국왕 조지 1세로 즉위하기 위해 런던에 도착했다. 헨델은 원래 약속한 시간보다 더 오래 런던에 머물렀기 때문에 왕이 화가 나지 않았을까 걱정했다. 전해지는 이야기에 따르면 헨델은 왕의 총애를 다시 회복하기 위해 그 유명한 〈수상 음악〉을 작곡했고, 조지 1세는 헨델의 음악이 얼마나 훌륭해졌는지 직접 들어본 후 급여를 두 배로 올려줬다고 한다.

영국에 머무는 후반에 헨델의 초점은 오페라에서 오라토리오로 바뀌었다. 오라토리오는 독주 연주와 합창 또는 관현악이 수반되는 줄거리가 있는 악곡이지만 무대에 올리는 극 형식이 아니며 주로 종교적인 내용을 담았다. 헨델은 죽기 전까지 30곡 이상의 오라토리오를 완성했다. 그는 자신도 아끼는 〈메시아〉를 작곡해 1742년 처음 무대에 올렸다. 이어서 〈삼손〉(1743년) 〈세멜레〉(1744년) 〈솔로몬〉(1749년) 등 여러 작품을 작곡했고, 1759년 런던에서 생을 마쳤다.

• 헨델의 아버지는 헨델이 음악가가 아닌 변호사가 되기를 원했다.
• 헨델의 오라토리오 〈메시아〉는 해마다 성탄절이 되면 전 세계 무수히 많은 교회에서 공연되고 있다.
• 헨델이 영국에서 처음 작곡한 오페라 〈리날도〉를 공연할 때 정원 장면에서 실제로 살아 있는 참새들을 풀어 놓았다.

097

회의주의

> "네오, 너무나 현실 같은 꿈을 꾸어본 적이 있나? 만약 그 꿈에서 깨어나지 못한다면 어떻게 될
> 까? 꿈속의 세계와 현실 세계를 어떻게 구분하겠나?"
>
> – 영화 〈매트릭스〉(1999년) 중 모피어스 대사

당신은 컴퓨터 시뮬레이션 속에 살고 있는가? 그런지 아닌지 어떻게 알 수 있나? 당신
은 지금 진짜 종이로 만든 진짜 책을 들고 있다고 생각할지도 모른다. 그러나 만약 컴
퓨터가 당신 뇌에 진짜 종이로 만든 책을 들고 있는 경험을 하고 있다고 말해서 그렇게
느낀다면 실제로 그렇지 않음을 어떻게 알 수 있는가? 세상에 대해 당신이 경험하는
것이 믿을 만한지 알 수 있는 방법은 무엇인가?

이것은 외부 세계에 대한 회의주의 문제라 알려진 것이다. 일반적으로 말해 회의주
의는 어떤 지식 체계에 대한 우리의 믿음을 약화시킬 의도로 펼치는 철학적 논증이나
주장을 뜻한다. 회의주의자는 어떤 지식에 대한 일반적 주장을 약화시키기 위해 회의
적인 논증을 사용하는 사람이다.

회의주의의 다른 예를 들어보자. 다른 사람들이 생각과 감정, 경험을 가지고 있는 존
재라는 것을 우리는 어떻게 아는가? 그들은 생각하고 있는 것처럼 행동한다. 그들에게
물어본다면 경험이 있다고 말할 것이다. 그러나 그들이 진실을 말하고 있는지 어떻게
알 수 있는가? 만약 다른 사람이 생각하는 존재라는 주장을 뒷받침할 증거가 있다면
우리는 그것을 재해석해서 그들이 아주 정교하게 프로그램화된 로봇이라는 것을 보일
수 있을 것이다.

지금껏 많은 철학자들이 외부 세계와 다른 사람의 정신에 대한 회의주의 문제를 해
결했다고 주장했다. 그러나 또 어떤 철학자들은 회의주의 문제가 해결되지 않았음을
인정했다.

- 르네 데카르트(1596년~1650년)는 《제1철학에 관한 성찰》에서 매우 유명하고 영향력 있는 회의주의적 명제를 기
  술했다. 데카르트는 전능하지만 사악한 악마가 그를 창조했고 체계적으로 그를 속이고 있을 가능성을 고려했다. 데
  카르트는 독자들에게 "내가 그런 악마에게 속고 있지 않다는 것을 나는 어떻게 아는가?"라고 물었다.
- 임마누엘 칸트(1724년~1804년)는 철학이 회의주의 문제를 아직 해결하지 못했다는 점을 대단한 '스캔들'이라고 여
  겼지만 마르틴 하이데거(1899년~1976년)는 그 문제가 해결되지 않았다는 점이 아니라 철학자들이 회의주의 문제
  에 해법이 필요하다고 생각한다는 점이 스캔들이라고 주장했다.

098

하시디즘

하시디즘은 18세기 중반 '귀한 이름의 스승'이라는 의미의 '발 솀 토브'라고도 불리는 랍비 이스라엘 벤 엘리에제르가 창시한 유대교 운동이다.

하시디즘의 핵심 사상은 범신론과 데베쿠트(인간과 신의 결합 사상)이다. 범신론은 신이 자연 만물에 존재한다는 사상이다. 이것은 신은 물리적 실체로 존재하지 않는다는 그동안 널리 받아들여진 믿음과 상충하기 때문에 유대인들이 크게 동요했다. 데베쿠트는 신과 교감하는 황홀경의 상태를 말하며 모든 하시드 유대인에게 가능하다.

발 솀 토브는 폴란드와 우크라이나 전역을 돌아다니면서 정서적으로 신과 교감하고 이웃 유대인을 사랑하는 것이 엄밀한 토라 연구보다 더 중요하다고 강조했다. 경전 연구보다 마음에서 우러나는 기도를 강조한 것이다.

18세기 하시디즘은 동유럽 전역으로 급속도로 퍼져나갔다. 어디를 가든 하시디즘을 반대하는 사람들이 있었지만 특정 랍비의 가르침을 따르는 집단들이 생기면서 다양한 분파가 형성되었다. 하시디즘 운동은 제2차 세계대전과 홀로코스트가 일어나기 전까지 부흥했다. 많은 유대인들이 처형당하고 집과 마을이 파괴되자 하시드 유대인들은 대부분 이스라엘이나 미국으로 이주했다.

오늘날 하시디즘 추종자들은 대개 옷을 입는 방식으로 구별할 수 있다. 분파마다 특정 복장이 있지만 대부분 남자들은 검은색 롱코트, 기도할 때 두르는 허리띠, 검은 모자를 착용하고 '치치트'라는 흰색 옷술을 허리에 달고 있다. 게다가 남자들은 옆얼굴을 면도하지 않는데, 그래서 곱슬곱슬한 구레나룻과 수염을 기른 하시드 유대인이 많다. 여자들의 복장은 비교적 덜 획일적이지만 복장 규정이 꽤 엄격하다. 수수한 치마와 긴 소매 블라우스를 입어야 하고 기혼 여성은 머리를 가려야 한다.

하시드 유대인들은 18세기 전통을 되도록 보존하기 위해 이 같은 복장을 입기로 했다. 그뿐만 아니라 세속적인 사회와 구분해 유대인처럼 보이는 것이 중요하다고 생각했다. 그래서 한때 급진적인 집단이었던 하시드 유대인들은 오늘날 매우 보수적인 사람들로 여겨진다.

- 하시디즘은 기원전 3세기 그리스 문화와 융합을 주장하는 헬레니즘 유대교에 반대하는 보수적인 유대인 집단을 가리키는 말로도 사용된다.
- 하시디즘 분파들이 모두 사이가 좋은 것은 아니다. 차바드 분파는 이스라엘 국가 건설을 지지하지만 새트마 분파는 이러한 시온주의를 반대한다.

099 | MON 역사 | 레콩키스타

북아프리카 이슬람 세력인 무어인이 서기 718년 스페인을 정복하자 기독교 중심의 유럽 사회는 곧바로 이베리아 반도를 되찾기 위한 계획에 돌입했다. 스페인을 되찾기 위한 전쟁은 산발적으로 거의 800년 동안 지속되었다. 그러던 1492년 이베리아 반도에서 무어인들의 마지막 거점이었던 그라나다 요새가 스페인 군주 페르난도 2세와 이사벨 1세의 군대에 함락되면서 레콩키스타, 즉 스페인 국토회복운동이 마침내 성공으로 끝났다. 무어인들은 스페인에서 물러났지만 그들이 스페인과 포르투갈에 남긴 문화유산은 대단했다.

무어인이 지배하는 800년 동안 이베리아 반도는 알안달루스라는 이름으로 불렸다. 그때는 이슬람 제국이 기독교 중심의 서유럽까지 세력을 뻗은 유일한 시기였다. 이슬람 중심으로 바뀐 스페인은 여러 가지 면에서 놀라운 성공이었다. 이슬람 왕조가 세운 훌륭한 건축물은 당시 기독교 건축물에 비할 만했다.

이베리아 반도를 되찾는 일은 중세 기독교인들의 주요 목적이자 교회를 중심으로 유럽인들을 단합시키는 구심점이 되었다. 유럽의 여러 통치자 가운데 샤를마뉴는 무어인과 싸우기 위해 군대를 보냈다. 십자군 원정은 이슬람교가 장악하고 있는 중동 지역을 목표로 했지만, 무어인이 지배하는 스페인에서 생긴 기독교인과 이슬람교도의 마찰에 영향 받았다.

무어인의 지배하에 있던 도시들은 서기 1100년 이후로 기독교 군대에 함락되기 시작했다. 기독교 군대는 1118년 사라고사를 탈환했다. 오늘날 포르투갈의 수도 리스본은 1147년에 되찾았다. 무어인이 수도로 삼았던 코르도바는 1236년에 함락되었다. 1492년 그라나다의 함락으로 레콩키스타가 마무리되었다. 이베리아 반도를 정복한 기독교인들은 무어인들만큼 관용적이지 않았다. 그라나다를 정복한 몇 달 후부터 그들은 스페인에서 유대인들을 추방했다. 몇 년 후에는 이베리아 반도에 남아 있던 이슬람교도들에게 개종하거나 아니면 떠나라고 명령했다. 한때 번성했던 이슬람 국가는 완전히 사라졌다. 그러나 폐허 속에서 곧 세계를 무대로 위용을 펼칠 스페인과 포르투갈이 탄생했다.

- 포르투갈과 스페인의 국경선 문제가 여전히 해결되지 않은 가운데 포르투갈은 1294년 영국과 동맹 조약을 체결했다. 그것은 지금까지 효력을 유지하고 있는, 세계에서 가장 오래된 조약이다.
- 레콩키스타 시대에 가장 유명한 전사는 기독교 장군 엘시드이다. 실제로 그는 기독교도를 위해 싸우기도 했지만 무어 왕국에 중용되어 이슬람교도 편에 서기도 했다.

100 | TUE 📖 문학 | 캔터베리 이야기

제프리 초서의 삶에 대해서는 자세히 알기 어렵지만 그가 《캔터베리 이야기》라는 걸작을 남겼다는 점은 명백하다. 당시 문학 작품들은 프랑스어나 라틴어로 쓰였고 영국에서도 예외는 아니었다. 영어로 쓰인 《캔터베리 이야기》는 영어가 프랑스어와 라틴어를 대신할 문학 언어로 발전하는 데 중추적인 역할을 했다. 초서는 영어가 고전 언어들에 비해 열등하다는 개념을 완전히 뒤집었고 에드먼드 스펜서, 필립 시드니, 크리스토퍼 말로, 윌리엄 셰익스피어 등 후대 영국 문학의 거장들을 위한 길을 마련했다.

《캔터베리 이야기》는 성 토머스 베케트가 안치되어 있는 성당을 방문하기 위해 런던에서 캔터베리로 순례 여행을 떠나는 다양한 순례자들이 이야기를 하는 형식이다. 총 24편의 이야기가 실려 있다. 서문에서 초서는 원래 120편의 이야기를 담으려 한다고 밝혔다. 하지만 작품이 미완성된 것인지 초서가 단순히 마음을 바꿔 24편으로 끝낸 것인지 확실하지 않다.

이야기 속 순례자들은 기사, 방앗간 주인, 면죄부를 파는 사람, 수녀원 부원장, 바스에서 온 부인 등 각계각층의 사람들이 섞여 있다. 그들의 이야기는 설교, 우화, 영웅전, 기사문학에 이르기까지 다양한 문학 장르를 다룬다.

이야기는 아서 왕이 통치하던 잉글랜드에 살았다는 초자연적인 존재에 대한 묘사로 시작된다.

> 옛날 옛적 아서 왕이 살던 시대에
> 그의 위대한 명예에 대해 영국 사람들은 말했다.
> 이 땅은 요정들로 가득 차 있었다.

《캔터베리 이야기》에 실린 이야기들은 2편을 제외하고 모두 운문 형식이다. 초서는 당시 유행하던 프랑스 운문 형식에서 벗어나 한 줄에 10개의 음절이 쓰이는 약강 5보격을 사용했다. 그 후로 이 형식은 영국시의 주요 요소가 되었다. 초서 입장에서 대단한 결정이 아닐 수 없었다. 그의 운문 형식은 이후 수세기 동안 셰익스피어와 다른 문인들이 희곡과 소네트에 약강 5보격을 훌륭하게 적용할 수 있는 토대가 되었다.

• 1340년대 말 흑사병이 영국을 황폐화시킨 후에 초서의 가족은 전염병으로 사망한 친척의 유산을 물려받게 되었다. 초서는 뜻밖에 생긴 유산 덕분에 소매상인이나 무역상이 되지 않고 교육을 받을 수 있었다.

101

미켈란젤로

미켈란젤로(1475년~1564년)는 이탈리아 르네상스 전성기의 가장 위대한 예술가로 인정받는다. 천재 화가, 건축가, 시인, 공학자 등 그를 지칭하는 말이 많지만 그 중에서도 미켈란젤로는 스스로 건축가라고 생각했다. 미켈란젤로와 개인적 친분이 있으면서 그의 전기를 쓴 조르조 바사리는 미켈란젤로에 대해 "생명이 없는 대리석에 생명을 불어넣을 수 있는 조각가"라 평했다.

미켈란젤로는 1475년 투스카니의 작은 마을 카프레세에서 태어났다. 비범한 재능을 지닌 청년 미켈란젤로는 부유한 메디치 가문의 후손 로렌초를 중심으로 형성된 지식인과 예술가들 모임에 초대되었다. 그 후 미켈란젤로는 피렌체에 머물다가 로마로 갔는데, 그곳에서 예수의 시신을 품에 안고 슬퍼하는 성모 마리아의 모습을 표현한 〈피에타〉를 조각해 달라는 의뢰를 받는다. 그 조각상은 1499년에 완성되었다.

1501년 미켈란젤로는 피렌체로 돌아가 유명한 다비드상을 조각했다. 몇 년 후에는 다시 로마로 초대되어 갔다. 이번에는 교황 율리오 2세의 무덤으로 사용할, 실물보다 큰 형상 40개가 장식된 정교한 기념관을 만들어 달라는 요청을 받았다. 그러나 교황의 다른 요청으로 공사는 즉각 중단되었다. 교황은 미켈란젤로가 시스티나 성당의 천장 벽화를 그려주기를 바랐다. 젊은 예술가였던 미켈란젤로는 프레스코 벽화 경험이 거의 없었음에도 불구하고 불과 4년 만에 작업을 완성했다.

성당 천장 벽화가 완성되자 미켈란젤로는 교황 무덤 작업을 다시 시작했고 1513년부터 1516년까지 모세 조각상과 죽어가는 노예 조각상을 만들었다. 그러나 교황은 무덤이 완성되기 전에 사망했고 교황 가족은 그렇게 화려한 기념관을 짓는 비용을 대려고 하지 않았기 때문에 미켈란젤로는 원래 설계대로 작업할 수 없었다. 실망한 미켈란젤로는 그 후 20년 동안 주로 메디치 가문에서 의뢰한 여러 가지 작업을 맡아 했다. 그 중 가장 눈에 띄는 작품은 산 로렌초 성당의 메디치 가문 예배당이다.

1534년 미켈란젤로는 로마로 돌아가 시스티나 예배당의 제단 뒤편에 프레스코 기법으로 〈최후의 심판〉을 그렸다. 그는 서명 대신에 순교자 바르톨로뮤의 벗겨진 살가죽에 자신의 얼굴을 그려 넣었다. 〈최후의 심판〉이 완성되고 몇 년 후 교황 바오로 4세는 나체 그림이 불쾌하다면서 나체 위로 천을 덧그려 넣게 했다.

미켈란젤로는 르네상스 시대 로마의 도시 계획 사업에도 족적을 남겼다. 1537년 고대 로마의 중심지였던 카피톨리누스 언덕 위 공간을 재설계하는 작업을 의뢰받았고, 9년 후에는 성 베드로 성당 수석건축사로 임명되어 성당의 돔을 설계했다. 불행히도 그는 성 베드로 성당이 완공되는 것을 보지 못하고 89세의 나이로 세상을 떠났다.

102 | THU ⚛ 과학 | 정전기

왜 머리를 빗고 난 후에 가끔씩 머리카락이 곤두서는 것일까? 겨울철 코트를 입고 문 손잡이를 잡으면 왜 손에 찌릿한 충격이 오는 것일까? 답은 정전기이다.

모든 물질은 원자로 구성되어 있다. 원자는 또 중성자와 양성자 그리고 전자로 구성 되어 있다. 중성자는 전하를 띠지 않지만 양성자는 양의 전하를 띠고 전자는 음의 전하 를 띤다. 양성자와 중성자는 원자의 중심인 핵 속에 단단히 결합되어 있지만 전자는 태 양 주위를 공전하는 행성들처럼 원자 핵 주변을 돈다. 전자의 수와 양성자의 수가 같 을 때는 원자가 전하를 띠지 않는다. 그러나 전자가 다른 원자로 옮아갈 때가 있다. 그 러면 전자를 얻은 원자는 음의 전하를 띠게 되고 전자를 잃은 원자는 양의 전하를 띠게 된다. 반대 전하를 지닌 원자들은 서로 끌어당기거나 중성 상태의 물체에 끌린다. 같은 전하를 띤 원자들끼리는 서로 밀어낸다.

그래서 머리카락이 곤두서는 것이다. 머리카락의 전자가 머리빗에 옮아가면 머리카 락은 양의 전하를 띠게 된다. 각각의 머리카락들은 모두 양의 전하를 띠고 있으므로 되 도록 서로 멀리 떨어져 있으려고 한다. 그래서 머리카락이 바람에 나부끼듯 일어서게 된다.

금속 같은 물체는 전자를 붙잡아 자유롭게 통과시킨다. 이런 성질을 지닌 물체를 도 체라 부른다. 플라스틱이나 섬유 같은 물질은 더 경직되어 있어서 전자가 흐르지 못한 다. 이런 물체를 절연체라 한다. 우리가 겨울에 코트를 입으면 코트의 전자가 우리 몸 으로 옮겨간다. 우리는 음의 전하를 띠게 된다. 금속 문손잡이는 전도율이 좋은 도체로 손으로 손잡이를 잡으면 몸속 전자가 손에서 재빨리 옮겨간다. 이때 공기가 가열되고 불꽃이 일어난다. 겨울에는 공기가 건조하기 때문에 겨울에 이런 현상이 일어날 확률 이 높다. 물 또한 좋은 도체이기 때문에 공기 중의 수분은 전자를 흡수해서 불꽃을 줄 인다.

- 번개는 대규모로 일어나는 정전기이다. 폭풍우가 치는 동안 전자의 이동으로 인해 구름 상층부에는 양의 전하가 만 들어지고 구름 하단부에는 음의 전하가 만들어진다. 전하량의 균형을 맞추기 위해 대개 한쪽 구름에서 다른 구름으 로 전하가 옮겨갈 것이다. 그러나 때때로 전하를 띠지 않는 땅으로 옮겨가기도 한다. 그때 번개가 치는 것이다.
- 벤자민 프랭클린은 연을 가지고 한 유명한 실험을 통해 번개가 정전기에 의한 현상임을 발견했다.
- 프랭클린은 피뢰침도 발명했다. 피뢰침은 역사상 가장 많은 목숨을 구한 장치임에 틀림없다.

103

헨델의 메시아

1741년 게오르크 프리드리히 헨델(1685년~1759년)은 아일랜드 총독으로부터 더블린 자선 콘서트에 쓸 곡을 작곡해 달라는 의뢰를 받았다. 헨델은 그해 8월 22일부터 시작해서 24일 동안 그의 가장 유명한 곡이 될 오라토리오 〈메시아〉를 작곡하는 데 열정을 바쳤다. 이미 런던에서 유명했지만 〈메시아〉 작곡을 계기로 헨델은 그 후 수세대에 걸쳐 누구나 아는 작곡가로서 명성을 굳히게 되었다. 심지어 오늘날에도 전 세계 합창단은 성탄절을 기념할 때 이 곡을 공연한다.

오라토리오 장르는 17세기에 처음 생겼다. 오라토리오라는 이름은 16세기, 17세기 가톨릭교회에 부속으로 지어진 기도실을 가리키는 단어에서 나왔다. 원래 고해성사를 하는 시기에 극장은 문을 닫았지만 기도실에서는 오라토리오가 공연되었다. 오라토리오는 관현악이 동반된 합창곡으로 솔로와 합창이 번갈아 연주되고, 대부분 등장인물과 줄거리가 있는 내레이터 텍스트가 준비되어 있다. 오페라와 비슷하지만 별도의 의상이나 연기, 무대 배경 없이 공연되었다.

대부분의 오라토리오와 달리 〈메시아〉의 줄거리는 선형적이지 않다. 예수에 대한 명상과 성경의 예언을 암송하는 부분이 단편적으로 나온다. 헨델이 대부분 세속 음악을 작곡한 작곡가라는 점을 감안했을 때 〈메시아〉는 매우 이례적이었다. 유명한 합창 '할렐루야'는 바로크 음악 중에서 가장 잘 알려진 곡이다. '우리는 양떼같이 헤매었다'와 '우리를 위해 나셨다'도 유명하다. 1742년 더블린에서 〈메시아〉가 성공적으로 초연된 후로 헨델의 명성은 하늘을 찔렀고, 상업적 작곡가로서 그의 이력은 더욱 공고히 다져졌다. 헨델은 가장 유명한 오라토리오인 〈메시아〉를 작곡한 사람이지만 정작 〈메시아〉의 내용과는 매우 거리가 먼 사람이었다. 그러나 그는 자신의 이름이 역사에 기록될 것임을 확신하며 런던에서 생을 마감했다.

• 헨델이 〈메시아〉를 워낙 빨리 완성했기 때문에 사람들은 그가 진정으로 신의 영감을 받은 작곡가라고 믿었다. 하지만 어떤 사람들은 헨델이 늘 다른 작곡가들보다 작곡 속도가 빨랐으며 〈메시아〉도 그중 하나라고 설명한다.

104 | SAT 철학 | 르네 데카르트

르네 데카르트(1596년~1650년)는 프랑스 라에(지금의 데카르트 시)에서 태어났다. 그는 군대에 자원해 공병대에서 몇 년간 복무했고 그 후 철학과 수학, 과학에 대한 혁신적인 책을 쓰기 시작했다. 그의 철학은 오늘날 데카르트주의 또는 데카르트 철학이라 알려져 있다.

데카르트의 철학적 과제는 당시 프랑스와 유럽 대학 교육의 기초를 이루던 아리스토텔레스의 과학 체계를 바꾸는 것이었다. 데카르트가 발표한 가장 훌륭한 책은 아마 《제1철학에 관한 성찰》(1641년)일 것이다. 이 책은 데카르트가 여행 중에 어느 작은 방에 6일간 머물면서 했던 생각을 담은 것이다. 데카르트는 자신의 모든 생각을 의심하고 오로지 진실을 의심할 수 없는 생각을 유지하려고 했다. 그런 노력을 기울인 끝에 자신이 사고하고 있음을 의심할 수 없기 때문에 자신이 존재한다는 것을 의심할 수 없다는 결론에 도달했다. 그것이 바로 "나는 생각한다. 그러므로 존재한다."라는 유명한 명제이다.

데카르트는 자신에 대한 근본적인 존재를 의심하지 않는다는 결론에 도달했지만 육체의 성질에 대해서는 의심할 수 있다고 믿었다. 생각할 수 있는 능력은 반박할 수 없지만 신체의 존재성은 그렇지 않기 때문에 데카르트는 정신과 몸이 별개의 것이라고 주장했다.

그는 물리학으로 육체를 설명할 수 있다고 주장했다. 육체는 크기, 모양, 속도가 있고 움직일 수 있는 기하학적인 것이라고 봤다. 반면에 정신은 물질로 이루어지지 않은 사고하는 것이라고 봤다. 그러므로 데카르트에게 동물은 단지 기계에 불과했다. 동물은 생각하지 않기 때문에(데카르트는 동물들이 생각하지 않는다고 가정했다) 정신을 가지고 있지 않으며 단지 움직이는 부분들의 복잡한 결합체로 간주했다.

• 데카르트는 육체를 '연장된 것'이라 불렀고 정신은 '사유하는 것'이라 불렀다.
• 데카르트는 좌표기하학이라고도 불리는 해석기하학을 창시했다.

105

SUN
종교

예수 그리스도

나사렛의 예수는 로마 제국 시대에 나고 자랐다. 기독교인들은 그가 신의 아들이고 오랫동안 기다려온 구세주라 믿는다. 예수의 삶은 성경의 4대 복음서에 기록되어 있다.

예수는 베들레헴에서 마리아의 아들로 태어났다. 기독교인들은 마리아가 처녀이지만 성령에 의해 예수를 잉태했다고 믿는다. 마리아의 남편 요셉은 4대 복음서에 거의 언급되지 않는 것으로 보아 예수가 10대 중반이 되기 전에 사망했을 것으로 추정된다. 예수는 30대에 이르러 가르침을 전하러 다니기 시작했는데, 그 전에는 요셉의 직업을 물려받아 목수 일을 했다.

예수는 짧은 이야기, 우화, 역설, 은유 등을 통해 가르침을 설파했다. 가장 유명한 예수의 설교는 산상설교와 선한 사마리안 이야기이다. 예수는 아픈 사람을 치유하고 심지어 죽은 사람을 되살리는 기적도 행했다. 그뿐만 아니라 여성과 친구가 되고 여성을 가르쳤는데, 그것 때문에 당시 종교 지배자들로부터 비난을 받았다.

예수는 가르침을 설파하는 내내 천국의 도래와 죄를 용서받는 날이 올 것이라 강조했다. 예수의 말은 여러 가지로 해석되었다. 어떤 사람은 이스라엘이 로마인에게 점령당한 상태이므로 예수의 말이 정치적 자유를 의미한다고 믿었다. 그러나 예수가 세계의 종말을 말하고 있다고 믿는 사람이 더 많았다. 세상의 종말은 토라에 기술된 구세주의 시대가 온다는 의미로 받아들여졌다. 사람들은 예수가 구약성경에서 약속한 구원과 조화의 시대로 안내해 줄 메시아, 곧 구세주라고 믿었다.

예수를 추종하는 사람이 많았음에도 예수는 자주 기성 체제에 도전했다. 한번은 이스라엘 유대교 원로들에 대한 불만의 표시로 유월절 날 성전에서 소동을 벌였다. 유대교 산헤드린 고등 재판소는 예수에게 불경죄를 저질렀다고 판결을 내렸고 로마 제국에 대항해 폭동을 선동한 혐의로 예수를 로마인에게 넘겼다. 이스라엘 주재 로마 총독 본디오 빌라도는 예수를 십자가에 매달고 처형하라고 선고했다. 기독교인들은 예수가 십자가 처형을 받고 땅에 묻힌 지 3일 후 부활해 그가 신의 아들임을 입증하고 천국으로 올라갔다고 믿는다.

- 디오클레티아누스 로마 황제의 박해의 시대로부터 248번째 되는 해인 서기 532년, 가톨릭 수사 디오니시우스 엑시구스(500년~560년)는 예수가 탄생한 해를 원년으로 하는 달력을 만들려고 했다. 그러나 우리가 오늘날 사용하고 있는 디오니시우스 달력은 예수가 태어난 해를 잘못 계산해서 만들어졌다. 예수는 서기 1년보다 4년 앞서 태어난 것으로 추정된다.
- 그리스도(Christ)는 '구세주'를 의미하는 그리스어에서 파생한 말이다.

106

MON
역사

스페인 종교재판

1492년 이후 스페인은 세계에서 가장 강력한 국가가 되었다. 스페인 정복자들은 페루에서 쿠바에 이르는 드넓은 땅의 신세계를 차지했다. 금과 다른 재물을 가득 실은 대형 범선이 스페인의 항구로 되돌아왔고, 스페인은 짧은 시간에 헤아릴 수 없을 만큼 많은 부를 축적한 나라가 되었다. 스페인 군대는 오늘날의 벨기에와 네덜란드를 포함해 다른 서유럽 국가들도 장악했다.

스페인 내부에서는 종교적 순수를 추구하는 운동이 일어나 점차 탄력을 얻었다. 1492년 레콩키스타가 성공한 후 스페인 권력자들은 유대인을 추방하고 이슬람교도에게 기독교로 개종하라고 명령했다. 그들은 새로이 막강한 부와 힘을 지니게 된 스페인을 신성한 기독교 왕국으로 만들기로 결심했다. 많은 스페인 성직자들은 기독교로 개종한 유대인이나 이슬람교도가 비밀리에 이전 신앙을 행하면서 스페인의 종교 통일을 위협하고 있지 않을까 두려워했다.

스페인 종교재판은 이단을 근절시키고 '거짓 개종자'를 처참한 형벌로 처벌하기 위한 것이었다. 유럽의 다른 가톨릭 국가들도 종교재판을 열었지만, 재판 기간과 강도 측면에서 스페인의 악명을 따라올 국가는 없었다. 스페인 종교재판에서 이단자에게 마지막으로 교수형을 집행한 것은 1826년이었다.

오늘날 스페인 종교재판은 중세의 과도한 종교 박해와 편협함을 나타내는 말로 쓰인다. 종교재판은 유럽의 반유대주의에 불을 지피면서 특히 유대인을 겨냥해 행해졌다. 그러나 스페인에서만 그런 것이 아니었다. 종교적 이유에 의한 폭력은 유럽 전역에서 지속적으로 일어난 중세 시대 특징이었다. 영국에서만 수천 명이 마녀라는 이유로 처형되었다. 계몽운동이 일어나고 진보적인 사상가들이 성경을 더 이상 문자 그대로 해석하지 않자 비로소 마녀 사냥이 사라지기 시작했다.

- 스페인에서 추방된 유대인들은 1858년까지 스페인으로 되돌아가는 것이 공식적으로 허용되지 않았다.
- 로마 제국의 종교재판에서는 과학 연구 결과가 교회의 교리에 맞지 않는다는 이유로 갈릴레오 갈릴레이 같은 과학자들을 처형하거나 감옥에 가뒀다.

107 | TUE 문학 | 신곡

《신곡》은 이탈리아의 시인이자 철학자 단테 알리기에리(1265년~1321년)의 대작이다. 한 남자의 사후 세계 여행을 상세히 묘사한 이 서사시는 수세기 동안 기독교의 세계관에 영향을 미쳤으며 현대 이탈리아어의 근간을 형성했다.

피렌체에서 태어난 단테는 피렌체 정치에 적극적으로 참여했다. 정치 판도가 바뀌면서 단테는 1302년 피렌체 정부로부터 사형 선고를 받게 되어 다른 지방으로 도피했다. 《신곡》은 도피 생활을 하는 중에 쓴 것이다. 그는 자신이 쓴 서사시 제목을 희극La Commedia이라 지었고, 신곡La Divina Commedia은 그가 사망한 후에 붙여진 것이다. 《신곡》은 기독교의 삼위일체 사상을 반영해 〈지옥편〉〈연옥편〉〈천국편〉 이렇게 세 부분으로 나뉘며 각각 33곡으로 구성되어 있다. 그래서 서곡까지 총 100개 곡으로 되어 있다.

《신곡》의 주인공은 단테 자신이다. 인생의 길을 잃고 한탄해 하던 단테는 숲에서 로마의 시인 베르길리우스의 영혼과 마주친다. 베르길리우스는 지옥의 입구까지 단테를 안내한다. 지옥의 입구에는 "이곳에 들어가는 자, 모든 희망을 버려라."라는 전설적인 문구가 새겨져 있다. 지옥의 아홉 단계를 지나며 단테는 지옥에 떨어진 사람들이 영원히 받아야 하는 수많은 형벌과 그 형벌을 겪는 사람들의 모습을 본다. 〈지옥편〉의 무서운 이미지는 지옥의 밑바닥인 얼음 호수에 갇힌 사탄의 모습에서 최고조에 이른다.

〈연옥편〉에서는 신을 만나기에 아직 죄를 다 씻지 못한 영혼들이 머무는 연옥을 방문한다. 연옥을 다 거치자 베르길리우스는 더 이상 단테와 동행하지 않는다. 베르길리우스는 이교도이므로 천국으로 들어갈 수 없다. 신의 은총에 의해 단테 앞에 낭만적 사랑의 대상이었던 베아트리체가 새로운 안내자로 나타난다. 천국의 아홉 단계를 모두 올라간 단테는 잠깐 신을 마주한다. 죄를 짓고 회개를 통해 구원을 받아 결국 신에게 이르는 인간 영혼의 여정이 절정에 이르는 순간이다.

《신곡》은 이탈리아어의 발전에 지대한 영향을 미쳤다. 1200년대까지 실제 모든 이탈리아 문학 작품은 라틴어로 썼었다. 그러므로 단테가 이탈리아 지방의 고유어로 글을 쓰기로 결심한 것은 중대한 변화였다. 이탈리아 도시 국가들이 1861년 하나의 국가로 통일되었을 때 단테 작품에 사용된 토스카나 지방어가 이탈리아의 표준어로 설정되었고, 오늘날에도 그 지위를 유지하고 있다.

- 시인 T. S. 엘리엇은 "근세는 단테와 셰익스피어 각각을 중심으로 두 시기로 나뉜다. 제3의 시기는 없다."고 했다.
- 단테는 두 편의 고전 호메로스의 《오디세이아》와 베르길리우스의 《아이네이스》에서 영감을 얻어 주인공이 지옥을 여행하는 모티브를 사용했다. 이 모티브는 두 고전에서도 두드러진 특징을 이룬다.

108

WED
미술

다비드상

1501년 피렌체 공화국은 대성당 정문에 세울 다윗 왕의 조각상을 제작하기 위해 미켈란젤로를 고용했다. 원래 다른 예술가에게 조각상 제작을 의뢰했는데 값비싸고 거대한 대리석을 구입해놓고 대략적인 구도를 잡은 후에 그 예술가가 죽고 말았다. 전해지는 말로는 미켈란젤로가 '망쳐진' 대리석으로라도 기꺼이 작업하려고 한 유일한 사람이었기 때문에 그 일을 맡았다고 한다. 1504년 미켈란젤로가 조각상을 완성했을 때 그것을 성당 위 높은 곳에 배치하기에는 매우 비범한 작품이라 여겨졌다. 그래서 피렌체의 중심 시뇨리아 광장 베키오 궁전 앞에 세웠다.

르네상스 전성기의 빼어난 걸작 중 하나인 미켈란젤로의 다비드 조각상은 골리앗을 공격하기 직전 긴장된 다윗의 표정을 묘사하고 있다. 승리를 거둔 청년 다윗을 그린 도나텔로의 다비드상과 달리 미켈란젤로의 다비드상은 싸움에 나설 준비를 마친 소년 다윗의 모습이다. 미켈란젤로는 고전 모델에서 영감을 얻어 고귀한 머리를 왼쪽으로 돌리고 한 발에 몸무게를 실은 채 서 있는 아름답고 탄탄한 몸을 조각했다. 거인을 없애기 위해 힘껏 힘을 모아 생긴 근육이 울퉁불퉁 튀어나와 도드라진다. 유난히 큰 손과 발은 장차 권력을 얻을 것임을 암시한다.

조르조 바사리가 쓴 미켈란젤로의 전기문 속 일화를 보면 피에트로 소데리니라는 피렌체의 한 시민이 다비드상의 코가 너무 크다고 불평했다. 그의 지적에 미켈란젤로는 코를 깎아내는 척 했다. 그가 작업을 다 마쳤다고 말하자 소데리니는 "이제야 생명을 불어넣었군요!"라고 소리쳤다.

시뇨리아 광장에 다비드상이 처음 세워졌을 때 피렌체 시민들은 조각상에 돌을 던지며 공격했다. 아마도 추방당한 메디치 가문 지지자들이 다비드상을 피렌체 공화국의 상징물이라 여겼기 때문일 것이다. 1527년에는 폭동이 일어나 다비드상의 왼팔이 부러졌다. 1873년 비바람으로 손상되고 오염된 부분을 복구하기 위해 다비드상은 시뇨리아 광장에서 철거되었다. 그 후 피렌체에 위치한 아카데미아 미술관에 안전하게 보관되었고 시뇨리아 광장에는 복제품을 대신 세웠다. 1991년에는 어떤 정신 나간 이탈리아 화가가 다비드상 원본을 망치로 때려 발가락 하나가 떨어져나갔다.

다비드상은 율리오 2세의 무덤을 장식하기 위해 만들어진 미완성 노예상 4점 등 미켈란젤로의 다른 조각품과 함께 아카데미아 미술관에서 감상할 수 있다.

109

오존층

지구의 대기는 여러 층으로 나뉜다. 우리는 산소가 풍부하고 에베레스트 산꼭대기 바로 위까지 뻗어 있는 대류권에 살고 있다. 지표면에서 상공 10킬로미터에서 50킬로미터까지 대기권을 성층권이라 한다. 우리가 지구상에서 생활할 수 있게 해주는 오존O_3의 90%가 성층권에 있다. 성층권에서 오존 농도가 가장 높은 곳을 가리켜 오존층이라 하며, 대략 해발 25킬로미터 높이에 있다.

오존은 희귀한 분자이다. 보통의 산소 분자 O_2는 산소 원자 2개로 구성되어 있지만 오존은 산소 원자 3개로 구성되어 있다. 산소 분자 200만 개당 오존 분자는 고작 3개 존재한다. 그러나 오존층은 태양에서 나오는 유해한 자외선UV의 97~99%를 흡수한다. 자외선은 백내장이나 햇볕 그을림, 피부암을 유발하며 농작물과 해양 생물에도 피해를 입힐 수 있다.

지속성 자가 순환 과정에서 오존은 자외선을 흡수한다. 자외선이 오존 분자에 부딪치면 오존 분자는 산소 분자 O_2와 불안정한 산소 원자 하나로 분리된다. 산소 원자는 재빨리 산소 분자와 결합해 오존 분자를 형성한다. 안타깝게도 이렇게 효율적인 과정은 대기 중에 방출된 합성 유기화합물의 방해를 받을 수 있다. 그런 화합물 가운데 가장 악명이 높은 것이 염화불화탄소(클로로플루오르카본, CFC)이다.

20세기 중반에 염화불화탄소가 처음 만들어졌을 때 사람들은 그것을 기적의 화합물이라 생각했다. 냉매제, 분무기 고압가스, 전자제품용 세정제, 병원 살균제로 사용할 수 있는 안정적이고 값싼 무독성 물질이었다. 1988년 무렵에는 전 세계적으로 32만 톤(3억2000만kg) 이상의 염화불화탄소가 사용되었다. CFC는 매우 안정적이어서 200년 이상 대기에 머무를 수 있다. 염화불화탄소는 성층권에 도달하면 자외선에 의해 분해된다. 그때 염소가 방출되고, 염소는 오존에 달라붙어 오존을 파괴한다. 염소 원자 하나가 10만 개의 오존 분자를 파괴할 수 있다. 20세기 후반 오존층 붕괴가 심각해지자 1987년 선진국가에서 염화불화탄소 사용을 공식적으로 금지하는 몬트리올 협약이 체결되었다.

• 1980년대 초반 이후로 해마다 봄이 되면 남극 상공에 오존층 구멍이 나타나고 있다. 정말로 구멍이 생겼다는 말이 아니라 오존층 파괴가 매우 심해 오존 농도가 60%까지 떨어진 것을 가리킨다.

• 현재 오존층은 20세기 중반보다 현저하게 더 얇아졌지만 최근 보고된 과학 연구에 따르면 상태가 호전되고 있고 21세기 말이면 회복될 수 있을 것으로 예상된다.

• 수영장, 바다 염분, 화산에서 나오는 염소는 성층권까지 도달하지 않는다.

110

음악 장르

역사적으로 음악은 특정 사교 행사에 맞추어 만들어지거나 연주되어왔다. 1700년대 이전의 음악은 실내악, 교회 음악, 극장 음악이 주를 이뤘다. 실내악은 귀족들의 사교 모임에서 소규모 합주단에 의해 연주되었다.

시간이 흐르면서 많은 작곡가들이 사용하는 표준 장르들이 생겨났다. 많은 음악 장르들이 있지만 작곡가들의 천재성을 보여주는 몇 가지 장르만 간단히 살펴보자.

• 발레곡: 18세기까지 프랑스 파리에서 유행했던 대중적인 춤 공연 형태로 14세기 북이탈리아의 궁중 춤곡에서 발전한 것이다.

• 실내악: 고전주의 시대와 그 이후 시대에 등장한 프란츠 요제프 하이든, 볼프강 아마데우스 모차르트, 루트비히 판 베토벤 같은 오스트리아 빈의 음악 거장들은 실내악이 어떤 소리를 내야 하는지, 어떻게 구성해야 하는지에 관한 기준 뿐만 아니라 현악 4중주, 피아노 3중주, 소규모 관악 등 실내악을 연주하는 합주단에 대한 기준도 세웠다.

• 협주곡: '합친다'는 의미의 이탈리아어 concertare에서 파생된 콘체르토, 즉 협주곡은 말 그대로 여러 악기가 한마음으로 연주되는 것을 가리킨다. 그러나 바로크 시대에 접어들어 작품의 주요 테마를 주고받는 하나 이상의 독주 악기를 포함하는 오케스트라를 의미하게 되었다.

• 오페라: 오페라는 연극과 열정적인 노래, 오케스트라 음악, 종종 시적인 대본이 모두 결합해 하나의 이야기를 전하는 장르이다. 실제로 무대 위에서 공연된다는 점에서 오라토리오(오페라의 요소를 가미한 교회극)와 구별된다. 하지만 대사와 이야기가 전적으로 노래로 전달되므로 연극과 구분된다.

• 모음곡: 모음곡은 춤곡이나 짧은 기악곡을 포함하고 있는 여러 악장으로 된 작품이거나 제목에 맞는 여러 곡을 배열한 표제 음악이다.

• 교향곡: 웅장한 오케스트라 음악으로 여러 개의 악장으로 되어 있다. 교향곡은 하나 또는 몇몇 독주 연주로 주 멜로디를 구성하기보다 전체 합주단을 사용한 바로크 후기 협주곡 양식인 콘체르토 리피에노에 뿌리를 두고 있다.

• 대중에게 매우 잘 알려진 협주곡은 바흐의 〈브란덴부르크 협주곡〉과 모차르트의 〈프랑스 호른 협주곡〉, 세르게이 라흐마니노프의 〈피아노 협주곡 3번〉 등이 있다.
• 다른 음악 장르로는 예배 음악, 송가, 찬송가, 성가 등 다양한 형식의 교회 음악과 쇼팽의 녹턴이나 슈베르트의 가곡 같은 살롱 음악이 있다. 쇼팽과 슈베르트의 음악은 모두 사교 모임에서 유희를 위해 연주되거나 개인 주택에서 연주할 피아노곡으로 작곡되었다.

111 | SAT 🏛 철학 | 나는 생각한다, 그러므로 나는 존재한다

세상에 알려진 가장 유명한 철학적 명제는 르네 데카르트(1596년~1650년)의 "나는 생각한다, 그러므로 나는 존재한다."일 것이다. 이 말은 데카르트가 1641년 라틴어로 쓴 《제1철학에 관한 성찰》에 나온다.

데카르트는 모든 믿음을 철저하게 의심하는 방법론적 회의를 통해 이 같은 결론에 이르렀다. 그는 확실히 진리인지 알 수 없는 모든 믿음을 의심하기 시작했다. 예를 들어, 감각은 속일 수 있는 것이므로 감각 경험을 통해 알게 된 세상의 모든 지식을 의심했다. 그러나 의심할 수 없는 한 가지 사실을 발견했다. 그것은 그가 생각을 하고 있다는 것이다. 데카르트는 자신이 생각하고 있음을 의심하는 것은 불가능하다고 주장했다. 왜냐하면 그것을 의심한다는 것은 그가 생각을 하고 있다는 증거이기 때문이다. 데카르트는 그렇게 생각하고 있으므로 자신이 존재한다는 의심할 수 없는 진리를 발견했다.

데카르트의 "나는 생각한다, 그러므로 나는 존재한다."라는 명제는 철학자들 사이에서 '자기 인식의 문제'라고 불리는 것에서 출발한다. 우리 내면에서부터 나오는 자기 인식은 무엇이 특별한가? 다시 말해, 우리가 자신의 생각과 감정, 욕구에 대해 생각한다는 것은 다른 것과 어떻게 다른가? 한 가지 차이점은 내가 무슨 생각을 하고 어떤 감정을 느끼는지 정직하게 말했을 때 내가 한 말이 틀릴 일이 없다는 것이다. 통증의 예를 들어보면 그럴듯하게 들릴 것이다. 만일 내가 통증이 있다고 느낀다면 아프다고 생각하는 내 믿음이 틀릴 수는 없을 것이다.

● 데카르트는 자신이 신의 존재를 증명하는 증거를 제시했고 그것은 아무도 의심할 수 없을 만큼 매우 강력한 것이라고 확신했다.

112
SUN
종교

산상수훈

산상수훈은 서기 30년 경 갈릴리 산비탈에서 예수가 군중에게 한 유명한 설교로 산상설교라고도 한다. 예수의 중요한 가르침을 나타내며 마태복음에 기록되어 있다.

설교를 하는 동안 예수는 자신을 따르는 군중에게 십계명에서 말하는 것보다 훨씬 더 정의로울 것을 요구했다. 십계명을 따르는 것만으로는 구원받기에 충분하지 않다고 설명했다. 살인을 저지르지 않는 것은 물론이고 노여운 생각을 해서도 안 되며, 간음을 저지르지 말아야 할 뿐만 아니라 음란한 생각도 하지 말아야 하며, 남의 물건을 훔쳐서도 안 될뿐더러 물질적 욕심을 내어서도 안 된다. 예수는 신이 인간을 깨우칠 수 있는 유일하게 완벽한 존재이므로 랍비의 가르침이 아닌 오직 신의 가르침에 복종하라고 군중에게 설교했다.

예수는 산상수훈에서 설교를 듣는 사람들에게 "눈에는 눈, 이에는 이"라는 구약성경의 복수 개념을 따르지 말고 오히려 더 많은 처벌에 복종하고 "오른쪽 뺨을 맞으면 왼쪽 뺨도 내줄 것"을 요구했다. 그뿐만 아니라 "악한 자를 대적하지 말라."라고도 말했다.

산상수훈은 해석하기 매우 어렵다고 이미 잘 알려져 있다. 예수는 매우 경건한 추종자들조차 이루기 어려울 정도로 구원의 기준을 매우 높게 세운 것으로 보인다. 그렇더라도 일부 절대주의자들은 구원에 이르기 위해 산상수훈의 구절을 모두 따라야 한다고 주장한다. 어떤 사람들은 예수가 과장 표현을 써서 설교한 것이기 때문에 산상수훈을 지침으로 사용하고 실생활에 적용할 때는 수정해야 한다고 주장한다.

알베르트 슈바이처(1875년~1965년)는 예수가 세상의 종말이 임박했다고 믿었기 때문에 생존이 중요하지 않았다고 주장했다. "악한 자를 대적하지 말라"와 같은 교리를 글자 그대로 따른다면 생존을 유지하기 어려웠을 것이다. 산상수훈에 대한 또 다른 해석은 예수의 추종자들이 예수의 가르침을 따르지 않았으리라 여겨지지만 그러나 그로 인해 회개하는 법을 배웠을 것이라고 주장한다.

이렇게 다양한 해석에도 불구하고 산상수훈은 여전히 기독교 교리의 중대한 원천이다.

- 마태복음에 기술된 산상수훈이 실제로 예수가 한 번 행한 설교인지 여러 개의 짧은 설교를 마태가 엮어 놓은 것인지 지금도 의견이 분분하다.
- 산상수훈에는 황금률과 주기도문 그리고 "비판받지 아니하려거든 비판하지 말라."와 같은 유명한 말들도 포함되어 있다.

113 | MON 역사 | 마틴 루터

> "나는 어떤 것도 철회할 수 없고 철회하지도 않겠습니다. 양심을 거슬러 행하는 것은 옳지도 않고 안전하지도 않기 때문입니다."
>
> – 마틴 루터

서기 1500년경에 이르자 유럽의 거의 모든 지역이 기독교를 받아들였다. 중세 유럽 왕국들은 종종 서로 다투고 전쟁을 치르기도 했지만 모두가 같은 신을 섬겼다. 5세기에 로마제국이 멸망한 후 기독교는 더욱 빠른 속도로 확산되었고, 마침내 프랑스와 영국, 독일을 넘어 러시아와 북유럽 스칸디나비아 반도까지 확대되었다. 중세 서구의 기독교 왕국은 이탈리아의 올리브 숲에서부터 아이슬란드의 피오르 만까지 뻗어 있었다.

그러나 중세의 신앙 공동체라는 개념은 교회에 대한 점점 커지는 불만을 가리고 있었다. 흑사병의 공포를 겪은 많은 유럽인들은 그토록 많은 인간이 죽도록 허용한 신을 이해할 수 없었기 때문에 종교적 환멸을 느꼈다. 전통적인 기독교적 교리에 도전하는 르네상스도 일어났다. 더욱이 로마 가톨릭교회의 부패와 금품매수가 성행하면서 열렬한 신자들조차 크게 실망했다.

1517년 독일인 성직자 마틴 루터(1483년~1546년)는 비텐베르크의 성당 문에 로마 가톨릭교회를 비판하는 문서를 붙였다. 교황의 지도력과 로마 가톨릭교회의 전반적인 문제점을 가차 없이 비판하는 95개 논제로 구성되어 있었다. 핵심 내용은 로마 교회 지도부가 매우 탐욕스럽고 타락했다는 것이었다. 당시 교황은 새 성당을 짓기 위한 자금을 확보하기 위해 부유한 신도들에게 면죄부를 팔고 있었다. 면죄부를 산 사람은 지은 죄에 대해 공식적으로 사면을 받았다. 가장 높은 금액을 제시한 사람에게 면죄부를 파는 관행에 대해 루터는 깊은 불쾌감을 느꼈다.

루터가 논제를 발표하자마자 유럽 기독교 내부에 큰 분열이 일어났다. 유럽 곳곳에서 로마 가톨릭교회에 대한 루터의 비난을 수용하는 민중들이 생겨났다. 루터를 추종하는 사람들은 종교개혁이라 알려진 종교 운동을 통해 전통적인 교황의 권위를 거부하고 개신교를 받아들였다. 몇 년 사이에 영국과 많은 북유럽 지역들이 더는 교황을 따르지 않았고, 유럽 대륙은 종교 노선에 따라 분열되었다.

로마 교황청에서는 루터를 이단이라 비난했고, 가톨릭 신자와 루터 추종자들 사이 종교 전쟁이 잇따라 일어났다. 1648년 베스트팔렌 조약이 체결될 때까지 종교 전쟁은 100년 동안 간헐적으로 이어졌다. 루터가 로마 교황청에 반기를 듦으로써 서유럽의 종교 통합은 영원히 좌절되었다.

114 | TUE 문학 | 베오울프

8세기에 쓰인 작자 미상의 〈베오울프〉는 위대한 영웅의 이야기를 노래한 고대 영어 서사시다. 학자들은 〈베오울프〉를 통해 영어 발달에 관한 많은 연구를 하고 있다. 이 작품은 이교도 전통과 기독교가 혼합된 중세 초기 북유럽의 특징을 보여준다.

〈베오울프〉는 6세기 덴마크 왕 흐로드가르가 여는 연회장에서 이야기가 시작된다. 여러 해 동안 그렌델이라는 괴물이 밤에 흐로드가르 궁전으로 침입해 들어와 군사들을 집어 삼키고 사람들을 공포에 빠뜨렸다. 스웨덴 남부 기트랜드의 젊은 왕자 베오울프는 병사를 이끌고 나타나 그 괴물을 처치한다. 그러나 그렌델 만큼이나 무서운 그렌델의 어미가 아들의 원수를 갚겠다고 나타난다. 베오울프는 그녀의 은신처까지 추적해 그녀도 칼로 베어 없앤다. 왕국으로 돌아오자 영웅 베오울프는 왕으로 추대되어 50년 동안 통치하다가 용으로부터 백성들을 지키기 위해 싸우며 죽음을 맞는다.

〈베오울프〉의 주제는 전통적인 게르만 전사의 법도와 당시 북유럽 문화에서 비교적 새로운 기독교적 요소가 혼합되어 있다. 여러 세대에 구전된 본래의 베오울프 전설은 힘과 용맹, 충성심, 복수를 아름답게 그린 것이었다. 〈베오울프〉를 글로 옮긴 시인은 그런 게르만 전사 이야기에 겸손함과 용서라는 기독교적 주제를 포함시키려 한다. 두 요소는 때때로 서로 조화되지 않고 삐걱거리기도 한다.

〈베오울프〉는 중세 영어와 현대 영어의 전신이자 독일어와 매우 비슷한 고대 영어로 쓰였다. 고대 영어는 현대 영어 번역본이 없으면 읽을 수 없다.

고대 영어로 쓰인 대부분의 시와 마찬가지로 〈베오울프〉는 복잡한 두운법을 사용한다. 음유시인들이 수천에 이르는 행을 쉽게 암송할 수 있도록 돕는 장치였다. 게다가 시적 묘사에 색을 더하는 짧은 서술적 은유법인 완곡 대칭법을 집중적으로 사용한다. 예를 들어, 바다를 '고래의 길'이라 묘사하고 왕을 가리켜 '반지 수여자'라고 묘사했다.

〈베오울프〉가 1800년대까지 사람들 기억에서 거의 사라졌다는 역사적 사실을 보면 이 작품이 영문학 발달에 미친 영향력은 종종 과장된 것이라 할 수 있다. 하지만 〈베오울프〉가 문학뿐만 아니라 역사적으로도 소중한 문헌임은 분명하다. 20세기에 다시 유명해진 이 시는 W. H. 오든부터 J. R. R. 톨킨에 이르는 여러 시인과 소설가들에게 영감을 주었다.

• 현존하는 〈베오울프〉 원고는 단 한 부뿐이다. 서기 1000년경에 만들어진 것으로 추정되는 이 필사본은 1731년 화재로 심하게 손상되었는데, 지금은 런던에 있는 영국국립도서관에 보관되어 있다.

115 | WED 🏛 미술 | 시스티나 예배당

로마 교황청 안에 있는 시스티나 예배당은 미켈란젤로(1475년~1564년)가 1508년에서 1512년에 걸쳐 완성한 천장화로 매우 유명하다. 산드로 보티첼리(1445년~1510년), 피에트로 레루지노(1450년~1523년), 루카 시뇨렐리(1445년~1523년) 그리고 다른 초기 르네상스 거장들이 그린 프레스코 작품이 예배당 벽을 채우고 있다. 벽화 아래 부분은 한때 라파엘(1483년~1520년)이 디자인한 태피스트리로 덮여 있었다.

'시스티나'라는 이름은 이 예배당의 원래 주인 교황 식스투스 4세의 이름에서 유래했다. 이 건축물은 구약성경에 묘사되어 있는 솔로몬 성전의 건축 양식에 맞춰 1475년부터 1483년까지 지어졌다. 1507년 교황 율리오 2세가 미켈란젤로에게 천장화 작업을 다시 해달라고 주문했다. 원래 천장에는 피에르 마테오 다멜리가 그린 별밤 그림이 있었다. 미켈란젤로는 경험이 거의 없었기 때문에 처음에는 그 일을 선뜻 맡지 않았다. 그러나 언제나 그랬듯 미켈란젤로는 300명 이상이 등장하고 인류의 창조와 몰락, 구원을 묘사하는 거대한 그림을 성공적으로 완성했다. 미켈란젤로는 혼자서 천장벽화 전체를 설계하고 그렸다고 주장했지만 아마 신학에 관한 조언과 작업 보조를 해주는 사람이 있었을 것이다. 미켈란젤로는 작업대 발판 위에 서서 몸을 뒤로 젖힌 채 그림을 그리는 것이 얼마나 어려운지 시로 묘사하기도 했다.

천장화는 예배당 천장의 중심을 따라 창세기의 아홉 장면이 그려져 있다. 처음 3개는 천지창조에 관한 것이고, 그다음 3개는 아담과 이브의 이야기, 마지막 3개는 노아의 이야기이다. 미켈란젤로는 붓질 경험이 더 쌓일 때까지 신을 그리는 것을 주저했기 때문에 이 그림들은 반대 순서로 그려졌다. 장면들을 구분하기 위해 만든 구조물 위에는 이뉴디ignudi라 알려진 남성 나체화가, 천장 전체에 일정하게 분포된 둥근 청동 메달 안에는 성경을 들고 있는 작은 나체가 그려져 있다. 성당 내부 네 귀퉁이의 천장에는 이스라엘인의 구원 장면이 묘사되어 있다. 구약성경의 일곱 선지자와 5명의 이교도 무녀(로마 신화에 등장하는 여자 예언자로 나중에 기독교 전통에 흡수된다)가 천장 하단부에 그려져 있다. 그 아래 16개의 아치형 채광창에는 예수의 조상들이 그려져 있다. 미켈란젤로는 추기경들이 앉는 자리 바로 위 천장에 조심스럽게 신을 그려 넣었다.

1981년부터 1994년까지 프레스코화의 복원 작업이 완료되자 미켈란젤로가 매우 선명한 색을 사용했음이 드러나 많은 현대 미술사학자들을 놀라게 했다.

18세기 독일의 학자 요한 볼프강 폰 괴테는 이탈리아 여행 중에 이 벽화를 보고 감탄하며 이렇게 말했다. "시스티나 성당을 보지 않고서는 그 누구도 한 인간이 무엇을 이룰 수 있는지 제대로 알 수 없다."

116 | THU 과학 | 방사성 탄소 연대측정법

과학자들은 방사성 탄소 연대측정법을 사용해 한때 생존했던 유기체의 나이를 추정한다. 이 방법으로 뼈와 천, 나무와 지푸라기에 이르기까지 무엇이든 정확하게 연대를 측정할 수 있다. 과학자들은 유기체가 죽으면 바로 붕괴해서 사라지기 시작하는 보기 드문 탄소 형태인 탄소 14의 수치를 검사한다. 물체가 오래 될수록 그 속에 포함된 탄소 14의 수치가 낮다.

지구상에 살아 있는 모든 유기체는 탄소를 바탕으로 만들어졌다. 정상적인 탄소 원자(탄소 12)는 양성자 6개와 중성자 6개를 가지고 있다. 그러나 가끔 지구의 대기권으로 들어오는 우주선cosmic ray에서 질소 원자가 쏟아져 나와 보통의 탄소 원자를 특별한 형태의 방사성 탄소인 탄소 14로 변형시킨다. 탄소 14는 보통의 탄소보다 중성자가 2개 더 많다. 5730년 동안 탄소 14의 샘플 가운데 절반이 붕괴해서 다시 질소로 돌아갈 것이다. 다시 말해 탄소 14의 반감기는 5730년이다.

식물과 동물들은 탄소 12와 탄소 14를 구별하지 않는다. 평생 두 탄소 모두 흡수한다. 그러나 식물이나 동물이 죽으면 그 안에 있던 탄소 14의 수치가 감소하기 시작한다. 탄소 14가 붕괴되어 사라져도 유기체가 더 이상 탄소를 흡수하지 않기 때문에 보충되지 않는다. 탄소 12는 붕괴되지 않는 안정적인 분자이기 때문에 유기체 안에 남아 있는 탄소 12의 양은 변함없다. 죽은 물체의 나이를 정하기 위해 과학자들은 탄소 14와 탄소 12의 비율을 살아 있는 물체의 비율과 비교한다.

만일 비율을 비교해서 죽은 물체가 살아 있는 물체의 절반이라면 탄소 14의 반감기가 5730년이기 때문에 나이는 대략 5730년이다. 만일 죽은 물체의 비율이 살아 있는 물체의 4분의 1이라면 나이는 1만 1460년이다. 만일 살아 있는 물체의 8분의 1이라면 나이는 1만 7190년이다. 나이가 6만 년을 훨씬 넘으면 과학적으로 사용할 수 있을 만큼 충분한 탄소 14가 남아 있지 않게 된다.

- 방사성 우라늄은 반감기가 7억 400만 년이며 지질학적 물체의 연대를 측정할 때 사용된다.
- 사람의 신체에서 자연적으로 발견되는 칼륨 40의 반감기는 13억 년이다. 이 원소는 지구상에서 생명체가 시작된 시기를 추정하는 데 사용되고 있다.
- 방사성 탄소 연대측정법은 1950년대 미국 시카고 대학교의 윌러드 리비가 개발했다. 그는 그 기여를 인정받아 1960년 노벨화학상을 받았다.
- 1940년부터 핵 활동의 증가로 지구상에 어느 정도 일정했던 방사성 물질의 수치가 변했다. 따라서 그 이후에 죽은 것은 탄소 연대측정법을 적용해서 연대를 추정하기 더 어려울 것이다.

117

음악

고전주의 음악

음악의 고전주의 시대는 바로크 시대 직후부터 낭만주의 시대 직전까지를 가리키며 대략 요한 제바스티안 바흐가 사망한 1750년부터 루트비히 판 베토벤이 사망한 1827년까지 지속되었다. 이 시기는 계몽주의 시대라고 알려진 획기적인 지적 변화가 일어난 시대와 일치한다. 계몽주의를 따르던 르네 데카르트, 볼테르, 장 자크 같은 철학자들은 개인의 권리와 자유, 인간의 존엄성과 합리성을 강조했다. 인간의 사고 능력을 찬양하는 여러 가지 시도들이 예술, 정치, 철학 분야에서 일어났다.

음악과 미술에서는 그리스·로마 문화를 중시하면서 비율, 균형, 침착, 단순함 같은 미학적 요소를 추구했다. 이성과 사고와 음악의 신 아폴로가 찬양받았다. 요한 크리스티안 바흐, 프란츠 요제프 하이든, 볼프강 아마데우스 모차르트 그리고 초기의 베토벤을 포함하는 고전주의 작곡가들은 상당히 통일된 스타일을 공유했다. 그들은 실험적 효과나 예측할 수 없는 것을 강조하기보다 완벽함을 추구하는 형식주의자들이었다. 르네상스 시대 조각가들처럼 결함이 거의 없고 수세기 동안 지속될 수 있는, 인간의 이상을 표현하는 작품을 만들려고 했다.

고전주의 시대 작곡가들은 협주곡, 소나타, 교향곡의 형태를 완성하고 그 표준을 세웠다. 그들의 음악은 이후 수십 년 동안 예술 음악의 표준으로 지켜졌다. 그들은 작품에 정서적 성질을 담는 것을 소홀히 하지 않았다. 모차르트의 교향곡과 오페라, 하이든의 현악 3중주, 베토벤의 바이올린 소나타는 표현 질감이 매우 풍부하다. 그들의 음악은 형식적 완벽함과 독창성뿐만 아니라 서정적이고 감동적인 멜로디로 널리 사랑받고 있다.

- 고전 음악 또는 클래식 음악이라는 용어는 락, 팝, 포크 음악과 구별해서 유럽의 예술 음악을 나타내는 말로 주로 사용된다.
- 고전주의 작곡가들은 바로크 시대 작곡가들처럼 생계를 위해 후원자의 도움을 받았다. 그들은 주로 왕정 악사로 일했지만 당시에는 군주의 하인으로서 비교적 낮은 신분이었다. 모차르트를 비롯해 많은 작곡가들은 빈곤 속에 생을 마감했고 묘비 없이 땅에 묻혔다.

118

정신-신체 문제

발가락을 부딪히면 통증을 느낀다. 발가락이 어떤 물건에 부딪히는 것은 물리적 사건이다. 그것으로 인해 우리의 신경은 특정 패턴으로 활성화되고, 그 패턴이 뇌에 신호를 보낸다. 그렇다면 우리가 느끼는 통증은 정확히 무엇일까?

발가락을 부딪힌 신체 상태와 통증을 느끼는 정신 상태 사이 관계에 대해 철학자들은 두 가지 질문을 한다. 첫째, 정신 상태는 신체 상태와 동일한가? 통증은 단지 뇌의 신경세포가 점화된 것에 불과한가? 만약 그렇다면 우리의 정신은 두뇌에 불과하다는 것인가? 그러나 만일 통증이 신경 세포 활성화 그 이상의 것이라면 정신은 신체와 뇌에다 무엇인가 추가된 어떤 것이라고 생각할 수 있다. 이런 입장을 이원론이라 한다.

둘째, 만일 정신이 뇌와 구별되는 것이라면 신체에 생기는 사건, 특히 뇌에 생기는 사건은 정신에도 사건을 일으키는가? 그리고 반대도 성립하는가? 어쨌든 정신이 뇌나 다른 신체 기관과 구별된다면 정신은 비(非)물질적이어야 한다. 다시 말해, 물질로 구성되어 있지 않아야 한다. 그렇다면 정신은 우리의 뇌와 신체를 구성하는 물질과 어떻게 상호작용할까? 일부 철학자들은 정신과 신체는 물질끼리 상호작용하는 것과 동일한 방식으로 상호작용할 수 있다고 믿는다. 정신현상수반설을 지지하는 철학자들은 신체가 정신에 어떤 작용을 일으킬 수 있지만 정신은 신체에 아무 작용도 일으킬 수 없다고 주장한다.

정신과 신체의 관계는 심리와 신경과학에 대한 중요한 질문을 제기하기 때문에 철학에서도 활발한 토론 주제로 다뤄지고 있다. 그뿐만 아니라 인공지능 개발에 심각한 걸림돌이 되고 있다. 우리는 컴퓨터로 뇌를 재생산할 수 있을지도 모른다. 하지만 정말 정신을 재생산할 수 있을까?

- 데카르트는 물질 이원론자이다. 그는 정신과 신체가 별개의 것이고 하나가 없더라도 다른 하나가 존재할 수 있다고 믿었다.
- 사고 실험을 해보자. 나와 완전히 같은 뇌를 가지고 있고 모든 신경 세포가 똑같은 방식으로 활성화되지만 어떤 것도 경험하거나 느끼지 못하는 존재가 있을 수 있을까? 이 같은 좀비가 있으리라 믿는다면 여러분은 이원론이 사실이라고 생각하고 있는 것이다.
- 프랑스 철학자 르네 데카르트(1596년~1650년)는 마음과 몸이 상호작용하며, 그 상호작용이 일어나는 곳이 어디인지 안다고 생각했다. 그는 골단 또는 송과선이라 알려진 뇌 영역에서 상호작용이 일어난다고 주장했다.

119

SUN
🕎
종교

선한 사마리아인

선한 사마리아인은 예수가 들려준 유명한 우화 중 하나이다. 누가복음에 기록되어 있으며, 예수가 제자들이 추구하기를 바랐던 사랑의 기준이 정의되어 있다.

한 율법학자가 예수에게 어떻게 구원받을 수 있는지 물었다. 예수는 이렇게 대답했다. "토라에 무엇이라고 쓰여 있습니까?" 율법학자는 "신을 사랑하라." 그리고 "이웃을 사랑하라."라고 쓰여 있다고 말했다. 예수는 그 교리를 따르는 것이 구원에 이르게 할 것이라 말했다. 율법학자는 다시 진지하게 "누가 내 이웃인지 어떻게 확인할 수 있습니까?"라고 물었다. 그러자 예수는 선한 사마리아인에 대한 우화를 들려주었다.

한 나그네가 강도들을 만나 공격을 받고 물건을 빼앗긴 채 길가에 버려져 있었다. 마침 한 성직자가 그 옆을 지나가지만 남자의 남루한 행색에 못 본 체한다. 그다음, 존경받는 종파인 레위 지파 사람이 지나가지만 그 역시 나그네를 그냥 지나친다. 마지막으로 한 사마리아인이 그곳을 지나간다. 당시 사마리아인들은 배척과 증오의 대상이 되는 민족이었다. 그럼에도 불구하고 그 이야기 속에서 나그네에게 옷과 먹을 것과 쉴 자리를 내어주면서 도와준 유일한 사람은 사마리아인이었다.

예수는 질문한 율법학자에게 나그네를 가장 도와줄 것 같지도 않고 얻을 것조차 아무것도 없는 사마리아인이 실제로 나그네의 이웃이었다고 설명했다.

예수는 종종 핵심을 찌르는 이야기로 대중들을 놀라게 했는데, 선한 사마리아인 우화가 훌륭한 예이다. 오늘날에는 논란이 되지 않지만 당시에는 사마리아인을 칭찬하는 것이 굉장히 놀라운 일이었을 것이다. 그러므로 도움이 필요한 사람을 돕는 것이 중요하고 모든 인류가 가까운 이웃이 될 수 있다는 점을 더욱 강조할 수 있었을 것이다.

선한 사마리아인 우화는 누가복음에 비교적 작은 분량을 차지하지만 기독교인과 비기독교인 모두에게 중요한 개념으로 받아들여지고 있다.

- 사마리아인은 인구가 수백 명쯤 되는 소수민족으로 대부분 이스라엘 북부지방에 살고 있다. 현재는 인구가 매우 적기 때문에 사마리아인을 우화의 주인공으로 선택한 효과가 줄어든 것이 사실이다. 시간이 흐르면서 어떤 사람들은 더 적절한 민족 배경을 삽입해서 이야기를 다시 만들려고 시도하고 있다.
- 이제 선한 사마리아인은 상황에 상관없이 도움이 필요한 사람을 순수하게 도와주는 사람을 가리킨다.
- 오늘날 많은 국가에는 선한 사마리아인 법이 있다. 다른 사람을 돕다가 그 일로 고소당하는 것을 막기 위한 법이다.

120 | MON 역사 | 신대륙의 스페인

콜럼버스가 1492년 항해를 시작했던 때 그는 신대륙을 찾고 있었던 것이 아니었다. 그는 스페인의 페르난도 왕과 이사벨라 여왕을 위해 아시아로 가는 새로운 항로를 찾고 있었다. 하지만 스페인은 콜럼버스가 발견한 광대한 영토를 정복할 기회를 놓칠 수 없었다. 스페인 군대는 50년에 걸쳐 중남미의 거대한 영토를 정복했고 그 과정에서 수천 명의 원주민을 살해했다. 신대륙에서 막대한 부를 얻은 스페인은 세계 초강대국으로서 전성기를 누렸다.

1550년 페르난도 왕과 이사벨라 여왕의 손자 카를 5세는 외교 정책에 대해 중대한 토론을 벌이고자 2명의 저명한 학자를 바야돌리드의 스페인 최고의 대학으로 불러들였다. 카를 5세는 아메리카 대륙에서 벌어지는 유혈 사태에 대해 우려했다. 그렇게 많은 인명 피해를 내면서까지 스페인 제국을 계속 확장하는 것이 옳은 일일까?

토론의 한쪽 편에는 도미니크회 수사 바르톨로메 데 라스카사스가 있었다. 1502년 스페인 사람들의 이주 물결을 타고 친척들과 함께 아메리카 대륙으로 건너간 라스카사스는 스페인 정복자들의 잔인함을 직접 목격하고 충격에 빠졌다. 그는 왕에게 보다 인간적인 아메리카 정책이 필요하다고 호소했다.

토론의 다른 편에는 후안 히네스 데 세풀베다가 있었다. 세풀베다에게 아즈텍 사람들과 같은 원주민 부족은 그저 인간을 제물로 바치고 식인 문화를 가지고 있는 야만인이었다. 인도주의 학자인 그는 스페인 사람들이 필요한 모든 수단을 써서라도 아메리카 원주민을 기독교인으로 만들어야 할 의무가 있다고 주장했다. 1547년 세풀베다는 스스로 원주민에 대한 '정당한 전쟁'이라고 부르는 행위를 정당화하기 위해 아리스토텔레스의 말을 인용해 "완전한 것은 불완전한 것을 장악하고 지배해야 한다."라고 말했다.

대략 60년 사이에 스페인인들은 위대한 아즈텍 제국과 잉카 제국을 파괴했다. 스페인의 왕은 라스카사스의 호소에 공감했지만 때는 이미 늦은 후였다. 좋든 싫든 유럽의 아메리카 대륙에 대한 식민지화가 진행되었다.

- 나중에 유럽에서 벌어진 나폴레옹 전쟁의 영향으로 식민지에 대한 스페인의 지배력이 약화되기 전까지 300여 년 동안 남아메리카의 많은 지역들은 스페인령에 속했다. 멕시코는 1821년에 독립했고, 이어서 페루가 1824년에 독립했다. 1898년 미국과 벌어진 전쟁 후에 스페인은 마지막 식민지에 대한 소유권을 상실했다.
- 아메리카 원주민들은 전쟁보다 유럽 탐험가들이 들여온 질병 때문에 더 많이 죽었다. 천연두는 수백만 명의 인디언 목숨을 앗아간 '처녀지 역병' 중 하나였다.
- 스페인 탐험가들이 1565년 플로리다에 세운 세인트어거스틴은 미국에서 가장 오랜 역사를 자랑하는 유럽인 정착지이다.

121

TUE
문학

살만 루시디

소설가 살만 루시디는 1947년 인도 뭄바이의 무슬림 가정에 태어나 힌두교도와 시크교도 사이에서 성장했고 영국에서 교육을 받았다. 현재 뉴욕에 살고 있으며 포스트모더니즘과 포스트식민주의를 몸소 구현한 인물이다. 지극히 영특하고 변덕스러운 그의 소설은 사실주의적 요소와 판타지 요소를 나란히 담고 있으며, 많은 사람들에게 인도 현대문학의 목소리라는 평을 받는다. 루시디의 소설은 여러 가지 정치 문제와 종교 문제를 다루는데, 대표적인 주제가 인도와 파키스탄에서 발생하는 힌두교와 이슬람교의 긴장 관계이다.

아이러니하게도 루시디의 명성은 대부분 그의 놀라운 문장력에서 비롯된 것이 아니라 1988년에 발표한 소설《악마의 시》에 대한 무슬림들의 분노 때문에 생긴 것이다. 무슬림들은 이 소설이 선지자 마호메트를 모독하는 구절을 포함하고 있다고 주장했다. 인도, 파키스탄, 이집트, 사우디아라비아 그리고 그 밖의 지역에서 금서로 지정되었고 성난 군중들이 시위하며 책을 태우는 사태가 중동지역은 물론이고 영국까지 광범위하게 일어났다. 1989년 초 이란의 종교지도자 아야톨라 루홀라 호메이니는 루시디의 목숨을 요구하면서 전 세계 무슬림들에게 루시디를 끝까지 추적할 것을 촉구하는 칙령을 발표했다. 루시디는 거의 10년 가까이 런던 경찰청의 보호를 받으며 숨어 지냈다.

이러한 이유 때문에 루시디의 최고 걸작인《한밤의 아이들》(1981년)이 제대로 평가받지 못하기도 했다. 소설의 주인공 살림 시나이는 인도가 영국으로부터 독립하고 파키스탄이 분리되었던 1947년 8월 15일 자정에 태어났다. 초자연적인 힘을 가진 살림의 삶에서 일어난 사건은 인도 전체의 발전을 반영하고 있다. 루시디는 자전적인 요소를 첨가하면서도 귄터 그라스, 가브리엘 가르시아 마르케스의 발자취를 따라 환상적인 풍경을 그린다. 이 소설은 1981년 루시디에게 부커상을 안겨주었다.

루시디에게는 아야톨라가 내린 사형 선고가 평생 꼬리표처럼 따라다녔지만 그의 소설은 사실 상당히 명랑하고 창의적인 언어를 사용한 것으로 인정받는다. 루시디의 글은 암시와 재미있는 문학적 기교로 가득 차 있어서 언어로 된 정글짐처럼 느껴진다. 루시디 소설의 등장인물들은 작가 자신과 마찬가지로 현대 사회에서 이민자들이 겪는 경험과 여러 문화의 혼합을 대변한다. 루시디는 목숨을 위협받았지만 이런 맥락을 유지하면서 계속 소설을 썼고,《하룬과 이야기 바다》(1990년)와《무어의 마지막 한숨》(1995년) 등을 발표했다.

• 《한밤의 아이들》에서 인도의 총리 인디라 간디가 매우 비호감적인 인물로 묘사되었기 때문에 간디 총리는 루시디를 명예 훼손으로 고발했다. 1984년 총리가 암살되면서 그 문제는 일단락되었다.

122

WED
미술

라파엘로

시스티나 성모

라파엘로(1483년~1520년)는 레오나르도 다빈치와 미켈란젤로와 함께 이탈리아 르네상스 전성기의 3대 미술가로 꼽힌다.

우르비노 인근에서 태어난 라파엘로는 어려서부터 아버지 조반니 산티에게 교육을 받았다. 아들의 천재성을 일찌감치 알아본 조반니는 당시 움브리아 지역의 대표적 화가였던 피에트로 페루지노의 작업실로 라파엘로를 보냈다. 1504년 라파엘로는 16세기 초 이탈리아 예술의 중심지였던 피렌체로 건너갔다. 미켈란젤로와 레오나르도 다빈치의 작품을 연구해 두 미술가의 요소들을 결합하면서 라파엘로 자신만의 고유 스타일을 만들었다.

1508년 라파엘로는 교황 율리오 2세의 요구로 교황 스위트룸 작업을 맡았다. 교황의 서재로 쓰였을 첫 번째 방에는 4대 주요 학문으로 여겨지는 신학, 철학, 법학, 시학에 관련된 프레스코 벽화를 그렸다. 그중 가장 유명한 것은 철학을 주제로 한 그림인데, 나중에 〈아테네 학교〉라는 제목이 붙었다. 드넓은 건축 공간에 플라톤과 아리스토텔레스가 고대 그리스의 모든 위대한 사상가들에 둘러싸인 모습을 담고 있다.

라파엘로는 그 후 로마에 남아 짧은 여생 동안 많은 작품을 남겼다. 재단화와 종교화뿐만 아니라 〈갈라테이아〉 같은 신화 속 장면도 그렸다. 파르네시아 별장을 장식하기 위해 1512년에 의뢰받아 제작한 〈갈라테이아〉는 거인 폴리페무스를 피해 달아나는 님프 갈라테이아를 묘사한 것이다. 미술가로서 명성을 얻은 라파엘로는 성 베드로 대성당의 설계를 맡은 도나토 브라만테가 1514년에 사망하자 성당 건축 감독으로 임명되었다. 이탈리아의 저명한 외교관이자 작가인 발다사레 카스틸리오네(1478년~1529년)도 그의 유명한 저서 《궁정인》(1528년)에서 라파엘로를 언급했다. 카스틸리오네의 초상화를 보면 알 수 있듯이 라파엘로는 초상화에도 뛰어났다.

라파엘로의 가장 유명한 작품은 성모와 아기를 그린 〈시스티나 성모〉(1512년~1514년)이다. 이 작품은 성모자의 얼굴이 이례적으로 놀란 표정을 하고 있어서 많은 논란을 일으켰다. 최근 연구에 따르면 이 작품은 원래 그림 속 성모자가 예수의 십자가상을 바라보는 위치에 걸려 있었다고 한다.

라파엘로는 르네상스 3대 화가 중 가장 고전적이라는 평가를 받는다. 독일 학자 요한 볼프강 폰 괴테는 라파엘로에게는 고대 그리스인처럼 사고하고 느끼는 것이 자연스러운 일이었기 때문에 고대 그리스 미술을 모방할 필요가 없었다고 주장했다.

123
THU
과학

알베르트 아인슈타인

알베르트 아인슈타인(1879년~1955년)은 흰머리에 까만 콧수염이 달린 나이 든 교수 같은 이미지로 알려져 있지만, 물리학과 수학에 위대한 기여를 했을 때 그의 나이는 불과 26세였다. 1905년 아인슈타인은 스위스 베른에서 특허청 직원으로 일하면서 천재적 논문이라 평가되는 네 편의 논문을 썼다. 그래서 1905년은 아인슈타인의 '기적의 해'라 불린다.

첫 번째 논문 "빛의 방출과 변형에 대한 발견적 관점"에서 아인슈타인은 빛이 에너지 양자라는 작은 에너지 주머니로 구성되어 있다고 썼다. 에너지 양자를 가리켜 오늘날에는 광양자라 부른다. 이 이론으로 1921년 노벨 물리학상을 받았다.

두 번째 논문은 원자의 존재에 대한 최초의 경험적 증거를 제공했다. 1905년 이전에는 원자를 물질의 가장 작은 단위로 보는 것이 과학을 설명하는 데 유용한 이론적 개념이었다. 아인슈타인은 브라운 운동이라 불리는, 액체에 떠 있는 입자 운동을 설명함으로써 물질에 기저 구조가 있어야 한다는 것을 입증했다. 그 구조는 현대적 원자 개념으로 세 번째 논문과 네 번째 논문은 아인슈타인을 매우 유명하게 만든 특수상대성이론을 다뤘다. 그 이론으로 에너지와 물질의 관계를 설명했고, 물체의 에너지는 그것의 질량에 빛의 속도 제곱을 곱한 것과 같다는 유명한 공식 $E=mc^2$이 나왔다. 간단히 말해 물질은 에너지의 또 다른 형태라고 할 수 있다.

• 상대성이론에 관한 아인슈타인의 논문은 그가 16세에 시작한 연구에서 확장된 것이었다.
• 아인슈타인은 제2차 세계대전 당시 프랭클린 루스벨트 대통령에게 핵폭탄을 만들어야 한다고 조언했지만 핵무기 감축을 적극적으로 지지한 인물이기도 했다. 한번은 "제3차 세계대전은 어떤 무기로 싸울지 모르겠지만 제4차 세계대전은 막대기와 돌을 들고 싸울 것이라는 것은 알고 있다."라고 말했다.
• 아인슈타인은 이스라엘의 2대 대통령으로 추대되었지만 자신은 사람을 다루는 능력이 부족하다며 거절했다.

124 | FRI ♪ 음악 | 프란츠 요제프 하이든

오스트리아 빈의 훌륭한 궁중 작곡가 전통을 잇는 프란츠 요제프 하이든(1732년~1809년)은 진정으로 사랑받은 최초의 고전주의 음악가였다. 오스트리아 로라우 마을에서 가난한 노동자 아버지 밑에서 자랐지만 어릴 때부터 뚜렷한 음악적 재능을 보였고, 여덟 살에 빈에 있는 슈테판 대성당 소년성가대에 들어갔다.

하이든은 1759년부터 1761년까지 모르친 백작의 궁정에서 일했지만 백작이 파산하면서 다른 음악가들과 마찬가지로 실직자가 되었다. 그러나 당시 많은 주목을 받고 있었기 때문에 헝가리 왕자 파울 안톤 에스터하지에게 고용되었다. 그 후 거의 평생 동안 에스터하지 저택에 머물면서 하루에 여덟 시간씩 작곡에 매진했고, 매주 열리는 오페라와 교향곡 공연 등 저택에서 행해지는 모든 음악 활동을 관리했다.

하이든의 일과가 고되게 들리지만 그만큼 음악가로서 이룬 성과는 놀랍다. 그는 교향곡 104곡, 현악 4중주 68곡, 피아노 소나타 47곡, 오페라 26곡, 오라토리오 4곡 외에 중간에 소실된 수백 편의 곡을 썼다. 하이든은 교향곡의 전형을 만들었다는 평가를 받는다. 그의 교향곡은 다양한 템포의 악장 3~4개로 구성되어 있고, 현악기와 4개 또는 5개의 관악 파트, 이탈리아 로코코 작곡가들로부터 아이디어를 얻어 직접 개발한 악기 팀파니로 진행된다. 하이든은 현악 4중주 구성을 현대화시킨 공로도 인정받는다. 제1 바이올린이 독주를 하는 대신 멜로디와 주요 테마를 바이올린, 비올라, 첼로 파트로 분산해 서로 조화롭게 진행되도록 했다.

인생의 후기에는 런던과 빈을 오가며 지내면서 높은 완성도를 가진, 오랜 세월에 걸쳐 보전될 교향곡과 현악 4중주곡을 작곡했다. 또한 동시대 음악가 중에서도 단연 재능이 뛰어난 젊은 볼프강 아마데우스 모차르트(1756년~1791년)를 만나 그에게 영감을 줬다. 하이든은 은퇴한 후 77세에 빈에서 사망했다.

- 바로크 악곡의 악장은 대체로 슬픔, 겨울 분위기, 발랄함 등 하나의 분위기나 하나의 감정적 질감으로 한정된다. 하이든은 최초로 여러 감정이 하나의 악장에 존재하는 교향곡을 썼다. 바로크풍의 통주저음을 없애고 대신에 한 오케스트라에 많은 악기를 포함시키는 복잡한 관현악 편성법을 사용했다.
- 에스터하지 가문에 머무는 20년 동안 하이든은 하인들 숙소에 기거하고 시종의 유니폼을 입었으며 하인의 가발에 분을 제대로 뿌리지 않아 질타를 받는 굴욕감을 견뎌야 했다.
- 1749년 변성기가 시작되자 하이든은 슈테판 대성당 소년성가대에서 거리로 쫓겨났다. 평생 음악가라는 지위를 나타내는 징표인 옷 하나만 등에 걸치고 있었다. 그는 레슨을 하고 귀족들을 위한 오락 음악을 작곡하면서 생계를 꾸려나갔고, 이탈리아 작곡자 니콜라 포르포라(1686년~1768년) 밑에서 하인이자 도제로 일하기도 했다.

125

바뤼흐 스피노자

바뤼흐 스피노자(1632년~1677년)는 스페인에서 종교 의식을 몰래 시행하다 추방당한 유대인을 가리키는 마라노들이 모여 사는 암스테르담의 한 마을에서 태어났다. 스피노자는 1656년 유대교에서 파문되었고 이후에 좀 더 라틴어에 가까운 베네딕트라는 이름으로 바꿨는데, 주로 이 이름으로 불렸다.

생전뿐만 아니라 사후에도 스피노자의 철학 사상은 상당한 논란을 불러일으켰다. 1670년 발표한《신학 정치론》에서 스피노자는 다른 경전과 마찬가지로 성경도 신이 아닌 인간에 의해서 만들어진 문서로 해석되어야 한다고 주장했다. 스피노자는 종교의 진짜 내용은 신의 본성에 관련된 것이 아니라 이야기와 계율을 통해 인간에게 무엇이 도덕적으로 옳은지 안내하는 것이어야 한다고 주장했다. 그러므로 종교는 도덕적, 정치적 통제를 받는 체계이며 모든 종교는 이런 기능을 효과적으로 수행하는 한 모두 타당하다고 봤다. 이런 관점은 17세기 유럽 사회에서 매우 심각한 논란을 일으킬 것이 분명했기 때문에 스피노자는 익명으로《신학 정치론》을 출판했다.

스피노자의 철학적 노력 대부분은 그가 헤이그에서 사망한 직후 1677년에 출판된《윤리학》에 집약되어 있다. 스피노자의 대표작이라 할 수 있는《윤리학》은 신과 자연, 정신과 행복 달성에 대해 체계적으로 설명하고 있다. 스피노자는 자연 속 만물이 엄격하고 필수적인 일상의 법칙에 지배받는다고 생각했다. 그러므로 모든 것은 필수적인 법에서 기인한 필수적인 결과이며 어떤 것도 원래의 방식과 달라질 수 없다는 것이다. 또한 신이 독립적인 창조주가 아닌 그저 자연의 총체라고 믿었으며, 세상에는 어떤 의미도 목적도 없다고 결론 내렸다. 스피노자는 마지막 저서《윤리학》에서 이와 같은 결론을 감안했을 때 우리가 어떻게 여전히 행복할 수 있는지 고찰했다.

일생의 대부분을 렌즈 깎는 일을 하며 보낸 스피노자는 1677년 헤이그에서 숨을 거두었다.

- 확실히 알 수는 없지만 스피노자가 유대교에서 파문당한 이유는 아마 영혼은 불멸하며 신이 목적을 가지고 세상을 창조했다는 것을 부정했기 때문일 것이다.
- 스피노자는 행복한 상태를 지복(beatitude)이라고 불렀다.

126

12사도

예수를 따르는 사람 가운데 예수와 함께 여행하며 배우는 제자들이 있었다. 예수가 자신이 죽은 후에도 가르침을 계속 전파하도록 직접 선택한 제자 12명을 가리켜 12사도라 한다.

이 12명의 제자는 최초의 선교사라 할 수 있다. 신약성경에 나와 있듯이 예수는 십자가에 못 박혀 죽기 전날 밤 12사도와 저녁식사를 했다.

12라는 수는 이스라엘의 12지파를 상징한다. 예수의 제자 중 일부는 고대 이스라엘의 복원이 천국의 도래와 동시에 일어날 것이라고 믿었다.

12명의 제자 가운데 특히 주목할 만한 인물을 간단히 살펴보자.

• 시몬: 예수는 시몬을 베드로라고 불렀다. 시몬은 예수로부터 귀한 리더십을 물려받아 최초의 교황이 되었다. 예수는 그에게 "너는 베드로다. 그리고 내가 이 반석 위에 교회를 세울 것이다."라고 말했다(마태복음 16장 13~20절). '반석'이 가톨릭교도들이 믿는 것처럼 베드로 자신을 의미하는지 아니면 단지 베드로의 신앙심을 의미하는지는 논쟁거리로 남아 있다.

• 안드레: 시몬의 형제인 안드레는 예수를 처음부터 따른 제자들 중 한 명으로 시몬에게 예수의 제자가 되라고 설득한 인물이다.

• 요한: 요한은 신약성경 4권과 요한복음의 저자로 알려져 있다.

• 마태: 마태는 어떤 참조 문헌에서는 레위라고도 불린다. 마태복음의 저자로 여겨지고 있다.

• 토마스: 토마스는 예수의 부활에 대해 상당히 회의적이었다. 예수의 상처를 손으로 직접 만져보고 나서야 기적을 믿었다.

• 가룟 유다: 유다는 예수에게 입맞춤해서 제사장들에게 예수의 정체를 알리고 배신한 제자이다. 예수가 십자가에서 죽고 부활하기까지 3일 동안 유다는 죄책감에 시달리다 자살했다는 설도 있다.

• 모르몬교에 따르면 예수는 부활한 후 남아메리카로 갔고, 그곳에서 12명의 제자를 선택했다. 그들 중에 3명은 니파이인이었는데, 그들은 죽지 않고 오늘날까지 세상에 남아 예수가 두 번째로 세상에 내려오는 날을 기다리고 있다.

• 수 세기에 걸친 기독교 역사에서 원래의 12사도와 별개로 사도의 직함을 얻은 성공적인 선교사들이 있다. 특정 국가나 특정 지역 또는 특정 집단 사람들에게 처음 기독교를 소개한 사람들에게 그런 명예가 부여되었다.

127 | MON ☿ 역사 | 북아메리카 대륙 영국인 정착

북아메리카 대륙 해안에 도착한 영국인들은 두 집단으로 나뉜다. 첫째는 1600년대 초 버지니아 제임스타운에 식민지를 건설한 영국인 기업가들이다. 이들은 남아메리카에 정착한 초기 스페인 정복자들의 선례를 따라 신대륙에서 부를 축적할 기회를 찾았다. 많은 좌절을 겪은 후 버지니아 식민지는 성공적인 상업 중심지로 성장했다. 두 번째 집단은 그들과 거의 동시에 매사추세츠에 도착한 독실한 청교도들이다. 이들은 영국에서 얻지 못했던 종교의 자유를 찾아 미국 땅을 밟았다.

많은 역사가들은 계속된 미국 정체성에 대한 갈등의 원인이 두 집단이라고 봤다. 종교적 열정으로 미국으로 건너온 정착민들은 매사추세츠의 거친 땅에 세상의 본보기가 될 수 있는 사회를 세우고 싶었다. 매사추세츠 보스턴에 정착한 청교도들의 지도자 존 윈스롭은 유명한 연설에서 청교도들의 사명을 다음과 같이 묘사했다. "우리는 언덕 위에 도시를 세울 것입니다. 지금 세상 사람들의 눈은 모두 우리를 향해 있습니다." 매사추세츠 식민지는 성경에 기반을 둔 엄격한 법을 시행했고 간통을 저지른 사람과 신앙심이 확고하지 않은 사람을 엄하게 벌했다.

그와 대조적으로 버지니아 식민지는 경제적 이윤을 추구하는 데 보다 많은 관심을 가졌다. 보스턴의 완고한 성직자들이 공공의 덕목을 강조한 반면, 버지니아 입법부가 1619년 처음 제정한 법은 담배 가격 규제에 관한 것이었다.

미국 최초의 13개 주 가운데 매사추세츠와 버지니아를 제외한 다른 주들은 다양한 목적이 뒤섞여 있었다. 펜실베이니아는 박해받은 퀘이커 교도들의 피난처가 되었고, 뉴욕은 원래 네덜란드의 무역 식민지로 시작했지만 얼마 지나지 않아 1664년 영국인 식민지가 되었다. 서로 분리된 식민지에 정착한 영국인들은 처음에 유대감을 거의 느끼지 못했다. 하지만 영국 본토의 고압적인 지배에 공통된 반감을 느끼면서 13개 주들은 단합하게 되었다.

- 16세기 종교개혁 후 영국에서 기반을 잃은 가톨릭교도의 안전한 피난처로서 1634년 메릴랜드 식민지가 세워졌다.
- 몇몇 유럽 국가들이 북아메리카에 식민지를 세웠지만 오래 가지 못했다. 스웨덴 정착민들은 1638년 델라웨어 식민지를 세웠지만 고작 몇 년 유지되었다. 버몬트 주는 처음에 프랑스인들이 정착한 곳이었지만 18세기에 잠시 독립 국가가 되었다가 1791년 미연방의 14번째 주가 되었다.
- 미국 식민지 주민들은 과거 유럽에서 종교적 박해를 직접 겪었음에도 불구하고 신대륙의 이교도들을 학대했다. 종교적 박해를 피해 영국을 떠나 매사추세츠에 정착한 청교도인은 정작 퀘이커교도들이 매사추세츠에서 떠나라는 명령을 거부하자 그들을 교수형에 처했다.

128 | TUE 문학 | 오만과 편견

1813년 발표된 《오만과 편견》은 영국 소설가 제인 오스틴(1775년~1817년)의 가장 인기 있는 작품이다. 오스틴의 다른 소설과 더불어 《오만과 편견》은 중류층 사회의 삶에 초점을 맞춘 혁신적인 작품이었다. 이전 영국 문학은 주로 상류 사회의 이야기를 다루고 있었다. 희극적 요소와 아이러니가 가득 찬 이 소설은 놀라울 만큼 현대적인 줄거리 덕분에 여러 세대에 걸쳐 가장 사랑받는 소설로 자리를 지키고 있다.

오스틴은 8남매 중 일곱째로 그녀의 중류층 부모는 그녀에게 독서와 공부의 가치를 심어줬다. 오스틴은 잠시 여학생 기숙학교에 다녔고, 당시 같은 지위에 있는 대부분의 영국 여성들보다 많은 교육을 받았다. 부모님의 장려로 글을 쓰기 시작한 오스틴은 1796년에 이미 《오만과 편견》의 초고를 완성했다. 오스틴은 한 출판사에 원고를 보냈지만 거부당했다. 그래서 그 원고는 접어두고 다른 작업에 매달렸다. 그리고 10여 년이 지나 다시 《오만과 편견》의 원고를 손봤다.

《오만과 편견》은 젊은 여성 엘리자베스 베넷과 그녀의 네 자매의 사랑에 대한 고민을 그린 소설이다. 작가 자신과 마찬가지로 엘리자베스는 중류 계급 가정에서 자랐다. 엘리자베스의 부모는 원래 물려받을 유산이 있지만 딸만 다섯이고 아들이 없기 때문에 불쾌하기 짝이 없는 아첨꾼 친척 콜린스에게 자칫 유산을 빼앗길 수도 있다. 이처럼 불안한 상황 때문에 베넷 부인은 딸들의 결혼 문제로 계속 조바심쳤다.

어느 날 저녁 연회에서 엘리자베스는 재력가 다아시를 만난다. 두 사람은 서로 호감을 느끼지만 엘리자베스는 다아시의 오만함에, 다아시는 엘리자베스 가족들의 세련되지 못한 행동에 서로 돌아선다. 어색한 대면과 서로 간의 오해 그리고 자기 질책이 여러 차례 이어진 끝에 엘리자베스와 다아시는 서로 사랑함을 깨닫고 마침내 약혼한다.

《오만과 편견》은 위트와 통찰력, 풍부한 인물 묘사로 독자들의 사랑을 받고 있다. 까칠하고 독립심이 강한 엘리자베스는 매력적인 여성 주인공이다. 베넷 부인은 아주 수다스러운 어머니로서 끊임없이 과장된 행동을 보이는 경향이 있다. 헌신적인 베넷 씨는 체념한 채 아내의 그런 행동을 참는다. 아마 가장 눈에 띄는 인물은 악의적이고 속물적인 다아시의 숙모 캐서린 부인일 것이다. 그녀는 "가족도, 인맥도, 재산도 없는 젊은 여자의 건방진 요구"를 조카 다아시가 받아들일지도 모른다는 생각에 기겁한다. 사랑스럽게 그려진 인물 묘사와 날카로운 유머, 만족스러운 결말이 결합되어 《오만과 편견》은 영국문학의 고전 중 하나가 되었다.

129 WED 미술 바로크 미술

역사학자들은 일반적으로 바로크 시대를 1600년부터 1750년까지로 본다. 바로크 미술 양식은 서유럽 전역에 퍼졌고 신교도의 종교개혁과 가톨릭의 반종교개혁 운동을 배경으로 다양한 성격을 띠며 발달했다. 바로크 미술은 대체로 극적이고 감정에 호소하며 역동적이고 경외감을 불러일으키는 성질이 있다.

이탈리아와 다른 가톨릭 국가에서 바로크 미술은 대부분 개신교에 대한 직접적인 반응으로 나타났다. 마틴 루터와 그의 추종자들은 로마 교회가 지나치게 화려한 행사를 시행하고 성상과 성화 숭상을 전파한다며 비난했다. 그러나 가톨릭교회 지도부는 종교적 이미지 사용을 더욱 옹호했고, 미술가들에게 더 엄격한 지침을 따라 성경 속 사건을 명확하고 선명하고 사실적으로 그려내라고 명했다. 그들은 그런 이미지가 신자들의 신앙심에 도움이 되리라 믿었다. 그뿐만 아니라 건축물은 교황의 권위를 보여주고 신교도 반역자들에 대한 로마 가톨릭교회의 승리를 기리는 것으로 여겼다.

이탈리아에서 가장 위대한 바로크 건축물은 새로운 성 베드로 대성당이었다. 매우 많은 사람들의 노력이 합쳐져 완성된 협동 사업이었다. 유명한 조각가이자 건축가 잔 로렌초 베르니니(1598년~1680년)가 성당 전체 조각들을 총감독했고, 성당 앞 타원형 콜로네이드 광장을 설계했다. 성당의 외관은 건축가 카를로 마데르노(1556년~1629년)가 담당했다. 그리고 매우 다양한 바로크 화가들이 성당 내부 제단 벽화를 그렸다.

네덜란드 같은 개신교 국가에서는 바로크 미술이 다소 다른 방향으로 진행되었다. 교황이나 지배 군주가 아니라 신생 공화국을 찬양하는 데 사용되었다. 17세기 가장 유명한 두 명의 네덜란드 화가 렘브란트 판 레인(1606년~1669년)과 얀 베르메르(1632년~1675년)의 작품에서 알 수 있듯이 네덜란드 바로크 미술은 그림 속에 빛의 효과와 인간 감정을 담는 데 더 많은 관심을 가졌다. 신교도 영국에서는 크리스토퍼 렌(1632년~1723년)의 건축에서 바로크 미술을 엿볼 수 있다. 특히 크리스토퍼 렌은 1675년에 착공해 1710년에 완성된 세인트 폴 대성당을 설계한 것으로 유명하다.

18세기에 접어들자 바로크 양식은 더 화려한 로코코 양식에 길을 내줬다.

● 바로크라는 용어는 19세기에 처음 사용되었다. 하지만 당시에는 그 시대를 비난하는 경멸적인 단어로 사용되었다. 오늘날에는 '화려하다' '복잡하다' 또는 '특이하다'는 의미의 구어체로 사용되고 있다.
● 이탈리아 바로크 화가 카라바조의 작품 〈성모의 죽음〉이 처음 전시되었을 때 성모 마리아의 배가 볼록하게 그려졌기 때문에 이상한 소문이 돌았다. 당시 볼록한 배는 성인의 모습이라고 하기에 부적절하다고 여겨졌다. 카라바조(1500년~1534년, 본명 미켈란젤로 메리시)는 동네 창녀를 모델로 그 그림을 그렸다고 전해진다.

130 | THU ♣ 과학 | 찰스 다윈과 자연선택설

찰스 다윈(1809년~1882년)은 1842년 《종의 기원》을 쓰기 시작했다. 그는 생물이 시간이 흐르면서 진화한다는 주장을 처음으로 펼친 사람은 아니지만 진화가 발생하는 이유에 대한 이론을 처음으로 제기한 학자이다.

영국 슈롭셔 지방의 부유한 상류층 가정에서 태어난 다윈은 상류층의 특권을 누리며 유년기를 보냈다. 아버지는 부유한 의사였고 어머니는 유명한 도자기 제조업자 조시아 웨지우드의 딸이었다. 태어날 때부터 비위가 약했던 다윈은 아버지 뒤를 이어 의사가 될 수 없었다. 여전히 아들이 전문직에 종사하기를 바라던 아버지는 다윈을 성직자들에게 보냈다. 다윈은 자연 관찰과 해부학, 지질학, 식물학 등 과학을 좋아했지만 종교에는 별다른 관심이 없었다. 케임브리지 크라이스트 교회에서 3년 동안 신학을 공부하던 중에 교회를 떠날 수 있는 기회가 찾아왔다. 22세의 청년 다윈은 영국 군함 비글호에 승선하게 되었다. 귀족 출신 로버트 피츠로이 선장에게 바다 위에서 느끼는 외로움을 달래줄 품위 있는 여행 동반자가 필요해서였다.

다윈은 5년 동안 비글호를 타고 남태평양, 남아메리카, 호주 대륙의 여러 섬을 돌아다녔다. 갈라파고스 군도의 희귀종을 포함해 섬에서 이루어진 다양한 동식물에 관한 관찰은 다윈이 진화론을 전개하는 데 밑바탕이 되었다. 그는 동물들이 환경에 어떻게 적응하는지 알아냈다. 예를 들어 길고 좁은 부리를 가진 새는 길고 좁은 모양의 꽃에서 꿀을 빨아먹었다. 다윈은 이것이 우연히 일어나는 현상이 아니라고 생각했다. 가늘고 긴 꽃이 있는 환경에서는 가장 길고 가장 좁은 부리를 가진 새가 생존 가능성이 가장 높았을 것이고, 그런 신체적 특징을 다음 세대에게 물려주었을 것이다. 시간이 흐르면서 새는 가늘고 긴 꽃에 맞추어 진화한 것이다. 반면에 짧고 두툼한 부리를 가진 새는 살아남지 못했을 것이다. 이 같은 자연 선택 과정은 지구상 모든 생물체의 특징을 설명하는 데 사용할 수 있었다. 해초에서부터 흰긴수염고래에 이르기까지 모든 생물들은 '적자생존'을 통해 진화했다고 다윈은 결론 내렸다.

• 다윈은 20여 년 동안 자신의 연구 결과를 공개하지 않았다. 자신의 연구가 종교에 미칠 영향을 심각하게 우려했기 때문이었다.
• 《종의 기원》은 마침내 1859년에 출판되었고 베스트셀러가 되었다.
• 다윈은 《종의 기원》을 발표한 후에 여러 가지 심각한 질병에 시달렸다. 그는 철저하게 과학을 믿는 사람이었지만 식초를 목에 적시거나 목에 사슬을 감는 등 유사 의술 행위를 시도했다.

131 | FRI ♪ 음악 | 하이튼의 런던 교향곡

프란츠 요제프 하이든(1732년~1809년)은 1791년~1792년과 1794년~1795년 두 차례 런던에 체류했는데, 80년 전 헨델이 방문했을 때를 제외하고 외국인 작곡가에게 주어지지 않았던 언론의 관심이 그에게 쏟아졌다.

하이든이 그의 젊은 친구 볼프강 아마데우스 모차르트가 있는 빈을 막 떠나온 후였다. 영국에 머무는 동안 작곡한 곡에는 모차르트와 주고받은 음악적 영향력의 흔적이 배어 있다. 하이든은 어린 동료 음악가 모차르트에게 겸손하게 존경을 표했지만, 사실 오만한 모차르트가 자신보다 뛰어나다고 인정한 유일한 음악가가 하이든이었다.

런던 교향곡은 런던 하노버 광장 공연장에서 음악회를 기획하고 있던 J. P. 살로몬의 의뢰로 작곡되었다. 처음 6곡은 1791년~1792년에 공연되었고, 다음 6곡은 1794년~1795년에 연주되었다. 하이든의 유명한 곡 중에서도 특히 런던 교향곡은 혁신적인 모차르트의 교향곡에서 영향을 많이 받아 화성학적으로 까다로운 곡들이다.

교향곡 94번 〈놀람〉은 제2악장 중간 부분에서 전체 관현악단이 만들어내는 갑작스러운 큰 소리가 곡의 분위기를 바꾸기 때문에 그런 이름이 붙여졌다. 우스갯소리로 졸고 있는 청중을 깨우기 위해 큰 소리를 넣었다고 주장하는 평론가들도 있었다.

하이든 교향곡 103번은 제1악장이 북의 연타로 시작되기 때문에 〈북 연타〉라 불리기도 한다. 교향곡 104번 〈런던〉은 성숙한 고전주의 교향곡의 가장 뛰어난 걸작이라 할 수 있다.

- 하이든이 런던으로 떠날 때 모차르트가 "다시 만나지 못할 것입니다."라고 예언하듯 말했다고 한다. 모차르트는 하이든이 빈으로 돌아오기 전에 사망했다.
- 하이든 교향곡 100번은 케틀드럼과 심벌즈 소리가 군대 나팔소리를 닮았다고 해서 〈군대〉 교향곡이라 불린다.
- 런던 교향곡을 쓰는 동안 하이든은 미망인 슈뢰터라고 알려진 여성과 사랑에 빠졌다. 그는 그녀가 60세를 넘긴 나이인데도 "여전히 아름답다."라고 말했다.

132

선험적 지식

우리가 세상에 대해 아는 많은 지식은 경험에서부터 나온다. 예를 들어, 창 밖에 나무가 있음을 아는 것은 우리가 그것을 보았기 때문이다. 나무가 잘 자라려면 햇빛과 물이 필요하다는 사실도 과학자들이 자세히 관찰했기 때문에 아는 것이다. 우리는 일반적으로 감각을 통해 지각함으로써 주변 환경에 대해 알고, 관찰하고 실험함으로써 세상에 대한 과학적 지식을 얻는다.

그러나 우리의 지식 가운데 일부는 이런 식의 경험을 통해 얻어지지 않는다. 예를 들어, 우리는 모든 독신남은 결혼하지 않은 남성이라는 것을 안다. 우리가 이처럼 확신하는 이유는 무엇인가? 이것은 경험에 의해 결정되는 것이 아니다. 만일 경험을 통해 아는 것이라면 우리는 밖으로 나가 독신남들을 조사하고 그들이 결혼하지 않은 남성이라는 것을 밝혀야 한다. 그러나 그렇게 하지 않는다. '독신남'과 '결혼하지 않은 남자'라는 말의 의미를 아는 것만으로도 우리는 모든 독신남은 결혼하지 않은 남성이라는 것을 알게 된다. 물론 이 말들의 의미를 알기 위해서는 세상을 경험해야 한다. 그러나 말의 의미를 이해했다면 이번에는 모든 독신남은 결혼하지 않은 남성이라는 믿음을 정당화하기 위해 추가적인 경험이 필요한 것은 아닌지가 문제가 된다. 아마 그럴 필요는 없을 것이다. 더 강력하게 말해 우리로 하여금 모든 독신남은 결혼하지 않은 남성이라는 사실을 부인하도록 만드는 경험은 어떤 것일까? 그런 경험이 가능하지 않다면 결국 우리 믿음을 정당화하는 것은 경험과 독립적인 것일 것이다.

경험에 종속되지 않은 지식을 선험적 지식a priori knowledge이라 한다. 경험에 앞서 그 지식이 옳음이 입증되기 때문에 그렇게 불린다. 선험적 지식의 또 다른 예는 수학적 표기법에서 찾을 수 있다. 우리는 1+1=2임을 알고 있다. 경험을 통해 아는 것이 아니다. 어떤 주장이 선험적 지식인지 아닌지 알 수 있는 판별법은 경험에 직면했을 때 주어진 주장을 기꺼이 포기하려고 할지 보는 것이다. 1+1=2라는 주장이 선험적 지식이라고 말하는 것은 우리의 경험에 의해 어떤 식으로 드러나든 상관없이 이 주장을 포기할 필요가 없다는 뜻이다.

• 철학자들은 논리와 단어의 의미를 제외하고 다른 것에 대해서도 선험적 지식을 가질 수 있는지를 두고 의견이 분분하다.
• 어떤 철학자들은 그 주제가 무엇이든 우리에게 선험적 지식이 없다고 주장한다. 심지어 수학이나 논리 지식도 궁극적으로는 경험에서 나온 것이라 주장한다.

133

막달라 마리아

막달라 마리아는 예수의 제자 중 가장 두드러진 제자이자 가장 많이 거론되는 여성 제자이다. 4대 복음서에 따르면 막달라 마리아는 예수가 일곱 악령을 내쫓아 주자 그의 추종자가 되었다고 한다.

막달라 마리아에 관해 가장 중요한 사실은 예수가 십자가에 못 박혀 죽을 때 그 옆에 있었고 예수의 부활을 처음 목격한 사람이라는 것이다. 예수가 죽은 지 사흘째 되는 날 아침 막달라 마리아가 예수의 무덤에 갔는데 무덤이 비어 있었다. 그때 예수가 그녀 앞에 나타났다. 처음에는 예수를 알아보지 못했지만 예수가 막달라 마리아의 이름을 부르며 다른 제자들에게 부활을 알리라고 지시했다.

막달라 마리아의 삶에 대한 세부적인 내용은 많은 논쟁의 주제이다. 어떤 학자들은 막달라 마리아가 실제로는 복음서에 언급된 다른 여성들과 동일인이라고 주장한다. 한 예로 바리세인의 집에 살고 있는 여자 죄인이 한 번 언급된다. 매춘을 저지른 이 여자의 이름은 나오지 않지만 3세기~4세기부터 학자들은 그 여인이 사실 막달라 마리아라고 추정하기 시작했다.

막달라 마리아에 대한 또 다른 설은 그녀가 예수의 부인이라는 것이다. 이 설의 찬반 양쪽 모두 증거가 거의 없다. 하지만 이 설을 지지하는 사람들은 성경 어디에도 예수가 결혼하지 않았다고 분명하게 언급된 곳이 없다고 지적한다. 막달라 마리아가 다른 제자들보다 예수와 가까웠고, 게다가 당시 결혼하지 않은 유대인 남성이 여러 곳을 돌아다니면서 가르침을 전하는 것은 매우 드문 일이었을 것이다. 다른 한편으로 막달라 마리아가 예수의 아내라고 할 만한 증거도 거의 없다. 예수의 혁신적인 세계관을 고려한다면 결혼하지 않은 사람이 가르침을 행하는 것이 아주 이상한 일이 아니었을지도 모른다.

• 부활절 달걀에 그림을 그리는 전통은 막달라 마리아와 로마 황제 티베리우스 사이에 있었던 대화에서 생겨났을 것으로 추정된다. 막달라 마리아는 예수가 십자가에 못 박혀 죽을 때와 부활할 때 현장에 있었기 때문에 티베리우스 황제를 접견할 기회를 얻었다. 그녀는 황제에게 달걀을 바치면서 예수가 죽은 몸에서 부활했다고 말했다. 티베리우스 황제는 달걀이 붉은색으로 변한다면 예수의 부활도 가능한 일이라고 응답했다. 그러자 말이 끝나기 무섭게 달걀이 붉은색으로 변했다.
• 막달라 마리아는 로마 가톨릭, 동방정교회, 영국 성공회에서 성인으로 공표되었다.

134 | MON ✒ 역사 | 베스트팔렌 조약

1648년 겨울 30년 동안의 전쟁과 황폐화에 지친 유럽 주요 국가들은 평화 조약을 체결하기 위해 독일의 베스트팔렌 지방에서 회의를 열었다. 30년 전쟁은 가톨릭교도와 개신교도 사이 종교 분쟁으로 독일에서 시작되었다. 베스트팔렌에서 유럽 강대국들은 더 이상 종교 문제로 싸우지 말자고 합의했다. 그들은 서로 각자 종교를 선택하고 외교 정책을 결정하기로 동의했다. 경쟁 관계에 있는 유럽 군주들은 더 이상 자국이 선택한 기독교 교파를 이웃 국가에 강요하지 않았다.

베스트팔렌 조약이 더욱 중요한 이유는 오늘날까지 외교 정책의 지침이 되는 국권에 관한 원칙을 소중하게 여겼다는 것이다. 1648년 이전까지 독일의 여러 군주들은 신성로마제국 황제에게 외교 문제에 대해 보고했다. 그러나 여러 사안 중에서도 특히 종교 문제와 관련해서는 최종 결정권이 누구에게 있는지 명확하지 않았다. 즉 지역의 군주에게 있는지 황제에게 있는지 명백히 정해지지 않았었다. 베스트팔렌 조약은 멀리 있는 황제가 아닌 독일 각 지역 군주에게 주권이 있음을 분명히 밝혔다. 권한이 거의 사라진 신성로마제국은 서기 800년 샤를마뉴 대제가 신성로마제국 초대 황제로서 대관식을 치른 지 1000여 년이 지난 1806년 결국 역사의 뒤편으로 사라졌다.

국가 주권 개념은 종교 분쟁을 종결시켰고 유럽을 안정화시키는 데 기여했다. 그러나 전쟁이 끝난 것은 아니었다. 유럽 군주들은 신이 아닌 다른 문제에서 싸울 구실을 찾았다. 어떤 비평가들은 베스트팔렌 조약이 각국의 국경선 내부에서 일어나는 일에 대한 절대적인 결정권을 부여함으로써 국가 간 경쟁구도를 더욱 강화시키고 유럽의 분열을 조장했다고 주장한다. 국권이라는 개념이 각 국가 지도자들에게 다른 국가에서 일어나는 끔찍한 인권 말살을 무시할 수 있는 변명거리를 제공했다는 것이다. 좋든 나쁘든 국권의 개념은 오늘날 국제 관계에서도 매우 중요한 요소로 작용한다.

• 베스트팔렌 조약 협상은 실제로 서로 떨어져 있는 두 장소에서 진행되었다. 한 장소에는 신교도들이 참석했고 다른 장소에는 가톨릭교도들이 참석했다. 양측이 서로 직접 만나는 것을 거부했기 때문이다.
• 아돌프 히틀러는 나치 정권을 독일의 제3제국이라 칭했다. 그가 생각하는 제1제국은 신성로마제국이고 제2제국은 1871년부터 1918년까지 역사가 짧았던, 카이저(독일 황제)가 이끄는 군주국이었다.

135

캉디드

1759년 발간된 단편소설 《캉디드》는 대략 1650년부터 1800년까지 유럽을 휩쓸었던 지성과 이성을 강조하는 계몽주의 사상운동을 다룬 대표적인 풍자소설이다. 볼테르라는 필명으로 더 잘 알려진 프랑수아 마리 아루에가 쓴 이 소설은 종교, 귀족 계층, 계몽주의 철학자들의 사상을 체계적으로 그렸다.

계몽주의 시대는 놀랄 만큼 많은 저명한 작가와 사상가를 배출했지만 볼테르(1694년 ~1778년)만큼 날카로운 위트와 예리한 눈으로 세상을 풍자한 이는 없었다. 파리 태생의 볼테르는 어릴 때부터 패러디에 재능을 보였다. 계몽사상가라 알려진 다른 지식인들과 함께 합리주의를 신봉하고 오랜 종교 관행과 정치 제도를 비난했다. 볼테르는 대담한 성격 때문에 20대 초반에 곤경에 빠진 적이 있다. 오를레앙 공작을 화나게 만들어 파리에서 추방되었고 다시 파리로 돌아왔을 때는 바로 감옥에 갇혔다. 석방된 후에 다시 감옥에 갇히게 되고, 1726년 다시 영국으로 망명을 떠났다.

오늘날 풍자소설로 유명한 《캉디드》는 볼테르가 30년 동안 많은 희곡과 소설, 에세이를 쓴 후에 집필한 작품이다. 주인공 캉디드는 독일 남작의 집에서 자란 매우 순진한 청년이다. 그는 인간 세상이 "세상은 가능한 모든 세계 중에서 최선으로 되어 있다"고 확신하는 팡글로스 박사에게 교육을 받는다. 캉디드는 남작의 딸 퀴네공드와 사랑에 빠져 쫓겨나고, 유럽 곳곳을 돌아다니며 역경과 고통을 겪는다. 퀴네공드는 강도단에게 가족이 살해당하는 것을 목격하고 그녀 자신은 성 노예로 팔려나간다. 팡글로스는 매독에 걸리고, 나중에 교수형에 처해진다. 지진으로 리스본 도시 전체가 내려앉고 캉디드는 반복적으로 매를 맞는다. 그럼에도 불구하고 캉디드와 그의 스승 팡글로스는 "모든 것은 최선의 상태로 되어 있다"고 믿으며 맹목적인 낙관적 세계관을 고수한다.

《캉디드》는 볼테르와 동시대인 철학자 고트프리트 빌헬름 라이프니츠(1646년~1716년)의 낙관주의 사상을 철저히 조소한다. 볼테르 자신이 비관주의자는 아니었지만 그는 라이프니츠의 사상이 어리석을 정도로 낙관적이며 현실을 무시하는 게으른 철학적 사색이라고 생각했다. 소설의 끝에서 캉디드는 일종의 깨달음을 얻고 팡글로스의 가르침을 거부한다. 그리고 충만한 삶을 얻을 수 있는 길은 "자신의 정원을 경작하는 것" 즉 실질적인 이익을 내는 실용적인 일에 종사하는 것이라는 결론을 내린다.

• 미국 작곡가 레너드 번스타인은 1956년 소설 《캉디드》를 오페레타(짧은 오페라)로 만들었다. 오페레타 〈캉디드〉는 꾸준히 사랑받으면서 오늘날에도 자주 공연된다.

136 | WED 🖼 미술 | 렘브란트

네덜란드 화가 가운데 가장 중요한 인물로 꼽히는 렘브란트 반 레인(1606년~1669년)은 뛰어나고 혁신적인 묘사로 잘 알려져 있다. 네덜란드 레이던에서 태어난 그는 암스테르담에서 피터르 라스트만에게 미술을 배웠다. 고향으로 돌아와 여러 해 동안 작품 활동을 했고, 1631년 다시 암스테르담으로 돌아가 그곳에서 여생을 보냈다.

렘브란트는 초기에 당시 유행하던 극적인 바로크 양식 그림을 그렸다. 그러나 페테르 파울 루벤스(1577년~1640년) 같은 바로크 미술 대가들과 경쟁에서 성공할 수 없었다. 렘브란트의 그림은 동시대 이탈리아 화가나 플랑드르 화가들만큼 대상을 이상화하지 않았다. 예를 들어 〈삼손과 델릴라〉(1636년)는 성경에 나오는 영웅 삼손을 불쌍한 패배자의 모습으로 그렸기 때문에 그림을 받은 사람도 불쾌해서 그림을 되돌려 보냈다.

그러나 렘브란트는 초상화로, 그것도 단체 초상화로 곧바로 성공을 거뒀다. 1632년에 그린 〈튈프 박사의 해부학 강의〉는 방 가운데에서 진행되는 해부를 지켜보는 여러 의사들의 반응을 포착해서 표현했다. 1642년에 그린 민병대의 집단 초상화 〈대장 프란스 반닝 코크와 중위 빌렘 반 라위턴뷔르흐의 중대〉는 진짜 전투가 아닌 축제 같은 행렬을 준비하는 부대의 모습을 묘사했다. 이 작품은 '야간순찰'이라는 이름으로 더 잘 알려져 있는데, 어두운 색을 썼기 때문에 그림을 보는 사람들이 밤을 묘사한 것이라 착각해서 그런 이름이 붙었다. 암스테르담 국립미술관을 방문하면 폭이 14피트(약 427cm)가 넘는 이 그림을 볼 수 있다.

렘브란트는 시간이 흐르면서 스타일의 상당한 변화를 겪었다. 초기 연극조의 과장된 표현을 버리고 감정 표현이 점점 섬세하고 암시적으로 변했다. 그는 자화상을 60편 이상 그렸는데, 미술가로서 그리고 인간으로서 자신의 발전을 그림에 반영했다. 초기의 자의식 강한 자세와 멋진 의상을 입은 모습에서 점차 경험 많은 대가의 고달픈 위엄과 지혜를 표현하는 그림으로 바뀌었다.

재정적 위기를 연달아 겪은 후 렘브란트는 공식적인 자리에 자주 나타나지 않았다. 그럼에도 〈포목상 조합 이사들〉(1662년)같이 중요한 작품 의뢰가 끊이지 않았다.

렘브란트는 큰 작업실에 그의 스타일대로 작업하는 보조 화가들을 많이 두고 있었기 때문에 사후에도 많은 작품들이 렘브란트의 작품으로 잘못 알려졌다. 1968년 네덜란드 미술사학자 팀이 렘브란트의 작품으로 잘못 알려진 작품들을 찾아내기 위해 렘브란트 연구 프로젝트를 조직했다. 연구 결과 실제 렘브란트의 작품은 대략 350점밖에 되지 않았다.

137

만유인력

만유인력은 우주의 커다란 수수께끼다. 만유인력 이론에 따르면 우주의 모든 물질은 다른 물질을 잡아당기며 그 잡아당기는 힘, 즉 인력의 세기는 거리의 영향을 받는다. 물질의 질량이 클수록 인력이 세고, 물질 사이 거리가 멀수록 인력은 약하다. 그렇다면 왜 우주의 물체들은 다른 물체를 잡아당기는 것일까? 그것은 아무도 모른다.

일상적으로 우리는 질량과 무게를 서로 섞어가며 비슷한 의미로 사용한다. 그러나 실제로는 매우 다르다. 질량은 물질의 양이다. 베개와 종이를 누르는 문진은 크기는 달라도 질량은 같을 수 있다. 단지 문진이 베개보다 밀도가 더 높다. 즉 문진 내부의 물질이 더 밀집되어 있다는 것이다.

무게는 중력장에서 물체에 작용하는 힘을 말한다. 질량은 위치가 달라진다고 바뀌지 않지만 무게는 환경에 따라 바뀔 수 있다. 지상의 물체는 지구로부터 $9.8m/s^2$의 중력을 경험한다. 같은 질량의 물체를 달 표면에 가져간다면 달이 지구보다 질량이 작기 때문에 그 물체의 무게는 실제로 덜 나갈 것이다. 달의 중력은 지구의 6분의 1이므로 달에서 물체의 무게도 지구에서의 무게의 6분의 1이 된다. 예를 들어 150파운드 나가는 사람이 달에서 무게를 재면 25파운드밖에 되지 않는다.

우리의 몸은 지구의 중력을 받으며 존재하도록 설계되어 있다. 우주비행사가 우주 공간에서 무중력을 경험할 때(엄밀히 말해서 극미 중력을 경험할 때) 메스꺼움, 방향 감각 상실, 두통, 식욕 상실, 충혈 등을 겪는다. 우주 멀미를 하는 것이다. 보통 다리로 흘러 들어간 혈액이 다시 심장으로 역류하려면 중력을 이겨내야 한다. 극미 중력 상태에서는 혈액의 역류를 방해하는 저항이 없기 때문에 혈액이 머리까지 거슬러 흘러간다. 오랫동안 거꾸로 매달려 있는 것과 같은 것이다.

• 우주비행사는 근육 위축이 일어나는 것을 막기 위해 우주 공간에서 하루에 몇 시간씩 운동해야 한다.
• 아이작 뉴턴(1642년~1727년)은 1687년 중력에 관한 첫 방정식을 만들어냈다.
• 뉴턴이 나무에서 떨어지는 사과를 보고 중력의 개념을 생각해냈다는 일화는 사실이 아니다.

138 | FRI ♪ 음악 | 볼프강 아마데우스 모차르트

볼프강 아마데우스 모차르트(1756년~1791년)만큼 인생과 음악에 대해 많은 전설로 둘러싸인 작곡가도 없을 것이다. 모차르트는 오스트리아 잘츠부르크에서 태어났다. 아버지 레오폴트 모차르트는 궁정 하급 작곡가이자 교사였다. 음악 신동이었던 모차르트는 유년기 대부분을 뮌헨, 빈, 런던, 파리, 로마 등 여러 궁정과 왕국을 돌며 연주 여행을 하며 보냈다. 왕이나 여왕, 공작, 교황 앞에서 연주도 하고 음악에 관한 기억력 테스트 같은 소소한 재주와 기교도 보여줬다.

잘츠부르크에서 일정 기간을 보낸 후 모차르트는 빈으로 건너가 신성로마제국 황제 프란츠 요제프 2세의 궁정 음악가로서 많은 세월을 보냈다. 그는 1781년 획기적인 작품 〈후궁으로부터의 탈출〉을 선보였다. 이 곡은 오페라 부파라 불리는 희가극으로, 모차르트가 가장 편안하게 생각한 장르였다. 모차르트는 빈의 유명한 오페라 대본작가 로렌조 다폰테와 협력해서 1786년 〈피가로의 결혼〉, 1787년 〈돈 조반니〉, 1790년 〈코지 판 투테〉를 연속으로 발표했다. 평생에 걸쳐 교향곡 40여 편, 피아노 협주곡 30곡, 바이올린 협주곡 5곡을 작곡했고 그 외에 수백 편의 서곡과 사중주곡, 플루트 곡, 오보에 곡, 클라리넷 연주곡, 합창곡 그리고 다른 다양한 합주곡을 만들었다.

모차르트는 열정적인 사람이었다. 그는 음악, 파티, 좋은 음식과 포도주, 당구, 섹스, 도박에 완전히 몰두했다. 그럼에도 불구하고 그의 음악적 재능의 우물은 절대 마를 것 같지 않았다. 그러나 불행하게도 그와 그의 변덕스러운 아내 콘스탄체는 둘 다 경제관념이 없었다. 그가 마지막 10년 동안 작곡한 곡 대부분이 최고의 작품이었지만 부부는 이미 과도한 부채를 지고 있었고 여전히 사람들에게 돈을 구걸해야 했다. 모차르트는 35세의 나이에 사망했는데, 아마 과로와 영양 부족에 의해 발생한 류마티스 열이 사망 원인일 것이라 추정된다.

오늘날 모차르트는 오만하고 미성숙한 천재라고는 명성이 나 있을 뿐만 아니라 모든 시대를 통틀어서는 아닐지 모르지만 분명 고전주의 시대의 가장 위대한 작곡가로서 인정받고 있다.

• 19세기 낭만주의 음악가들은 모차르트의 음악을 그들의 유산이라고 주장하면서 어째서 모차르트가 마땅히 받아야 할 대우를 받지 못하고 음악을 갈망했는지에 관해 근거 없는 이야기를 지어냈다. 실제 모차르트는 생전에도 천재로 인정받고 당시 최고의 보수를 받는 작곡가 중 한 명이었다.

• 모차르트는 여덟 살에 첫 교향곡을 작곡했고 열두 살에 첫 오페라를 작곡했다.

• 모차르트의 누나 나네를도 어릴 때부터 피아노 신동이었지만 아마 여자라는 이유로 재능을 더 발전시킬 수 없었을 것이다.

139

고트프리트 빌헬름 라이프니츠

독일 라이프치히에서 태어난 고트프리트 빌헬름 라이프니츠(1646년~1716년)는 14세에 대학 공부를 시작했고 놀랍게도 21세의 어린 나이에 박사 학위를 받았다. 그는 교수가 되지 않고 도서관 사서, 외교관, 공학자, 왕의 보좌관 등 다양한 독일 상류층 직업을 거쳤다. 다양한 직업은 그만큼 라이프니츠의 지적 관심사가 다양했음을 보여준다. 철학과 신학, 수학 분야에서 지속적으로 중요한 연구를 했고 화학, 물리학, 논리학, 의학, 식물학, 광학, 역사, 언어학, 법학, 문헌학, 외교술에도 크게 기여했다. 아리스토텔레스 이래로 그렇게 다양한 지식 분야에 기여한 철학자는 없었다.

철학 측면에서 라이프니츠는 합리주의자였다. 그는 모든 참인 명제에는 왜 그것이 거짓이 아니라 참인지를 말해주는 이유가 있다는 충족이유율을 옹호했다.

모든 것에는 이유가 있다고 믿었기 때문에 신이 다른 모습이 아닌 지금의 모습으로 세상을 창조한 데도 반드시 이유가 있을 것이라고 믿었다. 그리고 그 이유는 가능한 모든 세상 가운데 이 세상이 최선이기 때문이라고 주장했다. 그가 유일하게 출판한 저서 《신정론》(1710년)에 이 같은 주장을 펼쳤다.

《신정론》을 구성하는 더 짧은 논저 《단자론》에서 라이프니츠는 특이한 이론을 내놓았다. 세상은 형태가 없는 점 크기의 무한히 많은 '단자'로 구성되어 있다는 것이다. 라이프니츠에 따르면 우리의 정신도 단자이다. 하지만 모든 단자가 우리처럼 자의식이 있는 것은 아니다. 탁자나 의자 같은 물리적인 것들은 단자가 아니다. 단자로 구성된 것도 아니다. 물리적 사물은 단자가 그것을 지각하기 때문에 존재한다. 즉 물리적 사물은 단자들이 잘 연결된 꿈이다. 오늘날 단자론을 따르는 사람은 거의 없다.

• 아이작 뉴턴(1642년~1727년)이 미분법을 발견했다고 널리 알려져 있지만 뉴턴과 별개로 라이프니츠도 미분법을 발명했다.
• 라이프니츠는 간단한 산술 계산이 가능한 계산기도 만들었다.

140

최후의 만찬

최후의 만찬은 예수가 죽기 전날 밤 들었던 식사를 말한다. 마태복음, 마가복음, 누가복음에도 명시되어 있고 많은 사람들이 알고 있듯이 유월절을 기념하는 저녁 식사였다.

유월절 기념 식사가 맞다면 최후의 만찬은 목요일에 행해졌고 예수는 금요일에 십자가형으로 처형되었다. 그래서 두 날을 기억하기 위해 성목요일과 성금요일을 기념하고 있다. 하지만 요한복음에서는 실제로 그 만찬이 유월절 며칠 전에 벌어졌다고 기록하고 있고, 동방정교회는 요한복음의 설명을 받아들이고 있다.

예수는 12사도와 함께 식사를 하면서 식사가 끝나고 벌어질 일과 자신의 죽음이 임박했음을 예언했다. 예수가 제자들에게 그들 중 한 명이 배신할 것이라 말하자 12명의 제자는 저마다 "저는 아닙니다."라고 말했다. 유대교 고등법원 산헤드린 의회에 이미 예수를 넘기기로 한 유다의 차례가 되었고, 그 역시 같은 말을 하자 예수는 "아니. 네가 맞다."라고 말했다.

빵을 먹고 포도주를 마시면서 예수는 제자들에게 "이것이 나의 몸이고 피다."라고 말했다. 그리고 천국이 올 때까지 자신은 다시 빵과 포도주를 먹을 수 없을 것이라 말하면서 제자들에게는 빵과 포도주를 먹으며 자신을 기억하라고 지시했다. 이것이 성찬례의 기원이다. 어떤 사람들은 최후의 만찬에서 예수가 포도주를 마실 때 사용한 잔을 기적의 힘을 지닌 신성한 잔이라 믿으며 성배라 부른다. 그 잔을 사용해 아리마대의 요셉은 십자가에 못 박혀 죽은 예수의 몸에서 흘러나오는 피를 모았다.

최후의 만찬에서 예수는 마지막으로 베드로가 자신과의 관계를 세 번 부인할 것이라 예언했다. 베드로는 예수와 인연을 끊느니 차라리 죽음을 선택하겠다고 큰 소리로 말했다. 예수가 산헤드린 의회에서 불경죄로 유죄 판결을 받은 후 베드로가 마을에서 도망갈 준비를 하고 있을 때 세 사람이 다가왔다. 그들은 예수를 알고 있다는 이유로 베드로를 고발했다. 베드로는 세 번 모두 그 사실을 부인했다. 자신이 무슨 일을 저질렀는지 깨달은 베드로는 수치심에 눈물을 흘렸다.

141 | MON 역사 | 프랑스의 루이 14세

루이 14세(1638년~1715년)는 겨우 네 살이던 1643년 왕위를 물려받아 장장 72년 동안 프랑스를 통치했다. '태양의 왕'이라는 별칭을 얻은 그는 오랜 통치 기간 동안 대외적으로는 유럽 내 프랑스의 힘을 확대시켰고 국내에서는 자신의 입지를 단단히 다졌다. 웅장한 베르사유 궁전에 머물면서 중앙집권적 절대 군주 국가를 세우고 프랑스 역사상 전례 없는 권력을 휘둘렀다.

루이 14세 통치 기간 동안 프랑스 곳곳에 새로운 궁전을 지었고 베르사유 궁전을 확장해 유럽에서 가장 호화로운 궁으로 만들었다. 예술과 과학을 부흥시키고 국경선도 확장했다.

루이 14세는 "내가 곧 국가다"라고 선언한 것으로 알려져 있다. 전통적으로 프랑스 왕권의 견제 세력이었던 성직자와 귀족들은 권력의 많은 부분을 이 야심찬 왕에게 양도했다. 루이 14세는 다툼이 잦은 귀족들을 베르사유 궁전으로 초대해서 그들의 힘을 꺾어 놓았다. 귀족들은 베르사유 궁전 내부의 이해관계와 정치에 깊이 휘말려 있어서 다른 문제를 일으킬 수가 없었다. 루이 14세는 교황을 압박해 프랑스 가톨릭교회에 대한 더 많은 지배력을 확보했고, 종교통일을 이루기 위해 개신교도와 유대교도에 대한 박해를 명령했다.

17세기에 스웨덴을 위시한 다른 유럽 국가들도 프랑스의 본을 따라 강력한 절대 군주제를 형성했다. 절대 군주제는 봉건 시대의 마지막 흔적들을 없애는 데 기여했지만 왕이 독단적으로 행동하는 폐단도 낳았다. 루이 14세와 그 후계자들의 전제정치는 결국 1789년 피비린내 나는 프랑스 혁명으로 이어졌다.

• 과거 프랑스 소유였던 미국 루이지애나 주는 루이 14세의 이름을 따서 명명되었다.
• 루이 14세는 자신을 태양의 신 아폴로와 연관 지었고, 베르사유 궁전의 그의 침실을 아폴로실이라 불렀다.

142

포스트모더니즘

'포스트모더니즘'이라는 용어는 문학이나 미술 또는 다른 어떤 분야와 관련해서든 정의하기 어렵다. 포스트모더니즘이 그 자체로서 일관된 형식이라기보다 기존 모더니즘에 대한 반작용으로 탄생했기 때문이다. 포스트모더니즘 문학은 다양한 장르와 문체의 경계를 의식적으로 모호하게 하고, 새롭거나 소외되었던 관점을 탐색한다. 포스트모더니즘 시대는 분명하진 않지만 일반적으로 1940년대에 시작된 것으로 본다.

20세기 전반의 모더니즘 작가들은 관점과 주관성의 문제를 탐구했다. 많은 작가들은 절대적인 진실이란 존재하지 않으며 분열되어 있다고 결론지었다. 대부분의 작가들은 이 상황을 산업혁명 이후 인간의 사회적 고립으로 생겨난 비극적 결과라고 봤다. 그러나 많은 젊은 세대 작가들, 즉 포스트모더니즘 세대들은 다르게 생각했다. 그들은 사회적 분열이 오히려 새로운 탐색과 통찰력의 기회를 제공한다고 주장했다.

포스트모더니즘 작가들은 다양한 방식으로 그 기회를 다뤘다. 어떤 작가들은 희극과 아이러니를 이용했다. 토머스 핀천은 《49호 품목의 경매》(1966년)에서 의식적으로 공허하게 만든 상징주의와 잘못된 의미를 비극이 아닌 유머의 원천으로 사용했다. 다른 작가들은 장르 사이의 전통적 경계를 모호하게 하거나 아예 허물어 버렸다. 트루먼 카포티의 《냉혈한》(1965년)은 소설적인 대화와 주제를 사용해 실제 두 살인자에 대한 뉴스를 해석하고 있다. 그 결과 저널리즘 픽션이라는 새로운 장르가 탄생했다. 많은 작가들은 현대 사회의 개인이 가진 불만에 초점을 맞췄다. 예를 들어 1985년 출간된 돈 드릴로의 《화이트 노이즈》는 현대 미국 사회의 정보 과부하와 물질 과잉을 파헤친다.

관점의 문제를 탐색할 때도 작가마다 다른 방향을 취했다. 토니 모리슨이나 맥신 홍킹스턴 같은 작가들은 모더니즘 작가들이 경시한 소수민족의 관점에 집중했다. 기존 이야기를 새로운 관점을 적용하는 작가들도 있었다. 1966년 출간된 진 리스의 《드넓은 사르가소 바다》는 샬롯 브론테의 19세기 소설 《제인 에어》에 등장하는 한 인물의 그 후 이야기를 그린 것이다. 이탈로 칼비노의 1972년 발표작 《보이지 않는 도시들》은 마르코 폴로에 관한 전설을 현대 도시 이론의 렌즈로 다시 들여다본다. 셰익스피어의 《햄릿》에 등장하는 인물을 재해석한 톰 스토파드의 《로젠크랜츠와 길든스턴은 죽었다》(1966년)도 있다. 이와 같이 매력적이고 때로는 대담한 실험이 20세기 후반까지 계속 이어져 많은 사람들은 포스트모더니즘 문학의 시대가 아직 끝나지 않았다고 주장한다. 많은 작가 중에서도 움베르토 에코, 폴 오스터, 살만 루시디, 블라디미르 나보코프, 가브리엘 가르시아 마르케스, 필립 K. 딕 등을 포스트모더니즘 작가로 분류할 수 있다.

143

WED
미술

진주 귀걸이를 한 소녀

네덜란드 미술사학자 루드비히 골드샤이더는 얀 베르메르(1632년 ~1675년)의 작품 〈진주 귀걸이를 한 소녀〉를 가리켜 북유럽의 모나리자라고 평했다.

어두운 배경 속 소녀는 고개를 돌리고 입술을 살짝 벌린 채 그림 밖을 응시한다. 소녀의 눈과 입술은 흰색과 분홍색 반점으로 섬세하게 강조되어 있다. 눈물방울 같은 진주 귀걸이에 반사된 빛은 물감을 두껍게 칠하는 임파스토 기법으로 채색된 것이다. 소박한 황토색 드레스로 시간과 장소를 유추할 수 없지만 터번처럼 머리에 두른 머리 장식은 이국적인 느낌을 준다. 드레스와 머리 장식의 주름은 베르메르의 훌륭한 그림 솜씨를 보여준다.

〈진주 귀걸이를 한 소녀〉는 베르메르가 그린 3~4개 밖에 되지 않는 상반신 인물화 중 하나이다. 이 그림은 렘브란트도 그렸던 트로니 회화 장르라 할 수 있다. 트로니 기법은 인물을 정확하게 그리기보다 인물의 성격이나 표정을 우선시한다. 〈진주 귀걸이를 한 소녀〉는 뉴욕 메트로폴리탄 미술관에 소장된 일명 '라이츠먼 소녀'로 불리는 〈소녀의 초상〉의 자매편으로 그려졌을 것이다.

어떤 사람들은 이 그림의 모델이 베르메르의 큰 딸 마리아일 것이라 추측한다. 또 어떤 사람들은 베르메르의 후원자 페테르 반 라이벤의 딸 막달레나라고 추측한다. 베스트셀러 소설《진주 귀걸이 소녀》의 저자 트레이시 슈발리에는 작가적 상상력을 이용해 그림의 모델을 베르메르와 사랑에 빠지는 하녀 그리에트로 설정했다. 이 소설을 영화화한 작품은 2003년에 개봉되었다.

모델이 누구인지 수수께끼로 남아 있다는 사실이 〈진주 귀걸이를 한 소녀〉에 더욱 독특한 분위기를 더해준다. 이 그림은 미술 수집상 안드레스 데스 톰베가 경매장에서 2길더(과거 네덜란드 화폐 단위)에 매입한 것으로 1881년에 이르러서야 세상에 알려졌다. 톰베는 이 그림을 헤이그에 있는 마우리츠하이스 미술관에 기증한다는 유언을 남겼다. 1902년 그가 사망한 후로 그림은 마우리츠하이스 미술관에 전시되어 있다.

• 〈진주 귀걸이를 한 소녀〉는 1994년 베르메르 회고전을 위해 워싱턴으로 옮겨지기 전 종합적인 복원 작업을 거쳤다.

144 | THU 과학 | 백신

백신은 우리 몸이 질병에 대항해 싸울 수 있도록 준비시켜준다. 대체로 병 자체보다 강도를 약화시키거나 죽은 병균으로 만든다. 면역체계는 약화된 병균을 만나면 병을 쉽게 물리칠 수 있도록 전문화된 항체를 만들어낸다. 나중에 진짜 병균을 만나게 되면 우리의 몸은 미리 만들어놓은 항체를 '기억'해서 질병을 쉽게 물리친다.

백신은 유럽에 천연두가 가장 심하게 기승을 부리던 1796년에 발명되었다. 영국 시골 의사 에드워드 제너(1749년~1823년)는 우유 짜는 일을 하는 여자들이 소를 다루다 보니 가끔씩 천연두보다 약한 우두에 걸린다는 사실을 알았다. 그런데 이 여자들이 천연두에 내성이 있는 것처럼 보였다. 직감적으로 제너는 우유 짜는 여자의 손에서 감염된 체액을 뽑아내 여덟 살짜리 아이에게 주사했다. 그 아이는 우두에 걸렸지만 곧바로 회복되었다. 제너는 그다음으로 그 아이에게 천연두를 주사했다. 그러나 아이는 병에 걸리지 않았다. 제너는 우두가 천연두를 예방할 수 있다고 결론 내렸다. 최초의 백신은 우두 바이러스였던 것이다. 백신이라는 말은 소를 의미하는 라틴어 vacca에서 나왔다.

백신은 홍역, 이하선염, 풍진, 결핵, 백일해, 천연두 등 매우 치명적인 병으로부터 우리 인간을 보호해준다. 흥미롭게도 모든 사람들이 예방 접종을 해야 하는 것은 아니다. 한 집단에서 충분한 수의 사람들이 백신을 접종 받으면 병이 퍼지는 것을 막는 장벽 역할을 하게 된다는 집단 면역 원리가 있다. 집단 면역에 필요한 수는 질병마다 다르지만 대부분 90%가 접종하게 되면 전체 집단을 접종하는 것과 같은 효과가 있다.

특정 집단이 다른 집단에 비해 질병이 더 빨리 전염될 수도 있다. 미국에서 학령기 아이들은 다른 집단에 비해 병이 전염될 가능성이 가장 크다. 학교에서 서로 가까이 생활하기 때문이다. 에머리 대학교 연구에 따르면 학령기 아이들의 30%만 예방 접종을 했을 때는 지역 사회에 유행하고 있는 독감에 걸릴 확률이 90%에서 65%로 떨어졌다. 그러나 아이들의 70%에게 예방 접종을 했을 때 독감에 걸릴 확률은 현저하게 4%로 떨어졌다.

- 개신교 교회나 가톨릭교회 모두 처음에는 백신을 반대했다. 예일 대학교 전 총장 티모시 드와이트는 이렇게 말했다. "만일 신께서 어떤 사람이 천연두로 죽어야 한다고 세상을 창조하기 이전부터 명령을 내려놓은 것이라면 백신이라는 속임수를 써서 그 명령을 피하거나 무효화하는 것은 끔찍한 죄이다."
- 집단 면역은 사람 사이에 전염되는 병에 대해서만 적용된다. 예를 들어, 찢어진 상처에 오염된 물질이 접촉해서 걸리는 파상풍은 집단 면역으로 예방할 수 없다.

145 | FRI ♪ 음악 | 모차르트의 레퀴엠

볼프강 아마데우스 모차르트(1756년~1791년)는 1782년부터 사망하기 전까지 10년 동안 요한 제바스티안 바흐와 게오르크 프리드리히 헨델의 대위법 작곡 방식에 깊은 관심을 가졌다. 모차르트는 바흐의 〈평균율 클라비어〉와 〈푸가의 기법〉의 악보를 연구했다. 두 악보집 모두 악기와 음악 형식의 가능성을 탐색하기 위한 교육용이었다.

바흐의 작곡 기법을 귀로 익힌 모차르트는 장례 미사에 사용되는 진혼곡 〈레퀴엠〉(1791년) 작곡에 들어갔다. 4성부 합창곡 〈라크리모사(눈물의 날)〉와 〈콘푸타티스(저주받은 자들)〉와 더불어 도입부는 바흐를 강하게 연상시키는 푸가 비슷한 편곡이 뒤섞인 어둡고 강렬한 악절을 포함하고 있다. 〈레퀴엠〉의 복잡한 감정의 결은 모차르트가 감정적으로 깊이 몰입했음을 보여주며, 이 곡을 만들기 위해 자신의 어두운 본질을 탐색했음을 암시한다. 〈레퀴엠〉을 작곡할 당시 모차르트는 자신이 작곡하고 있는 곡에 맞춘 듯이 죽음에 한 발짝 다가가고 있었다.

〈레퀴엠〉은 1791년 7월 회색 옷을 입은 낯선 사람이 모차르트 집으로 찾아와 작곡을 의뢰한 곡이었다. 모차르트가 사망한 후에 그 낯선 사람은 사실 아마추어 음악가 프란츠 폰 발제크 백작이었음이 밝혀졌다. 그는 모차르트가 곡을 쓰면 자기 이름을 적어 넣어 자신이 작곡한 것처럼 하려고 했다. 그런 속셈을 알 리 없는 모차르트는 그 이상한 고객의 인상이 머릿속을 떠나지 않고 있으며 너무 많은 시간을 〈레퀴엠〉 작곡에 쏟고 있다고 친구에게 편지로 하소연했다. 모차르트는 형편없는 식사는 물론이고 쉬지 않고 일에 매달리는 습관 탓에 이 곡의 작업을 시작할 때부터 이미 건강이 매우 악화되어 있었다. 마지막 오페라 〈티토 황제의 자비〉의 초연을 위해 프라하 여행을 다녀온 후 모차르트는 〈레퀴엠〉 작업을 마지막으로 하루 더 하고 세상을 떠났다. 결국 이 곡은 모차르트 자신의 장례 미사곡이 되었다.

- 모차르트의 제자 프란츠 쥐스마이어는 모차르트에게 미완의 〈레퀴엠〉을 완성하겠노라고 맹세했다. 그리고 마지막 섹션인 〈라크리모사〉의 시작 부분에 모차르트가 개략적으로 작성해둔 베이스 라인을 바탕으로 곡을 완성했다.
- 모차르트의 인생을 다룬 피터 새퍼 감독의 영화 〈아마데우스〉(1984년)에서는 모차르트의 경쟁 작곡가 안토니오 살리에리가 신분을 숨기고 〈레퀴엠〉 작곡을 요청한 이상한 남자로 그려진다. 아주 극적인 이야기이지만 이것은 문학적 상상력에 의한 허구이다.
- 모차르트는 죽기 전날인 1791년 12월 4일 밤에 가수 친구들을 침대 옆으로 불러 각자 〈레퀴엠〉에서 담당할 파트를 예행 연습하게 했다.

146

시간

아리스토텔레스 이래로 줄곧 많은 철학자들은 시간의 성질을 이해하기 위해 노력했다. 아이작 뉴턴(1642년~1727년)의 연구가 나온 후 많은 사람들은 시간이 여러 부분으로 구성된 것이라고 생각했다. 즉 개개의 '시간들'이 있다는 말이다. 철학자들에게 특정 시간에 사건이 일어났다는 말은 그 사건이 시간의 부분 또는 시간의 단위를 채웠음을 의미한다.

고트프리트 빌헬름 라이프니츠(1646년~1716년)는 뉴턴과 다른 관점을 내놓았다. 라이프니츠는 사건들이 서로 동시에 일어나거나 전후로 일어난다고 주장했다. 시간이란 단지 우리가 그 관계를 머릿속에서 정리하는 방식이지 그 관계를 구성하는 것과 구별되는 별도의 것이 아니라고 봤다.

라이프니츠의 주장과 반대로 독일 철학자 임마누엘 칸트(1724년~1804년)는 시간은 그 자체로서 존재하는 것도 아니고, 그 자체로 존재하는 다른 것들의 관계를 나타내는 순서도 아니라고 주장했다. 칸트는 우리가 가지고 있는 경험을 정신 속에서 정리하는 방식이 곧 시간이라고 봤다. 우리와 독립적으로 우리의 정신 밖에 그 자체로서 존재하는 것들은 시간의 틀 안에 존재하지 않는다고 생각했다.

인간이 시간을 어떻게 경험하는가의 문제도 철학의 주된 연구 주제다. 우리는 흔히 "시간이 흐른다."라고 말한다. 정말 그러한가? "지금이 현재이다."라는 말은 언제 하든 상관없이 항상 참이다. 다시 말해, 현재는 우리가 있는 시간이다. 어떤 철학자들은 우리가 특별하기 때문이라고 말한다. 즉 우리가 현재를 살아가기 때문이라는 것이다. 이렇게 믿는 철학자들에게 시간은 흐르는 것이 맞다. 일부의 시간이 과거이고, 그다음은 현재이며, 나중이 미래가 되는 것이다.

"지금"은 "여기"와 같은 개념이라고 말하는 철학자들도 있다. "여기"는 어떤 특정한 장소를 가리키는 것이 아니라 "여기"라고 말하는 시간에 우리가 서 있는 장소를 말한다. 이런 생각을 가진 철학자들에게는 우리가 특별한 존재가 아니다. 시간이 흐르지도 않는다. 시간은 그저 공간처럼 여러 부분들을 가지고 있고, 우리는 그런 시간의 한 부분을 살고 있는 것이다. 우리가 살고 있는 시간의 일부분이 바로 현재인 것이다. 우리가 있는 물리적 공간이 "여기"인 것과 마찬가지다.

• 모든 시간, 즉 과거, 현재, 미래가 동시에 존재한다고 생각하는 철학자들도 있다. 이들은 공룡, 원시인, 도도새가 단지 우리가 존재하는 같은 공간에 없을 뿐이지 모두 어딘가에 존재한다고 주장한다.

147

십자가에 못 박힌 예수

서기 30년경 나사렛의 예수는 유대인 종교 체제의 부도덕함에 화가 났다. 예루살렘의 성전 같은 가장 신성해야 할 장소에서 환전상과 상인들이 장사를 하고 있었다. 예수는 유월절 기간에 추종자들을 이끌고 성전으로 들어가서 탁자를 뒤엎으며 소란을 일으켰다.

산헤드린 의회 최고 제사장 요셉 가야바는 그런 예수에게 불경죄를 물어 체포했다. 가야바가 예수를 체포할 수 있었던 것은 예수의 제자 이스가리옷 유다가 배신해서 예수가 누구인지 밝혀졌기 때문이라고 전해 내려온다. 예수가 순순히 협조하지 않자 산헤드린 의회는 예수를 로마 총독 본디오 빌라도에게 넘겼다.

본디오 빌라도는 예수에게 십자가에 매달아 죽이는 사형을 선고했다. 그렇게 가혹한 형을 내린 이유에 대해 여전히 많은 논쟁이 벌어지고 있다. 가장 널리 받아들여지는 설은 예수가 정치 반란을 일으킬까 두려웠기 때문이거나 단순히 빌라도 총독이 매우 잔인한 사람이었기 때문이라는 것이다.

이유가 무엇이든 간에 빌라도는 예수를 '유대인들의 왕'이라 부르면서 사형에 처하라고 명령했다. 예수는 감옥에서 사형 집행 장소인 갈보리까지 100파운드(약 45kg)가 넘는 십자가를 메고 가야만 했다. 종종 예수가 십자가를 통째로 메고 갔다고 묘사되지만 아마 십자가의 가로대만 메고 가고 원래 세로대는 처형 장소에 세워져 있었을 것이다. 갈보리는 로마인들이 그들에게 희생된 사람들의 시체를 신속히 처리하기 위해 예루살렘 외곽에 만든 묘지였을 것이다.

예수가 십자가에 매달려 있는 동안 아리마대 사람 요셉이 다가가 예수가 최후의 만찬에서 포도주를 마실 때 썼던 잔으로 예수 몸에서 흘러내리는 피를 받았다. 그 잔이 성배로 알려져 있는 잔이다. 예수가 죽자 요셉은 예수의 몸을 십자가에서 내리고 땅에 묻어 묘를 만들었다.

- 예수가 십자가에 못 박혀 사망하고 몇 년 후 빌라도 총독은 지나친 잔인함 때문에 자리에서 물러났다.
- 1965년 제2차 바티칸 공의회에서 합의되기 전까지 가톨릭교회는 유대인들이 예수를 죽였다는 믿음을 공식적으로 비난하지 않았다.
- 로마 제국 시대에 수천 명이 십자가형으로 처형되었다고 하지만 그렇게 해서 죽은 시체는 지금까지 오직 한 구 발견되었다. 대부분의 희생자들은 그냥 십자가에서 썩도록 방치되었다.

148 | MON 역사 | 표트르 대제

러시아 황제 표트르 대제(1672년~1725년)는 1682년부터 1725년까지 43년 동안 통치하면서 러시아를 명실상부 세계 강대국으로 발전시켰다. 그는 프랑스 루이 14세의 본을 받아 절대군주로서 나라를 통치했다. 심지어 베르사유 궁전을 능가하고자 수도 상트페테르부르크에 화려한 궁전을 새로 지었다.

표트르가 황제의 자리에 오르기 전 러시아는 완전히 유럽도 아니었고 아시아도 아니었다. 러시아인들은 유럽인들처럼 기독교를 믿었지만 유럽 국가를 모두 합친 것보다 더 큰 광활한 러시아 영토는 고대 중국과 페르시아 제국과 국경선을 접하고 있었다. 러시아 영토 중 많은 땅은 과거 몽골 제국의 일부였다.

그런 러시아를 정확하게 유럽 진영 쪽으로 옮겨 놓은 것이 표트르였다. 표트르는 수도를 모스크바에서 그가 발트해에 세운 상트페테르부르크로 옮겼고, 유럽 국가들과 더 긴밀한 동맹 관계를 구축했다. 유럽식 의복 문화를 채택했고 러시아 황제로서는 처음으로 서유럽을 방문했다. 뿐만 아니라 유럽 방식을 모방해 러시아 군대와 정부 조직을 개편했다.

표트르는 다혈질의 비정한 성격을 지녔고, 술을 많이 마셨으며 키가 거의 7피트(약 214cm)나 되는 거구였다. 한 영국인 관찰자는 1698년에 표트르에 대해 "변덕이 굉장히 심하고 판단력 결핍이 자주 드러났다."라고 썼다.

1725년 표트르 황제가 사망한 후에도 러시아 제국은 200년 동안 유럽 강대국의 지위를 유지했다. 하지만 1861년까지 존속된 농노 제도와 황제의 전제 정치는 강력한 중산 계급의 발달을 방해했다. 표트르의 후손들은 1917년 러시아 혁명이 일어나기 전까지 러시아를 통치했다.

- 표트르는 사람들이 수염을 기르는 것을 억제하기 위해 러시아 전통 턱수염을 기르고 싶어 할 경우 귀족에게는 100루블, 평민에게는 1코펙의 세금을 부과했다.
- 1917년 공산주의 혁명 후 러시아의 수도는 다시 옛 수도인 모스크바로 옮겨졌다. 상트페테르부르크는 블라디미르 레닌을 기리는 의미로 레닌그라드라는 이름으로 바뀌었다. 그러나 1991년 소련이 붕괴된 후 다시 상트페테르부르크로 바뀌었다.
- 표트르 대제가 상트페테르부르크에 세운 궁전이 지금의 예르미타시 미술관이다. 이것은 세계에서 가장 큰 미술관 중 하나이다.

149
멋진 신세계

반이상향적인 미래를 묘사하고 허구를 끌어들이는 디스토피아 문학은 21세기의 중대한 문학 혁신 중 하나였다. 가장 유명한 디스토피아 소설은 조지 오웰의《1984》이다. 이 소설에서 묘사한 전체주의 정치 체제의 모습은 냉전 시대 독자들을 두려움에 떨게 만들었다. 하지만 오늘날 가장 문제시되는 디스토피아 소설은 올더스 헉슬리의《멋진 신세계》이다. 이 소설은 전제 정치가 아닌 과학과 기술에 의해 발생하는 악몽 같은 사회를 그린다.

1932년 출판된《멋진 신세계》는 그야말로 놀라운 선견지명을 가지고 있다. 이 소설은 정부가 인간 배아 배양소를 운영하면서 엄격하게 배아 생산을 통제하는 미래의 영국을 배경으로 한다. 발달 단계에 있는 배아는 잘 자라도록 관리되거나 의도적으로 성장이 중단되도록 잔인한 화학 처리를 거친다. 그렇게 자란 인간들은 개인의 신분과 사회에서의 역할을 규정하는 엄격한 카스트 제도 아래 적절한 계층에 배정된다. 사회 사다리의 가장 높은 계층의 알파는 리더십과 학문을 닦도록 길러진다. 가장 낮은 계층의 입실론은 오로지 막노동을 한다. 모든 아이들은 태어나자마자 엄격한 교육과 최면 또는 다른 심리적 주입을 통해 길들여지고 계급에 따라 차별 대우를 받는다.

이 같은 사회제도는 사회적 안정감을 가져오지만 인간성과 개인의 자유의지를 희생시키는 대가를 치러야 한다. 미국 남서부의 오지에서 온 한 "야만인"은 그런 사회제도 밖에서 자란 소수의 인간 중 하나로 그가 런던으로 오며 인간성을 말살하는 영국의 제도는 비극적 결과를 낳는다. 그는 전부터 많이 들어왔던 "멋진 신세계"의 부분적 모습에 매료되지만 새로운 환경에 적응하는 것은 생각처럼 순조롭게 진행되지 않는다.

《멋진 신세계》는 꾸준하게 중요한 문학 작품으로 평가받는 몇 안 되는 과학 소설 중 하나이다. 오랫동안 영국 학교와 독서 클럽에서 주요 도서로 선정되어 왔고 생물윤리학과 복제에 대한 관심이 점차 커지면서 오늘날까지 주목받고 있다. 실제로 과학이 지닌 무서운 잠재력에 대한 헉슬리의 예측은 당시에는 상상할 수 없을 만큼 요원한 것처럼 보였다. 하지만 소설이 발표된 지 몇 십 년 지나자 금방이라도 닥칠 징후처럼 보인다.

• '멋진 신세계'라는 제목의 출처는 셰익스피어의 희곡《폭풍우》이다. 극 중 과잉보호를 받으며 자란 미란다가 외부 세계의 사람들을 처음 봤을 때 "오, 멋진 신세계. 이런 사람들이 사는 곳이 있다니!"라고 외친다.

• 헉슬리의 할아버지는 찰스 다윈의 진화론과 자연선택설을 지지하는 데 앞장선 유명한 생물학자였다.

• 1958년 헉슬리는 실제로 세상이《멋진 신세계》에서 예측한 디스토피아를 향해 가고 있다고 주장하는 에세이집《멋진 신세계에 대한 재고》를 발표했다.

150

WED
미술

타지마할

인도 아그라 시에 자리 잡은 타지마할은 많은 사람들로부터 세계에서 가장 아름다운 건축물이라는 평을 받는다. 흰색 대리석 건물인 타지마할은 무굴 제국의 황제 샤 자한이 14번째 아이를 낳다가 사망한 아내 뭄타즈 마할을 기리기 위해 지은 궁전 형식의 묘다. 1631년에 착공해 1648년 완공되었다.

이 건축물은 정문과 정원, 묘궁, 서편 모스크, 동편 강당 이렇게 다섯 부분으로 구성되어 있다. 대지는 중앙을 가르는 긴 연못을 중심으로 동서가 대칭을 이루며, 동편 강당은 서편 모스크와 대칭을 이루기 위해 세워졌다. 정문에 있는 조망지에서 보면 타지마할 묘궁이 연못에 반사된다.

타지마할 건축을 맡은 건축가가 누구인지는 명확하지 않다. 무굴 제국의 궁정 건축가로 일했던 이탈리아 건축가 제로니모 베로네오가 설계를 맡았다고 주장하는 사람들도 있다. 하지만 페르시아 건축가 우스타드 이샤 칸 에펜디가 담당했을 것이라는 더 결정적인 증거가 있다. 에펜디는 제자 우스타드 아마드에게 타지마할의 세부 작업을 맡겼다고 한다. 타지마할은 카이로에 있는 술탄 하산의 묘를 본떠 설계된 것이다.

타지마할은 건설 기간이 17년 이상 걸렸고 2만 명의 노동자가 동원되었다. 금 1토라(11.66g) 가격이 15루피였던 당시에 건설비용으로 3000만 루피가 들어갔다. 스물여덟 가지의 금속과 준금속이 아시아 각지에서 조달되었다. 흰색 대리석은 라자스탄의 마크라나에서 캐낸 것이었다.

묘궁은 100제곱미터의 백색 대리석 토대 위에 세워졌다. 뾰족탑을 제외하면 건물 전체의 폭과 높이가 같다. 돔은 높이가 44.4미터이고 정면 벽면의 높이와 정확히 같다. 공 모양의 돔 안쪽으로 그보다 조금 작은 돔이 배치되어 있다. 유일하게 비대칭적인 요소는 왕비의 묘 옆에 놓인 샤 자한 황제의 묘이다. 정문에 세워진 돌에는 "순수한 영혼들"을 "파라다이스의 정원"으로 초대하는 코란 글귀가 새겨져 있다. 아들에 의해 투옥되어 노년을 감옥에서 보낸 샤 자한은 강 반대편에 검은색 대리석으로 자신의 묘당을 지을 계획을 가지고 있었다고 전해진다.

1983년 타지마할은 유네스코 세계유산으로 등재되었다.

• 인도 시인 라빈드라나트 타고르는 타지마할을 "영원히 마르지 않을 눈물"이라고 표현했다.
• 타지마할은 '왕의 궁전'을 의미하는 말이다.

151

THU
과학

마리 퀴리

여성 과학자에 대해 이야기할 때 가장 먼저 떠오르는 이름은 마리 퀴리(1867년~1934년)이다. 당연히 그럴 만하다. 그녀는 노벨상을 수상한 최초의 여성이자 노벨상을 최초로 두 번 수상한 인물이다.

마리 퀴리는 방사성 물질 연구로 1903년 노벨물리학상을 받았다. 그보다 앞서 10년 전부터 퀴리는 파리에서 다른 과학자들과 우라늄의 성질에 대해 연구하고 있었다. 그녀는 우라늄이 목재와 살을 통과할 수 있는 광선을 방출한다는 것을 알아냈다. 더욱 흥미롭게도 우라늄은 가열하거나 냉각시키거나 다른 원소와 결합시키거나 상관없이 주어진 질량에 대해 방출되는 광선의 양이 일정했다. 퀴리는 우라늄에서 광선을 방출하는 것을 방사능이라고 이름 지었다. 그녀는 방사능이 화학 반응의 산물이 아니라 원자의 성질이라고 결론 내렸다.

퀴리는 이어서 우라늄 함량이 높은 광석인 피치블렌드를 검사했다. 피치블렌드는 우라늄보다 더 많은 방사선을 방출했다. 마리는 남편 피에르와 함께 피치블렌드에서 방사성이 강한 두 가지 새로운 원소를 발견했다. 마리는 조국 폴란드의 이름을 따서 한 원소의 이름을 폴로늄이라 지었다. 다른 하나는 라듐이라고 지었는데 '광선'을 의미하는 라틴어에서 파생된 것이다.

마리 퀴리는 라듐과 폴로늄을 발견한 공로로 1911년 두 번째 노벨상을 받았다. 라이너스 폴링(1901년~1994년)을 제외하면 마리 퀴리는 두 분야에서 노벨상을 수상한 유일한 인물이다.

- 수년 동안 막대한 방사능에 노출된 마리 퀴리는 1934년 백혈병으로 사망했다.
- 퀴리 부부의 딸 이렌 졸리오 퀴리는 인공 방사성 원소를 발견한 공로로 1935년 노벨화학상을 수상했다.
- 마리 퀴리의 연구 노트들은 방사능에 오염되어 있었는데, 나중에 그녀의 손녀가 오염 물질을 제거했다.
- 마리 퀴리는 파리 소르본 대학 최초의 여성 교수였다.

152 모차르트의 돈 조반니

〈피가로의 결혼〉(1784년)이 국제적으로 성공하면서 볼프강 아마데우스 모차르트는 프라하 오페라 하우스로부터 또 다른 작곡 의뢰를 받았다. 오페라 대본 작가 로렌조 다폰테와 다시 팀을 이뤄 이번에는 조반니 베르타티의 1775년 가극 〈돈 조반니〉에 나오는 전설적 인물 돈 후안의 이야기를 주제로 선택했다.

구제불능의 한량이자 바람둥이 돈 후안의 이야기를 모차르트와 다폰테가 호감이 가는 인물의 이야기로 바꿔놓았다. 두 사람은 비가극과 희가극 장르를 혼합해서 1787년 오페라를 완성했다. 따라서 모차르트의 〈돈 조반니〉는 희극 또는 비극으로 엄격하게 구분할 수 있는 도덕극이 아닌 일종의 혼합 형식이라 할 수 있다. 일부 역사가들은 이것이 관객들이 보수적이고 전통을 고수하기로 유명한 빈에서 모차르트의 〈돈 조반니〉가 좋은 평을 받지 못한 이유라고 생각한다.

〈돈 조반니〉는 모차르트 고유의 고압적이고 웅장한 단조 코드의 테마로 시작한다. 돈 조반니가 한 남자를 죽이는 첫 장면에 어울리는 잊을 수 없는 반주이다. 주인공 같지 않은 주인공이 부르는 감동적인 세레나데와 터무니없고 익살스러운 유혹 장면, 주인공에게 닥치는 교훈적인 비극이 번갈아 나온다. 전율이 도는 마지막 장면에서는 조반니가 회개하기를 거부하자 살해당한 남자의 유령이 그를 지옥으로 끌고 간다. 감정적 충격이라는 측면에서 보면 〈돈 조반니〉는 모차르트 최고의 작품이라 할 만하다. 이 오페라에서도 모차르트 고유의 천재성이 예외 없이 묻어난다.

〈돈 조반니〉로 대표되는 새로운 오페라 장르를 가리켜 드라마 지오코소 또는 해학곡이라고 불렀다. 〈돈 조반니〉는 모차르트가 주로 생활하던 도시 빈을 제외한 모든 도시에서 대단한 성공을 누렸다. 1791년 모차르트가 사망할 때까지 〈돈 조반니〉는 유럽에서 가장 널리 공연되는 오페라에 속했다.

- 〈돈 조반니〉를 본 프란츠 요제프 황제는 모차르트에게 "음표가 너무 많다."고 말했고, 그에 모차르트는 "필요한 만큼 넣었습니다. 폐하."라고 대답했다는 이야기가 있다.
- 〈돈 조반니〉의 대본을 쓰는 동안 다폰테는 후원자의 저택에 머물며 방에만 틀어박혀 있었다. 바로 옆방에는 음식과 포도주가 가득 차려져 있었고, 그 옆방에는 영감을 얻기 위해 필요하다면 벨만 누르면 달려올 매춘부가 있었다.
- 오페라 〈돈 조반니〉는 1787년 프라하에서 초연되었고 1788년 빈, 1817년 런던, 1826년 뉴욕에서 공연되었다.

153 | SAT 철학 | 인식론

인식론은 지식을 다루는 철학 분야이다. 인식론의 주요 문제 중 하나는 플라톤 시대로 거슬러 올라가는 것으로 인식론은 지식이 무엇인지 규명하려고 시도한다. 전통적으로 철학자들은 지식을 정당화된 참인 믿음이라고 정의했다.

첫째, 지식이 믿음이라는 말은 무엇인가를 알기 위해서는 그것을 믿어야 한다는 것을 의미한다.

둘째, 어떤 것이 거짓인지 정말 알 수 없기 때문에 지식은 참이어야 한다. 만일 어떤 것이 거짓이더라도 우리는 그것을 믿을 수 있다. 심지어 그것을 안다고 믿을 수도 있다. 그러나 철학적 정의에 따르면 그런 경우 우리는 정말 모르고 있는 것이다.

셋째, 진짜 지식은 정당화된 것이어야 한다. 우리의 믿음에는 이유가 있어야 하기 때문이다. 1부터 1000까지 중에서 하나 고른다고 해보자. 예를 들어 463을 골랐다고 해보자. 친구가 내가 고른 수를 추측하는데 정확히 463을 맞혔다면 그 친구는 내가 463을 골랐다는 것을 알고 있었던 것일까? 친구는 그냥 우연히 맞힌 것이기 때문에 알고 있었다고 말하는 것은 잘못된 것이다. 지식은 우연한 것이 아니다. 어떤 믿음이 지식이 되기 위해서는 참인 믿음을 형성할 만한 이유가 있어야 한다.

최근 철학자들은 정당화된 참인 모든 믿음을 지식으로 간주해야 할지 의문을 제기했다. 다음의 경우를 생각해보자. 당신은 시골길을 운전하고 가고 있다. 헛간을 보고 "이것은 헛간이야."라는 믿음을 형성한다. 분명 타당한 믿음이다. 그리고 참인 믿음이다. 당신은 진짜 헛간을 본 것이다. 그러나 당신도 모르는 사이에 당신은 농부들 대부분이 헛간을 가지고 있지 않은 '가짜 헛간 마을'에 있다. 그곳 농부들은 정면에서 봤을 때 헛간처럼 보이는 벽을 세워 놓았다. 그러므로 당신이 가짜 헛간을 본 것이라면 애초에 거짓 믿음을 형성했을 것이기 때문에 그 믿음은 지식이 아니라고 하는 주장이 이어진다. 따라서 이치에 맞고 참인 믿음이라고 모두 다 지식인 것은 아니다.

- 가짜 헛간 이야기 같은 예는 에드먼드 게티어가 1963년 발표한 유명한 논문 "정당화된 참인 믿음은 지식인가?"에서 처음 제시되었다. 인식론에 혁신을 가져온 게티어의 논문은 단 몇 쪽짜리였다.
- 철학자들은 믿음이 지식이 되기 위해 참과 정당화 이외에 어떤 조건이 추가되어야 하는지 논의하고 있다.
- 인식론의 주요 문제는 회의론 문제와 귀납추론의 문제를 포함한다.

154

예수의 부활

예수가 십자가에 못 박혀 죽고 아리마대의 요셉이 시체를 땅에 묻은 지 3일 후 성모 마리아와 막달라 마리아를 포함한 여러 여성들이 장례식을 치르기 위해 무덤을 찾아갔다. 그러나 그들이 도착했을 때 무덤은 비어 있었다. 다음 날 예수는 많은 제자들에게 자신이 부활했음을 알리기 위해 그들 앞에 모습을 드러내기 시작했다. 부활하고 대략 40일 후 예수는 지상을 영원히 떠나 하늘로 올라갔다. 오늘날 부활절에 예수의 부활을 기념하고 있으며, 예수 부활에 관한 이야기가 마태복음, 마가복음, 누가복음, 요한복음에 기술되어 있다.

예수의 부활은 대다수의 기독교인들에게 종교적으로 중요한 기둥 역할을 한다. 대부분의 기독교인들은 예수의 부활을 실제 일어난 사건이라 믿으며 그것도 예수의 죽은 몸이 다시 살아난 것이라고 믿는다.

예수 부활에 관한 많은 해석 가운데 가장 널리 받아들여지는 것은 사법적 관점의 해석이다. 어떤 인간이든 죄를 지으면 신은 그 인간에게 벌을 내려야 했다. 그러나 인간에게 직접 벌을 내리는 것을 피하기 위해 신은 순수한 예수를 세상으로 보내 그의 가르침을 받아들인 인간들이 저지른 죄의 무게를 견디게 했다. 인간들의 신앙심에 대한 대가로 예수는 인간들이 저지른 모든 죄를 하늘로 올라갈 때 함께 가지고 갔다.

기독교 내에서도 이 관점이 널리 받아들여지고 있지만 일부 기독교인과 비기독교인은 예수의 부활을 우화라고 본다. 그들은 예수의 부활이 4대 복음서에 기술되어 있지만 어떤 복음서에도 부활을 직접 목격했다는 기록이 없다는 점에 주목한다. 사실 성경의 어디에도 부활을 증언한 사람이 없다. 진보적인 기독교인들은 예수가 죽은 육신에서 부활했다고 믿지 않지만 그들에게도 부활 이야기는 여전히 신앙의 중심이다. 그리고 전형적인 희망의 예이다.

• 4대 복음서 모두 다양한 측면에서 예수의 부활을 묘사하는데, 서로 모순되는 부분이 여러 개 있다는 점에 주목할 필요가 있다. 어떤 사람들은 이것이 부활이 일어나지 않았다는 증거라고 주장하지만 오히려 진실을 보여주는 것이라 믿는 사람들도 있다. 어쨌든 4명의 목격자가 있을 때 설명이 서로 완벽하게 맞아떨어지는 것은 매우 드물 것이다.

• 예수의 부활에 대해 기독교인이 아닌 사람이 설명한 것이 몇 개 있다. 유대인 역사학자 플라비우스 요세푸스의 설명이 대표적이다. 요세푸스는 서기 98년에 예수가 부활했다고 기록했다. 그러나 그의 책을 기독교인들이 편집했기 때문에 그 구절의 진위는 의심의 여지가 있다.

• 예수의 무덤이 비어 있었다는 것에 대해 예수가 땅에 얕게 묻혔기 때문에 동물들이 시체를 먹어버렸다는 설명도 있고, 제자들이 시신을 훔쳐갔다는 설도 있다. 그리고 신빙성이 훨씬 떨어지지만 예수가 십자가에서 죽은 것이 아니라 단지 기절만 했을 뿐이고 나중에 무덤에서 깨어났다는 설도 있다.

155

벤자민 프랭클린

18세기 가장 유명하고 영향력 있는 미국인 벤자민 프랭클린(1706년~1790년)은 발명가이자 외교관, 언론인이자 정치가였다. 그는 독립선언문과 미국헌법 최종안 두 문서에 서명한 인물이다. 프랭클린은 청교도가 지배하고 있을 당시 보스턴에서 태어나 장수를 누리고 산업 혁명이 시작되기 직전 필라델피아에서 사망했다. 그는 동시대의 어느 인물보다 신생 국가 미국의 문화와 정치에 많은 기여를 했다. 그뿐만 아니라 전기를 발견하고 프랭클린 난로를 발명했으며 영향력 있는 신문도 발행했다. 당시 그의 명성에 대해 존 애덤스는 "뉴턴이나 프리드리히 2세나 볼테르의 명성보다 더 대단했으며, 이들 모두를 합친 것보다 더 많은 존경을 받았다."라고 썼다. 일부 역사학자들은 프랭클린을 가리켜 "최초의 미국인"이라고 했다.

벤자민 프랭클린은 17세기 말 보스턴으로 이주한 양초 제작자 조슈아 프랭클린의 열다섯째 아이였다. 12세부터 신문 인쇄업을 하는 형의 일을 도왔는데, 처음에는 인쇄기를 돌리는 일을 맡았지만 곧 신문 기사를 쓰기 시작했다. 프랭클린은 고마워할 줄 모르는 형 밑에서 일하는 것이 싫어지자 17세에 필라델피아로 건너갔다. 그곳에서 신문과 재미있는 책들을 출판했고, 나중에는 필라델피아에서 가장 유명한 시민이 되었다. 무한한 재능과 호기심을 지녔던 프랭클린은 병원과 보험회사, 철학 학회, 대학(지금의 펜실베이니아 대학교)을 설립했고, 모두 오늘날까지 남아 있다. 인쇄업에서 은퇴한 후에는 과학으로 관심을 돌려 전기의 성질을 연구하고 이중초점 렌즈와 열효율이 높은 프랭클린 난로를 발명했다.

미국 식민지들이 영국의 지배에 염증을 느끼기 시작한 1750~60년대에 프랭클린은 영국에 머물고 있었다. 그는 영국 의회에서 미국 식민지 주민들의 입장을 대변했다. 런던에서 미국으로 돌아올 때는 영국으로부터 미국 식민지를 분리해야 한다는 확신을 가지고 있었다. 1776년 드디어 필라델피아에서 미국 독립선언문이 반포되었다. 그는 신생 국가 미국을 대표하는 대사로 프랑스를 방문했다. 프랭클린은 그의 과학적 업적 덕분에 유럽에서 이미 유명인사였다. 많은 유럽인들은 단지 위대한 과학자가 관련되어 있다는 이유만으로 신생 국가를 신뢰했다. 프랭클린은 다시 펜실베이니아로 돌아왔고 계속 국가를 위해 일하다가 84세에 세상을 떠났다.

• 프랭클린의 발명품 중에는 '아모니카'라 알려진, 유리로 만든 악기가 있었다. 19세기 아모니카의 인기가 사라지기 전에 위대한 오스트리아 작곡가 볼프강 아마데우스 모차르트는 아모니카 연주곡 두 편을 썼다.

156

포스트식민주의

포스트식민주의 문학은 이전에 식민지였던 지역 사람들에 관한 작품뿐만 아니라 그 지역 출신 작가가 쓴 작품 모두를 가리킨다. 포스트식민주의 문학은 대부분 아프리카, 아시아, 중남미, 카리브해 지역에 남아 있던 유럽 강대국의 마지막 식민지들이 독립을 얻은 1950~60년대 이후에 쓰였다.

1800년대 후반 유럽 제국주의가 전성기에 달했을 때 유럽 작가들은 주로 비문명 사회를 문명화시키는 "백인의 책임"을 찬양하며 조국의 세계 지배를 기리는 글을 썼다. 그러나 점차 조지프 콘래드의 《어둠의 심연》(1899년)과 에드워드 모건 포스터의 《인도로 가는 길》(1924년)처럼 유럽의 식민지 간섭에 비판적인 시선을 던지는 소설들이 등장했다.

제2차 세계대전 이후 탈식민지화가 아시아와 아프리카를 휩쓸면서 신생 독립 국가의 작가들은 문화·사회·심리적 영향을 시간 순으로 기록하기 시작했다. 많은 작가들은 인종, 민족, 국가 정체성의 문제에 대해 깊이 고민했다. 또한 유럽이 토착부족들에게 국가 경계선을 강요했을 때 발생한 정치적, 종교적 갈등을 자세히 살폈다. 평론가들은 포스트식민주의 작품들이 대체로 '타자성otherness'에 초점을 맞춘다고 말했다. 타자성은 문학이론가 에드워드 사이드가 동양을 이국적으로 다루는 서구 사회의 경향에 대한 획기적인 논저 《오리엔탈리즘》(1978년)에서 상세히 설명한 개념이다.

포스트식민주의는 많은 지역과 작가들을 포함하며 뻗어나간 문학 운동이다. 아프리카 출신 작가의 주목할 만한 작품으로 앨런 페이튼의 《울어라 사랑하는 조국이여》(1948년)와 치누아 아체베의 《모든 것이 산산이 부서지다》(1958년)가 있고, 아시아에는 그레이엄 그린의 《콰이엇 아메리칸》(1955년), 아니타 데사리의 《해질녘 게임》(1978년), 살만 루시디의 《한밤의 아이들》(1981년)이 있다. 카리브해 지역의 작품으로는 V. S. 나이폴의 《비스와스씨의 집》(1961년), 진 리스의 《광막한 사르가소 바다》(1966년), 자메이카 킨케이드의 《애니 존》(1985년)이 있다. 또한 포스트식민주의는 여성 작가들에게 풍요로운 기반이 되어 페미니즘과 관련된 주제와 식민지를 벗어난 새로운 세상에서 여성의 발전에 대해 탐구했다. 1980년대 후반부터 동일한 주제를 신선한 시각으로 바라보는 새로운 포스트식민주의 작가 세대가 바통을 이어받았다. 하니프 쿠레이시의 《교외의 부처》(1990년)와 제이디 스미스의 《하얀 이빨》 등이 영국과 미국의 비서구권 이민자들에 초점을 맞췄다. 후기 포스트식민주의 작가들은 고뇌에 가득 찼던 포스트식민주의 작가들보다 낙관적인 시각으로 세상을 그린다. 이민자들이 처한 상황을 현대 사회의 현실로 받아들이고 그 속에서 긍정적인 측면과 심지어 희극적 요소를 탐색한다.

157

호쿠사이

가나가와의 거대한 파도

가쓰시카 호쿠사이(1760년~1849년)는 일본 미술가 중에서 서구 세계에 가장 잘 알려진 인물이다.

가난한 가정에서 태어난 호쿠사이는 거울 만드는 사람에게 입양되어 세공 기술을 배웠다. 18세가 되자 배우들의 초상화로 유명한 가쓰카와 순쇼의 공방에 들어갔지만, 성격상 한곳에 정착하지 못하고 1778년 순쇼의 공방을 떠나 방랑 생활을 시작했다. 이름을 50번 이상 바꿨으며 호쿠사이라는 이름은 46세부터 썼다.

금전적으로 안정된 적이 거의 없었지만 호쿠사이는 종종 세간의 관심을 끄는 일을 벌였다. 한번은 누가 더 훌륭한 미술가인지 대결하고자 타니 분초에게 도전했다. 그는 거대한 종이 위에 파란색으로 넓게 쓸어내듯 그린 다음, 닭발에 붉은색 물감을 묻히고 종이 위에 찍었다. 그리고 그 작품에 〈강 위의 단풍잎〉이라는 제목을 붙였다.

호쿠사이는 500권의 스케치북에 3만여 점의 그림을 그렸다. 1814년부터 1878년까지 다양한 스타일로 각양각색의 실제 사물과 가상의 것을 묘사한 15권짜리 연작 만화를 출판했다.

하지만 호쿠사이는 도쿄에서 기원한 목판화 우키요에로 가장 잘 알려져 있다. "떠다니는 세상의 그림"을 뜻하는 우키요에는 여러 가지 색을 칠하기 위해 다양한 나무 블록을 연속으로 사용하는 채색 판화이다. 가장 유명한 우키요에는 〈후지산의 36경〉 중에서도 〈가나가와의 거대한 파도〉이다. 일본의 전통적인 주제와 거리가 먼, 자연의 힘에 맞서 싸우는 농부를 묘사한 이 그림은 분명 일본에 전해진 네덜란드 판화의 영향을 받았을 것이다.

호쿠사이의 작품은 유럽에 처음 소개되었을 때 폴 고갱과 빈센트 반 고흐 같은 화가들에게 엄청난 충격을 줬다. 제임스 휘슬러는 호쿠사이를 가리켜 디에고 벨라스케스 이후로 가장 위대한 미술가라고 평했다.

• 연작 판화 〈후코주소〉에서 알 수 있듯이 호쿠사이는 에도 시대의 주요 춘화 작가였다.

• 〈후지산의 100경〉(1834년~1835년)에서 호쿠사이는 여러 각도에서 바라본 후지산의 모습을 포착해 그렸다. 그가 후지산에 대해 잘 알고 있었음을 분명히 보여주는 증거이다.

158

최면

200여 년 동안 사람들은 최면을 정의하려 애썼다. 대부분의 사람들은 음흉한 팔자수염을 기르고 검정 중산모를 쓴 남자가 눈앞에 회중시계를 추처럼 흔들면서 으스스하고 침착한 목소리로 "이제 당신은 잠에 빠져 듭니다."라고 말하는 모습을 떠올린다. 그리고 몇 분 후 그 남자가 우리의 행동과 생각과 기억을 모두 통제하는 것을 상상한다.

오늘날 정신과 의사들은 최면이란 제안을 굉장히 쉽게 받아들이는 가수 상태로 이해한다. 그러나 그것은 마음의 통제라기보다 유도된 몽상에 더 가깝다. 흔히 최면에 빠지면 말이나 행동에 아무 제약을 받지 않을 것 같지만 본인의 의지에 반하는 것은 어떤 것도 하려고 하지 않는다. 뇌파기록장치를 통해 살핀 결과, 최면이 일어나는 동안 수면과 꿈에 관련된 저주파 뇌파가 증가하는 것으로 나타났다. 반면에 완전히 깨어 있는 상태와 연관된 고주파 뇌파는 크게 감소했다. 그러나 완전히 사라지지는 않았다. 이것이 최면이 꿈과 같은 성질을 가지는 이유일 것이다. 그렇다고 최면에 걸린 사람이 꼭두각시처럼 된다는 말은 아니다. 그들은 여전히 스스로 생각한다.

최면을 거는 기본 방법은 세 가지가 있다. 첫째는 시선 고정 유도법이다. 최면 대상에게 외부세계를 무시하도록 회중시계 같은 하나의 사물에 고도의 집중을 하게 하는 것이다. 초기에 흔하게 실시되던 방법이지만 오늘날에는 거의 사용하지 않는다. 단지 이 방법의 성공률이 낮기 때문이다. 둘째 방법은 "일어서. 앉아. 눈 깜빡여. 일어서."와 같이 빠른 명령을 퍼붓는 것이다. 무대 공연자나 심문자들이 선택하는 방법이다. 셋째 방법은 정신과 의사들이 사용하는 점진적 이완 요법이다. 대상자가 최면 상태에 빠져들도록 긴장을 이완시켜주는 것을 말한다. 의사는 부드러운 목소리로 말하고 평화로운 이미지를 제안해서 대상자가 과식이나 흡연 같은 나쁜 습관을 없애는 법을 터득할 수 있는 환경을 만든다.

- 현대 최면의 창시자로 여겨지는 18세기 오스트리아의 의사 프란츠 안톤 메스머는 최면을 신비한 힘이라 믿으면서 '동물 자기(animal magnetism)'라고 불렀다.
- 영어 단어 mesmerism(매료)와 mesmerize(매료시키다)는 메스머(Mesmer)의 이름에서 유래했다.
- 많은 전문가들은 운전과 텔레비전 시청도 최면 상태라고 여긴다.
- 상상력이 풍부한 사람들이 대체로 최면에 걸리기 쉽다.

159 | FRI ♪ 음악 | 소나타 형식

음악 이론 측면에서 고전주의 시대가 남긴 가장 의미 있는 유산은 소나타 형식이 매우 중요한 작곡 구조로 자리매김했다는 점이다. 소나타는 거의 200년 동안 수백 곡의 짧은 곡과 교향곡 악장의 기준이 되었고, 그 영향력은 벨러 버르토크(1881년~1945년) 같은 20세기 작곡가들에게까지 미쳤다.

소나타 형식은 길이가 긴 악곡의 개별 악장이나 독립적인 짧은 악곡에 사용된다. 바로크 음악에 사용된 두도막 형식에서 발전된 음악 구조이다.

바로크 작곡가들은 대체로 한 곡이나 한 악장에 하나의 감정을 담았고, 주요 테마나 모티브도 대체로 하나만 전개했다. 반면에 고전주의 음악가들은 한 곡에 서로 대비되는 테마나 감정을 담는 것을 좋아했고, 소나타 형식은 그렇게 할 수 있는 구조를 제공했다. 소나타 형식은 다음과 같이 구성되어 있다.

• 제시부: 소나타 형식의 악장이나 곡의 첫 부분으로 때때로 제시부 앞에 서주부가 나오기도 한다. 제시부는 대개 두 부분으로 나눠 주제를 제시한다. 첫 번째 주제는 으뜸음으로 진행되고 두 번째 주제는 대체로 딸림음이나 관계조로 진행된다. 보통 조바꿈을 완만하게 만들어주는 다리가 있어서 두 부분을 연결해준다.

• 전개부: 화성학적으로 불안정하고 조바꿈이 많다. 작곡가가 주제를 분리하고, 재구성하고, 새로운 화음으로 재편성함으로써 재능과 기교를 과시할 수 있는 파트이다.

• 재현부: 재현부에서는 제시부의 주제가 다시 나오며, 확실하게 으뜸음으로 다시 제시된다. 종종 뒤에 짧은 종결부가 뒤따르기도 한다.

어떤 면에서 보면 소나타 형식은 설명문과 구조가 비슷하다. 많은 사람들이 소나타 형식을 이성과 논리에 기반을 둔 당시의 시대정신에서 파생된 부산물로 여기는 이유가 여기에 있다. 기원이 어떻든 간에 소나타 형식은 고전파 음악가들이 가장 지속적으로 사용한 형식 중 하나이다.

• 소나타 형식이라는 용어는 이제 널리 알려져 있지만 정작 이것을 처음 만든 작곡가들은 이 용어를 사용하지 않았다. 소나타 형식이라는 말은 1755년경 음악이론가 요제프 리에펠의 글에 처음 등장했다.
• 베토벤은 교향곡의 종결부를 확장해서 또 다른 길고 탐색적인 전개부를 만들었다. 그의 진정한 천재성은 몇몇 곡의 종결부에서 엿볼 수 있다.
• 복합 두도막 형식이라고도 불리는 소나타 형식은 실제로 소나타라고 불리는 악곡뿐만 아니라 교향곡, 협주곡, 현악 4중주, 합창곡 등 무수히 많은 장르에 사용된다.

160 | SAT 철학 | 존 로크

존 로크(1632년~1704년)는 영국 최초의 경험주의자이자 근대 정치철학의 가장 중요한 인물 중 한 명으로 꼽힌다. 1632년 영국 링턴에서 태어났고 옥스퍼드대학에서 교육을 받았다. 로크는 여러 중요한 철학·과학·정치 운동에 참여했다. 그는 아이작 뉴턴이 소속되었던 영국왕립학회의 창립 멤버였고, 찰스 2세와 그의 가톨릭교도 동생 제임스를 거부하는 신교도의 움직임에 중요한 역할을 했다.

1690년에 발표한 《인간 지성론》은 로크의 대표적인 철학 저서이다. 로크는 인간이 태어날 때 정신은 '타불라 라사' 또는 '비어 있는 석판' 상태로 태어난다고 주장했다. 그러므로 우리가 아는 모든 지식은 경험을 통해 나중에 얻은 것이다. 로크 심리학에서 생각은 세계에 대한 감각 경험에서 나온다. 우리는 생각을 비교하고, 그것들을 결합해 더 복잡한 생각을 할 수 있으며, 구체적인 생각에서 일반적인 생각을 추론할 수 있다. 그러나 신체적 감각은 생각의 유일한 출발점이기 때문에 우리가 알 수 있는 것들에는 중요한 제약이 있다. 예를 들어 로크는 우리가 사물의 근본적이고 진정한 본질을 알 수 있을지 회의적이었다.

로크는 사회계약이론을 제기함으로써 정치 철학에 중요한 기여를 했다. 그의 이론에 따르면 인간은 원래 법이 없는 '자연 상태'에 있었으며 물리적 힘이 유일한 권력의 기준이었다. 하지만 인간은 사회계약을 만들어냈고, 그 계약에 따라 태어나면서부터 가지고 있던 자연권 가운데 일정 부분을 정부나 다른 권력자에게 양도하고 그 대가로 안전과 다른 것들을 보장받았다. 로크는 공정한 사회계약은 생명, 자유, 재산에 대한 시민들의 권리를 존중해야 한다고 주장했다. 이런 권리가 침해된다면 우리는 그 상대가 왕일지라도 통치권자에게 반항할 자격이 있다고 로크는 주장했다.

- 로크는 찰스 2세와 제임스에 맞선 음모에 연루되어 영국에서 네덜란드로 피신했다. 그는 1688년 왕이 된 제임스를 폐위시킨 명예혁명이 성공하면서 다시 영국으로 돌아왔다.
- 로크의 사상은 미국 독립선언문의 바탕이 되었다.
- 사회계약설은 미국 독립운동의 지도자들에게 영향을 미쳤다.

161 | SUN ☰ 종교 | 복음서

'좋은 소식'이라는 의미의 복음은 흔히 신약성경의 4대 복음서를 가리킬 때 사용된다. 예수가 글로 직접 남긴 것이 없기 때문에 마태복음, 마가복음, 누가복음, 요한복음 이렇게 네 복음서는 예수의 가르침을 알 수 있는 중요한 출처이다. 4대 복음서는 서기 60년부터 110년 사이에 쓰였고, 마태복음은 본래 아람 문자로 쓰였다고 주장하는 사람도 있지만 네 복음서 모두 그리스 문자로 쓰였을 것이다.

4대 복음서의 집필 순서나 상호연관성은 매우 복잡하다. 요한복음은 예수의 철학 사상이나 신학에 더 초점을 맞추고 있지만 마태복음, 마가복음, 누가복음은 여러 동일한 사건을 다루면서 예수의 삶과 가르침을 기술하고 있다. 마태와 마가, 누가 모두 예수의 삶을 기록하고 있으므로 그들은 서로의 글을 참조했을 것으로 추정된다.

오늘날 가장 널리 받아들여지는 설은 마가복음이 가장 먼저 쓰였고, 마태와 누가가 그것을 기본 자료로 사용했다는 것이다. 마태복음과 누가복음은 그저 Q라고만 알려진 제2의 자료를 참조했을 가능성도 제기되었지만, 그런 자료는 발견된 적이 없다.

마가복음은 예수의 탄생부터 시작하지 않고 예수가 설교를 시작했을 때부터 삶의 흔적을 따라간다. 마태복음과 누가복음은 예수의 탄생, 세례자 요한의 가르침, 예수의 가르침, 예수의 부활을 담고 있다. 요한복음도 같은 이야기를 포함하지만 대체로 시간 순서로 나열되어 있지 않다.

4대 복음서 외에도 출처가 불분명한 다른 복음서도 존재한다. 대부분 4대 복음서보다 나중에 쓰였고, 그래서 기독교계에서는 부분적으로 받아들이고 있다. 그것들 중 상당수가 예수를 너무 마술적 인물로 그린다고 비난받는다. 예를 들어, 예수가 진흙으로 새를 만들어 그 새에게 손짓을 했더니 진짜 살아 있는 새가 되었다는 이야기도 있다. 로마 가톨릭교에서는 그런 이야기를 이단이라 여긴다.

- 리옹의 이레나이우스는 신약성경이 오직 4대 복음서만 포함한다고 주장했다. 그가 그런 주장을 펼친 근거는 세상에 4개의 방향이 있고 바람의 종류도 4개이기 때문이었다.
- 요한복음은 예수가 죽은 것이 유대인들 책임이라는 주장의 주요 출처이다. 요한복음의 저자가 분명 유대인이고 비난의 초점이 당시의 일부 유대교 지도자들이었지만 이 대목은 유대인 박해의 구실로 사용되었다.
- 4대 복음서는 신약성경의 중요한 부분이지만 신약성경 전체 37편 중 단지 4편을 구성하고 있다.

162

조지 워싱턴

"전쟁에서도 으뜸, 평화에서도 으뜸 그리고 국민들 마음속에서도 으뜸."

- 조지 워싱턴에게 부치는 추모사

조지 워싱턴(1732년~1799년)은 미국 독립전쟁의 총사령관이었고, 독립된 미국의 초대 대통령이 되었다. 1775년 독립전쟁이 일어나기 전 조지 워싱턴은 버지니아의 부유한 농장주였다. 그는 영국을 위해 프랑스에 맞서 싸우기도 했고 여러 인디언 부족과 전쟁을 치르기도 했다. 그러나 1760년대와 1770년대 초반 영국 황실의 통치 방식에 불만을 느꼈다. 미국 독립운동이 시작될 즈음 워싱턴은 이미 애국자라 불리는 헌신적인 독립파였다. 대륙회의는 만장일치로 워싱턴을 혁명군 지도자로 추대했고, 워싱턴은 1775년 7월 3일 매사추세츠 케임브리지에서 총사령관 자리에 올랐다.

이론적으로 워싱턴의 임무는 실제 불가능해 보였다. 1775년 대영제국은 세계에서 가장 강력한 국가였고, 잘 훈련된 병사와 용병으로 구성된 영국군은 유럽 최정예였다. 그런 적군을 상대로 완승을 거둔다는 것은 거의 기대할 수 없었다. 워싱턴은 참패를 피하면서 영국군을 지치게 만드는 작전을 짰고, 작전은 정확히 들어맞았다. 영국이 반란을 일으킨 식민지로 아무리 많은 군대를 보내도 식민지 주민들은 맞서 싸웠다. 워싱턴은 프랑스와 스페인, 네덜란드를 집요하게 설득해 동맹을 맺는 데 성공했다. 결국 영국은 손을 들었다. 미국 독립전쟁은 인명 피해가 비교적 적었다는 점에서 주목할 만하다. 영국에 대항한 전쟁에서 혁명군은 6824명이 목숨을 잃었다.

지혜로운 리더십 덕에 워싱턴은 새로운 독립 국가에서 굉장한 인기를 누렸다. 그러나 권력에 집착하지 않고 고향인 버지니아 마운트 버논으로 물러났다. 1789년 마침내 대통령 선거에 출마하기로 동의한 워싱턴은 만장일치로 대통령으로 선출되었다.

임기 동안 미래의 대통령에게 지침이 되고자 그는 일부러 여러 선례를 세웠다. 화려한 직함을 거부하고, 대신에 공화국에 어울리게 간단히 "미스터 프레지던트"라고 부르라고 고집했다. 2대 대통령까지 지낸 워싱턴은 3선 출마 요구를 거절했다. 1799년 워싱턴이 사망하자 미국 국민들은 "미국 건국의 아버지"를 잃은 것에 모두 애도했다.

- 대통령으로서 워싱턴은 미국 정부의 기본 구조를 세우는 법안에 서명했다. 첫 번째 임기에 서명한 법에 의해 미국 공식 화폐와 수도를 정했고 대통령에게 조언을 제공하는 내각을 만들었다.
- 조지 워싱턴은 노예제도가 비도덕적이라 생각했지만 그 자신도 노예를 소유하고 있었다. 심지어 타의 모범이 되도록 노예를 풀어줘야 한다는 제안을 거절했다. 그러나 유언을 통해 결국에는 노예들을 풀어줬다.

163

안톤 체호프

안톤 체호프(1860년~1904년)는 단편소설의 대가이자 가장 훌륭한 극작가 중 한 명이다. 그의 기념비적인 희곡과 무수히 많은 걸작 단편은 일상에서 놀라운 이야기를 끌어내고 있다. 작품 대부분이 진지하지만 체호프는 일관되게 희극과 비극 사이를 줄타기한다.

체호프는 한 세대 전 농노제에서 벗어나 자유를 얻었지만 가난에 허덕이는 러시아 남부의 한 가정에 태어났다. 모스크바에서 의학을 공부하면서도 부모님을 부양하기 위해 수백 편의 짧은 희극을 써 다양한 필명으로 팔았다. 1884년 의학 공부를 마친 후에도 글쓰기를 계속했고, 20대 후반에는 팬도 많아졌다. 그는 점차 무거운 주제를 다루었고 희곡에 발을 들이면서 문학 비평가들의 관심을 받기 시작했다.

지금은 전설이 되었지만 〈갈매기〉(1896년)가 상트페테르부르크에서 처음 상연되었을 때 그야말로 대실패였다. 희극으로 잘못 홍보된 데다 관객들이 야유를 보내자 체호프는 굴욕감에 극장에서 도망쳐 나왔다. 그 경험으로 체호프는 희곡을 아예 포기할 뻔했다. 다행히 나중에 제작된 〈갈매기〉 공연이 호평을 받았고, 초기에 쓴 평범한 희곡을 수정해 〈바냐 아저씨〉(1897년)라는 훌륭한 작품을 발표해 다시 한 번 성공을 이뤄냈다. 뒤이어 〈세 자매〉(1901년)와 〈벚꽃 동산〉(1904년)을 발표했다. 희비극 걸작이라 평가받는 이 희곡들은 연극적인 요소를 최소한 유지하며 세대 간 갈등과 그 밖의 가족 문제를 다룬다. 가장 중요한 사건은 무대 위에서 벌어지는 것이 아니라 관객이 안 보이는 데서 일어나고 대사를 통해 관객에게 전달된다.

체호프는 극작가로 가장 많이 알려지기는 했지만 필적할 만한 작가가 없을 만큼 단편소설에서도 탁월했다. 그는 예리한 현실 관찰을 통해 일상의 단조로움과 진부함으로 자기 연민에 빠진 사람들을 그렸다. 이야기는 우울한 배경 속에서 전개되고 줄거리는 아주 짧은 데다 오해를 일으킬 만큼 단순하다. 가장 중요한 요소는 수면 아래 감춰진 채 결말에 이르러서도 해결되는 것이 거의 없거나 아예 없다. 200편이 넘는 체호프의 작품은 단편소설을 중요한 문학 장르로 확립시키는 데 결정적인 역할을 했다.

- 체호프는 작가로서 전성기를 누리는 동안에도 의사로서 일을 계속했다. 그는 다음과 같은 유명한 말을 남겼다. "의학은 본처이고 문학은 첩이다. 한쪽이 지루해지면 다른 쪽과 밤을 보낸다."
- 체호프의 희곡은 1920년대 영어로 번역되자마자 거의 동시에 영국과 미국 연극계의 필수 작품 목록에 올랐으며, 지금도 널리 상연되고 있다.
- 러시아 문학평론가와 지식인들은 종종 체호프에게 정치적인 작품을 쓰라고 압박했다. 그러나 작품에 정치색을 입힌다면 작품의 보편성이 줄어들 것이라 생각한 체호프는 그들의 요구를 거부했다.

164

WED
미술

낭만주의

낭만주의 문예운동(1750년~1850년)은 대체로 신고전주의에 대한 반응으로 발생했다. 신고전주의 예술가들이 이성, 객관성, 질서, 과학 등 계몽주의적 가치를 강조한 반면, 낭만주의 예술가들은 환상, 직관, 주관성, 감정 등의 영역에 관심을 가졌다. 미국 독립 전쟁과 프랑스 혁명을 낳은 열정에 자극 받은 낭만주의자들은 사회적 규범보다 개인의 자유와 반항을 찬양했다. 가속화되는 산업화에 크게 실망한 낭만주의자들은 자연의 경이로움과 보다 단순하고 원시적인 문화의 순수성에서 감동을 느꼈다. 그리스·로마 미술의 뚜렷한 선과 우아함을 선호한 신고전주의자들과 달리 낭만주의자들은 이국적 문화의 신비로움과 고딕 건축의 복잡성에 매료되었다.

영국에서 낭만주의는 일찌감치 1749년에 나타났다. 소설가 호러스 월폴이 트위크넘에 있는 자신의 스트로베리힐 저택을 고딕 양식으로 개축하기로 결정한 때이다. 대표적인 영국 낭만주의 회화 작품에는 조지 스터브스의 〈말을 잡아먹는 사자〉(1763년), 헨리 퓨젤리의 〈악몽〉(1781년), 윌리엄 블레이크의 시집에 그린 삽화들이 포함된다. 영국 낭만주의 회화는 존 컨스터블과 조지프 말로드 윌리엄 터너의 그림에서 절정에 이르렀다. 건축 분야에서는 1836년에 착공된 신(新)고딕 양식의 국회의사당에 가장 잘 반영되어 있다.

프랑스의 낭만주의는 장 자크 루소의 글과 프랑스 혁명에서 많은 영향을 받았다. 낭만주의 시대에 두드러진 프랑스 화가로 장 오귀스트 도미니크 앵그르, 테오도르 제리코, 외젠 들라크루아가 있다. 프랑스 낭만주의 건축의 최고 표본은 피에르 비뇽이 설계한 마들렌 사원으로 신고전주의 양식의 뼈대 안에 비잔틴 양식의 돔이 3개 있다. 과거의 건축 양식을 혼합하는 것이 그 당시 건축물의 주된 특징이었다.

독일의 낭만주의는 요한 볼프강 폰 괴테가 1774년 발표한 소설《젊은 베르테르의 슬픔》의 고뇌하는 주인공에게서 큰 영감을 얻었다. 카스파르 다비트 프리드리히의 〈눈 덮인 묘지〉(1817년~1819년)와 필리프 오토 룽게의 〈아침〉(1809년)은 독일 낭만주의를 대표하는 그림이다.

가장 위대한 스페인 낭만주의 화가는 프란시스코 고야이다. 그리고 미국 낭만주의 미술을 대표하는 화가는 존 싱글턴 코플리다. 극적인 장면을 묘사한 그의 대작 〈왓슨과 상어〉(1778년)는 실제로 상어 공격에서 살아남은 생존자가 의뢰해서 그린 작품이다.

165

인지 부조화

1957년 스탠포드대학교의 사회심리학자 레온 페스팅거는 인간 행동에 관한 가장 영향력 있는 저서로 손꼽히는 《인지 부조화 이론》을 출간했다. 이론은 매우 간단하다. 우리는 과학자들이 인지라고 부르는 다양한 믿음과 개념과 생각을 가지고 있다. 대부분의 경우 인지를 구성하는 요소들은 서로 연관되어 있지 않다. 예를 들어, 오페라를 좋아하는 것과 1980년에 누가 대통령에 당선되었는지 아는 것은 아무 관련이 없다. 그러나 생각이나 행동들이 서로 관련되어 있을 때 우리는 그것들이 일관되어야 한다고 절실히 느낀다. 만일 일관되지 않고 모순이 생긴다면 정신이 견딜 수 없는 부조화 상태에이른다. 정신이 다시 평형상태를 회복하도록 하기 위해 상충되는 생각이나 행동은 바뀌어야 한다. 대개 행동보다 생각을 바꾸는 것이 쉽기 때문에 우리는 아마 마음가짐을 바꿀 것이다.

페스팅거는 담배의 예를 들었다. 담배 피우는 사람은 담배가 건강에 해롭다는 말을 들을 때 인지 부조화를 겪는다. 한 가지 해결책은 담배를 끊는 것이다. 그러나 행동을 바꾸는 것이 어렵기 때문에 그 흡연자는 인지 부조화에서 오는 스트레스를 줄이기 위해 담배에 대한 생각을 바꿀 공산이 크다. 예를 들어 긴장 완화나 체중 감소 같은 담배의 긍정적인 측면에 초점을 맞추기로 마음먹을 것이다. 자신에게 "담배를 끊으면 살이 찔지도 모르고, 그러면 건강에 안 좋을 거야."라고 말하는 것이다. 아니면 자동차 사고 같은 다른 일상적인 위험과 비교할 수도 있다. "사람들이 매일 망설임 없이 차를 끌고 도로 위를 달리는데, 나는 왜 담배 피는 것을 두고 걱정해야 하지?"라고 생각할지도 모른다. 그런 합리화를 통해 사람들은 인지 부조화를 줄이고 행동과 믿음이 일관되도록 유지시킨다.

• 신입생 신고식은 인지 부조화 원리에서 작용한다. 연구 결과에 따르면 첫 신고식이 가혹할수록 그 집단의 일원이 되는 것을 기쁘게 생각하는 신입생이 더 많았다. 사회심리학자들은 이런 현상을 '노력 정당화 패러다임'이라 부른다.

• 경제학자들은 소비자가 물건을 사놓고 후회하는 것도 인지 부조화 때문이라고 본다.

• 페스팅거의 연구에 따르면 사람들은 돈을 받고 거짓말을 할 경우 자신이 한 거짓말을 믿지 않는다. 그러나 돈을 받지 않고 자발적으로 거짓말을 할 경우 종종 스스로 그 말을 믿는다. 돈을 받는다는 정당화 없이 거짓말을 하면 인지적 부조화를 겪기 때문에 자신이 한 거짓말을 믿으려고 하는 경향이 있다.

166 | FRI ♪ 음악 | 모차르트 협주곡 21번과 교향곡 41번

볼프강 아마데우스 모차르트(1756년~1791년)는 후반기에 피아노 협주곡을 17편 작곡했다. 모두 고전주의 협주곡의 최고의 표본으로 여겨진다. 많은 곡들이 비발디의 협주곡 스타일과 일반적인 소나타 형식을 결합한 소나타 리토르넬로 형식이다. 소나타 리토르넬로 형식에서는 솔로 파트가 연주하는 주제를 오케스트라가 다시 다룬다.

과거에는 피아노가 오늘날 같은 볼륨을 가지고 있지 않았기 때문에 멜로디를 제대로 들을 수 없었다. 그래서 피아노 협주곡 전용의 소나타 리토르넬로 형식은 관객들이 멜로디를 확실하게 듣고 이해할 수 있도록 만들어졌을 것이다.

모차르트의 협주곡 17곡 중에서 가장 탁월한 것은 21번이다. 제1악장은 햇살이 비추는 유쾌한 동기를 가지고 있고, 느리게 연주되는 중간 악장은 평온하고 아름답고 때로는 낭만적이고 감상적이다. 마지막 악장은 기교가 화려한 악절을 많이 포함한다.

장엄한 다장조로 쓰인 모차르트 교향곡 41번은 웅장한 제1악장 때문에 주피터 교향곡이라고도 불린다. 풍부한 표현력을 희생시키지 않고도 소나타 형식 안에서 곡을 쓸 수 있는 모차르트의 능력을 매우 잘 보여주는 곡이다. 제1악장에서 큰 소리를 내는 트럼펫과 드럼은 곡에 승리감을 불어넣어 준다. 마지막 악장은 바흐의 느낌을 주는 장대한 푸가로 시작하지만 그러면서도 소나타 구조의 필수요소를 끝까지 유지한다. 적어도 6개의 주제를 다루며, 서로 다른 주제들은 한꺼번에 폭발적인 피날레를 장식한다.

모차르트의 협주곡 21번과 교향곡 41번은 각기 가장 성숙하고 인상적인 파트에서 고전주의 음악 스타일과 소나타 형식을 강조한다. 이와 같은 악곡들을 보면서 많은 음악 연구가와 역사학자들은 모차르트를 역사상 가장 위대한 작곡가라고 주장한다.

- 1861년 독일의 음악 연구가 루드비히 폰 쾨헬은 모차르트의 작품과 작곡 날짜를 기록하는 방법으로 K467, K551 등과 같이 표시하는 K 카탈로그를 만들었다. 오늘날 모차르트의 곡을 언급할 때 거의 항상 쾨헬 번호를 붙인다. 협주곡 21번은 K467, 1785이다.
- 주피터 교향곡이라는 이름이 어떻게 붙여졌는지는 아무도 정확히 알지 못한다. 어쨌든 모차르트가 자신의 41번 교향곡에 그런 이름을 붙인 것은 아니다. 모차르트의 아들은 하이든에게 런던 교향곡을 의뢰한 공연 기획자 살로몬이 이름의 출처라고 주장했다.
- 모차르트 피아노 협주곡 21번의 서정적이고 느린 악장은 1967년 개봉한 감상적인 로맨스 영화 〈엘비라 마디간〉의 영화음악으로 사용되었다. 그래서 '엘비라 마디간 협주곡'이라 불리기도 하는데, 그렇게 힘 있는 곡에는 어울리지 않은 이름이다.

167 | SAT ⛪ 철학 | 개인의 정체성

어린 시절 당신의 모습을 기억해보라. 현재와 여러 가지 차이점이 있겠지만 당신은 여전히 어릴 적 당신과 같은 사람이다. 아이였을 때의 당신과 성인이 된 당신은 다른 사람이 아니다. 그렇다면 어떤 조건에서 한 시기의 개인이 다른 시기의 개인과 동일한 사람이 되는 것일까? 다시 말해, 개인은 어떤 종류의 변화를 겪고도 계속 존재할 수 있을까? 이것이 개인의 정체성 문제이다.

한 가지 가능한 답은 인간은 유기체이므로 동일한 유기체로 남아 있는 한 그 사람은 같은 사람이라는 것이다. 그러나 다음과 같은 사고 실험을 해보자. 한 과학자가 당신의 뇌를 빼어내 다른 사람의 머리에 집어넣을 것이다. 그리고 그 사람의 뇌를 당신 머리에 집어넣을 것이다. 마지막으로 과학자는 두 사람 중 한 사람에게 고문을 가할 예정이다. 수술이 행해지기 전에 당신에게 선택권이 주어진다. 오직 당신에게 유리하게 한다면 고문을 당해야 할 사람은 누구일까? 당신의 몸에 과학자의 뇌를 지닌 사람(A)일까, 아니면 과학자의 몸에 당신의 뇌를 지닌 사람(B)일까?

만일 당신이 자신은 단지 유기체일 뿐이라고 믿는다면 수술을 하더라도 당신은 여전히 A일 것이다. 어쨌든 뇌는 단지 하나의 기관이고, 기관 이식 수술을 했다고 유기체가 소멸되는 것은 아니다. 그러므로 만일 당신이 B를 고문하라고 선택했다면 당신은 암암리에 당신 자신이 유기체가 아니며 당신의 정체성은 다른 방식에 의해 결정된다고 가정하고 있는 것이다.

이 사고 실험은 두 가지 측면에서 의의가 있다. 첫째, 시간이 흐르면 정체성이 모호해진다는 것을 보여준다. 처음에는 우리 자신이 그저 유기체라고 가정하고 싶은 생각이 든다. 그러나 사고 실험에 의해 이 가정을 의심하게 된다. 둘째, 개인의 정체성에 관한 질문은 자아에 관한 더 큰 질문과 연결되어 있다. 자신의 이익을 위해 행동한다고 말할 때 우리는 정확히 무엇에 관해 신경 쓰는 것일까? 사고 실험에 따르면 자기 이익은 몸보다는 경험이나 기억에 관련되어 있음을 알 수 있다.

• 영국 철학자 존 로크(1632년~1704년)는 A와 B가 정신적으로 연결되어 있을 때, 특히 기억에 의해 연결되어 있을 때 동일한 사람이라고 주장했다.

• 이동장치를 이용해 당신을 분해해서 화성의 우주정거장으로 정보를 전송하면 그곳에 당신과 질적으로 다르지 않은 사람이 만들어진다고 상상해보자. 당신이라면 장거리 이동 수단으로 이 장치를 사용하겠는가? 새로 만들어진 사람은 원래의 당신과 동일한 사람일까?

• 그런 이동장치가 두 명의 똑같은 개인을 만들어낸 것이라면 어떻게 될까? 그런 경우 당신은 생존하고 있는 것일까? 어느 쪽이 당신일까? 이런 식으로 당신과 연결되어 있는 사람이 두 명인 게 나을까, 아니면 한 명인 게 나을까?

168 | 가톨릭교

로마 가톨릭교회는 세계 최대의 기독교 종파로서 신도가 12억 명이 넘는다. 이탈리아, 아일랜드, 스페인, 필리핀, 멕시코, 아르헨티나 같은 다양한 나라에서는 국민 대부분이 가톨릭교도이다.

로마 내부에 있는 작은 독립국 바티칸시국이 가톨릭 세계 전체를 관장한다. 로마의 주교이자 성 베드로의 후계자인 교황이 추기경들의 도움을 받으며 가톨릭교를 이끈다. 가톨릭 세계는 2500개의 교구로 나뉘며 교구는 주교가 이끈다. 교구 내의 각 교회는 신부나 부제가 이끈다. 이것이 가톨릭교의 위계 구조이다.

가톨릭교에는 중요하게 여기는 일곱 가지 거룩한 예식이 있다.

- 세례성사: 신자에게 물을 묻히거나 신자를 물에 잠기게 해서 행하는 것으로 원죄에 대한 용서를 의미한다.
- 견진성사: 세례를 받은 사람이 하는 두 번째 신앙 고백을 의미한다.
- 성체성사: 예수 그리스도의 살을 먹고 피를 마시는 예식으로 가톨릭 신자들은 이때 사용되는 빵과 포도주가 말 그대로 살과 피가 된다고 믿는다.
- 고해성사: 죄의 용서를 구하는 예식이다.
- 병자성사: 죽어가는 사람에게 성스러운 기름으로 축복을 내리는 예식이다.
- 성품성사: 사제 서품을 받은 사람으로 인정하는 예식이다.
- 혼인성사: 결혼한 사람을 인정하는 예식이다.

가톨릭교에서 일곱 가지 성사는 그리스도가 가톨릭교회에 내린 선물이라 여겨지며, 가톨릭교도들은 이 성사들을 행하는 것이 구원에 이르는 길이라 생각한다. 신앙심만으로 구원에 이른다고 믿는 개신교와는 달리 가톨릭교도들은 그리스도에 대한 신앙심과 선행을 행해야 구원이 이뤄진다고 믿는다. 그러므로 세례성사를 통해 정화된 후 구원을 얻기 위해 가톨릭교도들은 죄를 저지를 때마다 용서를 구해야 한다.

역사적으로 가톨릭교회는 유럽과 세계 다른 지역의 정치에 지대한 영향을 미쳤다. 십자군 원정에 관여했고, 중세시대처럼 혼돈의 시기에는 안전하게 지식을 저장하는 장소였다. 어느 시대이든 교황과 주교들은 세계무대에서 중대한 역할을 담당했다.

- 동방정교회에서도 일곱 가지 성사를 실행한다. 그러나 동방정교회와 다른 종파에서는 성체성사가 말 그대로 그리스도의 몸을 먹는 것이라 생각하지 않는다.
- 연옥과 지옥이라는 개념은 종종 혼합되기도 하지만 가톨릭교에서는 엄격히 구분한다. 지옥은 영원히 벌을 받는 상태이지만 연옥은 죽은 사람이 천국으로 가는 도중에 아직 죄를 용서받지 못했을 때 죄를 씻는 곳이다.

169 | MON ☿ 역사 | 토머스 페인

토머스 페인(1737년~1809년)은 미국의 급진적인 논설 작가이자 정치 철학가이다. 1776년 출판된 그의 유명한 저서 《상식》은 많은 미국인들에게 영국의 지배에 저항하고 독립운동에 가담하도록 설득했다. 페인은 영국의 군주제를 혐오하고 공화주의가 가장 좋은 정부 형태라고 믿었으며, 독재 정부를 반대하는 혁명적 명분에 이끌려 평생 동안 대중 선동가로 활동했다. 산전수전 다 겪은 페인은 프랑스 혁명에 참가하고, 루이 16세를 쓰러뜨린 혁명을 지지하는 선동적인 책 《인권》을 펴냈다.

페인은 자신을 지지하는 사람들과 거리를 두는 경향이 있었고 자신의 노고에 대해 거창하게 감사받는 것을 좋아하지 않았다. 프랑스로 건너간 후 페인은 의외로 폐위된 왕의 처형을 반대했다. 결국 자신이 지지했던 프랑스 혁명군에 체포되어 사형 선고를 받았다. 하지만 단두대 처형을 면했다. 순전히 운이었다. 감옥 문에 참수형 죄수임을 나타낸 분필 표시가 있었지만 사형 집행인이 못 보고 지나친 것이었다. 우여곡절 끝에 미국으로 돌아온 페인은 성경을 굉장한 발명품이라 부르는 등 비전통적인 종교관을 가지고 있었기 때문에 사회적으로 배척당했다. 그는 빈곤 속에 세상을 떠났다.

페인의 글은 비타협적이고 선동적이고 고무적이다. 《상식》에서 조지 3세는 "짐승 같은 왕"이고 군주제는 "악"이라고 표현했다. 그는 미국에 공화주의 정부를 세우는 것이 전 세계의 다른 고통받는 국민들에게 영감을 줄 것이라 믿었으며 "미국의 명분은 크게 보면 인류의 명분이다."라고 주장했다. 그의 지칠 줄 모르는 선동에 심지어 그를 비난하던 사람들조차 그를 인정했다. 미국의 제2대 대통령 존 애덤스는 페인을 "돼지와 개 사이에 태어난 잡종"이라고 불렀지만 "페인의 펜이 없었더라면 워싱턴의 칼은 쓸모없었을 것이다."라고 그를 인정했다.

- 페인이 사망한 지 10년 후 그의 유골을 영국으로 옮기고 싶었던 한 영국인 추종자가 유골을 파내었다. 그러나 그의 유골은 다시 매장되지 않았고, 그 후 어떻게 되었는지는 풀리지 않은 수수께끼로 남아 있다.
- 《인권》은 프랑스 혁명에 경악하는 영국의 보수적인 국회의원 에드먼드 버크에 대한 반박으로 쓴 책이다. 페인은 무장 혁명보다 온건하고 점진적인 개혁을 주장하는 버크를 경멸하면서 프랑스 소작농의 끔찍한 상태가 프랑스 혁명의 정당성을 보여준다고 주장했다.
- 일반적으로 페인이 13개 식민지를 대표하는 미합중국이라는 이름을 만들었다고 여겨진다.

170

버지니아 울프

영국의 소설가이자 문학비평가 버지니아 울프(1882년~1941년)는 가장 영향력 있는 모더니즘 작가 중 한 명이다. 제임스 조이스, 윌리엄 포크너 등과 함께 혁신적인 서술 기법과 주제로 소설 장르에 혁명을 일으켰다. 한편 영국 최고의 지성 집단에 소속된 중요한 문화 인사이기도 했다.

영국 특권층 가정에서 태어난 버지니아 울프는 책을 탐독하면서 주로 독학했다. 1895년 어머니가 사망하자 울프는 신경쇠약과 우울증에 시달리기 시작했다. 그 질병은 평생 그녀를 괴롭혔다. 그럼에도 불구하고 많은 작품을 썼고, 1912년 레오나르드 울프와 결혼해서 버지니아와 다른 작가들의 작품을 출판할 작은 출판사를 차렸다.

울프 부부는 진보적인 런던 지식인 집단에서 적극적으로 활동했다. 그들은 수십 년 동안 런던 중앙 블룸스버리 구에 위치한 버지니아의 언니 바네사 집에서 목요일 저녁마다 모임을 가졌다. E. M. 포스터와 리턴 스트레이치, 존 메이너드 케인즈, T. S. 엘리엇, 올더스 헉슬리가 종종 참석했다. 나중에 '블룸스버리 그룹'이라 불리게 된 그 모임은 철학, 종교, 정치, 미학, 성, 문학 등 다양한 주제에 관해 토론했다.

당시 많은 작가들과 마찬가지로 울프와 블룸스버리 그룹 작가들은 제1차 세계대전의 무의미한 잔악함에 치를 떨었다. 그들은 19세기 사실주의 문학의 원리들이 세계대전 후 마주하게 될 세상을 묘사하기에 적합하지 않다고 생각했다. 그들은 달라진 세상을 분석하기 위해 완전히 새로운 기준을 개발하기로 결심했다.

울프는 《댈러웨이 부인》(1925년)에서 등장인물의 생각이 중간에 끊이지 않고 물 흐르듯 묘사되는 의식의 흐름 기법을 앞장서서 실험했다. 이 소설은 파티를 준비하는 한 여성을 따라가는 간단한 줄거리이다. 줄거리보다는 인물들 사이 심리 작용이 훨씬 더 중요하다. 다양한 인물들 마음속을 재빨리 오고가면서 이야기가 전개되지만 등장인물들이 서로 중요하게 연결되어 있거나 같은 생각을 하는 경우는 매우 드물다.

울프는 사람들이 시간의 흐름을 인식하는 방식에 깊이 매료되어 있었다. 1927년에 발표한 《등대로》를 보면 1부는 긴 분량이지만 하루에 일어난 사건을 아주 세세하게 그린다. 그보다 훨씬 짧은 2부는 수년의 시간 경과를 단 몇 페이지로 묘사한다. 여섯 친구들 이야기를 어릴 적부터 노년까지 따라가면서 보여주는 실험적 작품 《파도》(1931년)에서 울프는 시간과 의식의 흐름에 대한 탐색을 더욱 발전시켰다.

• 울프는 결국 정신 질환으로 남편에게 유언장을 남겨두고 1941년 3월 집 몽크스 하우스 근처 우즈 강에 몸을 던졌다.

171 | WED · 미술 | 프란시스코 고야

스페인 푸엔데토도스에서 태어난 프란시스코 호세 데 고야 이 루시엔테스(1746년~1828년)는 스페인의 대표적인 낭만주의 화가이며 동시에 근대 표현주의의 선구자였다.

투우사, 기타 연주자, 바람둥이 등 젊은 시절 고야에 관한 이야기는 매우 많다. 1775년 고야는 마드리드에서 산타바바라 왕립 태피스트리 제작소 디자이너가 되었다.

1798년 고야는 에칭과 애쿼틴트 기법으로 제작한 83점의 연작 동판화집 〈로스 카프리초스〉를 발표했다. 그중 가장 잘 알려진 것이 43번 〈이성의 잠은 괴물을 낳는다〉이다. 같은 해 스페인 국왕 카를로스 4세가 고야를 정식 궁정화가로 임명했다. 1799년에 집단 초상화 〈카를로스 4세의 가족〉을 완성했는데, 일부 비평가들은 왕실 가족을 조롱하는 그림이라고 주장한다. 왕족들이 고급 의상 차림임에도 불구하고 천박하고 다소 기괴해 보이기 때문이다. 이 그림의 모델이 된 것은 디에고 벨라스케스의 〈시녀들〉이다. 스페인 왕실의 궁정화가였던 벨라스케스처럼 고야도 〈카를로스 4세의 가족〉의 배경에 이젤 앞에 서 있는 자신의 모습을 그려 넣었다. 1800년과 1808년 사이에는 그의 가장 유명한 두 작품 〈벌거벗은 마하〉와 〈옷을 입은 마하〉를 그렸다. 고급 화류계 여성 마하를 묘사하는데 하나는 나체이고 다른 하나는 옷을 입은 모습이다.

잘 알려진 고야의 또 다른 작품은 나폴레옹의 스페인 침략을 바탕으로 한 〈1808년 5월 2일〉과 〈1808년 5월 3일〉이다. 나폴레옹이 자신의 형을 스페인 왕좌에 앉히자 스페인 국민들은 1808년 5월 2일 나폴레옹의 프랑스군에 대항해 일어섰다. 다음 날, 프랑스 사격부대가 스페인 시민 30명에게 총격을 가했다. 6년 뒤 페르난도 7세가 왕좌를 되찾자 고야는 두 그림을 왕에게 바쳤다. 〈1808년 5월 2일〉이 스페인군과 프랑스군 간 전투를 보여주는 반면에 〈1808년 5월 3일〉은 두 팔을 뻗은 채 자신의 죽음을 기다리며 두려움에 떠는 반역자와 그를 막 처형하려는 총살집행부대를 묘사한다.

스페인의 정치 상황에 환멸을 느낀 고야는 1820년 이른바 '귀머거리의 집'이라 불리는 고향 집으로 내려갔다(고야는 병 후유증으로 1792년 귀가 먹었다). 그는 자신의 절망감과 열정적인 상상력을 동시에 보여주는 악몽같이 무서운 '검은 그림'들로 집의 벽면을 채웠다. 아마 가장 무서운 벽화는 〈자식을 삼키는 사투르누스〉일 것이다. 그림은 피 흘리는 아이의 시체를 찢는 광분한 신화 속 거인의 모습을 그렸다.

1824년 이후로 고야는 더 이상 작품 활동을 하지 않았다. 프랑스에서 자발적인 망명 생활을 하다가 1828년 프랑스 보르도에서 사망했다. 그의 유골은 1899년 마드리드로 보내졌다.

172

번식

동식물의 주요 번식 방법으로 무성생식과 유성생식 두 가지가 있다. 하나는 위험성이 더 높고, 다른 하나는 에너지가 더 많이 든다.

무성생식은 암수 구분 없이 부모 하나만 필요하다. 짝을 찾고 구애하거나 교미를 하는 육체적 행동을 하는 데 시간이나 에너지를 낭비할 필요가 없다. 무성생식의 흔한 형태는 딸기나 사시나무, 산호에서 발견되는 출아법이다. 출아법에서 자식은 모체의 일부분에서 자라난다. 때로는 모체와 분리되지만 평생 연결되어 있는 경우도 있다. 딸기밭이나 사시나무 숲은 덩굴과 뿌리의 출아 체계를 통해 연결되어 있는 하나의 거대한 유기체라 할 수 있다. 또 다른 흔한 무성생식 방법은 분열이다. 모체가 작은 조각으로 분열되어 각자 새로운 개체로 성장하는 방법이다. 다시 말해, 모체의 죽음이 곧 새 생명을 탄생시킨다. 편형동물은 분열을 통해 번식하는 대표적인 예다.

무성생식으로 생긴 자식은 언제나 모체와 유전적으로 동일하다. 유전적 다양성이 없으면 환경 변화에 적응하기 훨씬 어렵기 때문에 유전적 동일성은 오히려 단점으로 작용한다. 무성생식 생물은 안정적인 환경에서는 쉽게 번식한다.

유성생식은 무성생식에 비해 훨씬 유연하다. 유성생식에서는 암수 각각이 자식의 유전자에 영향을 미친다. 일반적으로 암수가 생식세포를 통해 절반씩 유전적 성질을 제공한다. 수컷의 생식세포는 대개 정자이고, 암컷의 생식세포는 난자이다. 정자와 난자가 결합하여 부모와 유전적으로 다른 새로운 유기체를 만들어낸다. 그러므로 유성생식은 무성생식보다 빠른 속도로 더 다양한 성질을 개체군에 도입한다. 이것은 변하는 환경 속에서 대단한 장점이 된다. 대체로 고등생물은 모두 유성생식을 한다. 그러나 생식세포를 만들고 짝을 찾는 데 많은 에너지를 들여야만 한다.

- 불가사리는 재생을 통한 무성생식을 한다. 불가사리의 팔이 분리되면 완전히 새로운 불가사리로 자랄 수 있다.
- 때때로 유성생식의 대가가 너무 크면 유기체는 무성생식으로 되돌아간다. 민들레가 그런 예일 것이다.
- 진딧물과 도마뱀은 수컷에 의한 수정 없이 번식하는 처녀생식을 통해 번식한다.

173 | FRI ♪ 음악 | 루트비히 판 베토벤

역사는 루트비히 판 베토벤(1770년~1827년)을 여러 모습으로 평가한다. 고전주의 음악과 낭만주의 음악의 다리였고 극심한 고통에 시달린 천재였으며, 때로는 모든 시대를 통틀어 가장 위대한 작곡가로 평가받는다. 그러나 같은 찬사가 쏟아지는 바흐나 모차르트와는 달리 베토벤은 그의 재능을 발전시킬 수 있도록 관습에서 탈피하며 대담한 시도를 했다. 베토벤이 남긴 최종 유산은 그가 서양음악 최초의 위대한 음악인이라는 것이다. 그는 자신이 작곡한 모든 작품 속에 그리고 그의 음악을 듣는 모든 사람들의 마음과 영혼 속에 그 자신을 새겨 넣었다.

베토벤은 성인이 되고 나서 췌장염과 간경변증 같은 고통스러운 내과 질환에 시달렸다. 1800년 무렵에는 작곡가로서 가장 끔찍한 일을 마주해야만 했다. 청력을 잃은 것이었다. 그러나 절망하지 않고 두 배로 열심히 작곡에 매달렸고, 더는 고객들의 변덕 때문에 불타오르는 창작 욕구를 억누르지 않았다. 한 편지에서 베토벤은 "내 가슴 속에 담긴 것은 표출되어야 한다. 그래서 나는 그것을 적는다."라고 썼다.

베토벤의 음악은 세 단계를 거쳤다. 첫째 단계는 처음 작곡한 빈 고전파 교향곡 두 곡을 포함해 하이든의 음악과 비슷하게 들리는 곡들을 작곡한 시기다. 이 시기 마지막 곡은 기념비적인 교향곡 3번 〈영웅〉(1804년)이다. 원래 나폴레옹 보나파르트에게 헌정하기 위해 만든 곡으로 웅장하고 무거운 피날레를 가미해 고전 교향곡의 경계를 넓혔다. 빈에서 그 같은 음악은 기존에 없었다. 이른바 "영웅의 시대"라 불리는 둘째 단계에서는 오페라 〈피델리오〉와 여러 편의 놀라운 피아노 협주곡 그리고 바이올린 협주곡 한 편 등 걸작을 작곡했다.

1810년경에 시작된 마지막 단계는 베토벤이 점점 외부 세계와 단절하게 되는 시기이다. 그는 외로웠고 끊임없이 사랑에 빠졌다. 그리고 점점 악화되는 건강 상태와 청력 상실 때문에 절망감에 휩싸였다. 결국 1827년 빈에서 친구들이 지켜보는 가운데 베토벤은 세상과 작별했다.

• 독일 본의 궁정 가수였던 베토벤의 아버지는 폭력적인 알코올 중독자였다. 베토벤이 어렸을 적에 아버지는 아들을 모차르트 같은 신동으로 만들기 위해 방에 가두고 하프시코드를 몇 시간 동안 연습시켰다.

• 1802년에 하일리겐슈타트에서 썼다고 해서 '하일리겐슈타트 유서'라 불리는, 형에게 쓴 편지에서 베토벤은 화려하면서도 난해한 언어로 자신이 끝없는 절망 상태에 살았고, 만약 음악에 대한 사랑과 삶에 대한 열정이 없었다면 분명 자살했을 것이라고 고백했다.

174

자유주의

자유주의는 개인의 가치와 평등과 자유를 강조하는 정치 철학 전통이다. 있는 그대로의 모습을 기술하기보다 어떠해야 하는지를 기술하는 규범적 이론으로서 어떤 종류의 정부 또는 정치 제도가 정당화될 수 있는지 설명한다.

정치 제도는 개인에게 이익을 보장하는 한 충분히 정당화될 수 있다. 자유주의자들은 개인의 욕구와 필요는 정치 제도보다 앞서며, 정치 제도의 목적은 개인이 원하는 것을 획득하도록 돕는 데 있다고 주장한다.

자유주의의 또 다른 요건은 정부 입장에서 모든 시민이 동등한 대우를 받아야 한다는 것이다. 이런 정치적 평등이 방대한 부의 격차와 양립할 수 있는지에 대해서는 자유주의 내부에서도 의견이 분분하다. 존 로크(1632년~1704년)와 로버트 노직(1938년~2002년) 같은 사상가들은 사람들이 재산에 대한 천부적 권리를 지니고 있다고 주장했다. 다시 말해 재산에 관한 권리는 어떤 정부 형태보다 먼저 존재했다는 것이다. 그러므로 그들은 정치보다 앞서는 재산 소유권을 침해하는 행위는 아주 제한적으로 행해졌을 때만 정당화될 수 있다고 결론 내렸다. 존 롤즈(1921년~2002년) 같은 다른 자유주의 이론가들은 심한 부의 불평등이 있을 때는 진정한 평등이 있을 수 없다고 주장했다.

자유주의 정치이론에서 중요한 셋째 요건은 정부가 시민들의 자유를 보호해야 한다는 것이다. 자유주의자들은 국민 개개인이 원하는 것을 확보할 수 있도록 도움을 주는 것이 정부의 가치라고 본다. 이런 사상과 더불어 정치 제도와 독립적으로 사람들에게 자유가 있고 정치제도가 그 자유를 불합리하게 침해할 수 없다는 사상이 생겨났다. 그러나 무엇이 자유에 대한 불합리한 침해인지에 대해서는 자유주의자들 사이에서도 상당한 견해 차이가 있다.

- 자유주의 외부 정치철학자들은 집단이나 국가에게 중요하게 다뤄져야 하는 고유의 권리가 있다고 주장한다. 이들은 상황에 따라 집단의 이익을 위해 개인의 이익이 희생되어야 한다고 말한다.
- 자유주의 정치철학은 미국이나 다른 지역의 진보주의 정치사상과 다른 것이다. 미국의 주요 정치사상은 철학적 의미에서 진보적이다.

175 | SUN ☪ 종교 | 동방정교회

동방정교회는 1054년에 일어난 동서 교회 분열로 로마 가톨릭교회에서 분리되었다.

기독교 교회는 오랫동안 알렉산드리아, 안티오키아, 콘스탄티노폴리스, 예루살렘 그리고 당연히 로마까지 5개 교구를 인정해왔고, 성 베드로를 계승한 로마 주교가 다른 주교들보다 높은 지위에 있었다. 그러나 시간이 흐르면서 동방에 있는 교회들은 언어, 정치, 예배 전통의 차이로 서방의 교회들로부터 점점 멀어지기 시작했다.

11세기 중반 동서 관계는 더욱더 분열되어 한계점에 다다랐다. 양측 모두 특별히 유리한 상황이 아니었는데도 교황 레오 9세의 사망을 기점으로 권력 분쟁이 일어났다. 서방 교회 사절단들은 동방 교회 지도자인 케룰라리우스 대주교를 파면했고, 동서의 분열은 회복할 수 없는 상태로 악화되었다.

동방 교회는 독립적인 교회로서 자리를 잡고 나서 원래의 기독교 전통을 엄격히 지킨다는 의미로 정교회라는 이름을 붙였다. 동방정교회는 가톨릭교회보다 더 강한 구전 전통을 가지고 있었기 때문에 문서로 된 성경에 비교적 덜 의존할 수 있었다.

동방정교회의 믿음에 따르면 인간은 원래 선하지만 유혹에 빠져 사악하게 변한다. 그래서 예수가 태어나기 전에 죽은 사람들은 모두 지옥으로 갔다. 그러나 인간이자 신인 그리스도가 세상에 오면서 인간들이 천국으로 갈 수 있는 길이 마련되었고, 그 덕분에 과거 지옥에 떨어진 사람들도 모두 소급 적용되어 천국으로 올라갔다. 동방정교회에서는 오로지 신만이 누가 구원받을지 정한다고 믿는다. 그러므로 신의 선택을 받는 최선의 방법은 그리스도에게로 거슬러 올라가는 동방정교회 전통을 따르는 것이다.

가톨릭 신부와 달리 동방정교회 신부들은 사제 서품식을 치르기 전이라면 결혼하는 것이 허용된다. 사실 신도들을 이끄는 사제들이 결혼한 부부에게 주기적으로 조언을 해줘야 하므로 결혼을 해야 한다고 여겨지기도 한다.

오늘날 동방정교회는 어느 정도 분권화가 이루어져 있다. 가장 규모가 큰 그리스와 각 국가의 동방정교회에는 대주교가 한 명씩 있고 모두 동등한 권한을 갖는다. 계보를 따라가 보면 로마 가톨릭교회와 동방정교회 둘 다 예수 그리스도로 직접 연결되지만 2000년의 역사를 거치면서 동방정교회는 로마 가톨릭교와 매우 다르게 발전해왔다.

• 그리스 정교회는 단지 그리스 국가 정교회만이 아니라 동방정교회 전체를 가리키는 용어로 사용될 때도 있다.
• 동방정교회 전통에서는 아담과 이브가 유혹에 굴복하기 전에 에덴동산에서 구할 수 있는 과일만 먹고 근근이 살아가던 모범을 모방하기 위해 종종 금식을 하며, 금식을 영광이라 여긴다.

176 | MON 역사 | 프랑스 혁명

프랑스 군주제는 1798년 무너지기 전까지 부패와 탐욕으로 점점 짙게 얼룩지면서 하층 계급과 중산층을 분노하게 했다. 소작농은 굶주리는데 귀족들은 호화로운 생활을 했다. 마리 앙투아네트는 시녀들이 먹을 빵이 없다는 말을 듣고 "빵이 없으면 케이크를 먹으면 된다."라고 한 것으로 유명하다.

프랑스 혁명은 1789년 7월 14일 정치범들을 석방시키기 위해 파리 중심지에 있는 무서운 바스티유 감옥을 급습하면서 시작되었다. 혁명세력은 프랑스 사회를 급진적으로 바꾸고 싶었고 폭력도 마다하지 않았다. 그들은 자유, 평등, 박애라는 계몽사상에 자극을 받아 세습적 군주제를 전복시키고 교회의 권력을 부수려고 했다. 그뿐만 아니라 보다 합리적인 체계의 달력을 만들려고 했다.

그러나 혁명은 폭력의 수렁에 빠졌고 정치적 혼돈 상태가 되었다. 단 몇 년 사이에 수천 명이 단두대에서 목이 잘려 나갔다. 계몽된 프랑스 혁명 지도자들은 참수형이 덜 고통스럽고 더 현대적인 사형 집행 방법이라 믿었다. 4미터 높이의 붉은 피로 물든 단두대는 파리 한복판 광장에 설치되어 있었다. 파리의 하프시코드 제작자가 960프랑에 급조한 장치였다.

단두대에서 죽은 사람 대부분은 범죄자가 아닌 단지 새로운 정부 체제에 반대하는 정치사범이었다. 1793년 루이 16세와 마리 앙투아네트 왕비를 포함해 수천 명이 루이 16세의 폐위 이후 이어진 공포정치 속에 목숨을 잃었다.

유럽에서 가장 강력하고 존경 받는 군주제가 급진적인 민중에 의해 전복된 이 사건은 유럽 대륙 전체에 그야말로 큰 충격이었다. 절대군주제의 시대가 끝난 것이었다.

- 프랑스 혁명이 일어나기 전에는 귀족들만 참수형에 처해지는 특권을 가지고 있었다. 평민들은 교수형에 처해졌다.
- 영국 사상가 에드먼드 버크(1729년~1797년)는 프랑스 왕정이 아무리 부패했더라도 프랑스 혁명을 정당화하기에는 피비린내가 너무 진동한다고 말했다. 그의 논저 《프랑스 혁명에 대한 고찰》은 근대 보수주의의 밑바탕이 된 문헌 중 하나다.
- 프랑스 국가(國歌) "라 마르세예즈(마르세유의 노래)"는 마르세유 출신의 혁명정부 장교가 1792년에 쓴 것이다. 피에 굶주린 듯한 가사는 프랑스 국민에게 "그들의 더러운 피가 우리의 밭고랑을 적시게 할 것"을 요구한다. 이런 가사임에도 불구하고 비틀스는 1967년 발표한 노래 〈All You Need is Love〉의 처음 몇 소절에 프랑스 국가를 사용했다.

177 | TUE 문학 | 모비딕

허먼 멜빌(1819년~1891년)의 1851년 소설 《모비딕》은 미국 문학의 걸작이다. 아이러니하게도 《모비딕》은 미국 문학에 중요한 기여를 했지만 작품 자체는 혹평을 받았다.

소설 속 화자 이슈마엘은 중년의 위기에서 벗어나고자 포경선 선원이 되기로 결심한다. 그는 포경 산업의 중심지 매사추세츠 뉴베드포드로 가서 포경선 피쿼드호에서 일자리를 얻는다. 이슈마엘은 수수께끼 같은 에이 해브 선장이 모비딕이라 불리는, 사납기로 악명 높은 흰색 향유고래에게 한쪽 다리를 잃었다는 사실을 알게 된다. 피쿼드호가 먼 바다로 나갈 때만 에이 해브는 갑판 위에 모습을 드러낸다. 그리고 항해의 목적은 오직 광대한 바다 어딘가에 있는 모비딕(백경)을 끝까지 추적해서 죽이는 것이라 말한다. 에이 해브의 집착으로 피쿼드호는 수천 마일을 항해하며 아프리카 남단을 돌아 동남아시아를 향해 이동한다. 수없이 불길한 징조 속에서도 에이 해브는 흔들림 없이 광적으로 복수의 대상을 추적하며 성경을 읊듯 선언한다.

"모든 것을 파괴하지만 무엇에도 정복당하지 않는 너, 고래여. 나는 너를 향해 달려가고, 마지막까지 너와 싸울 것이다. 지옥의 한복판에서 너를 찌르고, 증오심으로 가득 찬 내 마지막 입김을 너에게 뱉어주마."

드디어 피쿼드호는 태평양에서 모비딕을 발견한다. 끈질기게 이어진 사투로 인해 배가 파괴되고 에이 해브는 죽는다. 그리고 이슈마엘을 제외한 선원 모두 바닷속 깊이 끌려 들어간다.

《모비딕》은 성경, 운명, 광활한 바다 위의 고독 등 무수히 많은 주제에 대한 철학적 사색을 담고 있다. 거대한 흰색 고래는 불가사의한 문학적 상징이다. 이 고래가 무엇을 의미하는지에 대해 다양한 이론이 제기되었다. 에이 해브는 세상의 온갖 악이 구현된 것이 모비딕이라 보고, 그 악에 맞서 싸워 물리치는 것이 그의 존재 의무라고 믿는다.

이슈마엘은 고래를 부분으로 나눠 조금씩 이해하려고 노력한다. 고래의 머리, 주둥이, 꼬리 등등을 별도로 한 챕터씩 할애해 설명한다. 그러나 이슈마엘은 이 피조물이 지닌 엄청나고 불가해한 성질을 인간의 지성으로도, 글로도 표현할 수 없음을 깨닫게 된다. 이 점에 비추어 어떤 비평가들은 모비딕이 신을 나타내며 이 소설은 통제할 수 없는 것을 통제하려 하거나 이해할 수 없는 것을 이해하려 하는 오만한 인간에게 닥치는 피할 수 없는 운명을 상기시켜 준다고 주장한다.

178

WED
미술

조지프 말로드 윌리엄 터너

조지프 말로드 윌리엄 터너(1775년~1851년)는 가장 위대한 영국 낭만주의 화가로 인상적인 풍경화와 자연의 힘을 묘사한 작품으로 잘 알려져 있다.

터너는 지금의 런던에 편입된 첼시에서 태어났다. 이발사였던 아버지는 아들의 예술적 성향을 일찍 알아차렸다. 1789년 14세의 나이로 터너는 명성 있는 영국왕립미술원에 들어갔다. 1790년대 내내 주로 수채화를 그렸고, 1796년에 첫 유화 〈바다의 어부들〉을 발표했다.

터너는 1804년에는 런던 할리가에 개인 화랑을 열었다. 하지만 계속해서 왕립미술원에 몸담았고, 1808년부터 1837년까지 거의 30년 동안 그곳에서 원근법을 가르쳤다.

그는 평생 동안 영국의 여러 지방뿐만 아니라 외국의 많은 곳을 여행했다. 웨일즈, 요크셔, 호수 지방을 방문한 후에 스위스로 갔고, 그다음에는 프랑스로 건너가 1802년부터 1803년까지 머물면서 루브르 박물관에서 그림을 공부했다. 여행하는 동안 티치아노, 카날레토, 클로드 로랭 같은 여러 대가들의 화풍으로 그리는 법을 배웠다. 그 후 1819년에 이탈리아를 여행했는데, 그때 경험이 그의 빛과 색 사용에 깊은 영향을 미쳤다. 1822년 무렵 터너는 영국 내에서 확고한 명성을 쌓았고, 조지 4세로부터 〈트라팔가르 해전〉을 그려달라는 주문을 받았다.

터너는 자연을 노래한 영국 낭만주의 시에 영감을 받아 경외감과 공포감을 동시에 일으키는 자연을 화폭에 담았다. 그림에 시구나 직접 쓴 글을 적는 경우도 많았다. 그뿐만 아니라 바이런과 월터 스콧, 새뮤얼 로저스의 시에 시화도 그렸다.

터너는 왕립미술원에서 미술을 가르쳤지만 생전에 널리 존경받는 화가는 아니었다. 그는 미술에서 허용 가능한 것의 경계를 확장했다는 비난을 받았다. 그러다가 확고한 지지자가 되어준 미술 비평가 존 러스킨을 만났다. 러스킨은 1843년 풍경화에 대한 유명한 저서 《현대의 화가들》에서 터너를 옹호했다.

오늘날 터너는 인상주의와 추상적 표현주의 같은 근대적 미술운동의 중요한 선구자로 평가받는다. 런던 테이트 박물관 특별관에는 그의 작품들이 전시되어 있다. 1984년에는 훌륭한 업적을 쌓은 현대 미술가에게 수여되는 터너상이 설립되었다.

● 1840년 터너는 많은 학자들이 그의 최고작으로 꼽는 〈노예선〉을 그렸다. 토머스 클락슨이 저술한 《노예 무역 폐지 역사》(1808년)에 기록된 실제 사건을 바탕으로 그린 작품이다. 배에 탑승한 채로 죽은 노예에 대해서는 배상을 받지 못하지만 바다에서 목숨을 잃은 노예에 대해서는 배상을 받을 수 있다는 것을 알게 된 선장이 병들고 죽어가는 노예들을 바다에 던진 사건이다.

179

THU
♣
과학

줄기세포

줄기세포는 파킨슨병, 알츠하이머, 암같이 세상에서 가장 복잡한 질병의 수수께끼를 풀 수 있는 열쇠일지도 모른다. 이런 질병은 조직 손상을 수반하기 때문에 손상된 조직을 수리하거나 대체해야 한다. 줄기세포는 다른 특정 세포로 분화할 수 있는 독특한 능력을 가지고 있다. 게다가 장기간에 걸쳐 스스로 분할하고 재생할 수 있다. 예를 들어 줄기세포를 파킨슨병으로 손상된 뇌 영역에 이식할 수 있다면 병으로 손상된 신경세포를 대체할 수 있을 것이다.

줄기세포에는 두 가지 기본 형태가 있다. 배아 줄기세포와 성인 줄기세포이다. 배아 줄기세포는 다양한 종류의 세포로 자랄 수 있는 다능성을 가지고 있다. 대개 불임 치료 후에 버려진 수정란에서 얻는다. 수정된 난자는 분화하기 시작해 약 5일 후에 대략 150개의 세포가 뭉쳐 있는 배반포가 된다. 배반포 내부의 세포들은 다능성 줄기세포이다. 인간 배아 줄기세포의 사용에 대해서는 거의 알려진 것이 없다. 1998년에 실시된 실험을 통해 배아 줄기세포를 배양하는 방법을 알아냈을 뿐이다. 현재 인간 배아 줄기세포 연구에 대한 여러 제약이 법으로 제정되었다. 30여 년 동안 과학자들은 성인 줄기세포를 치료 목적으로 사용하고 있다.

성인 줄기세포는 피부, 뇌, 골수 등 신체의 여러 곳에서 추출할 수 있다. 그러나 배아 줄기세포처럼 다재다능하지 않다. 성인 줄기세포는 밀접한 연관이 있는 세포들만 생성할 수 있다. 예를 들어 골수에서 얻은 줄기세포는 오직 골세포나 연골세포, 지방세포를 생성할 수 있다. 그러나 외부에서 추출해야 하는 배아 줄기세포와 달리 성인 줄기세포는 대개 환자 자신의 몸에서 얻을 수 있으므로 면역체계가 거부 반응을 일으킬 확률이 훨씬 낮다.

• 모낭에도 줄기세포가 있다. 일부 연구자들은 모낭 줄기세포가 대머리 치료의 해결책이 될 수도 있다고 기대하고 있다.
• 1970년대부터 골수에서 추출한 성인 줄기세포를 백혈병과 림프종 치료에 사용하고 있다.
• 쥐를 대상으로 한 실험에서 과학자들은 줄기세포를 이용해 빠진 이빨을 재생시키는 데 성공했다.

180 | FRI ♪ 음악 | 베토벤의 교향곡 9번 합창

루트비히 판 베토벤(1770년~1827년)은 1792년 프란츠 요제프 하이든의 제자로 공부하기 시작했고, 나중에는 안토니오 살리에리에게 작곡을 배웠다. 베토벤은 자신만만하고 오만한 학생이었지만 열정적인 건반악기 즉흥연주로 지역에서 이름이 나 있었다. 평론가들은 베토벤이 음악에 대한 열정과 사랑을 논리적인 고전주의 형식에 결합하는 법을 배웠을 때 비로소 성숙한 작곡가가 되었다고 말한다.

베토벤은 1810년까지 고전주의 음악 전통을 엄격하게 고수했다. 그러나 청력 상실과 외로움으로 건강이 악화되면서 깊은 절망감과 고립 상태에 빠졌다. 1814년을 마지막으로 더는 피아노를 연주하지 않았고, 1819년 이후로 이 위대한 음악가가 소통할 수 있는 유일한 창구는 악보였다.

인생이 종말을 향하고 있음에도 불구하고 베토벤은 1824년 교향곡 9번 〈합창〉을 작곡했다. 베토벤의 창작 열의를 훌륭하게 표현한 〈합창〉 교향곡은 그가 완전히 귀를 먹은 상태에서 작곡한 것이다. 음악에 대한 사랑과 열정적인 예술성을 마지막으로 이 곡에 다 담았다.

한 시간 이상 연주되는 〈합창〉 교향곡은 모두 4악장으로 구성되어 있다. 첫 악장은 고전주의 음악 형식을 느슨하게 지키면서도 극적이다. 그다음은 가볍지만 억압된 감정이 익살스러운 춤곡 형식의 악장으로 표출되며 이어진다. 느린 아다지오의 제3악장에서는 길고 섬세하고 고요한 순간을 그리다가 폭풍우가 몰아치는 피날레로 넘어간다.

〈합창〉의 마지막 악장은 모든 시대를 통틀어 가장 훌륭한 피날레며 거의 모든 사람들로부터 인정받는 곡이다. 이 곡은 대규모 관현악단과 대규모 합창단을 도입한 최초의 교향곡이다. 합창단이 〈환희의 송가〉 후렴구를 부를 때 음악은 서서히 고조되다가 환희에 찬 절정에 이른다.

- 〈환희의 송가〉는 "환희여, 신의 아름다운 광채여, 낙원의 딸들이여, 우리는 빛이 가득한 곳으로 간다. 성스러운 신전으로……"라는 가사를 포함하고 있는데, 1785년 발표된 독일 시인 프리드리히 쉴러의 시에서 따온 것이다.
- 전해지는 이야기에 따르면 〈합창〉 교향곡을 완성한 후 베토벤이 사망한 날, 빈에는 폭풍우가 불고 있었다. 베토벤은 의식을 잃고 침대에 누워 있었는데 그때 번개가 쳤다. 순간 베토벤이 갑자기 일어나 앉아 하늘을 향해 주먹을 휘둘렀다. 그리고 다시 쓰러져 영원히 눈을 감았다.

181

사회계약

사회계약은 정치 제도의 기원과 적법성을 이해하는 데 사용되는 정치철학 개념이다.

사회계약의 기본 개념은 가상의 어느 과거 시점에 인간 사회에는 정부도 법도 없었다는 것이다. 인간들은 신체적 안전을 보장하고 번영을 이룰 수 있는 상태를 조성하기 위해 계약을 체결했다. 법의 안정과 안전을 보장받는 대가로 사람들은 자신이 원래 가지고 있던 자유의 일부를 정부에 양도했다.

근대 최초로 사회계약설을 주장한 사람은 영국 철학자 토머스 홉스(1588년~1679년)이다. 1651년 발표한 저서 《리바이어던》에서 홉스는 정부가 존재하기 이전의 삶을 "자연 상태"라 부르며 "고독하고, 끔찍하고, 불쌍하고, 잔인하고, 짧은" 상태였다고 묘사했다. 그러므로 인간이 할 수 있는 유일한 합리적인 선택은 지배자에게 권한을 넘겨주는 사회계약을 체결하는 것이었다. 홉스에 따르면 자연 상태는 굉장히 나쁜 것이기 때문에 아무리 통치자가 포악하고 독단적이라 할지라도 사람들은 통치자로부터 지배받는 것을 선호한다. 그러므로 우리에게는 반란을 일으킬 권리가 없다. 홉스는 더 나아가 견제나 균형 없이 통치자에게 절대적이고 무조건적인 권한을 부여해야 한다고 주장했다.

영국 철학자 존 로크(1632년~1704년)는 사회계약은 단지 국민들의 신체적 안전을 지켜주는 데 그치지 말고 그 이상의 것을 해줘야 한다고 생각했다. 사회계약은 개인의 생명과 자유, 재산에 대한 권리도 존중해야 한다. 로크는 사회계약에 의해 형성된 정치권력이 이런 권리를 침해한다면 시민들은 계약을 무효화하고 저항할 수 있는 권리를 가지고 있다고 믿었다. 사회계약과 관련된 또 다른 중요한 이론가로는 프랑스 철학자 장자크 루소(1712년~1778년)가 있다.

- 독일 철학자 임마누엘 칸트(1724년~1804년)는 인간의 가장 고차원적인 성취는 사회 질서가 있는 환경에 살지 않는다면 이루는 것이 불가능하다고 믿었다. 그러므로 인간은 자연 상태를 떠나 사회계약을 체결해야 할 의무가 있다고 주장했다.
- 루소의 정치사상은 프랑스 혁명에 영향을 미쳤다.

182 | SUN 종교 | 종교개혁

16세기 초 유럽의 많은 지역이 로마 가톨릭교회에 불만을 품게 된 후 마틴 루터의 종교개혁이 일어났다.

독일의 대학 교수이자 설교자였던 마틴 루터는 종교 문헌을 심도 있게 연구했다. 그는 우선 면죄부 발행과 관련해 가톨릭교회와 대립했다. 면죄는 죄를 용서하는 가톨릭 전통이었는데, 당시 가톨릭교회가 돈을 받고 면죄부를 팔았다. 돈을 내면 연옥에서 받는 형 선고가 줄어든다는 것이었다. 루터는 구원을 돈을 주고 산다는 개념에 반대하면서 그것이 신앙심을 몹시 해치고 있다고 주장했다.

1517년 루터는 95개조 논제를 비텐부르크의 교회 정문에 게시하고 면죄부 발행 관습뿐만 아니라 로마 가톨릭교회와 교황의 적법성에 이의를 제기했다. 루터는 가톨릭교회가 성경 원문에 담겨 있는 원래의 교리를 망각하고 있으며 성직자와 일반 신도 사이를 불필요하게 이간한다고 생각했다.

루터의 95개 논제가 공개적으로 제시되자 엄청난 논란이 일어났고, 이는 빠른 속도로 독일 전역과 스위스, 오스트리아, 잉글랜드, 스코틀랜드로 퍼져나갔다. 여러 지역에서 토론이 벌어졌고 특히 장 칼뱅의 글은 유럽 대중들 사이 가톨릭교회를 반대하는 의견에 더욱 불을 지폈다.

시간이 흐르면서 많은 종교개혁가들의 생각이 일치하기 시작했고 개신교가 종교로서의 형태가 갖추었다. 종교개혁의 핵심 사상은 유일한 종교적 권위가 교황이 아닌 성경 그 자체에 있다는 것이었다. 이 사상은 교회의 구조를 혁신적으로 변화시켰고, 중간에 매개 역할을 하는 성직자 없이 개인이 직접 신과 연결될 수 있음을 강조했다.

신교도들은 나중에 루터파, 칼뱅파, 재세례파 등 여러 종파로 나뉘었다. 가톨릭교는 반종교개혁 운동을 벌이면서 더욱 보수적으로 변했다.

- 마틴 루터가 스물두 살이었을 때 번개 치는 폭풍우 속을 걸어 학교로 가고 있었다. 번개가 가까이에서 치자 "성모 마리아님! 도와주세요. 그러면 수사가 되겠습니다."라고 외쳤다. 무사히 살아남은 루터는 약속을 지키기 위해 법률 공부를 그만두고 수도원에 들어갔다.
- 1529년 영국의 왕 헨리 8세가 로마 가톨릭교회와 불화를 겪으면서 종교개혁이 더욱 힘을 얻었다. 헨리 8세는 스스로 영국 국교회 수장이 되어 교황이 허락하지 않았던 캐서린 왕비와의 이혼을 가능하게 만들었다.
- 루터의 95개 논제 원본이 존재한다는 증거는 전혀 없지만 많은 전문가들은 교회 문에 전설적인 그 게시물을 붙였다는 말이 아주 설득력이 없는 것은 아니라고 주장한다. 당시 대학교 교내 교회의 정문은 오늘날의 게시판처럼 공지문을 게시하는 데 사용되었다.

183

MON
역사

토머스 제퍼슨

"힘으로 권리를 바꿀 수는 없다."

– 토머스 제퍼슨

토머스 제퍼슨(1743년~1826년)은 미국 제3대 대통령이자 미국 독립에 가장 중요한 영향을 미친 인물 중 한 명이다. 1776년 독립선언문을 포함한 여러 편의 글에서 제퍼슨은 보기 드문 달변으로 새로 탄생한 미국의 국가적 이상을 표현했다. 나중에 대통령이 되었을 때 제퍼슨은 개인적으로는 확신이 서지 않았지만 에이커당 3센트의 가격으로 프랑스로부터 루이지애나 땅을 구매해 미국 영토를 두 배로 늘렸다.

제퍼슨은 버지니아 주 섀드웰에서 1743년 태어났다. 미국 독립전쟁이 일어나기 전에는 변호사로 일했고 건축가이자 발명가이기도 했다.

1776년 당시 33세였던 제퍼슨은 까다로운 13개 주 대표자들이 한자리에 모이는 필라델피아 대륙회의에 참석했다. 영국 왕실이 부과한 높은 세금과 억압 정책은 대표자들이 영국으로부터의 독립을 지지하기에 충분한 이유가 되었다. 대륙회의에 참가한 대표자들은 제퍼슨에게 존 애덤스와 벤자민 프랭클린과 함께 런던에 보내는 공식 성명서를 작성해달라고 요청했다. 그 결과물이 미국 독립선언문이다. 영국의 지배를 맹렬히 비난하는 독립선언문은 로크의 사상과 여러 철학 사상을 반영하고 있다.

어떤 형태의 정부가 영국의 지배를 대신할 것인가? 미국 남부 농장주이자 노예소유주였던 제퍼슨은 중앙권력이 약하고 교회와 엄밀히 분리된 자유농민의 국가를 구상했다. 제퍼슨의 비전은 여러 세대의 정치가에게 큰 영향을 미쳤다. 특히 강한 연방정부를 반대하는 남부 출신 정치가들에게 깊은 인상을 남겼다. 제퍼슨은 강력한 연방정부를 반대한다고 선언했지만 대통령이 되자 프랑스로부터 루이지애나 땅을 사는 것을 승인했다. 그것을 두고 많은 헌법학자들은 그의 행정권을 넘는 결정이었다고 생각한다.

대통령 직에서 물러난 후 제퍼슨은 몬티셀로 언덕 꼭대기에 자리 잡은 자신의 저택에서 지내다가 1826년 7월 4일 세상을 떠났다. 영국의 지배에 강력히 반대한다는 독립선언문을 낭독한 지 50주년이 되는 날이었다.

• 제퍼슨의 얼굴은 조지 워싱턴, 에이브러햄 링컨, 시어도어 루스벨트와 함께 사우스다코타 러시모어산의 거대한 바위 위에 조각되어 있다.

• 제퍼슨과 애덤스는 두 차례나 대통령에 함께 출마했던 정치 경쟁자였지만 정계에서 물러난 뒤로는 친구가 되었다. 애덤스도 제퍼슨과 같은 날 세상을 떠났다.

184 | TUE 문학 | 가지 않은 길

노랗게 물든 숲 속에 두 갈래 길이 있었다
애석하게도 두 길을 다 가볼 수는 없었다
몸이 하나이기에. 한참을 서서
한쪽 길을 따라 되도록 멀리 바라보았다
길이 덤불 속으로 휘어지는 곳까지

그러다가 다른 길을 택했다. 똑같이 아름답고
어쩌면 더 나은 듯한
풀이 무성하고 사람의 발길을 원하는 길이었기에
사람 발길로 닳은 건
두 길이 정말 비슷하기는 했지만

그리고 그날 아침 두 길은 아무 발자국도
찍히지 않은 낙엽에 덮인 채 똑같이 놓여 있었다
아, 한쪽 길은 다른 날을 위해 남겨두었다!
길이 어떻게 길로 계속 이어지는지 알기에
과연 다시 돌아올 수 있을지 의심하면서도

나는 먼 훗날 어디에선가
한숨지으며 이 이야기를 하고 있겠지
숲 속에 두 갈래 길이 있었다고.
그리고 나는 사람들이 덜 다닌 길을 선택했고,
그것이 모든 것을 바꾸어 놓았다고

1916년 발표된 로버트 프로스트의 〈가지 않은 길〉만큼 자주 인용되고 또 그만큼 잘못 이해되는 시도 없을 것이다. 독자들은 열이면 열 모두 시의 의미를 제대로 이해하지 못한다. 독자들은 이 시가 자유의지에 화자의 신념을 보여주는 희망적인 증명이고, 관습을 거부하고 '사람들이 덜 다닌' 길을 선택하라는 고무적인 외침이라고 이해하는 경우가 대다수다. 그러나 자세히 읽어보면 이 시는 프로스트의 유명한 반어적 체념으로 가득 차 있음을 알 수 있다. 사실 프로스트는 시에 반어적 체념을 담는 것으로 유명하다.

　이 시에서 가장 간과되는 것은 화자가 길을 선택할 때 완전히 임의적으로 결정했다는 점이다. 두 갈래 길에 서서 하나를 선택하는 모습을 묘사할 때 화자는 두 길이 본질적으로 같다는 점을 반복적으로 강조한다. 한 길은 다른 길만큼 "아름다워" 보인다. 그리고 화자가 그 두 길을 구별하고 싶은 욕망이 있음에도 그는 "사람 발길로 닳은 건 두 길이 정말 비슷하다"고 인정한다. 그는 순간적인 기분에 하나를 선택한 것이다.

　마지막 연에서 프로스트는 고유의 뒤틀린 유머를 도입하고 있다. 화자는 "먼 훗날" 노인이 되어 회상할 때 아마 "한숨지으며" 이 이야기를 다시 하면서 정통적이지 않은 길, 곧 "사람들이 덜 다닌" 길을 용감하게 갔다고 주장할 것이라고 인정한다. 그러나 그런 주장은 틀린 것일 수도 있을 것이다. 화자는 사람들이 덜 다닌 길은 처음부터 없었다면서 그의 선택이 전적으로 임의적인 것이었음을 말하며 끝낸다. 두 길은 "아무 발자국도 찍히지 않은 낙엽에 덮인 채 똑같이 놓여 있었다." 프로스트는 인간들이 자신에 대해 과장하고 삶의 불확실성을 미화할 뿐만 아니라 인생이란 좋은 길과 나쁜 길 사이를 의식적으로 선택하는 과정의 연속이라고 보는 데서 위안을 얻는 성향이 있음을 시인한다. 그러나 프로스트가 궁극적으로 말하려고 하는 것은 우리는 현실에서 어느 길이 최선인지 알 수 없고, 우리의 선택이 그만큼 무작위적이고 무지한 추측이라는 것이다.

- 프로스트는 독자들이 대부분 〈가지 않은 길〉을 오해할 것이라는 것을 잘 알고 있었다. 그는 유명한 강연에서 청중들에게 "그 시를 읽을 때 조심해야 할 겁니다. 정말 까다로운 시예요. 아주 까다롭습니다."라고 말했다.
- 프로스트는 매우 늦게 등단했다. 첫 시집 《소년의 의지》는 거의 40세가 되어서야 출간되었다. 그는 1874년에 출생해서 1963년에 사망했다.
- 존 F. 케네디 대통령은 프로스트의 시를 대단히 높이 평가했으며, 1961년 그의 대통령 취임식에서 프로스트는 시 〈아낌없이 주는 선물〉을 낭송했다.

185
인상주의

인상주의는 1870년대 프랑스에서 시작되었다. 인상주의 화가들의 목표는 물체가 만들어내는 시각적 인상을 인간의 눈에 비친 대로 정확히 표현하는 것이었다. 무엇보다 빛이 변하는 속성과 빛이 시각에 미치는 영향에 관심이 많았다.

역사나 신화에서 그림의 주제를 선택했던 이전 화가들과 달리 인상주의 화가들은 주변에 일어나는 일상을 주제로 삼았다. 사실 그들은 항상 야외에서 작업을 한 최초의 화가들이었다. 사물에 비친 빛의 효과를 재빨리 포착해서 그림을 그려야 했기 때문에 스케치를 하거나 미리 계획을 잡지 않고 자연 가까이에서 바로 작업을 했다. 완벽하게 정지된 것을 눈으로 거의 볼 수 없음을 깨달은 인상주의 화가들은 주제의 윤곽선을 강하게 그리지 않고 크고 느슨한 붓놀림으로 움직이는 듯한 느낌을 만들어냈다. 팔레트에서 물감을 혼합하지 않고 캔버스 위에 여러 색을 나란히 칠했다. 가까이에서 보면 서로 별개의 색처럼 보이지만 멀리서 보면 한데 섞인다.

인상주의의 기원은 사실주의 운동과 프랑스 사실주의 대표 화가 에두아르 마네(1832년~1883년)에서 찾을 수 있다. 마네는 일상적인 주제와 느슨한 붓놀림에 매력을 느꼈다. 그 역시 인상주의 화가들처럼 프랑스 국립미술아카데미의 전통을 과감히 무시한 반항아였다.

1874년 인상주의 화가들은 살롱 데 자르티스트에서 해마다 열리는 전시회에 초대받지 못하자 그들만의 전시회를 조직했다. 그 중에는 클로드 모네와 알프레드 시슬레 같은 거장들이 포함되어 있었다. 인상주의 화가들에게 적대적이었던 미술 평론가 루이스 르루아는 모네의 〈인상, 일출〉(1872년)을 보고 그들을 가리켜 '인상주의 화가'라고 불렀다. 처음에는 경멸적 의미로 쓰였던 말이다.

인상주의 화가들은 모두 여덟 차례 전시회를 열었다. 마지막은 1886년이었다. 그 무렵 인상파에 속한 많은 화가들이 나중에 후기인상주의라 불리는 새로운 스타일로 그림을 그리기 시작했다. 그럼에도 불구하고 기존의 전통을 깨려는 인상주의 화가들의 독립심과 용기는 많은 현대 미술 사조에 영감을 불어넣었다.

• 인상주의 화가들은 하루 만에 그림 한 점을 완성하는 등 작업 속도가 빨랐기 때문에 몇 주씩 공들여 작품 하나를 준비하는 이전 화가들보다 훨씬 많은 그림을 그려냈다. 오늘날 전 세계 미술관이나 개인 소장품에서 수백 점의 인상주의 작품들을 찾아볼 수 있다. 인상주의 작품을 소장하고 있는 곳으로 파리 오르세 미술관, 시카고 미술관, 필라델피아의 반즈재단 미술관이 유명하다.

186

전자기파 스펙트럼

전자기파 스펙트럼은 우주에 존재하는 모든 범위의 전자기파를 배열해 놓은 것이다. 전자기파는 빛의 또 다른 이름이다. 모든 빛은 광자로 구성되어 있다. 광자는 파동 형태로 진공을 통과해 이동하는 아주 작고 질량이 없는 에너지 묶음이다. 항상 초속 2억 9979만 2458미터의 일정한 속도로 이동하지만 파장은 일정하지 않다. 어떤 광자는 다른 것보다 파장이 더 길다. 파장이 더 길고 진동 빈도(즉, 주파수)가 낮은 광자일수록 에너지가 낮다. 반대로 파장이 짧고 진동 빈도가 높을수록 높은 에너지를 갖는다. 이런 점에서 광자는 공을 잡으려고 운동장을 달리는 미식축구 선수와 같다. 무슨 일이 있어도 공을 잡기 위해 제때에 엔드존으로 가야 한다. 직선으로 달릴 수 있다면 상대적으로 적은 에너지를 들이고 엔드존에 도착할 수 있다. 그러나 지그재그로 달려야 한다면 더 많은 에너지를 소모하게 된다.

전파는 주파수가 낮고 파장이 긴 저에너지 형태의 빛이다. 파장은 대략 1미터~100미터로 다양하다. 에너지가 매우 낮기 때문에 뚜렷하게 물질과 상호작용하는 경우가 매우 드물다.

전파에 비해 가시광선은 파장이 짧고 주파수가 높다. 전자기파 스펙트럼에서 가시광선이 차지하는 범위는 매우 좁지만, 태양이나 별이 방출하는 빛이 모두 가시광선에 속한다. 우리의 눈은 이 범위의 전자기파에 맞춰 미세하게 조정되어 있는 2개의 안테나와 같은데, 이것은 우연이 아닐 것이다. 빨강, 주황, 노랑, 초록, 파랑, 남색, 보라 무지개 빛깔도 좁은 대역의 가시광선에 속한다. 자외선은 전자기파 스펙트럼에서 보라색 빛 바로 다음에 온다. 가시광선보다 에너지와 주파수가 높은 자외선에 오래 노출될 경우 눈과 피부가 손상될 수 있다.

- 감마선은 가장 활동적인 빛이다. 방사성 과정의 일환으로 원자의 핵에서 방출된다. 이론적으로 감마선은 무한히 작은 파장을 가질 수 있다.
- 전자기파 스펙트럼에서 전자파와 가시광선 사이에 위치한 마이크로파는 음식을 데우는 전자레인지뿐만 아니라 무선인터넷 네트워크에도 사용된다.
- 소리도 일종의 파동이지만 빛과 달리 진공을 통과할 수 없다. 그래서 우주에서는 소리가 들리지 않는다.
- 지표면에 있는 대부분의 물질은 자외선을 흡수하지만 눈은 자외선을 반사한다. 눈[雪]에 반사되는 자외선은 설맹(snow blindness)을 일으킬 수도 있다.

187 | FRI 🎵 음악 | 낭만주의 시대

19세기 낭만주의 음악의 뜨거운 열정도 당시 문학, 미술, 철학과 마찬가지로 냉정한 논리와 이성을 바탕으로 한 고전주의에 대한 반응으로 생겨났다. 모차르트와 하이든의 음악이 유쾌하고 영감을 주고 영속적이고 균형 잡힌 음악이라고 한다면 엑토르 베를리오즈, 요하네스 브람스, 구스타프 말러 같은 낭만주의 음악가의 음악은 개인의 감정을 표현하는 데 더 집중했다. 낭만파 음악가들은 역사와 신화, 마술과 신비주의 그리고 영웅주의에 깊은 관심을 가지고 있었다. 그들은 베토벤, 슈베르트, 바그너 같은 위대한 작곡가들의 천재성을 추종했다.

낭만주의 음악은 멜로디를 매우 중요하게 여겼다. 그렇기 때문에 멜로디가 자연스럽게 전개되도록 하기 위해 종종 형식적 구조를 희생시켰다. 낭만주의 음악의 가장 주된 장르는 교향곡이었고, 많은 작곡가들이 교향곡 이외에는 거의 작업하지 않았다. 교향곡의 길이는 훨씬 더 길어졌고 기악 편성이 더욱 대규모화되었으며, 화려하고 웅장하면서도 퇴폐적인 분위기를 냈다.

리하르트 바그너(1813년~1883년)의 오페라는 북유럽 신화와 중세 전설을 주제로 가수들의 인상적인 음역과 지구력, 힘이 필요한 음악으로 채워졌다. 낭만파 작곡가들은 악기연주자들에게 터무니없는 연주 기교를 요구하기 시작했다. 심지어 세상의 단 몇 명의 연주자만이, 때로는 작곡가 자신만이 연주할 수 있는 곡을 만들었다.

낭만주의 음악을 겨냥한 주된 비판은 작곡가들이 분별력이 없고 도가 지나친 음악을 만든다는 것이었다. 어쨌든 19세기에는 오래도록 보전될 음악이 굉장히 많이 만들어졌고 이탈리아 오페라와 독일 오페라가 꽃을 피우는 시기였다.

- 고전주의 시대와 비교했을 때 낭만주의 작곡가 개인당 작곡한 악곡의 수는 줄어들었지만 악곡의 길이는 늘어났다. 4부로 이루어진 오페라 연작 바그너의 〈니벨룽의 반지〉는 15시간이나 된다.
- 연주단의 규모도 커졌다. 구스타프 말러의 8번 교향곡 〈천인〉은 확장된 오케스트라, 이중 합창, 소년 합창, 소프라노 솔로 3명, 알토 2명 그리고 테너, 바리톤, 베이스가 각각 1명씩 필요하다.
- 고전주의 천재 작곡가들은 전문적인 음악적 배경을 지니거나 정식 교육을 통해 배출되었지만 낭만파 작곡가들은 그럴 가능성이 낮다. 엑토르 베를리오즈만 보더라도 그는 어떤 악기도 능숙하게 다루지 못했는데도 상당히 높이 평가되는 곡들을 작곡했다.

188 | SAT 철학 | 조지 버클리

조지 버클리(1685년~1753년)는 1685년 아일랜드의 킬케니에서 태어났다. 그는 영국 성공회 신부였다. 버뮤다에 미국 원주민들을 위한 대학을 세우기 위해 로드아일랜드 뉴포트에서 3년을 보냈지만 계획이 실패하자 다시 영국으로 돌아와 아일랜드의 주교로 임명되었다.

버클리의 철학적 입장은 관념론과 유신론에 대한 강한 몰입이라고 규정할 수 있다. 버클리가 말하는 관념론에 따르면 물질적 실체는 존재하지 않고 오로지 정신 또는 영혼 그리고 그 영혼 안에 든 관념 또는 생각만 존재한다. 그러므로 우리가 무엇인가를 지각할 때 우리는 독립적인 물체가 아닌 우리 자신의 관념을 지각한다. 정신과 정신에 의해 지각되는 것 외에는 어떤 것도 존재할 수 없다. 관념론에 대한 버클리의 주요 논증은 이렇다. 아무도 지각하거나 생각하지 않은 물체, 예를 들어 나무 한 그루를 상상하려고 해보자. 그러나 할 수 없다. 그것을 상상하려고 한다는 행위 자체가 그 물체에 대해 생각하고 있는 것이다. 즉 누군가가 그것을 생각하고 있는 것이 되어 버린다.

버클리의 관념론에서는 신이 중대한 역할을 한다. 관념론자들은 난제에 빠져 있다. 만일 우리의 경험이 모두 지각의 산물이며 단지 세상의 독립적인 대상에 대한 반응에 불과한 것이 아니라면 왜 모든 경험들은 그렇게 일관되는 것일까? 버클리는 신이 우리로 하여금 매우 조화로운 경험을 하게 만든다고 주장했다. 우리의 지각과 경험이 매우 규칙적이고 법칙에 지배받는 이유가 신에게 있다는 것이다.

버클리는 신의 존재를 열렬히 옹호하는 유신론자였지만 권위나 성경 또는 단순한 신앙심에 호소하지 않았다. 온전히 철학적 근거에 의해 신이 존재한다는 믿음을 정당화하고자 했다.

• 버클리는 물과 송진을 섞어 만든 타르 수용액이 치료 효과가 있다고 주장했다. 심지어 타르 수용액을 찬미하는 시를 지었는데, 다음과 같은 시구가 포함되어 있다.

결코 사라지지 않는 소나무의 평범한 진액을 환호하며 맞이하라!
비록 값은 싸지만 네가 지닌 장점은 신성하도다.
이것이 네가 비축하고 있는 것임을 그들에게 보여주고 설명하기 위해
많은 현대의 지식과 많은 고대의 지식이 필요하리라.

189

콘스탄티누스 1세

기독교 역사가들에 의해 나중에 콘스탄티누스 대제라 불리게 되는 로마 황제 콘스탄티누스 1세(275년~337년)는 기독교가 유럽 전역으로 자유롭게 퍼져 나갈 수 있게 도화선을 제공한 인물이다.

서기 306년 콘스탄티누스가 황제의 자리에 올랐을 당시만 하더라도 기독교는 공인된 종교가 아니었다. 로마의 전통이 그래왔듯이 콘스탄티누스도 신들의 기분을 맞춰주는 것이 고통을 피할 수 있는 유일한 길이라 믿었다. 그는 기독교인들이 로마 신을 우상화하고 숭배하는 것을 거부하고 있어서 신들의 분노를 살 것이라 두려워했다. 그래서 기독교인들은 정계에서 쫓겨나고 로마 군대로부터 억압을 받았다.

그러나 312년 콘스탄티누스는 밀비아 다리 전투에서 승리를 거두고 라틴어를 사용하는 서로마제국을 통일한 후 마음을 바꿨다. 전해지는 이야기에 따르면 콘스탄티누스가 공세 준비를 하고 있을 때 그리스어로 예수 그리스도를 의미하는 머리글자와 이어서 "이것으로 물리치리라"라는 글귀가 하늘에 새겨지는 것을 봤다고 한다. 승리를 거둔 콘스탄티누스는 바로 기독교를 인정했다.

그는 우선 예수라는 의미의 그리스어 약자를 자신의 개인 문장으로 사용했다. 더 중요한 것은 그리스어를 사용하는 동로마제국의 황제 리키니우스와 함께 밀라노 칙령을 발표했다는 것이다.

밀라노 칙령은 기독교인들에게 종교생활을 할 수 있는 권리를 인정해주고 몰수했던 재산을 되돌려줬으며 공공장소에서 설교하는 것을 허용함으로써 기독교가 빠르게 확산될 수 있게 했다. 게다가 일요일을 예배하는 날로 지정했다. 밀라노 칙령은 기독교인들의 사회·정치적 참여를 확대할 수 있는 길을 열어줬다.

콘스탄티누스가 통치하던 시대에 예수 탄생을 기념하는 성당이 베들레헴에 세워졌고 예루살렘에는 성분묘 기념 성당이 지어졌다. 콘스탄티누스는 임종 직전에 기독교로 개종했다고 전해진다.

- 밀라노 칙령은 공식적인 칙령도 아닐뿐더러 밀라노에서 작성된 것도 아니다. 어떻게 해서 그런 이름이 붙었는지 출처가 알려져 있지 않다.
- 기독교는 테오두시우스 1세가 통치하던 4세기 후반에 들어서야 로마에서 유일하게 합법적인 정식 종교가 되었다.
- 콘스탄티누스는 니케아 공의회를 후원하고 장려했는데, 325년 니케아 공의회는 다음 내용을 포함하는 니케아 신경을 발표했다. "우리는 한 분이신 하느님을 믿는다. 그분은 전능하신 아버지이시고 천지와 보이는 것과 보이지 않은 것 모든 것의 창조주이시다. 우리는 하느님의 아들 주 예수 그리스도를 믿는다."

190 | MON 역사 | 나폴레옹 보나파르트

1789년 프랑스 혁명이 일어난 후부터 나폴레옹 보나파르트(1769년~1821년)가 1799년 권력을 장악하기까지 프랑스는 10년 동안 전쟁과 불안의 시기를 견뎌야 했다. 30세의 젊은 나이에 나폴레옹은 혼돈과 통제 불능의 국가를 확실히 장악했고, 1804년 명실상부한 황제의 자리에 올랐다. 나폴레옹은 처음부터 프랑스를 이끌만한 인재였던 것은 아니다. 지중해의 코르시카 섬에서 태어나 아홉 살이 되도록 프랑스어를 말할 줄 몰랐다. 그러나 혁명군 편에 선 이 젊은 장교는 왕이 참수를 당한 후 권력을 가진 사람들에게 신임을 얻으며 자신감을 얻었다. 1790년대 이탈리아와 오스트리아에서 벌어진 전투에서 연이어 승리를 거둔 나폴레옹은 프랑스 국민들 사이에서 큰 인기를 얻었고 프랑스 내부의 실질적인 반대 없이 권력을 장악했다.

나폴레옹의 통치하에 프랑스는 공격적인 외교정책을 펼쳤다. 그들은 혁명을 유럽 대륙의 다른 지역까지 확대했다. 나폴레옹의 군대는 유럽의 오래된 군주 국가들을 하나씩 무너뜨렸다. 프랑스인들은 자유와 평등, 박애라는 프랑스 공화국의 위대한 사상이 보편적 진리이며, 필요하다면 무력으로라도 받아들이게 해야 한다고 믿었다. 많은 유럽인들은 나폴레옹의 군대가 자신들을 왕과 여왕의 압제로부터 해방시켜줄 해방군이라며 환영했다. 초기 나폴레옹을 열렬히 숭배했던 루트비히 판 베토벤은 나폴레옹의 군대가 자신의 조국 독일에 도착했을 때 3번 교향곡을 이 젊은 황제에게 바쳤다.

나폴레옹은 프랑스의 법전을 재정비하고 자신이 정복한 유럽 국가에 그 법을 따르게 했다. 재산과 시민 권리에 관한 법을 제시한 나폴레옹 법전은 오늘날 많은 서유럽 국가의 사법제도의 근간을 이루고 있다.

나폴레옹이 꿈꿨던 프랑스 제국은 1812년 러시아 침공의 실패로 무너지기 시작했다. 대패한 나폴레옹은 1813년 영국, 러시아, 스페인, 오스트리아 등 국제 연합체에 의해 물러나야만 했다. 나폴레옹은 잠깐 재기했지만 1815년 워털루 전투에서 참패를 당했다. 그 무렵 나폴레옹을 둘러싼 이상적 관념들은 대부분 퇴색되어 있었다. 나폴레옹의 프랑스는 여러 유럽 지역을 약탈했다. 사실 파리 루브르 박물관에 소장되어 있는 많은 보물들은 나폴레옹의 군대가 교황청과 독일을 비롯한 여러 유럽 국가에서 가져온 예술품들이다. 환멸을 느낀 나폴레옹 추종자들이 유럽 대륙 곳곳에서 줄을 이었다.

- 나폴레옹은 워털루 전투에서 패배한 후 남대서양에 있는 영국령의 작은 섬 세인트헬레나로 유배되었다.
- 전해지는 이야기와는 반대로 나폴레옹은 그렇게 키가 작지 않았다. 그의 키는 5피트 6인치(약 168cm)로 당시 프랑스 남자 평균보다 조금 큰 키다. 그의 키가 5피트 2인치(약 157cm) 밖에 되지 않는다고 말한 것은 영국인들이다.

191 | TUE 🔼 문학 | 주홍글씨

19세기 미국 소설가이자 단편소설 작가 나다니엘 호손(1804년~1864년)의 가장 유명한 작품은 1850년에 발표한 《주홍글씨》이다. 호손의 작품이 대체로 그렇듯이 이 책은 식민지 시대 뉴잉글랜드를 배경으로 사회적, 도덕적 문제를 탐구한다. 《주홍글씨》는 광범위한 상징을 사용하기 때문에 비유문학의 훌륭한 예로 불린다.

《주홍글씨》의 주인공은 1600년대 보스턴의 청교도 마을에 사는 헤스터 프린이라는 젊은 여성이다. 헤스터는 영국에서 자신보다 나이가 훨씬 많은 남자와 결혼했는데, 남편이 약속대로 그녀를 따라 신대륙으로 오지 않자 그녀는 남편이 탄 배가 항해 중에 사라졌다고 짐작한다. 보스턴에서 헤스터는 간통을 해서 임신하게 되고 딸 펄을 낳는다.

엄격한 청교도 마을의 지도자들은 헤스터에게 아이 아버지가 누구인지 말하라고 압박하지만 헤스터는 밝히지 않는다. 마을 사람들은 헤스터와 딸을 추방하고 수치스러움의 상징으로 간통adultery을 의미하는 주홍색 글자 A를 황색 천에 자수를 놓아서 달고 다니게 했다. 사회적 고립과 역경을 견디면서도 헤스터는 펄을 사랑스럽게 기르고 절망에 무릎 꿇지 않는다. 마을 사람들에게도 반감을 품지 않는다. 결국 헤스터의 남편이 여전히 살아 있고 아이의 아버지가 누구인지 밝혀지면서 상황은 절정까지 치닫는다.

호손은 식민지 초기 매사추세츠 세일럼에 정착한 청교도 가문의 후손이었다. 그는 청교도의 검소한 생활방식과 너무 엄격한 도덕규범이 때로는 이로움보다는 해로움을 불러온다는 것을 깨닫고 실망했다. 직계 조상인 존 호손은 1692년 악명 높은 세일럼 마녀 재판에서 거의 20명에게 사형을 선고한 재판관 중 하나였다. 호손이 소설의 시작부터 끝까지 청교도 지도자의 비정함과 가혹함을 헤스터의 우아함과 이타심에 대조시키면서 비판적으로 그리는 것은 어쩌면 당연한 일일 것이다.

《주홍글씨》는 상징과 비유가 매우 풍부하다. 대부분의 상징은 명시적이고 이해하기 쉽다. 그래서 학생들에게 문학 분석용 교재로 많이 쓰인다. 호손은 등장인물의 이름을 통해 의미와 분위기를 더하는 재주를 가지고 있다. 예를 들면 죄책감에 괴로워하는 아더 딤즈데일 목사와 수수께끼 같은 나이 든 의사 로저 칠링워스이다. 주홍글씨 그 자체도 이 소설에서 가장 복잡한 상징으로 작용한다. 처음에는 헤스터의 수치와 소외를 나타내는 표식이었지만 궁극적으로는 그녀의 강인함과 고결함을 나타낸다.

• 호손의 원래 성은 Hathorne이었지만 책을 처음 출판할 때 w를 첨가해 Hawthorne이 되었다.

192 | WED 📖 미술 | 휘슬러의 어머니

〈휘슬러의 어머니〉라고만 알려진 제임스 맥닐 휘슬러의 유명한 초상화는 어머니를 나타내는 상징적인 그림이 되었다.

휘슬러(1834년~1903년)는 미국 매사추세츠 로웰에서 태어났다. 어렸을 적에 외국에서 살았는데, 아버지가 철도 기사로 있던 러시아 상트페테르부르크에서 6년을 지냈고 영국에서 3년 살았다. 미국으로 돌아오자마자 웨스트포인트(미국 육군사관학교)에 들어갔다. 그러나 3학년 때 화학 시험에 낙제해서 학교를 그만뒀다. 1854년 워싱턴 DC로 간 휘슬러는 미국 해안선 측지국에 취직했는데, 그곳에서 에칭을 배웠다. 1855년에 유럽으로 건너가 결국 런던에 정착했다.

휘슬러는 어머니 안나 마틸다 맥닐 휘슬러와 1863년부터 함께 살게 되었다. 모델이 되어 주는 사람이 병에 걸리거나 하면 휘슬러는 어머니를 그렸다. 그 그림은 〈회색과 검은색의 배열: 화가의 어머니〉라는 제목으로 1872년 런던 왕립아카데미에 전시되었다. 작품의 제목이 암시하듯이 휘슬러는 어머니의 신분이 그림의 형식적 요소보다 중요하지 않다고 여겼다. 그는 이렇게 말했다. "이것은 내 어머니의 그림이기 때문에 내게도 흥미롭다. 그러나 초상화에 대해 대중들이 관심을 가져야 할 이유는 무엇일까? 음악이 귀로 듣는 시이듯 그림은 눈으로 보는 시다. 그리고 음악의 주제가 화음과 아무 상관없듯이 그림의 주제도 색의 조화와 아무 관련이 없다."

초상화에서 안나는 평범한 검은색 드레스를 입고 모자를 쓰고 있다. 모자에 달려 늘어뜨려져 있는 반투명 천이 스패니얼 강아지의 귀처럼 보인다. 휘슬러는 다양한 질감을 전달하기 위해 다양한 화법을 이용했다. 원래는 서 있는 어머니를 그리려고 했지만 어머니가 오랜 시간 포즈를 취할 수 없었기 때문에 옆모습으로 계획을 바꿨다. 안나의 어두운 의상은 애도를 나타내기 위함이다. 1849년 남편이 세상을 떠난 후로 그녀는 줄곧 검은색 옷을 입었다.

이 그림은 1883년 파리에서 다시 전시되었고, 1890년 프랑스 정부가 그림을 매입했다. 처음에는 뤽상부르 박물관에서 전시되었다가 박물관 정책에 따라 휘슬러가 사망한 지 10년 후 루브르 박물관으로 옮겨졌다. 지금은 파리 오르세 미술관에 걸려 있다.

- 1934년 미국에서 어머니날 기념으로 〈휘슬러의 어머니〉가 그려진 우표를 발행했다.
- 이 그림의 영향으로 불윙클, 바비, 로널드 레이건 같은 캐릭터가 그림 속 어머니와 같은 포즈로 그려진 캐리커처가 많이 나왔다.
- 휘슬러는 물감이 많이 묻었을 때 자연스럽게 흘러내리게 할 수 있는 올이 굵은 리넨 캔버스를 좋아했다.

193 | THU 과학 | 서캐디안 리듬

모든 생명체에는 생체시계가 내장되어 있다. 그 시계에 의해 각성과 수면, 신진대사, 심장 박동, 혈압, 체온이 조절된다. 우리의 생물적 기능은 하루 24시간을 주기로 하는 서캐디안 리듬에 따라 패턴이 정해져 있다. 내장된 템포에 단 몇 시간이라도 차질이 생긴다면 우리는 효과를 즉시 느낀다. 항공 여행을 한 여행자들은 종종 발열과 추위, 복통과 두통, 정신 혼미와 신경과민, 갑작스러운 에너지 분출과 그에 따른 피로감을 경험한다.

포유동물의 생체시계는 뇌의 시교차상핵에 있다. 시교차상핵은 체온, 체액, 전해질, 허기, 호르몬 분비를 조절하는 뇌 시상하부에 있는 신경세포다발이다. 시교차상핵은 빛에 관한 정보를 받아들이는 망막과 연결되어 있어서 바깥이 어두우면 졸리게 만드는 호르몬인 멜라토닌을 분비하라고 신체에 명령한다. 반대로 바깥이 밝으면 멜라토닌 생산을 억제한다. 그러나 뇌는 새로운 환경에 적응하는 데 느리다. 점진적인 계절 변화는 다룰 수 있지만 시간대 변화에 대처할 수 있게 진화하지 않았다. 그래서 시차증이 생기는 것이다.

겨울이 되면 시교차상핵은 장기간의 어둠에 대한 반응으로 멜라토닌을 두 단계에 걸쳐 분비한다. 첫 번째는 밤이 시작될 때 분비하고 두 번째는 밤이 끝날 때 분비한다. 그래서 겨울철에는 사람들이 일어날 필요가 없는데도 한밤중에 깨기도 한다. 어쨌든 전체적인 효과는 겨울에 잠을 잘 수 있는 밤 시간이 더 많다는 것이다. 이것은 날씨가 추워졌을 때 이불 속에 더 오래 머물게 하려고 자연이 만들어낸 방법일 것이다.

시교차상핵이 사고나 질병에 의해 손상되면 인간의 수면·각성 주기는 완전히 멈추게 된다. 그러나 시교차상핵이 건강하면 빛이 없을 때도 신체는 자유롭게 작동하는 리듬에 맞춰 계속 기능한다. 동물과 인간은 중간에 방해받지 않고 일정 시간 동안 잠을 자고 잠에서 깨기를 반복하지만 25시간 주기에 맞춰져 있다. 이 사실로부터 과학자들은 시교차상핵이 시간을 정확히 맞추기 위해 전적으로 외부에서 얻은 단서에 의존하는 것은 아니라고 추정한다.

- '서캐디안'이라는 용어는 '대략 하루'를 의미하는 라틴어에서 나왔다.
- 우리는 체온이 가장 낮은 이른 새벽에 잠을 가장 잘 잘 수 있다. 체온은 아침 6시와 8시 사이에 오르기 시작한다.
- 체력과 통증을 견디는 힘은 오후에 가장 강하다.
- 심장마비는 아침에 일어날 확률이 가장 높다.

194 FRI 음악 프란츠 슈베르트

1827년 루트비히 판 베토벤의 장례식에서 프란츠 슈베르트(1797년~1828년)가 애도의 횃불을 들었다. 이것은 훗날 슈베르트 자신이 생각했던 것보다 더 많은 상징으로 해석된다. 불꽃이 너무 일찍 다 타버리고 고통 속에 살다간 낭만파 작곡가 베토벤의 전통을 잇듯 슈베르트 또한 그다음 해에 세상을 떠났기 때문이다.

오스트리아 빈 근교 리히텐탈에서 태어난 슈베르트는 모차르트의 주요 경쟁자이자 베토벤의 스승이었던 안토니오 살리에리에게서 바이올린과 노래, 피아노를 배웠다. 슈베르트는 작곡에 몰두했고, 매일 오랜 시간을 혼자 앉아 작곡하며 보냈다. 음악교사였던 아버지는 아들도 음악교사가 되기를 바랐다. 프란츠는 아버지의 압력에 못 이겨 1813년 교사가 되었다. 하지만 대부분의 시간을 작곡에 투자했고 자신을 방해하는 학생이 있으면 훈계할 때만 작업을 멈췄다.

슈베르트는 많은 낭만파 작곡가들처럼 교향곡을 많이 작곡하지는 않았다. 그 대신 '리트'라 불리는 독일 전통 가곡을 작곡했다. 〈마왕〉(1820년)을 포함해 평생 600곡이 넘는 가곡을 작곡했다. 요한 볼프강 폰 괴테의 시를 바탕으로 만든 〈마왕〉은 어린 아들의 죽음을 예언하는 그림자가 얼굴에 드리워진 엘프 왕을 어둡고 무서운 분위기로 노래하는 곡이다. 1827년 발표한 연가곡집《겨울 나그네》는 슈베르트 최고의 작품이라는 평가를 받는다.

슈베르트는 낭만주의 시대의 전형적인 자유로운 영혼이다. 평생 가난했지만 음악에 모든 것을 바쳤으며 자신이 작곡한 수십 편의 곡을 실제 가치보다 싼값에 팔기도 했다. 매일 아침 몇 시간 씩 작곡에 몰입하고 저녁에는 자칭 '슈베르트의 사람들'이라고 하는 친구들과 함께 보냈다. 그들은 슈베르트의 최신 곡을 연주하거나 시를 암송하거나 빈의 맥줏집이나 카페에서 취하도록 술을 마시곤 했다.

슈베르트는 잘생기지도 않았고 여자에게 특별히 관심이 있지도 않았지만 1822년 매독에 걸렸다. 당시 유럽 중부 매춘부 사이에 매독이 유행했었다. 슈베르트는 그의 창작 에너지를 다 써보지도 못하고 31세의 젊은 나이에 사망했다.

• 1823년 슈베르트는 유명한 〈미완성 교향곡〉을 작곡하기 시작했다. 그가 사망하자 친구 안젤름 후텐브레너가 이 곡의 악보를 37년 동안 숨겨두고 있었다. 〈미완성 교향곡〉은 1865년 빈에서 초연되었고 대단한 찬사를 받았다.
• 슈베르트는 종종 친구들에게 돈을 빌리거나 그들의 집에서 생활했다. 자기 소유의 집을 가져 본 적이 거의 없었다.
• 슈베르트는 괴테나 빌헬름 뮐러 같은 동시대의 독일 시인들의 시에 곡을 붙여 가곡을 만들었다.

195

SAT
철학

관념론

철학에서 관념론자는 실체가 정신에 달려 있다고 믿는 사람이다.

어떤 것이 정신에 달려 있다는 말은 그것을 생각해낸 정신이 없다면 그것 또한 존재하지 않을 것이라는 의미이다. 이것은 혁명적인 관점이다. 보통 우리는 사물들의 세계가 있고, 그 사물에 대한 우리의 관념과 독립적으로 사물이 존재하는 방식이 따로 있다고 생각하고 그 생각을 당연하게 받아들인다.

조지 버클리(1685년~1753년) 같은 관념론자들은 인간의 지각으로부터 독립된 사물의 세계가 존재한다고 보는 단순한 생각을 거부했다. 버클리는 사물은 오로지 신이 그것에 대해 생각하고 있기 때문에 우리가 그것을 생각하고 있지 않을 때만 존재한다고 주장했다. 또 다른 관념론으로 임마누엘 칸트(1724년~1804년)와 아르투르 쇼펜하우어(1788년~1860년)가 채택한 선험적 관념론이 있다.

칸트는 인간의 정신에 의존하지 않고도 존재하는 것이 있다고 말했다. 그것을 칸트는 '물자체things in themselves'라고 불렀다. 그는 우리가 실제로 경험하는 대상은 물자체가 아니라 그것의 겉모습이라고 주장했다. 그리고 그 겉모습은 우리의 정신 속에만 존재한다. 쇼펜하우어는 칸트의 구별을 받아들였지만 물자체가 여러 개 존재한다는 것은 인정하지 않았다. 쇼펜하우어가 생각하는 실체는 본질적으로 하나의 획일적인 의지, 즉 맹목적이고 무엇인가를 얻으려고 애쓰는 힘이다. 이 의지는 시간과 공간 속에 존재하는 개별적인 사물들의 세계로서 우리에게 나타난다.

현대 철학에서 관념론은 대상의 존재보다 대상이 지닌 특정 성질과 관련해서 더 자주 받아들여진다. 그러므로 많은 현대 철학자들은 도덕적 선이나 아름다움과 같은 가치들이 정신에 종속되며 세상의 사물들은 오로지 우리가 그것들이 가치 있다고 믿기 때문에 가치 있는 것이라고 주장한다. 반면에 가치에 대해 사실주의적 관점을 지닌 철학자들은 우리가 가치를 경험하든 안 하든 상관없이 세상에는 실질적인 도덕적 선과 도덕적 악, 아름다움과 추함 등등이 있다고 주장한다.

• 학자들은 철학의 역사가 사실주의자와 관념론자 사이의 오랜 논쟁의 역사라고 말하곤 한다. 철학의 계보를 따지자면 아리스토텔레스(기원전 384~322년)는 최초의 사실주의자이고, 플라톤(기원전 427년~347년)은 최초의 관념론자라고 할 수 있다. 하지만 오늘날 이것을 받아들이는 철학 역사학자는 거의 없을 것이다.
• 쇼펜하우어는 자신의 선험적 관념론은 힌두교의 철학과 문학에 기원을 두고 있다고 주장했다.

196

조셉 스미스와 모르몬교

조셉 스미스(1805년~1844년)는 미국 버몬트의 한 농가에서 태어났다. 그는 10대 초반에 첫 번째 신의 계시를 받았는데 그때 예수 그리스도와 하느님 아버지의 환영을 봤고, 3년 후에는 천사 모로나이가 찾아와서 밭에 금판이 숨겨져 있다고 말해줬다고 한다.

몇 년 동안은 금판에 접근하는 것이 허락되지 않다가 1827년 드디어 모로나이는 스미스가 금판을 보고 번역할 수 있게 해줬다. 금판에 새겨진 글은 고대 이집트 문자로 쓰여 있었고 스미스가 신으로부터 영감을 얻어 금판을 번역했다고 전해진다. 그는 친척들에게 번역 내용을 받아쓰게 했는데, 중간에 막히거나 다시 고치는 일이 거의 없었다고 한다.

금판을 번역해서 만든 것이 모르몬경이다. 모르몬교에서는 성경과 함께 모르몬경을 신의 말씀으로 받아들인다. 모르몬경은 기원전 600년 북아메리카로 가라는 신의 말씀을 들은 고대 선지자 리하이에 대해 설명한다. 모르몬경에 따르면 신은 아메리카 대륙에서 선지자들을 계속 선택했다.

모르몬경을 번역하고 1830년 새로운 종교를 창시한 스미스는 자신이 세운 종교를 전도하기 시작했고, 가는 곳마다 파장을 일으켰다. 버몬트에서 출발해 천천히 그러나 꾸준히 서쪽으로 교세를 확장했고 뉴욕, 펜실베이니아, 미주리를 모두 거쳐 마지막 일리노이 주까지 퍼졌다. 스미스는 1844년 경쟁 신문사의 발행을 금지시킨 죄로 실형을 받았고, 이후 화가 난 폭도들에게 목숨을 잃었다. 스미스가 사망하자 브리검 영이 후계를 이었다. 그는 더 서쪽에 있는 유타 주 솔트레이크시티로 교회를 옮겼다.

예수 그리스도 후기 성도 교회는 스스로 정교회나 가톨릭교 또는 개신교가 아니라, 예수 그리스도가 지상에 설립한 원래 교회를 부활한 것이라고 주장한다. 그뿐만 아니라 스미스를 브리검 영과 현재 모르몬교 교회 회장과 보좌들로 이어지는 선지자 계보의 출발점이라 믿는다. 그렇기 때문에 오늘날의 선지자는 신으로부터 직접 메시지를 받을 수 있는 힘을 지니고 있다고 주장한다.

모르몬 교회의 여러 교리에는 순결, 검소한 옷차림, 가족 기도문의 중요성에 대한 믿음이 포함되어 있다. '지혜의 말씀'이라 알려진 건강에 관한 율법은 술, 담배, 커피나 차를 섭취하는 것을 금한다. 아마 가장 악명이 높은 교리는 복혼이라 알려진 일부다처제일 것이다. 그러나 1890년 모르몬교회는 일부다처제를 사실상 금지시켰다.

- 스미스는 일리노이 주에 '나우부'라는 종교 마을을 세웠다. 1845년 나우부 인구는 시카고와 비슷했다.
- 모르몬교는 세계에서 가장 큰 선교사 프로그램을 가지고 있으며, 전 세계에 5만 1000명의 정식 선교사가 활동하고 있다.

197

아일랜드의 감자 기근

1841년부터 1851년까지 단 10년 사이에 수십만 명의 가난한 아일랜드 농부들이 유럽 근대 역사상 최악의 기근으로 굶어 죽었다. 당시 에메랄드 섬(아일랜드의 또 다른 이름) 전체 인구가 20% 감소한 것으로 추정된다. 그때의 기근은 인간에게 닥친 비극적 재앙이었고, 아일랜드 해안선을 넘어 먼 곳까지 막대한 영향을 미쳤다. 굶주린 농부들이 아일랜드를 대거 탈출하는 사건이 벌어졌다. 그들 중 많은 수가 더 나은 삶을 찾아 미국으로 이주했고, 미국으로 들어오는 거대한 이민 행렬의 시초가 되었다.

감자는 아일랜드의 주요 작물로 여러 세대 동안 농사가 잘 되었다. 그러나 1840년대 감자 역병으로 감자 줄기가 병들고, 농부들 대부분이 다른 식량 공급원이 없었기 때문에 대규모 기근이 발생했다.

기근이 발발했을 당시 아일랜드는 세계에서 가장 강력한 대영제국에 속해 있었다. 당시 많은 사람들뿐 아니라 역사가들도 영국 정부가 역병이 발생하도록 방치했다고 생각한다. 당대 영국에서 가장 유명한 풍자 작가 조너선 스위프트는 〈겸손한 제안〉이라는 제목의 유명한 글에서 영국 정부가 아일랜드의 위기에 적절하게 대응하지 못했다고 비난했다. 그는 영국 정부가 식량을 보내지 않기 때문에 아일랜드 사람들은 살아남기 위해 아기들이라도 잡아먹어야 할 것이라고 농담처럼 말했다.

아일랜드는 1169년 영국의 침략을 받아 북아일랜드 6개 지방을 제외한 나머지 지역이 1922년 독립을 얻어내기 전까지 영국령으로 남아 있었다. 북아일랜드는 지금도 영국에 속한다. 1998년 성금요일 협정(벨파스트 평화 협정)이 체결된 이후로 아일랜드 섬 내부 갈등이 약화되기는 했지만 북아일랜드가 계속 영국에 속해야 하는지 아일랜드로 통합되어야 하는지를 두고 계속 의견 충돌이 일어나고 있다.

- 감자는 아일랜드 토착 작물이 아니다. 심지어 유럽 토착 작물도 아니다. 남아메리카 대륙에서 감자를 기르고 있는 원주민들을 만난 스페인 탐험가들이 그 작물을 유럽으로 가져왔는데, 유럽에서 급속도로 인기를 얻게 되었다.
- 아일랜드의 대기근 동안과 그 이후 가톨릭교도인 아일랜드 피난민들이 미국에 대거 들어오자 일부 미국인들은 미국이 개신교 국가라는 특성을 상실하지 않을까 두려워 반감을 보였다. 가톨릭 국가 출신의 이민자들을 배척하는 사람들이 "노우나씽(Know-Nothings)"이라는 정당을 만들었다. 이 정당은 1850년대에 한때 번성했다.
- 아일랜드 사람들은 20세기 들어서까지 계속해서 미국으로 이주했다. 미국 인구통계 자료에 따르면 아일랜드계 미국인은 3400만 명으로 아일랜드 전체 인구의 거의 10배이다.

198 | TUE 문학 | 월트 휘트먼

월트 휘트먼(1819년~1892년)은 미국 최초의 위대한 시인으로 특히 그의 작품은 엄격한 운율과 각운 구조를 탈피한 자유시를 개척하는 데 큰 영향을 미쳤다. 자유시는 20세기 시인들 사이에서 인기가 있었고, 오늘날에도 널리 사용되고 있다.

휘트먼은 브루클린에서 문화 혜택을 누리면서 자랐고, 그곳에서 교사와 기자로 일했다. 20대 후반에는 여러 달 동안 미시시피 강 유역을 여행했고 브루클린으로 돌아온 후에는 1855년 자비를 들여 첫 시집《풀잎》을 출판했다.《풀잎》은 민주주의와 형제애, 미국의 경치, 인간 신체를 찬미하는 시로 가득 한 생동감 넘치는 시집이다. 개성과 자립을 강조하고 영혼의 순수성을 추구하는 초월주의의 여러 특징을 보인다. 가끔 선정적인 신체 묘사뿐만 아니라 은근하게 때로는 노골적으로 표현된 동성애 암시 때문에 많은 사람들이 이 시집을 외설적이라고 비난했다. 가장 유명한 시는 〈나 자신의 노래〉이다. 시작 부분이 시 전체의 분위기를 말해준다.

나는 나 자신을 찬미하고 나 자신을 노래한다
내가 믿는 바를 그대 또한 믿게 되리라
내게 속하는 모든 원자가 똑같이 그대에게도 속하기에.

나는 빈둥거리며 내 영혼을 초대한다
나는 한가로이 기대이며 헤매며 여름 풀 이파리를 바라본다.

나의 혀, 내 피의 원자가 이 토지, 이 공기로 빚어졌고
나를 이렇게 낳아 준 부모도 똑같이 부모에게서 태어났고, 그 부모도 또 부모에게서 태어났다.
지금 완벽하게 건강한 서른일곱의 나는
죽는 날까지 멈추지 않기를 바라며 여기 첫 걸음을 시작한다.

휘트먼은《풀잎》에 시를 추가하거나 수정해서 개정증보판을 계속 냈다. 1892년 '임종판'이라 불리는 최종판이 나왔다. 휘트먼의 시는 남북전쟁과 에이브러햄 링컨의 암살 이후 점점 진지해졌다. 링컨의 죽음을 애도하며 쓴 추모시 〈지난봄 라일락이 앞마당에 피었을 때〉는 휘트먼의 가장 훌륭한 시로 손꼽힌다.

199

WED
미술

에드가르 드가

에드가르 드가(1834년~1917년)는 인상주의 운동과 연상되는 가장 유명한 미술가 중 한 명이다. 회화 화가, 데생 화가, 조각가, 사진사, 수집가 등등 그를 부르는 명칭이 많지만 드가는 발레리나를 그린 그림으로 특히 유명하다.

부유한 파리 금융업 가문에 태어난 드가는 처음에는 법률을 공부하려 했다. 그러나 루브르 박물관의 그림들을 모사한 후 미술가가 되기로 마음먹고 1854년부터 그림 공부를 시작했다. 2년 후 이탈리아에서 여러 해를 지내면서 옛 거장들의 그림을 모사했고 화가가 되기 위한 기반을 다졌다. 처음에는 고전주의 주제에 끌리기도 했지만 실제 인물을 모델로 삼는 그림을 그렸다. 초기 작품 〈운동하는 스파르타 젊은이들〉(1860년)은 현대적 배경 속에 고전적 주제를 그려 넣은 것이다.

당대의 많은 화가들과 마찬가지로 드가는 사진술 발명에 많은 영향을 받았다. 그는 카메라를 실험했고, 종종 작품을 위한 사전 조사에 카메라를 이용했다. 또 일본 판화에도 영향을 받았다. 1861년 사실주의 화가 귀스타브 쿠르베와 에두아르 마네를 만나 그들에게서 영감을 얻은 후로 드가는 파리의 일상적인 모습을 그리기 시작했다.

1865년과 1874년 사이에는 감정에 흔들리지 않는 객관성으로 대상을 포착하는 자신만의 스타일을 개발했다. 1868년부터 시작해 1870년에 완성한 〈실내〉(혹은 〈겁탈〉)에서 드가는 그림을 보는 사람이 마치 사적인 시간을 침해하고 있는 것처럼 느끼게 만든다. 드가는 인상파 전시회에 그림을 일곱 번 출품하며 인상주의를 지지했지만 '인상주의'라는 말을 싫어해서 스스로 사실주의 화가 또는 자연주의 화가라 불렀다.

1880년부터 1893년까지 드가는 가장 활동적인 시기를 보냈다. 다양한 매체를 실험하면서 보다 유동적인 효과를 얻기 위해 파스텔에 템페라나 구아슈 기법을 결합했다. 유명 작가 에밀 졸라의 사회주의적 관점에 영향을 받아 동정적인 시선에서 노동자들의 초상화를 그렸다. 대표적 예가 1884년작 〈다림질하는 여인〉이다. 1886년 인상파 전시회를 마지막으로 드가는 전시회에 출품하는 것을 멈추고 개인 화상과 거래하기 시작했다. 후기에는 더 밝고 덜 자연스러운 색상의 그림을 주로 그렸다. 시력 약화로 활기를 잃은 드가는 1912년부터 더 이상 그림을 그리지 않았고 5년 후 영원히 눈을 감았다.

• 1872년 10월 드가는 파리를 떠나 어머니의 고향 뉴올리언스에서 다섯 달 머물렀고 1873년에 〈뉴올리언스 목화 거래소〉를 그렸다.
• 드가는 시를 쓰기도 했는데 대부분 소네트 형식의 시였다.

200

수면

인간이 완전히 무방비 상태가 되도록 의식을 잃고 누워서 인생의 3분의 1을 잠을 자도록 진화되었다는 점은 어찌 보면 이상하게 느껴지기도 한다. 그러나 수면은 음식이나 물, 주거지만큼 인간의 생존에 필수적이다. 하룻밤을 잠자지 않으면 우리는 피곤을 느끼고 짜증을 내게 된다. 이틀 밤을 잠자지 않으면 기억 상실과 집중력 저하가 일어난다. 사흘 밤을 잠자지 않으면 정신 착란이 시작된다. 건강한 사람이라면 음식을 한 달 이상 먹지 않고도 생존할 수 있지만 잠을 계속 자지 않은 상태로는 이주일을 채 넘기지 못한다.

그렇다면 잠의 어떤 점이 그렇게 중요한 것일까? 확실하게 밝혀진 것은 아니지만 잠은 신체 근육과 기관을 회복시켜주고 생각을 정리하게 해주며 기억 형성을 돕는 것으로 보인다. 뇌파 활동을 측정하는 뇌전도 검사를 이용한 연구에 따르면 수면은 단계적으로 일어난다. 보통 깨어 있는 상태에서 어떤 특정한 생각을 하지 않을 때 뇌는 대략 10헤르츠, 즉 1초에 10번 주기로 진동하는 알파파를 생성한다. 매우 집중할 때는 알파파보다 두 배 빠른 베타파가 나온다.

수면의 제1단계에 들어가면 알파파가 불규칙적으로 변해 리듬이 들쑥날쑥해진다. 이것은 가벼운 졸음 단계로 쉽게 깰 수 있다. 시간이 경과하면 뇌파는 더 길어지고 더 느려진다. 40분 정도 지나면 3.5헤르츠 미만으로 진동하는 델타파가 생성된다. 깊은 수면 단계로 접어든 것으로 이때 신체 근육이 스스로 재생한다. 이 단계에서는 잠에서 깨기 매우 어렵다. 뇌파는 다시 빨라지기 시작해 40분 정도 지나면 알파파 단계로 바뀐다. 그러나 잠에서 깨는 것이 아니라 렘수면 또는 급속 안구 운동 수면이라 불리는 단계로 들어간다. 렘수면 단계에서 눈은 마치 움직이는 물체를 보는 것처럼 좌우로 빠르게 움직인다. 우리가 꿈을 꾸는 것도 바로 이 단계에서다. 보통 성인은 하루 밤에 네다섯 차례 렘수면 단계를 겪는다.

* 렘수면을 방해하면 곧 섬망에 빠질 것이다.
* 아기들은 밤 시간 수면의 절반 이상이 렘수면이다.
* 소는 선 채로 잠을 잘 수 있지만 꿈은 누웠을 때만 꾼다.
* 고래와 돌고래는 잠을 자면서 수영도 하고 호흡도 해야 한다. 그래서 잠을 잘 때는 좌우 뇌 중 한쪽씩 교대로 사용한다.

201 | FRI ♪ 음악 | 펠릭스 멘델스존

펠릭스 멘델스존(1809년~1847년)은 부유한 유대인 은행가 아버지와 훌륭한 예술적 재능을 지닌 어머니 사이에 태어났고 음악과 미술 분야에서 재능이 남달랐다. 〈한 여름 밤의 꿈〉(1826년)과 〈스코틀랜드 교향곡〉(1830년~1842년) 같은 그의 뛰어난 작품들은 성숙한 상징으로 가득 차 있고 자연의 소리와 환상의 소리를 나란히 담고 있기 때문에 음악으로 표현된 인상주의 그림이라고 할 수 있다.

멘델스존은 어린 시절 요한 제바스티안 바흐의 추종자였던 저명한 독일 음악 교사 칼 젤터에게 사사했다. 푸가를 집중적으로 배운 멘델스존은 20대 초반에 바흐의 〈마태 수난곡〉 연주를 지휘했다. 공연은 큰 호평을 받았고 바흐 작품이 유럽 대륙에서 다시 유행하게 되는 계기가 되었다. 다음 순회공연을 위해 스코틀랜드를 방문했을 때 그곳에서 영감을 받아 유명한 〈스코틀랜드 교향곡〉과 다른 작품들을 썼다. 그는 27세에 결혼을 한 후 라이프치히 게반트하우스 관현악단 지휘자가 되었다.

1825년에 작곡한 현악 8중주 중 〈요정의 춤〉과 희곡 〈한 여름 밤의 꿈〉의 배경 음악에 명백히 나타나듯이 멘델스존은 환상적 주제를 많이 다뤘다. 대부분의 동료 음악가들과는 달리 낭만주의적 열정을 추구하지 않고 고전주의 음악 형식을 매우 엄격하게 따랐다. 멘델스존은 거장이자 음악의 장인으로 널리 칭송되었다.

여러 해 동안 멘델스존은 공연과 가르치는 일을 병행하는 끔찍한 스케줄을 소화했다. 1846년 오라토리오 〈엘리야〉가 런던에서 초연되었을 때 멘델스존은 옷이 다 해진 상태였다. 휴식을 위해 그는 프랑크푸르트로 갔다. 그곳에 도착하자 사랑하는 누나 패니가 세상을 떠났다는 소식을 들었다. 충격으로 발작을 일으켰고 그 결과 뇌혈관이 터졌다. 그 사고로 멘델스존은 침체에 빠지고 창작 의욕을 잃었으며 심각한 우울증으로 그다음 해 사망할 때까지 거의 곡을 쓰지 않았다.

- 멘델스존이 어렸을 때 아버지 아브라함은 가족 모두 개신교 세례를 받게 했다. 급속도로 퍼지고 있는 독일의 반유대인 정책이 아들의 예술 경력을 방해할 것이라 생각했기 때문이다. 새로 얻은 성은 멘델스존-바르톨디였다.
- 멘델스존의 첫 스승 칼 젤터는 시인 요한 볼프강 폰 괴테와 친구였다. 괴테는 멘델스존의 음악을 좋아하게 되었고 가끔씩 열두 살짜리 멘델스존을 초대해 연주를 시켰다.
- 멘델스존의 할아버지 모세 멘델스존은 명성 있는 철학자였다.
- 멘델스존은 그 유명한 〈축혼행진곡〉을 작곡했는데, 신부 퇴장 시에 무수히 많이 연주되는 곡이다.

202

데이비드 흄

스코틀랜드에서 태어난 데이비드 흄(1711년~1776년)은 청년 시절에 받아들였던 칼뱅주의와 결별하고 도덕성과 종교에 대한 논란이 되는 사상을 발전시켰다. 흄은 급진주의자로 알려지면서 대학 교수 자리를 얻는 데 실패했다. 대신에 사무원, 도서관 사서, 나중에는 외교관 등 다양한 일을 했다. 프랑스 파리 살롱에서 시간을 보내는 시기에는 철학자 장 자크 루소와 드니 디드로와 교우했다. 흄은 1776년에 사망했는데, 이미 그 전에 그의 가장 논란이 되는 저서《자연종교에 관한 대화》의 집필을 대부분 마친 상태였다. 이 책은 그가 사망한 후에 출판되었다.

흄의 철학은 경험론과 회의론으로 알려져 있다. 그는 인간의 지식과 관념은 모두 경험으로 시작된다고 생각했으며, 경험에 의해 모든 철학적 개념이 정당화되어야 한다고 주장했다. 그뿐만 아니라 종교적 교리는 물론이고 널리 퍼져 있는 철학적 가정도 기꺼이 의심해야 한다고 생각했다. 이외에도 흄이 알려지는 계기이자 널리 영향력을 발휘한 주장은 귀납적 추론에 의존해 참된 믿음을 얻을 수 있다는 생각을 반박한 것이다.

도덕 철학과 관련해서 흄은 인간이 믿음이 아니라 욕구라는 동기에 의해서 행동한다고 주장했다. 그러면서도 도덕적 원리가 인간 행동의 동기가 된다고 강조했다. 그러므로 그런 원리는 우리의 믿음이 아닌 욕구에 호소해야 한다고 결론지었다. 다시 말해 흄은 도덕적 판단력은 세상의 객관적 특징들을 표현하지 않으며 단지 우리가 선호하는 것을 기록한다고 주장했다. 우리 모두 타고난 도덕의식을 가지고 있다고 믿었으며, 그것이 우리가 어떤 행동은 싫어하고 어떤 행동은 허용하는 이유라고 생각했다. 도덕적 판단을 할 때 우리는 단순히 우리가 허용하는 것과 허용하지 않는 것을 표현할 뿐이며 그 이상 더 고귀한 것은 없다는 것이다.

- 사후에 출판된 《자연종교에 관한 대화》에서 흄은 신이 세상을 설계했다는 주장을 포함해 전통적인 종교적 믿음에 관한 다양한 글에 대해 비판했다.
- 욕구는 이성적으로 평가될 수 없다는 말을 표현하기 위해 흄은 "내 손가락이 긁히는 것보다 세상 전체가 파괴되는 것을 선택해도 이성에 반하는 것은 아니다."라고 썼다.

203 | SUN ☿ 종교 | 무함마드

무함마드(570년~632년)는 이슬람교도들이 말하는 신이 지상에 보낸 마지막 예언자이다. 모든 아랍인과 마찬가지로 무함마드의 조상도 아브라함의 첫째 아들 이스마엘까지 거슬러 올라간다. 무슬림이라 불리는 이슬람교도들은 무함마드가 받은 계시가 모세나 예수 등 다른 예언자들이 받은 계시의 뒤를 잇는다고 믿는다.

무함마드는 메카에서 태어났다. 당시 메카는 우상 숭배가 이뤄지는 카바라 불리는 신전을 중심으로 부흥을 누리고 있었다. 무함마드의 아버지는 그가 태어나기 전에 죽었고, 어린 무함마드는 상인이었던 삼촌과 함께 여기저기 돌아다녔다. 나중에는 삼촌의 뒤를 이어 상인이 되었다.

사색적이고 명상적이었던 무함마드는 40세 무렵 메카 인근의 알히라 동굴로 들어갔는데, 그곳에서 환영을 봤다. 환영 속 천사 가브리엘이 그에게 말을 건네며 성경 구절을 기억하고 암송하라고 지시했다. 그 구절들을 모아 나중에 이슬람교 경전 코란을 만들었다. 천사 가브리엘은 그 후에도 여러 차례 무함마드를 찾아왔고, 무함마드는 가브리엘의 가르침을 설교하러 다니기 시작했다. 그러나 무함마드는 평생 문자를 알지 못했기 때문에 계시를 받은 내용을 입으로 전해야 했다.

무함마드 가르침의 핵심 교리는 일신론이다. 메카가 우상 기반의 카바 성전을 중심으로 번창하고 있었기 때문에 메카의 권력자들은 신이 오직 하나라는 개념에 분노했다. 결국 무함마드는 추종자들과 함께 추방되어 메디나로 갔다. 메디나에서 이슬람교는 빠른 속도로 대다수가 믿는 종교가 되었다. 무함마드는 이슬람교도가 아닐지라도 세금을 내면 추방하지 않고 계속 그들의 종교를 유지하는 것을 허용했다.

메디나의 힘이 커지자 메카의 지도자들이 경계하기 시작했다. 긴장감이 고조되었고, 결국 두 도시는 전쟁을 치렀다. 무함마드와 메디나는 수적으로 열세였지만 승리를 거두었다. 그 후로도 정복 전쟁을 계속해서 무함마드는 아라비아 전체를 통일했다.

무함마드는 62세에 메디나에서 사망했다.

무함마드가 자신의 후계자로 누구를 선택했는지는 지금도 논쟁의 주제가 된다. 그 문제로 이슬람교는 수니파와 시아파로 나뉘었다. 수니파에서는 아부 바크르가 다음 칼리프로 선택되었다고 주장한다. 반면에 시아파는 무함마드가 사위인 알리를 다음 칼리프로 지명했는데 아부 바크르가 알리를 무너뜨리고 권력을 잡았다고 주장한다.

204 MON 역사 | 식민지 건설

스페인이 아메리카 신대륙에 식민지를 건설한 것은 1492년 크리스토퍼 콜럼버스의 항해로 시작되었다. 그 후 한 세기가 지나 영국인 상인과 종교 난민들이 신대륙에 도착했다. 유럽인들의 식민지 건설은 17세기에 들어서도 끝나지 않았고, 대상도 아메리카 대륙으로 그치지 않았다. 탐험 시대의 영국 상인들과 식민지 개척자들은 지구상을 누비며 인도, 중국, 태평양 섬 등지에서 새로운 식민지를 건설했다.

1800년대 후반 프랑스, 영국, 독일로 대표되는 유럽 강국들이 아프리카를 '발견'하게 되었다. 단 몇 십 년 사이에 유럽 국가들은 아프리카를 분할하고 원주민들을 식민지 지배 체제에 종속시켰다. 프랑스는 서아프리카의 거대한 땅덩어리를 차지했다. 영국은 남아프리카 전체와 동아프리카 연안 상당 부분을 장악했다. 독일, 포르투갈, 벨기에 각각은 그보다 작은 부분에 대한 소유권을 주장했다.

끝없는 욕심과 서양 문명을 퍼뜨리고 싶은 욕구가 더해져 유럽인들의 식민지 건설은 더욱 확장되었다. 광대한 아프리카 땅을 더 쉽게 다스릴 수 있도록 철도 같은 새로운 기술로 무장한 유럽 국가들은 아프리카 대륙의 자원을 이용했다.

아프리카 주민들에게 유럽인들의 유입은 재앙이었다. 유럽인들은 아프리카인들을 인간 취급하지 않았고 몰살했다. 1902년 발표된 유명한 소설 《어둠의 심연》에서 저자 조지프 콘래드는 문명인으로 여겨졌던 유럽인들이 어떻게 아프리카 원주민들을 착취하고 학살하는 괴물로 변해 가는지를 잘 묘사했다. 벨기에의 지배를 받던 콩고에서는 1000만 명이 노역에 동원되어 죽은 것으로 추산된다. 독일 지배하에 있던 아프리카 남서 지역에서는 식민 통치에 저항하는 운동이 벌어지자 인구 전체를 몰살하려 했다. 유럽인들은 제2차 세계대전이 일어날 때까지 식민 통치권을 포기하지 않았고, 아프리카를 완전히 산산조각 내고 가난에 찌든 폐허로 바꿔놓았다.

- 제1차 세계대전이 일어나기 전까지 아프리카 대륙에는 오직 두 지역만 식민지 지배를 받지 않는 독립국으로 남아 있었다. 에티오피아와 1847년 미국의 해방 노예가 서아프리카에 세운 작은 국가 라이베리아이다.
- 대부분의 유럽 강대국들은 제2차 세계대전 이후 평화롭게 아프리카 식민지들을 해방시켜 줬다. 그러나 프랑스는 지중해 연안에 위치한 알제리를 집요하게 지배하려고 했다. 독립을 얻기 위해 1950년대 중반부터 시작해 1962년까지 지속된 끔찍한 전쟁에서 수십만 명의 알제리 국민이 목숨을 잃었다. 알제리 독립 운동은 1966년 개봉한 유명한 전쟁 영화 〈알제리 전투〉에 잘 묘사되어 있다.
- 19세기 중반 영국 탐험가 데이비드 리빙스턴은 나일강의 수원을 찾아 아프리카 대륙을 여행했다. 그의 탐사대는 6년 동안 외부 세계와 연락이 끊겼다. 1871년 언론인 헨리 모턴 스탠리가 마침내 탄자니아에서 리빙스턴을 발견했을 때 스탠리는 그 탐험가에게 "리빙스턴 박사, 맞으시죠?"라는 유명한 인사말을 건넸다고 잘 알려져 있다.

205

찰스 디킨스

생산성과 명성 면에서 찰스 디킨스(1812년~1870년)에 견줄 수 있는 소설가는 아마 없을 것이다. 그의 방대한 작품 목록은 15권 이상의 소설과 무수히 많은 기사와 사설로 구성되어 있다. 디킨스를 폄하하려는 사람들은 그의 작품들이 비문학이라고 비웃기도 하지만 디킨스는 그런 비난을 무시하고 사회의식이 있는 작가로서 성공을 거두었다. 그 결과, 그를 사랑하는 사람들은 디킨스를 가리켜 빅토리아 시대의 가장 인기 있는 인물로 손꼽았다.

디킨스는 공공기관에 근무하는 아버지를 따라 유년기를 채텀과 런던에서 보냈다. 부모님이 지나친 소비로 채무자 감옥에 수감되자 열두 살의 디킨스는 학교를 그만두고 구두약 공장에 취직해야 했다. 그때 경험으로 디킨스는 평생 가난한 사람들에게 동정을 느꼈고, 그 점은 작품 속에 뚜렷이 나타난다. 공장을 더 다니지 않아도 되자 디킨스는 다시 학교를 다녔다. 학교를 마친 후 법률 사무실 사환으로 일했고 나중에는 기자가 되었다.

1836년 첫 소설《픽윅 보고서》를 출판하면서 이름이 알려지기 시작했다. 다른 작품들과 마찬가지로 이 소설도 월간지에 연재된 것이었고, 디킨스는 잡지사로부터 많은 돈을 받았다. 그 후 5년 동안 아주 빠른 속도로 글을 써서 4권의 연재소설을 더 냈다. 그중에는 오늘날 고전이 된, 길거리에서 생활하는 어린 고아를 다룬《올리버 트위스트》(1837년~1839년)가 포함되어 있다.

도덕성을 다룬《크리스마스 캐럴》(1843년)부터 그가 가장 좋아한 자전적 소설《데이비드 코퍼필드》(1849년~1850년)에 이르기까지 새로운 책이 나올 때마다 디킨스는 큰 인기를 얻었다. 작품들 모두 가난이나 사회적 병폐에 관심을 가졌으며, 이후에 나온 소설들에서 그런 관심은 더욱 진지해졌다. 특히《황폐한 집》(1852년~1853년)에서 영국 사법 제도의 비효율성을 다뤘고,《어려운 시절》(1854년)에서는 산업화의 어두운 측면을 다뤘다. 역사 소설《두 도시 이야기》(1859년)와 해학적인 이야기《위대한 유산》(1860년~1861년)을 발표하면서 디킨스는 작가로서 최고 전성기를 누렸다.

디킨스의 작품들은 뛰어난 허구부터 감상적 요소가 넘치는 줄거리까지 내용도 수준도 매우 다양하다. 디킨스가 소설을 연재하며 종종 단어 수로 원고료를 받았다는 사실로 미루어 봤을 때 작품의 수준이 다양한 이유가 설명된다. 하지만 그는 항상 독자들을 즐겁게 해준다는 의식적인 목표를 가지고 글을 썼다. 설령 그것이 질보다 양적인 측면을 의미한다고 해도 말이다. 그의 작품은 오늘날에도 독자들을 즐겁게 해주고 있다.

206 | WED 미술 | 폴 세잔

폴 세잔(1839년~1906년)은 후기인상주의를 대표하는 화가이다. 세잔의 풍경화와 정물화는 20세기 초 입체파와 야수파가 탄생하는 데 큰 영향을 미쳤다.

프랑스 엑상프로방스의 부유한 집에 태어난 세잔은 처음에는 고향 근처에서 법률을 공부했다. 그때 소설가 에밀 졸라를 처음으로 만나 친분을 쌓았다. 1861년 화가가 되기 위해 법률 공부를 포기하고 파리로 건너갔지만 에콜 데 보자르 미술학교에 합격하지 못했다. 대신 아카데미 쉬스에서 공부하기 시작했다. 그곳에서 그의 작품에 평생 영향을 미치게 되는 카미유 피사로를 만났다. 1874년 세잔은 인상파 화가들의 첫 단독 전시회에 참여했다. 그 전시회에 출품한 작품이 〈모던 올랭피아〉이다. 한 매정한 비평가는 그의 작품을 "억제되지 않은 로맨틱한" 작품이라고 비판했다.

세잔은 그 후로 두 차례 더 인상주의 화가들과 함께 전시했고 정식 살롱에 그림을 보냈지만 모두 거절당했다. 인상주의 화가들이 형식과 구조를 무시하는 것에 비판적이었던 세잔은 친구에게 "인상주의로 무엇인가 유효하고 지속적인 것을 만들고 싶다. 박물관에 전시된 작품처럼 말이야."라는 편지를 써서 보냈다. 그래서 나중에 후기인상주의로 분류되는 그만의 스타일을 개발했다. 세잔은 현실을 보다 가깝게 표현하기 위해 형식을 단순화하고 뒤틀린 원근법을 사용했다. 예를 들어, 〈과일 그릇과 유리잔, 사과가 있는 정물〉(1879년~1882년)에서 세잔은 과일 그릇의 굽이 마치 과일의 무게 중심을 잡고 있는 것처럼 가운데에서 살짝 빗겨 나가게 그렸다.

1882년 세잔은 다시 엑상프로방스 집으로 돌아갔다. 그의 후기 작품은 주제를 축소시키고 그 대신 순수한 형태에 집중했다. 그는 추상적 그림을 추구하면서 편지에 이렇게 언급했다. "자연 속에서 원기둥과 구와 원추를 볼 때는 물체의 모든 면이나 평면의 모든 면이 하나의 중심점으로 모아지도록 봐야 한다." 1900년 이후로 세잔은 생트빅투아르산 경치를 여러 점 그렸다. 풍경에 대한 객관적 사실보다 풍경에서 느껴지는 느낌을 표현하기 위해 여러 벌의 물감을 사용하고 관점을 바꿔 그렸다.

1906년 세잔이 세상을 떠났을 때 파블로 피카소는 입체파 미술의 걸작이라 불리는 〈아비뇽의 처녀들〉(1907년)을 이미 그리고 있었다. 이 그림의 구도는 세잔의 영향을 많이 받았다.

• 1886년 프랑스 일간지 〈르 피가로〉에 에밀 졸라가 세잔을 실패한 예술 천재라고 묘사하자 세잔은 에밀 졸라와 절교했다.
• 피카소는 세잔을 "우리 모두의 아버지"라고 불렀다.

207

혈액

보통의 성인의 경우 대략 5리터의 혈액이 혈관을 따라 흐른다. 혈액이란 정확히 무엇인가? 혈액은 신체의 생존을 돕는 네 가지 필수 요소 적혈구, 백혈구, 혈소판, 혈장으로 구성되어 있다.

적혈구는 폐에서부터 몸의 각 조직으로 산소를 실어 나른다. 일반적으로 적혈구는 도넛 모양이며 가운데 구멍이 일부만 채워져 있다. 그러나 아주 작은 모세혈관을 통과하기 위해 모양을 바꿀 수 있다. 산소를 전달하는 것 외에 세포 호흡 폐기물인 이산화탄소를 수거한다. 적혈구가 산소를 운반할 때는 밝은 붉은색을 띤다. 그래서 혈액의 고유색이 붉은색이 되는 것이다. 산소를 빼앗긴 혈액은 어두운 적갈색을 띤다. 그러나 빛이 피부를 통과하기 때문에 혈관은 파란색으로 보인다.

백혈구는 박테리아, 바이러스, 기생충 등을 죽이면서 감염에 맞서 싸우는 면역체계의 일부분이다. 백혈구의 유형이 많지만 가장 흔한 형태는 호중성 백혈구와 림프구이다. 호중성 백혈구는 말 그대로 적을 살아 있는 채로 집어삼킨 다음 식균 작용이라 불리는 과정을 통해 그것들을 분해하고 소화한다. 림프구는 보다 섬세하고 복잡하게 활동한다. 몸 안으로 새로 들어온 바이러스와 박테리아를 없애기 위해 림프구는 모양을 재정비한다. 시간이 걸리기는 하지만 림프구는 이전에 병균과 부딪쳤던 것을 기억한다. 일단 특정 병균과 싸워 이기는 법을 배우면 다시 싸워 이기는 법을 항상 알게 된다.

셋째 구성요소인 혈소판은 상처의 혈액을 응고시키는 화학물질을 포함하고 있다. 베이거나 긁힌 상처가 생겼을 때 피가 멈추도록 딱지를 형성한다. 적혈구, 백혈구, 혈소판 모두 골수에서 동일한 줄기세포로부터 생긴다.

혈장은 적혈구, 백혈구, 혈소판을 신체 곳곳에 실어 나르는 액체이다. 90%가 물이고 10%는 단백질, 전해질, 포도당, 비타민, 호르몬, 콜레스테롤의 혼합물이다. 전체적으로 혈액은 우리 몸이 살아 있도록 해주는 모든 것을 포함하고 있다.

- 평균적으로 남성은 세제곱 밀리미터당 520만 개의 적혈구를 가지고 있고, 여성은 460만 개를 가지고 있다.
- 냉동 혈액은 최고 10년까지 보관할 수 있다.
- 유대교는 어떤 식으로든 피를 섭취하는 것을 허용하지 않는 규정을 가지고 있다. 전통적으로 소금이나 식초에 절여 고기에서 피를 뺀 후 먹는다.
- 중국 민담에 따르면 남성이 코피를 흘리는 것은 성적 흥분의 신호라고 한다.

208 | FRI 음악 | 엑토르 베를리오즈

극단적인 낭만주의자 엑토르 베를리오즈(1803년~1869년)는 자기중심적이고 끊임없이 사랑에 빠졌다. 파란만장한 그의 삶은 그 자신이 만든 음악에 완벽하게 걸맞았다.

1827년 베를리오즈는 그의 인생을 바꿔놓을 셰익스피어의 〈햄릿〉 공연에 참여하게 되었다. 그는 여주인공 오필리아 역을 맡은 아일랜드 여배우 해리엇 스미드슨과 뜨거운 사랑에 빠졌고, 격정적인 연애를 시작했다. 스미드슨이 처음에 구애를 거절했을 때 베를리오즈는 음악으로 그녀의 마음을 얻으리라 마음먹었다. 그 결과물이 바로 19세기 가장 중요한 곡으로 손꼽히는 표제음악 〈환상교향곡〉(1830년)이다.

〈환상교향곡〉은 아름다운 아가씨에게 홀딱 반한 야망이 있는 젊은 작곡가가 아편 과다 복용으로 자살을 시도하는 이야기를 그린다. 작곡가는 죽지 않았고 혼수상태에서 다섯 가지 환각을 경험한다. 각각의 환각은 하나의 악장을 이뤄 교향곡은 다섯 악장으로 구성되어 있다. 첫 번째 환각에서 주인공은 짝사랑하던 여인을 만나 욕망에 압도당한다. 두 번째 환각에서는 그녀가 무도회에서 춤을 추는 것을 본다. 세 번째 환각에서는 초원의 고요한 풍경이 펼쳐진다. 그다음 환각에서 자신이 갈망하던 여인을 살해하고 단두대로 끌려가 처형된다. 마지막 환각에서 작곡가의 몸은 악마의 연회에 내던져지고, 그곳에 죽은 연인이 엽기적인 모습으로 다시 나타난다. 그녀의 테마가 일그러진 소리로 연주되고 죽은 자를 위한 중세 성가 '진노의 날'이 뒤따라 연주된다.

〈환상교향곡〉은 고정악상이라는 혁명적인 기법을 사용했다. 이것은 사랑하는 여인을 나타내는 단조롭고 매혹적인 멜로디를 각 악장마다 새로운 음악처럼 보이도록 반복적으로 사용하는 방식이다. 베를리오즈가 해리엇에 대해 집착하고 있었기 때문에 그의 교향곡도 그런 테마에 사로잡혀 있다. 수년 후 베를리오즈는 드디어 변덕스러운 해리엇과 결혼했다. 하지만 시간이 지나 식어버린 그들의 사랑은 오래가지 못했다.

- 파리음악원에서 베를리오즈를 가르쳤던 장 프랑수아 르쉬외르(1760년~1837년)는 베를리오즈를 천재라고 칭찬했다. 베를리오즈는 그 말을 잊을 수 없었다. 스승의 칭찬은 그의 본능을 자극했고, 방대한 규모의 곡을 쓰고 웅장하고 화려한 공연을 제작하기 시작했다. 그는 1844년 파리에서 1000명 이상의 음악가와 보조 지휘자 7명이 필요한 대규모 오케스트라와 합창단합주 공연의 지휘를 맡았다.
- 기타와 플루트를 독학한 것을 제외하고 베를리오즈는 전반적으로 악기 다루는 솜씨가 부족했다. 피아노 솜씨도 형편없었고, 바이올린이나 작곡가들이 흔히 사용하는 다른 악기도 연주하지 않았다.
- 베를리오즈는 파리음악원에서 일하기 위해 지원했지만 요구 사항이 많고 보수적인 파리음악원 기준에 맞지 않았기 때문에 계속 거절당했다. 그래서 대부분 파리의 신문과 잡지에 평론을 기고하면서 생계를 꾸려 나갔다. 베를리오즈는 글을 쓰는 데도 재능이 있었다. 그가 쓴 글 가운데 여러 편이 지금까지 전해진다.

209

SAT
🏛
철학

귀납법

과거에 그래왔던 것을 가지고 항상 그렇다거나 앞으로 그럴 것이라는 결론을 끌어내는 추론을 할 때 우리는 귀납적 추론을 하고 있다고 말한다. 예를 들어, 과거에 해가 항상 떴기 때문에 내일도 해가 뜰 것이라 믿는다. 또 여태 봐온 책들 모두 페이지가 있었기 때문에 모든 책에는 페이지가 있다고 믿는다. 우리가 세상에 대해 가지고 있는 대부분의 믿음은 귀납적 추론을 바탕으로 한다.

귀납법은 연역적 추론만큼 확실하지 않다. 예를 들어, "소크라테스는 사람이고 모든 사람은 죽는다. 그러므로 소크라테스는 죽는다."라고 결론 내리는 것이 연역적 추론이다. 이 예의 경우, 두 가지 사실로 인해 결론이 참이 된다. 그러나 귀납법에서는 과거의 사실이 미래를 결정하지 않는다. 매일 하늘에 뜨던 태양이 폭발해 버릴 수도 있고 다른 이유로 뜨지 못할 수도 있다.

귀납적 추론을 사용할 때 우리는 증거가 결론을 수반하지는 않는다고 주장할지도 모른다. 하지만 귀납적 추론은 분명 결론을 개연성 있게 만든다. 물론 "미래가 십중팔구 과거와 같을 것이라고 가정할 만한 타당한 근거는 무엇인가?"라는 문제가 여전히 남아 있다.

- 데이비드 흄(1711년~1776년)이 처음으로 귀납법의 문제를 제기했다. 그는 귀납적 추론이 참인 결론에 이르게 할 것이라 생각할 만한 이유가 없다고 결론 내렸다.
- 1950년대에 철학자 넬슨 굿맨(1906년~1998년)은 그의 표현을 빌려 '귀납법의 새로운 수수께끼'라는 문제를 제기했다. "사물의 어떤 특징은 귀납적 추론의 타당한 근거가 되고, 어떤 특징은 되지 못하는가?"라는 문제이다.

210

코란

코란은 이슬람교의 경전으로 신이 인간에게 내린 마지막 계시라고 여긴다. 이슬람교에서 알라라 불리는 신이 천사 가브리엘에게 전달한 것이 예언자 무함마드(570년~632년)에게 전달되었고 마지막으로 모든 이슬람교도에게 전파되었다.

코란은 114개의 장으로 구성되어 있고 6200개 이상의 구절을 담고 있다. 무함마드는 글을 읽거나 쓰지 못했기 때문에 그가 받은 계시를 소리 내어 말하면 다른 사람이 글로 옮겨 적었다.

코란은 원래 고대 아랍어로 되어 있었다. 아랍어는 모음 없이 자음으로만 된 언어이므로 단어나 구절의 의미가 상실되기 쉽고 시간이 지나면 오역될 수도 있다. 하지만 고대 코란은 매우 경건한 것으로 그 안에 담긴 아랍어는 신의 말씀이기 때문에 이상적인 언어라고 본다. 게다가 이슬람교도들은 코란은 오직 아랍어로 쓰여야 한다고 믿는다. 그러므로 번역본은 단순한 요약본이나 유사본이라고만 인정된다.

이슬람 학교에서는 코란을 하나의 문학 장르에 포함시킨다. 코란의 장에는 산문과 운문, 각운 구조, 후렴구에 이르기까지 모든 문학적 요소들이 담겨 있다. 한 장을 제외한 모든 장이 "자비롭고 인자한 신의 이름으로"라는 글귀로 시작한다.

장마다 내용은 상당히 다르다. 서술적 이야기, 법과 도덕에 관한 교훈, 인간 본성에 대한 심리학적 내용, 신의 본질에 대한 우주론적 내용 등이 포함되어 있다. 코란은 연대기 순으로 쓰이지 않았다. 대략적으로 장의 길이에 따라 배열되어 있는데 길이가 가장 긴 것이 첫 장이다. 코란은 무함마드가 메카에서 받은 계시와 메디나에서 받은 계시로 나눌 수도 있다. 메카에서 받은 계시를 다룬 장은 대체로 짧고 메디나에서 받은 계시를 다룬 장은 비교적 길며 주로 법과 관련되어 있다.

수니파에서 말하는 4명의 정통 칼리프 중 제3대 칼리프 우스만 이븐 아판이 코란 성문화 작업을 시작했다. 대부분 입으로 전해졌기 때문에 여러 버전의 코란이 이미 만들어져 있었다. 공식적인 코란을 만들기 위해 우스만은 많은 학자들을 불러 모아 여러 텍스트를 하나의 표준으로 만들게 했다. 그렇게 해서 완성된 표준 코란을 아랍 제국 곳곳에 보내고 이전 것들은 모두 소멸했다.

• 코란에 여러 가지 모순이 있지만 이슬람 학자들은 이런 '실수'는 단지 신이 무함마드와 모든 이슬람교도들이 적당한 속도로 따라가야 하는 가르침의 길을 보여주기 위한 장치라고 주장한다.
• 코란을 모두 암기한 사람에게는 하피스라는 칭호가 주어진다. '수호자'라는 의미이다.

211 | MON ✒ 역사 | 앤드류 잭슨

앤드류 잭슨(1767년~1845년)은 1829년부터 1837년까지 재임한 미국 제7대 대통령이다. 당시 그는 대통령 직에 오른 가장 이례적인 인물이었다. 사우스캐롤라이나에서 태어난 잭슨은 고작 열세 살의 나이인데도 영국군과 싸우기 위해 대륙육군에 입대했다. 미국이 독립한 후에는 테네시에서 변호사와 정치가로 일했다. 그 후 테네시 주 민병대에 다시 합류했고, 1812년 뉴올리언스 전투에서 그가 이끄는 군대는 영국군과 싸워 압도적인 승리를 거두었다. 전쟁에서 이긴 공훈으로 잭슨은 국민 영웅이 되었다. 대통령 선거에 출마했지만 테네시에서 여러 명의 정적을 대결로 죽였고 이혼녀와 결혼했다는 저속한 이력 때문에 당선될 가능성이 없는 후보였다. 1829년까지만 해도 미국 대통령 자리는 모두 교육을 잘 받은 매사추세츠나 버지니아 출신 엘리트들이 차지했었다.

1824년 처음으로 출마한 대통령 선거에서 매사추세츠 정치가 집안 출신이자 존 애덤스 대통령의 아들 존 퀸시 애덤스에게 패배했는데, 이런 배경도 한몫했다. 그때 선거는 논란이 많았다. 당시 오늘날보다 민주적이지 않았고, 유권자들에게 어떤 발언권도 주어지지지 않은 주가 많았다. 주 의원들이 선거인을 지명하면 그 선거인이 선거인단을 투표하는 식이었다. 1824년 선거에서 직접 선거가 허용된 주에서는 잭슨이 애덤스를 가볍게 이겼다. 그러나 결국 하원에서 최종 승자를 결정하는 상황이 되었고, 하원은 잭슨이 아닌 애덤스를 선택했다.

화가 난 잭슨은 그다음 4년 동안 선거 제도를 민주적으로 개선하기 위한 운동을 벌였다. 그는 자신의 명분을 관철시키기 위해 민주당을 새로 설립했고, 1828년 선거에서는 애덤스를 쉽게 이겼다. 잭슨의 선거는 미국 정치제도의 변화를 알리는 신호탄이었다. 이제 부유한 귀족 출신이 백악관을 독점하던 시대가 끝난 것이었다. 대통령이 된 잭슨은 조지아 주의 인디언들을 서부로 이주시키고 미합중국은행을 폐지하는 정책을 추진했다. 잭슨을 미국 최초 민주당 대통령으로 만든, 새로이 투표권을 얻은 유권자들은 그의 정책을 환영했다.

• 잭슨 대통령 당선 100주년인 1928년부터 잭슨의 초상화가 20달러 지폐를 장식하고 있다. 그가 미국 연방준비은행의 전신인 미합중국은행을 매우 반대했다는 점에 미루어 보면 아이러니한 영광이다.
• 잭슨은 토머스 제퍼슨을 모범으로 삼는다고 말했지만 제퍼슨은 성질 사나운 잭슨을 좋아하지 않았다. 제퍼슨은 잭슨에 대해 "화가 끔찍이 많고 위험한 인물"이라고 평했다.
• 대통령이 된 잭슨은 어느 주라도 연방법을 무시하거나 연방에서 탈퇴할 수 없다고 주장했다. 연방 불가침성에 대한 그의 신조는 에이브러햄 링컨을 포함해 많은 미국인들의 사상 형성을 도왔다.

212

헨리 제임스

19세기 후반 미국이 유럽에 대적하는 세계 강대국으로서 자리매김하면서 대서양을 사이에 둔 양쪽 대륙의 작가들은 구대륙과 신대륙 사이 불가피한 충돌을 기록하기 시작했다. 이를 가장 통찰력 있게 그린 작가는 헨리 제임스(1843~1916년)이다.

원래 미국에서 태어났지만 영국으로 귀화한 제임스는 타국에 살면서 경험한 것을 글로 담아냈다. 그는 미국 뉴욕의 학자 집안에 태어났다. 그와 같은 이름이었던 아버지는 저명한 이론가이자 신학자였고, 형 윌리엄은 나중에 저명한 철학자가 되었다. 제임스는 가족이 로드아일랜드 뉴포트에 정착할 때까지 여러 시기에 걸쳐 런던, 파리, 제네바에서 살면서 그야말로 세계를 내 집같이 넘나들며 어린 시절을 보냈다. 전업작가로 전향하기 전 하버드 법대를 다녔고, 그 시기에도 간단한 이야기나 서평을 썼다. 20대~30대에는 글 쓰는 데 도움이 되리라 믿으며 유럽 곳곳으로 여행을 다녔다.

제임스의 첫 주요 작품 《미국인》(1877년)은 그의 다른 작품과 마찬가지로 자신만만하고 순진한 신대륙과 도회적이고 타락한 구대륙 간의 갈등을 그린다. 이 소설 속 신흥 부자가 된 미국인 사업가는 그의 거만한 태도와 프랑스 귀족의 모함 때문에 어려운 상황에 깊이 말려들게 되고 불가피하게 엄청난 불행을 겪는다. 《데이지 밀러》(1879년)에서도 고집 센 젊은 미국 여성이 유럽에 거주하는 미국인 상류 사회의 관습을 무시하다가 결국 비극을 맞이한다. 《여인의 초상》(1881년)은 미국인 상속녀가 유럽에서 같은 미국인 남편에게 이용당하며 희생물이 되는 이야기를 다룬다.

제임스는 미국을 떠나 유럽에 거주하는 사람들의 습관을 예리한 눈으로 관찰하는 통찰력뿐만 아니라 대단한 문장 솜씨도 가지고 있었다. 초기 작품에서부터 길고 뒤틀린 문장을 선호하는 것이 나타났는데 《대사들》(1903년) 같은 후기 소설에서는 그 특징이 더욱 뚜렷해졌다. 제임스의 작품들은 모두 세세한 것에 대단한 관심을 보인다. 그는 등장인물의 심리적 동기와 개인 간 힘의 역학 관계에 각별한 주의를 기울인다. 이런 점에 비추어 그의 소설들이 비록 19세기 사실주의 전통에 속하는 것은 맞지만 제임스는 20세기 심리 소설의 선구자라 말할 수 있다.

- 제임스는 《프랑스에서의 소소한 여행》(1884년), 《영국에서의 시간》(1905년), 《이탈리아에서의 시간》(1909년) 등 기행문 모음집들도 출간했다.
- 유럽에서 수십 년을 생활한 제임스는 1915년 드디어 영국 시민이 되기로 결심했고 그다음 해 런던에서 눈감았다.
- 머천트 아이보리 프로덕션 영화사는 〈유럽인들〉(1979년), 〈보스턴 사람들〉(1984년), 〈황금 주발〉(2000년) 등 제임스의 소설을 각색해 성공적인 영화를 만들었다.

213 | WED 미술 | 오귀스트 로댕

많은 학자들은 오귀스트 로댕(1840년~1917년)을 사실주의적으로 인간 형상을 만든 마지막 위대한 조각가라 평가한다. 〈생각하는 사람〉이라는 기념비적인 작품으로 잘 알려진 로댕은 미켈란젤로의 많은 작품을 모방하기도 했다.

로댕이 파리 프티 에콜 학교에서 1854년부터 1857년까지 드로잉을 공부했다. 파리 미술원에 들어가지 못하자 공예가, 도자기 화가, 보석세공인으로 일하면서 생계를 꾸렸다. 1864년에는 알베르 에르네스트 카리에 벨뢰즈의 작업실에 들어갔다. 같은 해 자연주의에 대한 관심을 보여주는 〈코가 부러진 사나이〉를 완성했다. 그러나 미완성 작품이라면서 정식 살롱에서 받아주지 않았다. 1870년 로댕은 카리에 벨뢰즈를 따라 브뤼셀로 갔고, 마침내 작업실을 열어 인정받는 조각가가 되기 위해 애썼다.

1875년 이탈리아를 방문했을 때 로댕은 미켈란젤로와 도나텔로 그리고 고대 로마의 조각품들을 접하게 되었다. 그때 받은 영감으로 〈청동시대〉(1875년)를 만들었다. 이 작품은 매우 실물 같아서 어떤 사람들은 실제 사람에서 본을 뜬 것이라고 믿었다.

1880년 로댕은 프랑스 정부로부터 장식미술 박물관의 문을 청동으로 만들어 달라는 의뢰를 받았다. 그는 로렌초 기베르티가 만든 유명한 피렌체 세례당 〈천국의 문〉에서 영감을 받아 〈지옥의 문〉을 제작하기 시작했다. 180개 이상의 형상을 본떴고 30년 동안 작업했지만, 그가 사망할 때까지도 완성되지 않았다.

1884년 칼레 시민들은 1347년 영국의 점령을 끝내기 위해 목숨을 바친 6명을 기리는 기념물을 만들어 달라고 요청했다. 그래서 만든 작품이 〈칼레의 시민〉이다. 그러나 로댕은 작품 속 주인공들을 영웅이 아닌 희생자로 묘사했다고 비난받았다. 1891년에는 위대한 소설가 오노레 드 발자크의 조각상을 만들어 달라는 의뢰를 받았다. 로댕은 7년 동안 발자크의 사진을 모으고, 그의 재단사였던 사람을 찾아가 취재하고, 심지어 발자크가 어떤 성격이었는지 알기 위해 그의 집 주변 지형까지 연구했다. 〈칼레의 시민〉처럼 발자크의 조각상도 전통에서 너무 벗어났다는 평을 받았다. 로댕은 "내 원칙은 형태뿐만 아니라 삶을 모방하는 것이다."라고 응대했다. 그를 비판하는 사람들이 있었지만 그는 계속해서 프랑스 정부로부터 중요한 작품 의뢰를 받았다.

1895년 로댕은 외국 대학들로부터 명예 학위를 받았다. 1908년에는 파리의 비롱 저택으로 거처를 옮겼다. 이곳은 1919년에 미술관으로 개조되었고, 현재 세계에서 로댕의 작품을 가장 많이 소장하고 있다.

• 독일의 시인 라이너 마리아 릴케는 1905년부터 1906년까지 로댕의 비서로 있었고, 이후에 로댕에 관한 책을 썼다.

214

THU
♣
과학

전지

전지 또는 배터리는 서로 반응해서 전자라는 음의 전하를 띤 아주 작은 입자를 만들어 내는 전기화학물질의 저장소를 말한다. 한곳에서 다른 곳으로 전자가 흐르면 우리가 사용하는 램프나 텔레비전, 자동차, 카메라, 인공위성, 휴대전화, 컴퓨터 등에 전력을 공급하는 전류가 생긴다. 전자는 회로라 불리는 길을 통해 흐른다. 예를 들어 각 가정에 있는 전선이 회로이다.

전지는 대부분 음극, 양극, 전기화학물질, 전해질 이렇게 네 부분으로 구성되어 있다. 전기화학물질의 반응이 전자를 전지의 한쪽으로 밀어내 마이너스(-)로 표시되는 음극을 만든다. 전지의 반대편은 전자가 부족해져서 플러스(+)로 표시되는 양극을 만들어낸다. 보통 전자는 전하의 균형을 맞추기 위해 음극에서 곧장 양극으로 흐른다. 그러나 전지의 가운데에 있는 전해질이 차단 장치 역할을 한다. 전자가 한쪽에서 다른 쪽으로 흐르는 것을 막는다는 말이다. 대신에 전자는 음극과 양극을 연결하는 회로를 통해 이동한다.

음극과 양극이 직접 연결되어 있다면 전기화학물질은 되도록 빨리 전자를 생산할 것이고, 그러면 전지가 전하를 빨리 상실한다. 그러나 대부분의 전지는 램프, TV, 라디오 같은 전기 부하에 연결되어 있어서 전자가 서서히 흐르게 돕는다. 그러나 전기화학물질은 결국에는 전자 생산을 멈출 것이다. 충전 배터리의 경우는 외부 전원이 전자의 흐름을 바꿈으로써 전기화학물질이 반대로 작용하고 음극과 양극의 전자 균형이 회복된다. 밤에 휴대전화를 충전기에 꽂으면 전화기 배터리에 일어나는 일이 바로 이것이다.

- 원시 형태의 전지가 일찍이 기원전 250년에 바그다드에서 사용되었다고 암시하는 증거가 나왔다.
- 최초의 현대식 전지는 1800년 알렉산드로 볼타가 발명했다. '볼티지'나 '볼트'라는 말은 그의 이름에서 나온 것이다.
- 전 세계 배터리 산업의 연간 매출은 480억 달러에 달한다.

215

로베르트 슈만과 클라라 슈만

로베르트 슈만(1810년~1856년)에 대해 이야기할 때 천재적 창작성뿐만이 아니라 정신적 불안으로 인한 고통스러운 인생을 이야기하지 않을 수 없다. 유명 피아니스트 클라라 비크 슈만(1819년~1896년)과 결혼했고, 여러 차례 병에 걸리고 정신이상을 겪으며 정신병원에 감금되기도 했지만 훌륭한 가곡과 실내악을 작곡했다.

로베르트는 클라라가 아홉 살이었을 때 그녀의 아버지 프리드리히 비크에게서 사사하며 클라라를 만났다. 로베르트가 매독이 원인인 것처럼 보이는 신경쇠약을 자주 겪었고 1833년에는 자살을 시도했었기 때문에 클라라의 아버지는 이 청년의 정신 상태를 의심했었다. 그래서 둘의 만남을 달갑게 생각하지 않았지만 로베르트와 클라라는 1840년에 결혼했다. 결혼 첫해에 로베르트는 그들의 사랑을 기념해 140여 가곡을 작곡했다. 클라라도 솜씨가 뛰어난 피아니스트이자 당시 최고의 솔로 연주자들을 양성하고 직접 작곡도 하는 음악가였다.

두 사람의 결혼 생활은 얼마 지나지 않아 갈등과 시련을 겪었다. 클라라의 요청에 따라 로베르트는 1841년에 교향곡 2곡을 썼다. 첫 번째 곡은 매우 찬사를 받았지만 두 번째 곡은 그다지 좋은 평을 받지 못했다. 클라라는 로베르트에게 지휘자가 되라고 권했다. 그러나 그는 지휘에 특출한 재능이 없었고, 종종 관현악단 앞에 서서 악보를 놓치기도 했다. 설상가상 그의 신경쇠약은 점점 빈도가 잦아졌다. 친구인 펠릭스 멘델스존의 초대로 라이프치히 음악원에서 학생들을 가르친 적도 있었는데, 강의 내용이 모호한 데다 학생들이 전혀 이해할 수 없게끔 가르쳐서 결국 그만둬야 했다.

1844년 클라라는 로베르트의 유럽 순회공연에 동행했다. 순회공연 내내 로베르트의 심각한 신경쇠약으로 두 사람은 뒤셀도르프로 이사를 가서 5년 동안 머물렀다. 1853년과 1855년 사이 로베르트는 서서히 정신이상 증세를 보이기 시작했다. 머릿속에서 환청이 들렸고 밤늦게 카페 구석진 곳에 홀로 앉자 혼잣말을 했다. 1854년에는 라인강에 몸을 던져 자살을 기도했다. 결국 정신병원에 수용되었고 2년 후 사망했다.

- 로베르트 슈만은 젊었을 적에 손가락 강화 운동 기구를 사용하다가 손가락 하나가 마비되어 피아노를 그만둬야 했다고 전해진다. 하지만 매독을 치료하기 위해 사용한 수은 때문에 마비가 일어났을 가능성이 더 크다.
- 로베르트 슈만은 자신의 성격이 지닌 두 가지 면을 표현하기 위해 글을 쓸 때 두 명의 가상인물을 만들어 그를 대변하게 했다. 하나는 명상적이고 몽상적인 오이제비우스이고, 다른 하나는 충동적이고 활발한 플로레스탄이다.

216

인과관계

어떤 사람이 창에 벽돌을 던지면 창은 깨진다. 벽돌은 창을 깨지게 하는 원인이 되었다. 우리는 어떤 것이 다른 것을 일어나게 한다는 인과 관계적 측면에서 세상을 바라본다. 그렇다면 하나가 다른 하나를 일어나도록 만든다는 말의 진정한 의미는 무엇인가?

이 물음에 대한 한 가지 대답은 X와 같은 사건 다음에 대개 Y와 같은 사건이 뒤따랐을 때 X가 Y를 일으킨다고 하는 것이다. 그러나 이 이론에는 결함이 있다. 제빵사는 매일 빵을 굽기 위해 해가 뜨기 전에 일어난다. 그러나 제빵사가 잠자리에서 일어나는 사건이 해가 뜨는 사건을 일으킨 것은 아니다. 특정 종류의 사건들이 서로 뒤따라 일어난다고 그 사건들이 서로 원인이 된다는 의미는 결코 아니다.

또 다른 이론은 X가 일어나지 않았다면 Y도 일어나지 않을 때 X가 Y를 일으킨다고 말하는 것이다. 이것을 가리켜 '반사실적 인과론'이라 하는데, 이것 역시 결함이 있다. 한 남자가 창에 벽돌을 던지고, 1초 후에 당신이 같은 창에 벽돌을 던진다고 해보자. 그 남자가 던진 벽돌이 처음에 창에 맞으면 벽돌은 창을 깨지게 만든다. 그러나 그 남자가 벽돌을 던지지 않더라도 그 창문은 당신이 던진 벽돌 때문에 깨졌을 것이다.

이렇게 인과관계가 무엇인지 말하는 것은 매우 어렵다. 그렇게 때문에 어떤 철학자들은 세상에 원인이 존재한다는 것을 부인한다.

• 예정조화설은 신이 세상을 창조할 때 만물이 인과적으로 상호작용을 하는 것처럼 보이도록 각자 상태를 변화시킬 수 있게 만들었다는 가설이다. 예정조화설을 지지한 철학자로 가장 유명한 사람은 고트프리트 빌헬름 라이프니츠(1646년~1716년)이다.
• '기회원인론'을 지지하는 사람들은 라이프니츠의 이론에 반박하면서 신이 세상 만물의 유일한 원인이라고 주장한다. 신에 의해 만들어진 것들은 스스로에게 영향을 미칠 수 있는 능력조차 가지고 있지 않다는 것이다. 자연 법칙도 세상을 바꿀 때 사용하도록 신이 마음대로 선택한 법칙이다. 가장 유명한 기회원인론 지지자는 니콜라 말브랑슈(1638년~1715년)이다.

217

이슬람의 다섯 기둥

이슬람의 다섯 기둥은 모든 무슬림들이 실행해야 하는 다섯 가지 의식을 말한다.

제1기둥 샤하다는 무슬림들이 알라라고 부르는 신에 대한 신앙 고백 의식이다. 이슬람 교리에서는 "알라 이외 다른 신은 없으며, 무함마드는 신이 정한 예언자이다."라고 말한다. 이것은 이슬람교의 근간을 이루며, 무슬림들은 세상 유일의 진짜 악은 이 말에 반대하는 것이라고 믿는다.

제2기둥 살라트는 매일 예배하는 의식이다. 무슬림들은 해 뜰 때, 정오, 오후, 해 질 때, 밤, 이렇게 하루에 다섯 번 기도해야 한다. 먼저 손과 머리, 발과 발목을 씻는 의식을 하고나서 메카를 향해 기도한다. 기도는 아무 곳에서나 해도 되지만 남자들은 주로 모스크에 모여 기도한다. 반면에 여자들은 모스크 출입이 금지된다. 허용되더라도 격리된 장소를 사용해야 한다. 금요일마다 남자들은 모스크에 모여서 이맘(이슬람교 성직자)의 설교를 들어야 한다. 또한 기도문을 암기해야 하고 반드시 아랍어로 외워야 한다.

제3기둥 자카트는 기부 행위이다. 나중에 보상 받는 대가로 무슬림들은 수입의 일부를 이슬람교를 강화시키고 가난한 사람들을 돕기 위해 기부해야 한다. 일반적으로 수입의 2.5%를 기부하지만 어떤 사람들은 신의 은총을 더 받기 위해 자발적으로 더 많이 기부하기도 한다.

제4기둥 사움은 단식이다. 이슬람 달력으로 9월 라마단 기간에 무슬림들은 일출부터 일몰까지 음식과 음료를 일절 금하고 담배와 성행위도 금한다. 9월은 무함마드가 첫 번째 계시를 받은 때다. 무슬림들은 이 시기에 평소보다 더 자주 예배하고 코란을 읽는다.

마지막으로 제5기둥 하즈는 메카로 순례를 가는 의식이다. 모든 무슬림은 일생에 한 번은 메카에 가야 하는 의무가 있다. 순례 여행을 할 때 무슬림들은 소박한 옷을 입어 계급이나 배경이 드러나지 않도록 한다. 하즈 의식은 무함마드가 메카를 정복하고 우상 숭배 사원인 카바를 무너뜨린 후 메카로 귀환하는 것을 상징한다. 오늘날 카바 사원은 하즈 의식의 중심지로 쓰인다.

- 비이슬람 문화에 살고 있는 무슬림들은 대개 이슬람의 다섯 기둥 의식을 실천하기 어렵다. 특히 살라트는 하루에 다섯 번, 그것도 두 번은 일하던 도중에 모든 것을 멈추고 기도해야 하는 의식이기 때문에 따르기 매우 어렵다.
- 이슬람의 다섯 기둥은 무슬림들로 하여금 작은 실천을 통해 자신의 신앙심을 재확인하도록 끊임없이 압박하는 효과가 있다. 신에게 헌신하도록 상기시켜줄 뿐만 아니라 스스로 이슬람교도임을 확인하는 데 도움이 된다.
- 이슬람의 다섯 기둥에도 몇 가지 예외가 있다. 예를 들어 제대로 된 수입원이 없는 사람들은 자카트나 하즈에 참여하지 않아도 된다. 아프거나 어리거나 나이가 많거나 임신한 사람들은 사움을 행하지 않아도 된다.

218

매튜 페리와 일본

미국 준장 매튜 페리(1794년~1858년)는 1853년 군함 네 척을 이끌고 도쿄만에 닻을 내렸다. 그곳에는 좀처럼 이해할 수 없는 신비한 땅이 있었다. 미국 원정대가 접한 일본은 외부 세계로부터 완전히 고립되어 있었다. 19세기 초반 유럽과 미국은 급속도로 산업화되고 있었지만 일본은 고립된 섬나라로 남아 있었다. 서양인들에게는 탐험하지 않은 미지의 세계였다. 막부와 봉건적 사무라이 제도의 지배를 받는 일본인들은 매튜 페리가 도착하기 전까지 외국인들과 극도로 제한적인 접촉만 허용되었었다.

미국의 교역 범위를 확대하고 싶었던 밀러드 필모어 대통령은 일본 막부를 위협해서 무역을 허용하도록 하기 위해 페리와 함대를 파견했다. 미국 군함의 장거리포 앞에서 일본 막부는 선택의 여지가 없었다. 일본은 미국과 조약을 체결할 수밖에 없었고, 곧이어 다른 서양 국가들과도 비슷한 조약을 체결했다.

개항을 꺼려했던 일본이지만 일단 개항을 허용하자 열정적으로 현대화를 실시했다. 50년 사이에 중세의 섬나라가 주요 산업 강국으로 탈바꿈했다. 전례 없는 비약적 발전을 이루면서 일본은 군사력과 경제력 측면에서 여러 서양 강국들을 따라잡았고 결국에는 그들을 능가했다. 20세기 초 일본은 유럽 강대국 중 하나인 러시아 제국과 전쟁을 벌여 승리를 거두었다.

페리는 오랫동안 해적과 노예 상인들을 상대로 전투를 벌여온 노련한 해군이었으며 영국과 벌인 1812년 전쟁에도 참전했었다. 페리의 원정대는 일본을 세계에서 가장 강력한 번영국가 중 하나로 변모시킨 일련의 사건들을 성공시키며 유명해졌다. 하지만 그가 일본에 남긴 족적은 아직도 논란이 되고 있다. 많은 일본인들은 서양세력이 강제로 일본을 변화시킨 굴욕적인 방식에 불쾌감을 느끼고 있다.

- 페리는 로드아일랜드 뉴포트 출신이다. 뉴포트 시는 페리의 항해를 기념하기 위해 흑선 페스티벌을 매년 열고 있다. 흑선은 일본인들이 페리의 함선을 가리켜 부르던 이름이다.
- 페리 원정대가 사용했던 미국 국기는 따로 보관되어 있다가 1945년 제2차 세계대전 말에 일본이 USS 미주리 전함에서 항복 문서에 서명할 때 게양되었다.
- 페리의 형 올리버 해저드 페리도 영국과 벌인 1812년 전쟁에 해군 사령관으로 참전했다. 그는 승리를 거둔 후 "우리는 적을 만나 교전했다. 그리고 승리했다."라고 승전보를 보낸 것으로 유명하다.

219

황무지

T. S. 엘리엇(1888년~1965년)의 〈황무지〉는 악몽 같은 인상을 주는 획기적이고 위대한 20세기 시다. 작품 안에 제1차 세계대전 후 발생한 두려움과 소외감, 환멸이 모두 집약되어 있다. 불교와 힌두교의 신화, 고대 로마 시인 오비디우스, 성경, 성 아우구스티누스, 아서 왕의 전설, 단테, 셰익스피어, 그리고 수많은 자료에 대한 암시와 비유로 가득한 〈황무지〉에서 오래된 믿음과 의식이 현대의 존재론적 위기와 매혹적으로 교차한다.

제1차 세계대전으로 인해 세상은 갑자기 비인간적이며 영적으로 황폐해졌고 문명은 붕괴된 것이나 다름없었다. 〈황무지〉에서 엘리엇은 그렇게 황량한 땅을 어떻게 복구하고 재생할 수 있는지 묻는다. 부활을 이끌어내려는 자연과 인간의 시도와 대조되는 메마른 불모지의 이미지가 시작부터 시를 가득 채우고 있다.

> 사월은 가장 잔인한 달
> 죽은 땅에서 라일락을 키워 내고
> 추억과 욕정을 뒤섞고
> 잠든 뿌리를 봄비로 깨운다.

시의 서술이 갑자기 다른 목소리로 바뀌어 독자들은 마치 무리 속에 떨어지거나 익숙하지 않은 장소에 고립된 것 같은 혼란을 겪는다. 불길한 목소리가 직접적으로 독자를 겨냥하고 있지만 화자의 정체는 여전히 알 수 없다.

> 그러면 너에게 아침 네 뒤를 따르는 그림자나
> 저녁에 너를 맞으러 일어서는 네 그림자와는 다른
> 그 무엇을 보여주리라.
> 한줌의 먼지 속에서 공포를 보여 주리라

〈황무지〉는 아서 왕의 전설과 그 속에 나오는 성배 보관인 이야기에서 많은 부분을 빌려왔다. 원탁의 기사 중 한 명인 퍼시벌이 일련의 임무를 완수하자 성배 보관인이 왕국을 일으켜 세우는 이야기처럼 현대 사회가 어떻게 비슷하게 부활할 수 있는지 모색한다. 무작위인 것처럼 보이지만 드디어 희망의 빛이 나타난다. 하지만 희망은 희미하기만 하다. 시의 마지막 화자는 모든 인류와 마찬가지로 오로지 체념한 채 그 작은 희망에 매달린다.

220

생각하는 사람

오귀스트 로댕(1840년~1917년)의 기념비적인 조각 〈생각하는 사람〉(1880년)은 세상에서 가장 잘 알려진 예술 작품으로 손꼽힌다. 이것은 천재 창작자나 생각에 빠진 인물을 나타내는 대표적인 작품이 되었다.

〈생각하는 사람〉은 1880년 프랑스 정부로부터 의뢰받아 장식미술 박물관 정문을 장식할 〈지옥의 문〉을 위해 설계되었다. 〈지옥의 문〉 프로젝트는 중세 이탈리아 시인 단테가 쓴 《신곡》에서 영감을 얻었고, 〈생각하는 사람〉은 즉 단테를 상징한다.

〈생각하는 사람〉의 원래 조각상은 높이가 27인치(약 69cm)밖에 되지 않았다. 로댕은 〈지옥의 문〉 프로젝트를 시작했을 당시 자신의 나이와 같은 40세의 근육질 남자를 모델로 세웠다. 〈생각하는 사람〉은 오른손을 펴고 그 손등에 턱을 괴고 있다. 어깨는 그야말로 생각의 무게에 짓눌려 아래로 처져 있다. 받침대를 꽉 붙들고 있는 두 발에서 드러나듯이 몸은 경직되어 있다. 이 조각상은 정문의 상단부 중심에 배치할 용도로 만들었기 때문에 머리와 손과 무릎이 발보다 돌출되고 몸이 앞쪽으로 기울어져 있다.

1902년에는 이것을 확대해 79인치(약 201cm) 높이의 훨씬 크고 받침대 없는 조각상을 만들었다. 미국 미주리 세인트루이스에서 열리는 세계박람회에 출품하기 위해 로댕의 감독하에 앙리 레보세가 본을 떴다. 그러나 로댕은 만족하지 않았다. 다시 본을 뜬 작품은 1904년 살롱전에 출품되었고, 엇갈린 평을 받았다. 1906년 4월 〈생각하는 사람〉이 드디어 공공장소에 설치되었다. 몇 년 후 정치적 위기가 일어났을 때 로댕의 조각상은 사회주의 상징으로 여겨졌다. 그래서 공식 행사를 치를 때 방해가 된다는 이유로 1922년 지금의 로댕 미술관 정원으로 옮겨졌다. 오늘날 세계 곳곳에서 〈생각하는 사람〉 청동상을 볼 수 있으며, 원본과 마찬가지로 대부분 실외에 설치되어 있다.

• 〈생각하는 사람〉을 만들 때 로댕은 분명 로마 산 피에트로 인 빈콜리 성당의 〈모세상〉과 피렌체 산 로렌초 성당의 〈로렌초 데 메디치 상〉 등 미켈란젤로가 만든 조각상을 염두에 두고 있었다.
• 프랑스 뫼동에 위치한 로댕의 무덤에도 〈생각하는 사람〉 청동상이 놓여 있다.

221 | THU ⚛ 과학 | 마찰

마찰은 움직이는 물체의 표면이 다른 표면에 문질러질 때 물체의 운동을 방해하는 힘이다. 예를 들어, 풀밭에 공을 굴리면 공이 굴러가는 속도가 느려지면서 완전히 멈추게 되는 것은 마찰 때문이다.

아이작 뉴턴의 제1 운동 법칙에 의하면, 외부에서 힘이 작용하지 않는 한 움직이던 물체는 계속 움직이려 한다. 만일 공을 진공 상태의 우주 공간에 던진다면 공은 영원히 움직일 것이다. 진공 상태에서는 마찰이 없기 때문이다. 그러나 지구상에 마찰이 없는 표면은 존재하지 않는다. 무엇인가 방해하는 것이 항상 있다. 공기 중에 공을 던졌을 때도 공은 공기와 마찰해 열이 발생하고 속도가 떨어진다.

마찰은 물체 표면에서 일어나는 매우 복잡한 분자 상호작용의 결과이다. 일반적으로 거친 표면은 더 많은 마찰을 일으킨다. 대표적인 예가 삐죽삐죽한 나무토막 위를 사포로 밀 때이다. 하키 퍽이 얼음판 위로 미끄러질 때처럼 부드러운 표면은 마찰을 최소화한다. 그러나 이 법칙에도 예외가 있다. 2개의 금속 표면을 극도로 평평하고 매끄럽게 만든다면 실제로 두 표면은 냉용접cold welding이라 불리는 상태로 달라붙게 된다. 이 경우 움직임에 대한 마찰 저항력이 상당히 커진다.

마찰의 종류는 많지만 일상생활에서 우리가 주기적으로 접하는 것은 정지 마찰과 운동 마찰이다. 정지 마찰은 소파가 바닥 위에 단지 놓여있기만 할 때처럼 두 물체가 서로 움직이지 않을 때 일어나는 마찰이다. 운동 마찰은 두 물체가 서로 움직이고 서로에게 문질러질 때 일어나는 마찰이다. 일반적으로 정지 마찰이 운동 마찰보다 크다. 그렇기 때문에 가구를 움직이려 할 때 처음에는 미는 힘이 더 들지만 일단 움직이기 시작하면 힘이 덜 드는 것이다.

- 두 손을 맞비비면 마찰로 인해 손이 따뜻해진다.
- 오일 같은 윤활제는 표면 사이 마찰을 줄여주는 물질이다. 윤활제와 마찰을 연구하는 학문을 마찰공학이라 한다.
- 자동차와 자전거의 브레이크는 마찰을 확대시킴으로써 작용한다.
- 운동화 밑창은 도로와의 마찰을 높여 바닥에서 발이 떨어지는 것을 더 쉽게 만든다.

222

프레데리크 쇼팽

프레데리크 쇼팽(1810년~1849년)의 작품 모음집은 피아니스트가 되려는 사람들의 음악 목록에 반드시 포함된다. 쇼팽의 곡은 동시대 작곡가들의 음악처럼 화려한 기교를 보여주거나 웅장하진 않지만 감각적이고 섬세한 아름다움이 있었다. 다시 말하자면 쇼팽은 공연장보다는 살롱에서 사랑받는 작곡가였으며, 그런 측면에서 그를 능가할 수 있는 사람은 그의 생전에 없었다.

1810년 폴란드 바르샤바 외곽에서 프랑스인 아버지와 폴란드인 어머니 사이에서 태어난 쇼팽은 아버지가 운영하는 귀족 기숙학교의 소년들에 둘러싸여 성장했다. 그 영향으로 귀족적인 태도를 많이 취했다. 청년이 되었을 때는 고지식하고 고상한 체하고 외모에 집착하며 조금 여성적인 사람이라는 평을 받았다. 쇼팽은 십대였을 때 폴란드 민속 무용에 기반을 둔 마주르카와 폴로네즈라 불리는 짧은 곡을 작곡하기 시작했고, 귀족들 응접실에서 그 곡들을 연주해 바르샤바에서 이름을 날리게 되었다. 1830년에는 바르샤바를 떠나 빈으로 건너갔고, 나중에는 파리로 옮겨 명성을 떨쳤다.

파리에서 쇼팽은 대규모 대중적인 공연을 시도했지만 소리 크기의 변화와 화음, 불협화음의 미묘한 차이까지 사용하는 섬세한 그의 작곡 스타일은 좋은 반응을 얻지 못했다. 1835년부터 멋을 부릴 줄 아는 그의 고상한 성격과 연주 방식을 좋아하는 상류층 사람들을 위해 살롱에서 연주하는 것을 제외하고는 외부 연주를 거의 하지 않았다.

파리에 머무는 동안 쇼팽은 강적 프란츠 리스트를 포함해 다양한 예술가와 지식인들과 교류했다. 가장 중요한 사건은 남장 차림을 즐기던 여류 소설가 조르주 상드와 열렬한 연애에 빠진 것이었다. 두 사람은 1838년부터 이듬해까지 마요르카 섬에서 함께 휴가를 보냈다. 그곳에서 쇼팽은 결핵에 걸렸지만 24편의 서곡을 썼다. 두 사람이 상드의 프랑스 시골 별장으로 돌아왔을 때 쇼팽의 상태가 악화되었다. 신경질적이고 병약한 애인의 모습에 진절머리가 난 상드는 1846년 쇼팽을 떠났다.

쇼팽은 어느 작곡가가 남긴 것보다 중요한 피아노곡 모음집을 남기고 1849년 파리에서 눈을 감았다.

- 쇼팽은 바르샤바를 떠날 때 폴란드의 흙을 채운 은 항아리를 함께 들고 갔다. 그는 고국으로 다시 돌아가지 못했지만 민족주의의 확고한 상징인 항아리가 그의 시신과 함께 묻혔다.
- 민족주의는 쇼팽 음악에서 중요한 테마다. 그는 자신이 만든 곡을 통해 조국에 대한 사랑을 표현했다. 폴란드 민속 춤곡과 궁정 무용곡을 사용한 것이나 러시아 제국의 지배에 저항해 1831년에 일어난 폴란드 봉기를 기념하는 폴로네즈 3번 가장조 〈군대〉를 작곡한 것 모두 폴란드에 대한 애국심을 보여준다.

223

SAT
血
철학

악의 문제

다음의 네 가지 주장을 생각해보자.

- 신은 전능하다(가능한 모든 것은 신의 힘 안에 있다).
- 신은 모든 것을 알고 있다.
- 신은 전적으로 선하다.
- 세상에는 악이 존재한다.

전통적으로 신을 믿는 유신론자들은 이 네 가지 주장을 받아들이고 있지만 많은 철학자들은 이 주장들이 양립할 수 없다고 주장한다. 신이 전능하다면 악이 없는 세상을 만들 수 있었을 것이다. 그리고 악이 없는 세상이 악이 있는 세상보다 낫다면 전적으로 선한 신은 어떻게 다 알고도 악이 존재하는 세상을 만들 수 있겠는가?

이 문제의 한 가지 해결 방안은 세상의 악에 대한 책임이 신에게 있다는 것을 부정하는 것이다. 이 관점을 지지하는 사람들은 신이 세상을 만들었지만 악은 인간이 만들었다고 주장한다. 인간은 자유의지를 가지고 있는데, 신이 악을 막을 수 있는 유일한 방법은 우리 인간에게 자유의지를 주지 않는 것이었다. 그러나 인간이 자유의지를 가지지 못하는 세상은 지금의 세상보다 훨씬 나쁠 것이라고 그들은 주장한다. 그러므로 신은 최선의 선택을 한 것이다. 즉 신은 자유의지를 지닌 인간을 창조했고 그래서 세상에 악이 존재하게 된 것이다.

물론 이 이론은 허리케인, 지진, 쓰나미 등 죽음과 고통을 일으키는 자연에 의한 악의 문제를 해결하지 못한다. 신은 무고한 사람의 목숨을 앗아가는 재앙이 더 적게 일어나는 자연계를 만들 수 있었을 것이다. 그런데 왜 그렇게 하지 않았을까?

고트프리트 빌헬름 라이프니츠(1646년~1716년)는 이 질문에 대한 답으로 지금의 세상이 모든 가능한 세상 가운데 최선이라는 유명한 주장을 펼쳤다. 분명히 이 세상에는 나쁜 특징들이 있다. 예를 들어 생명을 앗아가는 허리케인이 존재한다. 그러나 라이프니츠는 치명적인 허리케인이 없는 세상은 지금의 세상보다 더 나쁠 것이라고 주장했다. 그런 세상은 날씨 패턴을 지배하는 아름다운 자연 법칙이 없는 세상일 것이다.

- 신의 절대적인 선과 세상의 악을 조화시키는 문제를 신정론이라 부른다.
- 어떤 철학자들은 신이 선택할 수 있는 최선의 세상이란 존재하지 않으며 신은 덜 나쁜 여러 대안들 중에서 선택한다고 믿는다. 그들은 만약 신이 최선의 세상을 선택해야 한다면 그것은 신이 가진 선택의 자유에 상충한다고 주장한다.

224

샤리아

샤리아는 매우 중요한 이슬람교 율법으로 종교를 실천하는 것과 깊은 관련이 있다.

이슬람 법학자 세이드 호세인 나스르는 다음과 같은 비유를 제시했다. 큰 원 하나를 상상해보라. 원 둘레 전체가 샤리아이다. 무슬림들 각자 원의 반지름(타리카트: 경로를 의미함)을 따라 원의 중심(하키카: 진실을 의미함)에 이르는 여정을 거쳐야 한다. 샤리아를 따르지 않는 무슬림은 여전히 무슬림으로 여겨질지 모르지만 하키카를 성취할 수 없다.

샤리아는 모든 사회 영역을 포함하며 두 영역으로 나뉜다. 종교적 의식과 관련된 '이바닷'과 사회·정치·경제 관계를 다루는 거래법 '무아말랏'이다.

샤리아는 다섯 가지 범주의 행동을 규정한다.

- 의무적인 행위: 예배
- 권장되는 행위: 기부
- 의무는 아니지만 바람직한 행위: 채식
- 비난받을 만한 행위: 이혼
- 금지된 행위: 살인, 돼지고기 섭취, 알코올 소비

시간이 흐르면서 다양한 법학자들이 분리되어 서로 다른 학파를 형성했다. 시아파와 수니파로 분리되었고, 수니파 내부에서 다시 네 가지 학파가 생겨났다. 시아파와 수니파의 네 학파까지 모두 다섯 학파가 있지만 이들은 모두 이슬람교의 기본 의식과 대부분의 샤리아 내용에 동의한다.

샤리아 법의 원천인 이즈티하드의 개념을 둘러싸고 시아파와 수니파는 중요한 견해차이를 보인다. 수니파는 10세기부터 이즈티하드 텍스트를 재해석하는 것을 멈췄다. 그러나 시아파는 현대 사회에 맞춰 재해석해야 할 부분이 있는지 확인하기 위해 주기적으로 이즈티하드를 다시 연구하며, 그러는 것이 자신들의 의무라고 믿는다.

- 무슬림들은 샤리아를 변경할 수 없는 알라의 법이라 믿는다. 그래서 시아파는 샤리아를 해석해야 한다고 주장하더라도 새로운 법을 만들어내지 않도록 신중하게 접근한다.
- 무슬림들은 알라의 이름으로 잡은 고기가 아니라면 돼지고기는 물론이고 어떤 고기도 먹는 것을 허용하지 않는다. 원숭이와 개, 고양이 등 대부분의 육식동물을 먹는 것도 금지된다.

225

존 브라운

존 브라운(1800년~1859년)은 적극적인 노예제 반대 운동가로, 1859년 노예 반란을 선동했다는 이유로 미국 버지니아주 정부에 의해 처형되었다. 군사적으로는 완전한 실패였지만 사회운동 측면에서 보면 브라운의 시도는 노예제도 폐지 운동가들의 결의를 잘 보여주는 사건이었다. 브라운은 그 지역 노예들이 주인에게서 도망쳐서 자신과 합류하리라는 순진한 생각을 품고 소수의 추종자들과 함께 버지니아주 하퍼스페리에 있는 연방정부 무기고를 점령했다. 반란은 결코 실현되지 않았고, 브라운은 며칠 만에 붙잡혀 바로 교수형에 처해졌다.

브라운은 1800년대 초반부터 꾸준히 성장한 노예제도 폐지 운동의 급진파에 속했다. 1859년 대부분의 북부 사람들이 노예제도를 반대했음에도 브라운의 극단적인 전술을 받아들이는 사람은 거의 없었다. 에이브러햄 링컨을 포함한 많은 온건파들은 노예제도를 없애고 싶었지만 즉각적인 폐지를 요구하지는 않았다. 브라운이나 보스턴 출신의 대표적인 노예제도 반대 작가 윌리엄 로이드 개리슨 같은 급진파들은 노예제도를 가리켜 수용할 수 없는 도덕적 악이라 부르며 즉각적인 폐지를 요구했다.

브라운의 반란은 군사적으로는 실패였지만 정치적으로는 성공적이었다. 겁에 질린 많은 남부 미국인들은 북부와 분리하는 것이 노예제도를 유지할 수 있는 유일한 길이라는 결론을 내렸다. 에이브러햄 링컨이 노예제도 폐지론자들의 지지를 받고 1860년 선거에서 이기자 남부 주들은 미합중국으로부터 분리를 선언했다. 그것이 결국 노예제도 폐지로 이어진 남북전쟁을 일으켰다.

브라운이 벌인 노예제도 폐지 운동은 오늘날까지도 논란이 되고 있다. 현대적 정의에 의하면 브라운은 엄연히 테러리스트이다. 하퍼스페리 사건이 벌어지기 몇 년 전 캔자스에서 일어난 작은 충돌에서 브라운과 그의 아들들은 노예제도를 지지하는 일가족을 칼로 베어 죽였다. 그런 논란에도 불구하고 오늘날 대부분의 사람들이 정당한 대의였다고 생각하는 것은 노예제도 폐지가 분명 브라운의 테러 행위 덕분이기 때문이다.

- 브라운은 엄격한 기독교인 아버지 밑에서 코네티컷과 오하이오에서 자랐다. 그의 노예제도 반대는 분명 종교에 바탕을 두고 있었다. 사형 집행을 앞두고 교수대에서 브라운은 이렇게 말했다. "나 존 브라운은 피를 흘리지 않고서는 이 땅이 지은 죄가 결코 깨끗이 씻기지 않을 것이라고 확신합니다. 지금 생각해 보니 허망하게도 나는 피를 많이 흘리지 않고도 그것을 해낼 수 있으리라고 혼자 착각했었습니다."
- 남북 전쟁 동안 북군 병사들은 〈존 브라운의 시체〉라는 행진가를 불렀다. 보스턴의 노예제도 폐지론자 줄리아 워드 하우는 그 노래를 듣고 새로운 가사를 만들었다. 그녀의 노래 〈공화국 전투찬가〉는 지금도 미국에서 가장 사랑받는 애국적인 노래 중 하나이다.

226

마르셀 프루스트

프랑스 소설가 마르셀 프루스트(1871년~1922년)는 단 하나의 작품으로 기억되는 소설가이지만, 그 작품 하나만으로도 소설가로서 명성을 굳히기에 충분하다. 프루스트의 대작《잃어버린 시간을 찾아서》는 20세기의 위대한 문학 작품 중 하나로 손꼽힌다.

프루스트는 파리의 유복한 집안에서 문학과 법학 교육을 받았다. 그는 어릴 때부터 파리 지식인들의 사교 장소인 벨에포크 살롱에서 활동했다. 1896년 첫 단편소설집을 출판한 후 자서전적 소설《장 상퇴유》집필에 들어갔다. 이 소설은 이후 그를 대표하는 대작의 밑바탕이 된다.

건강이 악화된 상태에다가 부모님의 죽음으로 슬픔이 다 가시지 않았지만 1909년에《잃어버린 시간을 찾아서》를 쓰기 시작했다. 이 소설은 3000페이지가 넘는 방대한 규모의 대작으로 등장인물도 2000명이 넘는다. 1913년부터 1927년까지 총 7권이 출판되었으며 그때까지 세상에 나온 어떤 소설과도 비교할 수 없는 분량이었다. 실제로 여러 출판사들이 1권부터 출판을 거절하기도 했다.

본질적으로《잃어버린 시간을 찾아서》는 한 젊은이가 지금의 자신을 있게 만든 것을 찾아 유년 시절의 기억을 더듬고, 그 기억을 다시 체험하고, 궁극적으로 소설을 쓰기 위해 준비하는 발달 과정을 그린 자전적인 소설이다. 이 소설은 문학 작품임과 동시에 철학과 심리를 다룬 훌륭한 저서이다. 이야기를 전개해 나가면서 서술자는 사랑, 정체성, 성적 모호성, 미학, 예술 등 여러 주제에 대해 깊이 생각한다. 사람들은 대체로 소설의 서술자가 프루스트의 대리자라고 생각하지만 정작 프루스트는 독자들이 작가와 소설 속 서술자를 동일한 사람으로 봐야 할지 애매한 질문을 남긴다.

프루스트는 시간을 매순간이 순서에 따라 선형적으로 배열된 것이 아닌 형태 없이 흐르는 전체라고 생각했다. 이전에 사라졌던 기억들이 종종 감각적 단서에 의해 갑자기 다시 떠오른다. 이 소설의 유명한 구절을 보면 주인공이 마들렌이라는 조그만 케이크를 맛보자마자 어린 시절에 차와 함께 먹곤 했던 케이크라는 기억을 선명하게 떠올린다. 이와 같은 실험적 서술 기법은 프루스트가 세상을 떠난 후에도 오랫동안 이어졌다. 무수히 많은 모더니즘 작가들이 기억과 시간에 대한 프루스트의 탐색을 바탕으로 훌륭한 작품들을 탄생시켰다.

• 프루스트는 《잃어버린 시간을 찾아서》의 제1권을 부모님으로부터 물려받은 유산을 써서 자비로 출판했다.

• 1897년부터 1899년까지 유대계 프랑스인 장교 알프레드 드레퓌스가 부당하게 반역죄로 감옥에 갇히는 사건이 일어났다. 그 유명한 드레퓌스 사건에서 프루스트는 장교를 구하기 위해 많은 시간과 돈을 들여 탄원을 조직했다.

227

WED
미술

클로드 모네

클로드 모네(1840년~1926년)는 인상주의 운동의 핵심 인물로 프랑스 지베르니의 그의 집 정원에 핀 수련을 그린 연작으로 유명하다.

파리에서 태어난 모네는 다섯 살 때 노르망디 연안 도시 르아브르로 이사 갔다. 자연과 바다와 함께했던 어린 시절의 경험이 미술가로서 그에게 깊은 영향을 미쳤다. 모네는 캐리커처를 잘 그려서 지역에서 이름이 나게 되었고, 풍경화가 유진 부댕의 관심을 끌었다. 파리의 샤를 글레르의 작업실에서 공부하면서 미래의 인상파 화가 오귀스트 르누아르와 알프레드 시슬레 그리고 네덜란드의 풍경화가 요한 바르톨드를 만났다.

1865년, 1866년, 1868년 세 차례에 걸쳐 모네는 정식 살롱전에 작품을 출품했다. 그러나 1860년대 말까지 나중에 인상주의로 이어지는 새로운 화법을 연구하고 있었다. 1869년에는 르누아르와 함께 보트 선착장으로 유명한 라 그르누예르에서 그림을 그렸다. 두 화가는 나란히 앉아 그림을 그렸고 물에 반사된 그림자의 순간적인 빛과 색을 담아내기 위해 짧게 끊어지는 붓놀림을 사용했다.

1870년 모네는 카미유 동시유와 결혼하고 프로이센-프랑스 전쟁을 피해 런던으로 건너갔다. 런던에서 9개월 동안 머물면서 템스강을 주제로 많은 그림을 그렸고, 그곳에서 미래에 화상이 되는 폴 뒤랑 루엘을 만났다. 1872년 모네는 앞으로 6년 동안 살게 될 파리 인근의 아르장퇴유로 돌아갔다. 2년 후에는 첫 번째 인상주의 전시회를 주도했고, 그때 발표한 〈인상: 일출〉(1872년)로 '인상파'라는 이름이 생겨났다.

1883년 모네는 파리 북서쪽 지베르니로 거처를 옮겨 자신만의 정원을 꾸몄다. 이 정원은 모네가 말년에 작품의 주제로 많이 그렸기 때문에 유명해졌다.

모네는 지베르니에서 런던, 베니스, 루앙 등으로 폭넓은 여행을 계속했다. 1890년대에는 건초더미, 성당, 포플러 나무 풍경 등 한 가지 주제에 대해 하루 동안 여러 시간대에 따라 달리 보이는 다양한 모습을 연작으로 그렸다. 연작을 그릴 때 하루에 최대 여덟 작품을 그리곤 했는데 하나를 그리는 데 한 시간도 걸리지 않았다.

모네가 사망한 후 그의 영향력과 인기는 이루 말할 수 없을 만큼 증가했다. 2004년 런던 국회의사당에 걸려 있던 모네의 그림 한 점이 2000만 달러가 넘는 가격에 팔렸다. 모네의 작품은 전 세계 주요 박물관에 걸려 있는데 가장 유명한 곳은 파리의 오랑주리 미술관과 마르모탕 미술관이다. 지베르니의 모네의 집과 정원에는 해마다 수천 명의 관광객들이 찾아온다.

228
태양과 핵융합

태양은 나무가 불에 타듯 타는 것이 아니라 거대한 원자로처럼 활동한다. 태양에서 나오는 에너지는 2개의 작은 원자핵이 결합해서 하나의 더 큰 핵이 되는 핵융합 과정에 의해 생성된다. 태양은 대개 수소 원자를 헬륨 원자로 융합하면서 에너지를 만들어낸다. 또한 헬륨을 베릴륨으로 융합하고, 베릴륨을 리튬으로 융합한다.

거대한 질량과 중력 때문에 태양의 핵은 압력과 온도가 매우 높은 환경이다. 사실 그런 환경이기 때문에 핵융합이 가능한 것이다. 정상적인 환경에서는 수소 원자핵의 양성자가 모두 양의 전하를 띠기 때문에 서로 밀쳐낸다. 그러나 태양의 중심처럼 압력이 높은 곳에서는 그 압력이 전자기력을 이겨내고 양성자들을 결합시킨다. 두 수소 원자가 헬륨으로 융합할 때 수소 원자의 질량 중 극히 일부가 많은 양의 에너지로 전환된다. 에너지로 전환될 때 아인슈타인의 유명한 방정식 $E=mc^2$을 따른다. 방출되는 에너지양은 소실되는 질량에 빛의 속도 제곱을 곱한 값과 같다. 핵융합은 작은 양의 원료로 환상적인 양의 에너지를 생성하기 때문에 과학자들은 수십 년 동안 지구에서 통제 가능한 핵융합 반응을 만들어내기 위해 노력하고 있다. 그러나 저온핵융합은 현실화되려면 멀었고 아직은 공상과학에 가깝다.

지난 45억 년 동안 태양은 수소 비축량의 대략 절반을 소모했다. 수소가 바닥나면 태양의 핵은 중력에 의해 수축할 것이고 바깥층은 가열되면서 팽창할 것이다. 그렇게 적색거성으로 바뀌면 태양은 지구를 집어삼켜 사라지게 할 것이다.

- 태양은 1초에 대략 6억 톤의 수소를 헬륨으로 바꾸고 있다.
- 핵융합 과정으로 태양은 대략 400만 톤의 질량을 소실하며, 모두 에너지로 전환된다.
- 태양에너지는 광자 형태로 지구에 도달한다. 태양의 핵에서 출발한 광자는 도중에 많은 기체 분자와 상호작용하면서 태양의 표면까지 올라오는데, 그 여정은 대략 10만 년에서 20만 년이 걸린다.
- 광자가 태양 표면에서 지구까지 도달하는 데는 약 8분이 걸린다.

229

FRI
♪
음악

낭만주의 시대의 명연주자,
프란츠 리스트와 니콜로 파가니니

초기 낭만주의 음악의 두 거장 니콜로 파가니니(1782년~1840년)와 프란츠 리스트(1811년 ~1886년)의 이력을 보면 무절제, 퇴폐, 천재성 숭배라는 말의 낭만주의적 의미를 분명히 알 수 있다.

수척해 보이는 이탈리아의 바이올린 거장 파가니니는 바이올린 연주가 매우 뛰어났다. 특히 길고 복잡한 기술적 악절을 탁월하게 연주했기 때문에 종종 경이로운 연주 실력을 얻기 위해 악마와 거래했다는 의심을 샀다. 파가니니의 명성은 1828년 파리에서 열린 발표회에서 시작되었다. 파가니니는 여성 관중들을 매료시켰고 음악 평론가들의 감탄을 자아냈다. 그러나 그는 훌륭한 연주곡목을 남기지 않고 니스에서 사망했다. 다른 뛰어난 연주가들처럼 그가 남긴 작품은 대개 독주용이고 반주는 극히 제한적이며 굉장히 빠른 속주 솜씨를 보여주기 위한 것들이다. 파가니니가 쓴 바이올린 협주곡 6곡 가운데 2곡만 자주 연주된다.

천재적 재능을 지닌 헝가리의 피아니스트 리스트는 1824년 파리에 도착했을 때 파가니니의 연주에 매우 깊은 인상을 받았다. 그래서 그는 "피아니스트 파가니니"가 되겠다는 맹세를 했다. 그리고 2년 동안 방문을 걸어 잠그고 오직 연습에만 몰두했다. 드디어 목표한 수준에 이르러 연주를 하기 시작하자 리스트가 타고난 쇼맨이라는 것이 확실히 입증되었다. 그는 음악이 주는 초월적 경험에 완전히 몰입하고 있다는 느낌을 주기 위해 공연이 끝나면 매우 흥분해서 발작을 일으키는 것처럼 연기하기도 했다. 그런 행동은 여성들에게 인기를 얻었다. 리스트는 마리 다구 백작부인과 카롤리네 자인비트겐슈타인 러시아 공주를 포함해 그의 매력에 빠진 많은 파리 상류층 여성들과 연인이 되었다. 특히 카롤리네 공주와의 결혼을 계기로 경건한 가톨릭 신자로 바뀌었다.

작곡가이자 연주자였던 이 두 거장은 다른 무엇보다 낭만주의 음악의 초점을 작곡보다 음악 연주에 더 집중시켰고, 그것을 통해 음악이 고전주의적 미학에서 더욱 멀리 벗어날 수 있게 했다.

- 파가니니의 연주 기법으로 가장 유명한 것은 격정적인 연주로 바이올린 줄 3개가 끊어졌는데도 남은 줄 하나로 계속 연주하는 것이었다.
- 파가니니는 어렸을 때 손가락이 닿는 범위를 늘리기 위해 손을 일부러 기형으로 만들었다고 한다.
- 리스트는 말년에 교황에게 자신이 바람을 피운 죄를 고해했다. 교황은 고해하고 있는 중간에 리스트의 말을 끊고 "리스트, 그만 됐습니다. 이제 당신의 피아노에게 그 죄를 말하세요."라고 했다.

230

SAT
🏛
철학

의지의 자유

어떤 행동에 대해 도덕적으로 책임지기 위해서는 당신이 자유롭게 그 행동을 할 수 있어야 한다. 예를 들어, 어떤 사람이 호수에 빠져 있는 것이 보이는데 당신이 땅에 박힌 말뚝에 묶여 마음대로 움직일 수 없다면 당신은 물에 빠진 사람을 구출하지 못한 것에 대해 도덕적으로 비난받지 않는다. 마찬가지로 당신이 세뇌를 당해 명령을 받고 죄를 저질렀다면 거의 틀림없이 그 죄에 대한 책임을 지지 않을 것이다. 당신의 의지가 손상돼 있었기 때문이다.

어떤 과학 이론들은 결정론적 시각으로 세상을 본다. 과거에 세상이 돌아가던 방식과 세상을 지배하는 물리법칙을 고려했을 때 미래의 모습이 오직 한 가지 방식으로 나타날 수 있다는 관점이다. 이것이 우리의 행동에도 적용된다고 생각해보자. 어떤 행동을 하기 바로 직전까지 해왔던 행동 방식과 우주의 물리 법칙을 고려했을 때 그 순간 가능한 행동은 오직 하나이다. 미래의 매순간 무엇을 할지가 물리적으로 바로 지금 결정되어 있다는 말이다.

이런 종류의 결정론이 도덕적 책임을 없앨 수 있을까? 만일 당신이 도덕적으로 나쁜 행동을 저질렀다면 우주의 물리 법칙과 과거의 역사가 그렇게 하도록 되어 있었기 때문에 선택의 여지가 없었다고 변명할 수 있을까?

자유의지와 결정론이 양립할 수 없다고 생각한다면 결정론을 부정하거나 도덕적 책임을 부인해야 한다. 만일 결정론을 부정한다면 우리와 같은 자유로운 행위자가 도입한 진정한 인과적 비결정론이 있다고 믿어야 할 것이다. 즉 미래의 역사는 자연 법칙에 의해 결정되지 않은 상태로 남아 있고, 우리가 행동을 통해 미래를 결정한다. 만일 도덕적 책임을 부인한다면 세상은 결정론을 따라 모든 일이 정해져 있고 그러므로 우리에게는 자유의지가 없다고 주장해야 할 것이다.

- 자유의지와 결정론이 양립할 수 있다고 생각하는 철학자를 양립주의자라 한다. 반대로 두 개의 양립을 부인하는 철학자를 양립불가론자라 한다.
- 고트프리트 빌헬름 라이프니츠(1646년~1716년)는 유명한 양립주의자이다. 그는 우리의 모든 행동이 인과적으로 결정되어 있지만 그럼에도 불구하고 우리는 자유의지를 가지고 있다고 믿었다.

231

시아파와 수니파

시아파 이슬람과 수니파 이슬람의 분리는 무함마드가 사망하고 뒤이어 일어났다. 예언자 무함마드가 서기 632년 63세의 나이로 사망할 때 후계자를 명확하게 지목하지 않고 세상을 떠났기 때문에 누가 무함마드의 자리를 이어받을 것인가, 즉 아부 바크르이냐 알리이냐를 두고 분쟁이 벌어지면서 두 파로 분열되었다.

시아파는 무함마드가 가디르 알 훔(오아시스)에서 한 연설에서 자신의 사촌이자 사위인 알리를 자주 언급하고 칭찬했다며 알리가 이슬람 전체를 이끌어야 한다는 요구로 해석한다. 그래서 시아파는 알리가 이슬람 전체를 이끄는 첫 번째 지도자인 제1대 이맘이었다고 믿는다. 그들은 또한 자신들만이 무함마드의 원래 가르침에 충실하며 수니파는 정도에서 벗어났다고 주장한다. 그뿐만 아니라 미래의 모든 이맘들은 알리와 알리의 아내 파티마 사이에서 태어난 무함마드의 후손들이 맡아야 한다고 주장한다.

반면에 수니파는 무함마드가 알리를 칭찬했지만 이슬람의 다음 지도자로 지목한다는 의미는 아니었다고 주장한다. 그들은 약간의 내부 갈등을 겪은 후 아부 바크르가 초대 칼리프가 되었다고 믿는다. 아부 바크르는 무함마드의 장인이자 절친한 친구였다. 무함마드가 메카에서 메디나로 피신했을 때 아부 바크르가 유일하게 동행했다. 게다가 무함마드가 자리를 비웠을 때 아부 바크르가 종종 예배를 주도했다. 그러므로 수니파 무슬림들은 아부 바크르가 무함마드의 후계자로 적합하다고 믿게 되었다.

두 종파가 수세기에 걸쳐 점점 분열되면서 분열의 범위도 확대되었다. 두 종파로의 분열은 본질적으로 한 가지 믿음과 관련된 정치적인 문제로 출발했지만 너무 오랫동안 분리되어 있었기 때문에 교리, 율법, 관습도 서로 다른 방식으로 발전했다. 이런 차이를 가져온 큰 원인은 예언자 무함마드와 그의 동반자들이 전한 가르침을 기록하고 서술한 경전 하디스에 있다. 시아파는 무함마드와 알리에게로 거슬러 올라가는 하디스를 유일하며 진정한 전통이라고 받아들이고 다른 출처에서 나온 것은 받아들이지 않는다. 그러므로 시아파는 수니파의 하디스와 여러 전통을 도외시한다.

- 수니파는 알리를 1대 칼리프로 생각하지 않고, 아부 바크르, 우마르 이븐 알카타브, 우스만 이븐 아판의 뒤를 잇는 제4대 정통 칼리프라고 믿는다.
- 오늘날 수니파는 이슬람 전체 인구의 거의 90%를 차지하는 최대 종파이다. 두 번째로 큰 시아파는 약 9%를 차지한다. 그러나 시아파가 많은 지역에서 억압을 받고 있기 때문에 이 통계치는 신뢰도가 낮다.
- 메카로 순례를 가는 의식인 하즈는 보통 때 떨어져 있는 수니파와 시아파가 함께 모이는 몇 안 되는 행사 중 하나이다. 하즈 기간에는 모든 무슬림들이 무늬가 없는 소박한 옷을 입으므로 인종이나 사회 계층적 차이를 숨길 수 있다.

232 | MON 🖋 역사 | 에이브러햄 링컨

미국 역사상 가장 위대한 대통령이라는 찬사를 받는 에이브러햄 링컨(1809년~1865년)
은 미합중국을 보존하고 노예제도를 폐지에 이르게 한 남북전쟁(1861년~1865년) 기간
동안 미국을 이끈 지도자이다. 1865년 링컨은 로버트 리 장군이 이끌던 남부 연합군이
아포맷톡스 코트하우스에서 항복한 지 며칠 후, 광분한 한 남부 동조자에게 비극적으
로 살해되었다. 링컨의 지도력 덕분에 미합중국은 전쟁에서 이겼지만 링컨은 평화를
보지 못하고 죽었다.

링컨은 키가 크고 말랐으며 깊은 상념을 좋아하는 활달하지 않은 사람이었다. 링컨
이 우울증을 앓았을 것이라 주장하는 현대 학자들도 있다. 하지만 링컨은 대통령 선거
에서 승리를 거둔 사람 가운데 가장 결의가 단단하고 분명 가장 말을 잘하는 사람이었
다. 링컨은 미합중국 체계를 유지하는 것이 반드시 필요하다고 믿었다. 미합중국이 존
재하지 않는다면 이 나라가 구현한 공화주의 이상이 "지구상에서 사라질 것"이라 생각
했다. 당시에는 대통령이 연설 원고를 작성해주는 보좌관을 두는 시절이 아니었기 때
문에 링컨은 직접 미국인들에게 전쟁의 역경을 인내하도록 설득하는 감동적인 연설문
을 작성했다. 1864년 링컨은 전쟁 종식을 약속하는 다른 후보를 상대로 대통령 선거에
서 승리하고 백악관으로 다시 입성했다. 미합중국이라는 대의를 중심으로 미국 국민
들을 단합시키는 링컨의 능력이 반영된 승리였다.

링컨은 군대 경험이 거의 없었음에도 장군들을 휘어잡는 데 주저함이 없었다. 율리
시스 그랜트 장군이 알코올 중독이라는 소문에도 불구하고 그를 미합중국 체계를 함
께 이끌어가기에 유일하게 믿을 수 있는 사람이라고 생각했다. 링컨은 "그랜트가 마시
는 위스키의 브랜드가 무엇인지 알려주시오. 다른 장군들에게도 그 술을 한 통씩 보내
주고 싶소."라고 재치 있게 말했다고 한다.

사망하기 전 링컨은 반란 지도자들을 처벌하지 않고 관대한 조건으로 남부 주들이
다시 미합중국에 가입하는 것을 허용할 계획이었다. 링컨이 암살되자 앤드류 존슨이
대통령직을 맡았다. 그랜트는 링컨이 남부 주들에게 최고의 친구가 되었을 것이라고
기록했다. "나는 그가 지닌 진실한 선의와 관용, 양보심, 모든 사람을 행복하게 하려는
소망 그리고 무엇보다 미국인들을 모두 평등하게 시민으로서 누려야 할 권리를 누리는
것을 보고 싶은 소망을 잘 알고 있다."라고 덧붙였다.

● 링컨을 암살한 존 윌크스 부스는 유명한 셰익스피어 배우이자 영국의 전 총리 토니 블레어의 먼 친척이다. 링컨에게
총격을 가한 후 부스는 메릴랜드로 도망갔고, 북부군에게 포위되어 항복을 거부하다가 사망했다.

233 | TUE 문학 | 보이지 않는 사람

날카로운 사회적 비판과 획기적인 문학적 기법, 이 두가지를 모두 충족하는 소설은 매우 드물다. 랠프 엘리슨의《보이지 않는 사람》(1952년)은 이 두 가지를 모두 구현한다. 20세기 미국 흑인의 삶을 날카롭게 탐색하면서 동시에 소설의 언어에 재즈 음악의 리듬을 혁신적으로 결합한 작품이다. 이 소설은 백인과 흑인 독자 모두에게 똑같이 충격을 주는 이례적인 업적을 달성했다. 백인들은 소설 속 화자의 분노에 충격을 받았고 흑인들은 엘리슨이 백인만큼이나 흑인을 비난하는 태도에 화가 났다. 아니나 다를까《보이지 않는 사람》은 논란 속에 베스트셀러가 되었고 전미도서상을 수상했다.

오클라호마에서 태어난 엘리슨(1914년~1994년)은 재즈 음악가가 되려는 열망을 품고 대학에 들어갔다. 그러나 졸업한 후 정부가 주도하는 대공황 시대 문예 사업인 '연방정부 작가 프로젝트'에서 일했다. 1936년 뉴욕으로 이주하며 시인 랭스턴 휴스, 소설가 리처드 라이트 등 흑인 유명인사들과 교우했다.

《보이지 않는 사람》의 주인공은 남부 출신의 재능 있는 흑인 학생으로 작품 내내 이름이 등장하지 않는다. 대학 장학금을 받기 위해 지역 내 백인들의 공개적인 모욕을 참아내던 주인공은 대학 총장이 본인도 흑인이면서 노골적으로 인종차별을 하는 어느 백인만큼이나 교활한 사람이라는 것을 알게 된다. 주인공은 할렘으로 가서 연설가로서 자신의 능력을 높이 평가하는 정치 조직에 참여한다. 그러나 그곳에서의 경험도 환멸감을 느끼며 끝나고, 그는 백인 조직원과 흑인 조직원 모두로부터 공격을 받는다.

《보이지 않는 사람》은 백인의 인종차별을 날카롭게 묘사하지만 그에 못지않게 흑인 사회를 강도 있게 비난한다. 소설 속 화자는 인권에 관심을 갖기보다 정치 공작을 벌이기에 바쁘고 서로 중상하고 해치는 이기적인 흑인들을 셀 수 없이 많이 만난다. 결국 주인공은 자신이 다른 사람들 눈에 '보이지 않는 사람'임을 깨닫는다. 그가 만나는 사람들은 모두 인종차별이나 이기심에 의해 눈이 멀어 부정적인 선입견을 가지고 그를 바라본다. 단지 그를 자신들의 목표를 이루기 위한 도구로 생각하고 있는 것이다. 자기고유의 특성을 인정받지 못하는 현실에 좌절한 주인공은 잠적한 후 자신의 인생을 이야기로 써 내려간다. 그것이 그가 자기 목소리를 낼 수 있는 유일한 방식이다.

- 《보이지 않는 사람》은 엘리슨이 집필한 유일한 소설이다. 그가 출판한 다른 저작물은 수필집《그림자와 활동》(1964년)과《영토를 향하여》(1986년)가 있다.
- 《보이지 않는 사람》의 등장인물 중 몇몇은 부커 워싱턴과 마커스 가비 등 실제 흑인 정치지도자들을 모델로 한다.

234

WED
미술

오귀스트 르누아르

프랑스 인상주의 화가 오귀스트 르누아르는 한가로운 경치를 그린 풍경화와 여자와 아이들을 감각적으로 그려낸 초상화로 매우 잘 알려져 있다.

재단사의 아들로 태어난 르누아르는 열세 살에 부채를 장식하고 도자기에 꽃그림을 그리는 일을 하면서 미술에 발을 들여 놓았다. 그는 루브르 박물관의 그림들을 모방하면서 실력을 쌓았고, 1861년에는 에콜 데 보자르에 들어갔다. 1년 후 스위스인 샤를 글레르 교수의 화실에 들어갔고, 그곳에서 미래의 인상주의 화가 클로드 모네, 알프레드 시슬레, 프레데리크 바지유를 만났다. 르누아르는 1874년 인상파 화가들과 함께 전통을 깨는 첫 인상주의 전시회에 참여했다.

그 후 10년 동안 인상주의의 원리는 르누아르의 화법에 깊은 영향을 미쳤다. 〈물랭 드라 갈레트〉(1876년)를 보면 그림의 구도가 임의대로 잘려서 그림 밖 세상과 그림이 연결되어 있는 것처럼 보인다.

르누아르는 〈물랭 드라 갈레트〉를 1877년에 열린 세 번째 인상주의 전시회에 출품했다. 1878년에는 정식 살롱으로 되돌아갔고, 그곳에서 상류 사회의 부유한 인사들의 후원을 받았다. 금전적 제약에서 벗어나자 그는 폭넓은 여행을 시작했다. 1881년에 북아프리카로 갔고, 1882년부터는 이탈리아에 장기간 머물면서 라파엘로와 다른 고대 조각가들의 고전주의를 공부했다. 그것을 계기로 인상주의의 주관적 가치에 의문을 갖게 되었다. 그가 이전에 가졌던 순간적인 색상, 변하는 빛, 느슨한 붓놀림에 대한 관심은 1883년부터 사라졌고 대신에 양감, 형식, 윤곽을 점점 중요시하기 시작했다.

르누아르는 1900년에 레지옹 도뇌르 훈장을 받으며 명성을 얻었지만 곧이어 건강이 더욱 나빠졌다. 1894년 류마티스 관절염이 발병한 후로 팔다리를 움직이는 것이 점차 어려워졌고, 1910년부터는 붓을 손에 묶어야만 그림을 그릴 수 있었다. 설상가상으로 가족 문제도 그를 괴롭혔다. 나중에 유명한 영화제작자가 되는 아들 장이 1915년 제1차 세계대전에서 심각한 부상을 입었다. 얼마 지나지 않아 르누아르의 아내는 아들을 보러 병원에 다녀온 후 사망했다. 이런 역경에도 불구하고 르누아르는 그림을 계속 그렸다. 70세에는 실험적으로 조각을 하기 시작했다. 그가 형상을 생각해내면 본을 뜨는 일은 조수 리처드 기노가 맡아서 했다.

예술가로서 르누아르가 지녔던 생각은 그가 한 말에 가장 잘 요약되어 있다. "신들이 사는 낙원과 같은 지상. 그것이 내가 그리고 싶은 모습이다."

235 | THU ⚛ 과학 | 무지개

햇빛이 빗방울을 통과하면서 휘어지면 무지개가 생긴다. 이렇게 휘어지는 것을 굴절이라 하는데 굴절은 빛이 공기 중의 물방울을 통과할 때 일어난다.

물방울이 빛을 굴절시키면 빛은 서로 다른 주파수로 운동하는 여러 색으로 분산된다. 우리는 무지개에 일곱 가지 색(빨강, 주황, 노랑, 초록, 파랑, 남색, 보라)이 있다고 배우지만 실제로는 하늘에서 빛을 반사하는 빗방울만큼이나 많은 색깔이 있다. 무지개는 폭넓은 파장의 빛을 가지며 각도마다 관찰되는 빛이 다르다.

1차 무지개는 지평선 위로 40~42°에 나타나며, 무지개 호의 중심이 태양과 정반대에 있다. 일몰일 때는 햇빛이 비추는 각도 덕분에 지상에서 완전히 반원을 이루는 무지개를 관찰할 수 있다. 반면에 정오에는 해가 바로 머리 위에 오기 때문에 무지개를 볼 수 없다. 비행기에서는 빗방울이 관찰자 위쪽만이 아니라 아래에도 있기 때문에 완전히 원형의 무지개를 보는 것이 가능하다.

쌍무지개인 2차 무지개는 빛이 무지개 안에서 한 번 더 반사될 때 나타난다. 2차 무지개는 비교적 희미하고, 두 번 반사된 것이기 때문에 색깔의 순서가 1차 무지개와 반대이다. 2차 무지개는 1차 무지개보다 약 10° 정도 더 높은 곳에 나타난다.

- 3차 무지개와 4차 무지개도 관찰된 적이 있고, 이론적으로 13차까지 가능하다.
- 어떤 때는 달빛도 밝게 비추어 무지개를 만들어낼 수 있다. 달 무지개는 대개 희미한 흰색 원호로 나타난다.
- 무지개 아래로 걸어 들어가는 것은 물리적으로 불가능하다. 그저 관찰자의 눈에 그렇게 보일 뿐이다.
- 그리스 신화 속 아이리스는 천상의 메시지를 지상에 전하는 역할을 하는 무지개의 여신이다.

236

요하네스 브람스

요하네스 브람스(1833년~1897년)는 전통적인 형식에 맞춰 작곡한 마지막 위대한 교향 악의 대가이다. 부분적으로는 고전파이고 부분적으로는 낭만파였다. 브람스는 19세기 를 대표하는 음악가였지만 이전 시대 음악가들에게 존경을 표하는 것을 잊지 않았다. 브람스의 음악은 그의 성격에 맞게 섬세하고 보수적이다. 그러나 결코 건조하지 않다. 브람스의 죽음은 곧 낭만주의 시대의 종말을 의미했다.

브람스는 독일 함부르크의 가난한 가정에 태어났지만 어린 나이에 피아노를 배우기 시작했다. 스무 살이 되었을 때 바이올린 연주자인 헝가리 출신의 청년 에드아르트 레 메니와 유럽으로 연주 여행을 다녔다. 여행 중에 프란츠 리스트와 리하르트 바그너를 만났다. 하지만 브람스에게 가장 훌륭한 친구이자 그의 음악을 오랫동안 옹호해준 사 람은 로베르트 슈만이었다. 브람스보다 연상인 슈만은 〈새음악〉 잡지에 브람스를 천 재라고 홍보하는 글을 썼다. 브람스는 슈만에게 가족의 일원이나 마찬가지였다. 슈만 은 세상을 떠나기 전 마지막 2년 동안 정신이상 증세가 심해져 아내 클라라가 무척 힘 들어했다. 그때 브람스가 그녀를 위로해줬고, 그러다가 열병 같은 사랑에 빠졌다. 그러 나 브람스는 결코 그 사랑을 이룰 수 없었다고 한다.

브람스는 순회 지휘자이자 연주자로서 유럽 각국의 수도를 끊임없이 돌아다녔다. 그는 슈만 부부를 위해 〈피아노 협주곡 1번 D단조〉(1859년)를 작곡했다. 제1악장은 슈 만이 라인강에 몸을 던져 자살 시도를 했던 것을 떠올리는 것이고 제2악장은 클라라에 게 바치는 것이다. 브람스는 1876년 처음으로 교향곡을 작곡해 대단한 성공을 거두었 고 1888년까지 교향곡 3곡을 더 썼다.

브람스를 유명하게 만든 것은 헝가리 춤곡과 오로지 음악적인 면에만 호소하는 절 대적인 관현악곡 그리고 교향곡이다. 브람스는 바흐의 대위법, 팔레스트리나의 대위 법과 함께 고전주의 교향악 형식을 깊이 공부했다. 그러면서도 낭만주의 스타일의 풍 부한 멜로디를 사용하는 감각을 결코 잃지 않았다.

• 브람스는 어렸을 적에 함부르크 바닷가의 유곽에서 피아노를 연주했다. 그곳에서의 경험 때문에 어른이 되어서도 줄곧 창녀를 찾아다니게 했다.

• 브람스는 클라라 슈만에게 "지구상의 그 무엇보다 당신을 사랑합니다."라고 편지를 보낸 적도 있지만, 사실 클라라 는 브람스가 가장 신뢰하는 음악 평론가였다. 심지어 그녀의 제안에 따라 피아노 4중주의 조를 C샵 단조에서 C단조 로 바꿨다.

• 브람스는 리스트의 공연 중에 잠을 자는 바람에 그의 신임을 잃었다.

237

SAT
血
철학

임마누엘 칸트

생각하면 할 수록 내 마음을 경외심으로 가득 채우는 두 가지가 있다. 내 위에 있는 별이 빛나는 하늘과 내 안의 도덕 법칙이 그것이다."

– 칸트,《실천이성비판》

임마누엘 칸트(1724년~1804년)는 당시 동프로이센에 속했던 쾨니히스베르크에서 태어났다. 평생 그곳에서 살았고, 결코 자신의 고향을 벗어나 멀리 여행간 적이 없었다. 그는 마구를 만들어 파는 상인의 아들에서 쾨니히스베르크 대학교의 교수가 되었으며, 마침내 독일의 가장 위대한 철학가로 인정받았다.

중년이 될 때까지 칸트는 대중적인 명성을 얻을 만한 어떤 업적도 이루지 못했다. 그러나 비교적 늦은 나이인 57세에 그의 가장 유명한 저술《순수이성비판》(1781년)을 출간했다. 첫 번째 비판이라 불리는 이 책에서 칸트는 형이상학이 세상을 그 자체로서 묘사하지 않고 우리가 경험하는 세상을 묘사할 때만 과학적인 것이 될 수 있다고 주장했다. 그는 세상의 본질을 결코 알 수 없다고 믿었다. 예를 들어, 공간과 시간은 세상 자체의 객관적 특징이 아니라 우리가 경험하는 주관적 형식이라고 봤다.

두 번째 비판이라 불리는《실천이성비판》(1788년)에서는 우리가 원하는 것이 무엇이든 상관없이 우리가 해야 할 일이 무엇인지 말해주는, 모든 사람에게 적용되는 보편적 도덕법칙이 있다고 주장했다. 이 법칙은 우리에게 자유의지가 있음을 드러내 보일 뿐만 아니라 선한 신과 사후 세계가 존재한다고 믿어야 하는 이유를 제시한다. 물론 우리가 자유의지를 가지고 있고 신과 사후 세계가 존재한다는 점을 우리 스스로 결코 알 수 없다고 앞서《순수이성비판》에서 증명했다. 그러므로 칸트는 "신앙에 자리를 양보하기 위해 지식을 제한해야만 했다."라고 말했다.

칸트의 다른 저술로는《판단력 비판》을 비롯해 도덕, 정치철학, 종교, 미학, 역사, 자연과학에 대한 많은 저술과 논문이 있다. 칸트가 말하는 '비판' 시리즈는 인간이 진정으로 확신할 수 있는 것에 제한을 두면서도 자연과학과 도덕성, 종교를 이성적으로 합리화하는 것을 목표로 한다.

- 칸트는 철학자로 잘 알려져 있지만 교육학, 논리학, 수학, 자연과학, 지리학 등 거의 모든 주제에 대해 강의했고, 물리학과 자연과학에 대한 여러 중요 저서를 출판했다.
- 칸트의 규칙적인 생활 습관 때문에 쾨니히스베르크 시민들은 그의 산책 시간으로 시계를 맞출 수 있다고 전해진다.

238

SUN
☰
종교

수피즘

수피즘은 전통적인 이슬람교가 코란의 구절을 지나치게 강조하는 것에 반기를 들어 생겨난 이슬람 종파이다. 나중에 수피라고 불리게 된 수피즘 신도들은 코란의 정신에 충실해야 한다고 주장했다.

수피들은 이슬람교가 두 부분으로 구성되었다고 믿는다. 하나는 선한 행동 같은 외적인 것이고, 다른 하나는 내적인 것이다. 근본적으로 이슬람교는 개인적인 신앙이라고 믿으며 단순히 선한 행동을 하기보다 선한 의도를 갖는 것이 중요하다고 강조한다.

최초의 수피즘 종파는 경건하고 선한 삶을 살았던 이상적인 수피 무함마드가 사망한 후 시작되었다. 무함마드가 사망하자 그의 삶에 관한 이야기와 그가 가족이나 친구들과 나눈 일상적 교류에 대해 들려주는 지도자들이 생겼다. 그 이야기들은 다른 사람들에게 감동을 주었고, 이야기를 들려주는 사람 주위로 추종자들이 모여들었다.

많은 수피즘 종파들은 코란을 주문처럼 외는 의식을 실행했는데, 예배 때 격렬하게 춤을 추는 데르비시라 불리는 종파는 황홀경에 빠질 정도로 빙빙 도는 춤을 췄다. 예배는 수피즘 종파를 이끄는 영적 지도자 샤이흐가 관장한다. 종파마다 다양한 예배 의식은 신에게 이르는 다양한 길을 나타낸다. 그러나 그들 모두 외적 동기 없이 순수하게 신을 사랑한다는 비슷한 목표를 가진다.

수피들은 8세기에 살았던 신앙심이 강한 여성 노예 라비아의 이야기를 자주 한다. 라비아는 매우 깊은 신앙심을 가지고 있었기 때문에 주인도 감동해 그녀를 풀어줬다. 그녀는 신에게 만약 자기가 지옥이 두려워 신을 사랑하는 것이라면 마땅히 지옥 불에 떨어져야 하며, 천국에 가고 싶은 마음에 신을 사랑하는 것이라면 천국에 들어가는 것이 허락되지 말아야 한다고 말했다고 한다. 이처럼 수피들은 신과 순수한 교감을 추구한다.

- '수피(Sufi)'는 양모를 의미하는 수프(Suf)라는 말에서 나온 것으로, 수피들이 소박한 양모 옷을 입은 데서 유래했다.
- 어떤 수피들은 예수 그리스도가 사랑에 대해 설교했기 때문에 훌륭한 수피의 본보기라고 믿었다.
- 수피즘은 권력을 잡고 있는 사람은 물론이고 코란 텍스트도 중요시하지 않았기 때문에 이슬람교 지도층과 종종 충돌했다. 수피즘과 비수피즘 사이 벌어진 충돌의 예가 하산 할라지 이야기이다. 하산 할라지는 "내가 진리다."라고 선언했다. 더 정확히 말하자면 "나는 진리를 안다."라고 말한 인물이다. 불행히도 진리라는 말은 신의 또 다른 이름이었다. 그래서 하산 할라지가 한 말은 "내가 신이다."라는 말로 받아들여졌고, 결국 불경죄로 처형되었다.
- 가장 큰 수피즘 종파의 창시자로 알려진 압둘 카디르 질라니는 어릴 적 카라반 상단에 속해 있었다. 어느 날 그의 상단이 도적떼를 만났다. 도적들은 모든 사람에게 돈을 요구했지만 어린 꼬마는 신경 쓰지 않았다. 어머니가 셔츠에 꿰매어 넣어둔 돈이 있었던 질라니는 도적들에게 가서 돈이 더 있다고 털어놓았다. 어린 꼬마의 정직함에 감동한 도적들은 그 자리에서 이슬람교로 개종했다.

239 | MON 역사 | 아포맷톡스 코트하우스에서의 율리시스 그랜트와 로버트 리

1865년 4월 9일 오후 미합중국 군사령관 율리시스 그랜트 장군은 자신의 애마 신시내 티를 타고 버지니아 주 아포맷톡스 코트하우스에 있는 작은 농가로 들어갔다. 안에서 기다리고 있는 사람은 남부 연합군 사령관 로버트 리 장군이었다. 4년간 계속된 전투에서 자신의 군대가 수세에 놓이자 리 장군은 남부 연합군의 운이 다했다는 결론을 내렸다. 사방으로 북부군이 포진하고 있었고 남부군은 완전히 발이 묶인 상태였다. 리 장군은 정중히 악수를 한 후 항복 문서에 서명했다. 남북전쟁이 끝난 것이다.

1861년에 시작된 남북전쟁은 미국 역사상 가장 참혹한 전쟁으로 기록된다. 55만 명 이상의 군인이 죽었고 수십만 명 이상이 부상당했다. 북부와 남부를 각각 지휘했던 그 랜트 장군과 리 장군은 양쪽 모두에게 위대한 영웅주의와 비극의 화신이 되었다.

그랜트(1822년~1885년)는 오하이오에서 무두장이의 아들로 태어났다. 그는 웨스트 포인트 육군사관학교를 바닥으로 졸업했고, 남북전쟁을 계기로 위대한 인물로 부상하기 전까지 아버지조차 그를 실망스러워했다. 멕시코 전쟁에 참전한 후 군을 떠나 여러 사업을 시도했지만 모두 실패했다. 결국 1850년대에 아버지의 가죽 공방에 들어와 일했다. 남북전쟁이 발발하자 그랜트는 자신이 유일하게 잘 하는 것, 곧 전쟁을 하기 위해 군으로 돌아갔다. 술고래였지만 무슨 일이 있어도 이기려 하는 집요함이 있었기 때문에 에이브러햄 링컨의 신임을 얻었고, 1864년 북부군 총사령관으로 임명되었다.

그랜트와 대조적으로 로버트 리(1807년~1870년)는 버지니아의 부유하고 덕망 있는 집안에서 태어나 도리와 예법을 중요하게 생각했다. 그는 웨스트포인트를 차석으로 졸업했고, 사관학교 교육을 받는 동안 단 한 번도 벌점을 받지 않은 것으로 유명하다. 리는 군대에서 성공적인 이력을 쌓았고 멕시코 전쟁에 그랜트와 함께 참전했다. 사실 리는 남부가 미합중국 연방에서 분리하는 것을 반대했다. 하지만 그의 고향 버지니아 주가 연방에서 탈퇴하자 남부 연합을 위해 일하는 것이 도리를 지키는 것이라 생각했다.

그랜트는 아포맷톡스에서의 운명의 날을 회상하면서 회고록에 이렇게 썼다. "비록 한 나라의 국민이 목숨 걸고 싸우기에는 최악의 명분이었다고 생각하지만 자신들의 명분을 위해 아주 오랫동안 용감하게 싸우고 많은 것을 희생한 적의 몰락을 보면서 나는 기쁘다기보다는 다른 감정을 느꼈다."

● 북부 연방에서 더없는 인기를 얻은 그랜트는 1868년 미국 대통령으로 선출되었다. 그러나 역사가들은 그를 미국 최악의 대통령이라고 평가한다.

240

울부짖음

1950년대는 미국인에게 향수의 시대이다. 그때의 10년을 TV 시트콤 〈비버는 해결사〉에서 볼 수 있는데, 이상적인 생활과 세계대전 후 번영을 누리던 유토피아로 포장한다. 그러나 평온해 보이는 그 시기에도 반항과 불만의 분위기가 암암리에 퍼져 있었다. 그런 반항적 분위기가 문학에 융합되어 비트 세대가 생겨났다. 비트 세대의 대표 주자가 앨런 긴즈버그(1926년~1997년)이다. 긴즈버그는 시 〈울부짖음〉에서 절규하듯 감동적으로 미국의 현실을 꼬집는다. 이 시는 비트 세대의 감성이 가장 집약되어 있는 작품 중 하나이다.

긴즈버그는 뼛속까지 진정한 뉴욕 사람이었다. 컬럼비아대학교에서 잭 케루악과 윌리엄 버로스를 사귀었는데, 이들도 대표적인 비트 세대 작가가 되었다. 대학을 졸업한 후 긴즈버그는 여러 곳을 여행을 다니면서 유대인으로서 자신의 뿌리에다가 선불교, 극좌파 정치, 재즈 음악, 마약을 혼합시켰다.

〈울부짖음〉(1956년)은 긴즈버그의 첫 주요 작품으로 몸부림치듯 노골적으로 감정을 드러내면서 그림같이 완벽해 보이는 1950년대 미국 사회를 긴 호흡으로 비판한다.

나는 이 시대 최고의 지성들이 광기로 파멸되어 허기와 신경증으로 벌거벗은 채
노여움을 분출할 곳을 찾아 새벽녘 흑인 거리로 몸을 이끄는 것을 보았다.
천사 머리띠를 두른 비트족들이 기계로 가득 찬 밤 별처럼 수놓는 전기를 보고
고대의 성스러운 하늘과 간절히 연관 지으려 하는 것을 보았다.
그들 가난하고 남루하며 텅 빈 눈으로 약에 취해 찬물만 나오는 아파트의 초자연적인
어둠 속에 앉아 담배를 피우고 도시의 옥상을 떠돌며 재즈를 음미하던 자들,
그들 고가 철도 아래 하늘 우러르며 머릿속을 드러내던 자들, 그리고
공동주택 지붕 위로 빛 속에 꿈틀거리는 무함마드의 천사들을 보던 자들……

이 시는 마약 중독, 검열, 동성애, 영혼에 대한 논의를 이끌어내지만 주로 미국 사회의 물질주의를 겨냥한다. 이 작품은 출판과 거의 동시에 음란물로 지정되어 금지되었다. 그러나 긴즈버그는 법적 투쟁을 벌였다. 미국 시민자유연맹이 긴즈버그 편에 섰고 세상의 이목이 집중되었다. 캘리포니아 법정의 판사는 "울부짖음"이 "아주 작은 사회적 중요성"이라도 가지고 있다면 계속 출판되어야 한다고 판결했다. 사실 이 시에서 보여주는 분노와 절망의 어조는 베트남 전쟁 중 미국을 뒤흔드는 사회적 대변혁을 알리는 전조였다.

241

메리 카사트

메리 카사트(1844년~1926년)는 프랑스 인상파 화가들과 함께 전시회를 열었던 미국 화가이다. 그녀는 여자와 아이들을 그린 그림으로 매우 유명하며 인상주의를 미국 대중에게 소개한 것으로도 잘 알려져 있다.

카사트는 오늘날 피츠버그에 속하는 알레게니 시티의 부유한 가정에서 태어났고 유년기의 여러 해를 독일에서 지냈다. 16세부터 필라델피아에 있는 펜실베이니아 미술 아카데미에서 공부했고, 1866년에 유럽으로 건너가 인생의 대부분을 이탈리아와 파리에서 머물렀다. 1878년까지 여성을 주제로 한 그림을 전문적으로 그렸고, 1870년에 미국에서 전시회를 열었다. 그 후로 1872년부터 1876년까지 살롱전에 출품했다.

에드가르 드가와 귀스타브 쿠르베의 혁신적인 그림에 깊은 인상을 받은 카사트는 자신의 화법을 바꾸기 시작했다. 드가로부터 1879년 인상파 전시회에 초대받은 이후로 1886년 마지막 인상파 전시회까지 계속 참가했다. 1878년 드가는 카사트의 작품 〈파란 안락의자에 앉아 있는 소녀〉를 조금 고쳐주기도 했다. 1877년 어머니와 여동생이 파리로 이사 오게 되자 카사트는 독립적이고 자유분방한 생활을 포기하고 가족 중심의 생활을 했다. 그렇다고 해서 미술에 대한 그녀의 열망이 꺾인 것은 아니었다. 1886년 이후로 카사트는 공예에 더 큰 관심을 가졌다. 일본의 우키요에 판화에 깊은 감명을 받아 1890년대에는 채색 판화 18점을 연작으로 제작했다. 유명한 판화 〈목욕〉(1892년)은 동양 미술의 추상적이고 선형적인 디자인과 서양의 주제를 결합시키는 카사트의 재능을 잘 보여준다. 이 작품은 어머니와 아이를 그림의 중심에 배치하고 조화로운 색을 사용함으로써 두 인물이 형식적으로 묶여 있게 했다. 드가는 이 작품을 보고 농담으로 "영국인 간호사와 어린 예수"라고 불렀다.

카사트는 화가로서 평생 동안 여성 권리를 증진시키기 위한 활동을 적극 도왔다. 1892년에는 시카고 세계박람회 여성전시관에 현대 여성의 모습을 벽화로 그렸다. 1915년에는 여성 선거권 쟁취를 위해 뉴욕 뇌들러 갤러리에서 열리는 전시회에 18점의 작품을 기부했다.

카사트는 인상주의를 미국에 소개하는 데도 큰 역할을 했다. 그녀는 부유한 후원자들에게 그림 고르는 것을 도와주면서 인상주의 동료 화가들의 작품을 사도록 권했다.

혼자의 힘으로 미술가로 성공한 카사트는 파리 근교의 보프렌느 저택을 매입했다. 그녀의 후기 작품들은 어머니와 아이라는 주제에 더욱 집중했다. 1900년 무렵 백내장으로 고생하기 시작했지만 그 후로도 15년 동안 그림을 계속 그렸다.

242 THU
과학 음파

소리는 공기의 압력 변화로 생긴 진동이 물질을 통해 세로 방향으로 전달되는 압력파 pressure wave이다. 소리는 주파수, 파장, 속도, 크기 등 파동의 전통적 특징을 모두 가지고 있다. 하지만 무선전파나 마이크로파, 가시광선 같은 전자기파와 달리 소리는 진공을 통과할 수 없다. 소리가 이동하기 위해서는 기체든 액체든 고체든 매체가 되는 물질, 즉 매질이 필요하다.

소리는 물체의 진동으로 발생한다. 물체가 진동하면 주변 입자들이 움직이고, 그 입자의 주변 입자들도 덩달아 움직이게 된다. 그래서 진동이 일어날 때마다 압축과 이완의 연쇄 반응이 시작된다. 압력파는 처음 발생한 진동과 평행하게 직선으로 움직인다. 움츠렸다가 늘어나는 용수철 장난감과 같이 운동한다. 이와 같은 진행방향을 갖는 파동을 종파라 한다. 1초 동안 진동한 횟수를 주파수라 하고, 파동이 가장 높은 부분과 가장 낮은 부분 사이의 거리를 파장이라 한다. 주파수가 높은 소리일수록 음높이가 높고, 주파수가 낮을수록 음높이가 낮게 느껴진다.

음파의 속도는 단위 시간 동안 주어진 방향으로 움직인 거리를 나타낸다. 소리의 속도는 소리가 통과하는 매질에 따라 상당히 다르다. 일반적으로 고체 입자들은 액체나 기체 입자들보다 더 강한 상호작용을 하므로 음파가 더 빨리 이동할 수 있게 한다. 그래서 기차가 오는지 확인하기 위해 사람들이 선로에 귀를 갖다 대는 것이다. 기차의 진동은 공기 중을 통과할 때보다 금속 선로를 통과할 때 더 빨리 전달된다.

소리의 진폭은 소리가 만들어내는 압력의 양이다. 처음 진동이 일어날 때 더 많은 에너지가 투입될수록 진폭이 더 크다. 우리는 진폭을 소리 크기로 지각한다. 소리가 먼 거리를 이동할 때 진폭이 소실되어 점점 소리가 희미해지고 결국에는 소리가 안 들리게 된다.

- 일반적인 주파수 단위는 헤르츠(Hz)이다. 1헤르츠는 1초에 진동이 1회 일어난 것을 뜻한다. 인간의 귀로 들을 수 있는 소리의 주파수는 대략 20Hz~20,000Hz 범위이다.
- 개와 돌고래는 음높이가 높은 고주파수대 소리를 특히 잘 듣는다. 개는 최대 45,000Hz까지 들을 수 있고, 돌고래는 200,000Hz까지 들을 수 있다.
- 코끼리의 귀는 낮은 주파수에 맞춰져 있다. 코끼리는 5Hz까지 낮은 소리를 들을 수 있다.
- 나이 들수록 진폭을 감지하는 인간의 능력이 쇠퇴한다. 나이든 사람들이 보청기가 필요 이유가 그 때문이다.

243 | FRI ♪ 음악 | 주세페 베르디

주세페 베르디(1813년~1901년)가 대표하는 이탈리아 오페라는 독일 오페라와 더불어 오페라 음악의 쌍두마차를 이끈다. 독일 오페라와 대조적으로 베르디의 오페라는 등장인물의 풍부한 감정과 개성이 두드러지고 민족주의 성질을 띤 스타일에 감성을 담아내며 완벽한 이탈리아 오페라 전통을 구현한다.

베르디는 이탈리아 파마에서 글을 모르는 여관주인의 아들로 태어났지만 작곡가로서 일찍 성공을 거두었다. 밀라노에서 가장 유명한 극장이자, 이탈리아 가수와 작곡가들에게 성지와 같은 곳인 스칼라 극장에서 26세에 작곡한 첫 오페라 〈오베르토〉가 공연되었다. 그 후 몇 번 실패를 겪은 뒤 네부카드네자르 2세가 예루살렘을 침략하는 역사를 다룬 〈나부코〉(1842년)로 다시 밀라노 사람들의 마음을 얻었다. 그 후 8년 동안 베르디는 13편의 오페라를 썼고, 막대한 부를 쌓았다. 그다음 10년은 속도를 늦췄다. 그래도 〈리골레토〉(1853년), 〈일 트로바토레〉(1853년), 〈라 트라비아타〉(1853년) 등 가장 유명한 오페라들이 이때 작곡되었다.

베르디가 등장하기 전까지 이탈리아에서 가장 존경받는 오페라 작곡가는 조아키노 로시니였다. 로시니의 작품들은 독창을 강조하는 악절이 많고 가벼운 내용이 주를 이뤘다. 이탈리아 카논은 베르디 외에 빈첸초 벨리니와 가에타노 도니체티 그리고 1830년대에 유행했던 부드럽고 아름다운 벨칸토 기법을 선호하는 작곡가들에 의해 완성되었다.

베르디의 오페라는 풍부한 감정의 멜로디를 담고 있다. 사랑과 상실과 비극을 다루면서도 인물을 중심으로 독일 오페라보다 밝은 분위기의 줄거리를 이끌어간다. 리하르트 바그너와 그를 모방한 독일 오페라 작곡가들이 추상적인 주제로 대담하고 규모가 큰 작품을 제작하는 데 열중한 반면, 베르디는 아주 직접적이고 사실적인 감정 표현에 초점을 두고 등장인물들이 실제 인물처럼 진심을 다해 노래하도록 강조했다.

- 이탈리아가 오스트리아로부터 독립 투쟁을 벌일 때 공공장소 곳곳에 "베르디 만세!"라는 낙서가 쓰였다. "이탈리아 왕 비토리오 에마누엘레 만세!"를 뜻하는 이탈리아어를 줄이면 베르디의 이름이 되었다. 비토리오 에마누엘레는 통일된 이탈리아의 초대 국왕이 된 인물이다.
- 이탈리아 오페라의 거장으로서 베르디가 한 가장 훌륭한 업적은 '베르디 바리톤'이라 불리는 방식을 도입한 것이다. 전통적으로 오페라에서 가장 표현력이 풍부한 아리아는 테너 파트에게 맡겼다. 그러나 베르디는 공명이 깊은 소리를 내는 바리톤이 그 역할을 맡도록 곡을 썼다.

244

SAT
🏛
철학

정언 명령

"따뜻하게 있고 싶으면 코트를 입어라."와 "살인하지 마라."라는 두 명령을 비교해보자. 첫 번째 명령에는 이 말을 따라야 하는 이유가 포함되어 있다. 몸을 따뜻하게 하고 싶다면 무엇을 해야 하는지 지시하고 있다. 따뜻하게 있고 싶은 욕구가 없다면 그 지시를 따를 이유가 없는 것이다. 이와 대조적으로 대부분의 사람들은 살인을 하고 싶은 욕구의 유무에 상관없이 "살인하지 마라."라는 명령이 여전히 자신에게 적용된다고 생각한다.

독일 철학자 임마누엘 칸트(1724년~1804년)는 정언 명령categorical imperative이라는 용어를 사용해 "살인하지 마라." 같은 명령과 인간의 관계를 기술했다. 칸트는 인간의 욕구와 상관없이 모두에게 적용되는 무조건적인 도덕법이 존재한다고 믿었다. 무조건적이기 때문에 그 도덕법은 명령문으로 표현된다. 그래서 우리의 욕구에 상관없이 어떤 것을 하라 또는 하지 말라고 명령한다.

칸트는 도덕법을 확인할 수 있는 여러 가지 판별법을 설명했다. 그중 가장 잘 알려진 것은 보편적 법칙의 공식이라 불리는 것이다. 칸트는 "당신의 의지의 원칙이 언제나 동시에 보편적 입법의 원리가 되도록 행동하라."라고 설명했다. 행동의 좌우명은 당신이 어떤 행동을 하는 이유이자 지침이다. 예를 들어 친구에게 돈을 빌리고 갚을 의향이 없으면서 갚겠다고 약속했다면 당신의 좌우명은 '돈을 얻기 위해 거짓 약속을 하라'일 것이다. 보편적 법칙의 공식에 따르면 만일 당신이 모든 사람이 이 좌우명에 따라 행동해야 한다고 요구할 수 없다면 그 행동은 도덕법을 위반하는 것이다. 모든 사람들이 돈을 얻기 위해 거짓 약속을 한다면 아무도 그 약속을 믿고 돈을 빌려주지 않을 것이다. 그러므로 당신이 거짓 약속을 할 때는 그런 약속을 하는 모든 사람이 다 거짓을 말하는 것은 아닐 것이라는 바람을 가지고 있어야 할 것이다. 그렇지 않으면 당신의 속임수는 통하지 않을 것이다. 그러므로 당신의 거짓 약속은 도덕법을 위반한 것이다.

- 칸트의 정언 명령에 대한 또 다른 공식은 인간성 공식이라 불리는 것이다. "자아든 타인이든 항상 인간을 수단이 아닌 목적으로 대우하도록 행동하라."라고 설명했다.
- 칸트가 정언 명령에 대한 이론을 처음으로 밝힌 것은 1785년 《윤리형이상학 정초》에서였다.
- 칸트는 자살과 자위행위도 정언 명령을 어기는 것이라 생각했다.

245

SUN
종교

4대 정통 칼리프

수니파 이슬람교에서는 이슬람교의 처음 네 지도자를 정통 칼리프로 받아들였다. 이들은 무함마드와 아주 비슷한 길을 걸은 것으로 간주된다.

넷 가운데 초대 칼리프는 아부 바크르이다. 알리를 지지하는 시아파 이슬람교의 반대에도 불구하고 아부 바크르가 무함마드가 사망한 직후에 칼리프 지위를 차지했다. 그는 무함마드의 절친한 친구이자 장인이었고, 무함마드가 자리를 비울 때 종종 예배를 주도했다. 아부 바크르는 서기 632년부터 634년까지 칼리프로 있었다. 그의 칼리프 지위는 짧은 기간에 그쳤지만 알리와 그 추종자들과의 갈등을 고려했을 때 그 후 수세기에 걸친 이슬람 역사에 중요한 의의를 지닌다.

아부 바크르는 독살되어 죽기 바로 직전에 우마르 이븐 알카타브가 자신의 후계자가 되어야 한다고 말했다. 우마르는 634년 제2대 칼리프가 되었고 644년까지 통치했다. 우마르가 칼리프로 선택되었을 때도 시아파는 여전히 진정한 칼리프는 알리여야만 한다고 주장했다. 그러나 소용없었다. 그래서 시아파는 우마르를 또 다른 찬탈자라고 본다. 그러나 수니파는 우마르를 위대한 지도자라고 여긴다. 우마르는 아들이 자기 뒤를 계승하는 것을 허용하지 않음으로써 세습 왕조 건립을 억제했다. 그래서 수니파 이슬람교도들은 그를 위대한 칼리프라 찬양한다. 우마르는 알리를 포함해 6명을 지명해 그들 중에서 칼리프를 뽑도록 제안했다.

우마르가 개인적인 원한을 품은 남자에게 암살된 후 6명의 후보자 가운데 우스만 이븐 아판이 선출되었다. 그는 644년부터 656년까지 제3대 칼리프 자리에 있었다. 우스만은 코란을 표준화한 업적으로 잘 알려져 있다. 하지만 이슬람 제국을 확장하고 방대한 영토를 다스리기 위해 가족을 주요 직책에 임명했다. 이런 정책으로 말미암아 이슬람 왕국 전체에 폭동이 일어났고 특히 북아프리카에서 불만이 고조되었다. 결국 군인들이 성난 무슬림 군중을 이끌고 우스만의 집을 급습해 그를 죽였다.

우스만이 죽자 드디어 '알리 이븐 아비 탈리브'라고도 불리는 알리가 칼리프가 되었다. 그러나 그 시기 이슬람 영토는 혼돈 상태에 빠져 있었다. 알리는 자신의 통치를 반대하는 많은 수니파를 피해 수도를 지금의 이라크로 옮겼다. 알리는 661년까지 통치했는데, 그 역시 불만을 품은 사람들에게 암살되었다.

알리의 죽음은 정통 칼리프 시대의 끝을 의미했다. 알리의 뒤를 이른 무아위야 1세는 세습 왕조의 시대를 열었다.

246 | MON ☿ 역사 | 대륙횡단 철도

1869년 이전까지만 해도 뉴욕에서 샌프란시스코까지 가는 것은 시간이 오래 걸리기도 했고 위험한 여정이었다. 미국 동해안과 서해안 사이에는 황량한 대초원이 펼쳐져 있었기 때문이다. 4개월에서 6개월 정도 걸리는 험한 육로 여행 대신 여행자들은 오히려 남아메리카 남단을 돌아서 항해하는 바닷길을 선택했다.

1869년 봄 미국의 동서를 연결하는 대륙횡단 철도가 개통되었다. 서부로 물건과 사람을 실어 나르는 것이 가능해지면서 미국 경제에 일대 혁신을 가져왔다. 발명된 지 겨우 40여 년 지난 철도는 미국을 조밀하게 연결시켰고, 덕분에 교역량이 기하급수적으로 증가했다. 그뿐만 아니라 서부로 이주하는 백인 이주민들이 넘쳐났다. 그 결과 서부에 살고 있던 원주민들은 쇠퇴하기 시작했다.

대륙횡단 철도는 유니온 퍼시픽 철도와 센트럴 퍼시픽 철도 두 민간 기업에 의해 건설되었지만 처음부터 정부가 주도한 프로젝트였다. 남북전쟁 기간에 링컨 대통령은 1850년에 새로이 미연방 주로 승인된 캘리포니아까지 연결할 수 있는 더 좋은 교통수단이 필요하다고 판단했다. 1849년 캘리포니아에서 금광이 발견되자 사람들이 금을 캐려고 서부로 몰려드는 골드러시가 일어났다. 정부는 철도를 빨리 완성하기 위해 두 철도회사에 막대한 인센티브를 제공했다.

미국 대륙 전체를 가로지르며 강철로 만든 레일을 까는 것은 매우 버거운 작업이었다. 철도는 황량한 평원과 거대한 강, 눈 덮인 로키산맥을 가로질렀다. 주로 중국인과 아일랜드 이민자로 이루어진 작업팀은 하루에 10마일(약 16km)이나 되는 레일을 깔았다.

7년간의 공사 끝에 대륙횡단 철도가 완성되었다. 한때 힘들었던 동부와 서부를 오가는 여행이 단 6일이면 가능해졌다.

- 센트럴 퍼시픽 철도회사의 중역이었던 릴런드 스탠포드는 철도 건설로 번 돈으로 나중에 캘리포니아에 스탠포드대학교를 세웠다.
- 두 철도회사는 1869년 5월 10일 철도 완공을 기념하기 위해 유타주 프로몬터리 서밋의 철도 마지막 구간 선로에 금으로 만든 말뚝을 박았다. 그러나 지금의 유니온 퍼시픽은 이제 프로몬터리 서밋까지 운행하지 않는다. 게다가 그때 만든 역사적인 선로는 제2차 세계대전 기간에 해체되어 전쟁 원조 물자로 쓰였다.
- 센트럴 퍼시픽에서 처음에 중국인 노동자에게 지불한 월급은 27달러였고 나중에 30달러로 인상되었다. 아일랜드인 노동자들은 35달러의 월급을 받았고 기차도 무료로 이용할 수 있었다.
- 서부의 까다로운 지형 때문에 장애물이 있으면 그것을 우회하는 것이 아니라 그 위를 지나도록 철도를 건설했다. 예를 들어 유타에서는 선로가 구불구불한 베버강을 31번이나 가로지른다.

247

테네시 윌리엄스

미국 극문학에서 유진 오닐이 위대한 비극 작가이고 아서 밀러가 위대한 사회적 양심이라면 테네시 윌리엄스(1911년~1983년)는 열렬한 감정과 주제를 다룬 혁신자이자 언어와 내용의 지평을 넓힌 위대한 극작가이다.

윌리엄스는 문제 가정의 이야기를 다룬 자전적 희곡 〈유리 동물원〉(1944년)으로 첫 성공을 거두었다. 작품 속 어머니는 망상적이고 지나치게 간섭하는 성향을 지닌 인물이다. 그런 어머니에게 지칠 대로 지친 아들과 현실에서 벗어나 유리로 만든 동물 인형을 모아놓고 환상 속에 살아가는 장애아 딸은 어머니로부터 점점 멀어져 간다. 〈유리 동물원〉이 시카고에서 상연되었을 때 그 작품에 열광한 연극 비평가들은 대중들에게 반드시 보라고 간청하다시피 했고, 그 덕분에 처음에 얼마 안 되었던 관객은 곧 극장을 가득 메울만큼 늘어났다.

윌리엄스의 그다음 주요 작품 〈욕망이라는 이름의 전차〉(1947년)는 연극과 영화로 제작되었다. 그의 이야기가 무대만큼이나 스크린 위에서도 호소력이 있음이 입증된 것이다. 남부 출신의 거만한 미인 블랑쉬 뒤보아는 그녀 자신의 무분별한 행동에 의해 그리고 여동생의 거친 남편 스탠리 코왈스키와의 갈등으로 인해 파멸한다. 이 작품으로 1948년 퓰리처상을 받으면서 윌리엄스의 명성은 더욱 확고해졌다. 그다음으로 발표한 〈뜨거운 양철 지붕 위의 고양이〉(1955년)에서 윌리엄스는 풍요로워 보이는 미국 남부의 한 집안 사람들의 성 문제와 가족관계 속에서 거짓된 행동과 허위의식을 낱낱이 밝혀낸다. 이 작품으로 윌리엄스는 다시 한 번 퓰리처상을 수상했다.

윌리엄스가 작품 속에서 탐구했던 폭력, 성적 욕구 불만, 정신병, 근친상간, 알코올 중독, 동성애는 그 당시 다루기 불편한 주제였고, 관객들을 충격에 빠트리기에 충분했다. 한편 윌리엄스의 언어는 미국 희곡문학을 빛낸 가장 혁신적인 것이었다. 그가 만들어낸 인물들은 이상하지만 표현력이 풍부한 방언을 사용한다. 그것은 그들이 겪고 있는 힘든 상황에 신화적 무게를 더해주고, 동시대 다른 작가들이 사용한 매우 사실적인 대화와 거리가 먼 세상을 만드는 장치가 되기도 했다.

• 윌리엄스는 1958년 〈뜨거운 양철 지붕 위의 고양이〉를 각색해서 만든 영화(폴 뉴먼과 엘리자베스 테일러가 주연을 맡았다)를 좋아하지 않았다. 남자 주인공의 동성애를 나타내는 부분이 원작에서 중요한 내용인데 검열 때문에 영화에서는 모두 제거되었기 때문이었다.

• 아버지가 강제로 취직시켜 일하게 된 구두 공장에서 윌리엄스는 스탠리 코왈스키라는 이름의 남자와 함께 일했다. 그 남자에게서 영감을 얻어 〈욕망이라는 이름의 전차〉를 상징하는 인물이 탄생했다.

248 WED
미술 후기인상주의

후기인상주의라는 용어는 1910년 〈마네와 후기인상주의〉라는 제목의 런던 전시회를 조직한 미술 평론가 로저 프라이가 만든 말이다. 프라이는 인상주의를 따르는 현대 예술가들을 가리키는 포괄적인 용어로서 이 말을 만들었다. 전시회에는 앙리 마티스, 파블로 피카소, 조르주 브라크의 작품들이 출품되었다.

오늘날 후기인상주의는 보다 구체적인 의미로 쓰인다. 대략 1886년부터 1905년까지 폴 고갱과 폴 세잔 등의 화가들이 그린 작품을 가리킬 때 사용한다. 이들은 인상주의가 사물의 의미보다 겉모습에 지나치게 집중하고, 인상파 화가들이 빛과 색에 집착하고 있다고 생각했다. 후기인상주의 화가들은 자연주의처럼 사물을 있는 그대로 표현하는 미술을 의식적으로 거부했다. 그들은 윤곽선과 구조, 구도가 지닌 가치를 다시 회복시키고 싶었다. 그래서 예술의 정서적 가치에 더욱 신경 썼고 그것이 자기표현의 수단이라고 여겼다.

후기인상주의는 20세기 후반에 등장한 여러 미술 사조로 이어지는 다리 역할을 했다. 생투 빅투아르산 그림과 많은 후기 정물화에 분명히 나타났듯이 사물을 기하학 형태로 축소시키는 세잔의 스타일은 입체주의가 발달하는 데 중요한 역할을 했다. 고갱은 강렬한 색상을 사용하고 원시 문화에 깊은 관심을 가지고 있었는데, 그것이 야수파 화가들에게 영향을 미쳤다. 빈센트 반 고흐의 영적 영감과 주제에 대한 주관적인 접근법은 상징주의 미술가들의 지지를 받았다. 이 세 화가의 화법은 통일성이 거의 없지만 시각적 형태를 가지고 감정을 표현하고 싶어 했다는 공통점으로 한데 묶을 수 있다.

- 인상주의 화가들이 서로 어울리길 좋아했다는 점에 비해 후기인상주의 화가들은 독립적이고 혼자 있는 것을 선호했으며, 고갱과 반 고흐처럼 극심한 우울증에 시달리기도 했다.
- 후기인상주의는 물리 세계의 순간적인 인상보다 구조와 구도에 관심을 가졌기 때문에 완성된 작품을 위해 예비 스케치를 많이 하면서 신중하게 작업하는 경향이 있었다.

249

엑스레이

1895년 독일 물리학자 빌헬름 뢴트겐은 진공관의 음극선을 실험하고 있었다. 음극선에서 나오는 빛을 모두 차단하기 위해 진공관을 두꺼운 검은색 마분지로 감쌌다. 그러나 이상하게도 음극선을 방출시킬 때마다 방을 가로지르는 형광 스크린이 나타났다. 이전에 알려지지 않은 형태의 방사선을 우연히 발견한 것이었다. 그 방사선은 특정 물질은 쉽게 통과할 수 있었지만 다른 물질에 의해 차단되었다. 뢴트겐이 진공관 앞에 손을 갖다 대었을 때 그 광선은 피부를 통과해 뼈에 흡수되어 형광 스크린에 선명한 골격이 나타났다. 그 방사선이 불가사의하다고 생각한 뢴트겐은 엑스레이X ray라는 이름을 붙였다. 그리고 그것이 새로운 방사선의 이름으로 굳어졌다.

엑스레이는 가시광선과 같은 전자기 방사선의 한 형태이다. 엑스레이나 가시광선 모두 음의 전하를 띤 전자가 운동할 때 발생하는 광자라는 작은 에너지 입자 형태로 전달된다. 전자는 궤도를 따라 원자의 중심 주변을 운동한다. 전자가 높은 궤도에서 낮은 궤도로 떨어질 때 광자 형태의 에너지를 방출한다. 가시광선과 엑스레이의 차이점은 엑스레이가 광자가 더 많고 따라서 에너지가 더 높다는 것이다.

우리 피부 조직은 저에너지의 가시광선을 쉽게 흡수하는 작은 원소로 구성되어 있다. 고에너지의 엑스레이는 피부 조직을 바로 통과해버린다. 그러나 뼈의 칼슘은 다른 금속 물질과 마찬가지로 엑스레이가 통과하는 것을 막아 흡수한다. 납은 엑스레이를 완전히 흡수해버리는 원소이다. 그래서 장기간 노출될 경우 암을 일으킬 수 있는 엑스레이로부터 자신을 보호하기 위해 과학자들은 납으로 된 보호 장비를 착용한다.

- 엑스레이 기계로 사람의 옷을 관통해서 알몸을 볼 수는 없다. 그러나 1900년대 초 그럴지도 모른다는 두려움에 엑스레이를 불법화하려는 움직임이 있었다.
- 의료계와 과학계에서는 엑스레이를 발명한 뢴트겐의 이름을 따 뢴트겐선이라 부르기도 한다.
- 항성, 초신성, 블랙홀들이 엑스레이를 방출하지만 엑스레이가 지구의 대기를 통과할 수 없기 때문에 과학자들은 우주 망원경을 사용해야 볼 수 있다.
- 우리의 눈이 어둠에 적응했을 때 실제로 아주 희미하게 엑스레이를 볼 수 있다. 엑스레이는 파란색과 회색이 뒤섞인 희미한 빛을 낸다.

250 | FRI ♪ 음악 | 베르디의 라 트라비아타와 아이다

주세페 베르디(1813년~1901년)가 이탈리아 오페라의 거장으로 자리매김하게 만들어 준 1853년 오페라 3편 중 하나가 〈라 트라비아타〉이다. 이 오페라는 부자인 알프레도 와 사랑에 빠지는 '고급 매춘부' 비올레타의 이야기이다. 알프레도의 아버지 제르몽은 두 사람의 동거를 못마땅하게 생각하고 결혼을 반대한다. 결국 결핵을 앓던 비올레타 는 긴 아리아를 부르며 비극적인 죽음을 맞이한다. 프란체스코 마리아 피아보가 가사 를 쓴 〈라 트라비아타〉는 표현력이 풍부한 아리아로 채워져 있고 소프라노 솔로를 위 한 명곡들이 포함되어 오늘날까지 널리 공연되고 있다.

베르디의 두 번째로 유명한 오페라는 〈아이다〉(1870년)이다. 수에즈 운하의 개통식 과 새로운 오페라하우스 건축을 기념하기 위해 1869년 이집트 총독으로부터 의뢰를 받아 만들어졌다. 완벽주의자였던 베르디는 기한을 맞추지 못했고, 결국 〈리골레토〉 를 대신 무대에 올렸다. 1년 후 베르디는 약속을 이행했다. 그는 이집트 호위대장 라마 메스와 사랑에 빠지는 에티오피아 노예 아이다의 이야기를 그린 오페라 〈아이다〉를 완성했다. 수난과 비극이 가득 찬, 계급을 뛰어넘는 사랑 이야기라는 점이 〈라 트라비 아타〉와 비슷하다. 〈아이다〉에 인상적이고 기억하기 쉬운 곡조인 "개선행진곡"은 베르 디의 음악 가운데 대중들에게 가장 잘 알려진 곡이다.

〈아이다〉의 초연을 위해 이집트는 큰 비용을 들여 프랑스에서 만든 의상을 구입했 고 300명 이상의 출연자를 고용했다. 라마메스의 투구와 칼은 은으로 만들었다. 초연 에 참석하지 않았던 베르디는 공연에 대한 이야기를 듣고 무척 불만족스러웠다. 그는 그런 공연이 자신의 작품을 예술이 아닌 단순한 오락거리로 전락시킨다고 생각했다. 그래서 고향집으로 내려가 정원을 가꾸고 가축을 돌보면서 몇 년 동안 오페라를 포기 한 채 지냈다. 그러나 1874년 유명한 〈레퀴엠〉으로 다시 돌아왔고, 1901년 세상을 떠 나기 전까지 오페라를 2곡 더 만들었다.

• 〈라 트라비아타〉의 대본은 알렉상드르 뒤마(1824년~1895년)의 소설 《동백아가씨》를 바탕으로 하고 있다. 이 소설 은 프란츠 리스트의 연인이었던 무용가 롤라 몬테즈의 이야기를 그린 것이다.
• 〈라 트라비아타〉의 초연에서 결핵으로 죽어가는 비올레타 역을 맡은 여가수가 뚱뚱했다. 마지막 장면에서 그녀가 바닥에 쓰러졌는데, 그때 바닥에서 올라온 먼지로 무대가 안 보일 정도였다고 한다.

251

SAT
🏛
철학

공리주의

공리주의는 인간이 어떻게 행동해야 하는가를 다루는 이론이다. 공리주의자들은 인간이 항상 세상에서 가장 궁극적인 쾌락을 얻을 수 있는 것을 해야 한다고 주장한다. 공리주의는 영국의 경제학자이자 철학자인 제러미 벤담(1748년~1832년)이 처음 제안했고, 존 스튜어트 밀 (1806년~1873년)이 더 정교하게 다듬었다.

현대 철학자들은 공리주의를 결과주의의 한 형태로 본다. 결과주의는 "어떤 행동이 도덕적으로 옳은가?"라는 질문에 대한 답이다. 결과주의에서는 어떤 행동이든 최대의 결과를 생산하는 행동을 답으로 본다. 이 관점을 따르려면 어떤 상태의 세상이 다른 것보다 객관적으로 더 나은지 알아야 한다. 그러나 그것이 가능하다는 것을 부인하는 철학자들도 있다.

공리주의자들은 무엇이 선한 것인지에 대해 쾌락주의적 관점을 가지고 있는 결과주의자들이다. 그들이 생각하는 유일한 객관적 선은 쾌락이다. 다른 결과주의자들이 쾌락뿐만 아니라 존경이나 평등 같은 것도 선에 포함시키는 것과 대조적이다.

어떤 공리주의자들은 다양한 종류의 쾌락에 등급을 매긴다. 벤담은 "편견 없이 본다면, 푸시핀 게임(과거 영국 아이들이 핀을 이용해 간단히 즐기던 게임)은 음악과 시를 짓고 감상하는 것과 동등한 가치를 지닌다."라는 유명한 주장을 펼쳤다. 벤담은 질이 아닌 양으로 쾌락을 평가해야 한다고 믿었다. 그와 대조적으로 밀은 지적 욕구의 성취가 단순한 감각적 욕구의 성취보다 더 가치 있다고 믿었다. 밀은 "배부른 돼지보다 배고픈 소크라테스가 낫다."라고 했다.

- 벤담은 간수들은 모든 죄수를 관찰할 수 있지만 죄수들은 간수를 볼 수 없는 '파놉티콘'이라는 원형 감옥을 설계했다. 그는 그 감옥을 실제로 지으려고 했지만 시도로 끝났다.
- 밀은 그의 아버지와 벤담이 완벽한 공리주의자를 길러내기 위해 실시한 교육 실험의 산물이다. 밀은 세 살에 라틴어를 배우고 여덟 살에 그리스어를 배우기 시작했다. 나중에 그는 자신의 우울증과 감정 문제가 지나친 교육 때문이라고 탓했다.

252

무함마드의 아내들과 딸

무함마드는 25세까지 독신이었다가 남편을 두 번이나 잃은 40세의 미망인 카디쟈를 만나 메카에서 그녀와 결혼했다. 카디쟈는 이슬람으로 개종한 첫 번째 여자가 되었다. 그녀는 무함마드가 천사 가브리엘로부터 이슬람교를 전파하라는 계시를 여러 번 받았다고 했을 때 전적으로 그의 편이 되어주었다.

카디쟈는 무함마드의 자식을 6명 낳았다. 여섯째인 딸 파티마는 수니파에서 말하는 4대 칼리프이자 시아파에서 말하는 초대 이맘인 알리와 나중에 결혼한다. 파티마는 632년 무함마드가 사망하자 곧이어 사망했다.

무함마드는 메카에서 지내는 동안 내내 부인을 1명만 두고 있었다. 이를 비판하는 사람들을 피해 메카에서 메디나로 거처를 옮겼지만 추종자들은 더 늘어났고, 그들의 목소리도 더 커졌다. 그들은 무함마드를 지도자로 생각하면서 그가 더 많은 아내를 두기를 바랐다. 카디쟈가 사망한 후 무함마드는 사람들의 소원을 들어주기로 했다. 그 후로 아내를 여럿 뒀는데, 어떤 때는 정치적 목적을 위해 결혼했다. 무함마드의 아내 가운데 가장 중요한 인물은 아이샤이다. 그녀는 수니파에서 말하는 초대 칼리프 아부 바크르의 딸이다.

수니파는 무함마드가 눈감을 때 아이샤의 무릎을 베고 있었다고 말하면서 무함마드가 가장 아낀 아내가 아이샤라고 믿는다. 아이샤는 자신의 아버지 아부 바크르뿐만 아니라 다른 두 칼리프인 우마르 이븐 알카타브와 우스만 이븐 아판을 지지했다. 그러나 알리가 권력을 잡았을 때는 그의 통치를 반대했다. 그녀는 오늘날의 이라크에서 군사를 일으켰지만 알리에게 쉽게 무너졌다. 알리는 아이샤를 풀어주며 메디나로 돌아가 여생을 보낼 수 있도록 해주었다.

253 | MON ⚲ 역사 | 아메리카 인디언

태평양 연안 북서부 지역을 수천 년 동안 삶의 터전으로 지켜온 아메리카 원주민 네즈퍼스족은 19세기 들어 그곳에 정착하기 시작한 백인들과 처음에는 우호적인 관계를 유지했다. 1855년에 맺은 조약에 따라 워싱턴주와 오리곤주에 네즈퍼스족 보호구역이 세워졌다. 그러나 1863년 미국 정부는 백인 정착지를 늘리기 위해 인디언 보호구역을 대폭 축소하는 새로운 조약을 강요했다.

백인들의 배신에 분개한 네즈퍼스족은 마침내 1877년 일제히 들고일어났다. 반란을 진압하기 위해 미합중국은 남북전쟁 당시 남부를 황폐화시킨 악명 높은 윌리엄 테쿰세 셔먼 장군을 보냈다. 몇 개월에 걸친 전투 끝에 궁지에 몰린 네즈퍼스족 추장은 싸움에 지친 전사들을 모아놓고 미국인들에게 항복하겠다고 선언했다.

"전사들이여, 내 말을 들으라. 나는 지쳤고, 내 가슴은 병들고 슬픔에 젖었다. 지금 태양이 가리키는 이 시각 이후로 나는 영원히 더 이상 싸우지 않을 것이다."

당시 사람들 사이에 널리 회자되던 조세프 추장의 감동적인 항복 연설은 단순히 그의 부족에 대한 애도만이 아니라 한때 아메리카 대륙 서부를 지배했던 무너져버린 문명 전체에 대한 애도로 여겨졌다. 19세기 말까지 인디언들의 조직적인 저항은 모두 진압되었다. 1890년 사우스다코타의 운디드니에서 일어난 수족Sioux tribe 인디언 대량학살이 미국 정부와 아메리카 원주민 사이에 벌어진 마지막 무장 대결이었다.

1890년 운디드니 대량학살 장소인 파인리지 인디언 보호구역은 미국에서 가장 가난한 지역이다. 인디언 보호구역에 배치되었던 원주민들은 전체 인구의 3분의 1이 빈곤층에 놓여 있다. 미국 정부는 발전이라는 명목하에 원주민들을 그들의 땅에서 쫓아냈다. 그러나 미국 서부의 원주민 사회는 참상에서 회복되고 있다.

- 위대한 아파치족 전사 제로니모는 미국 남서부에서 백인들에게 저항한 마지막 추장이다. 그의 저항은 실패로 끝났지만 세상에 이름을 알리게 되었고 1905년 루스벨트 대통령 취임식 행렬에 참석했다.
- 아메리카 원주민의 조상은 약 1만 5000년 전 지금의 러시아 시베리아에서 알래스카로 건너왔을 것으로 추정된다.

254

윌리엄 셰익스피어

윌리엄 셰익스피어(1564년~1616년)가 언어를 막론하고 가장 훌륭한 극작가라는 의견에 반박할 사람은 거의 없을 것이다. 그가 지난 400년 동안 서양 문화에 미친 영향은 아무리 강조해도 지나치지 않다.

폭넓은 연구에도 불구하고 셰익스피어의 개인적인 삶에 관해 알려진 것은 많지 않다. 그는 잉글랜드 스트랫퍼드어폰에이번에서 태어났고, 정식 교육을 잠깐 받았을 것으로 짐작된다. 앤 해서웨이와 결혼한 후에 극작가로서 이력을 시작했다. 런던으로 거처를 옮긴 셰익스피어는 동료 단원들과 공동 소유한 글로브 극장에서 배우 겸 감독으로 일했다. 셰익스피어의 명석함은 평생에 걸쳐 널리 인정받았고, 그의 작품은 귀족 평민 할 것 없이 모든 관객으로부터 엄청난 인기를 끌었다.

셰익스피어는 38편의 희곡으로 가장 유명하다. 전통적으로 학자들은 그의 희곡을 몇 개의 카테고리로 나눈다. 〈리처드 2세〉와 〈헨리 5세〉 같은 역사극은 주로 영국의 왕이나 실제 역사적 인물을 묘사하고 리더십과 개인의 고결함 또는 악함에 대해 탐구한다. 〈햄릿〉, 〈맥베스〉, 〈리어 왕〉 같은 비극은 개인의 잘못된 행동과 결정이 어떤 끔찍한 결과를 초래하는지 탐구한다. 〈한여름 밤의 꿈〉과 〈헛소동〉 같은 희극은 사람을 오인해서 시작된 사랑이 결혼으로 정점을 찍는 이야기를 다루면서 사랑에 대한 낙관적인 견해와 심도 있는 고찰을 번갈아 제시한다. 〈자에는 자로〉와 〈폭풍우〉 같은 작품들은 다양한 장르의 요소를 결합하고 있기 때문에 특정 카테고리로 분류하기 어렵다. 지난 400년 동안 이 38편의 다양한 시나리오들은 당대의 사회 문제를 탐구하는 감독과 배우들에게 변함없이 훌륭하고 유익한 재해석의 밑바탕을 제공해왔다.

셰익스피어는 사랑, 예술, 아름다움 및 여러 가지 주제로 154편의 소네트를 포함해 상당히 많은 시를 썼다. 또한 실제로 헤아릴 수 없이 많은 영어 단어와 표현을 만들어냈다. 〈햄릿〉의 구절을 빌려 말하자면 아마 세상에 "그 같은 사람은 다시없을 것이다."

- 셰익스피어의 일부 희곡과 시에 대해 셰익스피어가 원저자가 맞는지 이견이 제기되었지만 학자들은 이런 주장을 뒷받침할 만한 정황상 증거 이상의 확실한 증거를 찾지 못했다.
- 셰익스피어가 살던 시대에는 여성 등장인물을 포함해 극 중 모든 역할을 남자 배우들이 맡았다. 이런 관습 때문에 〈뜻대로 하세요〉같이 정체를 숨기기 위해 남성의 옷을 입는 여성들이 등장하는 희극은 한층 복잡해졌다.

255

폴 고갱

폴 고갱(1848년~1903년)은 후기인상주의 운동을 대표하는 화가로 타히티에서 그린 그림들과 빈센트 반 고흐와의 관계, 20세기 미술에 미친 영향으로 유명하다.

고갱은 파리에서 태어났다. 아버지는 좌익 언론인이었고, 외할머니는 페루 귀족의 딸이었다. 아버지가 정치적 이유로 파리를 떠나야 해서 가족들은 페루의 리마로 건너갔고, 고갱은 유년기의 4년을 그곳에서 보냈다.

고갱은 비교적 늦게 그림 공부를 시작했다. 처음에는 상선을 탔고, 이후 파리에서 증권 중개인으로 일했다. 화단에 발을 들여놓게 된 것은 미술품을 수집을 통해서였다. 단순히 미술품을 수집만 하다가 이윽고 여가 시간에 그림을 그리기 시작했다. 1876년에는 정식으로 살롱에 작품을 출품했고, 1879년 무렵 인상주의 화가 대열에 합류했다.

1882년 주식시장이 붕괴하자 고갱은 캔버스 제조사의 영업사원으로 고용되어 코펜하겐으로 갔다. 바로 직후부터 그림에 모든 시간을 바쳤다. 천성이 진득하지 못하고 인내심이 없는지라 고갱은 조용하고 상업적이지 않은 피난처를 찾아 이곳저곳 전전했다. 1886년에는 브르타뉴의 작은 마을 퐁타방에 6개월 동안 머물렀고 루앙, 코펜하겐, 파나마, 마르티니크섬으로 여행했다. 1888년 퐁타방으로 돌아와서 〈설교 후의 환영(천사와 씨름하는 야곱)〉을 그렸다. 사실적인 이미지보다 상징적인 이미지와 뒤틀린 원근법을 사용해서 설교가 청중들의 마음에 미치는 영향을 표현하려고 했다. 강한 윤곽과 선명한 색은 그가 일본 판화와 중세 스테인드글라스에 심취해 있었음을 보여준다.

1888년 빈센트 반 고흐는 프랑스 아를로 고갱을 초대했다. 고흐는 아를에 예술가들의 마을을 세우고 싶어 했다. 서로 성격이 맞지 않는 두 사람은 결국 싸우고 헤어졌다. 그다음 몇 해 동안 고갱은 브르타뉴와 파리를 오갔다. 보다 원시적인 삶을 동경했던 고갱은 1891년 타히티로 향했다. 그러나 타히티 고유의 토속 공예품이 많지 않아 실망했다. 그래도 자바 조각품과 콜럼버스가 아메리카 대륙을 발견하기 이전에 만들어진 토기에 영감을 받았고, 그곳에 머물며 타히티섬의 풍경과 전통을 그림으로 그렸다.

1893년 다시 파리로 돌아온 고갱은 남태평양 섬 타히티에서 경험한 낭만적인 생활을 기록한 〈노아 노아〉를 펴냈다. 의도적으로 거친 목판화를 삽화로 넣었다. 2년 동안 프랑스에 머물렀지만 지나치게 이국풍을 과시해서 친구들과 소원해졌고 작품도 인정받지 못했다. 좌절한 고갱은 1895년 재산을 처분하고 남태평양으로 이주했다.

3년 후 암울한 분위기의 걸작 〈우리는 어디서 왔고, 우리는 무엇이며, 어디로 가는가?〉를 그린 후 자살을 기도했다. 1901년 파리의 화상으로부터 일정한 지급금을 받게 되자 고갱은 마르케사스 군도의 한 외딴 섬으로 갔고, 2년 후 그곳에서 세상을 떠났다.

256

원자

원자는 원소의 화학적 성질을 모두 가지고 있는 가장 작은 단위의 구성요소다. 원자의 개념은 기원전 530년에 처음 생겼는데, 고대 그리스 철학자 데모크리토스는 더 이상 작은 부분으로 쪼갤 수 없는 아주 작은 물질 입자를 원자라고 정의했다. 오늘날에는 원자가 전자, 양성자, 중성자 같은 하위 요소를 가지고 있다고 보지만 기본 개념은 같다. 즉 원자는 물질을 이루는 가장 기본이 되는 구성요소이다.

현대 원자 이론에 따르면 모든 원소들은 원자로 구성되어 있고, 어떤 원소의 원자이든 원자들은 모두 같다. 수소, 탄소, 산소, 나트륨, 칼륨, 금, 우라늄 등의 원소들은 화학 반응을 통해 서로 결합해 화합물을 만든다. 예를 들어 수소와 산소가 결합해 물을 만들고, 나트륨과 염소가 결합해 소금을 만든다.

원자의 대부분은 빈 공간으로 되어 있지만 기본적으로 가운데 핵이 있고 주변에 전자가 에워싸고 있는 구조를 이룬다. 핵에는 중성자와 양성자가 밀집되어 있다. 중성자는 전하를 띠지 않으며 양의 전하를 띠는 양성자보다 조금 더 무겁다. 원자 속 양성자의 수에 따라 원소의 유형이 결정된다. 수소는 양성자가 1개이고 우라늄은 양성자가 92개이다. 원소들은 핵융합과 핵분열을 통해 양성자를 얻거나 잃지만 화학 반응으로는 그런 현상이 일어나지 않는다.

전자는 질량이 거의 없는 음의 전하를 띤 입자이다. 핵 주변을 도는 전자의 운동은 화학과 물리학에서 가장 많이 논의되는 주제이다. 초기 원자 모형에서는 마치 지구가 태양 주위를 돌듯이 전자가 원자핵 주위를 도는 것으로 봤다. 하지만 오늘날 양자역학의 발달로 과학자들은 전자들이 서로 다른 에너지 값을 갖는 궤도를 따라 오비탈이라 불리는 복잡한 파동 형태로 움직이면서 원자핵 주위를 돈다고 믿게 되었다.

- 우주 생성에 관한 현재 이론들에 따르면 빅뱅이 일어난 후 원자가 형성되기에는 우주가 너무 뜨거웠다고 본다. 원자는 빅뱅이 일어난 지 37만 9000년이 지나 우주의 온도가 절대온도 3000도(섭씨 2726.85도)까지 떨어지고 나서야 생성되었을 것이라 추정하고 있다.
- 초기 우주는 수소 원자가 75%를 차지하고 헬륨이 24%를 차지하고, 나머지 1%는 다른 원소들로 구성되어 있었을 것으로 추정된다.
- 양성자와 중성자는 쿼크(quark)라는 더 작은 소립자로 구성되어 있고, 전자는 렙톤(lepton)이라는 더 작은 소립자로 이루어져 있을 것이다.
- 지구상에서 자연 발생하는 원소는 92개라고 알려져 있었다. 하지만 최근 과학자들은 양성자를 94개 갖는 플루토늄도 자연 상태로 존재한다는 것을 발견했다.

257 | FRI ♪ 음악 | 리하르트 바그너

리하르트 바그너(1813년~1883년)는 오페라에 막대한 기여를 한 공로를 인정받아 19세기 가장 영향력 있는 인물 명단의 최상단에 위치해 있다. 그러나 더 중요한 것은 그가 음악만이 아닌 예술 전반에 걸쳐 기여했다는 사실이다. 그는 음악, 미술, 무용, 연극, 시, 철학을 결합하는 총체 예술 또는 종합 예술의 개념을 구현했다. T. S. 엘리엇과 아르놀트 쇤베르크, 어니스트 헤밍웨이, 파블로 피카소를 포함하는 여러 세대의 사상가, 미술가, 음악가들이 바그너를 추종했고 그의 사상으로부터 강한 영향을 받았다.

매정할 만큼 경쟁심이 강하고 자기중심적인 바그너는 라이프치히에서 태어나 그곳에서 대학을 다녔다. 1833년 형의 소개로 뷔르츠부르크의 한 합창에서 지휘를 맡았다. 힘들었던 초기 경력 중에서 몇 안 되는 비교적 성공적인 일이었다. 뷔르츠부르크에서 지내는 동안 바그너는 〈레인치〉(1842년)와 〈방황하는 네덜란드인〉(1843년)을 작곡했다. 그러나 바그너는 사치벽이 있었고 심지어 채무자 감옥에 들어가기도 했다. 바그너는 드레스덴의 작센 궁정 지휘자가 되어 오페라 〈탄호이저〉(1844년)와 〈로엔그린〉(1848년)을 작곡함으로써 원숙한 작곡가로서의 경지에 이르렀음을 입증했다. 1849년에는 혁명적인 정치 운동을 지지했다가 체포될 위기에 처했다. 바그너는 바이마르로 도망갔고, 그곳에서 프란츠 리스트가 사면 받을 수 있도록 도와줬다.

다음 해 바그너는 네 가지 오페라를 묶은 유명한 〈니벨룽의 반지〉를 작곡했고, 이어서 〈트리스탄과 이졸데〉(1859년)와 〈뉘른베르크의 명가수〉(1861년), 〈파르지팔〉(1882년)을 작곡했다. 바그너는 스스로를 독일 음악의 정신을 구현한 음악가라고 여겼다. 그는 사회주의자였으며, 프란츠 리스트와 함께 독일 음악의 우수성을 선전하고 화음·구조·작곡법에 대한 혁명적인 방법을 개척하는 '미래의 음악'이라는 개념을 만들었다.

어떤 사람들은 혁명적인 특징 때문에 바그너의 음악을 사랑했지만 혐오스러운 그의 성격은 싫어했다. 반면에 많은 사람들은 그의 성격적 결함을 신경 쓰지 않았지만 음악적 규모와 복잡성은 싫어했다. 바그너는 1872년 바이에른의 바이로이트 시에서 완전히 그의 음악으로만 꾸며진 음악제를 개최함으로써 나르시시즘의 절정을 보여줬다. 그는 빈에서 심장마비로 사망했다.

• 바그너는 프란츠 리스트의 딸이자 당시 절친한 친구 한스 폰 뷜로의 아내를 유혹해 결혼했다. 그 후로 몇 년 동안 리스트는 바그너와 말을 하지 않았다. 반면에 한스 폰 뷜로는 바그너와 좋은 관계를 계속 유지했고, 그의 오페라를 지휘했다. 그는 바그너가 더 위대한 천재이기 때문에 마땅히 코지마를 차지할 권리가 있다고 인정했다.

258

게오르크 빌헬름 프리드리히 헤겔

헤겔(1770년~1831년)은 독일 슈투트가르트에서 태어났다. 그는 당시 독일 철학의 중심지인 예나 대학에서 교수직을 얻고 싶었다. 그러나 나폴레옹 보나파르트가 침략하면서 피난을 가야 했고 그 꿈은 좌절되었다. 그 후 여러 해 동안 신문 편집자와 고등학교 교장 등 다른 일을 하다가 하이델베르크 대학 교수가 되었고 나중에는 베를린 대학으로 옮겼다. 말년에는 독일에서 가장 유명한 철학자로 알려져 그의 강의를 듣기 위해 학생들이 몰려들었다.

헤겔의 철학 체계는 도무지 갈피를 못 잡을 정도로 복잡하다. 그러나 일반적인 특징을 몇 가지 말할 수 있다.

우선 헤겔은 역사에 대단히 중요한 의미를 부여했다. 헤겔은 역사를 정신이 스스로 정신임을 인식하게 하는 과정이라고 했다. 헤겔의 이 말을 한마디로 정의하기는 어렵다. 이 말에서 정신은 인간이 살아가는 규범 전체이다. 규범은 우리가 무엇을 해야 하는지, 혹은 무엇을 해도 되는지 말해주는 규칙이며 사회적 관습이다. "정신이 스스로 정신임을 인식하게 된다."라는 말은 인간이 자신의 삶을 규제하는 규범을 만든 존재이고 그 규범들은 역사 속에서 확실한 이유로 발생했으며, 이런저런 이유로 재정비되고 수정되어 왔다는 점을 인간들이 역사 과정을 통해 집단적으로 인식하고 있다는 말이다.

또한 헤겔은 '의식의 형식'이라 불리기도 하는 규범 체계가 역사 속에서 어떻게 변하는지 흥미로운 이론을 제기했다. 그는 규범 체계가 자체 기준에 따라 부당하거나 불합리해 보이기 시작할 때 스스로 악화한다고 주장했다. 이런 일이 발생했을 때 새로운 규범 체계가 생겨나며, 새로운 규범은 이전 규범 체계의 문제를 정확히 해결한다고 헤겔은 주장했다. 그러므로 인류 역사 내내 우리의 삶을 지배해온 정치, 종교, 미학, 철학적 규범 체계를 자세히 살핀다면 각각의 형식에서 다음 형식으로 이행하는 것이 합당해 보이는 '의식의 형식'의 연속성을 찾을 수 있다. 그러므로 세상을 살필 때 우리는 우리의 규범이 이성의 지배를 받는 역사적 과정의 산물이라고 이해한다.

- 헤겔은 자신의 철학 체계를 의식의 최종 형식, 즉 결코 뒤집어지지 않을 마지막 규범 체계라고 확신했다. 그러므로 그 자신이 이해한 대로 말하자면 '역사'는 끝났다고 생각했다.
- 헤겔은 의식의 형식이 스스로 손상되어 새로운 의식의 형식으로 대체되는 과정을 변증법이라 불렀다.
- 나폴레옹 보나파르트를 가리켜 헤겔은 "말을 탄 세계 역사"라고 묘사했다.

259

무아위야 1세

무아위야 1세, 즉 무아위야 이븐 아비 수프얀(대략 602년~680년)은 알리의 뒤를 이어 칼리프 자리에 올랐고 4대 정통 칼리프 이후 최초의 이슬람 제국 통치자였다.

무아위야는 메카에서 태어났다. 아버지가 무함마드의 가르침을 강하게 반대했기 때문에 무아위야는 이슬람교로 개종했을 때 가족에게 숨겨야 했다. 무함마드가 메카를 정복하고 우상 숭배를 없앤 후 무아위야는 서기가 되었다. 마침내 이슬람 제국이 세력을 확장하게 되었을 때 무함마드는 무아위야와 그의 남동생을 시리아로 보내 비잔틴 제국에 맞서 이슬람 군대를 이끌게 했다.

우마르가 칼리프로 있을 때 무아위야는 시리아의 총독으로 임명되었다. 그가 시리아에서 양성한 군대는 비잔틴 제국의 전진을 저지하고 사이프러스와 로도스를 함락시킬 정도로 강력했다.

이슬람 4대 정통 칼리프의 마지막 칼리프로 알리가 추대되었을 때 무아위야는 자신의 목표를 과감히 바꿨다. 알리가 제3대 칼리프였던 우스만을 암살한 살해범들을 처벌하지 않기로 결정한 것을 보면서 무아위야는 알리가 암살에 연루되었을 것이라 생각했다. 무아위야는 시리아에서 알리를 반대하는 사람들을 규합하기 시작했다. 반란을 저지하기 위해 알리는 군대를 이끌고 무아위야와 시핀 전투를 벌였다. 무아위야는 비록 전투에서 지고 있었지만, 알리의 군사들을 설득해 싸움을 중단하고 종교적 중재로 승리자를 결정하자고 제안했다. 중재가 진행되는 동안 무아위야는 알리의 많은 군사들을 설득해 알리에게 등을 돌리게 만들었다. 이 전략으로 무아위야는 자신의 추종자들을 이집트로 보낼 수 있는 시간을 벌었다. 알리가 사망하자 그가 통치자로 등극하는 것은 당연한 결과였다. 무아위야는 661년부터 680년까지 이슬람 제국을 통치했다.

선대 칼리프들과 달리 무아위야는 자신의 아들 야지드 1세를 후계자로 지명했다. 세습 왕조를 세우면서 동시에 오랜 전통을 유지하기 위해 무아위야는 충성스러운 귀족들로 다음 칼리프를 선출할 위원회를 구성했다. 귀족들은 무아위야의 손안에 있었고, 그의 뜻대로 후계자를 승인했다. 그래서 이슬람 세습 왕조의 역사가 시작되었다. 첫 번째 세습 왕조인 우마이야 왕조는 661년부터 750년까지 통치했다.

● 처음 세 정통 칼리프는 아라비아 반도에 수도를 세웠고, 알리는 이라크로 수도를 옮겼다. 무아위야는 시리아의 다마스쿠스를 수도로 정했다.
● 전해지는 이야기에 따르면 무아위야는 병사들 창에 코란을 달아놓는 방법을 써서 알리의 병사들이 중재에 따르도록 만들었다. 알리의 병사들은 신성한 경전을 훼손하고 싶지 않았기 때문에 싸움을 중단했다.

260

오토 폰 비스마르크

오토 폰 비스마르크(1815년~1898년)는 19세기 독일 정치가이자 외교관으로 현대 독일을 세운 인물로 평가받는다. 1800년대 중반까지 독일은 서로 싸움이 잦은 군소국들의 집합체였다. 독일이 그렇게 분열된 것은 신성로마제국의 유산이었다. 신성로마제국은 1806년 역사에서 영원히 사라지기 전가지 수십 개의 작은 국가로 서서히 분해되었다. 비스마르크는 빌헬름 1세를 위해 일하면서 군소국들을 통합해 하나로 통일된 제국으로 만들었다.

비스마르크는 비교적 강력했던 독일 왕국 중 하나인 프로이센에서 군 장교의 아들로 태어났다. 그는 30대에 보수주의자로 정계에 입문했고, 처음에 독일 통일이라는 대의를 우려했지만 나중에는 전폭적으로 지지했다.

프로이센의 수상으로 임명된 후 비스마르크는 통일을 반대하는 세력을 제압하기 위해 외교술과 무력적인 방법을 사용했다. 게다가 서서히 피어오르기 시작한 독일 민족주의 정서를 자극했다. 1870년 프로이센은 비스마르크의 신속한 판단에 따라 프랑스를 상대로 전쟁을 일으켰다. 그것을 계기로 독일의 다른 주들이 프로이센과 연합하게 되었다. 1871년 프로이센이 프랑스를 이기면서 통일된 독일 제국이 탄생했다.

당시 비스마르크는 빌헬름 1세의 전적인 신임을 얻었고, 그가 전반적으로 독일 제국을 운영했다. 그는 진보주의자는 아니었지만 독일 제국을 강화시키기 위해 많은 개혁을 실시했다. 공통 화폐를 개발하고 행정 개혁을 실행했으며 통일을 더욱 공고히 하기 위한 노력으로 제국 전체에 적용되는 단일 법체계를 세웠다.

그러나 비스마르크가 세운 독일 제국은 오래 가지 못했다. 1888년 빌헬름 1세가 사망하고 빌헬름 2세가 황제의 자리에 오르자 비스마르크에게 사임할 것을 강요했다. 비스마르크의 꾸준한 노력이 단절되자 독일 외교는 악화되기 시작했다. 1914년 빌헬름 2세는 독일을 제1차 세계대전에 끌어들이는 운명적인 선택을 했다. 결국 독일 제국의 종말을 가져온 결정이었다. 아이러니하게도 비스마르크가 독일을 통일하기 위해 19세기에 이용했던 민족주의는 20세기에 끔찍한 결과를 초래했다.

- 비스마르크는 강인함과 결단력으로 명성이 났고 '철의 수상'이라는 별명을 얻었다.
- 비스마르크는 두 차례의 암살 시도에서 살아남았다. 첫 번째 사건은 1849년 한 학생에 의해 벌어졌고, 두 번째는 1874년 대형 오크통 제조업자가 시도했다.
- 비스마르크의 이름을 딴 거대 독일 전함이 제2차 세계대전 당시 1941년에 벌어진 주요 해전에서 영국군에게 침몰되었다.

261

표도르 도스토옙스키

표도르 도스토옙스키(1821년~1881년)는 심리 소설의 거장이다. 40년 동안 그가 보여준 인간 본성에 대한 이해와 특히 죄와 절망, 죽음에 대한 집착 등 인간 감정에 대한 통찰력은 지금도 타의 추종을 불허한다.

도스토옙스키가 인생에서 겪었던 역경과 비극은 오히려 그가 소설을 쓰는 데 풍부한 밑거름이 되었다. 모스크바의 엄격한 러시아 정교회 가정에 태어난 도스토옙스키는 1839년 아버지의 갑작스런 죽음으로 큰 충격을 받았다. 아버지의 요구에 따라 공병학교에 입학해 교육을 받았지만 일이 맞지 않았고 결국 작가가 되기로 결심했다. 첫 소설 《가난한 사람들》(1846년)로 비평가들로부터 대단한 호평을 받았지만 1849년 급진적인 좌파 출판물 공작에 참여한 혐의로 체포되면서 작가로서의 이력이 중단되었다. 그는 사형 선고를 받았지만 죽음의 문턱에서 형 집행이 취소되었고, 대신 시베리아 강제노동 수용소에서 4년을 보냈다. 그때의 끔찍한 경험은 그의 작품 속 분위기와 내용에 뚜렷한 흔적을 남기게 된다.

1860년대에 들어 도스토옙스키는 문학적으로 한 단계 발전했다. 그 시기에 사회적 기능이 결여된 신경과민의 은둔자를 다룬 중편소설 《지하로부터의 수기》(1864년)와 한 할머니를 살해한 청년의 죄책감과 고통을 분석한 대작 《죄와 벌》(1866년)을 집필했다. 특히 《죄와 벌》은 심오한 심리 묘사뿐만 아니라 죄를 저지른 후 죄인이 내면에서 느끼는 자기 비난이야말로 사회가 부과하는 어떤 벌보다 더 가혹하다는 결론이 인상적이다.

나이가 들면서 도스토옙스키는 젊었을 때의 무신론을 거부하고 조상 대대로 믿어온 러시아 정교회로 돌아갔다. 《백치》(1868년~1869년)에서는 비극적인 그리스도 상을 묘사했다. 지금까지 발표된 가장 의미심장한 기독교 소설이라는 평을 받는 《카라마조프의 형제》에서는 아버지가 살해당하는 일을 겪은 세 아들이 선과 악의 문제와 기독교 신앙을 매우 다양한 시선과 색다른 방식으로 풀어 나가고 있다.

도스토옙스키를 깎아내리는 사람들은 그의 문체가 난해하고 종종 건조하다고 비난하지만 등장인물의 심리를 예리하고 치밀하게 분석하는 능력은 의심할 여지없이 뛰어나다. 특히 범죄자, 정신적으로 불안한 사람들, 사회의 변두리에 속한 사람들의 심리를 묘사하는 데 탁월하다. 도스토옙스키의 인물 분석과 성격 묘사는 문학적 유산을 넘어 프리드리히 니체에서부터 알베르 카뮈에 이르기까지 20세기 허무주의와 존재론 철학자들에게도 영향을 미쳤다.

262

WED
미술

빈센트 반 고흐

가장 위대한 네덜란드 화가로 손꼽히는 빈센트 반 고흐(1853년~1890년)는 고통에 시달리고 오해받는 천재의 상징이 되었다. 그는 생전에 그림을 단 한 점밖에 팔지 못했지만 오늘날 그의 작품은 엄청난 가치를 지닌다.

고흐는 네덜란드 쥔더르트에서 개신교 목사의 아들로 태어났다. 1869년 무렵 구필 화랑에서 일하기 시작했으나 성공을 거두지 못했고, 1875년 목사 교육을 받았다. 예비 목회자가 된 반 고흐는 벨기에 남서부에서 광부들에게 설교하는 일을 했다. 하지만 자신이 가진 것을 모두 내어주었기 때문에 교회에서 해고되었다. 고흐는 1880년부터 1890년까지 10년 동안 미술가로 활발히 활동했다. 그는 사진을 모방해서 그리거나 책을 읽으면서 독학으로 그림을 공부했다. 〈감자 먹는 사람들〉(1885년)에서 분명히 드러나듯이 고흐는 사실주의 화가들의 영향을 받는데, 이 작품은 주제와 기법 면에서 장 프랑수아 밀레(1814년~1875년)의 영향을 많이 받았다.

1886년 고흐는 네덜란드를 떠나 파리로 향했다. 거의 평생 동안 자신을 후원해준 화상이었던 동생 테오와 함께 지냈다. 클로드 모네, 폴 고갱, 카미유 피사로, 조르주 쇠라를 만난 것도 테오를 통해서였다. 당시 많은 화가들과 마찬가지로 고흐도 일본 판화에 관심을 가지게 되었다. 2년 동안 집중적인 작품 활동을 한 후 프랑스 남부 아를 지방으로 갔다. 1888년 10월 그는 고갱을 아를로 초대했다. 그해 성탄절 전날 두 화가가 다퉜고, 고흐는 자신의 귀를 잘랐다. 신문에는 고흐가 자신의 잘린 귀를 창녀에게 줬다는 기사가 실렸다. 그 사건은 고흐의 정신 질환을 보여주는 첫 징후였다.

1889년 5월 고흐는 생레미에 있는 정신 병원에 입원했다. 반 고흐의 가장 유명한 그림 〈별이 빛나는 밤〉을 그린 것도 그 병원에서였다. 1890년 7월 심한 우울증에 빠진 고흐는 스스로 가슴에 총을 쏴 자살을 기도했고 이틀 후 사망했다. 사망한 후 고흐의 명성은 아주 빠른 속도로 널리 알려졌다. 1901년 그의 그림 71점을 전시하는 특별전이 열렸다. 1987년에 〈붓꽃〉이 47프랑에 팔렸고, 3년 후 〈가세 박사의 초상〉은 825만 달러라는 기록적인 가격에 팔렸다. 반 고흐의 그림 1250점과 스케치 1000점은 세계 곳곳에 흩어져 있으며, 가장 많은 작품이 소장된 곳은 암스테르담 반 고흐 박물관이다.

- 반 고흐가 마지막으로 남긴 말은 "슬픔은 영원히 계속된다."였다고 전해진다.
- 어떤 학자들은 반 고흐가 조울증을 앓았다고 추정하고, 어떤 학자들은 그의 정신질환은 그가 독한 압생트를 지나치게 많이 마셨기 때문이라 주장한다. 또 어떤 학자들은 반 고흐가 유화 물감을 너무 많이 맛보았기 때문이라 말한다.

263

THU
과학

원소의 분류: 금속, 비금속, 반금속

원소는 화학 반응을 통해 다른 물질로 변화될 수 없는 물질이다. 모든 원소들은 원자로 구성되어 있고, 원자에는 원소마다 고유한 수의 양성자(원자보다 작은 양의 전하를 띤 소립자)가 포함되어 있다. 예를 들어, 탄소 원자의 양성자는 6개이고 금 원자의 양성자는 79개이다. 지구상에서 자연 상태로 존재하는 원소는 93개 있고, 인공적으로 만들 수 있는 원소는 20개 있다. 원소는 기본적으로 금속성, 비금속성, 반금속성 세 가지로 분류된다. 자연에서는 비금속 원소를 더 흔히 볼 수 있지만 사실 모든 원소 중 4분의 3이 금속성이다.

금속 원소는 음의 전하를 띤 소립자인 전자를 쉽게 공유하거나 잃는 성질이 있다. 금속 원자가 전자를 잃으면 양의 전하를 띤 양이온으로 변한다. 그래서 금속은 종종 전자의 바다를 헤엄쳐 다니는 양이온으로 여겨진다. 자유롭게 떠다니는 전자는 금속 원자를 묶어두면서도 유연하게 만든다. 그래서 금속을 잡아당겨 가는 철사로 만들 수 있고, 얇게 펴서 금속판을 만들 수 있는 것이다. 같은 이유로 금속은 열과 전기를 잘 전달하며 다른 원소와 쉽게 결합해 화합물을 형성한다. 실온에서는 주로 광택을 내는 고체 형태를 지닌다.

비금속 원소는 대개 전자를 얻는 성질이 있고 강한 화학적 결합을 형성한다. 비금속성 원소들은 불안정하고 깨지기 쉽다. 일반적으로 광택이 없고 전기나 열을 잘 전도하지 않는다. 그러나 훌륭한 단열재가 될 수 있다. 지금까지 알려진 비금속 원소는 13개밖에 되지 않지만 지구상의 거의 모든 생명체가 수소, 탄소, 질소, 산소, 인, 황 이렇게 6개의 비금속 원소로 만들어진다. 그 밖의 비금속 원소는 대부분 다른 원소와 거의 반응하지 않는 비활성 기체들이다.

반금속 원소는 부분적으로 금속성과 비금속성을 모두 띤다. 예를 들어 실리콘과 게르마늄은 특정한 조건에서 전류를 전달하는 반도체이다. 그렇기 때문에 컴퓨터와 계산기에 매우 유용하게 쓰인다.

• 수은은 실온에서 액체 상태로 존재하는 유일한 금속성 물질이다.
• 금속 산화물은 염기성이고 비금속 산화물은 산성이다.
• 대부분의 금속은 공기 중의 산소와 빨리 반응한다. 철이 녹스는 것이 그 예다. 순수 나트륨은 산소에 노출되었을 때 폭발한다. 팔라듐, 백금, 금은 산소와 반응하지 않는 희귀한 금속이다. 그래서 이 금속들이 아름답고 값비싼 보석이 되는 것이다.

264 | FRI ♪ 음악 | 바그너의 반지 사이클

리하르트 바그너의 〈니벨룽의 반지〉(1874년)는 "반지 사이클"이라고도 알려진 대작이다. '라인의 황금' '발퀴레' '지크프리트' '신들의 황혼' 이렇게 4부로 구성된 이 오페라는 전체 연주 시간이 거의 17시간이나 되므로 하루에 1부씩 4일 밤 동안 연속적으로 봐야 한다. 어떤 학자들은 〈니벨룽의 반지〉를 역사상 가장 위대한 오페라라고 평가한다.

바그너는 고대 그리스의 비극 예술이 지닌 마법을 재현할 수 있는 기념비적인 작품을 만들겠다는 이상을 품고 1848년 작업에 들어갔다. 하나의 거대한 종합예술 작품에 음악과 미술, 연극과 시, 철학을 모두 결합하고 싶었다.

바그너는 북유럽 신화에 나오는 고대 게르만계 스칸디나비아인 지크프리트의 전설을 바탕으로 4개의 대본을 썼다. 그 이야기에서 신들의 왕 우탄은 거인족의 도움을 받고 발할라 요새를 지었다. 거인족에게 빚을 갚기 위해 우탄은 난장이족 알베리히로부터 힘의 반지를 훔친다. 알베리히는 반지에 저주를 걸었지만 그 저주로도 반지를 얻으려는 우탄을 막지 못한다. 다양한 세력들이 용이 수호하고 있는 반지를 차지하기 위해 애쓰는 가운데 우탄의 아들 지그문트와 손자 지크프리트가 벌이는 모험을 중심으로 이야기가 전개된다. 중요한 역할을 하는 또 다른 인물은 우탄의 딸 발퀴레 브룬힐데다. 결국 반지에 걸린 저주 때문에 모든 사람이 파멸하고 발할라 요새는 화염에 휩싸인다. 그리고 새로운 세상이 시작된다.

이 오페라의 음악은 그야말로 호화롭고 복잡하며 기본적으로 라이트모티브leitmotif를 기반으로 한다. 라이트모티브는 등장인물, 기분, 사물, 감정을 나타내는 짧고 아름다운 멜로디를 말한다. 각 라이트모티브는 새로운 장면에 맞추어 재구성된다. 이러한 막대한 규모 때문에 어떤 오페라 극장도 〈니벨룽의 반지〉를 과감히 무대 위에 올리려는 도전을 하지 않았다. 그래서 바그너는 1874년 직접 기획한 바이로이트 음악제에서 처음으로 이 오페라를 무대에 올렸다.

• 〈니벨룽의 반지〉 속 등장인물 '발퀴레'에서 유명한 바이킹 투구와 황동 브래지어를 착용한 뚱뚱한 소프라노 캐리커처가 생겨났다.

• 〈니벨룽의 반지〉 2부 가운데 〈발퀴레의 기행〉은 프란시스 코폴라 감독의 고전 영화 〈지옥의 묵시록〉(1979년)에서 헬리콥터가 비행하는 장면에 사용된 것으로 유명하다.

• 〈니벨룽의 반지〉의 영감이 된 북유럽 신화는 J. R. R. 톨킨의 3부작 《반지의 제왕》(1954년~1955년)과 그 후 만들어진 블록버스터 영화 〈반지의 제왕〉(2001년~2003년)의 모티브가 되기도 했다.

265

카를 마르크스

"철학자들은 오로지 다양한 방식으로 세상을 분석해왔다. 그러나 중요한 것은 세상을 변화시키는 것이다."

– 카를 마르크스, 《포이어바흐에 관한 테제》(1845년)

공산주의의 아버지라 불리는 카를 마르크스(1818년~1883년)는 다른 어떤 철학자보다 20세기에 지대한 영향을 미쳤다. 마르크스는 1818년 독일 트리어에서 민족적으로는 유대인이지만 기독교로 개종한 부모 밑에서 태어났다. 처음에는 학자가 되려고 했지만 급진적이고 정치적인 성향 때문에 좌절되었다. 마르크스는 여러 해 동안 언론인으로 일하다가 1848년 독일 혁명에 참가했다. 혁명이 실패로 끝나자 런던으로 도주해 그곳에서 남은 인생을 보냈다.

마르크스의 역사 이론은 경제 생산 수단으로 역사·정치적 변화를 설명한다. 사회는 어떤 주어진 시간에 음식이나 주택 같은 경제적 재화를 생산하는 특정 수단을 가지고 있다. 그 생산 수단이 경제 방식을 결정한다. 예를 들어 농업은 땅을 경작할 다수의 사람과 그 일을 감독할 소수의 사람이 필요하다. 경제 방식은 결과적으로 정치 제도를 결정한다. 농업의 경우, 농부는 지주를 위해 일하고, 땅을 소유한 지주는 농작물의 일부를 받는 대가로 다른 귀족들로부터 농부들을 보호한다. 혁명은 경제 방식과 정치 제도가 경제적 생산 능력을 방해하는 걸림돌이 될 때 일어난다.

각 경제 체계의 분업으로 그에 따라 사람들도 계급으로 분류된다. 마르크스는 자본주의를 가리켜 사용하기 위해서가 아니라 교환하기 위해 재화를 만드는 경제 제도라고 규정하고, 자본주의는 오랜 역사적 발전의 산물이라고 주장했다. 자본주의는 계급 분류가 과장되어 극단에 이른 경제 체계이다. 즉 많은 수의 노동자로 구성된 프롤레타리아 계급은 비위생적인 환경에서 고된 노동을 하는 반면, 생산 수단을 소유한 소수의 부르주아 계급은 부를 얻는다. 마르크스는 자본주의가 스스로 붕괴를 불러올 것이라 예측했다. 그의 주장에 따르면 자본주의가 번창하면 더욱 악화되는 환경에 사는 프롤레타리아 계급이 더 늘어날 것이고, 노동자들은 결국 반란을 일으켜 구성원 각자 능력에 따라 줄 것은 주고 요구에 따라 받을 것은 받는 협동적인 새로운 경제 제도를 설립할 것이다.

• 마르크스는 독일의 한 기업가 아들로 태어난 프리드리히 엥겔스(1820년~1895년)와 많은 저술을 함께 펴냈다. 그 중에 마르크스 본인도 걸작이라고 생각한 《자본론》이 포함되어 있다.

• 마르크스는 자본주의가 붕괴되고 진정한 공산주의를 맞는 과도기적 상태를 "프롤레타리아 독재"라고 정의했다.

266

알 가잘리

알 가잘리(1058년~1111년)(본명은 아부 하미드 무함마드 이븐 무함마드 알 가잘리)는 가장 영향력 있는 이슬람 신학자이자 철학자로 손꼽히는 인물이다. 그는 오늘날의 이란 지방인 투스에서 태어났다.

알 가잘리는 수니파의 율법 학파 4개 가운데 하나인 샤피이 법을 연구하고 가르쳤다. 33세에 이르자 그 분야의 대표적인 지도자 반열에 올랐고, 바그다드의 니자미야 대학 학장이 되었다. 4년간의 재임 기간 내내 인기가 매우 좋았다.

알 가잘리의 가장 중요한 논저 중 하나가 〈철학자의 모순〉이다. 알 가잘리는 세상에 일어나는 사건은 신의 현재 기분에 의해 결정된다고 주장했다. 즉 본질적으로 자연 속에 존재하는 다른 모든 인과관계의 원천을 무시하고 모든 것은 신의 직접적인 영향 아래에 있다고 보았다.

〈철학자의 모순〉에서 알 가잘리는 플라톤과 아리스토텔레스 같은 고대 철학자들과 그들의 사상 계보를 잇는 무슬림들을 비판했다. 이들 철학자들이 종교적인 질문에 답해야 할 때 이성을 적용하고 있다면서 그것은 잘못된 것이라 주장했다. 알 가잘리는 만약 이성을 사용해서 신의 존재와 같은 종교에 관한 절대적 진리를 증명할 수 있다면 모든 사람들이 그 진리에 동의할 것이라 말했다. 그러나 그는 이성적 생각은 종교적 답의 원천이 될 수 없다고 믿었다.

1095년 알 가잘리는 종교적 변화를 겪었다. 그는 니자미야 대학을 떠나 아라비아 전역을 여행했다. 다마스쿠스, 예루살렘, 메카, 메디나, 이집트를 돌아 다시 바그다드로 돌아왔고, 마침내 자신의 고향 투스로 돌아갔다. 알 가잘리가 수피즘을 따르기 시작한 것이 바로 이 시기이다.

알 가잘리는 오랫동안 신의 진정한 본성은 알 수 있는 것이 아니라고 주장하는 아샤리파 신학자였다. 이 학파의 신학자들은 알 가잘리의 〈철학자의 모순〉을 아샤리파의 가장 중요한 저서라고 생각한다. 알 가잘리는 아라비아를 유랑하는 동안 수피즘의 신비주의가 신과 연결될 수 있는 최고의 방법을 제공한다고 결론 내렸다. 당시 그의 인기를 감안했을 때 그가 막 떠오르기 시작한 수피즘을 지지한 것은 주류 사회에서 수피즘의 신뢰를 구축할 수 있는 기반이 되었다.

• 철학적 측면에서 알 가잘리의 사상은 철학적 회의론에 속한다. 그의 사상은 700년 후 조지 버클리와 데이비드 흄을 중심으로 나타난 영국 철학 사상과 비슷하다.

267 | MON 역사 | 엘리자베스 캐디 스탠턴과 여성 참정권 운동

> "인간의 역사는 남성이 여성에게 끊임없이 상처를 입히고 권리를 강탈한 역사이다."
> – 엘리자베스 캐디 스탠턴, 1848년 세네카 폴스 집회에서 발표한 〈감정 선언〉 중

엘리자베스 캐디 스탠턴(1815년~1902년)는 미국 여권 운동의 선구자이다. 뉴욕주 북부에서 태어난 스탠턴은 여성의 투표권 확보를 위해 일생을 바쳤다. 스탠턴이 사망하고 17년이 지나서야 마침내 미국 여성들은 투표할 권리를 얻었다.

미국에서 여성 참정권 운동이 본격적으로 시작된 1848년만 하더라도 여성이 투표한다는 것은 많은 사람들에게 터무니없는 소리처럼 들렸다. 태평양의 아주 작은 피트케언 섬에서만 여성의 투표권이 허용되었다. 미국에서 여성을 교육하는 대학이 거의 없었고, 여성의 재산권도 매우 제한적이었다. 그러나 1848년 스탠턴과 몇몇 여성들이 뉴욕주 세네카 폴스에서 여성 권리 운동을 조직하기 위해 집회를 열었다.

세네카 폴스 집회에서 스탠턴은 루크레티아 모트와 함께 감정 선언문을 작성하고, 집회에 참석한 대표자들의 서명을 받았다. 토머스 제퍼슨의 독립선언문을 의식하여 만든 '감정 선언문'에서 "모든 남성과 여성은 평등하게 태어났다."라고 주장했다. 미국인들에게 자신의 주장을 납득시키기 위해 스탠턴은 50년 동안 부단한 운동을 벌였다.

당시 여성의 정치 참여가 여성스럽지 못하다는 사회 인식이 팽배했지만 여성 참정권 운동가들은 자신들의 대의를 매우 중요하게 생각했다. 스탠턴은 결혼할 때 결혼서약에서 '순종'이라는 말을 뺄 것을 강하게 요구했다.

1920년 마침내 여성의 투표권을 인정하는 미국 헌법 9차 수정안이 비준되었지만 스탠턴은 그것을 보지 못하고 세상을 떠났다. 하지만 그녀의 동료들은 세네카 폴스에서 여성 권리 운동을 본격적으로 추진시킨 스탠턴에게 경의를 표하는 것을 잊지 않았다. 동료 운동가 수잔 B. 앤서니는 "이 여성이 제 오른편에 서 있지 않았다면 저는 결코 이 일을 해내지 못했을 것입니다."라고 말했다.

- 미국에서 여성의 투표권을 영구적으로 승인한 최초의 주는 1890년 미연방에 가입한 와이오밍주이다.
- 수잔 B. 앤서니를 포함해 초기 여성 참정권 운동가들 중 상당수가 퀘이커교도이다. 미국과 영국에서 발생한 퀘이커교는 소규모 평화주의 기독교 종파로 그들은 노예제도 폐지와 금주 운동도 주도했다.
- 부탄, 브루나이, 사우디아라비아 등 몇몇 국가에서는 아직도 여성에게 투표권이 인정되지 않는다.

268

롤리타

블라디미르 나보코프의 《롤리타》(1955년)는 20세기 가장 뛰어나지만 가장 논란이 되는 소설이다. 처음에는 악평 때문에 문학적 업적이 가려졌지만 논란이 가라앉으면서 내용뿐만 아니라 내레이션 방식과 소설 기법에서도 신기원을 이루었다고 평가받는다.

나보코프(1899년~1977년)는 러시아에서 태어났지만 영국에서 교육을 받았고, 영국에서 작가 이력을 시작했다. 그는 여러 소설을 출판한 후 미국으로 건너가 대학 교수가 되었다. 나보코프는 틀에 박히고 의식적으로 지적인 목소리를 내는 내레이션 기법을 개발했다. 이런 스타일은 독자들 사이에서 호불호가 극명하게 갈렸다.

《롤리타》는 중년의 교수 험버트가 12세의 어린 소녀를 향한 지독한 성적 집착을 묘사한다. 미국으로 건너온 파리 출신의 험버트는 정원에서 일광욕을 즐기는 한 미망인의 어린 딸 돌로레스를 보고 그 집에 하숙한다. 그는 돌로레스, 즉 롤리타 곁에 머물기 위해 그녀의 어머니와 결혼까지 한다. 그러나 그녀의 어머니는 곧 죽는다. 험버트와 롤리타는 성관계를 갖지만 변덕이 심한 소녀는 곧 흥미를 잃는다. 험버트는 자신의 성적 욕망이 진짜 사랑으로 변했다는 사실을 깨닫지만 롤리타는 그의 접근을 거절한다.

험버트는 소설 화자로서 매우 능숙하고 표현력이 풍부하다. 하지만 그는 망상을 품고 있는 데다 아름답고 시적인 언어를 사용해 어린 소녀에게 그가 품고 있는 집착의 본성을 숨기고 사실을 왜곡하려 한다. 그렇기 때문에 그는 신뢰할 수 없는 화자이다. 그의 설명에 따르면 롤리타가 먼저 그를 유혹했고, 그의 집착은 단순히 비극으로 끝난 어린 시절 사랑의 부산물이다. 유명한 험버트의 첫 대사에서 유머러스하면서도 불안과 비극이 혼재하는 소설의 분위기를 느낄 수 있다.

"롤리타, 내 삶의 빛이요 내 은밀한 곳의 불꽃. 나의 죄, 나의 영혼. 혀끝에 맴도는 그 이름 롤 리 타. 하나 둘 셋에 맞추어 혀로 입천장 아래 이빨을 톡톡 치며 불러본다. 롤 리 타."

나보코프는 1955년 《롤리타》 집필을 마쳤지만 미국에서 그 소설을 출판하겠다는 출판사를 찾을 수 없었다. 그래서 첫 출판을 프랑스에서 하게 되었다. 프랑스 비평가들은 나보코프의 소설이 훌륭하다고 호평하거나 완전히 외설이라고 혹평하는 두 부류로 나뉘었다. 《롤리타》는 여러 나라에서 출판이 금지되었고 미국에서도 1958년이 되어서야 출판이 허락되었다. 그리고 곧바로 베스트셀러가 되었다.

• 나보코프는 젊었을 때부터 러시아어, 영어, 프랑스어에 유창했다. 초기 작품들은 주로 러시아어로 썼고, 《롤리타》를 포함한 후기 작품들은 영어로 썼다.

269

별이 빛나는 밤

 〈별이 빛나는 밤(사이프러스와 마을)〉은 빈센트 반 고흐의 가장 잘 알려진 작품이다. 별이 총총 박혀 있는 밤하늘 아래 프로방스 지방의 풍경을 그린 단순한 주제의 그림은 종종 영적으로 심오한 의미를 담고 있는 작품으로 해석된다.

반 고흐(1853년~1890년)가 생레미 정신병원에 요양하고 있을 당시 1889년 6월 19일 저녁에 그린 것이다. 가로 29인치(약73cm), 세로 36인치(약91cm)의 이 그림은 광대하게 펼쳐진 하늘에 소용돌이치는 구름과 별 그리고 달이 두드러진 특징을 이룬다. 그림 아래 부분의 작은 마을은 하늘까지 첨탑이 솟아 있는 교회에 비해 희미하게 그려져 있다. 마을은 구불구불한 파란색 언덕들 사이에 자리 잡고 있다. 왼쪽으로 불길이 솟는 듯한 사이프러스 나무의 윤곽이 하늘을 향해 뻗어 있다.

어떤 학자들은 〈별이 빛나는 밤〉이 미국 시인 월트 휘트먼(1819년~1892년)에 대한 반 고흐의 동경을 나타낸다고 주장한다. 고흐는 휘트먼의 시를 논평하는 글에서 "별이 빛나는 거대한 밤하늘. 결국 이것은 신이며 현세를 초월하는 영원이라고 부를 수밖에." 라고 썼다.

〈별이 빛나는 밤〉은 야외에서 직접 그린 것이 아니라 여러 차례 사전 스케치한 것을 바탕으로 그린 것이다. 최종 마무리 단계에서 고흐는 생레미 교회의 모습을 수정해 고향 네덜란드의 전형적인 건축 특징인 첨탑을 추가했다.

그림에 대한 해석은 다양하다. 어떤 학자들은 교회의 어두운 창과 문이 제도권 종교에서는 영감을 찾을 수 없고 거대한 사이프러스 나무로 상징되는 자연 속에서 영감을 찾을 수 있다는 의미라고 주장한다. 또 어떤 학자들은 뒤틀린 사이프러스 나무와 역동적인 하늘이 고통스러워하는 반 고흐의 영혼을 나타낸다고 주장한다. 그림이 무엇인가를 상징하는 것이 아니라 그저 1889년 그날 밤 풍경과 별들의 모습을 있는 그대로 표현한 것이라고 말하는 사람도 있다. 허블 우주 망원경으로 관측한 것을 기반으로 추측컨대 반 고흐는 그날 밤 은하수에서 가장 신비로운 별 중 하나인 외뿔소자리 V838을 봤을지도 모른다는 설도 존재한다.

- 〈별이 빛나는 밤〉은 현재 뉴욕 현대박물관에 영구 전시되어 있다.
- 소용돌이치듯 그린 붓놀림은 사이프러스 나무와 하늘이 불과 물 같은 자연력처럼 보이게 한다.
- 반 고흐는 강력한 감정을 암시하기 위해 소용돌이 모양으로 물감을 두텁게 칠했는데, 이것은 20세기 초 표현주의 운동을 앞당겼다.

270

화학 결합

화학 결합은 2개 이상의 원자를 결합해서 물, 소금, 석유 같은 화합물을 만든다. 원자들은 원자핵을 중심으로 회전 운동하는 음의 전하를 띤 전자가 보다 안정된 구조를 형성하도록 하기 위해 결합한다. 안정적인 화합물의 경우 전체 에너지는 개별 원자들의 에너지보다 낮다. 기본적인 화학 결합으로 공유 결합, 이온 결합, 금속 결합 등이 있다.

공유 결합에서는 원자들이 하나 이상의 전자쌍을 공유한다. 전자쌍을 한 쌍만 공유하는 단일 결합과 두 쌍을 공유하는 이중 결합, 세 쌍을 공유하는 삼중 결합이 있다. 드물게 사중 결합도 있지만 사중 결합은 갑자기 불안정한 상태가 되기 쉽다. 일반적으로 공유 결합은 가장 강하고 안정적인 화학 결합이다. 특히 비금속 원소들 사이에 공유 결합이 일어난다. 공유 결합은 극성 공유 결합과 비극성 공유 결합으로 나뉜다. 비극성 공유 결합에서는 전자가 분자 전체에 균일하게 분포되어 있지만, 극성 공유 결합에서는 전자가 분자의 한쪽 끝에 몰려 있는 경향이 있다. 그래서 분자에 음극과 양극이 만들어진다. 반대 전하를 띤 극은 서로 잡아당기게 되고, 그 결과 얼음이나 물에서처럼 분자들이 구조적으로 서로 달라붙는다.

이온 결합에서는 원자가 자신의 전자를 다른 원자에게 기부한다. 전자를 쉽게 잃는 금속과 전자를 쉽게 얻는 비금속 사이에 주로 이온 결합이 일어난다. 금속 원자가 전자를 잃으면 양의 전하를 띤 양이온으로 바뀐다. 비금속 원소는 전자를 얻어 음의 전하를 띤 음이온으로 바뀐다. 이온 결합은 양이온과 음이온이 결합되는 것이다. 보통의 소금, 즉 염화나트륨은 금속인 나트륨과 비금속인 염소가 이온 결합을 통해 결합된 대표적인 예다.

금속들은 대개 금속 결합을 한다. 금속은 쉽게 전자를 잃기 때문에 전자의 바다에 떠다니는 양이온이라고 생각할 수 있다. 금속을 섞어 합금할 때도 금속들은 자유롭게 떠다니는 전자를 공유하고 있으므로 금속의 단단한 성질과 유연한 성질을 동시에 갖게 된다.

- 엄밀히 말해 순수한 이온 결합은 존재하지 않는다. 모두 어느 정도의 공유 결합이나 금속 결합도 함께 일어난다.
- 공유 결합은 미국의 물리화학자 길버트 루이스에 의해 1917년 처음 설명되었다.
- 오중(quinupel) 공유 결합은 일부 크롬 화합물에서 일어난다.

271 | FRI ♩ 음악 | 19세기 민족주의

한 세기 남짓 세계의 예술음악은 오스트리아 빈을 중심으로 펼쳐졌다. 그러나 1840년 대 오스트리아, 헝가리, 독일, 이탈리아, 프랑스에서 일어난 혁명은 19세기 접어들어 제국주의에 대항해서 일어난 민족주의 운동의 자극제가 되었다. 음악계에서도 작곡가 들이 고국의 민속음악에 다시 귀를 기울이면서 민족주의 운동에 대한 지지를 표현했다. 민족주의는 결국 근대주의자들이 내세운 범세계적인 국제주의에 길을 내어주게 되었지만 그래도 잠시나마 많은 작곡가들에게 중요한 영감이 되었다.

파리에서 프레데리크 쇼팽(1810년~1849년)은 조국 폴란드의 영광을 기리기 위해 폴란드 춤곡 폴로네즈와 마주르카를 작곡했고, 1831년에는 실패로 끝나기는 했지만 러시아 제국의 지배에 대항해 일어났던 폴란드 국민 봉기를 기념하는 곡을 만들었다. 체코 민족주의는 베드르지흐 스메타나(1824년~1884년), 안토닌 드보르자크(1841년~1904년), 레오시 야나체크(1854년~1928년) 이 세 작곡가로 대변된다. 드보르자크의 〈슬라브 무곡〉(1878년)과 교향곡 4번(1874년)과 6번(1880년)은 체코 민속 음악에서 주제와 리듬 패턴을 따왔다.

리하르트 바그너(1813년~1883년)와 리하르트 슈트라우스(1864년~1949년)는 독일 음악이 가장 순수하고 가장 발전된 음악이라고 생각했다. 이런 생각은 20세기 독일의 정치 체제에서 환영받게 된다. 표트르 일리치 차이콥스키(1840년~1893년)와 니콜라이 림스키코르사코프(1844년~1908년)는 러시아 전통 음악을 반영한 고유의 음악을 창조했다.

가장 유명한 민족주의 음악은 아마 차이콥스키의 〈1812년 서곡〉(1888년)일 것이다. 러시아가 나폴레옹에 대항한 전쟁에서 승리한 것을 기념하기 위해 러시아 정부가 의뢰해서 만들어진 곡이다. 차이콥스키는 마지못해 이 곡을 썼다고 전해지지만 결과적으로 클래식 음악에서 가장 인기 있는 곡이 탄생하는 계기가 되었다. 차이콥스키는 러시아 국가와 정교회 성가를 사용해서 〈1812년 서곡〉을 만들었는데, 실제 대포가 포함된 관현악곡으로 유명하다.

- 1933년 리하르트 슈트라우스는 나치당 제국음악부의 최고 책임자였다.
- 민족주의는 20세기에 에런 코플런드(1900년~1990년)와 드미트리 쇼스타코비치(1906년~1975년)의 음악에서 다시 나타났다.
- 민족주의 음악의 전성기는 1871년 독일의 통일과 1861년 독립된 이탈리아 국가 설립이라는 두 가지 중대한 사건과 거의 때를 같이 한다.

272

프리드리히 니체

프리드리히 니체(1844년~1900년)만큼 오해를 받는 철학자도 없을 것이다. 독일 뢰켄에서 태어난 니체는 어린 나이에 명성 있는 고전 철학자가 되었고, 24세에 스위스 바젤 대학에서 교수 자리를 얻었다. 그러나 건강이 좋지 않아 교수직을 포기해야 했고, 정신적으로 신체적으로 모두 병약해져서 1889년에 쓰러졌다. 그 후 정신질환을 앓았고 여동생의 보살핌을 받다 사망했다.

니체 철학의 중심 주제는 "모든 가치의 재평가"이다. 니체는 사람들에게 도덕·과학·미학적 가치에 의문을 던지라고 권했다. 그는 유럽 문화의 근간과 특히 기독교적 도덕성을 이루는 많은 가치관들이 불필요하게 인간의 삶과 기쁨을 억제하고 있다고 생각했다. 니체에 따르면 많은 가치관들은 성난 약자들이 강자를 지배하기 위한 도구로서 만들어낸 것이다. 온순함과 겸손을 찬양하는 기독교는 건강한 사람에 대한 아픈 사람의 승리를 의미한다고 주장했다. 모든 가치 체계와 모든 철학 체계에 대해 니체는 그것들이 어떤 삶에 이바지하는지 물었다.

니체의 사상에서 또 하나 중요한 개념은 "영원한 반복"이다. 세상은 영원히 과거를 반복할 것이라는 말이다. 영원한 반복 때문에 우리 모두 아주 세세한 부분까지 정확하게 지금까지 살아온 방식대로 살아갈 것이다. 니체는 이런 질문을 던진다. 어떤 사람이 자기 삶의 모든 순간을, 심지어 매우 사소하거나 매우 굴욕적인 순간을 영원히 반복하려고 하겠는가?

- 니체는 매독에 걸렸는데, 많은 전문가들은 창녀에게 감염되었거나 프로이센–프랑스 전쟁 중 병원 잡부로 일했을 때 걸렸을 것이라고 추정한다.
- 니체의 여동생 엘리자베스 푀르스터 니체는 나치 동조자였고 오빠의 철학을 자신의 정치적 목적을 위해 왜곡시키려 했다. 니체 자신은 독일 민족주의와 반유대주의에 대해 강력하게 비판했다.
- 니체의 '초인' 개념은 나치가 이상적인 아리아인 영웅을 묘사하는 데 사용되었다. 니체는 초인이 정확이 어떤 사람인지 언급하지 않았지만 어쨌든 니체가 호전적이거나 폭력적이지 않았다는 것은 분명하다.
- 니체는 독일 작곡가 리하르트 바그너와 가까운 친구 사이였다. 니체가 바그너를 몹시 심하게 비난하는 글을 쓴 이후 두 사람의 우정은 깨지고 말았다. 몇몇 증거에 따르면 바그너가 니체의 주치의에게 니체의 시력 문제는 지나친 자위 행위 때문일 것이라는 부적절한 말을 했기 때문이다.

273

SUN
종교

마흐디

이슬람교에서는 세상의 종말이 오기 전에 마흐다라 불리는 남자가 이슬람교도 중에서 탄생할 것이라는 무함마드의 예언을 믿는다. 무함마드의 혈통인 이 남자는 세상을 깨끗하고 평화로운 곳으로 바꿔놓을 것이다. 마흐디의 특성에 관해 많은 믿음들이 있는데, 이것에 대해서도 시아파와 수니파의 관점이 매우 다르다.

수니파에서는 마흐디가 아직 태어나지 않았다고 본다. 그가 태어난다면 무함마드가 세상을 떠난 메디나에서 태어날 것이고 그의 부모는 무함마드의 부모와 마찬가지로 압둘라와 아미나라는 이름을 가진 사람들일 것이다. 게다가 무함마드가 첫 계시를 받은 나이인 40세에 마흐디도 세상에 모습을 드러낼 것이며, 마흐디와 부활한 예수가 나란히 여러 해 동안 지상에 거주할 것이라 믿는다.

반면에 시아파는 근본적으로 다른 관점을 취하고 있다. 그들은 예언자 무함마드가 사망한 이후로 알리를 시작으로 그 뒤를 이은 이맘들이 이슬람교를 이끌어왔다고 주장한다. 열두 번째이자 마지막 이맘이 868년에 태어났는데, 아직 죽지 않았고 그가 다섯 살이었을 때 아버지인 열한 번째 이맘이 사망했다. 아이의 삼촌이 예배를 막 이끌려고 했을 때 다섯 살 난 마흐디는 오직 이맘만이 예배를 이끄는 영광을 행할 수 있다고 말하고 직접 예배를 이끌었다. 그 후 종적을 감췄고 지금까지 모습을 드러내지 않고 있다. 시아파는 무함마드 알 마흐디라는 이름의 그가 오늘날에도 살아 있으며 언젠가는 다시 나타나리라 믿는다.

- 무함마드는 만약 심판의 날이 왔는데도 마흐디가 나타나지 않는다면 마흐디가 등장할 때까지 심판의 날은 영원히 계속될 것이라 주장했다.
- 프랭크 허버트의 소설 《듄》에서 주인공이 마흐디다.

284

274 | MON 역사 | 앤드류 카네기

앤드류 카네기(1835년~1919년)는 19세기 미국에서 가장 많은 부를 축적한 스코틀랜드 이민자 출신 사업가이다. 카네기는 은퇴할 때 세상에서 가장 부유한 사람이었고, 그 후로는 모은 재산을 기부하는 삶을 이어갔다. 그가 사망할 때까지 기부한 금액은 3억 5000만 달러 이상이고, 당시로서는 전례 없는 액수였다. 오늘날 미국의 많은 도시에는 이 이민자 출신 자선가의 기부금으로 세워진 카네기 도서관이 있다.

카네기는 19세기 미국이 끝없이 철강을 소비한 덕에 막대한 재산을 모았다. 1848년 열세 살이었을 때 가족들과 함께 스코틀랜드에서 미국으로 이주한 카네기는 처음에 목화 공장에서 일했다. 그러나 곧 철강이 엄청난 기회를 제공한다는 것을 깨달았다. 1865년 서른 살이 되었을 때 카네기는 급속도로 산업화하고 있는 북미 대륙을 가로지르는 철도와 다리에 쓸 철을 생산하기 위해 피츠버그에 철강 회사를 세웠다. 카네기는 비용을 낮추는 것으로 유명했고, 마침내 그의 회사는 많은 경쟁사를 인수할 수 있었다.

1901년 카네기는 회사를 매각하고 사업에서 은퇴했다. 그는 신분이 낮은 노동자 계급의 친구라는 이미지를 구축했다. 그의 저서 《부의 복음》에서 부자는 자신의 부를 가난한 사람과 나눠야 한다고 주장했다. 은퇴 후 그가 한 일이 바로 그것이었다. 카네기가 기부한 돈은 미국 내 1600여 곳을 포함해 영어 사용 국가에 2500개 이상의 도서관을 세우는 데 쓰였다. 또한 박물관, 과학 박람회, 그의 이름을 딴 음악 전당 뉴욕 카네기홀을 세우는 데도 후원했다.

미국에서 무일푼으로 시작해 거부가 된 카네기의 이야기는 아메리칸 드림을 추구해서 누구든 부자가 될 수 있음을 암시했다. 카네기의 이름은 미국이라는 나라가 주는 기회의 상징으로 그리고 부유한 사람의 사회적 책임을 나타내는 상징으로 영원히 기억될 것이다.

- 카네기는 많은 자선활동을 벌였다. 한 번은 미국 전국의 교회에 파이프 오르간 7000대 이상을 설치하는 비용을 댔다. 몇몇 오르간은 지금도 사용되고 있다.
- 카네기는 많은 재산을 모은 후 종종 스코틀랜드를 방문했다. 여름 별장으로 스코틀랜드 하일랜드에 위치한 스키보 캐슬을 매입했는데, 여러 해 동안 카네기 가족 소유로 남아 있다가 지금은 회원 전용 리조트로 사용되고 있다. 마돈나와 가이 리치가 2000년 그곳에서 결혼식을 올렸다.
- 카네기는 미국 남북전쟁 때 북부군을 열렬히 지지했다. 그는 전장으로 군대를 운송하는 일을 조직하고, 군용 철도와 전보 서비스를 감독하는 일을 맡았다.
- 거대한 공룡 '디플로도쿠스 카네기'의 이름은 이 공룡을 처음 발굴한 탐사대에게 자금을 지원해준 카네기를 기리기 위해 그의 이름을 따서 지어졌다.

275

허클베리 핀의 모험

마크 트웨인의 《허클베리 핀의 모험》(1884년)은 지금도 가장 널리 읽히는 19세기 미국 문학작품 중 하나이다. 이 책의 역사를 되돌아보면 많은 시간 금서로 지정되어 있었지만 어린 독자나 나이 든 독자 모두가 좋아하는 재미있고 감동적인 이야기이다.

허크 핀은 미주리주 세인트피터즈버그에서 온 어린 소년이다. 허크의 아버지 팹은 폭력적인 술주정뱅이에 종종 집을 비웠기 때문에 허크는 한 미망인 할머니의 보살핌을 받으며 살고 있다. 허크를 "인간으로 만들려는" 할머니의 엄격한 시도에 허크는 기겁한다. 어느 날 마을로 돌아온 아버지가 허크를 외딴 통나무집에 가두고 가혹하게 때린다. 허크는 죽은 것처럼 위장해서 그곳을 빠져나오고, 위험을 무릅쓰며 미시시피 강 가운데 있는 섬으로 들어간다. 그곳에서 허크를 보살피던 할머니의 여동생에게서 도망쳐 온 노예 짐을 만난다.

허크와 짐은 뗏목을 타고 강을 따라 내려가면서 갖가지 범죄자와 노예 사냥꾼, 사기꾼 등등 사회에 존재할 수 있는 최악의 인간상들을 마주한다. 수많은 사건사고를 겪은 후 짐은 결국 붙잡히게 되지만 허크와 친구 톰 소여의 도움으로 결국에는 구출된다. 소설의 결말에서 모두가 안전해진 가운데 허크는 여전히 길들여지지 않는 미국 서부를 탐사하러 가고 싶다는 말을 한다.

이 소설은 사회적 요구를 자신의 감정과 본능에 조화시키려는 허크의 투쟁과 그 과정에서 그가 성장하는 모습을 중점적으로 다룬다. 특히 짐과의 관계를 통해 점차 성장하는 허크에게 초점을 둔다. 남부에서 자란 허크는 오랫동안 도망친 노예를 돕는 것은 잘못된 것이라 알고 있었다. 그러나 소설 속에서 가장 다정하고 가장 제대로 된 인물인 짐은 허크가 신뢰할 수 있는 대상이며 거의 아버지와 같은 존재가 된다. 마침내 허크는 사회 규범이 항상 옳은 것만은 아니며, 옳고 그름에 대한 자신의 생각이 어떤 때는 더 좋은 나침반이 된다는 사실을 깨닫는다.

- 《허클베리 핀의 모험》에는 '니그로(nigger)'라는 단어가 자주 나온다. 마크 트웨인이 이 단어를 사용했기 때문에 관용의 필요성을 설명하고 인종차별의 어리석음을 묘사하는 이야기에 사실적 요소가 더해지지만 이 단어 때문에 오늘날까지도 미국의 많은 학교에서 금지 도서로 지정되어 있다.
- 마크 트웨인은 미국 역사에서 미국 재건시대와 제1차 세계대전 사이를 가리키는 '도금시대(Gilded Age)'라는 용어를 만들었다. 1883년 발표한 소설의 제목이었지만 이제는 흔히 사용되는 용어가 되었다.
- 앞서 발표된 트웨인의 소설 《톰 소여의 모험》(1876년)에서 톰과 허크는 범죄자가 숨겨놓은 금화를 발견한다. 《허클베리 핀의 모험》에서 허크의 아버지 팹이 손에 넣으려고 하는 그 돈이다.

276

라 그랑드 자트 섬의 일요일 오후

조르주 쇠라(1859년~1891년)의 작품 〈라 그랑드 자트 섬의 일요일 오후〉(1884년~1886년)는 유명한 후기인상주의 작품 중 하나이다. 쇠라의 유명한 점묘법으로 그려진 이 그림은 파리 센 강 강둑에서 사람들이 산책하거나 앉아 있거나 낚시를 즐기거나 돛단배를 타고 있는 평화로운 장면을 묘사하고 있다.

이 그림을 그리기까지 쇠라는 광학을 공부하고 여러 차례 실험을 실시했다. 오그던 루드의 색에 관한 논저 《현대 색채론》에 영향을 받아 물감을 두텁게 바르거나 색점을 겹쳐놓는 화법을 써서 자연의 빛과 색을 표현하는 과학적 체계를 고안했다. 이 화법을 넓은 야외 풍경에 적용한 것이 〈아스니에르에서의 물놀이〉(1883년)이다.

쇠라는 1884년 82인치(206cm)×121인치(305cm) 캔버스에 〈라 그랑드 자트 섬의 일요일 오후〉를 그리기 시작했고 1885년 전시회에 맞춰 완성했다. 그러나 전시회가 취소되었기 때문에 그가 점묘법이라 이름 붙인 화법으로 그림의 여러 부분을 재작업했다. 재탄생한 그림은 8차이자 마지막 인상파 전시회에 출품했다. 쇠라는 그림을 구상하는 순간부터 완성할 때까지 종이와 판자와 캔버스에 59번이나 예비 스케치를 했다. 이 과정은 쇠라에게 훌륭한 통찰력을 얻을 수 있게 도와줬다.

그림의 배경은 센 강을 사이에 두고 쿠르브부아 마을과 마주하고 있는 라 그랑드 자트 섬 북서쪽 강변이다. 그림에는 사람 48명, 보트 8대, 개 3마리, 원숭이 1마리가 포함되어 있다. 그림에서 가장 두드러져 보이는 것은 오른편에 서 있는 남녀 한 쌍이다. 여성은 2개의 끈을 들고 있는데, 발치에 있는 개와 원숭이의 목줄로 보인다. 그녀 왼편으로 세 사람이 있다. 그중 한 남자는 편안한 옷차림을 하고 잔디에 다리를 뻗고 파이프 담배를 피우고 있다. 한가로운 그 남자와 대조적으로 바로 옆 남자는 우아한 복장을 하고 몸을 뻣뻣하게 세우고 앉아 있다. 그림 중앙에 하늘거리는 흰색 옷을 입은 아이는 그림 밖을 쳐다보는 유일한 인물이다. 멀리 뒤로 물러난 곳에는 더 많은 사람들이 혼자 있거나 무리지어 있다. 그림은 한가로운 분위기와 격식을 차린 듯한 분위기가 뒤섞여 있다. 사람들 얼굴은 판지에서 오려낸 풍경 속에 조심스럽게 배열한 것처럼 다소 무표정하다.

쇠라는 이 작품을 파르테논 신전의 프리즈 장식 같이 기념비적인 작품으로 남기고 싶었다고 직접 말했다. 1924년 프레데릭 클레이 바틀렛이 이 작품을 구입해 시카고 미술관에서 전시 중이다. 그 후 스티븐 손드하임의 뮤지컬 〈조지와 함께 일요일 공원에서〉의 소재가 되어 그림이 무대 위에서 생생히 재현되기도 했다.

277

물질의 상태

물질의 세 가지 상태 고체, 액체, 기체는 해당 물질의 모양과 부피로 정의된다. 고체는 유한한 부피와 모양을 갖는다. 액체는 부피는 정해져 있지만 모양은 그것을 담는 용기에 따라 달라진다. 기체는 모양도 정해지지 않고 부피도 분명하지 않다. 가두는 것이 없다면 무한히 팽창할 수 있다.

물질은 분자로 구성되어 있고, 분자는 원자로 구성되어 있다. 물질의 상태를 결정하는 것은 원자와 분자의 성질이다. 모든 분자는 움직이므로 운동에너지를 갖는다. 분자들이 더 많이 움직일수록 서로 떨어져 있을 가능성이 크다. 그러나 분자는, 특히 같은 유형의 분자는 서로에게 끌리는 경향이 있다. 운동에너지와 분자 인력 간의 긴장 관계에 의해 물질 상태가 달라진다. 두 힘의 긴장 관계는 온도와 압력에 좌우된다. 온도가 올라가면 분자는 더 빨리 움직이고 따라서 운동에너지가 커진다. 반면에 압력이 올라가면 분자들이 더 가까이 밀착하게 되고 분자 간 인력이 강해진다.

고체 상태에서 분자들은 아주 느리게 움직이고 진동하거나 회전하며, 분자 사이 인력이 매우 강하다. 고체 분자는 엄밀한 결정 구조를 갖거나 유리 같이 무정형 구조로 배열될 수 있다. 게다가 온도와 압력에 따라 같은 종류의 분자라도 다른 구조로 배열될 수 있다. 예를 들어 고체 탄소는 흑연이 될 수도 다이아몬드가 될 수도 있다. 이와 같은 동일 분자의 다른 구조를 상(phase)이라 부른다.

액체 상태에서는 분자가 서로의 틈 속으로 쉽게 미끄러져 들어갈 수 있도록 운동에너지가 충분히 높고 분자 간 인력은 충분히 낮다. 대부분의 물질들은 액체일 때 오직 하나의 상을 갖지만 하나 이상의 상을 갖는 물질도 있다. 예를 들어 헬륨 액체는 두 가지 상을 갖는다. 기체 상태에서 분자들은 서로 거의 잡아당기지 않고 자유롭게 운동한다. 만일 분자가 충분한 운동에너지를 얻고 압력이 거의 없는 상태라면 음의 전하를 띤 전자가 원자로부터 분리될 수 있을 것이다. 이런 상을 플라스마라 하며, 별은 플라스마 상태의 물질로 이루어져 있다.

- 물의 고체 상태인 얼음은 8개의 서로 다른 상이 있다.
- 액체 헬륨은 정말 이상하다. 용기에 부으면 바닥에 가라앉았다가 용기 내벽을 타고 올라가 테두리를 넘어 밖으로 기어 내려간다.
- 매우 낮은 온도에서 분자들은 거의 움직이지 않는다. 그래서 초유동체, 초고체, 보스–아인슈타인 응축이라는 이상한 물질 상태가 가능하다.

278 | FRI · 음악 | 표트르 일리치 차이콥스키

표트르 일리치 차이콥스키(1840년~1893년)는 당대 평론가들에게는 좋은 평을 받지 못했다. 또한 그가 클래식 음악에 기여한 업적에 대해서도 이중적인 견해가 존재한다. 그는 형식을 무시하고 말만 번드르르하게 하는 데다 몹시 감정적인 통속적인 음악가라고도 평가받고, 진심을 다해 음악을 만들고 과감하게 자신의 본능을 따르는 민족주의 음악가로 여겨지기도 한다. 어떤 모습이 그의 본모습이든 간에 차이콥스키가 작곡한 관현악곡들은 역사의 한 자리를 장식했다. 그리고 그의 작품들은 이해하기 쉬운 예술 음악의 입문서와 같아 청중들에게 친숙하게 다가갔다.

모스크바 동쪽으로 900킬로미터 떨어진 광산촌에서 태어난 차이콥스키는 연약하고 병에 잘 걸리는 아이였다. 그는 기숙학교를 다녔고 나중에는 상트페테르부르크에 있는 음악학교를 다녔다. 1866년 모스크바 음악원의 화성학 교수가 되었고, 몇 안 되는 민족주의 작곡가 대열에 합류했다. 모스크바에서 러시아를 테마로 교향곡 2번 〈작은 러시아인〉(1872년)과 다른 곡 몇 편을 썼다.

차이콥스키는 처음에 러시아에서 제대로 인정받지 못했다. 러시아의 거장 안톤 루빈스타인 앞에서 〈피아노 협주곡 1번〉(1875년)을 발표했을 때 "가치 없고 연주할 수 없는 곡"이라는 평을 받았다. 그러나 보스턴에서 초연되었을 때 비로소 큰 찬사를 받았다. 차이콥스키는 교향곡 제4번(1878년)을 작곡한 후 작곡가 말년에 이르러서야 러시아에서 인정받았다.

차이콥스키의 가장 유명한 곡은 〈1812년 서곡〉(1888년)과 발레 음악 〈백조의 호수〉(1875년) 그리고 지속적으로 연주되고 있는 〈호두까기 인형〉(1892년) 등이다.

- 차이콥스키는 1891년 처음으로 카네기홀에서 지휘를 맡았다. 그는 나중에 유럽에서보다 미국에서가 더 인기가 좋았다고 글로 썼다.
- 차이콥스키의 사망 원인은 두 가지 중 하나이다. 끓이지 않은 상한 물을 마셔서 콜레라에 걸렸다는 설도 있고 남자들끼리 벌인 토론에서 져서 벌로 독약을 마셨다는 설도 있다.
- 차이콥스키는 동성애자였지만 그러지 않은 척하기 위해 자신을 흠모하는 팬 안토니나 밀류코바와 1877년 결혼했다. 그러나 몇 주 만에 파경을 맞았다.

279

양상

당신은 키가 조금 더 클 수도 조금 더 작을 수도 있었을 것이다. 형제가 더 많을 수도 더 적을 수도 있었을 것이다. 이런 일들은 가능하기는 하지만 실제로 일어나는 것은 아니다. 지금과 다를 수도 있는 세상의 양상을 철학자들은 우연적이라 표현한다. 그러나 달라질 수 없는 것도 있다. 예를 들어 2+2는 4가 아닌 다른 어떤 것이 될 수 없다. 2+2=4라는 양상은 반드시 참이다.

양상의 문제란 세상이 지닌 특징 가운데 어떤 것은 우연적이고 어떤 것은 필연적인지 그리고 어떻게 2개의 차이를 구별할 수 있는지 규명하는 문제이다. 양상에 대한 질문은 세상에 관한 모든 진실을 알더라도 여전히 남을 것이다. 다시 말해 우리는 여전히 이렇게 물어볼 것이다. "우리가 아는 진실 가운데 어떤 것이 필연적이고 어떤 것이 우연적인 것인가?"

거의 모든 철학자들은 논리는 필연적 참이어야 한다는 데 동의한다. 만일 소크라테스가 사람이고 모든 사람이 죽는다면 소크라테스도 반드시 죽는다는 결론에 이른다. 처음 두 명제가 참이면서 세 번째 명제가 거짓일 수는 없다. 마찬가지로 수학이 필연적인 것이라는 데 거의 모든 철학자가 동의한다. 2+2가 4가 아닐 수는 절대 없다. 그러나 철학자들은 우주에 관한 물리 법칙이 필연적인지 아닌지 등 다른 문제에 관해서는 서로 동의하지 않는다. 개별 사물에 관한 필연적 참이 존재하는지에 대해서도 서로 의견을 달리한다. 예를 들어 당신이 인간이라는 것은 필연적인가 우연적인가? 당신이 인간이 아닌 다른 것, 이를테면 고양이나 마멋으로 존재할 수 있을까? 종교적인 문제를 예로 들어, 신이 존재한다면 신의 존재는 필연적인가?

철학자들은 또한 이런 질문을 던진다. 세상의 어떤 특징이 무엇을 가능하게 하고 무엇을 불가능하게 하는지 결정하는가? 어떤 철학자들은 이 질문은 답할 수 없다고 주장한다. 또 어떤 철학자들은 어떤 것이 가능하려면 그것이 참이 되는, 다양한 가능성이 존재하는 '가능 세계possible world'가 있어야 한다고 주장한다.

- 바뤼흐 스피노자(1632년~1677년)는 모든 것이 필연적이고 세상에 우연적인 것이란 없다고 믿었다.
- 르네 데카르트(1596년~1650년)는 무엇이 필연적이고 무엇이 우연적인지는 신이 결정한다고 믿었다. 예를 들어 우리가 참이라 받아들이는 2+2=4도 신이 아니라고 하면 거짓이 되었을 것이다.

280

지하드

'지하드'라는 아랍어는 논란이 많은 함축적 의미를 담고 있다. 흔히 '성전(聖戰)'으로 번역되고 또 그렇게 이해되지만 '신에게 다가가는 행로에서 펼치는 노력'이라는 의미도 있다.

지하드에 내포된 노력은 종교적인 문제로 고심할 때 반드시 감수해야 하는 노력을 말한다. 더 나은 무슬림이 되기 위한 내면의 갈등이나 글과 설교, 학문을 통해 악에 대항해서 싸우는 분투를 포함한다.

최근에 벌어지는 사건들과 과거 이슬람의 역사를 고려해서 지하드를 성전으로 보는 관점이 우세해지고 있다. 무함마드는 메카에서 메디나로 탈출한 후로 추종자를 늘렸고, 그러고 나서 메카를 공격해 함락시켰다. 더 나아가 아라비아 반도 전역으로 이슬람교를 전파했다. 전통적으로 이슬람교에서는 세상을 다르 알 이슬람과 다르 알 하르브로 나눈다. 다르 알 이슬람은 이슬람교가 지배하는 이슬람 세상이고, 다르 알 하르브는 이슬람교가 아직 미치지 못한, 성전을 치러야 할 세상이다.

어떤 학자들은 세상이 무슬림들로만 구성될 때까지 계속 전쟁을 치러야 한다는 의미라고 주장한다. 그러나 반드시 그렇지만은 않다. 이슬람 제국이 아라비아 반도 곳곳으로 퍼져 나가고, 이어서 아프리카와 아시아, 유럽까지 확장되었을 때 무슬림들은 이미 일신교를 따르고 있던 많은 사람들을 접했다. 전쟁에서 패하기도 했다. 그래서 이슬람 제국의 확장은 더뎌졌고 비폭력적으로 변했다. 많은 무슬림 지도자들은 평화로운 공존을 추구하는 시각을 받아들이기 시작했다.

• 무슬림 신비주의자들은 '더 높은 차원의 지하드'와 '더 낮은 차원의 지하드'를 구별한다. 성전은 더 낮은 차원의 지하드로 여겨지고 자기 영혼과의 싸움은 더 높은 차원의 지하드로 여겨졌다.

• 무함마드는 종종 위대한 전사로 기억된다. 그래서 전투적인 이슬람을 주장하는 편에 힘을 실어준다. 그러나 무함마드가 전쟁을 벌인 것은 오직 생애 마지막 10년 동안이라는 점에 주목해야 한다. 53년 동안 상인이었고 나중에는 성직자가 되었다.

281

블라디미르 레닌

20세기 초, 러시아의 마지막 황제 니콜라이 2세는 상트페테르부르크의 웅장한 겨울 궁전에 머물면서 러시아 전제 군주제의 지배권을 유지하기 위해 몸부림쳤다. 부유한 지주와 가난한 소작농, 굶주리는 공장 노동자 등 러시아 국민들은 더 많은 정치적 자유를 요구하는 시위를 일으켰다. 그러나 황제는 군대가 개혁을 외치는 목소리를 억누르고 체제에 반대하는 사람들을 교수형에 처하거나 시베리아 감옥으로 보냈다. 어쩌면 1914년 시작된 제1차 세계대전은 러시아 민중들에게 마지막 지푸라기나 마찬가지였다. 그러나 유럽 권력정치라는 미명하에 170만 러시아 병사가 희생되는 것을 목격한 러시아 민중들은 마침내 1917년 제정러시아를 무너뜨렸다.

러시아 혁명가들은 처음에 프랑스나 영국처럼 군주제에서 자유민주주의로 바꾸고 싶었다. 그러나 심비르스크 출신의 한 중년 정치 운동가는 다른 생각을 가지고 있었다. 블라디미르 일리치 레닌(1870년~1924년)은 공산주의를 주장했고, 니콜라이 2세가 물러난 지 채 1년이 지나지 않아 레닌과 그의 공산주의 지지자들이 러시아 전역에 대한 권력을 장악했다. 그들은 자유민주주의를 거부하고 마르크스 정치 철학을 중심으로 새로운 정부 형태를 건설하려 했다. 마침내 제정러시아 체제를 완전히 벗어던지고 새로운 국가, 곧 소비에트 사회주의 공화국 연방USSR이 탄생했다.

황제의 통치하에 있을 때 레닌은 체제 전복 활동을 벌이다가 여러 해 감옥에 투옥되거나 망명 생활을 했다. 그 시기 그는 레닌주의라 알려지게 되는 사상을 연마했다. 레닌은 카를 마르크스의 철학을 공산주의 국가를 통치하기 위한 밑그림으로 변환하려 했다. 그러나 실제로 소비에트 연방의 레닌주의는 러시아 국민들에게 엄청난 고통을 안겼다. 1924년 사망하기 전까지 레닌은 사기업을 불법화하고 수천 명을 처형했으며 수백만 명의 목숨을 앗아간 기근을 촉발시켰다. 그럼에도 불구하고 산업 생산 측면에서 레닌의 혁명은 성공적이었다. 1945년 제2차 세계대전이 끝날 무렵 소비에트 연방은 군사 강국이 되었다. 1924년 레닌이 사망한 후 이오시프 스탈린이 권력을 잡았다. 그는 무자비한 30년 통치 기간 동안 공산당의 집권을 더욱 공고히 다졌다.

- 레닌이 사망하자 그의 시신은 방부 처리되어 모스크바 중심부에 자리 잡은 묘에 안치되었다.
- 영국 소설가 조지 오웰(1903년~1950년)의 소설 《동물농장》(1945년)에 등장하는 메이저 영감은 레닌을 상징한다.
- 폐위된 황제 니콜라이 2세와 그의 가족은 1918년 소련군에 살해되었다.

282 | TUE 📖 문학 | 보바리 부인

귀스타브 플로베르의 소설 《보바리 부인》(1857년)은 19세기 사실주의 작품 가운데 첫 번째 걸작이다. 오늘날 기준으로 보면 내용이 상투적일 수 있지만 남편에게 만족하지 못하고 불륜을 저지르는 여성에 대한 사실적 묘사는 그 당시 매우 혁명적인 것이었다. 실제로 이 소설의 내용은 대중의 분노를 샀고, 플로베르와 출판사는 풍기문란 혐의로 재판을 받기도 했다.

플로베르(1821년~1880년)는 프랑스가 중대한 사회 변화를 겪던 시기에 활동했다. 1789년 프랑스 혁명이 일어난 후 귀족들은 세력을 잃고 사업가와 상인으로 구성된 새로 부상한 중산층에게 자리를 내주었다. 지식인 엘리트 교육을 받은 플로베르는 신흥 부자들의 우둔하고 물질주의적인 가치관을 혐오했다. 그런 혐오는 그의 작품 속에 드러나며, 특히 《보바리 부인》 속에 노골적으로 드러난다.

엠마 보바리는 수녀가 되기 위한 교육을 받으며 시골에서 자랐다. 평범한 중산층 의사와 결혼했지만 지루한 결혼 생활은 그녀가 꿈꿨던 기대치를 충족시켜주지 못한다. 심지어 아이를 낳고 엄마가 되었지만 그녀는 여전히 활기를 얻지 못한 채 낭만적인 사랑을 갈망한다. 그러나 그녀의 열망은 항상 막연하고 변덕스러울 뿐이다. 결국 엠마는 두 번의 불륜을 저지른다. 한 번은 가슴 아프게 끝났고, 다른 한 번은 시시해져서 끝났다. 남편이 전혀 눈치 채지 못하는 동안 엠마는 무분별하게 돈을 쓰고 부주의하게 살아간다. 결국 막대한 빚이 생겼고 끝내는 매춘까지 하려고 한다. 절망에 빠진 엠마는 독약을 마시고 자살한다.

《보바리 부인》이 고전 문학의 지위를 얻은 것은 소설의 주제뿐만 아니라 혁신적인 문체도 한몫한다. 낭만주의 소설가와 시인들은 인간 영혼에 대해 낙관적인 관점을 유지했지만 플로베르는 훨씬 비관적인 시각으로 엠마의 상황에 대해 분석적이고 객관적으로 접근한다. 또한 그는 이야기의 분위기가 바뀌는 것을 문체의 변화로 표현하는 혁신적인 방법을 도입했다. 플로베르가 사망한 후 레프 톨스토이(1828년~1910년)에서 토머스 하디(1840년~1928년)에 이르기까지 그의 영향을 받은 사실주의 거장들이 걸작들을 내놓았다.

- 플로베르는 낱말 하나하나를 선택하는 데 끊임없이 노력한 것으로 유명하다. 그는 모든 묘사와 상황에 맞는 '적확한 단어'를 찾아야 한다는 신념을 가지고 있었다.
- 플로베르는 《보바리 부인》을 쓰는 데 5년 이상 걸렸다. 친구들은 작업을 중단하고 나중에 쓰라고 했지만 그는 완성할 때까지 모든 열정을 쏟아 부었다.

283

표현주의

표현주의 운동은 의도적으로 자연주의를 거부한 화가들에 의해 시작되었다. 표현주의 작가들은 눈에 보이는 세상을 객관적으로 표현하려고 하기보다 자신의 요구에 맞게 변형시켰다. 비록 통일된 화법을 공유하지는 않았지만 이들은 조화되지 않는 색채, 불균형 구도, 거칠고 유아적이고 원시적인 화법을 사용했다. 그들은 르네상스 시대나 아카데미 출신 화가들의 섬세한 고전주의를 거부하고 알브레히트 뒤러와 마티아스 그뤼네발트 같은 16세기 독일 거장들의 고조된 감정이 담긴 그림에서 영감을 찾았다.

빈센트 반 고흐와 폴 고갱이 표현주의 발달에 많은 기여를 했지만 표현주의 운동의 시작점은 대개 1905년으로 본다. 앙리 마티스가 이끄는 화가 집단이 파리에서 첫 전시회를 연 해이다. 그들은 놀랄 만큼 밝은 색채와 왜곡된 형상을 표현하며 '야수파'라 알려지게 되었다.

야수파 화가들이 파리에서 논란을 일으키고 있을 무렵 독일 드레스덴에서는 독일 표현주의가 뿌리를 내리고 있었다. 에른스트 키르히너가 새로운 세상과 옛 세상을 연결하는 다리 역할을 하고자 '다리파'라는 화가 협회를 발족한 곳이 바로 드레스덴이었다. 후기인상주의와 야수파, 아프리카 판화에 영감을 받은 다리파 화가들은 도시의 거리 풍경 같은 주제를 묘사하기 위해 거칠고 들쭉날쭉한 화법을 개발했다. 다리파에 속하는 가장 중요한 인물은 에밀 놀데이다. 그의 작품 〈마스크 정물 III〉은 다리파 화가들이 가장 우선시하는 것이 무엇인지 보여주는 전형적인 작품이다. 1905년 이후로 표현주의는 유럽 전역에서 동시에 발생했다. 대표적인 화가로 오스트리아의 오스카 코코슈카와 에곤 실레, 프랑스의 카임 수틴과 조르주 루오, 노르웨이의 에드바르 뭉크, 벨기에의 제임스 엔소르가 있다. 1911년 바실리 칸딘스키와 프란츠 마르크는 '청기사파'를 결성했다. 표현주의와 상징주의, 입체주의 원리를 혼합하고 추상 미술을 추구하는 화가 모임으로 독일 뮌헨에 기반을 뒀다. 그러나 오래 유지되지는 않았다.

표현주의는 입체파, 미래파, 다다이즘, 초현실주의 등 고전주의를 거부하는 20세기 초반의 모든 예술운동을 망라하는 용어로 사용되기도 한다. 표현주의는 1930년대 중반 나치 정권이 퇴폐적이라고 평가한 이후로 쇠퇴하기 시작했다. 당시 대표적인 표현주의 화가들은 미국이나 다른 안전한 국가로 피신했다.

● 야수파는 종종 최초의 표현주의 화가로 분류되기도 하지만 다른 나라의 표현주의 화가들이 두려움과 분노, 좌절, 불행을 묘사하는 경향이 두드러진 반면에 야수파들은 주로 긍정적인 감정을 불러일으키는 그림을 그렸다.

284

광화학

모든 빛은 광자라 불리는 에너지 입자로 지구상에 도달한다. 가시광선은 전파, 마이크로파, 적외선, 자외선, x선, 감마선 등 모든 빛을 나타낸 전자기 스펙트럼에서 고작 은색의 작은 영역을 차지한다. 각 유형의 빛은 고유의 파장과 주파수와 에너지 준위를 가지고 있다. 예를 들어 전파는 파장이 길고 에너지가 낮다. 그래서 대부분의 물질에 영향을 미치지 않고 그대로 통과한다. 반면에 자외선은 우리의 피부를 태우는 화학 반응을 일으키기에 충분한 에너지를 가지고 있다. 빛은 또한 화학 반응을 일으켜 필름에 이미지를 저장할 수 있게 한다.

흑백 필름은 할로겐화은이라고도 알려진 은염 결정체 입자와 젤라틴으로 만든 얇은 보호 플라스틱 막인 감광유제로 되어 있다. 할로겐화은은 가시광선의 정확한 파장과 주파수, 에너지 준위를 감지할 수 있으며 빛에 노출되면 빛을 흡수해 은으로 바뀐다. 빛이 많을수록 은염 결정의 색이 더 어두워진다. 그래서 실생활에서 가장 밝은 장소가 사진 원판에는 가장 어둡게 나타난다. 빛이 사진 원판을 통과해 할로겐화은이 얇게 칠해져 있는 인화지를 비출 때, 원판의 어두운 부분은 적은 양의 빛을 통과시킨다. 원판의 밝은 부분은 많은 빛을 통과시킨다. 이 방식에 의해 인화지에 원판과 반대로 이미지가 생기는 것이다.

유색 필름의 감광유제는 빨간색, 초록색, 파란색 빛들의 서로 다른 주파수를 감지할 수 있는 막으로 구성되어 있다. 유색 필름을 현상했을 때 이 세 가지 색이 겹쳐져 우리가 일상에서 보는 색을 만들어낸다.

- 감광유제에 사용되는 젤라틴은 디저트 젤리에 쓰는 젤라틴을 정제한 것이다.
- 세계 최초의 사진은 1827년 조제프 니에프스가 촬영한 것이다. 그는 빛에 민감한 화학물질인 역청(일종의 아스팔트)을 입힌 금속판을 햇빛에 노출시켰고, 노출 8시간 후 영구적인 이미지를 얻었다.
- 상업적으로 성공한 최초의 사진은 은판 사진법으로 찍은 사진이었다. 유독성 수은 기체를 이용해 현상해야 하는데, 그 결과 부주의한 사진사들이 때아닌 죽음을 맞이하는 경우가 많았다.
- 역사상 가장 비싼 사진은 화가 조지아 오키프의 손을 찍은 사진으로 40만 달러에 팔렸다.

285 | FRI ♪ 음악 | 안토닌 드보르자크

체코의 음악가 안토닌 드보르자크(1841년~1904년)는 체코의 보헤미아에서 태어났고, 프라하 국립 오케스트라에서 비올라를 연주했다. 드보르자크는 1874년 교향곡 제3번으로 오스트리아 빈에서 국가 음악상을 받았고 요하네스 브람스(1833년~1897년)의 관심을 끌어 그를 열렬한 팬으로 만들었다. 1891년에는 프라하 대학에서 작곡과 교수 자리를 제안받아 1년 동안 강단에 섰다. 그 후 무려 1만 5000달러나 되는 월급을 받는 뉴욕 국립음악원 지휘자로 초청되었다.

드보르자크는 보헤미아에서 5개월 동안 고별 순회공연을 한 후 미국으로 건너갔다. 미국 생활은 드보르자크 인생에서 가장 불행하면서도 가장 생산적인 시기였다. 그때 교향곡 9번 〈뉴욕 교향곡〉(1893년)과 〈바이올린 협주곡〉(1893년)을 작곡했다.

〈뉴욕 교향곡〉은 아이오와주에 있는 작은 체코 타운에서 휴가를 보내던 중에 작곡했다. 초원을 가로지르는 기차 여행을 하면서 본 풍경에 영감을 얻어 미국에 대한 인상을 그 나름대로 분석해 음악으로 표현했다. 그렇게 해서 탄생한 〈뉴욕 교향곡〉은 미국이라는 나라가 지닌 광활한 공간과 에너지를 동시에 암시한다. 이 교향곡에 포함된 미국 민속 음악의 선율과 리듬은 듣는 사람에게 고국을 그리워하는 나그네의 향수를 느끼게 해준다.

드보르자크의 관현악곡 대다수와 마찬가지로 〈뉴욕 교향곡〉도 기본적인 낭만주의적 감성을 가지고 있으면서 고전주의적 형식을 기반으로 한다. 드보르자크가 다른 작곡가들과 구별되는 특징은 민속 음악의 선율에 강한 애착을 가지고 있었다는 것이다. 교향곡 제5번(1875년)의 선율은 보헤미아 느낌이 나고, 교향곡 6번(1880년)은 푸리안트라 불리는 체코 민속춤곡을 활용한 것이다. 드보르자크의 후기 작품들은 서정적이고 느슨한 형식의 교향시 장르에 영향을 받아 만들어졌다.

• 드보르자크는 현란한 현악 4중주곡으로도 유명하다.
• 대략 3년 동안 미국에서 지낸 후 드보르자크는 프라하로 돌아가 오페라와 교향시를 쓰면서 만족스러운 삶을 살았다.
• 드보르자크는 〈신세계 교향곡〉을 작곡하는 동안 헨리 워즈워스 롱펠로우의 시 〈하이아와사의 노래〉의 체코어 번역본을 읽었다.

286

SAT
철학

실용주의

실용주의는 찰스 샌더스 퍼스(1839년~1914년), 윌리엄 제임스(1842년~1910년), 존 듀이 (1859년~1952년)의 연구로 미국에서 시작된 철학 전통이다. 많은 학자들은 미국이 가장 독자적으로 철학에 기여한 사상이 바로 실용주의라고 평가한다.

퍼스와 제임스와 듀이는 특정 문제에 대한 생각은 서로 달랐지만 철학에 대한 일반 적인 접근법을 공유하고 있었다. 실용주의가 등장하기 전까지 많은 철학자들은 진실 에 대한 대응이론correspondence theory을 수용하고 있었다. 대응이론에 따르면 어떤 믿음 이나 말의 진실은 그것이 정신이나 언어와는 별개인 추상적 실체에 대응되는지에 달 려 있다. 대응이론을 믿는 사람들은 우리가 가지고 있는 가장 훌륭한 증거들이 모두 부 정확할 수 있고, 가능한 최상의 실험에 의해 뒷받침된 것이라 할지라도 세상에 대한 우 리의 믿음이 모두 틀린 것일 수 있다고 말한다. 그러나 퍼스, 제임스, 듀이는 이런 시각 을 거부했다. 세 사람 모두 진실의 문제를 훨씬 더 쉽게 이해했다. 그들은 참인 것은 어 떤 의미에서 보면 단지 믿을 만한 최선의 증거가 있는 것이라고 주장했다.

실용주의자들은 말과 믿음이 삶의 실질적인 문제에 직면했을 때 어떤 역할을 하는지 고려해서 평가해야 한다고 주장했다. 그들이 말하는 '실질적인' 것은 도덕·종교·정치 적 삶도 포함했다. 사물의 본질과 존재의 사유를 탐구하는 형이상학도 우리가 세상을 살아갈 수 있게 돕기 때문에 포함되었다.

제임스와 듀이는 특히 철학 이외의 분야에도 많은 기여를 했다. 제임스는 미국 경험 심리학의 개척자이자 매우 영향력 있는 저서 《심리학 원리》(1890년)의 저자이다. 듀이 는 교육을 광범위하게 다룬 책을 저술했고, 학교가 학생의 창의성과 개성을 고려하고 더 유연하게 운영되어야 한다고 주장했다. 듀이는 특히 20세기 초 진보 정치를 꾸준히 옹호한 것으로 유명하며 진보 정치가 실용주의와 밀접하게 연관되어 있다고 봤다.

- 듀이는 자신의 이론을 '도구주의'라고 부르는 것을 더 좋아했다.
- 퍼스는 기호를 연구하는 학문인 기호학의 초기 개척자였다.
- 윌리엄 제임스는 위대한 미국 소설가 헨리 제임스의 형이다. 그들의 아버지 헨리 제임스 시니어도 당대 유명한 철학 자였다. 아버지는 아이들을 천재로 만들겠다는 분명한 목표를 가지고 아이들을 키웠다.

287

천사 가브리엘

가브리엘은 보통 신으로부터 중요한 메시지를 받아 전달하는 전령으로 이슬람교, 기독교, 유대교에서 중요한 역할을 하는 천사이다.

가브리엘은 이슬람교에서 매우 중요하게 여겨지는 유일한 천사이다. 이슬람교에서는 무함마드가 동굴에서 명상하고 있을 때 가브리엘이 나타났다고 말한다. 그때 가브리엘은 코란의 구절을 하나씩 다 낭독하더니 무함마드에게 모두 암기해서 다른 사람들에게 전하라고 명령했다. 따라서 코란은 신이 직접 가브리엘을 통해 무함마드에게 전한 계시를 모아 놓은 것으로 여겨진다. 코란 구절을 동굴 안에서 소리 내어 말했을 때 공명되어 나오는 실제 소리는 굉장히 주의를 집중하게 만든다. 무슬림들이 코란을 실제 소리 내어 읽는 것을 강조하고, 본래의 아랍어로 기도해야 한다고 믿는 까닭도 여기에 있다.

기독교에서는 가브리엘을 대천사 중 하나라고 믿는다. 어떤 문헌에서는 미카엘과 라파엘까지 포함해서 높은 지위의 대천사가 3명이라고 주장한다. 또 어떤 사람들은 대천사가 7명이었다고 주장한다. 기독교 전승에서 가브리엘은 신의 말을 전하기 위해 여러 차례 등장한다. 그는 자카리아스 앞에 나타나 예수의 전임자 세례자 요한이 엘리자베스의 아들로 태어날 것이라 예언한다. 성모 마리아 앞에도 나타나 예수를 낳을 것이라 말해준다. 마리아가 가브리엘로부터 계시받은 일을 가리켜 '성모 영보'라 한다.

유대교에서 가브리엘은 예언자 다니엘 앞에 두 차례 나타난다. 처음은 다니엘이 신의 환영을 보고도 이해하지 못하자 이해를 돕도록 신이 가브리엘을 보냈을 때다. 두 번째로 나타났을 때 가브리엘은 바빌론에 유배되어 있던 유대인들이 해방될 것이라 예언한다.

---

* 가브리엘은 '신의 사람'이라는 뜻이다.
* 모르몬교에서는 가브리엘과 방주를 지었던 노아가 실제로 동일 인물이라고 믿는다.
* 가브리엘을 나타내는 많은 호칭과 성질들이 다양한 종교 전승에서 나왔다. 가브리엘은 파란색, 물, 서쪽, 달 등을 상징하며 죽음의 천사, 복수의 천사, 부활의 천사, 계시의 천사, 자비의 천사, 성모 영보의 천사 등으로 불린다.

288 | MON ☿ 역사 | 베르사유 조약

베르사유 조약은 제1차 세계대전의 종전을 알리는 조약이다. 수개월 협상 끝에 1919년 파리에서 체결되었으며 세계열강 사이 힘의 구도를 재구성하는 계기가 되었다. 패전국 독일은 그들이 건설한 식민지 제국과 유럽에서 많은 영토를 상실했다. 독일은 전쟁을 일으킨 책임을 인정할 수밖에 없었고 승리한 연합국에 금전적 배상을 제공하기로 합의했다. 두 승전국 프랑스와 영국이 중동 지역 옛 오스만 제국 땅을 차지했다.

심지어 당시에도 많은 사람들이 베르사유 조약을 가리켜 중대한 기회를 놓친 합의라며 비난했다. 우드로 윌슨 미국 대통령은 파리를 향해 떠날 때 제국주의를 끝내고 새로운 국제 연맹을 통해 국제 협력을 장려하려는 이상주의적 계획을 품고 있었다. 그러나 영국과 특히 강경한 프랑스는 그런 이상주의에 관심이 없었다. 전쟁에서 수백만 명을 잃었기 때문에 두 나라는 무엇보다 강력한 배상을 원했다. 그 결과로 나온 것이 독일인들에게 굴욕적인 베르사유 조약이었다.

1914년부터 1918년까지 4년간 지속된 전쟁으로 구대륙에는 전례 없는 혼란이 발생했다. 독일 제국, 오스트리아 헝가리 제국, 러시아 제국, 오스만 제국 이렇게 위대했던 4개 제국이 역사에서 사라졌다. 그런 격동기에 체결된 베르사유 조약은 지속적인 평화를 구축할 수 없었다. 결국 미국은 베르사유 조약을 비준하지 않았다. 고립주의를 표방하는 공화당이 다수 석을 차지하고 있던 상원에서 윌슨 대통령이 제안한 국제 연맹에 관여하고 싶지 않다며 비준에 동의하지 않았기 때문이다. 윌슨 대통령은 세계를 '민주주의의 안전한 보금자리'로 만들겠다고 약속하면서 제1차 세계대전에 개입했다. 그러나 베르사유에서 드러난 세계 질서는 민주적이지도 안전하지도 않았다. 많은 역사학자들은 독일의 굴욕은 사실 서양 강대국에 대한 독일 대중의 분노로 이어졌고, 1930년대 아돌프 히틀러가 권력을 잡을 때 그 반감을 이용했다고 주장한다.

- 베르사유 조약 조인식은 파리 베르사유 궁전에 루이 14세가 만든 유명한 거울의 방에서 행해졌다. 1871년 프로이센-프랑스 전쟁에서 패한 프랑스가 독일에 항복한다는 공식 선언을 한 곳이 바로 이 거울의 방이었다.
- 화학 무기가 최초로 사용된 것은 제1차 세계대전에서였다. 가장 먼저 독일군이 1915년에 사용했고 이어 연합군도 사용했다. 독가스로 서서히 죽어가는 사람들 모습에 섬뜩해진 유럽 국가들은 1925년에 앞으로 전쟁에서 화학 무기 사용을 금지하는 조약을 체결했다.
- 우드로 윌슨 대통령은 국제 연맹을 창설한 공로로 1920년 노벨평화상을 받았다. 다른 두 미국 대통령 테디 루스벨트와 지미 카터도 각각 1906년과 2002년에 노벨평화상을 받았다.
- 베르사유 조약은 중앙 유럽을 안정시키려는 노력의 일환으로 오스트리아-헝가리 제국을 여러 개의 국가로 분할했다. 그러나 효과가 없었다. 새 국가 가운데 체코슬로바키아와 유고슬라비아는 20세기 말까지 버티지 못했다.

289

TUE
글
문학

고도를 기다리며

〈고도를 기다리며〉(1952년)는 아일랜드계 프랑스 작가 사뮈엘 베케트의 대표작이다. 최초의 부조리극 중 하나로 드라마 분야의 새로운 가능성을 열었다. 이 희곡에 대한 비평가들의 반응은 극명하게 갈렸다. 어떤 사람들은 현대 생활의 단조로움과 무의미함을 훌륭하게 표현한 작품이라 평했고, 반면에 어떤 사람들은 지루하기 짝이 없는 쓰레기라고 폄하했다. 그러나 분명 긍정적 평가가 우세했다. 그 결과 베케트는 〈고도를 기다리며〉로 1969년 노벨문학상을 수상하는 생애 최고의 업적을 달성했다.

이 희곡은 극이 진행되는 동안 거의 아무 일도 일어나지 않는다. 어느 날 저녁 블라디미르와 에스트라공이라는 두 남자가 도로 한 편에서 고도라는 이름의 어떤 사람을 기다리며 대화를 나누다 말다툼을 한다. 이윽고 노예를 밧줄에 매고 끌고 가는 한 남자가 지나간다. 노예는 춤을 추고 그 자리에서 이상한 말을 한다. 이후에 남자 아이가 나타나 두 남자에게 고도가 늦어져서 다음 날 도착할 것이라고 말한다. 블라디미르와 에스트라공은 다음 날 저녁 다시 그곳으로 오고, 노예의 주인과 다시 만난다. 무슨 이유에선지 그 남자는 눈이 멀어 있었고 전날 그들을 만났던 일을 기억하지 못한다. 나중에 전날 봤던 남자 아이가 그곳에 도착하고 고도가 오지 않을 것이라 말한다. 노예의 주인처럼 남자 아이도 블라디미르와 에스트라공을 전에 본 기억이 없었다. 두 남자는 자리를 뜨며 집으로 가겠다고 말한다. 그러나 무대의 커튼이 내려올 때까지도 그들은 계속해서 고도를 기다리고 있다.

〈고도를 기다리며〉와 같은 부조리극은 1950년대와 1960년대에 유럽에서 유행했다. 이 장르의 극은 보통 무의미하고 비논리적인 것처럼 보인다. 배경이 모호한 데다 최소한의 무대장치만 갖춰져 있고 불합리한 결론으로 가득 채워진 이상한 대화가 진행된다. 실제로 〈고도를 기다리며〉의 배경은 알 수 없다. 고도가 누구인지, 두 남자는 왜 고도를 기다리고 있는지 구체적인 언급이 없다. 비평가들은 이 희곡이 현대 사회의 존재론적 위기를 나타낸다고 주장한다. 즉 인간들은 무엇인가 의미 있는 것을 기다리지만 정작 그것이 언제 나타날지, 혹은 정작 나타나기는 할지 전혀 알 수 없으며 심지어 그것이 무엇인지조차 모르는 몹시 짜증스러운 정체 상태에 있음을 보여준다.

- 〈고도를 기다리며〉가 이상한 희곡처럼 보일지 모르지만 베케트의 다른 작품들은 훨씬 더 이상하다. 〈행복한 날들〉(1961년)에서 여자 주인공은 허리까지 모래에 파묻히고 나중에는 목까지 묻힌다. 베케트는 1926년에 두 편의 무언극을 발표했고, 1969년 발표한 〈숨결〉은 고작 35초짜리다.
- 베케트는 인터뷰를 거의 한 적 없고 공식석상에도 모습을 드러내지 않았다. 1969년 노벨문학상을 수상했을 때도 스톡홀름 시상식장에 나오지 않았다.

290 절규

노르웨이 출신 표현주의 화가 에드바르 뭉크(1863년~1944년)의 〈절규〉(1893년)는 현대인이 겪는 실존적 고뇌의 상징이 되었다.

뭉크는 '생, 사랑, 죽음의 시'를 그리는 연작물 〈생의 프리즈〉의 일부로서 〈절규〉를 그렸다. 이 작품은 색과 빛의 자극이 소리의 인상을 생산할 수 있고, 반대로 소리가 색과 빛의 인상을 만들어낼 수 있다는 공감각 이론을 증명하려는 의도로 그려졌다. 〈절규〉의 처음 버전에는 깜짝 놀라는 이미지를 불러일으킨 경험을 설명하는 글이 프레임에 새겨져 있다. "나는 친구 두 명과 길을 걷고 있었다. 해가 지기 시작할 때였는데, 갑자기 하늘이 핏빛으로 변했고, 기력이 다 빠진 나는 잠시 멈춰 난간에 기댔다. 검푸른 협만과 도시 위로 붉은 피처럼 타오르는 불길이 혀를 날름거리고 있었다. 친구들은 계속 걸었지만 나는 불안감에 떨며 그곳에 서 있었다. 그리고 나는 자연을 뚫고 지나가는 무한한 절규를 느꼈다."

그러므로 그림 가운데 서 있는 인물은 뭉크 자신이다. 이 남자는 비명을 지르는 것이 아니라 절규의 소음으로부터 귀를 막고 있다. 뒤로는 에케베르그 지역 언덕에서 보이는 오슬로 협만이 그려져 있다. 왜곡된 원근법과 소용돌이치는 붉은 선은 빠져나올 수 없는 절규에 시각적 형식을 부여한다.

뭉크는 이 그림을 50여 개 버전으로 그렸는데 그중 두 작품이 특히 주목할 만하다. 하나는 마분지에 구아슈(불투명한 수채물감) 화법으로 그린 것으로 오슬로 뭉크 미술관에 소장되어 있다가 2004년 도난당했다. 다른 하나는 유화 물감, 템페라, 파스텔로 그려진 것으로 현재 오슬로 국립미술관에 소장되어 있다. 1895년에는 석판화로도 제작했다.

• 2003년 실시된 기상 연구에 의하면 1883년 크라카토아 화산이 분출하면서 이례적으로 강한 붉은색의 노을이 나타났는데, 그것이 뭉크에게 영감을 준 원천이었을지도 모른다.

291 | THU ⚛ 과학 | 아이작 뉴턴

아이작 뉴턴(1642년~1727년)처럼 수학, 물리학, 천문학 분야에 많은 공헌을 한 사람은 없을 것이다. 당시에도 뛰어난 천재로 여겨졌던 뉴턴은 기사 작위를 받은 최초의 과학자이다. 운동과 중력에 관한 그의 이론은 수백 년 동안 그 아성이 무너지지 않았다.

뉴턴은 영국 지주의 아들로 태어났지만 그가 태어나기 3개월 전 아버지가 사망했다. 게다가 조숙아로 태어나서 몸집이 매우 작았다. 그의 어머니는 용량이 1리터 남짓 되는 주전자에 들어갈 정도로 작았다고 농담하곤 했다. 뉴턴은 기적적으로 살아났지만 태어난 지 2년쯤 지나자 어머니가 그를 두고 떠났다. 손자에 대한 애정이 전혀 없는 할아버지와 할머니 밑에서 자란 뉴턴은 학교 성적이 형편없을 수밖에 없었다. 선생님들은 뉴턴을 보고 '게으르거나' '집중력이 없는' 아이라고 생각했다. 그러나 뉴턴이 집안 농장 일에 전혀 관심을 보이지 않자 할아버지는 어쨌든 손자를 대학에 보냈다.

케임브리지 대학에서 뉴턴은 데카르트, 보일, 갈릴레오, 케플러, 코페르니쿠스, 유클리드 등의 이론을 공부했다. 1665년 흑사병이 유행하면서 대학교가 문을 닫자 뉴턴은 고향집으로 돌아왔다. 하지만 이제는 교육을 받은 명석한 지성인의 모습이었다. 그 후 2년에 걸쳐 뉴턴은 수학과 과학에 혁신을 일으키기 시작했다. 라이프니츠와 동시에 미적분학을 고안했고, 광학을 발전시켰다. 그는 백색광이 실제로는 가시광선의 다양한 색을 모두 혼합한 것이라는 이론을 내놓았다. 그러나 이 시기 무엇보다 중요한 것은 세 가지 운동법칙을 발견했다는 것이다. 뉴턴의 운동법칙은 다음과 같다.

(1) 운동하고 있는 물체는 외부 힘이 작용하기 전까지 계속 운동한다.

(2) 물체에 작용하는 힘은 운동 가속도와 정비례한다.

(3) 모든 작용에는 동등한 힘의 반작용이 있다.

뉴턴의 운동법칙은 1687년 《프린키피아》가 출판되면서 그제야 공개되었다. 그 책에는 만유인력 법칙도 포함되어 있었다. 만유인력 법칙에 의하면 우주의 모든 물체는 다른 모든 물체를 끌어당기며, 두 물체 사이 끌어당기는 힘의 크기는 각 물체의 질량의 곱에 비례하고 두 물체 사이 거리의 제곱에 반비례한다.

• 뉴턴의 중력법칙은 1905년 아인슈타인의 일반상대성이론이 나오기 전까지 강력한 이론으로 자리를 지키고 있었다.

• 뉴턴은 어머니와 의붓아버지의 집을 불태우겠다고 협박한 적이 있었지만 나중에 그것에 대해 사과했다.

• 뉴턴과 라이프니츠는 누가 미적분학을 먼저 발명했는지를 두고 서로 다퉜다.

• 뉴턴은 말년에 정신 불안으로 힘든 시기를 보냈다. 사망한 후 사체에서 상당한 양의 수은이 검출되었는데, 아마도 결실 없는 연금술 실험을 많이 했기 때문일 것이다. 행동 이상을 보인 것도 수은 중독의 증상일 것으로 추정된다.

292 | FRI ♪ 음악 | 구스타프 말러

구스타프 말러(1860년~1911년)가 주요 작곡가로서의 지위를 회복한 것은 사후 40년이 지나서였다. 말러의 음악은 끔찍했던 제2차 세계대전을 겪고 난 후에야 일반 대중과 평론가들로부터 중요한 음악이라는 평을 받았다.

말러는 보헤미아의 결손 가정에서 14명의 아이들 중 둘째로 태어났다. 증류주 생산자였던 아버지는 폭력적이었다. 그래서 말러는 아주 어릴 때부터 오랜 시간 집 주변 언덕과 들판을 거닐면서 자연에서 위안을 찾으려 했다. 말러는 열다섯 살에 빈 음악원에 입학했고, 그곳에서는 베토벤과 바그너 음악에 심취했다. 말러는 채식하는 습관을 포함해 바그너의 인생 지론 일부를 따랐다. 안타깝게도 말러는 평생 바그너와 다른 음악가들의 이류 모방자라는 비난에서 벗어나지 못했다.

어떤 평론가들은 말러의 곡이 다양한 양식을 이상하게 조합시켜 놓은 것이라고 평가했다. 요하네스 브람스나 베토벤 교향곡의 강렬한 악장, 울려 퍼지는 합창곡, 중요하지 않은 듯하지만 소중한 민속 음악 등등이 모두 한 작품 안에 담겼다. 대표적 예가 말러의 교향곡 제9번(1909년)이다. 말러의 작곡 기법은 그의 생전에 많은 논란을 일으켰다. 게다가 청중을 압도하기 위해 저급한 관현악 기법을 썼다는 비난도 받았다.

그럼에도 불구하고 말러는 분명 최초의 스타 지휘자였으며, 그런 그의 높은 위상 덕분에 오케스트라 지휘자에게 존경을 표시하고 예우하는 전통이 생겨났다. 1907년 그는 뉴욕 메트로폴리탄 오페라 극단의 감독이 되었고, 그다음 해부터 뉴욕 필하모니에서 지휘하기 시작했다. 말러가 세상을 떠나면서 그의 음악도 함께 사람들 기억에서 사라졌다. 브루노 발터, 오토 클렘페러, 레너드 번스타인 등 유명한 지휘자들이 수년간 지지를 보내고 나서야 말러의 음악은 다시 인기를 얻었다.

- 말러는 에마 신들러와 결혼했다. 에마는 아마 20세기 초 가장 멋진 유명인사들의 부인이었을 것이다. 말러가 사망한 후 건축가 발터 그로피우스와 결혼했고, 그 후에 다시 작가 프란츠 베르펠과 결혼했다.
- 말러는 작곡가들이 베토벤처럼 아홉 번째 교향곡을 쓰고 나면 죽는다는 미신을 믿었다. 그런 저주를 피하기 위해 8번 교향곡을 작곡한 직후 테너, 소프라노, 오케스트라 연주로 이어지는 연작 가곡 〈대지의 노래〉를 작곡했고, 1년 후에 진짜 아홉 번째 교향곡을 작곡했다. 그러나 소용없는 일이었다. 말러는 교향곡 제9번을 완성한 후에 바로 후두염으로 사망했다.
- 빈 오페라와 뉴욕 필하모니를 포함해 말러가 지휘자로 있었던 모든 오케스트라들이 그가 지휘를 맡은 지 몇 년 사이에 세계적인 위상을 얻은 것으로 보인다.

293

현상학

현상학은 독일 철학자 에드문트 후설(1859년~1938년)이 창시한 철학 사조이다. 후설은 의식의 경험을 탐구하고자 했다(그러나 의식의 경험 너머에 존재하는 것이 있다면 그것이 무엇인지에 대한 질문은 제쳐두었다). 그는 의식의 경험을 체계적으로 기술하기 위한 시도로서 현상학을 이해했고, 그런 노력이 철학의 기본을 형성해야 한다고 믿었다.

후설의 주요 목표 중 하나는 경험의 지향성intentionality을 연구하는 것이었다. 경험의 지향성이란 경험이 경험 자체가 아닌 다른 무엇에 관한 것이라는 사실을 말한다. 예를 들어, 사자에게 쫓기는 악몽을 꾸든 실제로 진짜 사자에게 쫓기든 그 경험은 사자에 관한 것이다. 이와 대조적으로 경험을 제외한 대부분의 것들, 이를테면 탁자나 바위 또는 이 경우 사자 그 자체도 다른 무엇에 관한 것이 아니다. 후설은 경험의 지향성을 현상학의 중대한 주제로 여겼다.

후설은 현상학의 목표가 단지 특정한 몇몇 경험을 매우 상세히 묘사하는 것이 아니라고 주장했다. 그는 다양한 종류의 의식 경험에 대한 필수 구조와 경험들 사이 연관성을 정의하고 싶었다. 그러므로 현상학은 심리학과 구별된다. 후설에 따르면 심리학은 단지 우리가 생각하는 방식을 기술하는 학문이다.

후설 이후의 많은 철학자들이 현상학에 깊은 영향을 받았다. 후설의 학생이었던 마르틴 하이데거(1889년~1976년)는 현상학에 관한 여러 개념을 자신의 철학에 통합시켰다. 프랑스 철학자 장 폴 사르트르(1905년~1980년)와 모리스 메를로퐁티(1908년~1961년)도 후설의 현상학에 영향을 받았다.

• 현상학은 하이데거와 사르트르에게 영향을 미치면서 존재론 발달에 중요한 역할을 했다.

• 후설은 어떤 대상을 지향하는 의식의 경험을 노에시스라고 불렀고, 행동의 내용을 노에마라고 불렀다.

• 현상학이라는 용어는 '나타나다'는 의미의 그리스어 단어에서 나왔다. 현대 철학에서 현상학은 종종 어떤 것의 느낌이나 어떤 경험을 기술할 때 사용된다.

R

294

U

종교

부처

'깨달은 자'라는 의미의 부처는 기원전 6세기에 태어났고 원래 이름은 고타마 싯타르타이다. 아버지는 인도 샤카족(석가족) 왕국의 국왕이었다.

싯다르타가 태어나기 전 한 예언자가 나타나 싯다르타가 위대한 왕이 되거나 위대한 종교 지도자가 될 것이라고 말했다고 전해진다. 싯다르타의 아버지는 아들이 왕이 되기를 바랐고, 그래서 종교와 세상의 고통으로부터 싯다르타를 보호하려고 애썼다. 그러나 29세 무렵에 싯다르타는 아버지의 보호막을 벗어나 바깥세상으로 나가고 그의 인생을 완전히 바꿔놓은 네 가지를 목격한다. 노인, 병자, 시체, 수도자를 본 것이다. 그렇게 세상에는 고통과 신앙이 존재한다는 것을 알게 된 싯다르타는 지금까지의 인생 행로를 버리고 인도 북동지역에서 은둔하며 승려가 되었다.

내면의 평화를 얻기 위해 다른 승려들과 명상을 하고 금식을 포함한 여러 방법을 시도했지만 싯다르타는 깨달음을 얻지 못했다. 그때 한쪽 끝으로는 방종과 다른 쪽 끝으로는 고행 사이에 '중도'가 있음을 발견했다. 중도를 추구하면서 명상한 후로 그는 해탈을 경험하고 진리를 봤다.

싯다르타는 네 가지의 숭고한 진실이 있다고 믿었다. 첫째, 세상에는 고통이 있다. 둘째, 고통을 일으키는 원인이 있는데, 그것은 욕구다. 셋째, 열반이라 불리는 고통이 없는 상태가 있다. 넷째, 열반에 이르는 길이 있다.

싯다르타는 처음에 이런 깨달음을 다른 사람들에게 가르쳐야 할지 확신이 서지 않았지만 어느 날 영신의 계시를 받았다. 그때부터 싯다르타는 인도 갠지스 지역을 돌아다니며 설교하기 시작했다. 그는 사람들에게 해탈에 이르는 길을 가르치는 일을 업으로 하는 부처들이 있는데, 자신은 그 계보를 잇는 하나일뿐이라고 말했다.

싯다르타는 죽을 때까지 사람들에게 진리를 설교했고, 일반적으로 80세에 사망한 것으로 보고 있다.

● 여러 자료를 보면 싯다르타는 독버섯을 먹어 사망했다고 한다.
● '부처'라는 이름 외에 고타마 싯다르타는 '석가모니' 즉 석가족의 현자라고도 알려져 있고 '여래'라 불리기도 한다.
● 불교가 인도에서 생겨났지만 13세기 무렵에 여러 외세의 침략을 받으면서 인도에서 거의 사라졌다. 그러나 그때는 이미 불교가 동아시아, 동남아시아, 히말라야 지역으로 전파되었고, 오늘날에도 건재하다.

295 | MON 역사 | 윈스턴 처칠

윈스턴 처칠(1874년~1965년)은 제2차 세계대전 동안 영국을 승전국으로 이끈 정치가이다. 제2차 세계대전이 발발하기 전까지만 해도 처칠은 정치적으로 실패한 인물로 여겨졌다. 제1차 세계대전 당시 영국의 잘못된 조처로 비난을 받으면서 그의 정치 생명은 실제 끝난 것이나 다름없었다. 1920년대에 처칠은 영국 내각의 각료로 있었지만 아돌프 히틀러와 나치당이 독일에서 권력을 장악할 무렵에는 평의원으로 물러나 있었다. 그가 히틀러의 등장에 대해 경고했지만 동료 정치가들은 그를 불필요한 걱정이나 일으키는 괴짜라고 여기면서 그의 말을 무시했다.

제2차 세계대전은 영국의 역사에서 가장 암울한 시기 중 하나였다. 그때 영국은 처칠에게 기댔다. 제2차 세계대전이 발발했을 때 영국의 총리는 보수당의 네빌 체임벌린이었다. 그는 걷잡을 수 없이 전개되는 전쟁에서 영국의 존립을 책임지기에 역부족이었다. 1940년 체임벌린이 총리직을 사임하자 그를 대신해 처칠이 전통적인 영국 총리 관저인 다우닝가 10번지에 입성했다.

제2차 세계대전의 처음 몇 달 동안 연합군은 고전을 면치 못했다. 1939년과 1940년 초반 나치 독일 군대는 폴란드, 덴마크, 노르웨이, 벨기에, 네덜란드, 룩셈부르크, 프랑스를 침공했다. 영국군이 프랑스를 돕기 위해 파병되었지만 수세에 몰렸고, 결국 1940년 철수할 수밖에 없었다. 그때까지 미국과 소련은 중립을 지키고 있었기 때문에 나치 독일의 맹공격에 대항할 수 있는 주요 군사 강국은 영국뿐이었다.

놀랍게도 처칠 총리는 불가능한 일을 해냈다. 18개월 동안 영국은 실제로 홀로 나치군의 공격을 이겨냈다. 소련은 히틀러가 러시아를 침공한 후 1941년 6월에 전쟁에 참가했다. 미국도 그 해 후반에 참전했다. 처칠은 유창한 연설을 수없이 거듭하며 나치군에 대항해 싸우도록 영국 국민과 독일에 점령당한 유럽 각국 국민들을 단결시켰다. 마침내 연합군이 독일을 막았고 1944년 D-데이(6월 6일) 무렵 확실히 전세는 독일에게 불리하게 기울었다.

- 처칠은 정치가이기도 했지만 뛰어난 언론인이자 역사가였다. 그는 전쟁이 끝난 후 세계대전의 방대한 역사를 다룬 《제2차 세계대전》을 썼고, 그 책으로 1953년 노벨문학상을 받았다.
- 처칠은 전쟁을 승리로 이끈 성공적인 지도자였지만 국내 정책에 관해서는 유권자들에게 인기가 없었다. 1945년 나치 독일이 패전하고 몇 개월 후에 치러진 선거에서 영국 국민들은 처칠의 반대당 노동당의 클레멘트 애틀리를 총리로 선택했다.
- 세계대전 때의 지도력을 인정받아 처칠은 1963년에 최초의 미국 명예시민이 되었다.

296 | TUE 문학 | 오스카 와일드

아일랜드 극작가이자 수필가 오스카 와일드(1854년~1900년)는 서양 문학사에서 날카로운 위트를 지닌 문인이자 가장 대담한 성격의 소유자임이 분명하다. 빅토리아 시대의 위선을 무덤덤하게 드러내는 글로 잘 알려져 있지만 사실 그는 예술철학과 미학에도 중대한 공헌을 했다. 와일드의 파란만장한 개인사는 그의 작품만큼이나 매력적이며 특이한 행동과 성격 때문에 생전에도 유명했다.

더블린에서 태어난 와일드는 좋은 교육을 받은 부모 밑에서 자랐다. 트리니티 칼리지와 옥스퍼드에서 고전문학과 시를 전공했다. 대학을 다닐 때부터 작가로서 이름을 알렸고, 과장된 행동과 화려한 복장은 그의 트레이드마크였다. 대학 초기부터 예술이 무엇인지, 왜 예술이 중요한지, 예술이 삶과 사회에서 어떤 역할을 담당하는지 등 예술에 대한 관념에 심취해 있었다. 예술은 구체적인 이유나 목적이 전혀 필요하지 않다고 보는 '예술을 위한 예술'을 강력히 믿으며 1800년대 후반 유럽을 휩쓸었던 미학 운동에 동조했다.

와일드의 작품은 대부분 1890년대에 쓰였다. 그야말로 창작열이 폭발한 시기라고 할 수 있다. 그중 첫 작품은 소설《도리언 그레이의 초상》(1890년)이다. 허영심 많은 한 청년의 초상화가 주인공이 타락하고 부패함에 따라 그 모습을 반영하며 점점 변해가는 비극적인 이야기이다. 이 소설보다 더 유명한 것은 영국 상류층의 태도와 관습을 신랄하게 파헤치는 응접실 배경의 희극이다. 사위를 협박하는 여성을 다룬《윈더미어 부인의 부채》(1892년)와 공무원에 대한 협박을 다룬《이상적인 남편》(1895년)이 그 대표작이다.

가장 대표적인 걸작은 단연《진지함의 중요성》(1895년)이다. 거짓말을 일삼는 두 청년과 두 젊은 여성 그리고 우스울 정도로 고상한 척하는 한 귀족 부인 사이에서 신분을 속이고 오인하면서 벌어지는 사건을 다룬 희극이다. 와일드 작품의 전형인 이 희곡은 비밀과 오해가 가득하고, 노골적인 조롱이나 모욕보다는 현명한 풍자로 대상을 날카롭게 비판한다. 또한 등장인물들은 재치 있는 경구를 끊임없이 내뱉는다.

와일드는 1890년대에 단번에 성공 가도를 달렸지만 그만큼 빨리 쇠퇴의 길을 걸었다. 그는 결혼도 하고 자녀를 두었지만 공공연한 동성애자였다. 1895년 한 귀족의 아들과 '부적절한' 관계로 재판을 받고 2년 중노동 형에 처해졌다. 와일드는 형 집행 기간에 건강이 매우 악화되어 결국 1900년에 무일푼으로 사망했다.

297

앙리 마티스

앙리 마티스(1869년~1954년)는 자연주의를 반대하고 색이 지닌 아름다움과 심리적 힘을 찬양하는 예술 운동인 야수파를 창시한 화가 중 한 명이다. 특히 춤추는 인물들을 그린 벽화와 말년에 만든 거대한 종이 오리기 작품으로 유명하다.

마티스는 프랑스 피르카디에서 태어났다. 안락한 중산층 가정에서 자랐고 1889년에 법학 학위를 받았다. 미술에 대한 경험이 전혀 없었던 마티스는 맹장염에 걸려 회복되는 동안에 그림에 대한 재능을 발견하게 되었다. 그는 화가가 되기로 결심하고 파리로 건너갔다. 처음에는 아카데미 줄리앙에 등록해 윌리엄 아돌프 부그로 밑에서 공부했다. 그다음 해 마티스는 상징주의 화가 귀스타브 모로의 작업실로 초대받았다. 게다가 에콜 데 보자르 미술학교에 입학해 옛 대가들의 그림을 모방하면서 그림을 배웠다.

1890년대 후반 코르시카 섬에 잠시 체류한 후 다시 파리로 돌아왔고, 그때부터 과거의 전통을 깨고자 하는 젊은 화가 집단을 이끌었다. 이 화가 집단은 1905년 정식 살롱의 그림과 판이하게 다른 그림으로 예술계에 대단한 충격을 일으켰다. 그들은 밝은 색상과 어린 아이 같은 구도를 사용했다. 그런 화법을 반대하는 비평가들은 그들을 포악한 짐승이라는 의미로 야수파라 불렀다. 이 시기 마티스가 그린 대표적인 작품이 〈삶의 기쁨〉(1906년)이다. 간단한 배경 속에 실오라기 하나 걸치지 않은 나체의 여성들이 춤을 추고 음악을 연주하는 모습을 그렸다. 여러 가지 면에서 마티스의 목표는 표현주의자들의 목표와 같았지만 마티스 본인은 부정적인 감정을 깊이 생각하는 표현주의적 성향을 못마땅하게 생각했다. 그는 자신의 예술이 즐거움을 이끌어내고 "물리적 피로감에서 벗어나 휴식을 취할 수 있는 편안한 안락의자 같은 것"이 되기를 원했다.

1920년대 마티스는 리비에라 지방의 니스로 거처를 옮겨 여생의 대부분을 그곳에서 보냈다. 1930년에는 미국을 경유해 타히티로 갔다. 미국에 들렀을 때 펜실베이니아 반스 재단으로부터 벽화 〈춤〉을 의뢰받았다. 1930년대에는 주로 삽화 작업에 전념하면서 스테판 말라르메의 《시》와 제임스 조이스의 《율리시스》에 사용할 동판화를 제작했다. 1944년에는 재즈에 관한 글을 써서 삽화집을 제작해달라는 요청을 받았다. 그는 "가위로 그림 그리기" 기법으로 종이 오리기 작품을 만들어 앨범을 장식했다.

1941년 눈에 종양이 생겨 수술을 받은 후로 마티스는 점점 종이 오리기에 매달렸다. 1951년까지 계속 작품을 만들었는데, 그의 마지막 작품 중에는 프랑스 남부지방 방스의 한 예배당 창과 벽을 장식하기 위해 만든 것도 있다. 1950년대 초에 만든 거대한 종이 오리기 작품을 보면 그가 나이 들어도 여전히 혁명적인 미술가였음을 알 수 있다.

298

실수

실수real numbers는 우리가 일상에서 만나는 수다. 실수의 집합은 수직선에 나타낼 수 있는 모든 수를 모아 놓은 것으로 자연수, 범자연수, 정수, 유리수, 무리수를 포함한다.

자연수는 1부터 시작해 무엇인가의 개수를 세는 수다. 인간에게 알려진 가장 오래 수이기도 하다. 고대 인류가 손가락으로 숫자(1, 2, 3, 4, 5, ⋯)를 세면서 자연수를 발견했으리라 여겨진다. 많은 초기의 인류 문화들도 0의 개념을 발명했다. 0은 자연수는 아니지만 범자연수에 속하며, 범자연수는 0과 자연수를 말한다.

수학이 보다 정교해지면서 사람들은 작은 수에서 큰 수를 빼면 어떻게 되는지 묻기 시작했다. 그래서 음수의 개념이 생겨났다. 그러나 오랫동안 수학자들은 방정식의 답으로 음수가 나오는 것을 받아들이려고 하지 않았다. 그렇지만 음수가 없다면 빚이 얼마인지 계산하는 것이 불가능할 것이다. 범자연수와 음수를 모아 놓은 수의 집합을 정수라 부른다.

정수 다음에 생겨난 개념이 분수, 곧 유리수이다. 유리수는 $\frac{2}{3}$이나 $\frac{1}{8}$, $-\frac{5}{3}$같이 정수의 비율로 나타낼 수 있다. 정수도 모두 유리수다.

수를 숭배했던 고대 그리스 피타고라스학파는 π(파이)나 $\sqrt{2}$(루트 2)같이 제곱근 같이 정수의 비율로 표현할 수 없는 수를 발견하고 큰 충격에 빠졌다. 그러나 이런 수들도 분명 존재하는 것이 맞고, 원의 둘레나 삼각형 빗변의 길이를 찾는 문제를 푸는데 필요하다. 이런 수를 가리켜 무리수라 한다. 무리수를 소수로 나타내면 규칙적으로 반복되는 부분이 없는 무한소수가 된다.

- 음수의 개념은 서기 600년 경 인도 수학자들에 의해 만들어졌다. 하지만 유럽에는 그보다 훨씬 뒤인 1600년대 들어서야 도입되었다.
- 고대 이집트인들은 기원전 1000년경부터 분수를 사용했다.

299 | FRI ♪ 음악 | 인상주의 음악가
클로드 드뷔시와 모리스 라벨

인상주의 화가들은 물체나 장면을 묘사하려고 하지 않고 단지 표상을 암시하려고 했다. 클로드 드뷔시(1862년~1918년)와 모리스 라벨(1875년~1937년)의 음악도 비슷했다. 그들의 음악은 바로크 시대로 거슬러 올라가는 '실용적인' 음악과 달랐다. 한 장면이나 생각을 직접 표현하기보다 음악을 통해 간접적으로 장면이나 생각을 불러일으키게 하려고 애썼다. 또한 드뷔시는 그때까지 대부분의 독일 음악을 특징지었던 형식적 구조를 탈피했다. 드뷔시보다 정도는 덜하지만 라벨도 마찬가지였다.

클로드 드뷔시는 파리 외곽에서 태어났고, 열한 살 때 파리 음악원에 들어갔다. 로마에서 장학금을 받으면서 공부한 후 다시 고향으로 돌아왔다. 그는 파리 북부 유행의 거리 몽마르트르를 중심으로 번진 자유분방한 생활 방식에 심취했다. 미술가, 작가, 음악가들과 교류했고, 나중에는 샤를 보들레르, 폴 베를렌, 아르튀르 랭보, 스테판 말라르메 같은 시인들이 포함된 상징주의자 모임에 들어갔다. 상징주의 시 이론은 대상이나 생각을 직접 언급하기보다 그것을 암시하는 언어를 사용해서 표현하는 것을 포함했다.

드뷔시는 상징주의 시 이론을 음악에 적용했다. 때때로 상징주의적인 가사를 사용하기도 했다. 그의 작품은 대체로 '싱그러운, 풍부한, 도취시키는' 등의 말로 묘사된다. 드뷔시는 〈달빛〉(1890년)과 〈목신의 오후 전주곡〉(1894년) 같은 작품에서 새롭고 혁명적인 하모니를 사용했지만, 그가 만든 대부분의 작품은 언제나 청중들에게 쉽게 접근할 수 있었다.

드뷔시를 잇는 또 다른 위대한 인상주의 음악가는 모리스 라벨이다. 라벨 역시 파리음악원에서 공부했고 최신 유행을 좇는 파리 사람들 틈에서 생활했다. 라벨이 속한 집단은 아파치라고 불렸는데, '거리의 깡패'를 뜻하는 프랑스어에서 나온 말이다. 라벨의 가장 유명한 작품으로 스페인 정취를 풍기는 〈스페인 광시곡〉(1908년)과 반복되는 리듬의 모티브를 길고 느리게 점차 고조시키는 매력적인 소규모 발레곡 〈볼레로〉(1928년)가 있다.

- 드뷔시는 스승 어니스트 기로우드로부터 "네가 하고 있는 것이 아름답지 않다는 말이 아니다. 다만 이론적으로 조화롭지 못하다는 말을 하고 있는 것이다."라고 들은 적이 있었다.
- 라벨은 가브리엘 포레 밑에서 음악을 배웠다.
- 드뷔시는 라벨의 현악 4중주가 자신의 작품을 많이 모방했다고 하면서 여러 차례 라벨의 표절 의혹을 제기했다. 그 때문에 두 작곡가의 관계는 평생 좋지 않았다.

300

마르틴 하이데거

독일 메스키르히에서 태어난 마르틴 하이데거(1889년~1976년)는 원래 가톨릭 신부가 되려고 했었지만 교회를 완전히 떠나 철학자가 되었다. 그는 프라이부르크 대학교 학생으로 있을 때부터 현상학 창시자인 에드문트 후설(1859년~1938년)을 따르기 시작했다.

1933년부터 1934년까지 하이데거는 프라이부르크 대학교 총장을 역임했다. 그리고 나치당에도 가입했다. 후설과 다른 동료 학자들이 유대인이었지만 하이데거는 자신이 나치와 연관된 것에 대해 전혀 미안해하지 않았다. 그때부터 하이데거의 철학과 나치즘의 관계는 논란의 대상이 되었다.

하이데거의 사상은 점차 발전했지만 중점은 항상 그가 말하는 '존재에 대한 물음'이었다. 존재한다는 것은 무엇일까? 존재하게 된다는 것은 무엇일까? 하이데거는 이것이 우리가 잊고 지냈던 근본적인 형이상학적 질문이라고 여겼다. 그는 철학자들이 존재한다는 것과 인간이나 신과 같은 '존재'를 혼동하고 있다고 주장했다. 그래서 하이데거는 존재한다는 것과 특정한 개체를 나타내는 존재의 차이점을 강조했다.

그의 가장 유명한 저서 《존재와 시간》(1927년)에서 이 문제가 처음 논의되었다. 이 책에서 하이데거는 존재한다는 것을 이해하는 유일한 존재인 인간을 살펴봄으로써 '존재에 대한 물음'을 검토했다. 후기에 집필한 저서에서는 인간 존재에 대해 분석하기보다는 존재한다는 것을 직접 탐구하는 경향을 보였다. 게다가 그가 말하는 '기술'에 점차 관심을 기울이기 시작했다. 하이데거의 기술은 컴퓨터나 기계 같은 것이 아닌, 세상을 이해하는 방식을 의미한다. 하이데거는 우리가 세상을 마음대로 쓸 수 있는 자원으로 생각하고 있다면서 이런 기술을 비판했다.

• 하이데거는 후기에 저술한 책에서 자신이 하고 있는 것은 철학이라기보다 '사유'라고 설명했다. 그는 사유가 시와 더 밀접하게 관련되어 있다고 말했다.

• 하이데거의 '기술'에 관한 글들은 초기 환경 운동에 영향을 미쳤다.

• 하이데거는 결혼을 한 기혼자인데도 불구하고 연하의 한나 아렌트(1906년~1975년)와 연인 관계였다. 아렌트는 한때 하이데거의 제자였으며 나중에 그녀 역시 중요한 철학자가 되었다. 유대인이었던 그녀는 하이데거가 1930년대 나치즘에 동조하는 것을 보고 크게 실망했다.

301

SUN
종교

사성제와 팔정도

부처의 깨달음의 핵심은 네 가지 고귀한 진리, 곧 사성제에 있다. 사성제는 부처가 깨달음을 얻은 후 처음으로 동료 수도자들에게 전한 최초의 설법이다.

첫 번째 진리는 세상으로부터 차단되어 살아가던 부처의 유년기와 달리 세상에는 고통이 있다는 것이다. 두 번째 진리는 이 고통을 일으키는 원인이 있고, 그 원인은 욕구라는 것이다. 세 번째 진리는 고통이 없는 열반이라 불리는 상태가 존재한다는 것이다. 게다가 그런 상태를 이룰 수 있는 방법은 욕망을 없애는 것이다. 마지막으로 네 번째 진리는 욕망에서 벗어나 열반에 이르는 길이 있다는 것이다. 그 길이 팔정도이다.

팔정도는 열반과 깨달음을 얻기 위해 따라야 하는 규칙을 말하며 다음과 같다.

- 바르게 보기: 사성제를 제대로 알고 선입견이나 착각에서 벗어나야 한다.
- 바르게 생각하기: 악의를 피해야 한다.
- 바르게 말하기: 거짓말을 하지 않는다.
- 바르게 행동하기: 평화를 사랑하고 물건을 훔치거나 사람을 죽이지 말아야 한다.
- 바르게 생활하기: 정직한 방법으로 돈을 벌어야 한다.
- 바르게 노력하기: 다른 사람의 무지함과 우리 자신의 욕망을 극복하기 위해 계속 노력해야 한다.
- 바르게 마음 챙기기: 스스로 자신의 감정과 정신 상태를 계속 인지하고 있어야 한다.
- 바르게 집중하기: 모든 생물의 '불성'에 초점을 맞춰야 한다.

사성제와 팔정도는 불교 설법에서 핵심을 이룬다. 이 네 가지 진리는 불교의 기본 교리이고, 여덟 가지 정도는 불교의 교리를 수행하는 지침이라 할 수 있다.

- 힌두교 신들이 인간을 고통에 대해 대비할 수 있도록 해주지 못한다는 것에 환멸을 느낀 후 부처는 신에 의존하지 않는 교리와 수행법에 관심을 돌렸다.
- 예수 그리스도가 바른 생각을 처음 강조했다고 주장하는 사람들도 있지만(산상수훈에서 예수는 살인을 생각하는 것만으로도 살인을 저지르는 것만큼 나쁘다고 말했다) 부처는 그보다 500년 앞서 바른 생각의 개념을 주장했다.

302

스페인 내전

스페인 내전은 1936년부터 1939년까지 스페인에서 일어난 유혈 분쟁으로 무수히 많은 군인과 민간인의 목숨을 앗아갔다. 좌파 사회주의 공화국 정부와 결국 승리하게 되는 프란시스코 프랑코 장군이 이끄는 국민당 반란군 양측 모두 끔찍한 잔악 행위를 저질 렀다. 사망자 수는 무려 100만 명으로 추정된다.

스페인 내전은 제2차 세계대전의 예행 연습과도 같았다. 파시스트 이탈리아와 나치 독일이 프랑코 편에 섰다. 두 추축국은 앞으로 곧 유럽을 대상으로 사용하게 될 무기와 전술을 시험하는 실험실로서 스페인을 이용했다. 1937년 독일 공군이 스페인의 게르 니카 마을을 공습해 수백 명의 민간인이 사망했다. 이 사건으로 파블로 피카소는 유명 한 반전 그림 〈게르니카〉(1937년)를 그리기도 했다.

프랑코의 반란군을 돕는 독일과 이탈리아와 반대로 소련은 정부군에 무기를 공급했 다. 스페인에 세워진 공화국 정부를 보존하는 것은 공산주의자들과 좌파 성향의 서양 지식인들 사이 중요한 쟁점이 되었다. 많은 미국인과 유럽인들이 스페인 정부군에 자 원입대했다. 조지 오웰과 어니스트 헤밍웨이를 포함한 유명 작가들도 스페인으로 모 였다.

1939년 3월 마침내 반란군이 마드리드를 함락했고 파시스트 독재자 프랑코 장군이 스페인을 지배하게 되었다. 독재는 1975년 그가 사망할 때까지 계속 되었다.

스페인 내전의 잔악성으로 말미암아 유럽에서 특히 지식인들 사이에서 파시즘에 대 한 반대는 더욱 거세졌고 고립주의를 주장하는 목소리는 약해졌다. 많은 사람들이 드 디어 서구권 국가들이 추축국에 맞서야 할 때가 됐다고 진단했다. 한편, 많은 좌파 작 가들은 소련이 실제로 스페인 좌파 정부를 지원하지 않고 자신들의 이익만을 추구하 는 것을 목격하고 소련에 환멸을 느꼈다.

- 스페인 정부군에 지원한 미국인을 다룬 어니스트 헤밍웨이의 《누구를 위하여 종은 울리나》(1940년)는 작가가 스페 인 내전에 참전해 경험한 것을 토대로 쓴 소설이다.
- 영화 〈카사블랑카〉(1942년)에서 험프리 보카트가 분한 릭 블레인은 아프리카로 건너가기 전 스페인 정부군에 불법 적으로 무기를 공급한다.
- 프랑코는 내전을 치르는 동안 히틀러와 무솔리니로부터 중요한 도움을 받았지만 제2차 세계대전 기간(1939년 ~1945년)에는 중립을 지키는 선택을 했다.

303 TUE 문학 | 이것은 세상에게 보내는 나의 편지입니다

이것은 세상에게 보내는 나의 편지입니다
내게 한 번도 보낸 적이 없는-
자연이 부드러운 장엄함으로-
말해주는 소박한 소식입니다

자연의 메시지는 내가 볼 수 없는
사람들 손에 맡겨집니다-
자연에 대한 사랑을 봐서-다정한-동포들이여-
부드럽게 판단해주세요-나를

에밀리 디킨슨(1830년~1886년)은 생전에는 거의 알려지지 않았지만 사후에 미국에서 가장 위대한 시인 중 한 명으로 인정받고 있다. 그녀가 쓴 짧고 풍자적인 시는 문체와 기법 면에서 혁신적이며 거대한 내면의 삶을 잘 조명한다.

디킨슨은 가족 대대로 살아온 매사추세츠 애머스트에서 나고 자랐다. 1840년대 후반 중등교육을 마친 후 처음으로 시를 쓰기 시작했다. 그녀의 초기 작품들은 비교적 전통적인 형식을 취했고, 발라드나 송가 등 전통적인 시에서 볼 수 있는 운율을 이용했다. 그러나 1860년대부터 리듬, 운율, 시어 선택, 구두점에 관한 과감한 실험을 하면서 기존의 형식에 변형을 꾀했다. 그 결과 익숙한 것과 예기치 못한 것 사이에 긴장감을 만들어냈고 인쇄 시 깔끔하게 배열되는 시를 탄생시켰다.

〈이것은 세상에게 보내는 나의 편지입니다〉(1862년경)는 디킨슨의 문체, 형식, 목소리를 가장 잘 나타내는 대표적인 시다. 그녀의 다른 시와 마찬가지로 이 시도 제목이 따로 없고 첫 행으로만 알려져 있다. 4행으로 된 2개의 연으로 구성되어 있고, 한 행에 6~8개의 음절이 약강 패턴으로 나열되어 있는 표준 발라드 형식을 따라 약강 4보격과 3보격이 교차한다. 그러나 디킨슨은 표준 형식에 변화를 줬다. 첫 행이 약강 음보로 시작하지 않고 반대로 "이것은"을 강조하는 강약 음보로 시작한다. 디킨슨은 행의 흐름을 끊고 특정 시어를 도드라지게 만들도록 줄표(-)를 시의 중간 중간에 넣었다. 이것이 디킨슨의 전형적인 스타일이다.

이 시는 디킨슨이 자신의 시작(詩作)에 대한 성찰을 주제로 다룬 대표적인 예로 예술적 창의성에 대해 이야기한다. 시 곳곳에 자신의 창의적 에너지의 산물을 세상에 발표하는 것에 대한 불안감을 드러내고 있다. 그녀에게는 시가 전하는 "메시지"를 "(그녀

가) 볼 수 없는 사람들 손에" 맡겨야 한다는 것이 도박처럼 느껴진다. 디킨슨은 세상의 모든 화가나 작가들이 가지고 있을 불안감을 마지막 행 "부드럽게 판단해주세요 – 나를"으로 요약하고 있다.

- 디킨슨은 1700편 이상의 시를 썼는데, 그 가운데 7편만 생전에 출판되었다.
- 디킨슨은 서간문도 많이 썼다. 지금까지 전해지고 보존되는 것만 수백 편이다. 디킨슨의 서간문도 시만큼 풍부한 언어로 쓰였기 때문에 그만큼 높이 평가받는다.
- 생애 마지막 20년 동안 디킨슨은 애머스트에 있는 가족 소유지를 결코 벗어나지 않은 채 살았다.

304

구겐하임 미술관

뉴욕 구겐하임 미술관은 20세기 가장 혁신적인 건축물 중 하나다. 이 미술관은 전통적인 미술관 구조를 완전히 벗어나 거대한 나선형 경사로로 에워싸여 있다.

구겐하임 미술관은 솔로몬 구겐하임 재단에서 수집한 현대 미술품들을 소장하기 위해 미국 건축가 프랭크 로이드 라이트(1867년~1959년)가 설계했다. 이미 비대상 회화 Non-Objective Painting 박물관을 지은 구겐하임은 자신이 수집한 작품들을 영구 소장할 수 있는 곳을 마련하기 위해 1943년 이 박물관 건축을 의뢰했다. 라이트는 당시 혁신적인 건축물로 명성이 나 있었고, 특히 펜실베이니아 베어런 폭포 위에 지은 폴링워터 가옥으로 유명했다. 미술 컨설턴트 힐라 폰 레바이는 라이트에게 "우리에게 필요한 사람은 전사이자 공간을 사랑하는 선동가이자 실험적이면서 현명한 사람입니다. 우리가 원하는 것은 영혼의 전당이 될 수 있는 기념비적인 건축물입니다."라고 편지를 썼다.

1951년 구겐하임 재단은 뉴욕 도심 88번가와 89번가 사이 5번 에버뉴에 넓은 부지를 매입했다. 구겐하임 미술관은 1959년에 완공되었다. 10층 건물이었던 미술관은 더 많은 소장품을 수용하기 위해 1991년에 증축되었다.

라이트는 현대 건축의 기하학적 요소와 자연적 유기물 형태를 융합해 구겐하임 미술관을 설계했다. 이 미술관은 앵무조개에 비유되거나 메소포타미아의 나선형 사원인 지구라트를 뒤집어 놓은 모양에 비유되기도 했다. 90피트(약 27m) 높이의 중앙 홀을 감싼 콘크리트 나선형 경사로가 실내 장식의 가장 두드러진 특징이다. 관람객들은 엘리베이터를 타고 꼭대기 층으로 올라간 다음 경사로를 내려오면서 미술품을 감상한다.

1959년 구겐하임 미술관이 대중에게 공개되자 찬사와 비판을 동시에 받았다. 어떤 사람들은 라이트가 개방형 구조로 짓지 않고 나선형 경사로를 건물 내부에 지었기 때문에 길 건너편에 있는 센트럴 파크의 경관을 낭비한다고했다. 또 어떤 사람들은 경사로에 서서 작품을 봐야 하기 때문에 안정적이지 않고 그림을 멀리서 보는 것이 어렵다고 했다. 라이트는 유리 천장으로 자연광이 들어와 실내를 비추기에 충분할 것이라 주장했다. 하지만 미술관 내부가 너무 어두워서 관람객들이 편안히 관람할 수 없었고, 결국 나중에 인공조명을 설치해야 했다.

구겐하임 미술관은 전시 공간으로서 문제점을 안고 있지만 여전히 뉴욕에서 가장 인기 있는 관광 명소 중 하나이며 매주 수천 명의 방문객들이 이곳을 찾는다.

• 구겐하임 미술관은 현재 베니스, 빌바오, 베를린, 라스베이거스에도 있다. 뉴욕에 추가로 하나 더 짓고(프랭크 게리가 설계) 리우데자네이루와 도쿄에도 새로 지을 계획을 추진하고 있다.

305 | THU · 과학 | 소수

소수prime number는 1보다 큰 정수로 1과 자기 자신으로만 나눌 수 있는 수를 말한다.

2는 가장 작은 소수이자 소수 가운데 유일한 짝수이다. 3, 5, 7도 소수이고 89, 2521, 1299007도 소수이다. 산술의 기본 정리에 따르면 1보다 큰 모든 정수는 소수들의 곱으로 표현할 수 있다. 그런 의미에서 소수는 양의 정수를 구성하는 요소라고 말할 수 있다. 예를 들어 209328을 소수들의 곱으로 표현하면 $209328 = 2^4 \times 3 \times 7^2 \times 89$이다. 2개 이상의 소수의 곱으로 표현되는 수를 합성수라 부른다. 6은 2×3이므로 합성수이고 209328도 합성수다.

소수는 무한히 많다. 알렉산드리아의 유클리드는 기원전 3세기에 소수가 무한하다는 사실을 처음 증명했다. 그의 증명은 간결하면서 고아하다고 평가된다. 그는 반대로 소수의 집합이 유한집합이라고 가정했다. 이 집합의 가장 큰 수를 p라고 하고, 소수들을 모두 곱한 수 $2 \times 3 \times 5 \times 7 \times \cdots \times p$에다가 1을 더한 수를 q라 하자. 새로 만들어진 수 q는 어느 소수로 나누더라도 나머지가 1이다. 따라서 q는 소수이다. 다시 말해 항상 소수를 더 찾을 수 있다는 결론을 내렸다.

소수의 규칙성을 찾는 문제는 오늘날 수학에서 가장 어려운 도전 가운데 하나이다. 수학자들은 지금껏 발견된 소수보다 더 큰 소수를 끊임없이 발견하고 있지만 모든 소수를 생성할 수 있는 포괄적인 공식을 고안하지는 못했다.

- 2005년 12월 기준으로 발견된 가장 큰 소수는 230402457−1이다. 이것은 무려 9,152,052자리 수다.
- 소수와 관련해 해결되지 않은 문제들이 많다. 예를 들어 3과 5, 101과 103, 2141과 2143 같이 차가 2인 소수 쌍, 즉 쌍둥이 소수가 무한히 많이 존재하는지는 아직 아무도 모른다.
- 영화 〈콘택트〉(1997년)에서 배우 조디 포스터가 분한 인물에게 외계인이 소수 목록을 전송해 연락한다. 외계인들이 지능을 가지고 있고 수학이 우주 보편적인 언어라고 생각하고 있음을 가리키는 대목이다.

306

조성과 무조성

17세기부터 20세기 초까지 모든 음악은 일반적으로 조성음악으로 분류된다. 조성 음악은 서양음악의 12음(C, C샵, D, D샵, E, F, F샵, G, G샵, A, A샵, B) 가운데 하나를 나머지보다 더 중요하게 여기고 악곡의 기준점으로 사용하는 음악이다. 기준점이 되는 특별한 음을 으뜸음이라 하며, 대부분의 음악에서 곡의 '중심'처럼 들린다.

클래식 음악의 제목에는 조성이 표시된다. 예를 들어 교향곡 사단조(또는 교향곡 G마이너)는 사음(G, 솔)을 으뜸음으로 하는 단음계를 기본 바탕으로 작곡한 교향곡이다.

리하르트 바그너는 반음계 음을 광범위하게 사용해서 음악에 변화를 주기 시작한 작곡가이다. 그는 음계에서 음과 음 사이의 음, 즉 반음을 사용하는 곡을 만들었다. 예를 들어 바그너가 다(C, 도)음이 으뜸음인 장음계 C-D-E-F-G-A-B-C를 바탕으로 곡을 쓴다면 C샵, D샵, F샵, G샵, A샵을 광범위하게 사용했을 것이다.

바그너 이후 작곡가들이 조성 음악의 범위를 더욱 확대시켰다. 그 결과, 12개의 음에 동일한 무게감을 부여하고 으뜸음을 기반으로 하지 않는 무조성 음악이 탄생했다. 무조성 음악에서는 특정 음을 중심으로 멜로디가 진행되어야 할 필요가 없다. 무조성 음악 작곡가들은 추상적 표현주의가 미술에서 새로운 가능성을 열어준 것처럼 으뜸음을 없앰으로써 음악을 새롭게 표현할 수 있는 길이 열렸다고 말한다.

조성과 무조성의 개념이 너무 전문적인 것처럼 보일지 모르지만 사실 우리 귀에 익숙하고 듣기 좋은 음악이 조성 음악이라고 보면 된다. 거의 모든 팝음악과 포크음악이 조성음악의 범위에 속한다. 조성 음악의 개념이 흔들린다면 그것이 클래식이든 재즈이든 팝이든 간에 결과물은 우리 귀에 익숙하지 않고 거친 소리일 것이다. 무조성 음악은 처음 생긴 지 거의 100년이 지났지만 오늘날에도 여전히 독특하고 매우 '현대적'이다.

• 무조성 형식의 초기 대표 곡은 아르놀트 쇤베르크의 〈달에 홀린 피에로〉(1914년)이다.
• 찰스 아이브스와 이고르 스트라빈스키를 포함한 많은 작곡가들이 한 곡에 여러 으뜸음을 동시에 적용하는 다조성 형식을 실험했다.
• 음악에서 조성을 거부한 시기는 추상 미술에서 유형의 주제를 거부한 시기와 일치하며 둘 다 동일한 예술 사조에서 출발했다.

307

미학

미학은 예술 철학이다. 미학에서 가장 먼저 떠오르는 중요한 질문은 "예술이란 무엇인가?"이다. 우리는 보통의 식탁을 보고 예술 작품이라고 하지 않는다. 그러나 레오나르도 다빈치의 그림 〈모나리자〉는 예술 작품이다. 그렇다면 "한 사물을 예술로 만드는 기준은 무엇인가?" 철학자들은 이것을 예술의 존재론 문제라고 부른다.

이 질문에 대해 어떤 사람은 예술은 아름다운 것이어야 한다고 답할 것이다. 그러나 아름다운 것이라고 해서 모두 예술이 되는 것은 아니다. 석양, 풍경, 특정 인물 등등은 아름답지만 예술 작품이라고 부르지는 않는다. 또 어떤 사람들은 예술은 어떤 것을 표현하거나 메시지를 전달하는 것이어야 한다고 말할 것이다. 그러나 보안 카메라에 담긴 장면이 무엇인가를 나타내긴 해도 그것이 예술에 속하진 않는다. 마찬가지로 영어 문장도 메시지를 전달하지만 모든 문장이 다 예술이 되는 것은 아니다. 물론 어떤 문장은 예술이 될 수 있지만 말이다.

미학에서 또 다른 중요한 질문은 "예술을 평가한다는 것은 무엇을 의미하는가?"이다. 우리가 어떤 그림에 대해 "아름답다"거나 "훌륭한 예술이다"라고 말할 때 그 말의 의미가 그저 그 그림을 좋아한다거나 그림을 보면 기분이 좋다는 것은 아닐까? 만약 그런 의미라면 어떤 그림을 보고 아름답다고 말하는 사람도 있을 것이고, 그 그림이 추하다고 말하는 사람도 있을 것이다. 그림이 아름답다는 말은 그렇게 말한 사람에게 만족스러운 그림이라는 의미이다. 반면에 그림이 추하다는 말은 그렇게 말한 사람이 보기에 그림이 만족스럽지 못하다는 의미이다. 두 경우 모두 그림에 관한 일반적인 진리를 주장하지 않는다. 이 접근법의 문제점은 취향이나 예술의 가치에 대한 어떤 논쟁이나 추론의 여지도 남겨두지 않는다는 것이다. 그뿐만 아니라 어떤 사람은 다른 사람보다 무엇이 훌륭한 예술이고 왜 그런지 결정할 수 있는 능력이 뛰어나다는, 즉 감식력이 있다는 여지도 남겨두지 않는다.

그 밖에 미학에서 제기되는 질문으로 "장르란 무엇인가?" "어떤 기준에 의해 장시(長時)가 아닌 장편소설이라 하는가?" "예술의 목적은 무엇인가?" "예술의 어떤 점이 가치 있는 것인가?" "우리는 왜 예술에 관심을 갖는가?" 등이 있다.

- '미학(aesthetics)'이라는 말은 잘 알려지지 않은 독일 철학자 알렉산데르 고트리프 바움가르텐(1714년~1762년)이 만든 것이다. 지각과 감각을 의미하는 그리스어에서 나왔다.
- 플라톤(기원전 427~347년)은 예술가들이 탁자나 침대같이 이데아의 모방에 지나지 않은 평범한 물체를 다시 모방하기 때문에 그들은 실체에서 이중으로 벗어나 있다고 주장했다.

308

SUN
☰
종교

선불교

선불교는 종교이자 철학이며 삶의 방식이자 하나의 예술 양식이라고 알려져 있다. 이 것은 서기 520년 보리 달마라는 이름의 한 남자로부터 시작되었다. 보리 달마는 인도 에서 중국의 낙양으로 건너왔다고 전해진다. 그는 중국 황제 양무제 앞에 나가 사리사 욕을 추구하는 것은 아무 가치도 없는 일이라고 말했다. 그 후 수도원으로 들어가 9년 동안 벽 앞에 앉아 명상을 했고 이후에 제자를 받기 시작했다.

명상을 의미하는 선Zen은 평정심을 유지하고 마음의 자유를 얻기 위해 그래서 궁극 적으로 열반에 이르기 위해 명상이 중요하다고 강조한다. 선의 유형 가운데 가장 보편 적인 것은 앉아서 명상하는 좌선이다. 보통 가부좌를 하고 명상하는 것이다. 선불교 신 자들은 특히 집단 명상을 매우 중요시한다.

불교에서 갈라져 나온 선불교는 중국의 도교와 유교로부터 많은 영향을 받았다. 하 지만 다른 불교와의 차이점은 경전과 법사를 다루는 태도에 있다. 선불교는 명상 실행 이 불경 공부보다 더 중요하다고 믿기 때문에 오래된 경전을 공부하라고 강조하지 않 는다.

더욱이 선불교는 법사들의 계보를 매우 중요하게 생각한다. 보리 달마와 그 제자들 로 이어지는 법사들의 계보가 그것이다. 법제자에게 선불교를 가르칠 때 가르침의 기 원과 계보를 밝히는 것은 스승의 명망을 결정하는 중요한 요소이다.

선불교는 중국에 소개된 후로 한국, 일본, 베트남으로 전파되었다. 그러나 지난 1500여 년 동안 나라마다 각기 다르게 갈라져 나왔기 때문에 한국의 선불교는 중국의 전통적인 선불교와 다르고 일본이나 베트남의 선불교와도 다르다.

• 경행이라 불리는 명상법은 사람들이 모두 오른쪽 어깨가 중심을 향하도록 무리지어 서서 시계방향으로 돌면서 명상 하는 것을 말한다.
• 명상을 의미하는 산스크리트어가 중국에서 챤으로 음역되었다. 챤은 나중에 한국어로 선, 일본어로 젠, 베트남어로 티엔이 되었다.

309 | MON ♀ 역사 | 아돌프 히틀러

아돌프 히틀러(1889년~1945년)는 1939년 폴란드 침공을 시작으로 제2차 세계대전을 일으킨 독일의 독재자이다. 전쟁은 결국 지구의 거의 모든 지역까지 확산되었고, 5000만 명의 죽음을 포함해 어마어마한 파괴와 비극을 낳았다. 1943년 무렵 협력 추축국인 일본과 이탈리아의 도움에도 불구하고 전세는 독일에게 불리하게 기울었다. 1945년 히틀러는 연합군이 베를린 도심 지하 벙커로 접근하자 머리에 권총을 쏘고 자살했다.

다른 독재자와 달리 히틀러는 자신의 통치 기간 동안 독일 대중들로부터 전폭적인 지지를 받았다. 히틀러의 나치당은 1930년대 초반에 마지막으로 치러진 민주적 선거에서 이겼다. 히틀러는 사람들의 마음을 사로잡는 달변가였다. 그의 카리스마 넘치는 연설을 들은 많은 독일인들은 제1차 세계대전(1914년~1918년)의 패배로 쇠락한 독일을 나치당이 되살릴 수 있으리라고 확신했다. 그러나 제2차 세계대전에서 독일이 패전하자 히틀러를 따르던 독일인들은 조국을 몰락으로 이끈 자신들의 지도자를 부인했다.

히틀러는 오스트리아에서 태어났다. 당시 오스트리아는 오스트리아 헝가리 제국에 속한, 독일어를 사용하는 지방이었다. 그는 화가가 되고 싶었지만 빈에 있는 예술학교에 합격하지 못했다. 독일로 이주한 히틀러는 제1차 세계대전에 참전했다가 가벼운 부상을 입었다. 뚜렷한 정치적 신념이 없었으나 독일이 패전하는 것을 직접 본 히틀러는 유대인들의 음모로 인해 독일이 알게 모르게 치욕을 겪은 것이라는 당시 사람들 사이에 퍼져있던 설을 믿었다. 그는 당시에는 잘 알려지지 않았던 반유대주의 정당인 국가사회주의당에 들어갔고, 곧이어 당 지도자가 되었다.

제1차 세계대전 전후로 반유대주의가 독일 전역에 퍼져 있었던 것은 사실이지만 많은 독일인들을 나치당 당원으로 끌어들일 수 있었던 것은 순전히 히틀러 개인의 능력이었다. 전쟁 당시 독일 나치당의 군수 공장 의임자였던 건축가 알베르트 슈페어는 히틀러의 연설을 처음 들었을 때 "누구라도 단번에 느낄 수 있는 열정의 파도"를 느꼈으며 "어떤 회의적인 생각도 어떤 의구심도 말끔히 사라졌다."라고 말했다.

- 히틀러가 자살한 후 소련군이 그의 시체를 가져갔다. 그의 두개골은 지금도 모스크바 정부청사에 보관되어 있다.
- 세계대전이 발발하기 전 미국에서 히틀러를 추종하던 사람들 가운데 유명한 비행기 조종사 찰스 린드버그와 자동차 제조업자 헨리 포드가 포함되어 있었다.
- 히틀러는 독일인이 인종적으로 우월하다는 자신의 이론이 1936년 올림픽에서 입증될 수 있기를 바랐지만 좌절되었다. 미국의 흑인 단거리 선수 제시 오언스가 올림픽 역사상 유례없이 금메달 4개를 획득했기 때문이다.

310

메타픽션

학술서를 쓰는 작가나 대중 문학 작가 모두 '메타$_{meta}$'라는 단어를 자주 사용한다. 단독으로 쓰이든 접두사로 쓰이든 간에 메타는 지적인 단어가 되었고, 그래서 무분별하고 과도하게 사용되기도 한다. 그러나 메타라는 단어보다 일찍이 메타픽션이 20세기 문학에서 가장 매력적이고 가장 많은 작품이 생산되는 문학 장르 중 하나로 자리 잡았다.

'~뒤' 또는 '~너머'를 의미하는 그리스어 접두사인 메타$_{meta}$에서 나온 메타픽션은 허구의 창작, 허구적 장치, 결과물 등 픽션 자체를 다루는 픽션이다. 메타픽션 가운데 많은 작품들은 기존 허구 작품을 새로운 시각에서 다시 다루는 것이다. 대부분 새로운 주제를 도입하고 기존 소설의 요소들을 새로이 재조명한다. 작가가 글을 쓰는 과정에 초점을 맞추는 메타픽션들도 있다. 그래서 메타픽션은 자기 지시적이고 역설적인 경향이 있고, 소설의 허구적 장치와 비현실성에 주의를 환기시킨다.

제임스 조이스의 소설 《율리시스》(1922년)는 20세기 최초의 주요 메타픽션이다. 이 소설은 호메로스의 《오디세이아》의 주인공을 1904년 더블린의 영업사원으로 재설정해 현대 사회에서 영웅의 의미가 무엇인지 고찰한다. 한편, 장마다 다른 장르와 언어를 시도함으로써 조이스는 저작 과정뿐만 아니라 형식과 내용의 관계도 탐구한다.

조이스를 선두로 많은 포스트모더니즘 작가들은 과거의 작품들을 다시 다루기 시작했다. 진 리스의 《광막한 사르가소 바다》(1966년)는 샬롯 브론테의 《제인 에어》에서 다락에 갇혀 지내던 미친 크리올 여인 버사 메이슨의 뒷이야기를 그린 것이다. 존 가드너의 《그랜델》(1971년)은 《베오울프》의 괴물 그랜델의 관점에서 이야기를 다시 그렸다. 그랜델은 베오울프보다 분명 더 인간적이며 외롭고 철학적인 존재로 재설정되었다. 톰 스토파드의 《로젠크란츠와 길덴스턴은 죽었다》(1967년)는 셰익스피어의 《햄릿》에 등장하는 두 단역의 삶을 재조명한다.

허구를 쓰고 읽는 과정에 초점을 둔 메타픽션 작품들도 있다. 밀란 쿤데라의 《불멸》(1990년)에서는 작가 자신이 소설 속에 투입되어 지금 쓰고 있는 소설에 대해 말한다. 마이클 커닝햄의 《세월》(1998년)은 세 가지 서로 다른 이야기를 통해 버지니아 울프의 《댈러웨이 부인》을 분석한다. 그 세 이야기는 1923년 《댈러웨이 부인》을 쓰고 있는 울프와 1949년 그 소설을 읽는 로스앤젤레스의 한 가정주부 그리고 1990년대 후반 뉴욕에서 그 소설 속 사건을 자기도 모르게 경험하고 있는 한 여성을 각각 묘사한다.

● 메타픽션은 이미 1600년대 세르반테스의 《돈키호테》에서 시작되었다. 이 소설의 주인공들은 작가가 자신들의 모험담을 쓰고 있음을 인지하며 다른 작가가 출판한 가짜 속편에 대해서도 알고 있는 것으로 그려진다.

311

입체주의

입체주의(또는 큐비즘)는 20세기 초에 일어난 가장 중요한 예술 운동이라 할 수 있다. 입체주의 미술은 사람과 사물의 모양을 기본적인 기하학 형태로 단순화하고 수학적인 원근법 규칙을 거부했다. 그렇기 때문에 그림을 보는 사람은 2차원 평면에서 공간감과 입체감을 어떻게 이해해야 할지 난감했다.

입체주의의 기원은 폴 세잔의 후기 작품에서 찾을 수 있다. 세잔은 자연적 형태를 단단하고 각진 윤곽선으로 표현했고 서로 다른 시점을 동시에 표현했다. 1907년 파블로 피카소는 그림 밖 남성 구경꾼에게 시선을 던지는 사창가의 창녀 4명을 그린 〈아비뇽의 처녀들〉에서 세잔의 접근법을 확장시켰다. 그는 그림 속 여성들의 몸을 도형화했고 배경을 날카로운 각으로 묘사했다. 그림자들은 아무렇게나 드리워져 있고, 거리를 두고 멀리서 보면 여성들의 몸이 일정하게 작아지지 않는다. 피카소는 전경이 배경 속으로 무너져 들어가게 함으로써 보는 사람이 그림의 평평함을 충분히 인식하게 한다.

피카소는 동료 화가 조르주 브라크와 함께 입체주의 원리를 더욱 발전시켰다. 입체주의라는 이름은 앙리 마티스가 만든 것이다. 마티스는 미술 평론가 루이 보셀에게 브라크가 "작은 입체들로 된" 그림을 만들었다고 말했고, 보셀은 브라크의 작품을 가리켜 "입체적 희한함"이라고 평했다.

제1기 입체주의는 1908년부터 1912년까지로서 분석적 입체주의라 불린다. 이 시기 피카소와 브라크는 시점과 원근법의 규칙을 조작하고, 그림자를 임의적으로 그려 넣고, 거의 모든 색을 없앰으로써 형태를 깨려고 시도했다. 그림 속 이미지들은 추상적인 것처럼 보였지만 그래도 정물이나 사람 얼굴 같은 자연적 사물과 관련되어 있다. 이 시기의 대표적인 작품은 브라크의 〈포르투갈인〉(1911년)이다.

1912년부터 브라크는 신문지나 벽지 조각을 캔버스에 붙이기 시작했다. 그것이 제2기 입체주의의 발단이다. 종합적 입체주의라 불리는 이 양식은 여러 가지 재료를 그림에 추가했다. 예를 들어 피카소의 〈등나무 의자가 있는 정물〉(1911년~1912년)에서 등나무 의자 무늬가 인쇄된, 기름막을 입힌 천이 그림의 밑바탕 역할을 하고 있고 실제 밧줄로 작품의 전체 테두리를 만들었다.

1914년 제1차 세계대전이 시작될 무렵 사실상 입체주의 운동은 끝났지만 전통적 화법을 거부한 혁신적 화풍은 그 후로 등장한 현대 미술가들에게 영감을 주었다.

• 입체주의의 후기 양식은 입체미래주의, 순수주의, 오르피즘, 정밀주의 등을 포함한다.
• 미국 화가 스튜어트 데이비스와 아론 더글라스는 입체주의의 영향을 많이 받았다.

312 | THU ☘ 과학 | 파이 π

원의 지름은 원의 한쪽 끝에서 중심을 가로질러 반대편 끝까지 이르는 거리를 말한다. 원둘레는 원을 따라 한 바퀴 돌았을 때의 거리를 말하며 원주라고도 한다. 원의 지름과 원둘레 사이 관계는 절대 바뀌지 않는다. 원의 크기가 어떻든 간에, 예를 들어 포커 칩이든 지구의 적도 크기이든 간에 원둘레는 지름의 3.14배이다. 그러나 3.14는 근삿값이고 실제 값은 π(파이)이다.

π는 매우 유용한 수다. 원을 가로지르는 지름이나 그것의 절반인 반지름(r로 표기한다)을 알고 있다면 원을 한 바퀴 돌면서 거리를 측정하지 않아도 π를 이용해 원둘레를 알 수 있다. 원의 넓이도 알 수 있다. 원의 넓이는 πr^2이다. 원뿐만 아니라 구나 호에 관련된 기하 문제도 대부분 풀 수 있다. 사실 π는 기하학 이외의 분야에서도 유용하다. 하이젠베르크의 불확정성원리나 알베르트 아인슈타인의 상대성이론 방정식, 샤를 드 쿨롱의 정전기력에 관한 법칙 및 그 밖의 많은 물리학, 통계학, 정수론 분야에서 중요한 역할을 한다.

π는 매우 간단한 개념이지만 아무도 정확한 값을 계산할 수 없다는 것이 이 수의 매력이기도 하다. π는 때로로 3.14159265…라고 쓰는데, 소수점 이하 수들은 순환되지 않고 무한히 이어진다. 그래서 정수의 비율로 표현할 수 없는 무리수다. 고대 바빌로니아인과 이집트인은 π의 개념을 알고 근삿값을 계산하려고 했다. 오늘날에도 여전히 π의 근삿값을 계산하려는 노력이 행해지고 있다. 고대 바빌로니아인이 계산한 π의 근삿값은 3.125이고 이집트인이 계산한 값은 3.16이었으니 나쁘지 않은 추정이었다. 현재 1초에 2조 번 연산을 수행할 수 있는 슈퍼컴퓨터로 소수점 1조 2411억째 자리까지 계산한 상태이다.

- π 값을 정확히 계산하기 위해 시라쿠사의 아르키메데스(기원전 287~212년)는 초기 형태의 미적분을 이용했다. 그는 π가 223/71과 22/7 사이의 값이라 추정했다. 두 수의 평균이 3.14180이므로 매우 근접한 계산이었음을 알 수 있다.
- 독일 수학자 뤼돌프 판 쾰런(1600년 경)은 정확하게 소수점 35째 자리까지 π를 계산했다. 스스로 매우 자랑스러웠던 쾰런은 자신의 묘비에 그 수를 새겨 넣게 했다.
- 원주율 숫자를 쉽게 암기하기 위한 연상 장치나 기호를 연구하는 분야를 영어로 piphilology라 한다(우리나라에는 아직 약속된 이름이 없고, 우리말로 옮긴다면 '원주율 언어학'이라 할 수 있다. π의 소수점 이하를 주로 문장과 연관 지어 외우기 때문에 이런 이름을 붙였을 것이라 짐작된다 – 옮긴이).
- 2005년 7월 2일 59세의 일본인 정신건강 상담사가 소수점 8만 3431째 자리까지 π 값을 암기하는 데 성공했다.

313

제2빈악파

현대 음악가 아르놀트 쇤베르크(1874년~1951년)와 그의 두 제자 알반 베르크(1885년 ~1935년)와 안톤 베베른(1883년~1945년)을 가리켜 제2빈악파라 한다. 프란츠 요제프 하이든과 볼프강 아마데우스 모차르트, 루트비히 판 베토벤 같은 18세기 고전 빈악파 거장들처럼 빈에 기반을 두고 활동을 한 작곡가들이기 때문이다. 제2빈악파는 무조 음악과 12음 기법의 협주곡을 음악에 도입해 음악계를 대혼란에 빠트렸다.

쇤베르크는 반유대주의 국가 오스트리아에서 정통 유대교 집안에서 자랐다. 아버지가 사망한 후로 악보를 필사하는 일을 하며 힘들게 생계를 꾸려나갔다. 1901년에 베를린 스턴 음악원에서 작곡 교수로 일했고, 1904년 베르크와 베베른을 제자로 받아들였다. 쇤베르크의 초기 음악은 리하르트 바그너의 반음계 음악을 모방했지만 1905년과 1907년 사이 서서히 조성음악에서 벗어났다. 1912년에 작곡한 〈달에 홀린 피에로〉와 〈오케스트라를 위한 5개 소품〉의 무조성에 세상은 충격에 빠졌다. 새로운 음악의 시대가 열린 것이었다. 두 곡 모두 논리적 구성이 부족했기 때문에 처음에는 혹평을 받았다. 그런 평가에 대한 응답으로 쇤베르크는 '12음 음렬주의'라는 합리적인 무조음악 체계를 설명했다.

베르크와 베베른은 스승의 기법을 발전시켰다. 베베른은 음렬 기법을 음높이뿐만 아니라 셈여림법과 리듬에도 적용해서 '조성적 음렬 기법'이라 불리는 형식을 만들었다. 그뿐만 아니라 베베른은 폭발하는 거대한 감정을 작고 수학적이고 효율적인 공간에 집어넣음으로써 모더니즘과 낭만주의를 결합시켰다. 베르크는 20세기 가장 열정적인 현악곡으로 손꼽히는 작품들을 무조성을 사용해 탄생시켰다. 대표곡으로 〈바이올린 협주곡〉(1935년)과 오페라 〈보체크〉가 있다.

쇤베르크, 베르크, 베베른 이 세 작곡가들은 모두 거칠고 격정적이고 사람을 놀라게 하는 음악을 작곡했으며 당시에 유행하던 예술 사조와 정치사상을 음악에 반영했다. 세 음악가는 서로 가까운 관계였다. 하지만 1933년 쇤베르크가 나치당에 의해 추방될 때 나치 동조자였던 베베른은 오스트리아에 남아 있었다. 베베른은 1945년 미국 병사가 돌발적으로 쏜 총에 맞아 사망했다. 베르크는 50세에 벌레에 물린 상처로 합병증이 생겨 사망했다. 미국으로 도피한 쇤베르크는 서던캘리포니아 대학 교수로 지내며 두 제자보다 오래 살다 세상을 떠났다.

• 쇤베르크는 '무조성'이 "음조가 없다"는 의미처럼 들리기 때문에 그 용어를 사용하는 것을 싫어했다. 그래서 모든 음조를 포괄적으로 사용하는 자신의 스타일을 강조하기 위해 '범조성'이라는 용어를 제안했다.

314 | SAT Ⅲ 철학 | 실존주의

실존주의는 장 폴 사르트르(1905년~1980년)와 알베르 카뮈(1913년~1960년) 같은 20세기 프랑스 철학자들의 사상을 기술하는 데 쓰이는 용어이다. 특정 주제에 대한 실존주의자들 공통의 관점이 별도로 있는 것이 아니다. 실존주의자라는 하나의 범주로 묶는 기준은 이들이 공포나 불안의 경험, 인간의 자유, 진정성 등을 강조한다는 것이다.

20세기 실존주의자들은 19세기 덴마크의 철학자 쇠렌 키르케고르(1813년~1855년)를 포함해 많은 사상가들로부터 영향을 받았다. 키르케고르는 종교적 신앙을 옹호하는 글을 많이 썼다. 그는 신앙을 가지려면 자발적이고 비이성적으로 불합리한 상태로 뛰어 들어가야 한다고 주장했다. 하지만 신앙은 그의 저서 《죽음에 이르는 병》(1849년)에 묘사된 '절망'의 정신 상태를 벗어나게 해주는 유일한 해독제라고 생각했다.

사르트르와 카뮈는 소설도 쓰고 철학서도 썼다. 사르트르는 소설 《구토》(1938년)에서 부조리하고 의미 없는 끔찍한 세상을 묘사했다. 또 철학저서 《존재와 무》(1943년)에서는 인간은 누구나 자신의 운명을 선택할 수 있는 자유가 있으며, 또 반드시 선택해야 한다고 주장했다. 그러나 종종 우리는 종교 교리와 같은 의심의 여지가 없는 체계에 의존함으로써 우리가 지닌 선택의 자유를 회피하려고 한다고 생각했다. 사르트르는 이런 성향을 '잘못된 신앙'이라 불렀다.

카뮈는 《이방인》(1942년)과 《페스트》(1947년)로 대표되는 소설들로 가장 유명하다. 《이방인》에서 주인공 뫼르소는 뚜렷한 이유 없이 아랍 청년을 살해하고 사형 선고를 받는다. 사형 집행일이 다가오자 뫼르소는 자신의 삶을 반성하고 살인에 대한 책임을 느낀다. 카뮈의 작품 속에는 진정성, 삶에 대한 책임, 선택의 자유 등 실존주의적 주제가 흐른다.

- 키르케고르는 가명으로 책을 많이 내놓았다.
- 사르트르의 희곡 〈닫힌 방〉에서 3명의 이방인이 불길한 기분이 드는 호텔 방에 갇힌다. 그들은 서서히 서로를 증오하게 되고, 이 희곡의 유명한 대사 "지옥은 다름 아닌 타인들이다."처럼 자신들이 지옥에 있다는 것을 깨닫는다.
- 프리드리히 니체(1844년~1900년)도 실존주의에 중요한 영향을 미친 인물이다.

315

카르마

카르마 또는 업(業)은 힌두교에서 매우 중요한 개념으로 도덕적 원인과 결과의 순환을 의미한다.

힌두교 전통은 기원전 3000년경으로 거슬러 올라가며 창시자는 알려져 있지 않다. 힌두교에서는 탄생, 생, 사, 환생이 되풀이된다고 믿는다. 삶을 사는 동안 저지른 선한 행동과 악한 행동이 자신의 카르마에 영향을 미친다는 것이다. 이 개념은 종종 "뿌린 대로 거둔다."라는 말로 표현된다. 선한 행동은 좋은 미래를 가져오고, 악한 행동은 나쁜 미래를 가져온다. 힌두교 신자들은 선한 행동을 하도록 이끄는 안내 지침으로서 고대 힌두교 경전에 기록된 '다르마'라는 진리법을 따른다.

카르마는 세 가지로 세분화할 수 있다. 첫째, 발현업prarabadha karma이다. 발현업은 인간이 제어할 수 없다. 부모가 어떤 사람이고, 어느 계급에 속하도록 태어나고, 집은 어디에 있는지 등 삶에 대한 기본적 조건을 정한다. 이 조건들은 바꿀 수 없으며 이전 생에서 어떤 행동을 했는지에 따라 결정된다.

둘째, 성적업samchita karma이다. 이전 생에서 한 모든 행동들이 어떻게 개인의 흥미와 성향, 모습으로 이어지는지 기술한다. 성적업은 두 아이가 같은 환경 속에 태어났는데도 불구하고 왜 완전히 다른 성향을 지니는지 설명해준다. 이 업은 우리가 현재의 생을 사는 동안 열심히 일하고 반성하면 바꿀 수 있다. 태어날 때부터 가지고 있던 나쁜 습관이 개선될 수 있고, 반면에 처음에 가지고 있던 좋은 습관이 나빠질 수도 있다.

셋째, 미래업agami karma이다. 미래업은 우리가 현재의 생에서 하는 행동과 행위로 구성되어 있으며, 이것도 현재의 생에 영향을 미친다. 예를 들어, 우리가 이웃에게 친절하게 대하느냐 불친절하게 대하느냐에 따라 언젠가 우리 자신이 어떤 대접을 받는지 결정된다. 우리가 가장 잘 제어할 수 있는 업이 바로 미래업이다.

업의 개념은 불교에도 존재하지만 힌두교의 업은 신의 중재가 일어난다는 면에서 불교의 업과 구분된다. 힌두교 신자들은 누구나 죽으면 브라만이라 알려진 신적 존재가 그 사람이 행한 선과 악을 저울질해서 다음 환생할 장소를 배정한다고 믿는다. 몇몇 악한 행동을 한 후에 선한 행동을 많이 했다면 브라만이 처음에 저지른 잘못 때문에 생기는 부정적 효과를 경감시켜줄 수 있다고 생각한다. 반면에 불교에서는 업을 절대적인 자연법으로 여긴다.

• 카르마는 신이 존재하는 세상에 왜 악이 존재하는지 이유를 설명하는 수단이 된다. 사람들이 하는 악한 행동은 부정적인 업을 만들어내고, 부정적인 업은 앞으로 살아갈 생에서 더 많은 악을 만들어낸다.

READ

316 MON 역사 | 홀로코스트

제2차 세계대전이 거의 끝날 무렵 미 육군 제45보병사단은 독일 남부의 작은 마을을 점령하라는 명령을 받았다. 보병사단 지휘관 펠릭스 스팍스 중령은 마을로 진입해서 철도 옆에 세워진 나치 수용소로 전투 경험으로 다져진 병력을 파견했다. 수용소 이름은 마을의 이름을 딴 '다하우'였다.

스팍스가 그날 아침 다하우에서 목격한 장면은 전 세계인의 양심을 뒤흔들 만큼 충격적이었다. 아름다운 바이에른 숲속에서 수천 명의 무고한 사람들이 시체가 되었거나 죽어가고 있었다. 다하우 마을 주변에 일부 독일군 병사들이 남아 있었지만 거의 저항하지 않았다. 충격을 받은 제45보병사단 병사들이 수용소로 진입했을 때 이미 숲에는 시체가 썩는 냄새가 진동했다. "수용소 입구 근처에서 맡은 냄새는 내 모든 감각을 마비시켰다." 스팍스는 역사가들에게 나중에 이렇게 말했다. "다하우에서 목격한 진짜 지옥의 모습에 비하면 단테의 〈지옥〉편은 아무 것도 아니었다."

다하우는 1933년 히틀러가 독일에서 권력을 장악한 직후에 만든 최초의 수용소로 섬뜩함의 원형이 되었다. 처음에는 나치 정권을 반대하는 사람들을 수용하는 곳이었지만 세계대전을 치르는 동안 단지 유대인이라는 이유만으로 한때 독일시민이었던 사람들을 감금했다. 3만 명 이상이 다하우에서 나치 조직에 의해 살해당했다. 그래도 이것은 유럽 전역에서 총 600만여 명의 유대인이 학살당한 홀로코스트에 비하면 극히 일부에 지나지 않는다. 나치가 폴란드를 점령하고 세운 아우슈비츠 수용소 가스실에서는 100만 명 이상이 죽었다.

독일의 잔악성은 영국과 소련, 미국 군대들이 1945년 봄에 나치 수용소들을 해방시키기 시작해서야 그 실체가 드러났다. 민족 순결주의라는 이름하에 히틀러와 그의 측근들은 독일뿐만 아니라 다른 유럽 점령지에 거주하는 유대인을 모두 몰살하라는 명령을 내렸다. 그뿐만 아니라 수천 명의 집시, 폴란드인, 동성애자, 정치사범들이 나치 수용소에서 살해되었다. 전쟁이 끝난 후 연합군은 유럽 전역에서 자행된 대량 학살의 책임이 있는 독일 관료들을 체포하고 처형했다.

- 스팍스의 몇몇 병사들은 분노를 감추지 못하고 다하우에 들어간 지 몇 분 만에 수용소의 나치 친위대를 즉결 처형하기 시작했다. 그 병사들은 군법 회의에 회부되었지만 미국 육군 조지 S. 패튼 장군은 기소 중지 명령을 내렸다.
- 홀로코스트를 설계하고 실행을 계획한 아돌프 아이히만은 전쟁 직후 혼돈을 틈타 유럽에서 도망갔다가 1960년에야 아르헨티나에서 붙잡혔다. 그 후 이스라엘에서 유죄 판결을 받아 1962년 교수형에 처해졌다.
- 연합군이 노력을 벌이긴 했지만 홀로코스트에 참가한 대부분의 사람들은 처벌을 받지 않았다. 아우슈비츠 수용소에 복무했던 나치 친위대 7000명 가운데 고작 800명만 재판을 받은 것으로 추정된다.

317

낭만주의

낭만주의는 19세기 전반 미국과 유럽을 휩쓴 광범위한 사상운동이자 예술사조이다. 이것은 1700년대 계몽주의 시대에 서구 지식인들의 사고를 지배했던 합리주의, 정밀함, 절제에 대한 직접적인 저항으로 등장했다. 낭만주의는 뿌리를 내리자마자 문학에서부터 음악, 미술에 이르기까지 많은 분야로 퍼져 나갔다.

계몽주의 사상가들은 경험과 합리적 사상을 중요시했지만 낭만주의자들은 인간의 감정과 열정이 이성이나 지성보다 더 진실한 안내자라고 생각했다. 그래서 낭만주의 문학은 창의성, 상상력, 감각을 찬양하고 개인의 시각을 선호하며 관습을 거부했다. 이런 관점은 영국 낭만주의 시인 윌리엄 블레이크가 한 유명한 말 "나는 시스템을 창조해야 한다. 그렇지 않으면 다른 사람의 시스템에 사로잡힌 노예가 될 것이다."에 집약되어 있다. 그러므로 많은 낭만주의 문학 작품이 천재나 미친 남자와 같은 비정상적이거나 오해받는 인물에 매료되어 있는 것은 그리 놀라운 일이 아니다. 메리 셸리의《프랑켄슈타인》(1818년)에 나오는 괴물처럼 기괴하거나 알렉상드르 뒤마의《몬테크리스토 백작》(1844년~1845년)에서 감옥에 잘못 갇히게 되는 에드몽 당테스처럼 사회에서 소외되어 있는 인물들이 그 예다.

낭만주의 문학은 영국 시인 윌리엄 워즈워스와 새뮤얼 테일러 콜리지가《서정가요집》을 공동 출판한 해인 1798년에 시작된 것으로 본다. 2년 후 워즈워스는 이 책에 서문을 추가했는데, 시를 "강력한 감정의 자발적 넘쳐흐름"이라 정의했다. 이처럼 노골적으로 이성을 거부하는 워즈워스의 사상은 낭만주의 운동에 불을 지폈다.

초기 낭만주의 문학을 대표하는 문인은 블레이크, 워즈워스, 존 키츠, 퍼시 비시 셸리, 로드 바이런 등 영국의 시인들이다. 곧이어 낭만주의는 산문으로 침투했고 유럽의 다른 지역에 확산되어 빅토르 휴고의《노트르담의 꼽추》(1831년) 같은 소설을 낳았다. 대서양을 건너 미국에도 영향을 미쳤다. 미국 초월주의 작가들은 자연에 대한 낭만주의적 감상을 바탕에 두고 글을 썼다. 사실 에드가 앨런 포, 나다니엘 호손, 허먼 멜빌 등 19세기 중반 미국을 대표하는 주요 작가들 대부분이 낭만주의 전통에 기반을 둔다.

1800년대 후반 낭만주의는 귀스타브 플로베르의《보바리 부인》(1857년)으로 시작된 사실주의에 밀려 쇠퇴하기 시작했다. 그러나 낭만주의의 영향력은 여전했고, 낭만주의 시인과 소설가의 작품들은 인기 있는 서양 필독서 목록에 여전히 포함되어 있다.

● 루트비히 판 베토벤의 열정적이고 감정 표현이 풍부한 작품에 뿌리를 두고 있는 낭만주의 음악은 19세기 내내 유행했다. 주요 작곡가로 프레데리크 쇼팽, 리하르트 바그너, 표트르 일리치 차이콥스키를 들 수 있다.

318

파블로 피카소

파블로 피카소(1881년~1973년)는 20세기 가장 유명하고 가장 영향력 있는 미술가로 손꼽힌다. 그는 80년을 화가로 살면서 모든 시대를 통틀어 가장 많은 작품을 제작한 가장 다재다능한 화가라는 평을 받을 만큼 매우 다양한 화법을 창시했다.

스페인 말라가에서 태어난 피카소는 어릴 때부터 신동이었다. 미술 교사인 아버지는 어린 피카소의 재능을 일찍 알아차리고 키워줬다. 20세기로 바뀔 무렵 피카소는 당시 아방가르드 예술의 중심지 파리로 건너갔다. 1901년 가장 친한 친구가 자살하면서 피카소는 이른바 '청색 시대'라 불리는 시기에 접어들었고, 그림 속 인물이 지닌 슬픔과 가난을 표현하기 위해 다양한 색조의 파란색을 사용했다. 그 후 1904년에는 더 따뜻한 색조로 바뀌는 '장밋빛 시대'를 맞이했다. 이때는 곡예단이나 광대의 모습에 초점을 두고 그림을 그리기 시작했다.

1907년 피카소는 첫 입체주의 그림 〈아비뇽의 처녀들〉을 그렸다. 서양 사회에서 말하는 전형적인 여성미의 기준에서 벗어나 폴리네시아, 이베리아, 아프리카 조각상을 모델로 사용했다. 피카소는 동료 입체파 화가 조르주 브라크와 함께 르네상스 시대부터 주로 사용해오던 1점 투시도법을 거부함으로써 미술사의 흐름을 영원히 바꿔 놓았다.

피카소는 끊임없이 자신의 화법에 변화를 주었다. 단색이었던 입체주의 그림에 1917년부터 색을 사용하기 시작했다. 1921년에 그린 〈세 명의 음악가〉에서는 인물의 역동적인 리듬감을 표현하기 위해 입체주의 요소에 선명한 색상과 활기 넘치는 무늬를 혼합했다. 1920년대 후반에는 초현실주의 운동에 참여했다. 변형이라는 개념에 호기심을 느낀 피카소는 1930년대 내내 반인반수 그림을 그렸다. 특히 이 시기에는 시와 초현실주의 희곡 〈꼬리 밟힌 욕망〉(1941년)도 썼다.

스페인 내전을 계기로 1930년대 중반 피카소의 작품은 보다 정치적인 색깔을 띠었다. 파시스트 프란시스코 프랑코 장군의 명령으로 독일 폭격기가 스페인 바스크의 작은 마을을 초토화시킨 사건을 묘사한 〈게르니카〉(1937년)는 그의 가장 유명한 작품이다. 제2차 세계대전이 치러지는 동안 피카소는 나치가 점령한 파리에 살았지만, 화가로서의 명성 때문에 처형되지 않고 살아남을 수 있었다. 나이가 들어도 피카소의 창작열은 사그라지지 않았다. 그는 계속해서 회화, 석판화, 스케치를 생산했다. 1973년 유언을 남기지 않고 피카소가 사망하자 프랑스 정부는 그의 유산의 상당 부분을 파리에 피카소 미술관을 짓는 데 쓰기로 결정했다.

319

피타고라스 정리

피타고라스는 기원전 6세기의 그리스 철학자로 수를 숭배하는 피타고라스학파를 창시했다. 피타고라스학파는 1에서 4까지 숫자를 가리키는 테트락티스(또는 4수)를 숭배했다. 1은 이성을 나타내고 2는 논증, 3은 조화, 4는 정의를 나타낸다고 여겼다. 그들의

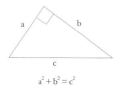

수를 숭배하는 종교에서부터 인류 역사상 가장 아름다운 기하학 정리 몇 가지가 생겨났다. 그중 하나가 피타고라스의 이름을 딴 피타고라스 정리이다. 간단히 말해 모든 직각삼각형에서 가장 긴 빗변을 c라하고 나머지 두 변을 a, b라 할 때 $a^2 + b^2 = c^2$이 성립한다는 정리다. 전해지는 말에 의하면 피타고라스는 자신이 이 정리를 증명한 것이 매우 기뻐서 황소 한 마리를 제물로 바쳤다고 한다.

물론 다른 문화에서도 피타고라스가 증명하기 전부터 이 정리를 알고 있었다. 바빌로니아인들은 피타고라스 시대보다 적어도 1000년 앞서 피타고라스 정리를 알고 있었고, 고대 이집트인들은 기원전 2550년경 피라미드를 건축하는 데 이 공식을 사용한 것으로 보인다. 기원전 600년경에는 중국과 인도 그리고 대부분의 메소포타미아 지역에도 알려져 있었다. 피타고라스는 그저 서양 문화에서 최초로 이 정리를 증명한 공로가 인정된다. 오늘날 피타고라스 정리에 대한 증명은 수백 가지가 있다. 피타고라스가 사용한 방법도 그중 하나다.

• $a^2 + b^2 = c^2$을 만족하는 자연수 a, b, c의 집합을 '피타고라스 수'라 한다. 잘 알려진 예는 (3, 4, 5)와 (5, 12, 13)이다.
• 미국 대통령 제임스 가필드는 1876년에 직접 피타고라스 정리를 증명했다.
• 중국에서는 '구고현의 정리'라고 부르며, 기원전 500년부터 서기 200년 사이에 쓰인 것으로 추정되는 수학 논문에 나와 있다.

320

쇤베르크의 〈달에 홀린 피에로〉

현대 음악가 아르놀트 쇤베르크가 작곡한 〈달에 홀린 피에로〉('약간 미친 피에로'라는 뜻이다)는 20세기 무조 음악과 아방가르드 음악의 포문을 열었다. 이 음악은 21개의 짧은 소프라노 곡으로 구성된 연가곡으로 소규모 실내악단이 반주한다. 가사는 벨기에 상징주의 시인 알버트 지로의 시에서 따 왔다. 역겹고 때로는 섬뜩한 에피소드 사이에서 새까만 밤하늘에 "열병에 걸린 듯 부풀어 오른" 달에 대한 주인공의 사랑뿐만 아니라 광기어린 광경, 목을 베는 장면과 같은 충격적인 이미지들도 묘사한다.

〈달에 홀린 피에로〉는 1912년 베를린에서 초연될 당시 엄청난 논란을 일으켰지만 평론가들로부터 매우 긍정적인 평가를 받았다. 많은 평론가들이 이 음악을 표현주의의 가장 중요한 작품으로 꼽는다. 미술과 음악에서 표현주의는 프로이트 심리학을 수용하는 자기 성찰적 감성을 강조했다. 오스카 코코슈카 같은 표현주의 화가들은 프로이트의 꿈의 상태와 무의식의 욕구를 조명하면서 정신의 기저 영역을 탐구하려고 했다.

쇤베르크의 작품도 같은 목표를 추구했다. 〈달에 홀린 피에로〉는 대사와 노래 양쪽의 성격을 지닌 성악 연주법인 시프레히시티메sprechstimme를 사용한 최초의 작품 중 하나이다. 쇤베르크는 오선지에 나타낼 때 근접한 음들을 X로 표시했다. 〈달에 홀린 피에로〉의 악보를 보면 연주자는 지정된 음을 잠깐만 내고 음이 지속되지 않도록 바로 중단해야 한다. 이 곡은 지금까지 나온 성악곡 중에서 가장 까다로운 작품에 속한다. 그러나 음악 이론의 혁신을 가져왔다는 면에서 더 큰 의의를 지닌다.

〈달에 홀린 피에로〉 이후로 멜로디와 조성이 더는 작곡가들이 추구해야 하는 절대적 목표가 아니라는 것이 명백해졌다. 쇤베르크의 제자 존 케이지를 포함해 이후에 등장한 작곡가들은 조성 음악의 흔적을 점점 지워나갔다. 1912년 〈달에 홀린 피에로〉가 보낸 메시지는 분명했다. 이 음악은 서양음악의 결정적인 분기점이 되었다고 말할 수 있다.

• 청년이었을 때 〈달에 홀린 피에로〉 초연을 감상한 이고르 스트라빈스키는 나중에 그때를 회상하면서 인생을 달라지게 하는 경험이었다고 묘사했다.

• 〈달에 홀린 피에로〉의 주인공은 이탈리아 연극 장르인 '코메디아 델라르테'에서 나왔다. 그 연극에 등장하는 어눌하고 우스운 광대가 〈달에 홀린 피에로〉의 주인공이다. 이 오페라 공연에서 소프라노가 광대 복장을 하기도 한다.

• 쇤베르크는 표현주의 화가이기도 했다. 그는 미술과 현대 음악을 이어주는 공통점을 이해하고 있었다.

321

분석철학

분석철학은 영어권 국가와 스칸디나비아 반도의 대표적인 주류 철학이다. 분석철학자들은 지적 유산을 공유하고, 철학적 문제의 본질에 대해 광범위하게 인정하며, 명료한 표현과 철저한 논증을 강조한다. 이런 점이 그들을 하나로 묶는 특징이다.

분석철학은 20세기 초 영국에서 처음 등장했다. 조지 에드워드 무어(1873년~1958년)와 버트런드 러셀(1872년~1970년)은 논리학, 특히 수학기초론의 발전에 크게 영향 받았다. 그 결과 이들 철학자들은 논리와 언어를 매우 강조했다. 사실 그들은 언어를 논리적으로 분석하면서 많은 철학 문제에 접근했다. 러셀의 제자 루트비히 비트겐슈타인(1889년~1951년)은 이런 사상을 발전시켜《논리철학 논고》(1992년)를 저술했다. 그는 이 책에서 언어와 세상의 논리적 구조를 설명했다.

분석철학에 중요한 영향을 미친 또 다른 사상은 1920년대 빈에 거주하던 철학자와 과학자 집단인 빈학파가 발전시킨 논리실증주의이다. 논리실증주의는 철학의 역할을 단지 과학 이론의 논리적 구조를 분석하는 데 있다고 봤다. 영국 철학자 알프레드 J. 에이어(1910년~1989년)는 빈학파에 속하지는 않았지만 그의 저서《언어, 진리 그리고 논리》를 통해 여러 논리실증주의 사상을 영국과 미국 대중들에게 알렸다.

분석철학은 종종 유럽에서 추종되는 이른바 대륙 철학과 대조된다. 대륙 철학은 철학의 역사와 철학이 문화와 역사 속에서 맡은 역할에 더 초점을 두는 경향이 있다.

- 러셀은 동료 철학자 고틀로프 프레게의 논리학 체계가 지닌 모순을 지적했고, 프레게는 인생을 바친 연구가 실패작이었다는 사실에 크게 절망했다.
- 알프레드 J. 에이어는 말년에 뉴욕의 한 파티 장소에서 복싱 선수 마이크 타이슨을 만났다고 한다. 에이어는 타이슨이 부적절하게 행동한다는 생각이 들어 그에게 한마디 했다. 타이슨은 "내가 누군지 짐작도 안 가시죠? 난 헤비급 세계챔피언이오!"라고 대답했다. 그 말에 에이어는 이렇게 대답했다. "네, 알겠습니다. 저는 옥스퍼드대학교 논리학 명예교수를 지냈습니다. 우리 둘 다 자기 분야에서 뛰어난 사람들이군요. 자, 이제 이성적인 사람으로서 좀 더 얘기해봅시다."

322

인도 서사시

인도 전통에 두 가지 중요한 서사시가 있다. 〈마하바라타〉와 〈라마야나〉가 그것이다.

'바라타 왕조의 대서사시'를 뜻하는 〈마하바라타〉는 현존하는 것으로 알려진 두 번째로 긴 서사시로, 10만 개 이상의 연을 포함하고 있다. 원래 기원전 3000년경에 쓰였으며, 오늘날 전해지는 것은 대략 서기 300년~400년경 편찬되었을 가능성이 크다.

〈마하바라타〉는 수천 년 전에 친족 관계에 있는 판다바와 드리타라슈트라 부족 사이에 벌어진 전투에 관한 이야기이다. 원래 두 부족은 한 왕국에 살고 있었지만 주사위 던지기 게임에서 진 판다바 부족이 12년 동안 추방되어 있었다. 판다바 부족이 다시 왕국으로 돌아오려고 시도했지만 드리타라슈트라 부족은 왕국의 절반을 양도하고 싶지 않았고 끔찍한 전쟁이 이어졌다. 친척과 친구들이 서로를 겨냥해 싸워야 했고, 결국 판다바 부족이 승리했다.

〈마하바라타〉 속 수많은 이야기들이 힌두교의 사상과 교훈을 강조한다. 그중 하나가 바가바드 기타인데, 아르주나 왕자가 전쟁터에서 주저하고 있을 때 크리슈나 신이 해준 설교를 모은 경전이다. 바가바드 기타의 가르침은 힌두교 신앙의 중심 교리가 된다.

크리슈나는 아르주나에게 두려워도 전쟁을 피해서는 안 된다고 말했다. 누구든 구원을 얻을 수 있는 유일한 길은 삶에서 주어진 자기 본분을 지키는 것이라고 했다. 크리슈나는 현세의 물질세계는 환상이며 영혼은 영원한 것이라 가르쳤다. 현세를 사는 동안 신에게 계속 헌신함으로써 인간은 끝없는 윤회에서 벗어나 신이 될 수 있다고 믿었다. 즉 육신을 벗어나는 것이 실제로 신과 하나가 되는 길이므로 아르주나에게 전쟁터에서 죽는 것을 두려워하지 말라고 전했다.

또 다른 고대 인도의 대서사시 〈라마야나〉는 〈마하바라타〉보다는 훨씬 짧은 2만 4000개의 연으로 구성되어 있다. 아버지의 왕관을 승계하지 못하고 아내 시타와 함께 추방된 라마 왕자의 이야기이다. 도피 생활을 하던 중에 시타가 다른 왕에게 붙잡히고 라마는 죽을힘을 다해 아내를 구하려 한다. 마침내 아내를 구하지만 라마는 아내가 다른 남자의 집에 살았기 때문에 그녀가 정절을 지켜냈는지 의심한다. 라마는 시타를 불구덩이 속에 밀어 넣어 그녀를 시험한다. 시타가 살아남자 그제야 그녀의 순결을 믿는다. 그러나 시타가 정절을 지키지 못했다는 소문이 계속 돌았고 라마는 시타를 추방할 수밖에 없었다. 시타는 이후 라마의 두 아들을 낳았는데, 그 아들들이 어디를 가나 라마의 이야기 즉 '라마야나'를 말한다. 이 서사시는 헌신, 가족 간의 충실, 연장자에 대한 존경에 관한 중요한 교훈을 담고 있다.

323

미드웨이 해전

미드웨이 해전은 미국과 일본 해군 사이에 벌어진 대규모 충돌로 태평양에서 전개된 제2차 세계대전의 전환점이 되었다. 3일간 벌어진 전투에서 일본군은 전체 함대에서 항공모함 10대 가운데 4대를 잃어 해군 병력에 치명적인 타격을 입었다. 반면에 미군이 잃은 항공모함은 USS 요크타운 1대뿐이었다. 미드웨이 해전에서 미군의 승리는 엄청난 결과를 가져왔다. 진주만에 대한 일본의 기습공격이 있은 지 6개월 후 미군은 태평양에서 다시 우위를 잡았다.

일본과 미국은 1930년대 말부터 1940년대 초까지 서서히 전쟁을 향해 나아갔다. 19세기까지 세상에 알려지지 않은 은둔의 섬나라였던 일본은 주요 산업 강대국으로 탈바꿈했다. 1904년부터 1905년에 걸쳐 벌어진 러일전쟁에서 일본의 승리는 일본이 주요 군사 강국으로 부상할 것이라는 신호였다. 그 후 일본은 이웃국가들을 침략하고 약탈하기 시작했다. 1910년에는 한국과 대만이 일본에 종속되었다. 1930년대 제국주의 일본은 중국 본토를 침략해 수천만 명이나 되는 중국인의 목숨을 앗아간 전쟁을 일으켰다. 일본의 군사 전략가들은 일본이 아시아 태평양 지역을 완전히 지배하는 데 미국이 걸림돌이 될 것이라 생각했다.

일본의 팽창을 견제할 수 있는 유일한 강대국이었던 미국은 1930년대까지만 해도 그런 국제 정세에 별 관심이 없었다. 끔찍했던 제1차 세계대전 후 고립주의를 지지하는 미국 국민들은 복잡한 국제 관계에 개입하고 싶지 않았다. 독일이 영국과의 전쟁을 선포했을 때도 미국은 오랫동안 동맹국이었던 영국에 폭넓은 지지를 보냈지만 공식적으로는 중립을 유지했다. 그러나 1941년 12월 7일 진주만이 공습을 받자 프랭클린 루스벨트 대통령은 의회에 일본에 대한 전쟁 선포를 요청했다.

• 미드웨이 해전의 이름은 태평양의 작은 군도 미드웨이 환초에서 따왔다. 이 섬은 1859년 한 미국인 선장이 발견한 무인도로 세계대전 동안 미군 기지로 사용되었다. 미국령으로 남아 있는 미드웨이 섬은 현재 국립 야생생물 보호소이다.

• 일본은 양동 작전의 일환으로 알래스카 알류산 열도를 점령하기 위해 군대를 파견했다. 미국이 그곳을 방어하기 위해 자원을 낭비하게 만들 목적이었다. 그 계략이 통하지는 않았지만 알류산 열도가 있는 알라스카는 미국의 현재 50개 주 중에서 유일하게 전쟁 동안 일본에게 점령당했던 곳이다.

324

소네트 18

내 그대를 여름날에 비할 수 있을까?

그대는 여름보다 더 사랑스럽고 부드러워라.

거친 바람이 오월의 다정한 꽃봉오리를 흔들고

우리에게 허락된 여름은 너무 짧아라.

때로 태양이 뜨겁도록 반짝이고

그의 금빛 얼굴이 흐려지기도 하여라.

우연이나 자연의 변화로

아름다운 것도 언젠가는 시들기 마련이지만

그러나 그대의 영원한 여름만은 시들지 않고

그대가 지닌 아름다움도 잃지 않으리라.

죽음조차 그대를 그림자 속에서 헤매이게 하지 못하리니

불멸의 시구 속에서 그대는 시간과 하나가 되리라.

인간이 살아 숨 쉬고 눈으로 볼 수 있는 한

이 시는 살아서 그대에게 생명을 주리라.

- 셰익스피어, 〈소네트 18〉

윌리엄 셰익스피어는 워낙 뛰어난 희곡들 때문인지 그가 쓴 154편의 소네트가 영국 문학에 대단한 업적을 남겼다는 사실이 종종 잊혀지곤 한다. 1609년 처음 출판된 셰익스피어의 소네트 시집은 사랑, 아름다움, 죽음에 대한 깊은 명상록이다. 특히 18번째 소네트가 가장 잘 알려진 작품으로 오늘날까지 자주 인용되고 있다.

독자들은 종종 〈소네트 18〉의 '그대'가 사랑하는 젊은 여인을 가리킨다고 생각한다. 이 시가 사랑을 노래하고 있기는 하지만 실제로는 남성 친구에 대한 애정을 표현한 시다. 셰익스피어의 소네트 중 처음 126편이 이름이 밝혀지지 않은 한 젊은이에게 부치는 시인데, 〈소네트 18〉도 그중 하나이다. 초반의 소네트들은 절제된 어조로 젊은이에게 인생과 결혼에 대해 조언한다. 하지만 후반 소네트는 점점 격정적인 감정을 드러내고, 우정보다는 낭만적인 연인 관계에서 전형적으로 나타나는 희열, 실망, 질투를 보여준다. 학자들은 시적 화자와 젊은이의 관계에 대해 오랫동안 논쟁을 벌여왔지만 확실히 밝혀진 것은 없다. 심지어 셰익스피어 자신이 화자인지도 분명하지 않다.

〈소네트 18〉은 아름다움, 인생의 덧없음, 예술의 영원한 힘에 대한 명상이다. 화자는 자연의 아름다움이, 심지어 태양의 아름다움도 시간이 지나고 계절이 바뀌면서 퇴색

된다고 말한다. 그러나 젊은이의 아름다움은 이 소네트 속에 기록되기 때문에 "영원한 여름만은 시들지 않고" 남아 있을 것이다. 죽음도 시의 영속성에 앞에 무력하다. 시는 "불멸의 시구"를 통해 "인간이 살아 숨 쉬고 눈으로 볼 수 있는 한" 젊은이에게 사실상 "생명을 주기" 때문이다.

셰익스피어에 의해 대중적으로 널리 알려진 소네트 형식은 원래 1300년대 이탈리아에서 생겨난 것으로 단테 알리기에리와 페트라르카가 창시했다. 이탈리아 소네트는 대체로 처음 여덟 행, 즉 옥타브octave에서 질문이나 딜레마를 제기하면 마지막 여섯 행인 세스텟sestet에서 대답하는 형식이다. 소네트는 영국으로 넘어오면서 형식이 조금 바뀌었다. 영국 소네트 시인들은 옥타브와 세스텟으로 나누기보다 대체로 4행 3연 구조를 사용했고, 그 뒤에 마지막 2행을 추가해 예상치 못한 전개나 반전을 담았다. 그것이 바로 셰익스피어가 사용한 형식이다.

325

게르니카

파블로 피카소의 〈게르니카〉는 스페인 내전(1936년~1939년) 당시 독일 전투기가 스페인의 작은 마을을 폭격하는 전쟁의 참상을 강렬하게 묘사한다.

1937년 1월 스페인 공화주의 정부는 당시 스페인에서 가장 유명했던 피카소(1881년 ~1973년)에게 파리 국제박람회 스페인 전시관에 놓을 그림을 그려달라고 의뢰했다.

그해 4월 26일 파시스트 권력자들의 명령을 받은 독일 전투기가 스페인 북부 바스크 지방의 작은 마을 게르니카를 폭격했다. 사실 이것은 인류 역사상 최초로 민간인을 대상으로 벌인 공습이었다. 공화주의 정부를 지지하던 피카소는 그 사건에 경악했다. 그는 끔찍한 스페인 내전에 국제사회가 관심을 가져주길 바라는 마음에 게르니카 사건을 11피트×25피트(약 335cm×762cm) 크기의 거대한 벽화에 표현했다. 당시 피카소의 연인이었던 도라 마르는 피카소의 작업 진행 상황을 사진으로 기록했다.

〈게르니카〉의 구도는 중앙에 삼각형 1개와 옆에 사각형 2개로 구성되어 있다. 삼각형의 꼭대기에서 밝은 조명이 비추는 부상당한 말의 머리가 무고한 희생자들의 고통을 전달한다. 그림 왼편에 있는 황소는 잔악함과 어둠을 상징한다고 피카소가 말했다. 황소 아래 비탄에 잠긴 한 여인이 죽은 아이를 안고 있는데, 동정녀 마리아가 십자가에 못 박혀 죽은 아들을 안고 있던 이미지를 연상시킨다. 그림의 하단에는 폭격기에 맞서 싸우기 위해 부러진 칼을 움켜쥔 마을사람이 쓰러져 있다. 그림 오른편에는 고통스러워하는 형상이 3개 더 있다. 이 그림은 종합적 입체주의를 떠올리게 하는 화법으로 그려졌다. 콜라주를 사용하지는 않았지만 형상의 일부는 신문지에서 오려내 캔버스에 붙인 듯한 인상을 준다.

〈게르니카〉는 파리 박람회에 전시된 후 스칸디나비아로 보내졌고, 다시 런던으로

보내졌다. 파시스트들이 스페인 내전에서 승리했을 때 피카소는 〈게르니카〉를 뉴욕 현대미술관으로 보내 달라고 요청했다. 그는 오직 스페인이 파시스트들에게서 완전히 해방되었을 때 비로소 그림을 돌려받아도 될 것이라고 분명히 밝혔다. 프란시스코 프랑코 장군이 1981년 사망하자 〈게르니카〉는 마드리드로 돌아왔고, 오늘날 마드리드 레이나 소피아 미술관에 전시되어 있다.

- 미국 전 부통령 넬슨 록펠러는 유엔 본부에 걸기 위해 〈게르니카〉를 태피스트리로 제작할 것을 의뢰했다.
- 바스크 민족주의자들은 게르니카에서 30마일 떨어진 빌바오에 새로 지은 구겐하임 미술관에 〈게르니카〉를 보내야 한다고 청원하고 있다.

326 | THU ⚛ 과학 | 황금비

불가사리의 팔, 소라의 나선 구조, 장미 꽃잎, 아테네의 파르테논 신전 그리고 이집트 가자의 피라미드까지 모두 한 가지 공통점을 가지고 있다. 황금비라고 알려진 수와 관련된 구조를 갖는다는 것이다. 황금비는 이것을 건축에 이용했던 그리스 조각가 피디아스의 이름을 따서 '파이' 또는 '피'라고 부르며 그리스 문자 ∅로 표기한다. 황금비는 대략 1.618인 무리수이다. 소수로 나타낸다면 끝없이 이어지는 무한소수라는 말이다.

황금비, 즉 파이 값을 어떻게 찾는지 살펴보자. 2개의 선분이 있을 때 긴 선분(L)에 대한 짧은 선분 (S)의 비율이 두 선분의 합에 대한 긴 선분의 비율과 같을 때 두 선분이 황금비를 이룬다고 말한다.

$$\emptyset = \frac{1+\sqrt{5}}{2} \approx 1.618033988$$

L에 관한 이차방정식을 풀어 정리하면 다음을 얻는다.

$$\frac{S}{L} = \frac{L}{L+S}$$

황금비를 이용해 만든 사물들은 인간의 눈에 시각적으로 아름다워 보인다. 그런 것들은 미술과 자연 속에서 언제나 찾아볼 수 있다.

$$L = \left(\frac{1+\sqrt{5}}{2}\right) S = \emptyset S \approx 1.618\,S$$

황금비로 이루어진 도형 세 가지를 살펴보자.

정오각형은 다섯 변의 길이가 모두 같다. 이 변의 길이는 꼭짓점을 연결해서 생긴 대각선의 길이와 황금비를 이룬다. 고대 그리스 철학자 피타고라스는 정오

각형에 깊은 인상을 받아서 정오각형을 피타고라스학파의 비밀 문장으로 정했다.

묘지에서 흔히 볼 수 있는 십자가를 처음으로 자세히 살핀 사람은 독일 심리학자 구스타프 페흐너이다. 그는 묘지 십자가의 상단과 하단의 비율이 완벽한 황금비를 이룬다는 것을 발견했다.

위의 삼각형은 길이가 같은 두 변과 그보다 짧은 밑변으로 구성되어 있는데, 양쪽 변의 길이와 밑변의 길이가 황금비를 이룬다.

• 모나리자의 얼굴도 가로 세로가 황금비를 이룬다. 그뿐만 아니라 인간의 신체는 황금비를 이루는 곳이 많다.
• 미켈란젤로의 회화 〈성 가족〉은 정오각형 구도를 이룬다.

327

12음 음렬주의

아르놀트 쇤베르크(1874년~1951년)는 〈달에 홀린 피에로〉 같은 작품으로 세상 사람들의 귀에 혁명을 일으켰다. 그러나 그의 새로운 음악 언어는 아직 공식적인 문법이 형성되지 않은 "자유 무조성"이었다. 해결책으로서 쇤베르크는 12음 음렬주의라 불리는 기법을 창시해 이론과 작곡 양면에서 무조 음악을 체계화했다.

12음 음렬주의는 서양음악의 12음(도, 도샵, 레, 레샵, 미, 파, 파샵, 솔, 솔샵, 라, 라샵, 시) 각각에 동등한 중요성을 부여해서 작곡하는 기법이다. 이 기법으로 쇤베르크는 자신의 작곡가 인생에서 가장 많은 비난을 받았다. 사람들은 음악에 수학을 결합시킴으로써 음악을 너무 기술적이고 건조한 것으로 변질시키고 있다고 비난했다. 결국 12음 기법보다는 조성 음악과 기존 방식에 대한 현대 음악가들의 맹공격이 더 중요하게 작용했다. 오늘날에는 12음 음렬주의를 사용하는 작곡가가 거의 없다.

음렬주의의 내용은 다음과 같다. 쇤베르크는 서로 다른 음높이를 갖는 12음을 일렬로 배열해 그것을 음열이라 불렀다. 음열은 곡의 멜로디를 이끄는 안내자 역할을 한다. 음렬 전체가 연주될 때까지 어떤 음도 반복하지 않는 것이 기본 규칙이다. 게다가 작곡가는 음렬을 거꾸로 사용하거나(역행), 배열을 뒤집거나(전위), 전위한 것을 다시 역행시키나(전위-역행)하는 세 가지 방법을 혼용해서 음렬을 변형할 수 있다.

쇤베르크는 8도 또는 3도 음정처럼 듣기 좋은 화음을 형성하고 으뜸음을 암시하고 음정을 피했다. 건조하고 거친 소리에도 불구하고 12음 음렬 음악은 1945년 제2차 세계대전 말 무렵부터 1970년대까지 작곡가들의 중심 작곡 기법으로 사용되었다. 1970년대에 이르자 전자 음악과 미니멀리즘, 새로운 조성 음악 및 새로운 음악 기법에 자리를 내줬다.

- 쇤베르크의 제자 알반 베르그는 조성을 이루는 음정과 다른 요소들을 통합해서 자신만의 기법을 개발했다. 그래도 여전히 음렬주의를 충실히 지켰다.
- 안톤 베베른은 전통적인 12음 기법을 느슨하게 적용해 작곡했다. 각 음렬 안에서 반복적인 리듬과 하모니, 음정 패턴을 만들었다.

328

SAT
철학

진리

우리는 일상적으로 많은 것에 대해 참되다거나 진정하다는 말을 쓴다. 진정한 친구, 참된 개념, 진정한 지혜가 있다. 그러나 철학에서 진리의 문제는 문장에 초점을 맞춘다. 어떤 문장은 참이고 어떤 문장은 거짓이다. 그렇다면 정확히 어떤 차이가 있을까? 이것이 진리에 관한 철학 문제이다.

한 가지 널리 알려진 관점은 진리는 문장과 세상 사이의 대응관계라는 대응론이다. 참인 문장은 하나의 사실에 대응되는 문장이라는 말이다. 이 관점을 지지하는 철학자들은 대응관계가 무엇인지, 어떤 조건에서 이 관계가 존재하는지 설명해야 한다. 그리고 사실이 무엇인지 정의해야 한다. 이 이론의 두드러진 특징은 진리가 언어(문장)와 그 자체가 언어가 아닌 세상의 일부(사실) 사이에 존재하는 관계라고 주장한다는 점이다. 그러므로 진리는 객관적이고 언어에 종속되지 않는 현실과 문장 사이의 관계이다.

문장의 진리는 다른 문장과의 일관성에 달려 있다고 주장하는 철학자들도 있다. 그들의 주장에 따르면 한 문장이 참이라는 말은 그 문장이 우리가 참이라고 여기는 다른 문장들과 일관성이 있다는 말이다. 이 이론을 정합론coherence theory이라 한다. 정합론은 일관성이 무엇인지, 어떤 조건에서 일관성이 존재하는지, 어떤 문장들을 기준으로 다른 문장의 진리를 판단해야 하는지 설명해야 한다. 정합론은 우리가 모든 것에 대해 틀릴 수는 없다고 주장한다. 어떤 믿음은 틀릴 수도 있지만 다른 것을 판단하는 기준이 되는 특별한 문장들은 그것의 정의에 의해 일관성이 있기만 한다면 반드시 참이 된다.

세 번째로 소개할 진리에 대한 이론은 축소론deflationary theory이다. 이 접근법은 어떤 문장이 참이라고 말하는 것은 단지 그 문장을 인정하는 간편한 방식에 불과하다고 주장한다. 예를 들어 제인과 빌이 긴 회의를 하고 있고 제인이 "우리 모두 지쳤어요. 휴식이 필요해요."라고 말한다고 해보자. 빌 역시 휴식을 취하고 싶어 제인의 말을 그대로 반복하는 대신 간단히 "정말 그래."라고 말한다. 축소론에 따르면 어떤 문장이 참이라고 말하는 것은 그 문장을 말하거나 동의하는 또 다른 방법에 불과하다. 이런 관점에서 보면 모든 참인 문장들이 공유하고 있는 공통된 성질이란 없다.

- 어떤 철학자들은 대응 이론이 자명하기 때문에 논증이 필요하지 않다고 여긴다.
- "이 문장은 거짓이다."라는 문장을 생각해보자. 만약 이 문장이 참이라면 이 문장은 거짓이다. 그러나 이 문장이 거짓이라면 참인 문장이 된다. 이것을 '거짓말쟁이의 역설'이라 한다.

329

카스트 제도

인도의 카스트 제도는 인도의 정치 역사와 힌두교에 깊이 뿌리를 둔 신분 제도이다.

힌두교 전통에 따르면 창조신 브라흐마가 진흙으로 인간을 창조했고, 그의 신체 부위에서 네 가지 카스트 계급이 발생했다. 브라만(성직자)은 브라흐마의 입에서 나왔고, 크샤트리아(통치자와 무사)는 그의 팔에서 생겨났고, 바이샤(농지 소유자와 상인)는 허벅지에서 생겨났다. 그리고 수드라(기능공과 하인)는 브라흐마의 발에서 나왔다. 세월이 흘러 다섯째 계급 '억압받는 자'라는 뜻의 달리트가 생겼다. 이들은 여러 일 중에서도 인간이 남기는 더러운 노폐물을 처리하는 일을 담당했다.

카스트는 태어나면서부터 결정되어 있고, 카르마(업보) 개념에 바탕을 두고 있다. 이 생에서 선한 행동을 하면 다음 생에서는 더 높은 계급으로 환생할 것이고, 반면에 악한 행동을 하면 낮은 계급으로 태어날 것이다. 일단 하나의 카스트에 속하면 절대 바꿀 수 없으며, 역경을 견뎌야 하는 것도 신이 정한 운명이라고 여긴다.

전통적으로 밝은 피부색의 인도인들은 어두운 피부색의 사람들보다 더 높은 계급에 속한다고 간주했다. 그러나 오늘날에는 이전만큼 그렇게 생각하지 않는다. 카스트 제도는 주요 다섯 계급 아래 수백 개의 하위 계급으로 나뉘어져 직업과 지리적 위치, 혈통을 기반으로 세분화된다. 대부분 많은 카스트들이 같은 도시에 살면서 생존을 위해 서로 경제적으로 의존한다. 하지만 고립된 곳에 모여 사는 카스트들은 소수민족 집단과 거의 비슷하다. 어쨌든 계급을 막론하고 서로 다른 계급끼리의 결혼은 전통적으로 드물다.

카스트는 많은 사회적·종교적 의미를 지닌다. 상위 4개 계급은 '깨끗한' 계급, 달리트는 '더러운' 계급이라 여겨진다. 때문에 달리트는 어디를 가든 다른 사람들에게 자신의 접근을 알리기 위해 종을 울려야 하는 규칙이 생겨났다. 브라만, 크샤트리아, 바이샤의 높은 계급은 자신들이 두 번 태어난다고 생각한다. 계급에 따라 다르기는 하지만 보통 8세에서 12세 사이에 성년식을 치르는데, 그때 다시 태어난다고 본다.

카스트 제도에 따른 과거의 불평등을 보상하기 위해 인도 정부는 '할당제'라 불리는 정책을 실시하고 있다. 어떤 면에서는 고용에 있어 약자와 소수자를 우대하는 적극적 우대조치affirmative action와 비슷하지만, 그보다 훨씬 더 명시적으로 법률로 정해져 있으며 정해진 직업에 대해 각 계급에 일정한 인원을 할당하는 고용 할당제이다.

- 네팔은 국교가 힌두교인 유일한 국가이며 카스트 제도를 가지고 있다.
- 카스트 제도의 다섯째 계급 달리트는 서양에서는 '불가촉천민'으로 더 잘 알려져 있다. 하지만 이 용어는 오늘날 인도에서 경멸적인 말로 받아들여진다.

330

D-데이

1944년 6월 6일은 연합군이 나치가 장악하고 있던 유럽에 대대적인 침투 작전을 개시하는 D-데이였다. 전례 없는 규모의 침투 작전이었다. 단 하루 만에 미국, 영국, 캐나다 군인 15만 명이 영국 해협을 건너 프랑스 해안에 상륙했다. 10여 개 국가에서 파견된 군함 5000여 척과 군용기 1만 1000여 대가 작전에 투입되었다. 실제 이 날의 침투 작전은 1940년 프랑스가 독일에 항복한 후부터 계획되었다. D-데이를 기점으로 연합군은 유럽을 해방시키기 시작했고 독일은 빠른 속도로 무너졌다. 일 년도 지나지 않아 히틀러가 죽고 독일은 폐허가 되었다. 유럽에서 전쟁이 끝난 것이었다.

D-데이에 벌어진 인명 손실은 어마어마했다. 4000명 이상의 연합군과 수천 명의 독일군이 침투 과정에 사망했다. 주요 상륙 지점 중 하나인 노르망디 오마하 해변에 상륙한 미군은 이루 말할 수 없는 손실을 겪었다. 그러나 그날 해가 저물 무렵 드디어 독일군의 방어선을 무너뜨렸다. "1명을 쓰러뜨리고 나면 다른 1만 명의 미군이 나왔다!" 몇 년 후 독일군 사수였던 한 남자가 그날을 회상하며 역사가에게 한 말이다. 히틀러는 연합군의 침공이 임박했다는 것을 알고 있었다. 하지만 연합군은 그를 속여 상륙 지점이 다른 곳이라고 믿게끔 만들었다.

D-데이의 파급 효과는 이루 다 말할 수 없다. 노르망디 해안에 착륙하기 직전 드와이트 아이젠하워 장군은 승리를 다짐하는 메시지를 작전 부대에 보냈다. "세계의 눈은 그대들을 향하고 있다. 자유를 사랑하는 세계 각국 국민들의 소원과 기도가 그대들과 함께 하고 있다."라는 메시지를 연합국 유럽 최고 사령관에게 보냈다. 프랑스 국민들은 연합군을 환호하며 맞이했다. 노르망디 상륙 작전이 있고 몇 달 후 파리가 해방되었다. 동부 전선에서는 소련군이 밀고 들어와 나치군을 동유럽에서 몰아냈다. 독일은 동서 양쪽 전선에서 전쟁을 계속할 수 없었다. 1945년 봄이 되자 나치 정권이 무너졌고, 연합군은 남은 추축국인 일본을 물리치는 데 집중할 수 있게 되었다.

- 널리 알려져 있는 것과는 달리 D-데이의 D는 아무 것도 나타내지 않는다. D-데이는 어떤 것의 시작 날짜를 알리는 군사 용어이다. 여기에서는 암호명 '오버로드 작전'인 노르망디 상륙 작전의 개시일을 알리는 말로 쓰였다.
- D-데이를 계획하는 동안에도 연합군은 치명적인 타격을 입었다. 실제로 1944년 4월과 5월에 연합군 1만 2000명 이 다치거나 죽었고 항공기 2000대를 잃었다.
- D-데이에서 비둘기가 중요한 역할을 했다. 노르망디 침공이 있기 전 프랑스 비밀 저항군은 독일 군대를 비밀리에 감시했는데, 보고할 내용을 비둘기 다리에 묶어 런던으로 보냈다.

331

톨스토이

역사는 위대한 소설가를 많이 배출했지만 레프 톨스토이(1828년~1910년)만큼 대단한 존경을 받는 소설가는 아마 없을 것이다. 톨스토이는 독자와 평론가들 사이에서 러시아의 대문호로 칭송받으며 다른 작가들에게는 천재작가로서 존경과 찬사를 한몸에 받는다. 톨스토이는 많은 작품을 쓴 다작 작가이지만 그의 명성은 주로《전쟁과 평화》(1865년~1869년)와《안나 카레니나》(1875년~1877년) 두 대작에서 비롯되었다. 현대 소설의 원형이라 할 수 있는 두 사실주의 소설은 전례 없는 묘사는 물론 일상생활을 철학적 토대로 예리하게 관찰한다.

러시아 귀족 명문가에 태어난 톨스토이는 대학 교육이 지루하다고 느껴 학위를 받기 전에 그만뒀다. 그 후 몇 년 동안 군에서 복무하고, 학교를 개설하고, 유럽 전역을 돌아다니면서 쉼 없이 방향을 찾아 헤맸지만 찾지 못했다. 1862년 톨스토이는 불행하기로 악명 높은 결혼 생활을 시작했는데, 그래도 자녀를 13명이나 낳았다.

1860년대 후반기 동안 그는 첫 대작인《전쟁과 평화》를 썼다. 나폴레옹 전쟁 당시를 배경으로 한 이 서사소설은 많은 가공의 인물뿐만 아니라 나폴레옹, 알렉산더 1세 등 실존 인물들을 함께 등장시키면서 사실과 허구를 혼합한다. 이 소설은 많은 이야기로 구성된 방대한 작품이지만 개별 사건들이 넓은 범위의 역사 속에 적절히 배합되어 있기 때문에 아주 빠르게 읽힌다. 궁극적으로 톨스토이는 역사를 형성하는 위대한 힘은 비이성적이고 예측 불가능한 인간의 행동이라고 결론 내렸다.

톨스토이의 두 번째 대작《안나 카레니나》의 초점은 전설적인 첫 문장에 명백히 드러난다. "행복한 가정은 모두 비슷한 이유로 행복하지만 불행한 가정은 각기 나름의 이유로 불행하다." 주인공 안나 카레니나는 지적이고 사람들의 시선을 끄는 매력적인 여성이다. 그녀는 낭만적인 사랑을 추구한다. 헌신적이기는 하지만 고루한 정부 관료인 남편은 안나에게 원하는 사랑을 주지 못한다. 그러던 중 안나는 멋진 군 장교와 사랑에 빠지고, 사랑을 위해 결혼과 어린 아들을 포기하지만 결국 그녀의 불륜은 사회로부터 경멸을 받는다. 안나가 마지막에 비극적인 자살을 선택하는 순간을 묘사한 장면은 사실주의의 백미를 이루며 결정적인 문학적 장면으로 손꼽힌다.

- 톨스토이는 말년에 평화주의, 무정부주의, 독실한 기독교 신앙을 지지했다. 그는 결국 아내와 회복 불가능한 불화에 빠지면서 재산을 완전히 포기했다.
- 톨스토이는 오랜 전통을 지닌 러시아 귀족 가문 출신으로 백작이라는 공식 직함을 가지고 있었다.

332 | WED 미술 | 마르크 샤갈

마르크 샤갈(1887년~1985년)은 성경 내용을 주제로 한 스테인드글라스, 벽화, 태피스트리로 유명하다. 그 밖에도 그가 태어난 벨라루스의 작은 마을 이미지를 연상시키는 그림도 많이 그렸다.

샤갈의 원래 이름은 모이셰 자카로비치 샤갈로프이다. 당시 러시아 제국에 속했던 비테브스크에서 태어났고, 유대교 하시딤 가정의 아홉 자녀 중 맏이였다. 고향에서 미술을 공부하다가 상트페테르부르크로 유학을 가서 레온 박스트 밑에서 공부했다.

1911년 샤갈은 파리로 이주했고, 그곳에서 아메데오 모딜리아니, 생 수틴, 로베르 들로네 같은 예술가들을 만났다. 샤갈은 어떤 현대 미술 사조와도 연관이 없었지만 이 시기의 밝은 색채와 기하학적 구도는 그가 야수파와 입체파의 영향을 받았음을 보여준다. 파리에서 보낸 시기의 대표작〈나와 마을〉(1911년)은 러시아 민담과 유대교 속담에 담긴 정신을 불러일으키면서도 비테브스크의 생활 모습을 입체주의 양식으로 표현하고 있다.

샤갈은 1914년에 고향을 방문하게 되었는데 제1차 세계대전이 발발하면서 파리로 돌아가지 못했다. 1915년에는 벨라 로젠펠드와 결혼했고, 그의 부인은 나중에 샤갈이 가장 선호하는 그림 주제가 되었다. 러시아 혁명이 일어난 후 샤갈은 비테브스크 지역 정치 위원으로 임명되었다. 1919년에는 베라 에르몰야레바에게 자리를 넘겨주고 모스크바로 떠났다. 그곳에서는 뉴스테이트 카메르니 극장의 입구 벽화를 디자인했다.

1922년부터 1년 동안 베를린에 체류했다가 그곳에서 파리로 건너가 니콜라이 고골의《죽은 혼》과 장 드 라 퐁텐의《우화집》그리고 성경의 삽화를 그렸다. 1941년 샤갈은 나치를 피해 미국으로 피신했다. 1944년 아내의 죽음에 깊은 충격을 받은 후로 아내의 영혼과 접촉하는 자신의 모습을 그림으로 그렸다.

제2차 세계대전이 끝나고 1948년 샤갈은 다시 파리로 건너갔다. 2년 후 방스로 옮겨 캘베 예배당에 장식할 대규모 그림 17점을 그렸다. 후기에는 메스 대성당과 시카고 미술관, 유엔 본부, 히브리 대학교의 스테인드글라스를 제작했다. 1973년에는 니스에 샤갈 박물관이 세워졌다. 오늘날 샤갈의 작품은 전 세계 주요 미술관에서 감상할 수 있다.

- 2005년 미국의 싱어송라이터 토리 에이모스는 샤갈의 연작 석판화에 영감을 얻어 쓴 가사가 담긴 앨범〈갈란드〉를 발표했다.
- 샤갈은 "모든 색은 이웃하는 것들의 친구이며 반대되는 것들의 연인이다."라고 말했다.

333 | THU ⚗ 과학 | 페르마의 마지막 정리

1637년 수학자 피에르 페르마는 자신이 가지고 있던 《산술》이라는 책의 여백에 이상한 메모를 끼적거렸다. 2보다 큰 정수 n에 대해 $x^n + y^n = z^n$을 만족하는 양의 정수 x, y, z는 존재하지 않는다고 쓴 것이다. 그는 이 수학적 명제에 대한 "정말 멋진 증명"을 알고 있었지만 책 여백에 적을 공간이 충분하지 않았다.

누구나 알고 있듯이 페르마는 그의 증명을 어디에도 기록하지 않았다. 수학자들은 수백 년 동안 페르마의 증명을 다시 도출하려고 노력에 노력을 거듭했다. 또 어떤 수학자들은 페르마가 애초에 증명한 것이 맞는지 의심하면서 독자적으로 페르마의 정리를 증명하려고 시도했다. 이 정리는 증명이 불가능하다고 생각하고 아예 시도를 중단한 수학자들도 있었다. 이 정리는 페르마가 마지막으로 쓴 정리가 아니라 증명되지 않은 유일한 정리이기 때문에 '페르마의 마지막 정리'라고 알려지게 되었다.

잘 알려져 있듯이 $x^2 + y^2 = z^2$을 만족하는 양의 정수 x, y, z는 존재한다. 그런 수를 피타고라스 수라고 하며, 피타고라스 수는 무수히 많다. 예를 들어 3, 4, 5도 그런 수이다.

$$3^2 + 4^2 = 5^2$$
$$9 + 16 = 25$$

그러나 n=3인 경우 $x^3 + y^3 = z^3$이나 n=4인 경우 $x^4 + y^4 = z^4$의 해는 결코 존재하지 않는다. 이처럼 n이 특별한 값인 경우에 대해서는 수차례 증명되었지만 n이 2보다 큰 임의의 자연수에 대해서 성립한다는 것을 증명하기까지 357년이 걸렸다.

해답은 1995년 프린스턴 대학교 앤드류 와일스 교수에게서 나왔다. 겉보기에 서로 연관이 없어 보이는 수학 분야인 타원 곡선과 모듈 형식을 결합해서 150페이지에 달하는 증명을 써냈다. 수세대에 걸쳐 수학자들의 가려운 부분이었던 문제를 푼 것이다. 와일스는 페르마 시대에는 알려지지 않았던 여러 가지 20세기 기법을 사용했다. 이런 이유로 와일스는 페르마가 그의 정리를 결코 증명하지 못했으리라 생각한다.

• 와일스는 열 살 때부터 페르마의 마지막 정리를 증명하는 데 몰입했다. 그는 증명을 해내는 것이 자신의 운명이라고 늘 믿었다.
• 페르마는 나중에 n=4인 특별한 경우에 대한 증명을 글로 썼다. 많은 수학자들은 페르마가 2보다 큰 모든 n에 대한 일반적인 경우를 실제로 증명했다면 애써 n=4인 특별한 경우의 증명을 따로 적지 않았을 것이라 추측한다. 이것은 페르마가 그의 정리를 증명하지 않았다는 또 다른 증거로 받아들여진다.

334

이고르 스트라빈스키

아르놀트 쇤베르크, 춤곡의 리듬, 러시아 음악 양식, 고전주의 작곡가들의 지혜에 영감을 받은 이고르 스트라빈스키(1882년~1971년)는 현대음악 운동의 최고의 상징이 되었다. 그는 명석하고 자신의 능력을 중요하게 생각하는 진지한 예술가였으며 언제나 혁신을 추구했다.

상트페테르부르크에서 태어난 스트라빈스키는 러시아 민족주의 작곡가 니콜라이 림스키코르사코프 밑에서 공부했다. 1909년에는 러시아의 대표적인 발레 기획자이자 파리에 기반을 둔 뤼스 발레단 단장인 세르게이 디아길레프를 만나게 되었다. 디아길레프와 협업해서 스트라빈스키는 모든 시대를 통틀어 가장 혁명적인 세 작품의 발레곡을 만들었다. 첫 번째 작품은 동화 이야기에 낭만주의 후기의 반음계주의 색을 입힌 〈불새〉(1910년)이다. 두 번째 작품은 멜로디가 독창적인 〈페트루슈카〉(1911년)이다. 매력적인 꼭두각시 인형의 이야기를 민속과 풍자극 테마를 이용해 전개했다. 세 발레곡 가운데 가장 놀라운 것은 〈봄의 제전〉(1913년)이다. 이것은 〈불새〉를 작곡하던 어느 날 오후 갑자기 떠오른 악상을 기반으로 만든 곡이다. 스트라빈스키는 원로들을 앞에서 죽을 때까지 춤을 추면서 자기 자신을 풍요의 신에게 제물로 바쳐야 하는 젊은 처녀를 상상했다.

〈봄의 제전〉은 동유럽 민속 노래에서 멜로디를 가져온 강렬하고 감정적인 바순 독주로 시작한다. 곧이어 격렬한 불협화음과 함께 냉정하리만큼 정밀한 연주로 바뀐다. 이 작품에서 지속되는 리듬과 반복적인 멜로디 모티브는 새로운 시대의 한 획을 그었다. 스트라빈스키는 후기 작품에서 신고전주의와 12음 기법을 사용하면서 새로운 방식으로 끊임없이 자신의 예술을 발전시키려 했다. 그는 1939년 미국으로 이주해 할리우드에 정착했다. 유럽 생활이 고루하게 느껴지기도 했고 의뢰받은 〈시편 교향곡〉을 작곡하기 위해서였다. 후기 작품으로는 오페라 〈난봉꾼의 행각〉과 발레곡 〈아곤〉 등이 있다.

- 〈봄의 제전〉이 초연될 때 처음 1분 사이에 거센 야유가 터져 나오고 몇 분 더 지나자 관객들 사이 폭동이 일어났다. 관객들이 서로 때리고 매우 시끄럽게 소리 질러서 무용수들이 음악을 들을 수 없었고 결국 공연은 중단되었다.
- 〈봄의 제전〉 초연 공연장에는 클로드 드뷔시와 모리스 라벨도 참석했다. 드뷔시가 관객들을 진정시키려 하는 동안 라벨은 감동을 받아 "천재적이야, 천재적이야!"라고 연거푸 소리쳤다.
- 〈난봉꾼의 행각〉의 후반부 대사는 시인이자 소설가인 W. H. 오든이 썼다.

335

SAT
🏛
철학

정의

정의는 가장 중요한 철학 문제 중 하나이며 실제로 현실에서 많이 적용되는 문제이다. 그렇다면 정의롭게 행동하는 방법은 무엇인가? 어떤 정치 제도가 정의로운 것인가? 정의롭다는 것은 무엇을 의미하는가?

플라톤의《국가론》은 정의의 문제를 다룬 최초의 철학 저서로 꼽을 수 있다. 플라톤은 정의로운 사회는 엄밀하게 조직된 사회이며 세상의 진정한 본질을 이해하고 있는 현명한 왕이 통치하는 사회라고 결론 내렸다.

근대 철학자들은 매우 다른 결론을 내렸다. 존 스튜어트 밀(1806년~1873년)은 정의에 관한 공리주의적 이론을 제안했다. 밀은 정의로운 제도의 집합체, 곧 정의로운 사회는 시민들의 안녕을 극대화하는 사회라고 주장했다. 예를 들어, 범죄자 처벌을 옹호하는 공리주의적 관점은 죄를 지은 사람에게 벌을 내리면 그것을 본 사람들 사이에서 잘못된 행동을 하려는 마음이 줄어들고 그 결과로 전반적인 범법 행위가 감소한다고 보는 것이다.

존 롤스(1921년~2002년)도 정의를 어떻게 판단할 것이냐를 두고 유명한 이론을 낸 철학자이다. 롤스는 인간에게 아직 정부가 없고 스스로 정치 제도를 선택해야 하는 가상의 상황을 상상해볼 것을 제안했다. 그는 사람들이 선택한 제도가 반드시 정의로운 것이 되기 위해서는 무지의 상태에서 결정해야 한다고 주장했다. 새로운 제도 아래 자신이 가지게 될 부와 재능, 지위가 얼마큼인지 모르는 상태에서 제도와 법에 대해 합의해야 한다는 말이다. 이런 절차는 새로운 제도에서 결국 자신이 가장 힘없는 사람이 될지도 모른다는 것을 아는 사람도 그 제도를 이성적으로 공정하게 받아들일 수 있게 해준다. 롤스는 진정으로 정의로운 정치 구조란 이성적 행위자가 무지의 상태에서 선택하는 것이라고 주장했다.

• 롤스의 정의론에 대한 가장 유명한 비판은 그의 하버드대학교 동료 교수 로버트 노직에게서 나왔다. 노직은 《무정부, 국가 그리고 유토피아》에서 롤스의 정의론 같은 이론들은 제도에 의한 개인 권리의 침해를 야기할 수 있다고 주장했다.

336

도교

도교는 중국 고대의 정신문화 전통 중 하나이다. 오늘날 도교는 철학 사상이자 종교로 인식된다. 도교를 종교라고 보는 사람들은 도교에 가장 중요한 기여를 한 노자를 신선이라고 본다.

도교는 중국이 철학적으로 풍요로웠던 제자백가 시대에 발생했다. 제자백가 시대는 대략 기원전 700년에서 기원전 200년까지 지속되었다. 도교는 한나라 시대에 번성했었고 현재의 형태는 15세기에 갖추어졌다.

도교를 창시한 노자는 공자와 동시대 인물로 중국 황실 도서관의 관장을 역임했다. 전해지는 이야기에 따르면 노자는 말년에 중국 황실을 떠나 서쪽 지역으로 여행을 갔다. 중국의 마지막 성문에 이르렀을 때 이미 그의 위대한 가르침을 알고 있는 경비병을 만났다. 경비병은 노자에게 중국을 떠나기 전 그의 사상을 기록으로 남겨 달라고 간청했고, 노자는 그 청을 받아들여 《도덕경》을 지었다.

노자 외에도 '황제'(중국 건국신화에 등장하는 제왕으로 중국을 통일해 국가를 세운 중국 문명의 시조로 여겨진다 – 옮긴이)를 도교의 시조로 여기고, 도교를 '황로사상'이라 부르기도 한다. 노자의 제자였던 장자도 도교에서 매우 영향력 있는 사상가이다.

《도덕경》은 5000단어로 된 짧은 책이지만 도교 철학 전체가 집대성되어 있다. 도교 철학에 따르면 도(道) 곧 '길'은 세상 만물에 있다. 우리 삶의 에너지는 계속 변하지만 그 이면에는 연속성이 있으며, 그것이 바로 도다.

도교에서는 도와 다시 하나가 되어야 한다고 주장한다. 도교 신자들은 세상이 갈등으로 과열되어 있으며 도와 다시 통합함으로써 조화를 이룰 수 있다고 믿는다. 도교는 자기수양과 자기혁신을 주장한다.

도교는 자아를 위해 자발성을 기르고, 호흡 운동을 포함해 건강한 생활 습관을 유지하고, 욕망을 최소화할 것을 제안한다. 도교 신자들은 사후 세계를 믿지 않으며 이생에서 평화롭고 조화로운 삶을 사는 것의 중요성을 강조한다. 사회적인 측면에서 도교는 정부의 간섭과 전쟁을 최소화할 것을 제안한다. 사회에 의존하는 유교와 달리 도교에서는 혼자 사는 삶이 흡족한 삶이라고 주장한다.

• 마오쩌둥이 지배하던 공산주의 중국에서는 도교가 공식적으로 억압받았고, 현재 가장 많은 도교 신자들이 모여 있는 곳은 대만이다.

• 풍수와 태극권 모두 도교의 전통이다.

337 | MON ✎ 역사 | 맨해튼 프로젝트

1939년 8월 유명 과학자 알베르트 아인슈타인은 나치 독일군이 우라늄으로 원자폭탄을 개발할지도 모른다는 깊은 우려를 표현하는 짧은 편지를 프랭클린 루스벨트 미국 대통령에게 보냈다. 그는 그런 폭탄이 나치군의 수중에 들어가면 결과는 상상할 수도 없을 것이라고 강조했다. "이런 유형의 폭탄이 단 하나라도 배로 운반되어 항구에서 터진다면 항구 전체뿐만 아니라 주변 지역도 모두 파괴될 것입니다."라고 편지에 썼다. 그해 여름 제2차 세계대전이 시작되기 전날 유럽에서 점점 불길한 소식이 전해지자 미국 뉴저지에서 망명 중이던 아인슈타인은 점점 낙담했다.

그러나 아인슈타인의 편지는 의도치 않은 결과를 낳았다. 루스벨트는 나치 독일이 그렇게 무서운 무기를 개발할 수 있다면 미국도 할 수 있다면서 먼저 무기를 확보해야 한다고 결론 내렸다. 미국이 세계대전에 개입하기도 전인 1941년 미국 정부는 우라늄의 군사적 잠재력을 연구하는 프로그램을 착수했다. 진주만 공격 이후 이 프로그램은 맨해튼 프로젝트로 확대되었다. 수년 동안 뉴멕시코 외진 곳에서 연구를 한 끝에 연합군 과학자 팀은 마침내 1945년 원자 폭탄을 완성했다.

전쟁 중 가장 분주한 시기에 세계 최고의 과학자 수백 명이 맨해튼 프로젝트로 하나가 되었다. 그렇게 위대한 과학자들이 한자리에 모인 것은 유례없는 일이었다. 아인슈타인을 비롯한 많은 과학자들은 나치가 점령한 유럽에서 도피해온 난민들이었다. 미국 정부는 대략 200억 달러를 원자 폭탄 연구에 썼다.

1945년 일본 히로시마와 나가사키에 원자 폭탄이 떨어지자 12만 명의 민간인이 목숨을 잃었다. 원자 폭탄의 목적은 일본군을 항복시키는 것이었다. 그리고 실제로 그 목적을 이뤘다. 나가사키에 폭탄이 투하된 지 며칠 후 일본은 항복하기로 했다. 1945년 원자 폭탄 사용은 지금도 논란이 되고 있다. 당시 드와이트 D. 아이젠하워를 포함한 많은 미국 장군들은 원자 폭탄을 사용하는 것이 불필요하다고 느꼈고 미국의 명성을 해치게 되리라 걱정했다. 그러나 다른 사람들은 폭탄을 사용해야 빨리 전쟁을 끝낼 수 있을 것이라 생각했다. 자신의 연구를 통해 원자 폭탄을 실현가능하게 만든 아인슈타인조차 폭탄의 끔찍한 힘에 충격을 받았다. 전쟁이 끝난 후 그는 원자 폭탄의 위력을 경고하는 편지를 루스벨트에게 보낸 것에 대해 후회한다고 말했다.

• 맨해튼 프로젝트에 참가했던 영국 과학자 중 한 명인 클라우스 푹스는 자신이 소련의 스파이였음을 나중에 시인했다. 푹스와 다른 스파이들이 빼돌린 세부 정보를 이용해 소련은 1949년에 처음 원자 폭탄을 시험했다.

338 | TUE 화 문학 | 나 또한 미국을 노래하네

나 또한 미국을 노래하네

나는 어두운 피부의 형제
손님이 오면
그들은 내게 부엌에 가서 먹으라고 하지.
그러나 나는 웃고
또 잘 먹고
그리고 강하게 자란다.

내일
손님이 오면
난 식탁에 있을 거야.
그러면
아무도 함부로 내게 말하지 못할 거야.
"부엌에서 밥 먹어."라고.

더욱이
그들은 내가 얼마나 아름다운지 알게 될 것이고
부끄러워하겠지.

나 또한 미국이라네.

랭스턴 휴스의 〈나 또한 미국을 노래하네〉(1926년)는 1920년대 미국 흑인들 사이에서 문화적 자각과 예술 생산성을 부활시킨 할렘 르네상스 시대에 탄생한 위대한 시 중 하나이다. 단 몇 줄의 아름다운 행으로 이루어진 자유시를 통해 휴스는 미국 사회에서 흑인들의 슬픈 현실과 미래에는 달라지리라는 시인 자신의 낙관적 믿음을 표현하고 있다.

〈나 또한 미국을 노래하네〉는 월트 휘트먼의 시 〈나는 미국이 노래하는 것을 듣는다〉(1881년)에 대한 직접적인 답가이다. 휘트먼은 기계공, 목수, 어머니 등등 미국을 구성하는 서로 다른 목소리가 내는 멋진 불협화음에 대해 시로 썼다. 휴스는 휘트먼의 시에 중요한 목소리 하나가 빠져 있고, 그러므로 그의 시는 불완전하다고 주장한다.

휴스의 시가 지닌 힘은 최소한으로 사용한 직설적인 언어에서 나온다. 화자는 강조를 위해 "나 또한 미국을 노래하네"라는 대담한 선언으로 시를 시작한다. 이어서 자신의 정체성을 아무 장식 없이 자랑스럽게 "나는 어두운 피부의 형제"라고 밝힌다. 미국의 "식탁"에서 어떻게 자리를 인정받지 못하는 지 묘사한다. "식탁"이라는 확대된 은유 속에서 "부엌에서 먹는다"는 것은 모든 종류의 차별과 불평등한 기회를 나타낸다.

그러나 화자는 실제로 어떤 반감이나 분노를 보이고 있지 않다. 오히려 자신을 무시하는 것을 웃어넘기면서 지금까지 받아온 모욕에 상관없이 자신은 강하고 아름답다는 자신감으로 가득 차 있다. 더욱이 자신이 지닌 힘과 자신이 이룬 업적은 분명 다른 미국인들이 그것을 인식할 수 있게 하리라고 확신한다. 마지막 행은 첫 행에서 중요한 부분을 조금 바꿔 반복함으로써 시에 순환성을 부여한다. 화자는 언젠가 자신이 살고 있는 미국이라는 나라의 진정한 국민으로 받아들여지고 미국의 자유와 책임감에 동등한 몫을 차지하는 구성원이 되리라고 확신하면서 "나 또한 미국이라네."라고 단호히 말한다.

• 휴스는 1921년 첫 주요 작품인 〈흑인, 강을 이야기하다〉를 전미흑인지위향상협회(NAACP)가 발간하는 잡지 〈크라이시스〉에 발표하면서 이름이 알려졌다.

339

WED
🏛
미술

아메리칸 고딕

그랜트 우드(1891년~1942년)의 〈아메리칸 고딕〉은 미국 미술 작품 중 가장 널리 알려진 그림이다. 종종 미국 중산층에 대한 풍자라고 보는 사람도 있지만 화가는 그런 의도로 그리지 않았다.

우드는 태어나서 10년 동안 아이오와주의 한 농가에서 자랐다. 시카고 미니애폴리스와 파리에서 미술을 공부한 후 다시 아이오와로 돌아와 자신이 유년시절을 보낸 세상을 그리는 데 재능을 발휘했다.

1930년 8월 우드는 아이오와주 엘던에서 '목수 고딕'이라 알려진 양식으로 지은 19세기 가옥을 우연히 발견하게 되었다. 우드는 한 농부와 딸이 집 앞에 서 있는 모습을 상상하며 갈색 연필로 재빨리 스케치를 하고 사진을 몇 장 찍었다.

집에 돌아온 우드는 자신의 여동생 낸을 딸의 모델로 삼고 시더래피즈에서 치과의사로 있는 바이런 맥키비 박사를 농부의 모델로 삼아 그림 작업을 다시 했다. 빅토리아 시대풍의 사진과 19세기 초상화에서 영감을 얻어 맥키비 박사를 보수적인 나이 많은 아버지로, 여동생 낸을 평범한 노처녀로 그렸다. 그림 속 두 인물은 빅토리아 시대의 전형적인 검소한 옷을 입고 있다. 우드는 농기구가 여전히 사용되던 초창기임을 암시하기 위해 농부가 쇠갈퀴를 들고 있는 모습을 그렸다. 쇠갈퀴의 꼬챙이는 농가의 창틀을 보완하고 있고, 쇠갈퀴의 둥근 밑 부분은 두 인물의 둥근 얼굴을 그대로 옮겨 놓은 것이다. 고정된 자세로 굳은 표정을 짓고 있는 그림 속 두 사람은 카메라의 노출 시간이 길기 때문에 5분 정도 가만히 있어야 했던 초창기 사진 속 인물을 떠올리게 한다.

우드는 시카고 미술관 공모전에 맞추어 그림을 완성했다. 뜻밖에도 그의 그림은 동메달과 상금 300달러를 받았다. 〈아메리칸 고딕〉은 현재 시카고 미술관에 상시 전시되어 있다.

• 쇠갈퀴는 예로부터 남성성과 악마, 농부의 상징으로 해석되었다.
• 〈아메리칸 고딕〉 속 농가의 창문은 닫혀 있고 커튼은 내려져 있다. 이것은 그림 속 두 사람의 적대감과 공포심을 강조하기 위한 세부적 장치이다.
• 1934년 그랜트 우드는 뉴딜 정책의 일환으로 진행된 공공 예술 프로젝트의 책임자로 임명되었다. 나중에는 아이오와 대학교 교수가 되었다.

340 | THU 과학 | 죄수의 딜레마

두 범죄자가 절도죄로 체포되었다. 경찰은 그들의 유죄를 입증할 충분한 증거를 가지고 있지 않다. 그래서 두 사람을 분리된 방에 가두고 각각에게 같은 제안을 했다. 두 사람 모두 자백한다면 둘 다 2년을 복역할 것이다. 만일 둘 중 한 사람은 자백하고 다른 한 사람은 침묵을 지킨다면 자백한 사람은 풀려날 것이고 그렇지 않은 사람은 10년을 감옥에게 보내게 될 것이다. 그러나 만일 두 사람이 서로 믿고 자백하지 않는다면 둘 다 6개월 형을 받을 것이다. 두 사람 모두 각각 다른 사람이 어떤 결정을 할지 알 수 없다. 그렇다면 입을 다무는 게 나을까? 일러바치는 게 나을까? 이와 같은 가상의 상황을 '죄수의 딜레마'라 부른다. 수학자 앨버트 터커가 처음 제시한 죄수의 딜레마는 게임이론, 경제학, 진화론, 심리학에서 중요한 역할을 하고 있다.

죄수의 딜레마	죄수 B 침묵	죄수 B 자백
죄수 A 침묵	둘 다 6개월 형	죄수 B 석방 죄수 A 10년 형
죄수 A 자백	죄수 A 석방 죄수 B 10년 형	둘 다 2년 형

죄수 A에게 이성적인 선택은 파트너를 배신하고 자백하는 것이다. 그러면 감옥에 갇히지 않아도 되기 때문이다. 그러나 죄수 A는 죄수 B가 아마도 같은 생각을 하고 있을 것이라 생각한다. 그러면 두 사람 모두 2년형에 처해질 수 있다. 물론 두 사람이 서로를 믿는다면 6개월 형으로 끝날 것이다.

1980년 정치학자 로버트 액설로드는 반복적 죄수의 딜레마 실험을 실시했다. 본질적으로 실험 참가자들이 죄수의 딜레마를 반복해서 수행하는 것인데, 동일한 파트너와 하기도 하고 파트너를 바꾸기도 했다. 참가자들은 과거의 경험을 정보로 활용할 수 있다. 어떤 사람들은 배신하는 쪽으로 기우는 이기적인 전략을 썼고, 어떤 참가자들은 신뢰하는 경향의 이타적인 전략을 썼다. 장기간에 걸쳐 이타적인 참가자들이 이기적인 참가자들보다 더 좋은 결과를 얻었다. 결국 착한 사람이 잘 되기 마련이다.

• 서로 군비 경쟁을 벌이는 두 국가는 죄수의 딜레마를 경험하는 것과 같다. 두 국가 모두 상대 국가와 보조를 맞추기 위해 무기를 늘리는 데 많은 시간과 돈을 쓸 수도 있고, 아니면 서로 군비를 축소하기로 합의할 수 있다. 그러나 상대 국가가 비밀리에 여전히 군비를 증강하고 있지 않다는 것을 어떻게 확신할 수 있을까?
• 동물의 세계에서 수컷들은 종종 죄수의 딜레마 패턴을 보이는데 최고의 전략은 다양한 전략을 섞는 것이다.

341

에런 코플런드

미국 최고의 음악가가 거의 40년 동안 유럽에서 주목받지 못했다는 사실은 미국의 클래식 음악이 유럽인들 사이에서 낮은 위상을 지니고 있음을 보여주는 단적인 증거이다. 뉴욕 태생의 에런 코플런드(1900년~1990년)는 21세에 음악 공부를 위해 파리로 건너갔다. 나디아 불랑제에게 건반 악기 화성과 작곡을 배우고, 4년 후 다시 뉴욕으로 돌아왔다. 그가 작곡한 〈오르간과 관현악을 위한 교향곡〉(1925년)은 카네기 홀에서 초연되었다.

코플런드는 데뷔한 후 곧바로 미국 재즈 음악을 결합한 곡을 만들기 시작했다. 1926년 〈피아노 협주곡〉과 1930년의 〈피아노 변주곡〉이 대표적이다. 그러나 그런 스타일은 주류 음악의 범주에 속하기는 했지만 여전히 모험 정도로 여겨졌다. 코플런드는 스트라빈스키의 작품도 탐구했는데, 그의 혁신적인 사상보다는 신고전주의적 경향에 동화되었다.

후기에는 현악기 밴드가 연주하는 블루그래스 음악과 애팔래치아 음악 같은 미국 전통 음악에 관심을 기울였다. 당시 유행하던 팝 음악적 감성까지 결합해 만든 코플런드의 음악은 틴 팬 앨리(당시 뉴욕 맨해튼에 형성된 음악출판업체 거리 이름으로 미국 대중 음악을 장악한 음악 출판업자와 작곡가 전체를 가리킨다 – 옮긴이)와 브로드웨이에 의해 구현되었다. 그뿐만 아니라 미국 민담을 이용해 〈빌리 더 키드〉(1938년)와 〈로데오〉(1942년) 같은 매력적인 발레곡들을 작곡했다. 1954년 작곡한 오페라 〈텐더 랜드〉는 미국 민속 음악을 아름답고 다채로운 관현악으로 구현한 것이다. 코플런드에게 퓰리처상을 안겨준 〈애팔래치아의 봄〉(1944년)은 지금까지 제작된 미국 클래식 음악 중에서 가장 많이 연주되는 곡으로 손꼽힌다.

코플런드는 후기에 12음 음렬주의에 매력을 느꼈지만 1962년 링컨센터 개관식 음악으로 의뢰받은 〈암시〉를 제외하고 음렬주의를 사용해 만든 곡들은 인기가 없었다. 그는 1980년대 내내 작곡뿐만 아니라 교사와 지휘자로서도 왕성한 활동을 하다가 1990년 말 뉴욕 주 웨스트체스터 카운티에서 눈을 감았다.

- 〈텐더 랜드〉를 작곡하던 시기에 코플런드는 미국 하원 조사 소위원회에 소환되어 조사를 받았다. 조셉 매카시 상원 의원이 공산주의 선전을 퍼뜨리는 사람으로 지목한 수백 명의 예술가 중 한 명이었기 때문이다.
- 코플런드는 〈생쥐와 인간〉(1938년), 〈우리 읍내〉(1940년), 〈사랑아 나는 통곡한다〉(1948년)를 포함해 여러 영화 음악도 작곡했다.

342 | SAT 🏛 철학 | 언어철학

언어철학은 화자가 발화하는 소리나 종이 위에 표시된 글과 같은 언어가 세상에 관한 의미 있는 진술을 하는 데 어떻게 사용될 수 있는지 이해하고 연구하는 학문이다. 그래서 언어학과 많은 공통점을 가지고 있다.

현대 철학에서 가장 중요한 언어철학 문제는 '지시reference'에 관한 것이다. 이름으로 세상의 사물을 식별하고, 이름이 의미를 지니게 하는 방법은 무엇일까?

다음 두 문장을 생각해보자.

(1) 슈퍼맨은 슈퍼맨이다.

(2) 클라크 켄트는 슈퍼맨이다.

이름의 의미가 단지 그것이 지시하는 것이라면 두 문장은 같은 것을 의미한다. 그러나 우리는 1번 문장은 참이고 2번 문장은 참이 아니라고 할 것이다. 따라서 '슈퍼맨'이라는 이름의 의미는 단순히 그것을 가리키는 것만이 아니다. 이런 논증에 따르면 이름의 의미, 즉 이름의 '의미론적 내용'은 두 부분으로 구성된다. 하나는 이름이 가리키는 대상인 지시체referent이고 다른 하나는 그 대상에 대한 기술을 의미하는 뜻sense이다. '슈퍼맨'의 뜻은 '높은 빌딩을 뛰어넘을 수 있는 슈퍼 영웅'일 것이고, '클라크 켄트'의 뜻은 '일간지 플래닛에서 가장 낮은 급여를 받는 기자'일 것이다. 이 경우 '클라크 켄트'와 '슈퍼맨'이라는 이름은 서로 뜻이 다르기 때문에 의미도 다르다. 그러므로 2번 문장이 반드시 참인 문장인 것은 아니다.

이와 같은 분석에 동의하지 않는 철학자들도 있다. 그들은 이름의 의미가 기술을 수반할 수 없다고 주장한다. 예를 들어 "클라크 켄트가 일간지 플래닛에서 가장 낮은 급여를 받는 기자가 아닐 수 있다."라는 문장을 생각해보자. 이 문장은 참이다. 어쨌든 클라크가 메트로폴리스로 이사 왔을 때 다른 직업을 선택했을 수도 있기 때문이다. 그러나 앞서 설명한 이론에 따르면 '클라크 켄트'라는 이름의 의미는 "일간지 플래닛에서 가장 낮은 급여를 받는 기자"라는 기술을 포함한다. 그러므로 주어진 문장은 "'일간지 플래닛에서 가장 낮은 급여를 받는 기자'가 일간지 플래닛에서 가장 낮은 급여를 받는 기자가 아닐 수 있다."라고 말한 것이 된다. 이 문장은 분명 모순이다. 이름의 의미를 둘러싼 논쟁이 계속되는 이유이기도 하다.

● 뜻과 지시체를 처음으로 구별한 사람은 독일 수학자 고틀로프 프레게(1848년~1925년)로 언어와 논리에 대한 그의 연구는 현대 철학에 지대한 영향을 미치고 있다.

343

유교

공자는 대략 기원전 551년부터 기원전 479년까지 중국에 살았던 인물이다. 그의 철학은 동아시아 일부 문화에서 삶의 방식이자 신을 기반으로 하지 않는 종교로 받아들여질 만큼 중요한 부분을 차지한다.

공자가 남긴 유산은 오늘날 매우 높이 평가되지만 생전에는 그의 가르침 대부분이 인정받지 못했다. 공자는 여러 왕국을 전전하며 일자리를 얻으려 노력했지만 대부분 실패로 끝났다.

공자는 도(道)가 우주의 근본적 힘이라 믿었다. 도는 서로 반대되지만 상호보완적 힘인 음과 양을 낳고, 음양은 끊임없는 변화의 원천이 된다.

공자의 목표는 끊임없는 변화를 견딜 수 있는 조화로운 세상을 만드는 것이었다. 그는 사람들이 천부적으로 선하지만 무질서한 사회와 깨우치지 못한 사람들 때문에 악이 존재한다고 믿었다.

공자는 세상 속에 사람들 각자 제자리가 있으며, 개개인의 덕성을 함양함으로써 사회를 개선할 수 있다고 믿었다. 그는 가장 먼저 효도부터 실천해야 한다고 했다. 효도는 본질적으로 아들이 아버지와 조상을 공경해야 한다는 개념이다.

공자는 효에서 비롯되는 다섯 가지 관계를 제시했다. 사회 전체에 본보기가 되어야 하는 관계로서 각각 윗사람과 아랫사람이 있다. 가장 중요한 것은 아버지와 아들 관계이고, 그다음으로 군주와 신하 관계, 남편과 아내 관계, 형제 간 관계, 친구 사이 관계가 있다. 이 관계들이 제대로 존중된다면, 즉 아랫사람이 윗사람을 항상 공경한다면 한때 고대 왕국들이 이뤘던 것처럼 조화로운 세상을 만들 수 있을 것이라 공자는 믿었다.

공자의 가르침은 주로 《논어》에 기록되어 있다. 그러나 진나라(기원전 221~207년)가 유학 탄압 정책을 벌이면서 공자의 원래 가르침 중 많은 부분이 소실되었다. 오늘날 전해진 유교는 상당 부분이 도교와 불교 사상의 영향을 받은 신유학이다.

- 공자가 제시한 다섯 가지 관계는 역사를 거치면서 중국 사법제도에 통합되었다. 다섯 가지 신성한 의무 중 어느 하나를 어기는 죄를 저지를 경우, 예를 들어 아들이 아버지에게서 물건을 훔친다면 가중 처벌되었다.
- 공자는 지성과 능력을 보고 지도자를 선택해야 한다고 가르쳤다. 그 영향으로 기원전 165년 세계 최초의 공직자 선발 시험이 중국에서 시행되었다.

344

MON
역사

마오쩌둥

마오쩌둥(1893년~1976년)은 1949년부터 사망할 때까지 공산주의 중국을 통치한 인물이다. 마오쩌둥은 가난한 중국 사회를 현대화했지만 그 과정에서 엄청나게 많은 사람들의 목숨이 희생되었다. 수천만 명의 중국인들이 마오쩌둥이 통치하던 격동기에 굶어 죽거나 처형된 것으로 추정된다. 중국의 현대 지도자들은 마오쩌둥의 사상을 대부분 거부하지만 마오쩌둥은 지구상에서 가장 인구가 많은 국가를 하나로 통합하고 수세기 동안 서양 국가에게 휘둘리던 굴욕의 역사를 종결시킨 인물로 여전히 존경받는다.

농경 사회였던 중국에서 농민의 아들로 태어난 마오쩌둥은 1920년대 많은 지식인 청년들과 더불어 공산주의를 받아들였다. 당시 중국은 제국주의 일본의 위협 아래 놓여 있었다. 마오쩌둥은 교사였지만 곧 모든 에너지를 정치에 쏟았다. 1920년대 후반부터 제2차 세계대전이 발발할 때까지 공산주의 붉은 군대는 일본뿐만 아니라 중국 내 다른 파벌과도 전투를 벌였다. 이 시기 게릴라군 지도자였던 마오쩌둥은 나중에 마오주의라 불리게 되는 급진적 정치사상을 만들었다.

붉은 군대는 마침내 승리했다. 1949년 마오쩌둥을 지도자로 하는 중화인민공화국 설립이 선포되었다. 마오쩌둥은 중국을 통치하며 때로는 끔찍한 결과를 낳기도 했다. 한 예로 1958년 중국의 산업화 정책은 실패로 끝났고 3000만 명이나 되는 사람들이 목숨을 잃었다. 1966년에는 자본주의와 종교적 영향력을 근절시키기 위해 문화혁명에 착수했지만 수십만 명이 죽고 고대의 중국 유산이 많이 파괴되었다. 그러나 마오쩌둥은 '위대한 조타수 마오쩌둥 주석'으로 불리며 추종자들의 숭배를 받았다.

서양에서도 마오쩌둥은 많은 좌파 지지자들을 끌어 모았고, 마오주의는 다른 게릴라 운동에도 영향을 미쳤다. 그러나 대부분의 사람들은 마오쩌둥의 잔인하고 파괴적인 통치를 두려워했다. 그가 사망하자 중국은 공산주의 방식을 버리기 시작했다. 마오쩌둥이 이룩한 단결 위에 국가 이름을 제외한 모든 것이 자본주의 체계로 바뀐 국가가 세워졌고, 중국은 세계 초강대국으로 부상했다.

• 냉전 시대 초기 중국은 미국에 등을 돌리고 공산주의 동지 국가인 소련 편에 섰다. 그러나 마오쩌둥은 점점 소련을 불신하게 되었다. 그는 미국과 더 긴밀한 동맹관계를 추구하면서 리처드 닉슨 대통령을 북경으로 초대했고, 1972년 미국 대통령의 역사적인 첫 중국 방문이 이뤄졌다.

• 문화혁명 기간에 중국인들은 일명 '작은 빨간 책'이라 불리는 마오쩌둥 어록 선집을 읽어야 했다. 이 책은 전 세계에 유포되었다. 대부분의 독자들이 마지못해 읽었지만 '작은 빨간 책'은 세상에서 가장 인기 있는 책으로 손꼽힌다.

• 마오쩌둥이 사망하자 그의 시신은 블라디미르 레닌처럼 방부 처리되어 대중에게 전시되었다. 매년 수천 명의 방문객들이 북경 천안문 광장에 세워진 마오쩌둥의 대리석 묘를 찾는다.

345 | TUE 문학 | 예이츠의 <재림>

나선 모양으로 점점 큰 원을 그리며 돌고 또 돌다보니
매는 매부리의 소리를 듣지 못한다.
중심은 지탱되지 못하고 모든 것이 무너져 내린다.
무질서만이 세상에 풀어지고
피로 얼룩진 바닷물이 넘치고, 모든 곳에서
순결의 의식이 그 물에 빠진다.
가장 선한 자들은 모든 신념을 잃고
가장 악한 자들은 격정에 차 있다.

분명 어떤 계시가 가까워졌다.
분명 재림이 가까워진 것이다.
재림! 입 밖으로 내기도 어려운 말
세계령에서 나온 한 거대한 형상이
나의 눈을 어지럽힌다. 저 사막 모래 속 어딘가에서
몸은 사자인데 얼굴은 사람의 것을 한 형상이
태양처럼 멍하고 비정한 눈길로 응시하며
자신의 느릿한 허벅지를 움직이고 있다.
성난 사막 새들의 그림자가 주변을 빙빙 돌고
어둠이 다시 드리워진다. 그러나 이제 나는 안다.
바위처럼 잠들어 있던 이천 년이
흔들리는 요람 때문에 악몽에 시달렸음을
그리고 마침내 제때를 맞이한 어떤 거친 야수가
세상에 태어나려 베들레헴을 향해 느리게 가고 있는가?

윌리엄 버틀러 예이츠의 <재림>은 21세기 시에서 발견되는 가장 선명한 이미지를 포함하고 있다. 이 시는 사실 예이츠의 전형적인 시가 아니다. 예이츠는 고국 아일랜드가 영국의 영향력을 이겨내고 고유의 문화를 보존하기 위해 벌인 켈트복고운동에 기여한 것으로 매우 잘 알려져 있다. 예이츠의 글이 대부분 고대 아일랜드 민화와 신화에서 큰 영향을 받았지만 <재림>은 예이츠가 초자연적인 것에 매료되어 있음을 보여준다.

예이츠는 영적인 것으로부터 계시를 받았다고 믿는 다소 독특한 역사관을 가지고 있었다. 그는 역사가 2000년을 주기로 흥망이 반복된다고 생각했고, 그것을 가리켜 나선 구조라 했다. 예이츠의 관점에서 보면 세상이 마지막으로 흥한 때는 예수가 탄생한 원년이었다. 따라서 예이츠는 흥에 대조되는 망의 시기로서 20세기 언젠가 밑바닥까지 쇠퇴하는 때가 올 것이라고 믿었다. 제1차 세계대전이 유럽에 가져온 공포를 직접 경험한 예이츠는 1920년이 되자 기독교의 나선 구조가 세상에서 중심을 잃기 시작했고 이제 종말이 머지않았다고 생각했다.

〈재림〉은 혼돈과 악의 이미지가 가득하다. 매가 매부리의 소리를 듣지 못하고 나선을 그리며 "돌고 또 도는" 어지러운 시각적 이미지로 시는 시작된다. 독자 앞에 불길한 시각적 이미지들이 쌓이고, 사막에서 스핑크스 같은 야수가 등장하면서 불길함은 절정에 이른다. 기독교 신화를 삐딱하게 뒤집어 야수가 "세상에 태어나려 베들레헴을 향해 느리게 가고 있다."고 표현했다. 예이츠의 의도는 정확히 알려져 있지 않지만 평론가들은 일반적으로 야수가 제1차 세계대전 이후 유럽에 등장한 공산주의와 파시즘 전체주의 체제를 가리킨다고 보고 있다.

- 치누아 아체베의 소설 《모든 것이 산산이 부서지다》(1958년)와 조안 디디온의 수필 《베들레헴으로 가는 길》(1968년)은 모두 예이츠의 〈재림〉에서 제목을 가져왔다.
- 〈재림〉의 몇몇 시행은 예이츠가 매우 감탄한 퍼시 비시 셸리의 희곡 〈사슬에서 풀린 프로메테우스〉를 간접적으로 언급한다.

346 | WED 🖼 미술 | 살바도르 달리

살바도르 달리(1904년~1989년)는 정교하고 학문적인 기법을 초현실주의적 환상이라는 거친 일탈에 접목시켜 20세기 가장 도발적이고 가장 별난 미술을 만들어낸 화가이다.

달리는 스페인 카탈로니아에서 태어났다. 1921년 마드리드의 산페르난도 미술 아카데미에 들어갔고, 그곳에서 시인 가르시아 로르카와 영화감독 루이스 브뉘엘을 만났다. 2년이 채 지나지 않아 달리는 아카데미에서 쫓겨났다. 학생들의 반항을 선동했고 교사들이 자신의 작품을 평가할 만한 자격이 안 된다고 주장했기 때문이었다.

1929년 달리는 파리로 건너가 초현실주의 운동에 가담했다. 편집증에 내재된 창의적 잠재력에 흥미를 느껴 스스로 '편집증적 비평 방법'이라고 부르는 방법을 개발했다. 초현실주의 철학에 따르면 편집증은 다각적인 관점에서 사물을 이해할 수 있는 능력이 있으므로 세상을 불안정하게 만드는 수단이 되었다. 달리는 자신에게서 편집증적 비평 상태를 유도함으로써 더욱 강력한 예술을 창조할 수 있다고 믿었다. 달리의 대표적인 작품은 뒤틀리고 기형적인 머리와 녹아 있는 회중시계들, 개미가 득실거리는 시계로 황량한 풍경을 묘사한 〈기억의 지속〉(1931년)이다. 이 기괴한 장면은 꿈의 세계 속 시간의 왜곡을 암시한다.

1929년에는 루이스 브뉘엘의 초현실주의 영화 〈안달루시아의 개〉의 각본을 썼다. 같은 해, 아내가 될 갈라를 만났으며 그녀는 50여 년간 달리의 뮤즈가 되어주었다. 1930년 달리와 브뉘엘은 〈황금시대〉의 대본을 같이 작업하여 영화로 만들었다.

달리는 계속해서 대중들을 놀라게 했고 매료시켰다. 1936년에는 〈타임〉 표지 모델이 되었고, 1937년에는 제작되지는 않았지만 마르크스 형제를 위한 독특한 대본을 썼다. 1930년대 후반 달리는 우익 성향의 정치관과 상업적 성공을 열렬히 추구했기 때문에 초현실주의자들과 절교하게 되었다. 1940년 미국으로 건너가 월트 디즈니로부터 영화 〈판타지아〉의 만화를 그려달라는 요청을 받았다. 1940년에 첫 개봉된 이 작품에 달리가 참여했다는 사실은 2003년 수정 후 재개봉되어서야 대중들에게 알려졌다. 달리는 앨프리드 히치콕 감독의 고전 〈스펠바운드〉(1945년)에서 꿈 장면을 만드는 작업에도 참여했다. 또한 1950년대 인기 TV 프로그램 〈What's My Line?〉에 초대 손님으로 두 번 출연하며 대중의 관심에 대한 갈망을 충족했다.

달리는 말년을 스페인에서 보냈다. 1984년 원인 불명의 화재로 심한 화상을 입었고, 모든 재산과 미술품을 스페인 국가 재산으로 남겨주고 5년 후 사망했다. 오늘날 상트페테르부르크와 플로리다에 각각 한 곳, 스페인에 세 곳을 포함해 달리 전용 미술관들이 있다.

347

팩토리얼!

수학에서 느낌표 !는 보기만큼이나 재미있는 기호이다. 이것은 팩토리얼 또는 계승이라 불리는 수학 기호이다. n!이라고 쓰고 'n 팩토리얼'이라고 읽는다. n!은 0보다 크고 n보다 작거나 같은 자연수를 모두 곱한 값이다. 예를 들어, 6!과 12!은 다음과 같다.

$$6! = 6 \times 5 \times 4 \times 3 \times 2 \times 1 = 720$$
$$12! = 12 \times 11 \times 10 \times 9 \times 8 \times 7 \times 6 \times 5 \times 4 \times 3 \times 2 \times 1 = 479,001,600$$

팩토리얼은 정수론, 확률, 컴퓨터 과학에서 매우 중요한 개념이다. 일상생활에서 한 무리의 물체를 순서대로 배열하는 방법의 가짓수를 찾을 때도 사용할 수 있다. 책 6권을 책장에 배열하는 방법이 몇 가지인지 알고 싶다고 해보자. 첫 번째 자리에 놓을 책은 6권 중에서 선택할 수 있다. 두 번째 자리에 놓을 책은 5권 중에서 선택할 수 있다. 세 번째 자리에 놓을 책은 4권 중에서 선택할 것이다. 네 번째 자리는 3권 중 하나가 차지할 것이다. 다섯 번째 자리에는 2권 중 하나가 놓일 것이다. 그리고 마지막 자리에 놓을 책은 하나가 남는다. 따라서 6권의 책을 배열하는 방법의 가짓수를 계산하려면 다음과 같이 수를 곱하면 된다.

$$6 \times 5 \times 4 \times 3 \times 2 \times 1 = 6! = 720$$

흥미롭게도 0 팩토리얼은 1과 같다. 즉 0! = 1이다. 왜 그럴까? 선반에 0개의 물건을 배열한다고 상상해보라. 몇 가지 방법이 있을까? 한 가지 밖에 없다.

- 프랑스 수학자 크리스티앙 크랑이 1808년에 n!이라는 표기법을 도입했다.
- 팩토리얼은 매우 큰 소수를 찾을 때도 사용된다.
- 수학에는 멀티팩토리얼, 하이퍼팩토리얼, 슈퍼팩토리얼, 슈퍼슈퍼팩토리얼 등 다양한 유형의 팩토리얼이 있다.

348 | FRI ♪ 음악 | 코플런드의 <애팔래치아의 봄>

에런 코플런드(1900년~1990년)의 가장 유명한 작품은 이른바 '미국 대평원' 시기라 불리는 시기에 만들어졌다. 발레곡 <로데오>(1942년)와 <텐더 랜드>(1954년)도 이 시기의 곡에 포함된다. <애팔래치아의 봄>(1940년)은 당시 저명한 무용가 마사 그레이엄에게 헌정하는 발레곡이었지만 나중에 관현악곡으로 연주되었고, 오늘날에도 대부분 관현악곡으로 사용된다.

1943년 코플런드는 릴리안 헬만의 희곡을 바탕으로 한 영화 <북극성>(1943년)의 배경음악을 작업하느라 할리우드에 머물고 있었다. 그때 미국 의회도서관의 엘리자베스 스프라그 쿨리지 재단으로부터 마사 그레이엄 무용단이 공연할 발레곡을 작곡해 달라는 의뢰를 받았다. 코플런드가 쓴 곡은 원래 소규모 실내악이었지만 나중에 완벽한 관현악단이 필요한 곡으로 다시 편곡했다. 이 곡에 실제로 사용한 민속 음악은 셰이커 찬가 <소박한 선물들>뿐이지만 전체적으로 미국 민속 음악의 색채가 스며들어 있다. 셰이커 찬가를 바탕으로 한 파트에서 코플런드는 셰이커 교도들의 소박하고 진실한 생활방식을 적절하게 표현하는 멜로디를 취했고, 그것을 변주의 기초로 사용했다. 그 결과 청중과 평론가들이 모두 하나같이 아주 미국적인 음악이라 평하는 명료하고 접근 가능한 음악이 탄생했다. 코플런드 자신도 놀랍게도 <애팔래치아의 봄>은 곧 음악의 고전이 되었다.

<애팔래치아의 봄>은 원래 펜실베이니아 서부 변경 지역의 한 신혼부부에 대한 이야기이다. 젊은 부부는 자신들의 사랑을 기념하며 함께 집을 짓는다. 종교 부흥 운동을 벌이는 설교자와 신도들은 환희에 찬 소리를 지르고, 한 여성 개척자는 자신의 꿈을 좇아 약속의 땅을 밟는다. 발레 <애팔래치아의 봄>은 성서적인 이미지와 '곡창지대' 유형의 건전한 주제로 가득 채워져 있다.

- 코플런드는 처음에 곡 제목을 '마사를 위한 발레곡'이라고 별 특징 없이 지었다가 첫 공연을 몇 주 앞두고 바꿨다. 하트 크레인의 시 <애팔래치아의봄>에서 따온 것이다.
- 마사 그레이엄은 당시 또 한 명의 매우 '미국적인' 작곡가였던 조지 거슈윈과도 함께 작업했다.
- 발레곡 <애팔래치아의 봄>은 코플런드가 캘리포니아와 멕시코에 머무는 동안 대부분 작업을 마친 상태였지만 하버드대학교 교수로 임용되어 매사추세츠 케임브리지로 이주한 후에 완성되었다.

349

버트런드 러셀

버트런드 러셀(1872년~1970년)은 분석철학의 창시자이다. 그는 영국 귀족 가문에 태어났지만 열 살에 고아가 되었다. 1931년 형이 사망하자 제3대 러셀 백작이 되었고, 그래서 때로는 그를 러셀 백작이라 부르기도 한다.

1890년부터 러셀은 케임브리지 트리니티 대학과 인연을 맺기 시작했다. 처음에는 학생이었고 나중에는 교수로 있었다. 1916년 제1차 세계대전을 반대하는 시위에 참여하면서 대학에서 떠나게 되었는데, 반전 시위에 연루되어 1918년 5개월 동안 투옥되었다. 트리니티 대학에 몸담고 있는 동안 러셀은 그의 가장 중요한 철학적 연구라 할 만한 연구를 했고, 루트비히 비트겐슈타인과 미국 시인 T. S. 엘리엇에게 조언자가 되어 주었다.

트리니티 대학에서 쫓겨나면서 사실상 러셀의 학문적 이력도 끝이 났다. 그는 그 후 수십 년 동안 전업 작가로 글을 쓰며 생계를 유지했고 그 결과 많은 저술을 남겼다. 가장 유명한 것으로 《나는 왜 기독교인이 아닌가》(1927년), 《결혼과 도덕에 관한 10가지 철학적 성찰》(1929년), 《철학의 문제》, 《서양철학사》(1945년) 등을 들 수 있다.

러셀은 G. E. 무어와 함께 분석철학을 발전시켰다. 그는 모든 수학적 개념이 논리의 언어를 사용해 정의될 수 있으며 모든 수학적 진리는 논리학 법칙을 사용해 그런 정의로부터 도출될 수 있다고 보는 논리주의를 주창한 주요 사상가였다. 논리학과 수학에 들인 러셀의 노고는 앨프리드 노스 화이트헤드와 공동으로 저술한 《수학원리》에 집약되어 있다.

러셀은 형이상학, 철학분석, 언어철학, 인식론, 과학철학에도 중요한 기여를 했으며, 1950년에는 노벨문학상을 받았다. 철학자에게는 좀처럼 주어지지 않는 명예였다.

- 언어철학에서 가장 오래 지속되고 있는 러셀의 영향은 '한정 기술 이론'에 있다. "프랑스의 왕은 대머리이다."라는 문장에서 "프랑스의 왕"이 한정적 기술에 해당하며, 이때의 어구를 한정 기술구라 한다. 러셀은 전설적인 그의 논문 "지시에 대하여"에서 한정 기술구의 고유명사를 분석하는 법을 보여줬다.
- 러셀은 고틀로프 프레게의 논리 체계에서 형식의 불일치를 발견했다. 그것이 '러셀의 역설'이라 불리는 것이다. 이러한 논리적 모순에 대해 알게 되자 프레게는 평생을 바친 자신의 연구가 아무 쓸모없다고 생각했다. 그것은 분명 잘못된 생각이었다.
- 러셀은 베트남 전쟁에 대해 노골적으로 반대 의견을 펼쳤다.

350

신도

신도(또는 신토)는 일본 문화 속에 단단히 박혀 있는 일본 토착 종교이다.

신도는 서기 300년에서 600년 사이에 생겨났다. 이 종교에서 가장 중요한 신은 일반적으로 일본을 통일한 천황의 직계 조상이자 태양의 여신이라 여겨지는 아마테라스이다. 전설에 따르면 아마테라스의 부모 이자나기와 이자나미가 일본 섬을 탄생시켰다. 백성들은 모두 이자나기와 이자나미의 후손이고, 천황만이 아마테라스 여신의 직계 후손으로 간주된다. 사람들은 천황이 태양의 여신으로부터 나라를 통치할 힘과 권리를 부여받았다고 믿는다.

신도를 믿는 사람들은 태양의 여신 외에도 자연 속에 거주하는 '카미'라 불리는 많은 신을 믿는다. 그러므로 자연 자체도 중요하고 자연을 보존하는 일도 매우 중요한 의무라 여긴다. 신도에서는 가족을 공경하고 다양한 정화 의식에 참여하는 것도 필수적인 종교 행위이다.

일본 신도는 네 유형으로 나뉜다. 첫째, 오늘날에도 존재하는 가장 흔한 유형인 신사 신도가 있다. 신사 신도를 믿는 사람들은 신사에 모여 참배를 한다.

둘째, 교파 신도는 공회당에서 예배를 하는 13개 분파를 가리킨다. 이들 분파는 19세기에 형성되었고, 후지산 같은 산을 숭배하는 토속 신앙과 유교와 결합되어 있다.

셋째, 민속 신도는 점을 치거나 주술에 의한 치료 등 많은 민속 신앙을 통합하고 있다. 다른 신도 형태보다는 조직적이지 않다.

마지막으로 이제는 존재하지 않는 국가 신도가 있다. 국가 신도는 제2차 세계대전 (1939년~1945년) 전까지 일본의 공식 국교였으며, 메이지 유신 동안에는 천황에 대한 절대적 헌신을 요구하면서 유교와 불교의 영향을 없애려고 했다.

• 오늘날 일본에서 신도를 믿는 대부분의 사람들은 선불교와 신사 신도가 혼합된 유형을 따르고 있다.
• 국가 신도는 천황에 대한 충성을 강조했는데, 그 결과 제2차 세계대전 당시 가미카제라고 알려진 일본 자살 폭격기 공격이 일어났다.

351

브라운 대 교육위원회

1954년 미국 연방 대법원의 '브라운 대 교육위원회' 판결(줄여서 '브라운 판결')은 미국 공립학교에서 인종차별을 종식시키고 흑인들의 완전한 법적 권리를 확립하기 위한 시민권 운동에 불을 지핀 획기적인 사건이었다.

올리버 브라운은 여덟 살 딸아이가 흑백 분리 초등학교로 원거리 통학을 해야 했기 때문에 가까운 백인 학교로 전학을 신청했다. 하지만 흑인이라는 이유로 교장이 거절하자 교육청을 상대로 소송을 냈다. 대법원은 3년 만에 브라운의 손을 들어주었다. 이 사건에 대해 역사가들은 미국 대법원이 지금껏 내린 가장 중요한 판결이라고 평가한다.

브라운 판결이 나오기 전까지 흑인들은 백인들과 동등한 권리를 인정받지 못했다. 흑인 아이들은 흑인만 다니는 학교를 다녀야 했고 버스를 타더라도 흑인은 뒤쪽 칸에 타야 했다. 점심을 먹는 식당도 달랐고 심지어 화장실도 별도로 써야 했다. 이와 같은 공식적인 차별 제도를 짐 크로Jim Crow라고 한다. 1896년 원고인 플레시가 백인 열차칸에 앉아 있던 것이 발단인 플레시 대 퍼거슨 사건에서 대법원은 인종 분리 정책이 타당하다고 인정했다. 대법원은 흑인들을 위한 시설이 실제로 질이 떨어지는 것이 아닌 이상 분리 수용하는 것은 헌법에 위배되지 않는다고 판결했다.

그러나 브라운 대 교육위원회 재판의 원고는 이 분리 정책은 본질적으로 불평등하다고 주장하면서 소송을 제기했다. 대법원은 1896년 플레시 사건에서 내렸던 판결을 만장일치로 뒤집고 흑인 가족의 손을 들어줬다. 얼 워런 대법원장은 "공교육 분야에 '분리하되 평등하다'는 원칙은 적용되지 않는다."라는 역사적인 판결문을 발표했다.

대법원의 판결로 미국 남부 공립학교들은 인종 구분 없이 통합해야 했지만 많은 백인들의 거센 저항에 부딪혔다. 그런 난관에도 불구하고 브라운 판결은 초기 흑인 인권 운동에 활기를 더해줬다. 로사 팍스와 마틴 루터 킹 목사와 같은 흑인 인권 운동가들은 남부 주에 남아 있던 짐 크로 법을 폐지하기 위한 운동을 성공적으로 전개했다. 흑인 인권 운동으로 마침내 1964년 민권법과 1965년 선거권법이 제정되었다. 린든 존슨 대통령은 흑인에 대한 직업 차별을 금지하고 남부에서 수십 년 동안 행해진 흑인의 투표권 행사를 막는 관행을 불법화하는 연방 법률안에 서명했다.

• 브라운 사건의 변호사 서굿 마셜은 1967년 미국 연방 대법원 최초의 흑인 법관이 되었다.

• 브라운 사건의 이름은 토피카 교육청을 고소한 13명의 흑인 학부모 중 한 명인 올리버 브라운의 이름을 땄다.

• 헨리 트루먼 대통령은 많은 남부 민주당원들의 심한 반대에도 불구하고 1948년 군대 내 흑백 통합을 추진했다. 인종 분리를 반대하는 연방정부 차원에서 벌인 최초의 노력이었다.

352

마술적 사실주의

서양 문학과 비서양 문학이 양쪽 모두 오랜 전통을 자랑하고 있지만 마술적 사실주의는 고작 지난 세기에 들어서 별개의 장르로 인정받기 시작했다. 마술적 사실주의가 쿠바 소설가 알레호 카르펜티에르에 의해 처음으로 대중적으로 알려졌기 때문인지는 몰라도 '마술적 사실주의'하면 남미 문학이 가장 먼저 연상된다. 하지만 다른 지역 작가들 작품 속에서도 마술적 사실주의를 찾아볼 수 있다.

'마술적 사실주의'라는 단어를 처음으로 사용한 사람은 독일 미술가 프란츠 로다. 1925년 프란츠 로는 세상을 사실적으로 묘사하면서 동시에 초현실적이고 꿈같은 성질을 지닌 새로운 미술 사조를 가리켜 마술적 사실주의라 명명했다. 문학에서 사용하는 것과 대략 같은 의미로 이 말을 사용한 것이었다. 마술적 사실주의 문학 작품들은 실제처럼 보이게 세상을 묘사하지만 초자연적이고 마술 같은 사건들을 자연스럽게 삽입한다. 마술적 사실주의 문학의 중요한 특징은 등장인물들이 비현실적이고 초자연적인 사건들을 이상하거나 이례적인 것으로 인지하지 않고 그저 무심하게 받아들인다는 것이다.

마술적 사실주의가 세상의 주목을 끄는 데 가장 큰 기여를 한 작가는 콜롬비아 소설가 가브리엘 가르시아 마르케스이다. 그의 작품《백년의 고독》(1967년)과《콜레라 시대의 사랑》(1985년)은 강렬하고 육욕적이고 끔찍하기도 한 초자연적 사건을 등장인물의 일상 속에 혼합하는 마술적 사실주의 소설의 대표적 예다. 흔히 비현실적이고 기괴한 사건들은 지방 고유의 민속적 요소들이 많다. 어느 인물의 장례식 날 발생한 국지성 폭우처럼 대부분 자연이 보내는 신호의 형태로 나타난다.

남미의 마술적 사실주의 문학의 또 다른 주요 작품으로는 이사벨 아옌데의《영혼의 집》(1982년), 라우라 에스키벨의《달콤 쌉싸름한 초콜릿》(1989년), 조르지 아마도의《성자들의 전쟁》(1988년), 호르헤 루이스 보르헤스의 단편선 등이 있다. 다른 지역 작가들의 작품은 살만 루시디의《한밤의 아이들》(1981년), 토니 모리슨의《비러브드》(1987년), 무라카미 하루키의《태엽 감는 새》(1995년) 등이 대표적이다.

- 가르시아 마르케스는 자신이 작가로서 한 가장 중요한 일은 "사실처럼 보이는 것과 환상처럼 보이는 것을 분리하는 경계선을 무너뜨린 것."이라고 말했다.
- 마술적 사실주의는 종종 1940년대부터 등장한 문학 감성인 포스트모더니즘을 구현한 것으로 평가된다.
- 마술적 사실주의는 판타지 소설이나 공상과학 소설과 구분된다. 그런 장르의 작품들은 대체 현실이나 다른 세상 또는 미래에서 사건이 일어나지만 마술적 사실주의는 확실한 현실 세계를 배경으로 삼는다.

353 | WED · 미술 | 잭슨 폴락

잭슨 폴락(1912년~1956년)은 '드립' 페인팅으로 매우 잘 알려진 화가이다. 물감을 거대한 캔버스에 끼얹고 흩뿌리고 흘러내리게 하는 이른바 '액션 페인팅'이라 불리는 기법으로 그림을 그렸다. 폴락은 미술 작품이란 외적인 어떤 주제를 표현하는 것이라기보다 그 자체의 독립적인 대상으로 감상되어야 한다고 강조했다. 그래서 자신의 그림은 어떤 특정 주제를 담고 있지 않다고 주장했다. 그는 가장 순수하고 가장 자율적인 형태로 그림을 그렸다.

폴락은 와이오밍주 코디에서 다섯 자녀 중 막내로 태어났다. 어린 시절은 캘리포니아와 애리조나에서 보냈고, 로스앤젤레스 매뉴얼 예술 고등학교에 다니면서 현대 미술을 접했다.

1929년 폴락은 뉴욕으로 이주해 아트 스튜던트 리그에 등록했고, 지역주의 화가 토머스 하트 벤톤에게 사사받았다. 그의 초기 작품들은 알버트 P. 라이더와 멕시코 출신의 두 벽화 화가 호세 클레멘테 오로스코와 다비드 시케이로스에게 영향받았음을 보여준다. 대공황 시기 동안 폴락은 극도의 가난 속에 생활하다가 1935년 공공사업진흥국이 추진한 연방 예술 프로젝트에 고용되었다. 1937년에는 알코올 중독으로 정신 치료를 받았는데, 치료를 담당한 의사를 통해 융 심리학을 접했다. 그 후로 폴락은 꿈의 상징과 무의식에 집착하게 되었다.

1945년 폴락은 화가 리 크래스너와 결혼했다. 이 화가 부부는 롱아일랜드 이스트햄프턴으로 거처를 옮겼고, 2년 후 그곳에서 최초의 드립 페인팅 〈다섯 길 깊이〉를 완성했다. 보기에는 무작위로 그린 것 같지만 드립 페인팅은 세심한 주의와 계획하에 만들어졌다. 바닥 위에 자르지 않은 캔버스를 펼쳐놓고 막대기나 스포이트, 묵직한 붓을 이용해 물감을 캔버스 위에 뿌렸다. 캔버스를 조심스럽게 들어 올려 균형 잡힌 구도가 완성될 때까지 물감을 더 흘러내리게 했다. 물감이 마르면 캔버스를 잘라 액자에 넣었다.

폴락은 액션 페인팅에서 어떤 주제도 나타내지 않는 순수한 그림을 창조하는 법을 발견했다. 자신의 의도를 명확하게 하기 위해 제목 대신 그림에 번호를 붙이기 시작했다. 그래야 그림을 보는 사람이 주제보다 그림 자체에 초점을 맞출 것이기 때문이다. 폴락에게 있어 그림을 그리는 물리적 행위는 완성된 작품만큼이나 중요했다. 이런 면에서 폴락은 1950년대와 1960년대에 행위 미술을 벌인 미술가들에게 중요한 선구자였다.

1951년 폴락은 다시 술을 많이 마시기 시작했고, 건강과 기력이 쇠약해져서 미술계에서 겨우 발판을 유지했다. 1956년 여름, 폴락은 나무를 들이박는 자동차 사고로 그 자리에서 사망했다.

354

정규 분포 곡선

정규 분포 곡선은 특정 통계치의 집합이 어떻게 분포되어 있는지 패턴을 나타내는 것이다. 예를 들어 키와 IQ 점수는 대체로 정규 분포 곡선을 따른다. 정규 분포 곡선은 종 모양을 이루므로 '종형 곡선'이라 부르기도 한다.

정규 분포 곡선에서는 평균, 중앙값, 최빈값이 모두 같다. 모든 값들의 평균값, 분포된 값들의 중간값(중앙값), 가장 흔하게 나타나는 값(최빈값)이 모두 같다는 말이다. 예를 들어 미국 여성의 키를 나타내는 정규 분포에서 평균이 165cm이다. 그러면 165cm보다 큰 여성의 수와 그보다 작은 여성의 수가 같고, 가장 흔한 미국 여성의 키는 165cm라는 말이다.

정규 분포 곡선은 중앙값을 중심으로 값들이 얼마나 넓게 분포되어 있는지 혹은 중앙값에 얼마나 가까이 분포되어 있는지 나타내는 분산도와 표준편차에 대한 정보도 담고 있다. 한 학생 집단이 시험을 본다고 해보자. 그들 중 몇 명은 낙제했고 나머지 아이들은 다양하게 A, B, C, D를 받았다. 어쨌든 평균은 C이다. 두 번째 시험에서 아이들은 대부분 C를 받았고, 평균도 C이다. 이 경우, 첫 번째 시험은 분산도가 높고 두 번째 시험은 분산도가 낮다고 말한다.

표준편차는 분산도를 나타내는 수치 중 하나이다. 정규 분표 곡선에서는 68%의 값들이 평균 좌우로 1표준편차 범위 내에 존재하고, 약 95%의 값들이 평균 좌우로 2표준편차 범위에 존재하며, 99.7%의 값들이 평균 좌우로 3표준편차 범위에 존재한다. 이것이 경험법칙empirical rule이라 알려진 분포 규칙이다. 간단히 68-95-99.7 규칙이라 말하기도 한다. IQ 점수는 100점이 중앙값이자 평균이다. 145점은 평균에서 3표준편차 범위에 있고, 65점도 평균에서 3표준편차 범위에 있다. 이것은 2000명 중 3명은 IQ가 145보다 높을 것이고 3명은 65보다 낮을 것이라는 의미이다.

- 정규 분포 곡선은 아브라함 드무아브르가 1733년에 처음 고안했다.
- 정규 분포 곡선은 카를 프리드리히 가우스의 이름을 따 가우스 곡선이라 불리기도 한다. 가우스가 이 분포 곡선을 발명한 것은 아니지만 그가 정규 분포의 여러 성질들을 발견했기 때문이다. 그의 초상화는 독일 10마르크 지폐에 새겨져 있었다.
- 성인의 혈압도 정규 분포 곡선을 따른다.
- 하나의 광원에서 나오는 다양한 빛의 세기도 정규 분포 곡선을 따른다.

355 FRI ♪ 음악 | 클래식과 팝 음악의 다리: 조지 거슈윈과 레너드 번스타인

클래식 음악이 재즈와 팝 음악을 포용할 수 있도록 기여한 두 작곡가는 둘 다 평생을 뉴욕에서 산 뉴요커이자 브로드웨이 뮤지컬계의 영웅이다.

뉴욕 브루클린 출신의 조지 거슈윈(1898년~1937년)은 처음에는 어빙 벌린처럼 작곡과 작사를 모두 맡아서 하는 틴 팬 앨리 송라이터로 출발해 코믹 곡과 재즈, 팝 음악을 작곡하고 판매했다. 1924년에는 형인 아이라 거슈윈과 함께 〈레이디 비 굿〉을 만들었고, 그것을 시작으로 두 사람은 가장 생산적인 작곡 팀으로 발전해 〈연주를 시작하라〉(1927년)과 오페라 〈포기와 베스〉(1935년) 등 여러 곡을 만들었다. 조지 거슈윈은 재즈풍의 화려한 피아노 걸작 〈랩소디 인 블루〉(1924년)와 〈피아노 협주곡 F장조〉(1925년)를 포함해 훌륭한 관현악곡도 여러 편 작곡했다. 그는 1937년 젊은 나이에 뇌종양으로 사망했다.

레너드 번스타인(1918년~1990년)은 매사추세츠 로렌스에서 꾸준히 음악을 접할 수 있는 환경에서 자랐다. 필라델피아의 커티스 음악원의 권위 있는 지휘자 프리츠 라이너가 그의 스승이었다. 번스타인은 다양한 관현악곡을 작곡하다가 1958년 뉴욕 필하모닉 오케스트라의 지휘자가 되었고, 그 후 11년 동안 그 자리를 지켰다.

번스타인은 확실히 다재다능한 인물이었다. 그의 작품은 대체로 매우 정열적이다. 대표적인 예가 유대인이라는 자신의 뿌리에서 영감을 얻어 작곡한 교향곡 제1번 〈예레미야〉(1941년)와 전쟁으로 파괴된 영국 치체스터 대성당에 헌정하기 위해 히브리어로 된 시편 구절을 가사로 사용한 〈치체스터 시편〉(1965년)이다. 번스타인은 영화 〈워터 프론트〉(1954년)의 배경음악과 브로드웨이 뮤지컬 〈온 더 타운〉(1944년) 그리고 볼테르의 소설 《캉디드》를 멋지게 음악으로 만든 오페레타 〈캉디드〉 등 팝 음악 스타일의 작품들도 성공적으로 만들어냈다.

번스타인의 가장 유명한 작품은 셰익스피어의 《로미오와 줄리엣》을 1950년대 뉴욕을 배경으로 각색한 브로드웨이 뮤지컬 〈웨스트사이드 스토리〉(1957년)이다. 번스타인은 뉴욕의 남미 타운에서 우연히 듣게 된 맘보와 룸바 등의 남미 춤곡에 영향을 받아 재즈 리듬을 뮤지컬에 반영했다.

- 번스타인은 1943년 11월 14일 브루노 월터 대신 지휘를 맡은 후로 뉴욕 필하모닉 부지휘자가 되었다. 당시 뉴욕 필하모닉 오케스트라의 연주가 미국 전역으로 방송이 나갔는데, 그때 대중들에게 깊은 인상을 남겼다.
- 뉴욕과 미국 음악계의 터줏대감 레너드 번스타인은 젊은 작곡가 에런 코플런드와 무시당하던 구스타프 말러를 적극적으로 후원했다.

356 루트비히 비트겐슈타인

루트비히 비트겐슈타인(1889년~1951년)은 1889년 오스트리아 빈의 유복한 가정에서 태어났다. 고틀로프 프레게(1848년~1925년)의 조언에 따라 케임브리지대학에 입학해 버트런드 러셀(1872년~1970년)에게 수학 기초 이론을 배웠다. 1914년 제1차 세계대전이 발발하자 비트겐슈타인은 오스트리아로 돌아가 군에 입대했다. 그때 전쟁터 참호에서 그리고 나중에는 전쟁 포로수용소에서 쓴 것이 그의 첫 저서 《논리철학 논고》(1921년)이다. 휴전 협정이 체결되자 비트겐슈타인은 영국으로 돌아가 케임브리지대학에서 철학을 가르치면서 두 번째이자 마지막 저서 《철학 탐구》(1953년)의 원고를 썼다. 책은 그가 사망한 후에 출판되었다.

비트겐슈타인의 첫 저서 《논리철학 논고》는 번호를 매긴 명제들로 구성되어 있다. 그는 언어에 특정한 논리적 구조가 있고, 이 구조는 세상의 구조를 반영한다고 주장했다. 비트겐슈타인은 명제에서 말하는 것과 명제가 보여주는 것을 구분했다. 명제는 세상의 구조가 어떻다고 말하지만 그 구조가 무엇인지 보여주는 것은 명제들의 구조를 통해서이다. 논리란 명제의 구조에 관한 것이다. 논리는 아무 것도 말하지 않지만 언어와 세상의 구조가 무엇인지 우리에게 보여준다. 비트겐슈타인은 오로지 보여줄 수 있는 것이 무엇인지 말하려는 잘못된 시도에서 대부분의 철학 문제가 생겨났다고 결론 내렸다. 그는 철학자들이 논리를 통해 세상의 구조가 명백하게 드러나도록 하기보다 세상이 특정한 구조를 가지고 있다고 말하려고 할 때 문제에 부딪친다고 주장했다.

《철학 탐구》에서는 철학이 왜 잘못 이해되고 있는지 자세히 설명했다. 비트겐슈타인은 언어에 대한 혼동에서 철학적 문제가 발생한다고 생각했다. 우리가 언어를 비표준적인 방식으로 사용하거나 다양한 언어 사용 방식이 있음을 무시할 때 문제가 발생한다는 것이다. 그는 "철학이란 언어라는 무기를 이용해 우리 머릿속에 걸린 마법과 싸우는 전투이다."라고 썼다. 그래서 그는 언어의 의미를 명료하게 하는 것이 핵심인 철학의 치료적 개념을 지지했다.

- 비트겐슈타인은 "말할 수 없는 것에 관해서는 침묵해야 한다."라는 수수께끼 같은 말로 《논리철학 논고》를 마무리했다.
- 비트겐슈타인, 마르틴 하이데거, 아돌프 히틀러 모두 1889년에 태어났다.

357

시크교

시크교는 15세기 인도에서 구루 나낙에 의해 창시되었다(구루는 종교적 스승이나 지도자를 가리키는 호칭이다-옮긴이). 나낙은 38세에 늘 마음을 쓰는 단일신이 존재한다는 계시를 받았다. 그 신의 이름을 이크 온카르라 지었다. 나낙은 사람들이 미신이나 의식을 통해서가 아니라 일상생활 속에서 이크 온카르에 대한 사랑을 보여야 한다고 설교했다.

시크교의 핵심은 널리 행해지고 있는 카스트 제도를 거부하고 모든 사람은 평등하다고 믿는 깊은 신념에 있다. 사람들은 대개 나병 환자들이 신이 내린 벌을 수행하고 있는 죄인이라 여겼지만 시크교도는 신은 보복하지 않는다고 믿고 나병 환자들이 치료를 받을 수 있는 시설을 설립했다.

나낙의 뒤를 이른 아홉 구루는 각기 인도와 아라비아 반도 여러 지방으로 흩어져 시크교를 전파했다. 그들은 자신들은 단지 신의 말을 전달할 뿐이라고 말하면서 신격화되고 숭배되는 것을 거부했다. 마지막 구루였던 고빈드 싱이 1708년 사망하자 그의 자리는 오늘날 시크교의 경전이 되는 텍스트로 대체되었다. 영원한 구루로 인정받는 시크교 경전은 구루 그란트 사히브라 불린다. 역대 구루들의 가르침으로 구성되어 있고 이슬람교와 힌두교에서 나온 찬가를 포함한다. 예배를 하는 동안 신도들은 대개 구루 그란트 사히브의 구절을 노래하거나 읊조린다.

시크교도들은 시간이 순환적이며 그들의 영혼이 출생, 죽음, 환생의 패턴을 따른다고 믿는다. 생의 순환은 인간의 자아, 화, 욕심, 애착, 욕망 같은 자기중심적 요소에 의해 움직인다. 만일 이와 같은 자기중심적 요소를 없애고 깨달음을 얻는다면 생의 순환을 깰 수 있다. 그러나 깨달음은 신의 은혜에 의해 주어지는 것이지 개인이 행동해서 얻어지는 결과는 아니다.

시크교도들은 술과 담배를 금하고, 불륜을 저질러서는 안 되며 머리를 자르거나 수염을 깎아서도 안 된다. 그뿐만 아니라 시크교의 다섯 가지 상징물인 머리카락을 가리는 터번, 머리빗, 금속 팔찌, 단검, 대개 속옷으로 착용하는 일종의 속바지를 항상 착용하거나 지니고 다녀야 한다.

• 오늘날 전 세계에 2100만 명의 시크교도가 있다.
• 시크교 남성 신도 대다수의 성은 사자를 의미하는 '싱'이고, 여성 신도의 성은 대부분 공주라는 의미의 '카우르'이다. 따라서 성씨에서 사람의 신분이 명백히 드러나는 인도 문화와 대조적으로 시크교에서는 성씨가 계급 차이를 없애는 데 도움이 되었다.

358 | MON ✒ 역사 | 넬슨 만델라

> "나는 백인들의 지배에 대항해 싸웠고 그리고 흑인들의 지배에 맞서 싸워왔습니다. 모든 사람들이 조화를 이루고 동등한 기회 속에서 함께 사는 민주적이고 자유로운 사회. 이것이 내가 소중하게 여겨온 이상입니다. 내가 추구하는 삶의 목적이며 이루고 싶은 목표입니다. 그러나 필요하다면 그 이상을 위해 나는 죽을 준비도 되어 있습니다."
>
> – 넬슨 만델라, 1964년 반역죄 재판에서

1964년 넬슨 만델라(1918년~2013년)는 그의 조국 남아프리카 공화국에 대한 반역죄로 유죄 판결을 받았다. 가까스로 사형을 면한 46세의 이 변호사는 무기징역을 선고받고 케이프타운 인근의 섬 교도소에 수감되었다. 만델라의 죄명은 아파르트헤이트apartheid라는 남아공 인종차별 정책에 반대하는 내란을 조직했다는 것이었다. '분리'를 의미하는 아파르트헤이트 정책에 따라 남아공 인구의 4분의 3을 차지하는 흑인들은 소수의 백인들보다 법적으로 열등한 지위를 가졌고 정치적 권리를 인정받지 못했다.

감옥은 만델라의 정신을 무너뜨리기 위한 조처였다. 만델라는 채석장에서 힘든 노동을 해야 했고, 일 년에 단 한 사람의 면회만 허용되었으며, 좁은 감방에서 전등을 끄는 것도 허용되지 않았다. 만델라는 굴복하지 않고 감옥 안에서도 아프리카 국민회의를 계속 이끌었다. 그의 변함없는 결의는 심지어 간수들의 존경을 샀다. 감옥에 수감되어 있으면서도 만델라는 남아프리카와 다른 지역 수백만 명의 흑인들에게 영웅이 되었고, 아파르트헤이트의 불공평성에 세상 사람들의 시선을 집중시켰다. 백인이 지배하는 남아공 정부는 국제사회의 압력에 의해 1990년 마침내 아파르트헤이트를 폐지하고 만델라를 석방했다. 만델라는 1993년 노벨평화상을 수상했고 1994년 최초로 다인종이 참여하는 선거에서 대통령으로 선출되었다.

대통령이 된 후 만델라는 자신이 수감되어 있던 감옥의 백인 간수 한 명을 생일 파티에 초대했다. 나이 든 간수는 PBS 프로그램 제작자에게 이렇게 말했다. "내가 관리하던 수감자가 나의 지도자가 되다니 매우 자랑스럽습니다."

- 아파르트헤이트는 1960년대 이전까지 미국 남부에서 행해졌던 분리 정책과 비슷한 제도이다. 인종은 남아공 국민의 일상생활을 결정짓는 중요한 요소였다. 서로 다른 인종끼리 결혼이나 성관계가 금지되었고, 해변에서부터 병원에 이르기까지 모든 시설과 장소가 인종에 따라 분리되었다.
- 국제올림픽위원회는 아파르트헤이트를 반대하는 시위로 1964년 올림픽부터 남아공의 출전을 금지시켰다. 남아공 선수들은 1992년 바르셀로나 올림픽이 되어서야 다시 출전할 수 있었다.

359 | TUE 글 문학 | 그리스 항아리에 부치는 노래

너 여전히 더럽혀지지 않은 고요의 신부여,

너 침묵과 느린 시간이 길러낸 양자여,

우리의 시보다 더 감미롭게 꽃의 이야기를

표현할 수 있는 숲의 역사여.

이파리 장식이 달린 어떤 전설이 너의 주변을 떠도는가

템페 계곡 혹은 아르카디아의 골짜기의

신의 전설인가, 인간의 전설인가, 아니면 둘 다 일까?

이들은 어떤 사람, 어떤 신일까? 어떤 처녀들이 싫어하는 것일까?

그 얼마나 미친 듯한 구애인가? 또 얼마나 도망치려 몸부림치는가?"

그 어떤 피리와 어떤 북인가? 얼마나 격렬한 환희인가?

오 아테네의 형상이여! 아름다운 자태여!

대리석 남자와 여자가 조각되어 있고

숲의 나뭇가지와 짓밟힌 잡초가 그려져 있는

너 침묵의 형상이여! 영원이 그렇게 하듯

생각할 수 없게 우리를 괴롭히는구나. 차가운 목가여!

늙음이 지금 세대를 쇠약하게 만들 때

너는 우리의 고통과 다른 괴로움 속에 남아

인간의 친구로서 인간에게 이렇게 말할 것이다.

"아름다움은 진리요, 진리는 아름다움이다."라고 ─ 이것이

너희들이 이 세상에서 알고 있는 전부요, 알아야 할 전부이다.

19세기 초 영국 낭만주의 시인들 중에서도 존 키츠(1795년~1821년)는 지금까지 지속적으로 사랑받는 시인으로 손꼽힌다. 그의 가장 유명한 시 〈그리스 항아리에 부치는 노래〉(1819년)는 독자나 비평가 모두로부터 매력적인 시라는 평가를 받으며, 이 시의 시구가 지닌 미묘한 의미는 아직도 문학비평가들 사이에서 토론 주제가 된다. 사그라지지 않는 문학적 토론은 이 시에 어울리는 운명이다. 이 시는 시간 속에 갇혀 있는 그리스 항아리의 이야기를 궁금해하며 그 궁금증을 표현하고 있다.

〈그리스 항아리에 부치는 노래〉는 처음부터 끝까지 항아리에 초점을 두는 시어들로 채워져 있다. 어떤 관념이나 무생물체의 이름을 직접 부르는 '돈호법' 기법은 키츠의

작품 전반에 나타나는데 이는 송시의 두드러진 특징이다. 시인은 아름다움의 대상으로서 뿐만 아니라 생각을 불러일으키는 상징으로서 항아리에 매료되었다. 늘 변하는 덧없는 세상 속에서 항아리의 은색은 영원성을 상징한다.

　이 책에서는 첫 연과 마지막 연만 소개했지만 이 시는 전체 다섯 연으로 이루어져 있다. 첫 연에서 시인은 항아리를 더럽혀지지 않은 "고요의 신부"이며 "침묵과 느린 시간이 길러낸 양자"라고 부르면서 긴 세월의 화신으로 규정한다. 시인은 항아리에 새겨진 그림에 경이로움을 느끼며 그 뒤에 숨은 이야기를 알고 싶어 한다. "이들은 어떤 사람, 어떤 신일까? 어떤 처녀들이 싫어하는 것일까?/ 그 얼마나 미친 듯한 구애인가? 또 얼마나 도망치려 몸부림치는가?" 하지만 둘째 연에서 "들리는 선율은 아름답지만, 들리지 않는 선율은/ 더 아름답다."라고 말하고 있듯이 항아리에 관한 미스터리와 불확실함은 항아리 그림에 매력을 더한다. "그대 비록 행복은 갖지 못한다 해도/ 영원히 사랑을 할 것이고, 그녀는 영원히 아름다우리니!"에서 드러나듯이 시인은 금방이라도 포옹하려는 모습으로 항아리에 새겨진 두 연인의 영원한 모습을 부러워한다.

　〈그리스 항아리에 부치는 노래〉에서 마지막 두 행은 다른 어떤 행보다 토론의 주제로 오르내리며 더 자세히 연구되고 있다. "아름다움은 진리요, 진리는 아름다움이다"라는 말은 분명 항아리가 시인에게 하는 말이다. 이 말은 그 자체로 암호와 같다. 그러나 키츠의 원래 원고에 구두점이 확실하지 않기 때문에 나머지 말은 항아리가 하는 것인지 시인이 하는 것인지 분명하지 않다. 이것은 시간을 초월하는 미스터리를 노래한 시에 걸맞게 세월이 흘러도 풀리지 않는 미스터리다.

• 많은 사람들은 키츠의 시가 특정 항아리를 주제로 한 것인지 궁금해하지만 그렇지 않다는 것이 학자들의 일반적 견해이다.

360

WED
미술

팝아트

'팝아트'라는 용어는 영국의 미술 평론가 로렌스 앨러웨이가 예술계의 허세와 허식에 반대하는 미술가 모임 '인디펜던트 그룹'의 작품을 설명할 때 처음 사용했다. 인디펜던트 그룹은 소비문화를 찬양하거나 풍자하려고 시도하면서 인기 광고, 연재만화, 공산품, 대중매체 등을 소재로 작품을 만들었다.

앨러웨이는 팝아트를 대중적이고, 일시적이고, 소모적이며, 저렴하고, 대량 생산되고, 젊은 지향적인 큰 사업이라고 정의했다. 팝아트라는 용어는 리처드 해밀턴의 작품을 잘 규명한다. 그의 작품 〈도대체 무엇이 오늘날의 가정을 이토록 색다르고 매력 있게 만드는가?〉는 거대한 막대사탕을 들고 있는 근육질의 남성이 특징적이다.

팝아트의 기원은 1920년대로 거슬러 올라간다. 스스로 다다이스트라 칭하는 미술가 집단이 고급문화의 거만함을 조롱하기 시작했다. 다다이즘의 중심이 되는 화가 마르셀 뒤샹은 수염 달린 모나리자를 그렸고, 대량 생산되는 변기를 뒤집어 놓고 조각 작품으로 변신시킨 것으로 유명하다.

팝아트는 미국에서 독립적으로 발전했으며 재스퍼 존스, 로버트 라우센버그, 래리 리버스 같은 미국 주요 화가들이 팝아트를 대표한다. 많은 팝아트 예술가들은 단번에 알아볼 수 있는 자신만의 스타일을 추구했는데, 그것은 그들 작품에 상업적 성질을 부여하는 트레이드마크였다. 예를 들어 로이 리히텐슈타인은 만화를 그리는 데 사용하는 점 무늬 배경을 모방해서 거대한 카툰 형식의 그림을 제작했다. 클래스 올덴버그는 옷핀이나 립스틱, 타자기용 수정테이프 같은 일상 용품을 조각품으로 만들었다. 듀앤 핸슨은 실물 같은 조각품을 만들었는데, 그의 작품을 박물관에 배치했을 때 관람객들이 실물이라고 착각할 정도였다. 앤디 워홀은 마릴린 먼로나 마오쩌둥 같은 유명인사의 사진과 캠벨 수프 통조림을 그린 이미지를 기계를 이용해 대량으로 찍어냄으로써 작품 속 인간을 소비상품 수준으로 끌어내렸다.

영국 팝아트 예술가들은 대중문화를 조롱하거나 미화하는 경향을 보였고, 미국 팝아트 예술가들은 비교적 애매한 이미지를 추구하는 경향을 보였다. 앤디 워홀은 실크스크린 기법으로 자동차 사고와 케네디 대통령 암살 사건을 그렸는데, 그 작품들은 비극을 묘사한 것이기도 하지만 상업적인 성격도 띠고 있다. 어쨌든 영국과 미국의 두 팝아트 미술가 집단의 궁극적인 목표는 자본주의가 예술을 소비의 대상으로 변질시키며 훼손하고 있음을 보여주는 것이었다.

• 팝아트 운동은 '신사실주의' 또는 '네오다다이즘'으로 불리기도 한다.

361 | THU ⚛ 과학 | 핵분열

핵분열은 양성자와 중성자로 구성된 밀도 높은 원자의 중심, 즉 원자의 핵이 여러 조각으로 쪼개지는 것을 말한다. 쪼개진 핵 조각들의 질량은 모두 합해도 원래 핵의 질량보다 작다. 그렇다고 질량이 소실된 것이 아니다. 알베르트 아인슈타인의 방정식 $E=mc^2$에 따르면 방출되는 에너지는 "소실된" 질량에 빛의 제곱을 곱한 것과 같으므로 핵분열로 차이가 나는 질량은 에너지로 전환된 것이다. 대략 질량의 1000분의 1이 에너지로 전환된다고 할지라도 생겨난 에너지의 양은 어마어마하다. 같은 질량을 비교했을 때 핵연료에 포함된 에너지의 양은 휘발유 같은 화학연료에 포함된 에너지의 대략 100만 배이다.

핵분열은 저절로 일어날 수도 있고, 자유 중성자가 무거운 원자의 핵에 부딪혔을 때 일어날 수도 있다. 중성자가 핵에 부딪히면 더 작은 원자 2~3개와 중성자 2~3개 이상으로 쪼개진다. 새로 생긴 중성자들이 다시 다른 원자에 부딪혀 핵 연쇄반응을 일으킬 수 있다. 핵분열이 일어나는 데 걸리는 시간은 고작 1000분의 1초이다. 자유 중성자 하나를 가지고 시작한다면 100분의 1초 후에 약 1만 개의 중성자가 생성되고 1만 번의 핵반응이 일어난다는 의미이다. 이것을 폭주반응이라 하며 핵폭탄의 기초가 된다. 핵발전소는 핵 연쇄반응을 제어해서 폭주하는 것을 막는다.

가장 흔한 핵연료는 우라늄-235이다. 양성자 92개와 중성자 143개를 지닌 희귀한 우라늄 형태이다(92+143=235이므로 우라늄-235라 부른다). 이보다 더 안정적인 형태는 양성자 92개와 중성자 146개를 가지고 있는 우라늄-238인데 이것은 핵분열을 하지 않는다. 천연 우라늄은 0.72%의 우라늄-235과 99.27%의 우라늄-238로 구성되어 있는데, 핵발전소에서 사용하기에는 우라늄-235의 함유량이 너무 적다. 천연 우라늄에 중성자를 아무리 퍼부어도 중성자 입장에서는 반응하는 우라늄-235를 찾는 것이 어려운 일이다. 우라늄-235의 핵들이 너무 흩어져 있기 때문이다. 설령 운이 좋아서 핵분열 하는 민감한 핵을 몇 개 찾아낸다고 해도 연쇄반응을 일으키기에 방출된 중성자 수가 너무 적다. 천연 우라늄을 핵발전소에서 사용하려면 매우 복잡한 방법을 이용해 우라늄-235의 비율이 2.5~3.5%가 되도록 농축해야 한다. 폭탄에 사용하기 위해서는 우라늄-235의 비율이 최소 90%가 되도록 농축해야 한다.

- 전 세계 400여 곳 핵발전소에서 생성되는 전기는 인간이 사용하는 전체 에너지의 17%를 공급하고 있다. 미국에는 핵발전소가 100곳 이상 있고, 프랑스는 총 에너지의 75%를 핵발전소에서 얻고 있다.
- 1945년 8월 미국이 일본에 떨어뜨린 핵폭탄 두 개는 'Little Boy(꼬맹이)'와 'Fat Man(뚱뚱이)'라는 별명으로 불린다.

362 | FRI ♪ 음악 | 20세기 음악

20세기 중반에 접어들면서 서양 예술 음악의 본질에 도전하는 작곡가들이 많이 등장했다. 그중 두드러진 변화는 테이프 루프나 소리 합성 장치, 컴퓨터를 이용해 만든 전자음악이 발전했다는 것이다.

프랑스 파리 출신의 작곡가 에드가르 바레즈(1883년~1965년)는 1915년 미국으로 건너간 이후로 현대음악을 혁신하는 데 평생을 바쳤다. 과학과 수학을 전공한 바레즈는 전자음악의 아버지라는 평가를 받는다. 바레즈의 초기 음악은 타악기에 강한 흥미를 보이며 유럽 관현악 음악의 관습에서 막 벗어나기 시작했다. 후기에는 몇 년 동안 좌절을 경험한 후 필립스사(社)에서 제공한 연구실에서 인공 소리를 합성하는 실험을 했다. 안타깝게도 기술적 한계 때문에 바레즈는 자신의 잠재력을 충분히 발휘하지 못했다.

아르놀트 쉰베르크의 제자였던 존 케이지(1918년~1992년)는 실험적인 무조 음악 작곡가로 출발해서 나중에는 음악과 관념 예술의 경계를 무너뜨리기 시작했다. 그는 그랜드 피아노의 현에 타악기 기능을 하는 다양한 물건들을 부착시킨 '프리페어드 피아노'와 같은 악기들을 고안했다. 또한 선불교와 다른 동양철학 사상을 음악에 결합시켰다. 케이지는 피아노곡 〈변화의 음악〉(1951년)에서 연주할 변주곡의 음과 템포 등을 동전 던지기로 결정했다.

스티브 라이히(1936년 생)는 바레즈의 뒤를 이어 타악기 음악과 전자음악에 매료된 작곡가이다. 그의 〈드러밍〉(1971년)은 간단한 타악기 리듬을 한 시간 이상 정교하게 연주하는 음악이다. 라이히는 최근 멜로디와 하모니를 사용하기 시작했고, 현악 4중주와 사전 녹음된 테이프를 사용하는 〈다른 기차들〉(1988년)로 그래미 어워드에서 현대음악 작곡 부문 최우수 음반상을 수상했다.

- 바레즈의 1931년 작품 〈이온화lonisation〉는 37개의 타악기와 사이렌 소리로 연주된다.
- 록 밴드 '핑크 플로이드'의 1969년 앨범 〈우마구마(Ummagumma)〉에는 그들이 우상으로 여기는 바레즈를 가리키며 "바레즈, 잘 들어보세요."라고 말하는 목소리가 삽입되어 있다.
- 케이지는 〈4분 33초〉라는 곡을 썼다. 이 곡은 연주자가 피아노 앞에 앉아 "침묵 음"을 연주해야 한다. 즉 아무것도 연주하지 말아야 한다. 케이지는 "2분의 침묵이 지루하다면 4분 동안 침묵해보라. 그래도 여전히 지루하다면 8분으로 늘려 보라. 그리고 나서는 16분으로. 결국 전혀 지루하지 않다는 것을 알게 될 것이다."라고 말하며 그 곡을 설명했다.

363

도덕적 상대주의

문화마다 도덕적 기준은 매우 다르다. 종종 도덕적으로 허용 가능한 것에 대해 서로 상반된 관점을 가지고 있기도 하다. 그렇다면 객관적인 도덕 기준이 없다는 말인가?

　도덕적 상대주의는 옳고 그름에 관한 객관적인 진리가 없다고 보는 관점이다. 오직 여러 기준 중 하나에 빗대어 어떤 행동이 옳은지 그른지 판단한다는 것이다. 다양한 도덕적 의견이 존재한다는 사실이 반드시 도덕적 상대주의가 타당한 관점이라는 말은 아니다. 예를 들어 세상의 물리적 특성에 관해 다양한 의견이 있을 수 있는데, 그렇다고 모든 과학 체계가 똑같이 타당한 것은 아니다. 어떤 문화의 과학적 방법은 부정확할 수 있다.

　도덕적 상대주의자들은 자신의 입장을 옹호하기 위해 두 가지 전략을 사용한다. 첫째, 도덕적 상대주의가 도덕적 다양성을 가장 잘 설명한다고 주장한다. 그들은 서로 다른 도덕 기준이 있다고 했을 때 옳은 도덕 관점을 지닌 사람은 옳은 믿음을 가지게 되었고 잘못된 믿음을 지닌 사람은 잘못된 관점을 지니게 된 이유를 무엇으로 설명할 수 있는지 묻는다.

　둘째 전략은 객관적인 도덕적 사실이라는 것 자체가 존재하지 않는다고 주장하는 것이다. 객관적 도덕적 사실은 객관적인 도덕적 성질, 즉 '선함'과 '악함'을 필요로 한다. 그러나 도덕적으로 선한 행위들은 어떤 물리적 성질도 공유하지 않을 때가 있으므로 선함은 물리적 성질이 아니다. 그러므로 도덕적 상대주의자들은 우리가 일반적으로 생각하는 것과 달리 객관적인 도덕적 성질은 전혀 존재하지 않는다고 결론 내린다.

- 현대 철학자들 중에 도덕적 상대주의를 옹호하는 사람은 거의 없다.
- 길버트 하만(1938년 생)은 가장 영향력 있는 현대 도덕적 상대주의자이다.

364

SUN
종교

조로아스터교

조로아스터교는 세계에서 가장 오래 된 유일신 신앙으로 기원전 18세기에서 기원전 15세기 사이에 시작되었다. 창시자는 오늘날 이란에 해당하는 페르시아의 부호였던 조로아스터이다. 종종 '자라투스트라'라 불리기도 한다.

조로아스터는 지방 다신교의 성직자였지만 30세가 되던 해에 신의 계시를 받았다. 천사가 찾아와 신은 오직 선과 악을 관장하는 유일신 아후라 마즈다 뿐이라고 말했다 (조로아스터교는 신의 이름을 따서 마즈다이즘 또는 마즈다교로도 알려져 있다). 아후라 마즈다는 인간의 9배 크기라고 한다. 아후라 마즈다 신은 완벽한 세상을 창조하려고 했고, 그 일에 인간과 천사를 동원했다. 그리고 공기, 물, 흙 같은 자연 세계를 오염시키지 않고 깨끗하게 유지하는 것의 중요성을 강조했다.

조로아스터는 계시를 받은 후로 아후라 마즈다의 가르침을 전파하기 시작했다. 그는 조로아스터교 경전의 핵심이라 여겨지는 가타스, 즉 노래와 시를 썼다. 조로아스터가 쓴 5권의 가타스와 그의 제자들이 쓴 하파탄 하이티까지 더해져 완성된 경전은 아베스타라 불린다.

오늘날 조로아스터교는 세계 여러 곳에 신자를 두고 있는 종교이지만 조로아스터가 처음 계시를 받은 10년 동안은 이 종교를 따르는 사람이 없었다. 조로아스터교는 지금까지 항상 소수의 신자를 끌어들였다. 그 때문에 늘 다른 믿음에 대한 관용과 다른 종교에 대한 이해를 강조한다.

조로아스터교는 인류 역사 최초의 일신교일 뿐만 아니라 천국과 지옥 그리고 신이 인간 개개인의 운명을 결정한다는 최후의 심판을 믿는 최초의 종교였다.

- 파시 교도라고 불리는 조로아스터교 신자들은 대략 6만 명으로 인도와 파키스탄에 가장 많이 살고 있다. 이란에는 대략 2만 8000명이 남아 있고, 유럽과 북미 대륙에 3만 7500명이 있다.
- 조로아스터교에서 말하는 지옥은 매우 섬뜩하다. 전설에 따르면 어둡고 좁은 틈 안에 깊은 구멍이 나 있는데, 끔찍한 냄새와 외로움 때문에 그곳에서의 3일은 9000년처럼 느껴진다고 한다.
- 조로아스터교도들은 예배할 때 불을 소중하게 다룬다. 자칫 불을 숭배하는 것으로 오인되지만, 사실 불은 정결의 상징으로 쓰인다.

365 | 교양 수업을 마치며

1년 365일에 걸쳐 〈1일 1페이지, 세상에서 가장 짧은 교양 수업 365〉의 여정을 마친 것을 축하합니다. 그동안 이 책이 여러분의 지적 성장과 호기심의 원천이 되었기를 바랍니다. 그리고 이것이 계기가 되어 또 다른 지식 탐구의 시작이 되었으면 좋겠습니다.

앞으로도 매일 조금씩 시간을 내어 책을 읽고 지성을 쌓아가는 과정을 즐겨보세요. 정신을 깨우고 영혼에 생기를 불어넣기에 이보다 더 좋은 방법은 없을 테니까요.

무엇인가를 배우는 일상 습관을 유지하기 위해 더 다양한 자료들이 궁금하다면 www.theintellectualdevotional.com에 방문해보세요.

앞으로 새로운 내용으로 여러분과 함께하겠습니다.

– 데이비드 S. 키더, 노아 D. 오펜하임

올바른 지식은 인생을 항해하는 데 필요한 도구를 제공한다.
Right Knowledge, to supply you with the tools necessary for your voyage.

– 레오 버스카글리아

아래의 인덱스는 페이지가 아닌 001일부터 365일까지의 날짜의 숫자로 표기하였습니다.

1일 1페이지,
세상에서 가장 짧은 교양 수업 365

초판 1쇄 발행 2019년 10월 30일 초판 47쇄 발행 2024년 1월 24일

지은이 데이비드 S. 키더, 노아 D. 오펜하임
옮긴이 허성심
펴낸이 이승현

출판1 본부장 한수미
와이즈 팀장 장보라
표지디자인 霖design 내지디자인 이세호

펴낸곳 ㈜위즈덤하우스 출판등록 2000년 5월 23일 제13-1071호
주소 서울특별시 마포구 양화로 19 합정오피스빌딩 17층
전화 02) 2179-5600 홈페이지 www.wisdomhouse.co.kr

ⓒ 데이비드 S. 키더, 노아 D. 오펜하임, 2019

ISBN 979-11-90305-67-9 03030